[荷] 海尔特·罗藤 著

孟捷 等译

The unity of the
capitalist economy and state

A systematic-dialectical exposition
of the capitalist system

发达资本主义的政治经济学
—— 资本主义经济与国家的统一

复旦大学出版社

章节	译者
概论	孟捷、杨御风
第 1 章	张雪琴、张妤婕、唐昱茵、杨御风
第 2 章	龚剑、谢超
第 3 章	袁辉、陆家桢
第 4 章	马梦挺、唐昱茵、严杰华
第 5 章	孙小雨、朱德志
第 6 章	孟捷、朱宝清
第 7 章	孟捷、唐昱茵
第 8 章	孟捷、秦路平、唐昱茵
第 9 章	孟捷、秦路平、唐昱茵
第 10 章	孟捷、张濒月
第 11 章	赵君夫、严杰华
第 12 章	孟捷、杨御风
第 13 章	孟捷、杨御风
第 14 章	孟捷、杨御风

目 录

分章系统辩证论述   i
前言   i
中译本序   i
总导言   i
译者导言   i

01 / 第一篇 资本主义经济

第1章 资本主义生产方式
资本主义经济一般而言：货币价值的生产和企业对剩余价值的占有   003

第2章 资本积累   053

第3章 企业融资
宏观经济预先实现和生产的实现   101

第4章 市场互动和分层生产
竞争、卡特尔形成和垄断   157

第5章 资本的周期性过度积累和毁灭
商业周期   195

02 / 第二篇 资本主义国家

第6章 国家担保的资本主义经济权利

i

	一般意义的资本主义国家	239
第 7 章	促进资本积累的条件	270
第 8 章	国家支出及融资	
	对宏观经济剩余价值以及收入和财富分配的影响	318
第 9 章	强加的竞争	
	市场互动模式的约束框架	373
第 10 章	资本主义国家的作用范围	394

03 第三篇　国际资本主义系统

第 11 章	国际资本主义系统	447

04 第四篇　总结和补充

第 12 章	总结和结论	491
第 13 章	"资本主义经济与国家的统一"主要内容简介	508
第 14 章	系统辩证法大纲——总附录	
	研究和叙述资本主义系统的系统辩证方法	512

参考文献	535

分章系统辩证论述

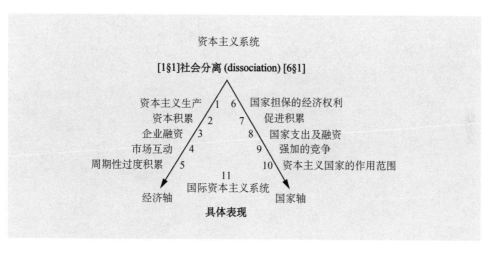

第1—5章以逐渐具体的方式论述了资本主义经济：首先是它的存在条件，然后是它的表现形式。这也同样适用于第6—10章关于资本主义国家的论述。

读者不妨按这个顺序读这本书。然而，第6章同样建立了第1章的根据。同样，第7章也为第2章建立了根据，以此类推。本书的写作方式使读者也可以按这种"之"字形顺序阅读这本书，[第1章；第6章][第2章；第7章]等。总导言进一步说明了这一点。

文本的系统性核心约占全书的一半。其余部分包括核心文本的说明、详述和补论，它们为某一领域的非专业或专业读者提供不同的服务——读者可以根据自己的要求阅读，也可以跳过而不丢失核心文本的主线。

前　言

本书对资本主义制度的结构和功能进行了系统性论述。内容包括对资本主义制度（即与资本主义国家相互联系的资本主义经济）持续存在所必需的关系、制度和过程的论述。

就系统性而言，本书受到马克思在《资本论》中对资本主义系统的未完成的系统辩证论述的启发——未完成是因为该书没有涉及资本主义国家。关于资本主义国家的讨论将在本书的第二篇中进行。本书第一篇对资本主义经济的论述，是批判地评价当前正统经济学和异端经济学，以及《资本论》中的系统性问题和空白的结果——当考虑到当代货币和金融制度的发展时，对后者的批判性评价尤其重要。

这本书的写作源于这样一种见解，即对资本主义制度的理解（也）是通过将资本主义制度的所有主要组成部分相互联系起来，并进行全面的综合概述得到的，但我也不希望低估分析资本主义系统的局部组成部分的价值。上述综合方法也能揭示那些经常被局部分析所掩盖的组成部分。

本书是写给那些具有这种见解，或者至少是对它好奇的学者的。更具体地说，它是为社会科学（政治经济学、经济学、政治学、社会地理学、社会学和这些学科的哲学）的学者和高层次学生编写的。

海尔特·罗藤
2018 年 6 月

中译本序

我 2019 年的书有了中译本,从而能与非常广泛的新读者群见面,这让我非常高兴。中国是一个幅员辽阔、极其重要的国家——在我看来,它也是一个经济和政治上非常有趣的国家,尤其是它实现社会主义的具体方式。

下面我将概述该书的几个部分,以下内容分为四节:本书的一般方法和内容;本书的起点;本书有关国家论述的起点;资本主义系统的国际存在方式。

本书的一般方法和内容

本书展示了资本主义系统的格局和运作的系统辩证论述。更具体地说,它是关于"成熟的"资本主义系统的论述。历史上,这种系统出现于当贸易以及生产过程都被货币维度和利润支配的时候。

本书旨在系统性地把握资本主义系统(即资本主义经济连同资本主义国家)持续再生产所必需的各种关系、制度和过程之间的相互联系。这是资本主义系统的综合性概述。简而言之,本书的目的是理解资本主义系统。要在资本主义系统内外进行有意识的变革,就必须理解资本主义系统——在这一点上,我是马克思忠实的学生。为了得到这种理解,本书采用了系统辩证方法,并抽象掉了"偶然性"(指那些在某些国家可能不同,但不会改变系统的本质运作和再生产的现象)。

本书第一篇介绍资本主义经济,第二篇介绍资本主义国家,第三篇将这些内容放在国际背景下探讨。第一篇的每一章都与第二篇的每一章相对应(另见本书提纲"分章系统辩证论述")。第一篇和第二篇的系统论述是关于成熟的资本主义国家的。第三篇则明确指出,这些国家各不相同,主要表现在:第一,地理位置和文化不同;第二,变为成熟的资本主义国家的历史时间点不同。

就系统性而言,本书受到马克思在《资本论》中对资本主义系统的未完成的系统辩证论述的启发——未完成是因为该书没有涉及资本主义国家。如前所述,本书的第二篇将处理国家问题。本书第一篇对资本主义经济的论述,是批判地评价当前正统经济学和异端经济学,以及《资本论》中的系统性问题和空白的结果——当考虑到当代货币和金融制度的发展时,对后者的批判性评价尤其重要。

在整本书中,我在"补论"里表明,我的系统辩证论述在何处补充或偏离了马克思《资本论》中的系统辩证论述。在本书的第 12 章(总结和结论)中,这类差异被归入星号(*)脚注。

本书的起点

系统辩证论述的起点总是需要仔细斟酌的。本书的起点(第 1 章第 1 节)具有特殊的地位。它阐述了资本主义系统的一个无所不包的概念,这个概念是资本主义系统问题的本质特征。这就是资本主义特有的家庭与企业之间的制度性分离,我称之为"社会分离"。它规定了具体的资本主义所有制关系:企业占有大部分土地,以及土地以外的生产资料。

第 1 章的其余部分,乃至整本书,介绍了资本主义"社会分离"的"存在条件"(也称为"根据")。也就是说,书中阐述了资本主义如何弥合上述分离,以及这些弥合分离的方式如何造成新问题,而后者又有待新的解决方案。

剩余价值(整体利润)的生产和实现是贯穿整个资本主义经济论述的主线,这一论述包括第 1 章的其余部分和第一篇的其他各章(第 2—5 章)。

本书有关国家论述的起点

本书第二篇(关于资本主义国家)的所有内容都是对马克思系统辩证论述的补充,如前所述,因为他生前并没有论述这一点。所以,鉴于资本主义企业有权占有生产资料和大部分土地,并占有劳动生产的剩余价值(第 1 章),我现在就本书(第 6 章)如何开始讨论资本主义国家谈几点看法。资本主义国家以权利的形式承认对这些占有的主张。我把这些权利称为国家授予的"资本主义核心经济权利"(事实上,这就使得国家构成为"资本主义国家")。为此,国家必须在绝大多数参与者(主要包括工人)的服从中寻求合法性。第 6 章设定了这种合法性的第一个然而是抽象的条件,即国家设定自身为一个"不偏不倚的"超越性机构,凌驾并外在于对立的特定经济利益之上。然而,由于国家事实上以权利的形式承认了资本主义核心经济主张,因此,它与资本主义经济对立,构成了资本主义系统的统一中的分离。

对合法性的寻求如何具体实现是贯穿第 6 章剩余部分和第二篇其他各章(第 7—10 章)的主线。

资本主义系统的国际存在方式

本书第三篇(第 11 章)论述了资本主义系统的国际表现。"表现"意味着没有提出新的资本主义存在条件;和前文一样,此处也抽象了偶然性。该篇仅限于说明对前文论述(即第一篇和第二篇)有影响或有修改的问题。这涉及资本国际流动的一种形式,即生产的国际迁移。

该篇论述的结论是,只要生产的国际迁移不受国家的限制,它就会趋向于产生一种相互强化的组合,一方面逐步走向国际趋同的平均工资结构,另一方面逐步走向在各国间相似的国家调节(立法)结构。就资本主义"成熟"国家与"发展中"国家而言,平均工资结构的国际趋同对发展中国家没有问题(它们的平均工资将上升),但对成熟国家却有问题(它们的平均工资增长将放缓,甚至可能下降)。后者(缓和或下降)意味着成熟的资本主义国家面临巨大的合法性问题。[1]

最后,我衷心感谢复旦大学经济学院孟捷教授领导的团队完成了本书的中译本,并感谢复旦大学出版社出版本书。

海尔特·罗藤
2024 年 1 月
阿姆斯特丹大学经济学院
作者的出版物可以在 http://reuten.eu 中下载。

---

[1] 正如书中所述(见第 11 章 11§10-b 的详述),以"外国直接投资"衡量的资本国际流动在世界范围内是一个相当新的现象,发源于 20 世纪 80 年代中期。因此,上述正文中提到的趋同,以及成熟资本主义国家的合法性结果,都是最近才出现的现象。这一注释写于 2024 年,为此我还可补充一点,在当今相当多的成熟资本主义国家,解决合法性问题采取的是政党政治向激进右翼政党摇摆,或主流政党向右摇摆的形式。不过,它采取的是这种形式,而不是反对资本主义系统的形式,让人非常遗憾。

总导言

总导言目录

A 本书的目的和大纲 ii
   总目标和大纲 ii
   本书的出发点：社会分离 iii
   章节概要 iii

B 思想的传承 vii

C 系统辩证法：方法论导论 ix
   C§1 主流方法的局限性 ix
   C§2 "系统" xi
   C§3 前提和预设（与假设相反） xii
   C§4 系统辩证叙述（exposition）[A§10-A§14] xiii
        两种阅读策略 xiv
        本书的经验领域 xv
   C§5 系统秩序与历史秩序 xvi
   C§6 内在批判 xvi

D 关于数学和读者的附注 xvii

E 本书格式和书内引用 xvii

   附录 关于历史辩证法的注解："历史唯物主义" xviii

   鸣谢 xx

A 本书的目的和大纲

总目标和大纲

经济学中的许多传统研究侧重于社会的某些方面,如劳动市场或金融市场——通常抽象掉了国家及其政策。这本书的目的是系统地确定各种经济和政治的关系、制度和过程的相互联系和表现形式,这些关系、制度和过程是资本主义系统(即资本主义经济和资本主义国家)持续存在所必需的。这样,读者就可以大致了解资本主义系统的构成和运作。

任何科学,以及任何科学项目,都是从某些假定的事实和问题开始的。我将简要概述我的一些问题。在某种程度上,这一点的意义有限,因为科学研究的结果往往会产生超出其最初范围的影响和意义。在资本主义社会中,我们观察到的社会分离是:

- 富人—穷人
- 有权力者—无权力者
- 受雇—失业
- 令人满意的工作—令人不满的工作

这引发了三个问题。第一,为什么资本主义系统的这些特点是持久的?它们是资本主义系统持续存在的条件吗?第二,如果是这样的话,这些条件如何与系统持续存在所需的其他条件联系起来?第三,这些条件实际的制度化如何决定了制度的实际运作,从而再生产了这些社会分离?简而言之,挑战在于理解资本主义系统。资本主义系统内外的自觉变革需要理解它——在这一点上,我是马克思的热诚的学生。

为了回答这些问题,我们需要研究构成该系统的各种要素之间的相互联系。我在这本书中采用的方法"系统辩证法"(systematic dialectics,SD)(见 C 节),非常适合于理解由许多相互依存的组成部分构成的复杂系统。

这本书的第一篇介绍了资本主义经济,第二篇介绍了资本主义国家,第三篇讨论资本主义经济和国家的国际格局(international constellation)。第一篇各章和第二篇各章是相对应的。

本书的出发点:社会分离

正如我们将在下文的方法论 C 小节所看到的,本书的出发点(第 1 章的第 1 节)具有特殊的地位,它提出了资本主义系统的一个普遍性(encompassing)概念,这一概念从根本上描述了问题域的特征。这是资本主义特有的在家庭和企业之间的制度性分离(separation),我将其称为"社会分离"(dissociation)。这种社会分离本身并没有争议,事实上,许多主流的资本主义方法都是从这种社会分离开始的。这里的不同之处在于,我直接将资本主义的所有制关系纳入其中:企业占有大部分土地,此外,他们还占有生产资料。

第一章的其余部分,乃至全书,都阐述了资本主义在其内部如何弥合这种社会分离,以及弥合的方式又常常如何产生出新的问题,并找到新的解决方案。

章节概要

如前所述,第一篇(第 1—5 章)概述了资本主义经济。

第 1 章从刚才提到的"社会分离"开始,然后确立的是,交易——依循"货币-价值维度"——如何构成对这一社会分离的初步"弥合"。这就产生了产品的商品化,从而企业的所有制也采取了货币形式的资本所有制。不过,最重要的是,它产生了资本主义的"劳动力的商品化"(commodification of labour-capacity)。普遍化的劳动市场的存在,使资本主义区别于以往的生产方式。本章随后的重点是资本主义生产过程。"成熟资本主义"不仅仅是基于"货币-价值维度"进行的商品和劳动力的交易。我们将看到货币-价值维度如何渗透到生产活动本身(这又一次将资本主义与历史上所有先前的生产方式区分开来),以及生产剩余价值(或利润)以扩大资本如何成为资本主义生产的动力。[1]我们将看到劳动为什么以及如何是利润的唯一来源[这个论点并不新鲜——例如,我们在亚当·斯密(1776)对资本主义系统的分析中就能找到它]。我们也将发现,为什么企业仍然可以占有这些利润,以及资本主义生产——既是抽象的又是具体的——如何采取了由劳动生产资本的形式。

第 2 章首先概述了为了生产资本而进行的单向度的利润生产逻辑是"固有

---

[1] "剩余价值"和利润存在区别,但本导言将忽略它。简言之,剩余价值的生产包括任何利息等价物的生产。

的"。这是通过利润的持续投资和资本的不断积累来实现的,其必然结果是经济增长。普遍化的资本积累有两个主要条件:一是利润不断增长,从而劳动力增长;二是货币数量-流量(quantity-flow of money)的不断增长。货币是由银行创造的,鉴于本章抽象掉了中央银行(这在第 7 章中介绍),货币不可避免地是由商业银行创造的(事实上,在有中央银行的情况下也是如此)。我们将看到,对银行的持续货币创造和家庭领域劳动力的持续(再)创造加以调节,于资本主义系统而言是何等重要。到那时,我们就会发现,货币和劳动不仅是资本积累的必要条件,也是资本主义经济的主要弱点。货币和劳动力的创造过程和市场交换,不同于企业中的商品生产及其市场交换。关于劳动力,我们将看到,资本的持续积累需要持续的失业(对某些人来说这点也许是自相矛盾的)。

我们将进一步注意到,企业公司化的趋势促进了资本的持续积累。这带来了企业所有权和管理的分层形式。

第 3 章论证了银行提供给企业的初始融资是资本积累的必要条件。银行融资是任何其他形式融资的前提。只有在银行为企业投资和生产提供初始融资后,其他融资主体才能代替银行融资。因此,"投资"必须先于"储蓄",储蓄首先是投资的"结果"。一旦这种储蓄产生,来自这些储蓄的其他形式的融资可以事后替代最初的银行融资。因此,这些其他形式的金融不可避免地"衍生"自银行金融(这与主流经济理论相反,主流经济理论认为因果关系是另一种流动方式——储蓄被视为导致投资。这让我们无法解释货币流通数量将如何以及为什么会增长)。最后,第 3 章说明了宏观经济支出如何影响生产的实现,进而影响资本的持续积累。

这就完成了资本主义经济必要的"经济"(或经济内在的)"存在条件"。以下两章介绍它在企业的市场互动中(第 4 章)和在周期性过度积累和资本毁灭中(第 5 章)的含义和表现。

第 4 章是对企业间市场互动的主要形式的论述:竞争、卡特尔形成、寡头垄断和完全垄断(oligopolisation and monopolisation)(在叙述的这一阶段才引入这些现象,表明本书的研究方法与主流经济学的不同之处。后者通常从竞争的概念开始)。我们将看到生产技术,以及技术变革和创新的程度如何影响市场互动的形式。它还将表明,对于以竞争为主的部门,生产部门之间的动态(资本从一个部门流向另一个部门)很大程度上取决于部门间平均利润率的均等化趋势。然而,这也将表明,在这些部门内,利润率往往是分层的。

第 5 章是第一篇的最后一章,概述了资本积累的周期性运动(商业周期)。本章将说明这是资本过度积累的结果,(在上升期)伴随着利润率的下降。这种过度积累通过消灭一部分已积累的资本以及裁员(在危机和经济衰退中)得到纠正;通过这种活动,利润率得以恢复。这种反复出现的过程所造成的大部分痛苦,都堆积在那些被迫失业的人身上。然而,同样的过度投资和生产能力丧失的反复过程损害了气候,破坏了所利用的自然资源。

该章的论述综合了前面的论述(包括上面的概述没有涉及的许多详细的方面)。在这一综合中,由于实际的经济现实不可避免地总是处于这种周期性运动的某个阶段(商业周期的一个阶段),该章中的论述阐述了先前论述(第 1—4 章)的具体存在方式。

到目前为止,本书显然涵盖了主流经济学所涉及的大部分材料,也事实上研究了所有主要的经济概念。然而,本书在内容和方法论上都有显著不同。由于在概念之间所设定的具体的相互联系,对于受过主流经济学教育的读者来说,会有一种方法论"转变"(shift),也会对经济科学产生不同的看法。

在这一点上,本书的方法论策略是探索在多大程度上可以将"国家"抽象以描述资本主义经济。尽管这对于社会科学家来说有点奇怪,但是经济学家会明白,这就是大多数主流经济学教科书横贯始终的方法。通观第 1—5 章,对经济制度和过程加以调节的必要性通常显而易见。在这些章节中,这种必要性通常是(含蓄或明确地)通过自我调节的方式来处理的,从而引出这种自我调节的局限性。然而,到第 5 章结束时,提出"国家"的必要性就不可避免了。

第二篇(第 6—10 章)明确了迄今为止仍然隐含的内容,即对于资本主义经济而言,国家和经济政策的必然性。在这里,陈述的目的与先前的目的类似:确定资本主义系统持续存在所需的关系、制度和过程——只是现在才涉及国家。这里提到的"国家"是一种制度上的持续存在,而不是指经常更迭的政府。[1]

第 6 章阐述了为什么资本主义系统不可避免地需要一个资本主义国家。它的出发点又是第 1 章中描述的"社会分离"。也就是资本主义系统的整体性概念,它在本质上刻画了该制度问题域的特征。虽然第 1—3 章阐述了它存在的"经济"条件,我们现在继续讨论其存在的政治法律条件。第 1 章(和第一篇所有的)论述都是以下述内容为前提,经济行为人有权按照所赋予的权利而行动。这些权利的核心是:第一,企业对大部分土地的权利主张;第二,他们对生产资料而不仅仅是生产过程的权利主张;第三,他们对雇用劳工并将该劳工所产生的剩余价值(利

---

[1] 此外,"国家"一词是指"中央国家"。就完全管辖权而言,有些中央国家是由(我称之为)"附属国"的联盟或联邦组成的。

润)据为己有权利的主张。国家作为一种特殊制度,为这些主张授予法定权利的形式。由于国家特别地授予了这些权利,所以被认定为"资本主义国家",与资本主义经济构成了统一。国家对这些授予的权利的法律表述以及对这些权利的维护,需要法律结构,这些结构往往在各种方式上具有内在的冲突。这些在第 6 章中介绍。

第 7 章首先阐述了这些法律结构如何要求征税,而税收不可避免地凌驾于经济行为人的所有权主张之上——因此,国家为此类主张的辩护必然需要在一定程度上忽视这些所有权主张。其次是对国家行动范围的概述,它决定了在可行税收的限制下,国家可以做什么。后者是由资本积累的普遍活力决定的。在某种程度上,这种活力不足以满足国家必要的行动范围,必须提高这种活力,从而进一步为资本积累和经济增长创造条件。

本章的主体部分包括这些条件的论述:货币和金融机构的监管,劳动市场和公共教育的监管,以及国家对基础设施建设的参与。本章还阐述了为什么社会保障转移支付对于资本主义国家的合法性是不可避免的,并且对于资本主义系统也是如此。

第 8 章是关于国家活动(如第 6 章和第 7 章所述)的论述,涉及国家的货币支出及其财政。与第 3 章的论述类似,本章展示了国家的宏观经济支出如何影响生产和生产的有效性,从而促进资本的持续积累。这一章关注的一个主要领域是各种税收形式(企业、资本所有者、劳动)及其相关税率,以及它们对企业净利润以及更广泛的收入和财富分配的影响。

类似于第一篇前三章对资本主义生产的经济内在"存在条件"的论述,第 8 章完成了对国家立法的论述,监管和税收框架是资本主义经济存在和国家自身以及资本主义系统的必要"存在条件"。接下来的两章介绍了国家在推动竞争方面的"表现"(第 9 章),以及对资本主义经济的总体影响(第 10 章)。

企业与银行之间的市场互动模式及其互动结果需要一个约束框架,第 9 章具体展示了国家所推行的约束框架。第一种约束是一般性的:国家以"竞争政策"的形式,将它对"适当"的竞争互动的观点施加给企业和银行。第二种约束是导致(潜在的)普遍的价格通缩和停滞的竞争格局,因此国家采取货币政策,从而产生"爬行的通货膨胀"。第三种约束与一种现象有关,这种现象在 2007—2008 年金融危机的出现后才有所缓解,即企业,尤其是银行,已经"大到不能倒"(too big to fail),因此国家被迫对这些企业的运作施加(高度冲突的)限制。

第 10 章阐述了国家影响力的三种主要表现形式——这在第 6—9 章的论述中

有所体现。首先，尽管资本积累必然表现在周期性运动中（第5章），但国家支出的程度影响这些周期的振幅程度（结构上增加的支出缓和了振幅）。其次，本章将表明，资本主义经济的动态，一旦有了国家的必要调节（第7章），必然导致调节的数量增加，而且导致调节的复杂性也日益增加。最后，本章将概述为什么增加社会保障转移支付（增加占国内生产总值的百分比）是不可避免的。

本章的结论是，即使"大到不能倒"的银行和环境破坏这两个主要问题能够得到解决（同样是通过复杂的调节），不断增加的社会保障转移支付和不断增加的调节的数量和复杂性对资本主义系统来说既是不可避免的，又是不可能实现的。

第三篇（第11章）介绍了资本主义系统存在的国际模式。同第4—5章和第9—10章一样，该章并没有阐述资本主义系统的存在条件，而是它的表现形式。它着重于国际经济关系的两种主要形式：国际贸易和资本的国际转移，这两种形式表现为生产的国际迁移（international migration of production）。国际贸易与国家内部的区域专业化和交易并无本质区别。然而，生产的国际迁移的影响可能是深远的（当我完成本书的文字稿时，这种迁移的规模还不大）。在这种迁移不受限制的情况下，它引发了一种相辅相成的组合：一方面逐步走向平均工资结构的国际趋同，另一方面逐步发展为世界范围内类似的调节结构。本章阐述了与这些运动相关的各种利益冲突。

B 思想的传承

由于这本书涵盖了广泛的主题，所以不可能回顾所有关于这些主题的现有文献。相反，参考文献主要出于致敬和致谢。因此，就我置身其中的学术传承提出几点说明是恰当的。像大多数当代经济学家一样，我受过新古典主义理论的教育。由于感到不满，我逐渐熟悉了马克思和马克思的资本主义政治经济学，以及后来的后凯恩斯主义和制度主义理论。因此，在正统教育背景之后，我成了现在所谓的异端经济学家，我基本上植根于异端理论，尽管这个标签可能太宽泛了。

马克思（1818—1883）和黑格尔（1770—1831）在某种程度上是我的主要辩论伙伴，我与他们有着不断的思想对话。仔细研究一位或两位伟大的思想家有很大的好处。通常，对这些伟大思想家的研究始于对他们目标的某种尊重，而一旦一个人能够批判性地反思这些理论内容（反思视内容而定）——看到每个作者的局限性和不足，仍然从中吸取教训——那么，他与这些思想家的关系就成熟了。

黑格尔和马克思也创造了社会科学系统辩证法，即本书所采用的方法的主要范例（见 C 节）。虽然这里所用的系统辩证法有时与黑格尔和马克思的方法有明显偏离，但我还是继承了他们的科学传统，并从这些作者身上获益良多。

在这个传统中，我也感谢一些在世的作家。首先是迈克尔·威廉姆斯（Michael Williams），我和他一起写了我第一本全面的系统辩证法作品：《价值形式和国家：资本主义社会的积累趋势与经济政策的决定》（1989）。虽然本书的内容经常与我们的合作著作有实质性的偏差，但这两部作品的方法论和系统结构有许多共同之处。事后看来，我认为这部合著是一个重要的方法论成就，因为据我所知，这是马克思《资本论》以来政治经济学领域第一部全面的有关系统辩证法的著作。[1]

此外，我还非常感谢国际马克思主义理论研讨会（ISMT）[2]的成员。这个小团体中的哲学家和政治经济学家从 1991 年到 2014 年每年夏季都会举行一次会议，深入讨论彼此关于马克思及此后发展出来的著作——特别聚焦于他的方法，尤其是该方法与黑格尔在根源上的（受到不同评判的）关系。本书从这些讨论中受益匪浅。

作为另一种意义上的继承，我从 2007 年至 2015 年在荷兰议会参议院为社会党服务的学术和政治经验帮助了我（特别是在第二篇）。我特别了解和体验到，第一，国家对"普遍利益"的看法（通常是含蓄的）如何与资本主义系统的"无可置疑"地存在相联系（第 6 章）；第二，可行的税率是国家行为/不作为［(non-) doing of the state］长期关注的问题（第 7 章）；第三，当银行业动摇时，在多大程度上国家和

---

[1] 1984 年，迈克尔·埃尔德雷德（Michael Eldred）出版了一部关于经济竞争和资本主义国家的运用系统辩证法的著作。他与克莱伯（Kleiber）、韩龙（Hanlon）和罗特（Roth）一起开展了另一个更广泛的研究，可惜在 1982—1985 年他们关于价值形式理论的论文发表后停滞了。

[2] 这个团体通常包含 8—10 名成员：克里斯托弗·阿瑟（Christopher Arthur）、玛塔·坎贝尔（Martha Campbell）、弗雷德·莫斯利（Fred Moseley）、帕特里克·穆雷（Patrick Murray）、海尔特·罗藤（Geert Reuten）、托尼·史密斯（Tony Smith），以上为 1991 年至今；古格里尔莫·卡尔切蒂（Guglielmo Carchedi，1991—1993），小保罗·马蒂克（Paul Mattick Jr.，1991—2000），里卡多·贝勒福（Riccardo Bellofiore，1996 年至今），尼古拉·泰勒（Nicola Taylor，2001—2003 年），罗伯托·芬斯基（Roberto Fineschi，2004 年至今），安德鲁·布朗（Andrew Brown，2006 年至今），基铎·斯塔罗斯塔（Guido Starosta，2009 年至今）。1993—2015 年，在 ISMT 会议之后出版了九本书（包括中文、意大利文和西班牙文译本）。

资本主义系统就会动摇(第7章和第9章);第四,国家如何试图通过将最具冲突性的问题委托给国家的半独立或准独立机构,以避免冲突(第7—9章,多处);第五,为什么立法和其他调节不可避免地会增加规模,尤其是为什么它变得更加复杂(第10章)。我在这八年间,与三位不同的财政部长、三位不同的税务国务秘书以及财政和经济事务发言人进行了辩论,总的来说,本书的第二篇从这些辩论中受益匪浅。

C 系统辩证法:方法论导论

通过教授这本书的经验,我了解到,从一个全面的方法论的叙述开始是不太有启发性的。然而,在吸收书中内容的同时,至少让读者对方法有个大致的了解是有帮助的。因此,在方法论方面,我分三个阶段进行。首先,在这篇导言中,我提出了一些关于系统辩证法方法的一般概念。其次,在各个章节的内容有需要的许多地方详细介绍了该方法。因此,当我第一次介绍"趋势"时,我详述了"趋势"的方法论概念。在书的末尾有一个一般的方法论附录,是第三个也是最全面的论述,它提出了系统辩证法的一个相互联系的大纲。对大多数读者来说,最好最后阅读附录。但是,对于那些希望在前面扩展方法论信息的读者,我推荐阅读附录中的章节 A§1、A§2 等。

虽然这篇总导言中,我概述了系统辩证法,因此将使用一些辩证的术语,但在接下来的章节中,我试图将这些术语减少到最低限度。不过,对于第1章和第6章,较多的术语还是不可避免的。

C§1 主流方法的局限性

我在本书中采用的系统辩证法适合于将一个系统或有结构的总体理论化。对于社会系统知识的综合来说,这是一种适当的科学方法(这是下面几节的主题)。然而,人们必须有充分的理由才能偏离常见的或流行的研究方法,因此,首先概述一下主流方法的局限性是有益的。

许多主流科学自豪地把它的努力放在"分析"上,而系统辩证法是通过"综合"进行的。下面提出这些术语的简要描述就足够了。分析:通过将整体划分为要素,或解构初始知识来考察。综合:把知识联系起来、集合起来或统一起来;通过指出它们之间的相互联系,把纷繁多样的概念组合成一个整体。

目前主流的方法一般都是建立在实证主义(positivism)的哲学传统之上的。它们的目的是描述和解释现存制度的外在表现。尽管在经济学中,所说的方法通常是经验实证主义,但实践上,通常是理性实证主义,或者更准确地说,以数学公理为原型的公理实证主义。[1]

现代实证主义传统可以追溯到17世纪早期弗朗西斯·培根和勒内·笛卡尔的著作。这一传统的核心是笛卡尔提出的"主客二元"(subject-object dualism)或思想与存在之间的划分。这种划分产生了理性主义和经验主义两种主要的方法论-哲学框架(关于客体-主体二元论,我还使用了实体和话语这一对现代概念)。

这两个框架——理性主义和经验主义——处于彼此的二元对立(社会分离)当中。各种现象被不同地还原到这一极或那一极(还原论)。在主流经济学中,我们可以看到这些例子:

• 公理分析进路(如许多微观经济学的模型)。
• 实证分析进路(如许多宏观经济学模型,尤其是国家研究局和中央银行应用的模型)。

在我看来,这些模型的第一个主要缺陷是与结构和系统的概念格格不入,或者干脆将其忽略。通常这些模型是从局部问题出发并展开的(当目标是从某个特定的角度解决一个局部问题时,这是没有问题的)。[2] 将自己限制在局部领域之中所产生的困难,是通过采纳有关"世界其他地区"的各种假设来"解决"的,尤其是其他条件不变的假设。学习这些模型的学生(应该)知道这些假设有多重要,他们依据漫画式方法(想想经济学中典型的"理性行为"进路)来处理手头的问题,以及他们知道这些假设通常如何导致世界其他地区的漫画化。

第一个局限性与另外两个局限性相关。第二个局限性是,模型实际上是一组复杂的定义。[3] 这对于分析和解决局部问题确实有用。然而,设定固定的定义

---

[1] 经验主义认为感性经验是知识的源泉。理性主义强调理性在理解现象中的作用。参见罗藤(Reuten,1996,尤其是第40—41页)。

[2] 将失业问题归结为个人特征(有时这可能是具体问题的一部分),而不是将失业问题与社会上某一阶层对生产资料(属于企业)的控制、该阶层的激励结构等联系起来,这就是将问题归结为局部问题的一个简单例子。将失业等问题与其他问题和一般结构联系起来的努力,提出了"相互联系"的假设。考虑到稍后要介绍的一个问题,我们可以补充一点,即把问题归结为个人特征的这种(常见的)做法显然使研究者不必考虑相互关联的结构。请注意,我并不是说所有问题都可以用相互关联的结构来表述,也不是说所有问题都必须用这些结构来理解或解决。

[3] 参见豪斯曼(Hausman,1992,pp.75-82)。

会抑制概念的发展,从而阻碍以概念变化为核心的整体的科学发展。

这两个局限性在本质上是归于认识论的(epistemological)。第三个局限性涉及主流经济学(即新古典经济学)所走的特定道路,它倾向于从个人行为的角度构建模型。这就是所谓的"方法论个人主义"。严格的方法论个人主义者否认"社会结构"和"社会力量"的存在,这使得"市场力量""市场结构"或"资本主义系统"(正统经济学中的常见术语)的提法变得相当难以理解。对于那些不否认结构存在的人来说,方法论个人主义是一种自我强加的限制——我们如何从个人行为上升到这些结构,这一点都不清楚(至少不是以一种有理论依据的方式)。

比"方法论个人主义"本身更深远的是它与"本体论个人主义"思想的结合。也就是说,社会结构被认为是完全由个人行为决定的,而不是由另一种方式决定的("本体论结构主义"),或者是由个人与社会结构之间的某种相互依存或辩证的联系所决定的。[1]

上述局限性并不是不认真对待主流科学或完全忽视其结果的充分理由;关键是,任何方法都受到其自身或内部制约的限制,当审视研究结果时必须清楚地理解并牢记这些局限性。系统辩证法在解决这些问题上有一定的作用。一般来说,把主流方法论的成果纳入辩证法是可能的,但相反方向的运动并不能直接实现(第14章的A§3阐述了系统辩证法如何利用主流经济学的成就)。

C§2 "系统"

至此我提到了资本主义的"系统"。资本主义实际上是一个系统吗?或者说,它是一个由相互依存的组成部分所组成的自我再生产的整体吗?如果我们不满足于新闻工作和历史叙述——毫无疑问,这些都是有价值的活动——那么,要使科学和科学解释成为一种可理解的活动,就必须假定我们所研究的对象(constellation)既有系统性,又在原则上是可理解的。[2] 因此,我们将假定一些结构化的总体。

"系统辩证法"是指对这种系统进行辩证研究和叙述的方法。

---

[1] 后者可参见霍利斯(Hollis, 1994),也参见罗藤(Reuten, 2003c, ch. 10)。

[2] 在本书中,"格局"(constellation)一词有如下含义:相互关联的组织单位和/或相互关联的过程和/或结构[通常称为构型(configuration)]。该词也可指普通语言中所谓的"子系统"(subsystem)(如"银行系统")。出于方法论的原因,有时也出于文体的原因,当我想避免使用"系统"一词时,通常会使用该词。

C§3　前提和预设(与假设相反)

系统辩证法不仅避免定义(第 14 章 A§6),也避免假设(assumption)。然而,本书叙述采用了三个"前提"(presumption)。第一,一种由文化决定的语言(在我们的例子中尤其是"英语")。紧接着就是知识型。[1] 在某种程度上,我们可以意识到它,但任何科学努力都无法摆脱这一影响深远的前提(有时人们认为数学可以。然而,数学至少需要从文化语言到数学的"初始翻译")。第二,假定我们的考察对象存在。在我们的例子中即资本主义社会形态,尤其是资本主义经济和国家。从经验上看,经合组织国家以及所有其他具有类似结构的国家都是资本主义经济和国家的典范,而不论它们以人均 GDP 和国家支出表示的发展水平差异。第三,假定研究对象具有系统性(见上文 C§2)。这是对研究对象进行任何科学研究而非单纯描述的先决条件。

除了这三个前提之外,我还在第 1—3 章和第 6—8 章中采用了"预设"(presupposition)。我之所以采用它们,只是因为"系统"的所有构成要素不可能同时呈现。我用"预设"(而非"假设")来表明这些它们的临时地位(模型方法的许多"假设"则具有永久地位)。因此,在辩证叙述的过程中,我引入的要素(entity)在其引入阶段并不是或不完全是"有根据的"(例如,当我在第 1 章中引入"货币"时,第 2 章银行对货币的创造已预设了)。系统辩证法的预设与标准建模方法的假设之间的一个主要区别在于,系统辩证法的预设必须始终植根于叙述之中——在所有与对象领域相关的规定都内生地得到规定,即不再需要任何预设(或假设),并且所有先前(临时性的)预设实际上都已消除之后,系统辩证叙述才算完成。在本书的主要系统文本中,我从未使用过假设——如果我没搞错的话(在"说明"中,我有时使用假设,只是为了简化例子)。

在建模方法中,当取消某些假设时,先前(基于被取消的假设)的陈述可能不再成立。而预设则不同。在每个层次上(例如在第 1 章或第 2 章的叙述层次上)提出的所有陈述都被认为是正确的,当我们读到第 5 章或第 11 章时,这些陈述仍然是正确的。

---

[1] 福柯(在其《词与物》中)使用知识型(épistème)来指认一段长时期内(设想与"现代"对比的中世纪)用以支撑生产和科学知识生产的可能性的"无意识"心理结构。相比库恩的范式概念,一种知识型影响更为深远且不可避免。

上文关于预设的所有叙述都适用于我们在此研究的对象领域("资本主义"——A§2)。虽然资本主义不可能存在于虚空中,但一本关于资本主义系统的书不适合从对自然科学实体的叙述开始(即使我能这样做)。

C§4　系统辩证叙述(exposition)[A§10-A§14]

系统辩证法考察特定社会经济系统的格局,如资本主义,而不是它的历史发生(另见附录历史辩证法)。系统辩证法可与其他科学方法相比较,因为它谋求可靠地认识可以认识的事物的方法。然而,系统辩证法不同于大多数其他方法,它声称这些知识的可靠性的关键在于有关某个对象总体性的所有相关知识的相互联系。系统辩证法对任何局部知识(包括模型构建)持怀疑态度,尽管它没有先验地否定这一知识(C§1)[A§3,A§8]。然而,更广泛的视角可以显示出局部知识的局限性或虚假性。

系统辩证法与所有其他方法的第二个主要区别是使用该方法获得相关知识的相互联系的路径。使用金字塔的比喻,如图1所示,将有助于描述该方法。

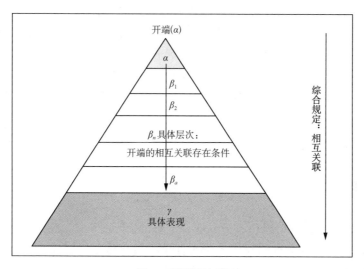

图1　系统辩证叙述

在寻求把握一个系统的对象总体性(资本主义)时,首先需要一个能把握整个系统本质的概念。这个起点在图中用"α"表示(参考"商品化"之于马克思《资本论》和"社会分离"之于本书)。我们将在第1章中看到,一旦提出,这样一个无所不包的出发点似乎是显而易见的——它本应如此。然而,我从马克思的思想斗争和我自己的思想斗争中知道,找到适当起点的思想过程并不简单。

下一层级用 $\beta_1 \cdots \beta_n$ 表示,阐述了起点存在的相互关联的条件。这些层次被称为"环节"(moments)。更具体地说,从出发点开始,系统辩证论述必须提出一个环节存在的临近条件(proximate condition),即环节存在所必需的直接条件(immediate requirement)。如果这个建立根据的环节(grounding moment)不能孤立地存在(也就是说,在某种程度上它是非内生的),那么这个环节需要新的近似的建立根据的环节。例如,弥合"社会分离"的第一个必要环节是货币和产品的商品化(commodification of goods)、劳动力和生产过程(第1章)。货币以银行的存在为条件(第2章)。系统辩证法研究的大部分内容在于确定这些因素的临近顺序(在这种情况下:不是在货币引入后立即引入银行,而是"预设"了它们并延迟它们的引入)。[1]

两个或更多环节的联系具有综合特征,我们越往金字塔下走,就越达到综合。存在的必要条件——以及它们自身的存在的必要条件——是一个主要的方法论原理。这确保我们得到有关资本主义系统相互联系的总体性的叙述。出于同样的原因,我们必须避免假设,因为假设会为漏洞开辟道路。

对于总导言,我不需要对金字塔的最后一层具体表现(concrete manifestation,γ)说太多。这部分描述可以被推后到相关章节。在这里,我只需说明表现形式与前文论述的内涵有关,最终是对前面论述的(或几个)线索的综合。

沿着论述的过程(从起点到表现形式),我们每一次都会扩展对资本主义系统的理解。最后,这将适合于充分理解其出现在经验现实中的本质性运作。

图2按整本书的每一章显示了这一过程(章节编号放在该图的金字塔内)。

两种阅读策略

如图2所示,读者可以按章节顺序(1—11)阅读这本书。按照这个顺序,也许最容易消化。然而,文本的写作方法也使读者可以选择"之"字形阅读顺序,也就是说,按章节顺序1、6、2、7等阅读。从方法的角度看,第1章基本以第2章和第6章为依据,以此类推。

---

[1] 熟悉马克思的《资本论》的读者可以回忆,他在第1卷第1章引入货币,但到了第3卷第22章才系统性地讨论银行。

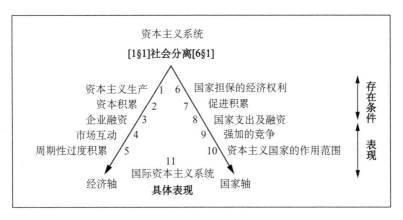

图2　各章的系统辩证叙述

本书的经验领域

当不仅贸易,而且(以劳动市场为前提的)生产过程被货币和利润所支配时,成熟的资本主义就出现了。这一现象发生在1800年前后的英国和法国。当资本主义生产在一个国家占主导地位时,我将其归类为"资本主义"(当上下文需要时,我使用"成熟的资本主义"一词)。

1961年,当时的资本主义发达国家松散地组成经济合作与发展组织(Organisation for Economic Development and Co-operation,简称OECD)。当时,经合组织有20个成员国;截至2016年,我使用这个词时,它有35个成员国。[1]当我使用"资本主义系统"这个词语时,我想到的是这些国家的制度经济结构和国家结构,以及其他所有结构类似的国家的制度经济结构和国家结构,而不考虑它们在人均GDP和国家支出方面的发展水平。这就是本书的经验领域(即图2的起点和终点)。

在第二篇的各个章节中,我将援用这些国家的经验数据的平均值。第一篇——对于资本主义经济的描绘,好像没有资本主义国家一样——没有援用明确

---

[1] 1961年:奥地利、比利时、加拿大、丹麦、法国、德国、希腊、冰岛、爱尔兰、意大利、卢森堡、荷兰、挪威、葡萄牙、西班牙、瑞典、瑞士、土耳其、英国、美国(20个)。1964年:日本加入。1970年前后:澳大利亚、芬兰、新西兰加入(24个)。1994—1996年:捷克共和国、匈牙利、韩国、墨西哥、波兰加入(29个)。2010年:智利、爱沙尼亚、以色列、斯洛伐克共和国、斯洛文尼亚加入(34个)。2016年:拉脱维亚加入(35个)。

的经验数据。然而,没有资本主义国家,资本主义经济就不可能存在。[1]

C§5 系统秩序与历史秩序

人类的实际历史通过以前的生产方式(如封建主义)衰落到现在的形式,决定了当前资本主义系统的格局。然而,特定要素、制度或过程的历史发生(及其顺序)可能与其"系统重要性"无关。例如,商品市场先于劳动力市场发展这一事实并不意味着,就资本主义系统的运作而言,商品市场比劳动力市场更重要——两者都绝对必要。商品形式的货币(如黄金)的发展早于"银行账户货币",但这一事实并不意味着货币的系统处理应从商品货币开始或非要提及它。本书的系统顺序与历史顺序无关(当然,历史是非常重要的。然而,系统辩证法不是历史科学。因此,历史辩证法——如黑格尔或马克思的方法——与他们或我的系统辩证法几乎没有关系)。[2]

但是,必须区分跨历史必然性(普遍性)和系统必然性(一般性)。例如,一种跨历史必然性是,为了生存我们需要食物和住所。所有的跨历史必然性也是系统必然性,但并非所有的系统必然性都是跨历史必然性。例如,货币是资本主义系统的必然性,但货币不是跨历史的必然性。为了保持这一关键的区别,当使用"必然性"一词时,它总是指"系统必然性",要使用"跨历史必然性"时,该词以全称出现。

C§6 内在批判

通过系统辩证法的方法,产生了另一个源于马克思的方法论原则,即"内在批判"的原则。内在批判(immanent critique,简称 critique)有别于"外部批评"(external criticism,简称 criticism)。批评采用一种规范性的外部标准(external criterion)(无论是伦理的、审美的或方法论的)来评估社会或诸如艺术品和科学贡

---

[1] 严格地说,第一篇的论述先于第二篇,因此我可以在第一篇中介绍经验数据。但我没有这样做,因为这需要持续的阐释。

[2] 黑格尔和马克思都发明了一种历史辩证法——也就是说,用来研究历史——以及一种系统辩证法——也就是说,用来研究历史中的一个阶段,一个特定的系统。这些辩证法是非常不同的。由于历史辩证法相对容易解释,大众对辩证法的描述往往局限于历史辩证法,而忽视了系统辩证法。例如,马克思在 30 岁(1848 年《共产党宣言》出版)之前一直运用历史辩证法。在他的余生中,他一直致力于资本主义系统的系统辩证法研究(见 Reuten, 2003a)。历史辩证法与系统辩证法的简明比较见穆雷(Murray, 2003, pp. 150-158)。

献之类的社会产品。批判的方法是根据研究对象本身的规范和标准来评价社会和社会生产。[1]

因此,本书旨在从自身的逻辑、规范和标准来展示资本主义系统。从这个意义上说,它是从自身内部展示的。然而,这并不意味着没有任何评价或评估。首先,用自己的规范和标准来描述资本主义系统,并不意味着对这些规范和标准及其结果的描述(例如,利润驱动的工人失业)必须是"玫瑰色的"。其次,当资本主义系统的规范和标准被纳入其内在的逻辑结论时,我们可以发现可能存在的不一致和矛盾——就像资本主义企业赞美"市场竞争",同时又追求消除竞争对手,确保垄断地位。内在批判使这种不一致变得明确。

D 关于数学和读者的附注

本书是为社会科学(政治经济学、经济学、政治学、社会地理学、社会学和这些学科的哲学)的学者和高年级学生编写的。为了让不同背景的人们都能理解,我尽量少用数学。公式通常用作简要的表达(如 $A + B = C$)。我也使用简单的比率($X = Y/Z$)。我回避了微积分,而是将数量变化的表示限制为简单的符号,如 $x\downarrow$(减少)、$x\uparrow$(增加)或 $x'\uparrow$(x 增长的增加)。当我引入一个函数关系(X 取决于 Y)时,我就从 $Y \rightarrow X$ 开始。

E 本书格式和书内引用

系统辩证法需要一个系统的格式。这本书的两篇阐述了经济和国家的两个"平行"轴(见图 2)。各篇又分为三个层次,这些层次也与不同的概念层次或阶段有关:章、节和目。
- 各篇分为章(Chapters)(所有章连续编号为 1 至 11)。
- 这些章进一步分为节(Divisions)。
  - 节是各种概念层次的主要结构。
  - 书内引用第 1 章第 1 节时,缩写为 1D1,以此类推。

---

[1] 罗藤简要论述了这一点(Reuten, 2003a, pp. 152-153)。

- 各节被划分为目（Sections）（在每章中连续编号）。
  - 目是主要的文本，只有目包含系统的论点。
  - 书内引用第 1 章第 1 目（§1）时，缩写为 1§1。

为了使各目的系统论点保持简洁，各目正文后面通常是可根据需要阅读的解释性或扩展性文本。后者有以下三种类型：

- 说明（Explications）。旨在为不同的读者澄清各目内容。这些说明是对系统性论点的扩展，通常使用最少的术语和较松散的风格。有时，如果流行的主流观点是不适当的，说明也会开展一些分析。说明也可能指涉后续的章节。必要的时候，这些说明也会对辩证法进行扩展（这一点应该从解释的简短标题中可以看出）。原则上，如果正文足够清晰或对读者而言没有争议，可以跳过"说明"。
- 详述（Amplifications）。这些在各目展开，尽管是以旁白的形式出现的。读者可以跳过它们，而不会失去系统论证的线索。
- 补论（Addenda）。详述了论点的细节或指明文献的出处。补论是为专家准备的，非专业人士可以跳过。
- 说明、详述和补论按目的顺序编号为 a、b、c 等。第 1 章第 1 目（§1）的说明（a）在书内的引用将写作 1§1-a——同样的编号系统也适用于详述和补论。

在大多数章节中，主要章节的系统论述占总篇幅的 50% 左右，其余 50% 是说明、详述和补论。

附录 关于历史辩证法的注解："历史唯物主义"

系统辩证法是与研究资本主义等特定社会经济系统有关的辩证法。这应与历史辩证法明确区分开来，历史辩证法的目的是理解历史发展的动力和这些系统之间的过渡。因此，历史辩证法考察的是社会经济制度之间的历时发展，而系统辩证法则是以共时的方式考察一个特定的社会经济系统。[1]

学生最常见的是通过黑格尔和马克思的历史辩证法来认识辩证法。无论他们在这一领域的功绩如何，如果只关注他们这方面的工作，对他们的主要辩证法

---

[1] 参见穆雷（Murray, 2003, p. 156）。穆雷的文章简要说明了这两种辩证法的区分，尤其参见第 150—158 页。

工作是不公正的。黑格尔一生大部分时间都在从事系统辩证法的研究，在他生命的最后，发表了五篇关于历史辩证法的系列演讲。[1] 他并没有出版这些材料，而是他的学生们将这些讲演的笔记遗稿出版。马克思则是以发展历史辩证法开始他的科学工作的，但他发表的这些著作很少。

马克思和恩格斯一起，是辩证唯物主义历史观(通常称为"历史唯物主义"，虽然这个标签不是马克思的)的鼻祖。以下是一个简单的总结。[2]

在分析的和制度的意义上，任何社会都可以看作是多个领域的集合——政治和法律、文化(包括教育)和经济。对马克思来说，经济领域占据中心地位—生产是中心，但与所有其他领域有着辩证的相互作用。它并不像有时所断言的那样，假定了一种决定论的或单一因果关系的作用(这种解释在20世纪上半叶特别普遍)。[3] 更精确地讲，"生产力"和社会"生产关系"之间的关系在整个社会(整个"社会形态"，如封建社会或资本主义社会)的发展中起着核心作用。[4] 也就是说，"上层建筑"——司法政治和文化领域——发生了什么，很大程度上受经济基础的制约。当生产关系在一定阶段成为生产力的桎梏时，社会革命就导致了社会的变革，使(社会)产权关系的形式重新塑造，以适应生产力新发展起来的(或更准确地说是"发展中的")特性。这种模式对于理解结构之间的变化，特别是不平衡发展的动力，特别具有重要意义。"宏大"的历史可以从革命转型的角度来看待，即将社会关系"重构"为与生产力更加"适合"的形式。

马克思在25—30岁发展了这些思想，在1848年的《共产党宣言》中可以清楚地看到这些思想。从那一年起，马克思进行了政治经济学的研究，他的代表作《资本论》是对资本主义经济基础的系统辩证叙述。此外，即使提到在资本主义内部有一些(主要是预测性的)过渡性要素，过渡也不是系统辩证叙述这一工作的重点。

---

[1] 参见黑格尔(Hegel, 1984[1837])。
[2] 下文大部分段落都摘选自罗藤(Reuten, 2003a, p.152)。
[3] 这段时期内的一个批判性评估可参见雅库波夫斯基(Jakubowski, 1976[1936])。
[4] "生产力"是劳动和生产资料——包括技术(技术又包括组织形式)——的统一(结合)，这是以宏大的、划时代的术语来理解的。"生产关系"是指在社会生产、交换和分配物质财富的过程中人与人之间形成的物质关系，包括从事实际劳动的社会阶级与有能力依靠前者生产的剩余生活的阶级之间的关系，后者通常通过占有被剥削阶级赖以生存的生产资料来实现。

鸣谢

许多人以某种形式促成了这本书。在"学术传承"的标题下,我已经提到了迈克尔·威廉姆斯,我早期系统辩证研究的合著者,以及 ISMT 的成员克里斯托弗·阿瑟、里卡多·贝勒福、安德鲁·布朗、玛塔·坎贝尔、古格里尔莫·卡尔切蒂、罗伯托·芬斯基、小保罗·马蒂克、弗雷德·莫斯利、帕特里克·穆雷、托尼·史密斯、基铎·斯塔罗斯塔和尼古拉·泰勒。在 ISMT 成员中我特别感谢里卡多·贝勒福,他向我介绍了"货币循环理论"(monetary circuit theory),并感谢克里斯托弗·阿瑟、帕特里克·穆雷和托尼·史密斯,他们不断加强了我对系统辩证法和价值形式理论这一长期共享的旨趣的投入。

我要进一步感谢在不同阶段对本书各章草稿发表意见的人士:德克·达姆斯马(Dirk Damsma)、里卡多·贝勒福、赫尔曼·范·甘斯特伦(Herman van Gunsteren)、穆拉特·科坦(Murat Kotan)、彼得·托马斯(Peter Thomas)、托尼·史密斯、波·蒂奥(Boe Thio)、扬·托普罗夫斯基(Jan Toporowski)和维尼南德·范·德·沃德(Wijnand van der Woude)。这里也包括我在阿姆斯特丹大学政治经济学课程的学生,我拿本书草稿在他们身上做了试验。

这本书倒数第二个版本的全部或大部分内容得到了克里斯托弗·阿瑟、德克·达姆斯马、托尼·史密斯和波·蒂奥的评论,对此我深表感谢。托尼·史密斯给我发了 30 页重要的评论,他把我从第 11 章的一个重大错误中救了出来。我很幸运地与波·蒂奥进行了长达数小时的讨论,他使我避免了在第 1 章最后一部分阐述生产时犯下重大错误。我也很感谢出版商对我的评价。

没有这些人的投入和帮助,这本书就不会是现在的样子。

以上是本书的学术内容。英语不是我的母语,我非常感谢西蒙·穆塞尔(Simon Mussell)对我英语的润色。对于这本书的材料制作和出版,我感谢丹尼·海沃德(Danny Hayward)(历史唯物主义系列丛书的经理)以及布里尔出版公司的工作人员詹妮弗·奥巴丹(Jennifer Obdam)和黛比·德·维特(Debbie de Wit),特别感谢后者在调整通常的布里尔字体以适应本书特殊格式要求方面的巨大帮助。最后,我要感谢布里尔公司不知名的出版工人使这本书得以面世。

译者导言

如何接纳国家的经济作用,是当代政治经济学——无论是中国特色社会主义政治经济学还是当代资本主义政治经济学——在其体系化过程中需要解决的重大问题。在马克思之后,资本主义经济系统的最大变化之一,是国家日益发挥着越来越重要的经济作用。早在《反杜林论》里,恩格斯就已认识到了这一点,他提出,大的生产机构和交通机构向国家财产的转变,已经是一个趋势,这种转变意味着,"国家终究不得不承担起对生产的领导"。[1] 在凯恩斯经济学出现后,这一趋势也为资产阶级经济学所承认。虽然自20世纪80年代以来,形形色色的新自由主义经济学开始流行,极力反对国家的经济作用,但国家的这种作用事实上只在局部领域被削弱,总体来看依然在发展。这样一来,如何将国家的经济作用系统地加以总结,纳入一个完整的理论体系,始终是当代政治经济学体系化所面临的首要问题。在国内常见的教材中,国家的作用通常作为国家垄断资本主义阶段的特点加以分析,但这些分析一则比较简单,没有充分反映发达资本主义国家干预经济的实践,在篇幅上也比较薄弱,二则没有和马克思所分析的资本积累运动规律充分结合,从而未能真正提出一个将市场机制与国家的经济作用相结合的有机整体。罗藤(G. Reuten)的教材在很大程度上填补了这一空白。罗藤是阿姆斯特丹大学经济学院的教授,一位马克思主义经济学家,同时还做过荷兰议会的议员,他于2019年出版了名为《资本主义经济与国家的统一:对资本主义系统的系统辩证阐述》的教科书(中译本改名为《发达资本主义的政治经济学:资本主义经济与国家的统一》)。这部教材的鲜明特点,是自觉地运用系统辩证法,将资本主义经济与资本主义国家的理论综合在一起,以形成一个在内容上较《资本论》更为广阔,同时又严格地服从系统辩证方法的理论体系,其经验非常值得我们关注。

---

[1]《马克思恩格斯选集》第3卷,北京:人民出版社,1995年,第752页。

一

为了在政治经济学体系中全面地引入国家的作用,罗藤借鉴了最早由黑格尔提出,后为马克思改造并发展的系统辩证法。系统辩证法是适用于研究具有系统结构特征的对象总体的辩证方法。根据系统辩证法的要求,分析要从一组预设开始,然后随着叙述层次的推进不断地消除之前的预设。与经济学中常见的标准建模方法不同,这种方法要求,在叙述将要完成时所有预设都被清除掉,从而达到"所有与对象领域相关的规定都内生地获得规定"。[1]罗藤试图运用并发展这种方法,与马克思不同的是,他将这种方法运用于一个同时包括资本主义经济和国家的更大的体系,为此他写道:"不同作者的侧重点往往不同,这取决于他们研究对象的总体性。我自己的系统辩证法变体侧重于一个不仅包括资本主义经济,而且包括资本主义国家在内的资本主义系统。对这样一个无所不包的系统的叙述会带来一些结构问题,可能不同于对更狭义的系统性结构(如资本主义经济)的阐述,或者不如其缜密。"[2]要构建这样一个同时包含资本主义经济和国家的系统,就需要界定新的叙述起点,同时明确贯穿整个叙述体系的主线。众所周知,《资本论》的叙述起点是商品,叙述主线是资本所代表的资本主义生产方式和生产关系,这种叙述方式对于考察19世纪的资本主义是适当的,但在国家经济作用得到空前发展的今天就不再适用了。探求新的叙述体系,只能是在继承马克思的系统辩证法的同时,对其加以改造,以满足适用于新的研究对象的需要。

罗藤认为,第一,根据马克思的系统辩证法,叙述起点应该是一个关于对象总体(资本主义系统)的"无所不包的概念"。这一概念的特点是:一方面要抓住对象总体的本质;另一方面,其自身也应呈现为一个系统,只不过在起点的位置这一系统还缺乏存在的条件或根据,因而表现为一个抽象的系统。第二,系统辩证叙述的实质是对起点的存在条件加以展示,这些条件是造成资本主义系统得以延续的必要(或必然)力量。罗藤提出,在系统辩证叙述的最初阶段就须展示两种必要力量:其一是剩余价值的生产和占有(见其著作第一篇的第1章);其二是资本主义的权利国家(见其第二篇第6章),国家一方面要担保资本主义企业生产并占有剩余价值的权利,另一方面要担保公民的生存权利。第二种必要力量支持了第一种

---

[1] Reuten, G. *The Unity of the Capitalist Economy and State*. Leiden and Boston: Brill, 2019, p. 602.
[2] Ibid, p. 14.

力量,换言之,是第一种力量的存在条件或存在根据。根据这一思考,罗藤提出了"分离的分岔"这一概念,将其作为叙述的起点。

所谓分离的分岔(原文为 separated bifurcation,亦称社会分离,即 dissociation),有两重具体含义,一方面指家庭和企业在功能上的分化,另一方面也意谓两者存在着隐含的(或暂时被抽象的)社会联系。这种社会联系是通过交换缔结的,一方面,家庭向企业购买产品和劳务,另一方面,企业向家庭购买劳动力。在罗藤那里,家庭和企业的分岔进一步派生出如下三种分岔:企业主和生产工人的分岔、劳动力和工资(即生产和消费)的分岔、商品内在两因素(使用价值和价值)的分岔。这些分岔以及为了弥合分岔所需要的各种条件或根据,构成了狭义的(即抽象了国家的)资本主义经济系统,也就是我们在《资本论》里所见到的体系。与此同时,在罗藤那里,家庭和企业的分岔也可派生出国家的作用,这是因为,为了维持家庭和企业的社会分离,国家必须界定企业的产权,即生产和占有剩余价值的权利,同时也必须界定家庭成员或公民的生存权利。这样一来,从分离的分岔出发,就可同时衍生出对资本主义经济和资本主义国家的叙述。

在罗藤的教材里,第一篇题为资本主义经济,第二篇题为资本主义国家,两篇各包含五章,构成了全部教材的主体内容。[1] 第一篇首章讨论的主题是资本主义生产,第二篇首章即第 6 章讨论的是资本主义权利国家。初一看来,第一篇第 1 章是整个叙述的起点,但罗藤认为,家庭和企业间分离的分岔,不仅衍生出第一篇第 1 章,也衍生出第二篇第 6 章,换言之,这两章应该同时看作整个辩证叙述的起点。这意味着,在开端的分离的分岔的基础上,立即出现了一个大的分岔——资本主义经济和资本主义国家的分岔,这种分岔一方面意味着资本主义经济和国家在功能上的分化,另一方面也意味着国家是资本主义经济的存在条件或存在根据。在第二篇开端,罗藤这样写道:"第一篇试图'在其自身内部'为资本主义经济建立根据。在第二篇,我们要看看,为何以及如何这些根据是不充分的。第 6 章开篇即表明,资本主义经济的存在必然需要资本主义国家。"[2]

罗藤教材的显著优点,是对国家经济作用的系统描述。其第二篇一共讨论了国家在八个方面的作用(所谓国家作用的八个框架),分别是:(1)资本主义经济权利框架。国家担保资本主义当事人的基本经济权利,包括自由交易、财产权、雇主对剩余价值的支配权等。(2)生存权利框架。国家保护公民的生存权利,如消费

---

[1] 在这两篇之外,还有一篇涉及国际经济,但只有一章的篇幅。
[2] Reuten, G. op. cit, p. 295.

者保护、环境保护、劳动保护等。(3)公共安全框架。由公共安全部门代理行使合法化的暴力,以维护国家所担保的上述两项权利。(4)货币框架。国家的货币发行权、货币政策制定权等。(5)劳动力框架。国家对劳动力再生产发挥调节作用,涉及失业、医疗、救济津贴,以及公共教育支出等。(6)基础设施框架。国家参与基础设施建设与基础科技研究。(7)合法化的社会保障框架。为维护合法性,国家进行社会保障转移支付。(8)有利于竞争的立法框架。主要涉及反垄断、对企业规模的限制(避免大到不能倒)等。

罗藤为其辩证叙述确立的起点——分离的分岔——不是性质单一的范畴,而是一个系统,其中蕴含着企业和家庭这双重起点。从分离的分岔出发,派生出资本主义经济和资本主义国家这两条贯穿全书的主线。因此,罗藤的体系具有双起点、双主线的特征。为了体现这一特点,罗藤还对书中两篇内各章的顺序作了刻意安排,让第一篇各章与第二篇各章在内容上严格对应,比如第6章就是对第1章的补充,因为这里解释了国家为了维持资本主义生产必须界定财产权和人的生存权利;类似地,第7章是对第2章的补充,因为这里解释了国家如何促进积累以克服积累固有的矛盾,如此等等。这样一来,如罗藤所说,读者在阅读时就可不必遵循目录里的顺序,而以一种穿梭迂回或之字形的方式来阅读——读完第一篇第1章,即可立即阅读第二篇第6章;读完第一篇第2章,即可立即阅读第二篇第7章,依此类推。这种之字形阅读顺序可谓是藏在目录表面下的真正的叙述顺序。在图1中,罗藤用两条向下分岔的轴线描绘了这种以分离的分岔为起点、以资本主义经济和资本主义国家为双主线的理论体系。

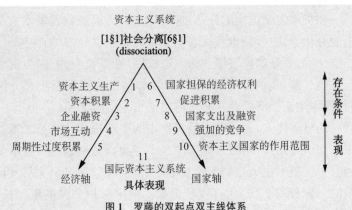

图1 罗藤的双起点双主线体系

资料来源:Reuten, G. *The Unity of the Capitalist Economy and State*. Leiden and Boston: Brill, 2019, p.17.

在上图中，经济轴和国家轴都是从共同的起点出发的，这一起点即是分离的分岔，它以诸如交换这样的社会联系(association)为存在条件，两者的合题是社会交往(sociation)。值得一提的是，在其早期著作里，罗藤就开始了将系统辩证法与国家理论相结合的思考，并采用了这些独特的方法论术语。[1]《资本主义经济与国家的统一》这部教材，是其数十年来努力的结晶。

罗藤的教材不仅在体系上试图涵盖资本主义经济和资本主义国家这两大领域，而且在内容上有如下两大特点，第一，在论述资本主义经济时，始终坚持劳动价值论、剩余价值论等马克思主义经济学基本理论，正如他自己在中译本序里所说的，"剩余价值（整体利润）的生产和实现是贯穿整个资本主义经济论述的主线"。第二，将马克思主义经济学与凯恩斯和后凯恩斯主义经济学相结合，以说明国家的经济作用对资本主义经济的影响。这里就第二点略作些介绍。[2]

根据卡莱茨基对马克思再生产图式的诠释，资本家阶级获得的剩余价值取决于剩余价值实现的程度。在不考虑国家的情况下，企业部门剩余价值（Π）的实现一方面由企业投资（Ie）和资本所有者的消费支出（Ck）决定，另一方面由工人阶级的储蓄决定，后者等于工人阶级的消费和工资的差额（$Cwe - We$）。为此可以写出：

$$\Pi = (Ie + Ck) + (Cwe - We)$$
$$\Pi = (Ie + Ck) - Swe$$

因此，剩余价值的实现，由企业和资本所有者的净支出（$Ie + Ck$）正向决定，由企业部门工人的储蓄（Swe）负向决定。

现在引入国家的经济作用，国家要"生产出"前述八个方面的作用框架，需要开展相应的支出，这些支出要么通过国家直接购买企业部门的产出转化为企业部门的收入，要么通过各阶级的消费间接转化为企业部门的收入。这里要注意的是，工资（Wg）、利息（Qg）和社会保障转移支付（Zg）等收入在多大程度上用于消费，取决于这些收入中储蓄所占的比例，为此，罗藤定义了国家调节或国家引致的储蓄这一概念（Smg）。如果 G 是国家支出，国家调节的储蓄便可看作这一支出中漏出的部分，国家实际造成的支出可记为 $G - Smg$，这样就可以写出一个新的剩余价值实现决定公式：

---

[1] 参见 Reuten, G., M. Williams. *Value-Form and the State: The Tendencies of Accumulation and the Determination of Economic Policy in Capitalist Society*. London/New York：Routledge，1989.

[2] 以下介绍内容来自书中第 8 章。

$$\Pi = [(Ie + Ck) - Swe] + G - Smg$$

因此,剩余价值(Π)的实现由企业部门和资本所有者的最终支出($Ie + Ck$)以及国家支出(G)正向决定,由来自企业工资的储蓄(Swe)和国家调节的储蓄(Smg)负向决定。

在现代资本主义条件下,国家的财政支出和财政赤字是维持资本积累或经济增长的必要条件。若将罗藤教材里的推导加以深化,我们可以得到下面这个包含税收和财政赤字的等式:

$$\Pi_{at} = [(Ie + Ck) - Swe] + [(G - T^H) - Smg + T_O^H] \qquad (1)$$

其中,Π_{at} 为税后剩余价值,T^H 为国家财政收入,T_O^H 为财政收入中的非剩余价值税部分。[1] 在式(1)中,国家的财政赤字即 $G - T^H$ 对剩余价值实现有着积极影响。

二

罗藤教材的最大贡献,是运用系统辩证法构建了将国家的经济理论囊括于内的当代资本主义政治经济学体系。不过,罗藤对政治经济学体系和系统辩证法的思考不是孤立的,他是所谓新辩证法学派的成员之一,在他身上也体现了这一学派的影响。新辩证法学派是 20 世纪晚期主要在英语国家形成的一个理论流派,其成员试图重构黑格尔和马克思的系统辩证法,并对历史辩证法和系统辩证法做了严格的界分。他们认为,马克思在《资本论》里运用的从抽象到具体的叙述方法,就属于系统辩证法,这是在思维中重建具体整体的方法,其特点是以共时性的方式揭示一个社会经济系统的各个要素与总体的联系。用马克思在《哲学的贫困》中的话来说,就是"说明一切关系同时存在而又互相依存的社会机体"。[2] 而历史辩证法是要解释不同社会经济系统的兴起和衰落,或它们之间的过渡。20 世纪八九十年代以来,新辩证法学派试图在明确区分这两种辩证法的基础上,进一步发展关于系统辩证法的理论。尽管他们的某些观点有片面性,在承认两种辩证法的联系的同时,过多地强调了两者的差异,但总体来看,该学派还是推进了对相关问题的研究。

---

[1] 这意味着,$T^H - T_O^H$ 是来自剩余价值的税收。
[2] 马克思:《哲学的贫困》,《马克思恩格斯全集》第 4 卷,北京:人民出版社,1965 年,第 145 页。

罗藤在其著作中表达的关于系统辩证法及其和历史辩证法的关系的思想,是与新辩证法学派相关联的。在罗藤那里,既能看到新辩证法学派的优点,也能看到新辩证法学派的弱点,后者主要体现在,他试图完全依靠系统辩证法,建立一个发达资本主义的经济学体系,将国家的经济作用单纯地理解为资本主义经济的存在条件或根据,这样一来,国家的经济作用就脱离了历史辩证法的视野。为了深入理解这一点,让我们先来看看新辩证法学派对历史辩证法的理解。

新辩证法学派的一位作者穆雷为了厘清历史辩证法的具体含义,将其归于下述五种情况:(1)从一种生产方式向另一种生产方式的转变;(2)一种生产方式为巩固其统治地位而形成;(3)一种新的社会形式、新的必然性的兴起,即一种生产方式作为占统治地位的社会形式而成熟化;(4)一种生产方式内部出现相互矛盾的趋势,造成这一生产方式不稳定,并促使其解体;(5)在特定生产方式中各种参与者的斗争,那些从内部反对这种生产方式的斗争。[1] 在这里,穆雷将前述三种情形归于历史辩证法,是大体适当的。但是,他将后两种情形悉数归于历史辩证法,则是有待商榷的。在穆雷那里,我们可以找到一个例子。他认为,当代马克思主义政治经济学关于资本主义阶段或不同"积累体制"的分析属于历史辩证法,而不是系统辩证法,因为在这些分析中,不仅包含资本主义发展的必然性特征,也包括偶然性特征,后者不属于系统辩证法的叙述范围。他的这种看法自然是片面的。马克思的辩证方法不仅是系统的辩证法,也是具体的辩证法,它不仅要阐明对象作为具体总体所包含的各种规定及其相互关系,而且要阐明其各个发展阶段,以及在各个阶段的特定条件下人类实践活动的总体性。虽然在《资本论》里,系统辩证叙述大体限于资本主义生产方式的一般运动规律,但这并不意味着,这一叙述的拓展不应该进一步包括这些规律在资本主义特定发展阶段的具体表现。自列宁以来,日本宇野学派、法国调节学派、美国社会积累结构学派等当代马克思主义经济学流派都一致强调,马克思主义经济学对资本主义经济的系统辩证叙述不仅涉及《资本论》所考察的一般运动规律,而且涉及属于中间层次的历史制度形式,以及更为具体的经济政策和经济实践。社会积累结构学派的代表人物戈登为此就提出:"我们必须在至少三个不同的抽象水平上分析资本主义社会中的社会关系。在最抽象的水平上,我们必须分析资本主义生产方式的内在关系。在中间

---

[1] Murray, P. Things Fall Apart: Historical and Systematic Dialectics and the Critique of Political Economy, in Albritton, R., and J. Simoulidis, eds., *New Dialectics and Political Economy*. London: Palgrave, 2003, p. 152.

分析的水平上,我们必须分析依次更替的积累各阶段的内在关系,以便理解生产方式的力量和具体活动的有效性是如何被中介的。在最具体的水平上,我们必须研究在这些更为基本的规定所施加的界限内人的活动的历史总体性。"[1]戈登的这些看法是完全正确的。新辩证法学派将后两个层次的内容排除于系统辩证法之外,并不符合马克思所倡导的辩证方法。在笔者看来,系统辩证法和历史辩证法的差别是相对的,两种辩证法其实互有交集。现代马克思主义经济学关于资本主义阶段或各种积累体制的分析,既属于历史辩证法,也属于系统辩证法,新辩证法学派却将这两种辩证法不适当地对立了起来。

罗藤在构造其教材体系时,也受到新辩证法学派上述倾向的影响,将系统辩证法和历史辩证法对立起来,其结果是造成他仅仅在系统辩证法的视野内考察国家的作用,赋予克服市场失灵这一职能以过高的地位,而不是将国家同时看作与市场并存的另一种资源配置方式。罗藤将国家的作用概括为八个调节框架,若将这八种框架再作进一步归类,又可归结为如下三类作用:(1)国家在界定产权和公民权利上的作用(第一、第二和第三框架);(2)国家在促进积累方面的作用(第四、第五、第六和第八框架);(3)国家在合法性方面的作用(第七框架)。其中第一类作用主要是维护资本主义私有制和个人权利的"硬核",因而又被罗藤视为核心框架,第二类作用主要是为了促进积累,第三类作用主要服务于合法性职能。在这三类作用中,后两类主要是在"二战"后的现代资本主义经济中发展起来的。由于在罗藤看来,国家促进积累主要为了因应资本的需要,因而与克服市场失灵具有相同的含义。

罗藤试图将现代资本主义条件下市场和国家的关系完全置于系统辩证法的架构内理解,将国家在这一时期发展起来的作用主要归于克服市场失灵,这种做法是可咨议的。国家在资本主义经济中作用的发展,是资本主义生产关系自我扬弃的体现,因而也应同时在历史辩证法的视野内来考察。恩格斯就指出过从历史辩证法的角度看待国家经济作用的必要性,他写道:"(资本主义生产方式)日益迫使人们把大规模的社会化的生产资料变为国家财产,因此它本身就指明完成这个变革的道路。"[2]当代演化经济学家马祖卡托在涉及克服市场失灵的问题时也提出:"公共部门投资的作用远远不止修复市场失灵。通过更愿意参与奈特的不确

---

[1] Gordon, D. M. Stages of Accumulation and Long Economic Cycles, reprinted in S. Bowels, et al., eds. *Economics and Social Justice*. Cheltenham, UK: Edward Elgar, 1998, pp. 108-109.

[2] 恩格斯:《反杜林论》,《马克思恩格斯选集》第3卷,北京:人民出版社1995年,第754页。

定性世界,在技术开发的早期阶段进行投资,公共部门实际上能够创造出新产品和相关市场。"[1]在这里,马祖卡托刻意强调了国家在建构市场方面的作用,强调国家代表着一种新的资源配置方式,故而突破了罗藤采用的框架。基于这些考量,在政治经济学体系中建构国家理论,就应该在运用系统辩证法的同时,也在某种意义上接纳历史辩证法。这意味着,一方面,国家的作用是为了因应资本的需要,克服市场失灵;另一方面,国家的作用也可能在某种程度上突破或改变资本主义资源配置方式,酝酿某种新的生产关系的萌芽,因而只有与历史辩证法相结合才能获得充分的诠释。

三

不过,撇开上述缺点不谈,总体来看,罗藤的教材不失为近年来在全球范围内涌现的一部佳作。他在书中建立的以双起点和双主线为特征的体系,将资本主义经济与国家纳入了一个辩证叙述的统一整体,一定程度上代表了当代政治经济学体系化的潮流,对于我们构建中国自主的经济学知识体系,也有重要的借鉴意义。2015 年,习近平提出,要"提炼和总结我国经济发展实践的规律性成果,把实践经验上升为系统化的经济学说,不断开拓当代中国马克思主义政治经济学新境界,为马克思主义政治经济学创新发展贡献中国智慧"。[2] 为了响应这一号召,国内学术界自那时以来积极推动了中国特色社会主义政治经济学体系化和学理化的进程,形成了若干有代表性的教科书,提出了具有自身特色的叙述体系。在先前的著作里,笔者曾经分析过国内这一体系的特点,这里只对这些分析略微做些介绍[3]。

国内一些代表性教科书的共同做法,是以社会主义初级阶段的基本经济制度为叙述起点。如图 2 所示,从其结构上看,基本经济制度的每一条都具有一种二元结构,这一点意味着,我们可以将基本经济制度理解为市场机制与社会主义国家经济治理的有机结合。诚然,在叙述的起点上,这种结合还只是一种预设,因而是抽象的,但它也具有罗藤所谓分离的分岔的特性,也即是说,两者在现实中是潜

---

[1] Mazzucato, M. *The Entrepreneurial State: Debunking Private vs. Public Sector Myths*. London, New York: Public Affairs, 2018.

[2] 《十八大以来重要文献选编》(下),北京:中央文献出版社,2018 年,第 7 页。

[3] 对当前中国特色社会主义政治经济学教科书的进一步考察,可参见孟捷的《作为方法的中国特色社会主义政治经济学》(复旦大学出版社,2023 年)相关章节。

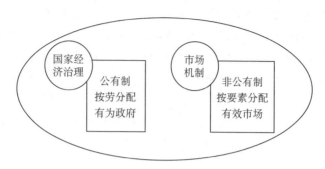

图 2 基本经济制度的二元结构

在地互为存在条件或存在根据的。但是，类比也就大体止于此了，这是因为，对中国特色社会主义政治经济学而言，这种分离的分岔，不应只从系统辩证法的角度理解，而应首先立足于历史辩证法更全面地看待其意义。究其原因，首先在于罗藤的体系与中国特色社会主义政治经济学的体系在研究对象上有根本差异。罗藤所面对的，是一个高度成熟的经济社会形态，而作为中国特色社会主义政治经济学研究对象的社会主义初级阶段，具有通往未来共产主义社会的过渡社会的性质。市场机制和国家经济治理，是作为过渡社会的两种经济调节者同时发挥作用的。它们之间的对立统一关系，必须置于这种过渡社会的大历史背景下来认识。依照历史辩证法，历史从哪里开始，逻辑就从哪里开始。从基本经济制度开始，恰好体现了这一原则。2002 年，党的十六大宣布，社会主义市场经济体制已初步建立，从那时起，基本经济制度就已大体成型，构建中国特色社会主义政治经济学的理论体系，也相应地具备了实践基础。与此同时，一旦明确了基本经济制度这一起点，就必然派生出市场机制和国家经济治理这两条叙述主线。在这个双起点、双主线体系中，国家经济治理的作用绝不只是克服市场失灵，它还同时承载着贯彻社会主义生产目的、实现社会主义公有制生产关系再生产的重要职能。后一种职能作为反映社会主义制度特征的特殊性职能，决定性地影响着国家经济治理的其他一般性职能，使社会主义国家经济治理在根本上有别于资本主义国家经济治理。

四

笔者最初接触到罗藤的著作时，正在承担《中国特色社会主义政治经济学》这一教材的编写工作。为了扩大学术视野、了解域外政治经济学教材编纂的经验，我组织研究生以读书会的方式研读了此书。在阅读过程中，我深切感受到该书的重要学术价值，萌生了正式翻译该书的想法。经过几届研究生的共同努力，初译稿在两三年间陆续完成，此后，除了亲自校对外，我又邀请了几位已经毕业的学生一起进行翻译工作。由于书中涉及的问题和领域相当宽泛，一方面需要多方面的经济学知识，另一方面还需要相应的哲学知识，这就给翻译带来了一定难度，我们虽尽了自己的努力，译文仍难免会有不尽如人意甚或错讹之处，敬希广大读者谅解并给予指正。

孟 捷

2024年秋于新江湾寓所

第一篇

资本主义经济

第 1 章

资本主义生产方式

资本主义经济一般而言：货币价值的生产和企业对剩余价值的占有

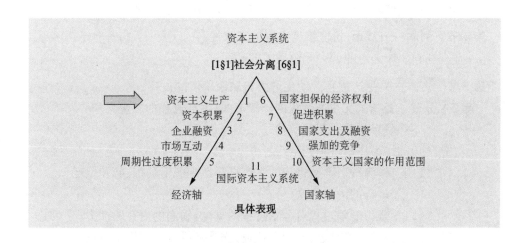

章 目 录

导言		005
第 0 节	社会融合——预备性跨历史概念	007
	1§0　社会交往：格局可持续的抽象条件	007
第 1 节	社会分离——家庭和私营企业的外向分岔	009
	1§1　社会分离之外向分岔为家庭和私营企业	009
第 2 节	货币-价值维度	015
	1§2　交换关系	015

	1§3 价值维度:抽象一般的一元价值	016
	1§4 货币-价值维度——市场的抽象化以及货币作为价值尺度和价值中介的统一的必然性	018
第3节	商品化——商品的内向分岔	022
	1§5 产品商品化通过其市场转化而实现	022
	1§6 劳动能力商品化和商品化消费	025
	1§7 商品的内向分岔:投入和产出"总体"的商品化	027
第4节	利润——货币-价值维度主导的二重性	028
	1§8 作为企业的一元驱动力的利润	028
第5节	资本主义生产过程劳动生产力与剩余价值的占有	029
第5A分节	资本主义生产过程的一般形式:生产过程的二重性和货币增殖过程的统治	029
	1§9 作为技术过程的生产过程	029
	1§10 作为货币增殖过程的生产过程:"观念上的等同"和生产过程的内向分岔	030
	1§11 货币增殖过程对技术过程的支配:利润的内在驱动力	031
第5B分节	衡量与决定因素:剩余价值、作为择机投资的资本以及资本的生产	034
	1§12 增加值和剩余价值(总利润)的表达	034
	1§13 资本和时间——总利润率与标准时间	035
	1§14 劳动生产力的占有	038
第5C分节	社会分离外向分岔的根据(扬弃)	048
	1§15 资本主义生产方式解决了企业"提供生存所需的物质元素"的社会分离问题	048
总结与结论		050

导　言

如总导言所述，本书旨在阐述资本主义系统。因为一个社会系统本质上是一系列相互关联的制度、关系和过程，所以在研究之初并不清楚什么是其阐释的适当起点。系统辩证方法论（systematic-dialectical methodology）的思想是，最好以分层运动来呈现一个系统，这个运动从（假定的）系统的一般抽象概念开始，逐渐发展成更具体的复杂概念。[1] 同时，起初的一般抽象概念应该把握作为一个整体的系统的核心特点。在本书所采用的系统辩证方法论中，论述也从系统的绝对必要性逐步具体化为最接近的必要性。

鉴于此，我将阐述一个系统，第1节起点的地位是一个相对的问题。第1章就其全部内容可以看作是起点。鉴于生产对任何社会的物质生存都是绝对必要的，并考虑到历史上特定的生产形式是决定整个社会的主要因素，本章从具体的资本主义生产形式开始论述。这一论述在本章的最后一节，即第5节中完成，在那里我们将看到资本主义生产基本上是以"资本生产"的形式出现的。第5节之前的章节论证了它为什么会采用这种形式。

除了在0节（论"社会融合"）中引入的一些预备性思想，本章的正式起点是第1节（论"社会分离"），它确立了资本主义系统的一个关键特征，即家庭和私营企业之间的结构性制度性分离（structural-institutional separation）。

第1章的全部内容，甚至整本书，阐述了资本主义内部如何弥合这种分离（separate），以及弥合这种分离的方式如何在这一过程中产生新问题。解决这种分离的第一个也是最主要的制度是市场，正如我们将看到的，市场的关键之一在于它将异质产品同质化为一维货币价值（one-dimensional monetary value）（第2节）。伴随这一过程的商品化不仅适用于非人类的实体（"商品"），也适用于劳动能力（第3节）。正是这种商品和劳动能力的双层买卖（two-fold trading）决定了独特的资本主义利润欲（第4节），但最重要的是决定了利润驱动的生产过程（第5节）。大纲见图1.1。

---

[1]　"假定的"（putative）：尽管我不会再重复这个术语，但对一个"系统"的最终证明将在系统全部都被呈现出来后——即一本书的结尾——达到。

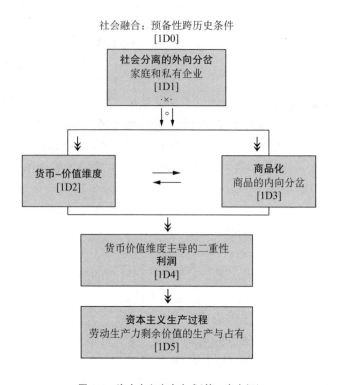

图 1.1　资本主义生产方式（第 1 章大纲）

图例：
- ·×·　连续性障碍。
- ↓°↓　扬弃（部分解决）*。
- ↓　根据（存在条件）。
- ⇆　辩证互动**。
- *　如果有的话，一个完整的解决方案只有在书的结尾才能实现。
- **　辩证互动：相互预设的时刻（此处为分裂）。

　　这一章的起点并不难。然而，第 1 章将是对读者要求最高的一章。首先，在第 2—3 节中，我们将看到，尽管（或者毋宁说"因为"）以货币价值衡量的市场交换是一种日常现象，然而充分理解这一现象并非易事。其次，这些本身很难的分节（divisions），恰是读者首次了解本书所采用的系统辩证法的重要性之处。

　　回想一下总导言，正文的系统论点在其主要的分节（阴影部分）中提供。正文后面通常有一个或多个"说明"，可以根据需要阅读。其次是"详述"和"补论"，它们将进一步详细说明或在更广泛的文献中补充论点。这些都不是系统论点的一部分,原则上,如果认为主要文本足够清楚或无争议,读者可以放弃它们。

第0节

社会融合——预备性跨历史概念

这一部分提出了非常一般和抽象的必要的社会经济条件(necessary socio-economic requirements),任何能想象到的社会都必须满足这些要求,才能成为一个潜在可持续格局(continuous constellation)——无论它是由家庭、公社、封建主义、资本主义、社会主义、合作性或是由任何其他形式组织起来的。这些条件也是所有能想象到的社会的共同点。能够设想一个出生率为零的社会,但这样的社会将不可持续,因此它不符合潜在可持续社会的范畴。

1§0 社会交往:格局可持续的抽象条件

"社会融合"(sociation)是指任何能想象到的社会(society)为了成为一个"潜在可持续"社会整体而必须满足的最低抽象条件。因此,这些条件是跨历史的,因为它们适用于任何具体历史社会。

任何这样的格局(constellation)都要求社会人类活动创造、使用和照护各类实体。[1] 这些实体必定包含食物、住所和衣服。这个社会的潜在持续性要求这些活动包含子嗣繁衍和社会化。[2]

这类实体的创造需要实现从投入到具有质的差异性的产出的物质变换。这种物质变换需要对四大要素进行某种组合:

- 自然。
- 人类活动本身[创造性转化(transformative creation)的行为];这取决于包含正式或非正式(暗默)的社会知识的累积。
- 耕地(cultivated nature)。

---

[1] 整本书中术语"实体"(entity)都是用于指涉一种还没有(完全)被概念识别出来的"事物"。
[2] 社会化(socialisation):语言、技能、知识、规范的掌握。

- 早先作为工具而创造的实体。

所有这些条件在下述两个方面具有抽象性。首先,这些都是用一般概念来表述的(跨历史抽象)。其次,这些条件并没有规定实现这些条件的社会关系(这些关系是特定历史社会所特有的)。

1§0-a　说明　社会融合作为一个广义的、抽象的跨历史概念

社会融合是指抽象的社会经济总体。它只是假定某个系统的抽象概念,并未说明这个系统如何形成,即它如何成为一个潜在持续的社会总体。此外,使用社会融合概念的目的仅用于指涉系统性经济的历史性现象(the historical phenomenon of systemic economies),或者用马克思恩格斯的话来说就是"生产方式"。[1] 例如,"公社的""父权制的""封建的"或"资本主义的"经济。社会融合的概念是跨历史的,从某种程度上说,它可能是任何系统性经济的初步切入点。

因此,还应强调的是,本书其余部分的主题——资本主义系统——是一个特定于历史的,因而可能是有限的系统。早期的公社社会结束了,奴隶制也结束了,封建主义于21世纪初在全世界都结束了。如果资本主义(以某种形式)能够永远持续下去,那将是令人惊讶的。尽管如此,一个天真的大学生可能会相信今天的知识也适用于明天,所以天真的社会参与者也可能相信社会历史会随着资本主义而终结。这可能会出现,但从历史上看,有更多的理由相信不会如此。

资本主义的某些元素在几百年前即以这种或那种形式出现。然而,资本主义系统的关键是资本主义生产,它将生产的货币利润标准(monetary profit criteria)与作为生产投入的工资劳动相结合,这就要求劳动能力市场的存在(本章系统性论述了此点)。资本主义生产于18世纪末在英国、苏格兰和法国逐渐出现,当时它与封建生产并存,封建生产在整个19世纪统治着全球西北部的大量国家。然而,就英国而言,1846年(这一年废除了1815年的《谷物法》)可以作为资本主义在经济和政治上取代占统治地位的封建生产方式的基准。

正如总导言所述,本书不涉及历史变迁。研究对象的经验参考,以及本书第1节和本书余下部分的参考,大体上是经合组织经济体目前的组织类型,更确切地说,是那些我们自1870年以来即具有充足平均数据的经合组织国家。

---

[1]《德意志意识形态》(1976[1932^1, $1965/66^2$]{ms. 1845/1946})。

第1节

社会分离——家庭和私营企业的外向分岔

资本主义社会分离可以通过四类"分岔"（社会分离）而加以概念化，每一类都会在本章中加以介绍。第1节介绍了最具包容性的一个分岔，正如我们将看到的，其他分岔是作为它们的存在条件而衍生出来的。

1§1 社会分离之外向分岔为家庭和私营企业

❶ 外向分岔为家庭和私营企业

在资本主义社会中任何社会（1§0）所需的"活动"通常在制度上是分离或外向分岔为"家庭"和"私营企业"的。此外，这些家庭和企业一般都是非自给自足和相互依赖的，而他们之间的企业也相互依赖。

❷ 伴随着向外的分岔的特殊活动类型

伴随着这种分岔，"活动"呈现出特定类型，即特定于历史的特定资本主义系统类型。

实体的创造（1§0）采取在企业内生产的形式。就要素的创造性转化行为（1§0）的条件而言，采取了"劳动"作为独特生产活动的形式。至于其他条件，耕地（1§0）采取了私有土地的形式，早先创造的工具（1§0）采取私有生产工具的形式，每种生产工具都由企业占有。只有免费的自然资源，也即，自然资源中不被私人占有的那部分，才不会表现为某种特定的形式[说到底，免费的自然资源是（还）不能被占有的自然资源——比如迄今为止，太阳、雨水和风]。

劳动形式作为一种独特生产活动，意味着对工人而言，"非劳动"采取的是在家庭中恢复生机和娱乐的形式（恢复生机不仅包括被动休息，还包括各种业余的个人或集体活动。）

除了正规教育外，所有其他的社交要求都是在家庭中进行的，在那里，他们采取消费或家务劳动的形式，但繁衍子嗣通常并未采取资本主义形式。

这些表格汇总在表 1.2 中。

表 1.2　与向外分岔的资本主义经济相关的特定活动形式——特定于其生产方式

跨历史社会(1§0)一般概念	社会分离——家庭和私营企业的外向分岔(1§1)	
	资本主义经济的特有形式	
	私营企业	家庭
1. 实体的创造(转化)	生产形式(此处以及下文中对于"形式……"应该读作"采取……的形式")	
条件:		
自然	(原始自然:无特定形式)*	(原始自然:无特定形式)
创造性转化行为	采取劳动的形式	采取非劳动的形式：采取休养生息和娱乐的形式†
耕地	采取被私人占有的耕地形式	
早先的生产工具	采取被私人占有生产工具的形式	
2. 实体的使用		采取消费的形式
3. 实体的照护		采取家务劳动的形式
4. 繁衍子嗣		繁衍(无特定形式)‡
5. 子嗣的社会化	采取学徒制的或生产(正规教育)的形式††	采取家务劳动的形式(早期教育)‡‡

注：*　现在主要限定于太阳、雨、风等元素。
　　†　许多娱乐活动越来越多地采取商品化消费的形式——第 2 行(商品化一词在 1D2 中有系统的介绍)。
　　‡　当这本书完成时，繁衍子嗣还没有普遍采取资本主义特定的形式(即使各种形式的商品化正在出现)。
　　††　第一部分还抽象了国家，因此也抽象了国家提供的教育。除了采取学徒制的形式外，任何其他正规教育都是采取生产这种教育的形式出现的。
　　‡‡　许多早期教育越来越多地采取生产(第 1 行)和消费(第 2 行)的形式——例如"日托"。
　　稍后，"越来越"这一术语(在†和‡‡当中)将被概念化为"趋势"。

❸ **独特的资本主义外向分岔**

资本主义社会中，外向分岔的另一个主要特点是：一般来说，企业不归从事生产的劳动者所有。因此，资本主义社会以外向分岔扩展为私营企业所有者和(通常不会重叠的)劳动生产者。因此，这种外向分岔——不单单深刻影响了"单纯"

的形式(mere forms)和活动地点(表 1.2)——是以特定的私有产权关系为特征的。

除了这些私有财产关系之外,企业还会占有劳动者无论以何种方式、出于什么目的以及在何种程度上所生产的产品,劳动者得到的是对他生产的"补偿"。

❹ "社会分离之外向分岔"——反思和预告

到目前为止,关于起点的论述(见上文 1§1)并未揭示出什么惊人之处,因为它只是抽象和概括地阐述资本主义经济如何出现在经验现实中。然而,起点并不会揭示它是如何在这些家庭和企业之间的具体相互关联中"存在"的(例如,劳动从家庭到企业当中获得了怎样的关系,生产是通过什么关系进行的,企业产品通过什么关系流向家庭?)。鉴于任何社会的生存都离不开某种形式的物质"生产"(通常是转化性活动),资本主义向家庭和私有企业的外向分岔表现为社会分离,这一社会分离就是问题所在。

这个社会被假定是分离的,即使我们知道现实中分岔的两极在某种程度上得到了弥合。本书论述的目的是理解这种社会分离的范围和它实际解决的程度。

因此,本章的其余部分将介绍上述起点存在条件的第一个和最基本阶段。为此,它提出了资本主义经济"扬弃"外向分岔的第一阶段(即部分解决分岔而不消除分岔本身的阶段——见解释 1§1-a)。

在完全阐明这些存在条件之前,上述外向分岔整体上(包括它的形式和产权关系)被称为"社会分离的外向分岔"(bifurcation)。在完全阐明之前,这种分岔仍然是资本主义经济持续性的"障碍"。

1§1-a 说明 术语"扬弃(sublation)"和"根据(grounding)"

术语"扬弃"指一个主要障碍(初步)得到部分解决,而该障碍本身并未被消灭。在这本书中,障碍是由社会分离的外向分岔所造成的。这些得到部分解决的障碍,在本章的其余部分和本书的几个篇章中均有介绍,并且越来越完整。只有在论述完成时,才能完全消灭障碍。"扬弃"一词主要用于第 1 章和第 6 章。至于其他地方(在这些章节中已有此意),我只使用术语"根据"(贯穿全书的一系列根据),即将其作为位于起点的外向分岔的基础(1§1)。"根据"等同于确定一个(部分)存在的外向分岔的条件。

1§1-b 说明　论述的系统性逻辑

系统辩证法研究社会系统，在我们的例子中即资本主义系统。它不研究从前一个社会向后一个社会的转变（就像在历史辩证法中那样）。因此，1§1 中提出的分岔和社会分离应该理解为是逻辑上的，而非历史上的（类似的评论适用于本书后面的所有章节）。这种分岔被认为是对当前资本主义系统，特别是其经济的一般抽象的参照。

1§1-c 说明　"社会分离的外向分岔"与资本主义总体性的初次提出

虽然社会分离针对的是资本主义总体，但它只是初次提出。正如我们将看到的，这是解决（resolving，即扬弃）这种分岔以及由此产生的矛盾的方式，这构成了资本主义系统的特点。

1§1 中提出的外向分岔既简单又复杂。就我们所知，家庭和企业之间存在着制度上的分离（这也是主流微观经济学的第一课）。正如我们将看到的，这是复杂的，因为解决这种社会分离的方法还远不充分。即使我们从这种社会分离的角度"认识"结构，它也不可能在没有扬弃这种分岔的模式下存在。因此，假设它是这样的，也就是说，在分岔的极点之间没有任何联系，这是一个不可能的结构，因为它（仍然）缺乏其存在条件或存在理由。

我们将看到，每一次扬弃的努力都会带来新问题（至少在我们完成论述后之前），这说明这种扬弃还不充分，还需要进一步地扬弃。由此可见，关于这一系统的论述的每一次进展都是由先前一个或多个时刻的"不足"所推动的（术语"时刻"见 1§1-d）。

1§1-d 说明　"时刻"的含义

回顾图 1.1，当前章节和后面章节的每一节都表示为一个"时刻"（moment）（有时该术语也适用于一节的单独部分）。换句话说，一个时刻是一个或多或少具有聚合性的制度构成（institutional make-up），或一组或多或少具有聚合性的要素，它可以就其本身得到分析（有时就如一个模型），但它的全部意义来自与其他环节的相互联系，并最终来自它同整个叙述的相互关联。因此，时刻通过综合获得全部意义。[1]

---

[1] 可参见罗藤和威廉姆斯（Reuten and Williams, 1989, p.22），该书中内容是按照更具辩证法的方式安排的。

例如在本章中,外向分岔时刻(1D1)首先在货币价值和商品化时刻(1D2-1D4)实现扬弃。这种扬弃的不充分使资本主义生产环节(1D5)被引入论述。

1§1-e　详述　1§1中的"一般"(general)一词:一般性和资本主义社会分离的主要特征

我总是采用"一般"一词来指代与资本主义相适应的偶然事件之外的事物,而如果这些当前的偶然事件被一般化,就不会再有资本主义了(举两个简单的例子:一对夫妇可能偶然不能生孩子;然而,如果这是一般情况的话,那么人类就会灭绝。同样地,参考本章结尾部分,资本主义企业偶尔也不能实现利润,但如果这成为一般情况,那么资本主义就会终结)。

资本主义经济的特点是家庭和私有企业之间的外向分岔。在1§1中,我多次使用"一般"一词来指代具有资本主义特征的家庭和私营企业之间的外向分岔。然而,这并不排除下述事实,即在某些情况下,有些家庭不适用于这种社会分离,尽管在成熟资本主义中不依赖其他单位(即企业)的情况很罕见。同样,关于财产关系,在如今家庭-企业外向分岔中,并不那么罕见的情况是,一个或多个家庭成员在不雇用劳动者的情况下经营企业(在经济学中,这通常被称为"个人企业"或"自我雇用"),尽管这也是偶然的。

在这本书中,我没有描述如果市场经济中存在普遍自我雇用或普遍的工人合作社或两者结合的经济类型(Smith, 2017, ch. 12。这一著作对此有着发人深省的见解)。

1§1-f　详述　私有制和占有

"私有制"的全部含义只会在第6章中明确(该章介绍了国家赋予的"合法所有权"(legal property right),这是社会分离的一个主要条件)。在第一部分(仍然抽象掉了国家),"占有"(对一个实体的实际控制)和"产权"(ownership)是广义的。在这种用法中,"产权"一词并没有明确或隐含地提及"法定权利凭证"(title to legal right)因而受法律承认的产权。

1§1-g　补论　分裂,社会分离,劳动:参考文献

韦伯(1968[1920],p.21)也强调了生产单位与消费单位的分裂:"没有……企业与家庭的分裂,资本主义企业的现代理性组织就不可能实现,这一现象完全主宰了现代经济生活……。""活动"分裂为生产活动和消费活动的观点源自希梅尔

维特（Himmelweit，1984）。德·弗罗伊（De Vroey，1981，p.176），埃尔德雷德、汉龙、克莱伯和罗特（Eldred, Hanlon, Kleiber and Roth，1984，p.354），罗藤（Reuten，1988），罗藤和威廉姆斯（Reuten and Williams，1989），以及史密斯（Smith，2017）也使用"社会分离"一词。

1§1-h　补论　马克思《资本论》的分析起点

马克思《资本论》的分析起点是"商品"（第一卷第一章）。一方面，这指的是日常感觉（"资本主义生产方式占统治地位的社会的财富，表现为'庞大的商品堆积'"——马克思《资本论》开篇）。[1]另一方面，正如我们将在1§4—1§7中看到的那样，商品是社会分离问题的最初抽象解决方案。因此，在某种程度上，马克思的论述是从最初的"抽象感觉"开始的。如果从这方面来理解，马克思的出发点可能与当前的出发点并无根本性区别。

1§1-i　补论　社会分离：未"崩溃"与社会融合

本书是对黑格尔主义-马克思主义系统辩证法的发展。黑格尔和马克思也都采用过历史辩证法（总导言，附录）。[2]从黑格尔的历史辩证法的观点来看，可能容易将"社会分离"理解为与"社会融合"相对立的一种"崩溃"[见普朗特（Plant，1977），论"崩溃"与融合]。然而，就本书的系统辩证法而言，"社会"并非观念性概念，而是关于一般条件的抽象概念，尚未包含这些条件得以实现的社会关系。因此，"社会分离"不是同"社会融合"相对立的"崩溃"。社会分离的外向分岔只是用于指涉资本主义系统的总体性。

1§1-j　补论　"矛盾"——作为格局矛盾的社会分离

在正文中我避免——并在今后也避免——使用"矛盾"这一辩证术语，主要是因为论述它所耗费的精力同它所能提供的洞见不相匹配。就本书而言，我使用"连续性障碍"（continuity impediment）这一术语。不过，在这里我想做一简短提示。第1节提出的社会分离分岔，即家庭和私营企业之间的不存在特定内在联系，这显然是不可能存在的，是自相矛盾的。因此，假定存在一个矛盾的社会，因为它（仍然）缺乏存在的条件和依据。从而，一个矛盾的实体或矛盾的社会在没有

---

[1]　参见《资本论（纪念版）》第1卷，人民出版社，2018年，第47页。——译者注
[2]　参见穆雷（Murray，2003）。

特定条件或根据的情况下是不可能存在的。在系统辩证法著作中,这些通常被称为扬弃,并且每次都揭示出需要进一步扬弃的新缺陷[参见因伍德(Inwood, 1992, pp.63-65, 283-285, 115-116)关于黑格尔著作中"矛盾""扬弃"和"根据"等术语的简要阐述]。

第 2 节

货币-价值维度

本节叙述了资本主义经济解决社会分离外向分岔的特殊方式的第一个时刻。

1§2 交换关系

社会分离外向分岔(1§1)的连续性障碍在交换关系中显然得到了解决。交换有可能将家庭和企业联系起来。

在本节,交换是从企业的角度来考虑的。它预先设定了企业对劳动能力的占有(见第 3 节)。生产过程也是预先设定的(见第 5 节)。因此,本节是就生产的投入和产出来考察交换的。

1§2-a 说明 交换的抽象性

社会分离的外向分岔(1§1)——无论是哪种特定类型的概念化——需要某种形式的交换来弥合的观点并非新鲜事。从亚当·斯密(1776)的"看不见的手"到阿罗和德布鲁(1954)的"一般均衡理论",它一直是政治经济学和经济学中的一个关键问题。

然而,1§2 所述的交换关系是完全抽象的:特别是交换关系的形式尚未确定。交换关系只是这种社会分离的第一个存在条件。然而,交换并不一定意味着资本主义关系,当然反过来并非如此。一般来说,交换的抽象性与各种交换标准都是相容的,包括按劳动时间和相互需要为标准的交换。

1§2-b　说明　关于下述章节(1§3—1§5)的附注

　　以下三个章节提出了"价值""货币"和"商品"概念。古典政治经济学(斯密、李嘉图和穆勒)以及马克思都观察到实践中存在"使用价值"(有用性)和"交换价值"(后者简称"价值")的二重性,并以此开始他们对价值的研究。下面三个部分并非只是基于观察,而是以上述二重性为基础。虽然这些部分可能很困难,但读者需记住,这种二重性具有是有根据的。它必定是有根据的,因为这种二重性对资本主义系统至关重要,并且对后面章节的大部分内容具有决定性意义。

1§3　价值维度：抽象一般的一元价值

　　外向分岔(1§1)不仅要求存在交换关系(1§2),而且决定了交换关系的性质,即资本主义的社会形态和交换关系的社会维度。

　　生产过程的物质投入与产出存在性质上的不同。社会分离的外向分岔(1§1)意味着企业的实物产品通常不是为生产者本人生产的。如果企业和家庭之间不存在分岔,那么物质的分岔通常是生产的目标(食物、住所、衣服等)。然而,当一个企业只生产鞋带时,生产商对鞋带的使用就不是其内在目的了。社会分离的外向分岔意味着企业的驱动力必须是一个不同于生产出来的物质要素的目的。

　　因此,生产和买卖过程必然要求投入和产出还原为某个相同的标准(denominator)。因此,资本主义社会形态必然是一种吸纳(absorption)并还原为统一标准的交换关系。一元(one-dimensional)抽象价值是这种同质标准的独特表现(sui generis)。价值必须是具有一般性,而不是物质投入和产出的特殊性和具体有用性,或具体的多方面性。因此,抽象的一般性,一元的一般价值,吸纳了具体的特殊性。换言之,特定劳动的特定产品必须具有一般价值形式;如果不能实现(validation),它们就不能在社会上存在。[1] 因此,价值的社会形式是某种实现社会分离的生产方式中由劳动所生产的实体的必然维度。

　　此后,"价值"均被用作"抽象一般的一元价值"的简称。

---

[1] 这里的"实现"(validation)仅仅指逻辑上可实现(valid)。具体地说,从1§4之后,它才会获得产出转化为货币的意思。

1§3-a 说明 价值的社会维度

日常语言中"价值"往往具有多方面含义。[1]在经济领域,它只具有一元含义。一元价值是同特定社会结构相联系的,因此它是一个历史的、具体的社会概念。作为某种社会维度的"价值"不是先验的(康德意义上的)自然物理维度,也不是普遍的(空间和连续性),尽管价值是一个像空间和连续性一样的抽象范畴。请注意,在目前的论述水平(1§3)上,价值概念几乎是空的。下一节将介绍诸如价值尺度之类的概念。关键在于,设定任何形式或维度(比如这里提到的价值)应该先于其尺度和标准度量方法的提出。

1§3-b 详述 具体有用性

正文指出:"价值必须是一般价值,而不是物质投入和产出的特殊性和具体有用性,或具体的多方面性。"到目前为止,在书中,似乎"一元抽象价值"可能包括边际主义和新古典主义的"效用"概念。然而,这些概念不同于目前的价值概念,而是旨在把握主观"使用价值"。价值概念与"交换价值"的经典概念联系在一起,而这些经济学家确实反对"使用中的价值"(value in use)(参见斯密,1776,第一册,第4章,第13节)。这一问题将在1§4和1§5中进一步阐述。

1§3-c 补论 马克思主义理论中的价值与价值尺度

在马克思主义传统中,一直有一个相当重要的研究倾向,即从价值概念"直接"转向这种或那种价值尺度,并将两者等量齐观。通常认为劳动时间同时表现了两者(事实上,这种过于急切的错误源于李嘉图,1981[1817;1821])。更多细节见罗藤(Reuten, 1999a)。

需提请读者注意,(1§4和1§5)这两个主要章节是本章以及全书中对读者要求最高的内容。

---

[1] 当荷兰诗人卢斯伯特(Lucebert)写到"Alles van waarde is weerloos"[一切有价值的东西都是没有防备的——见《古老的歌声》(De zeer oude zingt, 1974)]时,他显然不是指股票或类似的金融资产。19世纪哲学家鲁道夫-洛茨(Rudolf Lotze)将"经济"价值概念从政治经济学引入哲学(Stirk, 2000, p.60; Nauta, 1980[1971], p.104)。从那时起,这一术语被引入社会学,成为概念化社会形态的关键。

1§4　货币-价值维度——市场的抽象化以及货币作为价值尺度和价值中介的统一的必然性

交换关系(1§2)和向一种共同尺度还原的相互作用,即同化为抽象一般的一维价值(1§3),是在市场中实现的。

❶ **真实的市场交换**:作为实践中的抽象活动的通约过程(commensuration as abstraction in practice)

在市场交换行为之前,买方会估算被带到市场上的实体的异质的具体有用性,卖方则不断吆喝(并试图隐藏这个实体的不好的属性)。然而,最终,在真实的市场交换中,异质要素通过某种东西彼此通约,而这个共同的东西绝非它们具体的物理属性或其具体构成的任何一部分。这就是实践中的抽象化(trans-abstraction)概念:"价值"这个幽灵般的维度被归结于这个实体中,或者更确切地说,它被凝结在实体中。[1]

❷ **货币作为价值尺度**

截至目前,(1§3)价值概念侧重于定性的维度。然而,关于实体的市场交换是以给定质量的特定数量的方式进行的。这必然需要价值尺度和对价值量的衡量。市场上的价值转移是通过货币运行的。更严格地说,货币是一元价值存在的必要条件。一件东西要成为货币的首要条件即使能够成为价值尺度。

❸ **货币作为中介**

然而,就货币度量自身(也许卖方买方间讨价还价所确定的价格是最合适的)是不能确定实体的价值量的。在没有真实市场交换发生时,就不会有作为价值量媒介的货币,价值,更确切地说价值量,从而是不存在的。有了真实的市场交换,货币度量或价值计量就不再是毫无保障的。因此,实际的市场交换是价值的跳跃(value salto),是价值的飞跃(value leap)——只谈存在(hic est)是不够的:需要实现跳跃(hic saltus)。[2] 因此,对某物成为货币的第二个要求是,它是衡量价

---

[1] 1§4-b 详细阐述了"抽象化"概念。简而言之:实践中的抽象化并不是在观念抽象中对感觉现象的分类或把握,而是行动的结果,即社会融合的结果。

[2] Salto(跳跃)指的是马克思关于商品与货币交换中关键的"惊险一跃"的短语(《资本论》第一卷第三章第 2-a 节);hic est(这是;"这是我的身体")指的是天主教弥撒中的祝圣(马克思在类似语境中使用的一个被忽视的隐喻——见罗藤(1993, p.97);hic saltus(你应该在这里跳跃)指的是黑格尔在《法哲学序言》(1967[1821¹])中的短语,指的是一个自夸的人,他被邀请在此时此地展示他的伎俩。

值的媒介。[1]

❹ 货币作为价值尺度和价值媒介的统一

因为在一定程度上,货币在市场交换中充当中介,从而证明并且一再证明自身是一种有效的价值尺度。[2]因此,货币是一元价值尺度和中介的必然统一。

❺ 货币的标准尺度

到此为止还没有提出关于标准尺度的问题。与迄今为止提出的问题相比,它是次要的且简单的。假设一般的市场交换需要一个标准的或可兑换的货币标准(如美元、人民币或欧元),就足够了。然后,在某种标准度量(如欧元)方面,实体被理解为我们称之为价格的数字(如 12 欧元)。因此,一个实体的价格就是它在特定标准中所表现的货币价值。

❻ 货币:毫无内在内容和内在价值

与货币衡量的实体不同,货币没有内在内容——既非金条也非纸张,更不是电子脉冲;即使某种特定形态的货币可能比另一种货币更为合适(参见 2D4 中的进一步说明)。因此,货币没有内在价值(no inherent value)。金钱本质上只是一元价值的计量(quantifier)。[3]

❼ 价值和货币-价值维度

因为价值是一个超感觉的维度,因此,是完全抽象的——也就是说是实践中的抽象——而且因为它在日常实践中只通过货币作为中介加以计量,所以在日常实践中,它被确定为"以货币衡量的价值"。也就是说,在世俗实践(mundane practice)中,价值被视为某种物化凝结(hypostatic union of dimension and medium)和中介。[4]更进一步地说,在世俗实践中,货币可能不会被视为"中介",而是在物化凝结的意义上被视为价值本身。

然而,即使在这种观念下,价值和金钱也不被视为是等同的(正如"价值≡金钱")。有些东西可以被归为"货币价值"而非货币。事实上,在市场之外就曾发生

---

[1] 这与新古典主义将货币视为"交换中介"(medium of exchange)的误导性概念(见 1§4-c)明显不同。
[2] 只要货币在市场交换中被证明是有效的交换中介,它就会被强化为一种有效的尺度,两者相辅相成。
[3] 货币是价值尺度并作为交换中介,但它本身并没有价值。这适用于资本主义货币(进一步的根据参见 2D4)(以下内容或许对我们有所帮助。米尺可以测量长度,其本身也具有相关长度。然而,电子秤或弹簧可以测量重量,但它们并无重量)。
[4] "物化的"(hypostatic)一词是基督教的一个隐喻,在基督教看来,上帝过于抽象,因此基督这个人成为上帝与(其他)人之间的中介。尽管如此,基督这个人还是获得了神性。这种双重身份被称为实体(hypostasis)。以此类推,价值过于抽象,因此必须以货币为中介;甚至更进一步:在日常实践中,货币和价值往往被视为相同的。

过货币价值被赋予某些实体（如一栋建筑物、一台机器或一支笔）的情况。同样，与抽象价值一样，这种货币价值是超感觉性的，即它不是实体的感觉性特征（参见1§10中的进一步说明）。这一实践中的概念被货币-价值维度（monetary-value dimension，MVD）所表达。

1§4-a　说明　预设货币创造

本书主要提出了货币的抽象概念，这对于本章的其余部分足矣。它预设了银行在实际上创造了货币，这会在第2章（2D4）中加以介绍。

1§4-b　说明　抽象和"实践中的抽象化"

通常抽象被视为某种智识活动。智识抽象至少有四种类型，其中前三种具有重合处。第一种类型假定抽象具有一般性，而非具体特殊性（concrete specificity）。在第二种类型中，现实的各种元素被（暂时）忽略，以便集中于一个或几个被认为是某个现实领域或所有现实领域的关键元素。在第三种类型中，通过将现实的各种元素还原为已知的共同元素或类别来达到共同的目的。第四种是指还原为迄今为止未知的共同元素或范畴。虽然抽象过程在我们的共同语言中根深蒂固，但它们更是科学内在组成部分。

然而，也有一些抽象概念并非（主要）作为智识活动，而是生活实践尤其是经济生活实践的产物。一个典型的例子就是市场上的实体实际简化为某种货币标准。我称为实践中的抽象［参见罗藤和威廉姆斯（Reuten and Williams，1989，pp.62-64）］（事实上，与其他社会科学相比，经济学在量化其所处领域的实体上容易得多的原因之一即是，该领域本身产生了关键的抽象概念以及它们的关键性衡量指标——相比之下对于政治科学中的"权力"而言，这就需要科学家为之设计衡量指标）。

1§4的主要内容是："在实际的市场交换活动中，异质性实体通过某种东西彼此通约，而这个东西并非其具体的物理属性或具体构成的任何部分。'价值'这个幽灵般的维度被归结到实体之中，或者更确切地说，它被凝结进实体之中。"如果价值的维度就像是质量维度，是实体物理属性的之一，那么我们就会有一个"实践中的实际抽象"——这足以引人注目。然而，我们已经强调过，价值实际上是实体的一个幽灵般的维度。因此，在市场上进行的抽象事实上是超感觉性的，或者说是先验的——因此我采用了抽象化这个术语。在市场上，在交换活动中，可感觉性（sensuousness）是由货币作为媒介而达成的。但在交换活动之外，这种可感觉性消失为超感觉性的货币价值。

正如我们将在第 5 节和第 2—3 章中看到的,货币作为中介的可感觉性并不能取消价值概念:在大多数情况下,尤其是在生产过程中,而且总是在非货币资产受到威胁时,在没有货币中介行为的情况下,经济实体应该"具有"价值——即超感觉性的货币价值。当货币进来时——在交换活动中——金钱至少让我们几乎触摸到了价值,就像在各种宗教中,先知让信徒感觉更接近上帝一样。

我们需要一种不寻常的语言(实践中的抽象化),因为我们正在处理资本主义经济中最复杂的部分,以及所有政治经济学和经济学的科学。

1§4-c 说明 关于货币是"交换中介"这一误导性概念

读者可能已经注意到,从 1§2 开始,我一直使用"买卖"一词而非"交换"(exchange)。后者通常也有以物易物之义。事实上,许多关于资本主义经济的论述都是从以物易物这一概念开始的(有些人还沉浸于此)。正文(1§4)介绍了货币作为"价值中介"的概念($Ci↔M$,其中 Ci 表示第 i 种商品,M 表示货币,↔表示转移)。因此,我同货币作为"交换中介"的正统经济学概念保持距离(这将是 $Ci→M→Cj$,其中 Cj 表示第 j 种商品)。后一个术语或明或暗地包含了以物易物这类交换($Ci↔Cj$)概念,只是回避了需求的非一致性。[1] 在正统的观点中,货币是次要的:作为交换中介的货币仅仅是效率更高。然而,资本主义并不存在大规模的以物易物交换活动。市场买卖总是以 $Ci↔M$ 的形式进行,因此,货币是价值的中介,而不是交换的中介。[2] 这两个概念(价值中介和交换中介)之间的分水岭是价值维度(即价值形式)。正统的术语含蓄地忽略了可能存在的维度问题。

1§4-d 补论 术语"实际"

在这本书中,我用"实际"这个词不是黑格尔意义上的,而是指存在。

---

[1] 自行车生产者的动机可能是买车,也可能是为了储蓄。这些动机都不会使货币成为交换中介。
[2] "流通媒介"是一个有问题的术语,不幸的是,罗藤和威廉姆斯(Reuten and Williams, 1989)也使用了这个术语(我对此负有全责)。在此不妨指出,在马克思(1867 年,第 3 章)看来,货币的两大"职能"是"价值尺度"和"流通手段"(与贮藏手段和支付手段并列)。价值尺度与流通手段不仅仅是术语上的区别;前者假定了价值的具体化,而后者(至少)不那么明显。

第3节

商品化——商品的内向分岔

如章首图示所表明的,第 2 节和第 3 节被置于论述的同一层次并互为先决条件(辩证的相互关系)。

 从下一节起,各节将会从一个简短的概要陈述开始(以首行缩进的方式表示)。

1§5　产品商品化通过其市场转化而实现

买卖(1§2)具体化为作为一元价值中介和价值尺度相统一(1§3—1§4)的货币为中介的实际的市场买卖,它潜在地构成了表现一定量的一元货币价值(1§4)的企业(1§1)的投入和产出。

现实的市场买卖(the actual market trade)是通过分散的货币中介作为价值中介量实现的。货币是一种计量,通过它表现了价值,从而表现了实体。通过货币中介,市场上价值的抽象化具体地表现了实体的被表现的转化——故称之为"实体的市场转化"(market transformation of entities)。[1]因此,实体具有了二重性,即一种内向分岔性:一方面是其物理属性,另一方面是被表现的价值。这种内向分岔性使得实体成为商品。因此,商品具有二重性:一方面是其物质构成,另一方面是通过货币表现的价值。这种转化以及由此产生的二重性适用于各种物品以及类似于物品的服务(那种需要物质投入进行生产的服务)。

---

[1] 这种复杂的"被表现的转化"有别于迄今为止相对简单的"物质实体的创造性转化"(资本主义采取了生产的形式)——如1§1所述。

1§5-a　说明　市场和货币价值作为"过于正常"的现象

1§3—1§5是本书的关键。它暗中旨在回答下述问题："什么是价值？"首先要注意的是，"成本"这个词作为答案是循环论证，因为成本和价值处于同一个维度。如果成本是在另一个维度上——就像经典的劳动价值理论那样——我们会陷入倒退，因为我们仍然需要实现从劳动时间到价值的跳跃性转化（在马克思主义理论的某些变体中——但在马克思的理论中没有——问题是通过将价值还原为劳动时间来解决的——我将在1§5-d和e中简要论述这一问题）。如果答案是异质性"偏好"（正如新古典主义理论所做的那样），那么我们同样会陷入倒退，即偏好必须转化为价值维度。

不明显的是，实体获得了一个与他们的物质构成大相径庭的社会维度。同时，从价值的角度理解市场买卖，以及回答"什么是价值"的问题是如此复杂，因为我们被下述事实所阻碍，即它是我们日常经验的一部分，以至于我们"过于"熟悉。太阳每天早晨升起，晚上落山。为什么要多想？我们知道这种上升和下落是一种虚假的表象，即使我们在语言和经验中忽略这一点。通过在柜台上扔硬币或在投币口插入一张智能卡，你就可以在早上买一条面包，在晚上买一瓶啤酒。它每天都在发生。为什么要进一步思考这个问题？

关键是货币-价值维度所产生的力量压倒性地决定着我们的生活。同时，这些不是完全不可避免的自然事实，而是我们自身政治经济行为的产物。[1]

1§5-b　补论　商品的内向分岔：来自经济理论史的注解

我用了不少篇幅（1§2—1§5）来论证商品内向分岔的问题。亚当·斯密（1776年，第一卷，第4章，第13节）和大卫·李嘉图（1981[1817]，第一章第一节）等古典政治经济学家自是无须多言，他们只是将二重性（内向分岔）作为生活中的一个事实提及，只是为了说明政治经济学是关于"交换价值"而非"使用价值"的。因此，尽管这些经济学家意识到了商品的这两个方面，但他们并没有将其问题化，而是将他们的论述事实上简化为交换价值理论（简而言之，对他们来说也是"价值"）。

---

[1] 更具体地说，就是我们自己的政治经济行为，正如马克思所说："人们自己创造自己的历史，但是他们并不是随心所欲地创造，并不是在他们自己选定的条件下创造，而是在直接碰到的、既定的、从过去承继下来的条件下创造。一切已死的先辈们的传统，像梦魇一样纠缠着活人的头脑。"（Marx, 1979 [1852], p.115)（中译文参考《马克思恩格斯全集》第一版第8卷，第121页。——译者注)。

新古典主义经济学家通过将价值还原为使用价值（效用）从而忽略了此问题。因此，他们被迫将货币视为经济科学的某种奇怪附录（strange appendix）：价格是由效用（或偏好）决定的以物易物的"价格"（这实际上是物物交换比率）。然后，通过"货物"恰巧同物物交换中介便利即"货币"等同，一般价格水平从而被货币数量论所决定。除了决定价格水平之外，货币本身并不重要。[1][2]

尽管凯恩斯（1936 年）——以及当前的后凯恩斯经济学——是新古典经济学中货币忽视论的主要批评者，但他的实用性观点不是我们现在所说的微观经济问题和市场本身，而是货币的宏观经济方面。在第 2—3 章讨论这些问题时，我将回到凯恩斯的观点。

马克思所说的商品的二重性是其《政治经济学批判》（1859 年）以及《资本论》第一卷第一部分（Chs. 1-3）前 100 页左右的关键，他用商品的"双重性（double character）""二重性（two-fold character）"和"二元性（duality）"作为同义词使用。马克思的处理方式与上面提到的有些不同。他从商品间买卖（交换）入手，从中衍生出商品的二重性，然后在价值上进行拓展，最终得到了货币价值。在上面，我从社会分离的外向分岔开始（马克思的分析起点隐含了此点），然后介绍了买卖关系、价值和货币价值，最后得出了商品及其二重性，我将其假定为向内分岔（1§5）（分岔的德语为"Entzweiung"）。[3]

1§5-c　补论　马克思论作为价值尺度的货币

因为马克思的《资本论》和本书一样，采用了系统辩证的内在批判方法，所以当他在该书第一章讨论价值概念时，他是从他那个时代的公认观点出发的，这并不奇怪。换言之，古典政治经济学以多种不同的方式提出了"劳动价值论"[简而言之：劳动是价值的源泉，见罗藤（Reuten, 1999a and 2018a）]。他假设读者熟悉这种（当时）主流观点。然而，今天的读者可能认为，马克思在阐述劳动是价值的源泉时，却没有把他自己的理论称为"劳动价值论"，而是在描述一种新的东西（事

---

[1] 因此，经济学系开设了一门关于"货币、信贷和银行业务"的附加课程，其中列出了有关这一问题的一些琐碎细节——经济学主干课程可以不上这门课[一般均衡理论的著名支持者弗兰克·哈恩（Frank Hahn, 1981）在一篇批评文章中指出了（这种）新古典经济学的局限性]。

[2] 米尔顿·弗里德曼（Milton Friedman, 1959 or 1968）扭曲了这个问题，他认为"货币很重要"，因为它决定价格水平。

[3] 在《资本论》中，马克思没有使用分岔（Entzweiung，字面意思是"一分为二"）一词。不过，黑格尔使用过这个词（尽管很少）——见本哈比卜和因伍德（Benhabib, 1986, p.23; Inwood, 1992, p.36）。

实上，这个问题甚至在整个 20 世纪都发挥了作用)。[1] 这种关注完全忽略了文本中真正具有创新意义的信息，即构成主要价值尺度的不是劳动，而是货币，后者是生产什么(不生产什么)的衡量尺度和标准。

古典政治经济学假定劳动是利润的来源(马克思同意这一点，我也同意，正如第 5 节所述)。然而，古典政治经济学的缺陷在于它同时以"劳动"(不同作者具有各种不同的劳动)作为价值的尺度。罗藤在书中(Reuten, 1999a)阐述了当前马克思主义经济学中存在的类似的混乱。罗藤在另一本书中(Reuten, 2005)呈现了这种混乱是如何同不正确地阅读《资本论》前三章有关的[在引入货币之前，第一章前两节中的"抽象劳动"一词是货币的替代(placeholder)]。

1§5-d 补论 价值形式理论：从价值形式到货币-价值维度

自 1988 年以来，我一直是"价值形式"理论的坚定支持者。然而，现在我已经放弃使用"价值形式"这个术语。这是一个如何措辞的问题，而非对内容做任何根本性的改变。价值形式理论家，包括我自己，接受了马克思关于价值形式的术语(《资本论》第一卷第一章)，以此脱离将马克思的作品解读为价值是"物化劳动"(labour-embodied)的理论[如罗藤(Reuten, 1993 and 2004a)的评论]以及脱离当代马克思主义理论中的类似潮流[如罗藤和威廉姆斯(Reuten and Williams, 1989; Reuten 1988 and 1995)的评价]。对于理论家而言，这是显而易见的。专家知道，"价值形式"一词——就其主要关注点之一而言——是用来强调"价值"不是一个自然的概念，而是一个总是特定于具体社会形态(如资本主义)并由这一社会形态所"规定"(Murray, 1988)的概念；此外，对于资本主义来说，价值的主要规定形式是货币。然而，"价值形式"一词本身并没有明确说明后者。总之，我主要用"货币-价值维度"来代替"资本主义价值形式"，尽管这两个词的内涵有些区别。

1§6 劳动能力商品化和商品化消费

因为劳动能力是生产所必须的(1§1)，现在它表明——以交换关系和至此所展示的货币-价值维度和商品化(1§2—1§5)为前提——企业的存在一般要求它们在生产过程中购买劳动能力，从这个意义上来说，它们是劳动能力的雇主。

相应地，在劳动者缺乏生产资料的情况下，他们的生存迫使他们出卖自己的

---

[1] 对于马克思，劳动是价值的源泉；然而，他绝对不会主张"价值就是劳动"(这是李嘉图的观点)。

劳动能力,在一天的一部分时间里被雇用(因此,他们的生存是以这种出卖为基础的)。根据他们掌握的技能,他们不是被迫把自己的劳动能力卖给某个特定的企业,而是被迫卖给任何企业。因此,社会分离的外向分岔要求劳动能力在市场上进行买卖。

因为对资本主义而言,劳动能力不是(像奴隶制度那样)全部卖出去,而是出卖规定的一定量的时间,它的买卖是以雇用和出租的方式进行的(即是有时间限制的买卖)。

与生产的产出和其他生产投入一样,劳动能力是在市场上被定价的,从而使异质性的能力在一元货币价值方面具有共通性——这一维度与劳动的实际能力无关(参见1§4)。因此,我们得到了劳动能力的商品化——它像商品一样在市场上买卖。同样,正是通过货币中介,价值的抽象化才具体地体现为劳动能力的市场转化(参见1§5)。因此,后者以"能力"和"货币价值"内向分岔的面目出现,这构成了它的"商品化"(参见1§5)。更具体地说,劳动能力商品化分岔为"在一定时间内出租的能力"和"在一定时间内的货币价值租金",后者的名称是"一定时间内的工资"或简称为"工资率"。

1§6-a 说明 "过于普通"的劳动能力市场

众所周知,如果没有其他不同社会作为"镜鉴",要分析自己社会最常见的情况是很困难的。劳动能力市场(the market for labour-capacity,通常称为"劳动市场",labour market)就是一个例子。我们追求调和的心理需求甚至使我们无法比较劳动能力买卖与奴隶买卖。这些是不一样的;然而,如果我们从出售和出租劳动能力的角度来考虑这个问题,这种买卖是奴隶贸易的残余。也就是说,劳动者有选择(生产资料)所有者的自由——但一般来说,他们没有不选择(生产资料)所有者的自由。[1]因此,几世代之后的人们很可能会像我们现在惊恐地回首奴隶制一样回首这一点。

1§6-b 说明 "自我雇用"的偶然性

正文提到:"企业的存在一般要求他们在生产过程中购买劳动能力,从这个

---

[1] 与正文一样,这也是以缺乏生产资料为前提的,包括借用生产资料的能力(因此,"不自由"是一种笼统的说法;它并不排除有些人可能拥有自营职业或创办企业的手段;但这方面的"不自由"是一种系统的说法;一个人人都是自营职业者的社会肯定不是资本主义社会)。

意义上说它们是劳动能力的雇主。""一般"一词暗指不雇用任何劳动能力的小企业是偶然事件。以对生产资料拥有所有权为条件的个体劳动者阶层偶然地与资本主义相兼容。如1§1-e所述本书避免论及这种经济类型,除非它不再仅仅只是具有偶然兼容性,然而与之相反而现在纯粹的自我雇用已经变得越来越一般化。

1§6-c 说明 "劳动能力"与"劳动"

同主流经济学相反,我遵循马克思主义的传统,这一传统严格区分了"劳动能力"和"劳动"的概念。在市场上买卖的是劳动能力或劳动的潜在能力。与之相反,"劳动"活动(它是作为能力的某种表现)以一定的速度和强度在生产中发生(这会在1§14和2§2中进行了扩展)。请注意,马克思认为这种区别是他在概念上的主要创新之一。原因在于这一概念是他关于资本主义生产过程和劳动能力市场的内在关系的具体论述,而这对于《资本论》的核心理论至关重要。

1§6-d 补论 "劳动能力"和"劳动力"

马克思主义传统中的"劳动能力"的常用说法是"劳动力"。后者是马克思在其成熟著作中使用的德语"Arbeitskraft"的翻译。劳动能力相当于"Arbeitsvermögen",这是马克思在其早期著作和《资本论》(直到1865年)草稿中采用的术语。我认为,采用"劳动能力"一词的原因之一在于该词更恰当地涵盖了这一概念(即潜在活动)。另一个原因是,我稍后(1§14)将引入"劳动生产力"(productive power of labour)一词[它是对劳动生产率的改进(refinement)],我不希望该词与"劳动力"相混淆。

1§7 商品的内向分岔:投入和产出"总体"的商品化

实体的资本主义商品形式——源自通过货币中介所表现的市场转化——揭示了商品内向分岔为"使用价值"(有用性)和"货币价值"的二重性。到目前为止(特别是1§5—1§6),企业的投入和产出几乎完全商品化了。我之所以说"几乎",是因为免费的自然资源(free nature)(1§1)不以货币价值的形式出现,因此也不作为企业的投入成本出现(稍后将明确指出,这可以被视为一种诅咒,而不是一种祝福)。

至此,我们的论述到了可以解决"社会分离的外向分岔"的阶段(1§1)。然而,对家庭而言,二重性假定的提出似乎是可以克服的(如果不是直接克服的话),但双重尺度却没有为企业内部生产提供确定的标准——到目前为止,还没有关于具体投入和产出的买卖。因此,论述必须加以扩展(下文 1D4)。

第 4 节

利润——货币-价值维度主导的二重性

1§8　作为企业的一元驱动力的利润

社会分离的外向分岔意味着企业的实物产品通常不是为其生产者生产的;因此,企业的驱动力必须是实物产品之外的目标(1§3)。在市场买卖活动中,企业的投入和产出都成为具有二重性的实体:内向分岔的商品转化为具有同质性的货币价值(1§4,1§7)。

企业非物质性外部驱动力使货币价值在二重性中占据了主导性地位。因此,企业的外部驱动力是商品投入的货币价值与其产出的货币价值之间差额的正值。这一差额被称为利润,它在二重性中是支配企业为一元驱动力。

虽然偶然利润(incidental profit)可以用市场买卖的波动(以高于购买商品的价格出售商品)来解释,但一般来说或者从宏观经济总体而言,利润不能以商品形式的市场买卖波动来解释,因为一方之所得意味着另一方之所失。

因此,虽然我们可以理解利润驱动的重要性,但利润本身不能在市场买卖层面(1D2-1D3)加以解释。因此,论述会仍然被资本主义经济的持续性"障碍"所困扰(参见 1D1),它必须扩展到一个新的环节,即生产(见下文 1D5)。

1§8-a　说明　一元利润的统治

到目前为止,阐释已经从外在的制度二重性(外向分岔)转向内在的二重性(实体的商品化)。每种二重性都渗透在资本主义日常生活中(就第二种而言,比如"你所拥有的漂亮家具一定很贵")。一元货币利润驱动着企业,同时也是商品化中占统治地位的一方(dominant pole)。统治意味着被统治(有用性和物质以及智识能力)的时刻继续作为一个时刻而存在,但是它一定是被统治时刻所塑造的时刻。

1§8-b 说明 利润、贸易和一般均衡理论

在一个(国家)经济体中,贸易顺差和逆差会相互抵消,因此宏观经济顺差(即宏观经济利润)不能用纯粹的贸易(1§8)来解释,这类似于国际贸易顺差和逆差相互抵消。

在新古典一般均衡理论中,由于(企业之间的)竞争,"净利润"(付息后的利润)降为零。这似乎免除了这个理论对净利润的解释[参见那不勒斯和阿斯兰贝吉(Naples and Aslanbeigui, 1996)]。然而,这并不能减轻解释"毛利润"(gross profits,未付利息前的利润)的理论任务。这并没有说明一般均衡,或者与之类似的状态,是否以及如何成为一个可行的资本主义社会,因为在上述定义中,零利润可能会使投资崩溃(这是另一个问题,除了严重的经济衰退期外,宏观经济利润总是稳定为正)。

第 5 节

资本主义生产过程劳动生产力与剩余价值的占有

本节的论述将从市场和生产投入和产出的商品化(1D2-1D4)转向企业产出的生产过程——这些产出的一部分将再次作为其他生产过程的投入。

第5A分节 资本主义生产过程的一般形式:生产过程的二重性和货币增殖过程的统治

1§9 作为技术过程的生产过程

在对抽象的社会交往的阐述中,我使用了"实体创造"(1§0)这个短语,它指的是伴随着外向分岔并被具体化为生产的过程(1§1)。在此过程中,创造实体的活动(1§0)被具体化为劳动(1§1)。

与创造活动一样,资本主义生产过程在技术方面实质上是人类——更具体地说是"劳动"——与自然之间的新陈代谢(metabolism)过程。自然界无偿提供的"馈赠"被劳动加工成作为产品的生产资料,这些产品进而又被劳动加工成最终产品供人消费。

对于私有企业而言,生产资料是私有的(1§1)。因此,我们区分出(仍然)能够无偿提供的自然资源(如阳光),以及已被占有的自然资源(如大部分土地)。某些自然资源之所以能被归入"生产资料"的范畴,是因为它能像商品一样买卖,且其功能类似于商品化的生产资料。因此,物质生产需要:

- 无偿提供的自然资源　　　　　被劳动加工　→　• 生产资料或
　　　　　　　　　　　　　　　　　　　　　　　　• 最终产品
- 无偿提供的自然资源和生产资料　被劳动加工　→　• 生产资料或
　　　　　　　　　　　　　　　　　　　　　　　　• 最终产品

对自然资源或者对自然资源与生产资料的加工过程可以被称为物质生产过程或者技术生产过程。生产技术(a technique of production)是指自然资源、生产资料和劳动在质和量上的具体结合方式,与之伴随的则是特定性质的具体劳动过程。

1§10　作为货币增殖过程的生产过程:"观念上的等同"和生产过程的内向分岔

通过市场上的货币中介,价值的抽象化具体表现为实体被转化为具有二重性的商品(1§7)。

由于市场上的买卖不是偶然的而是具有系统性的,所以在市场买卖之前,可以将产品抽象成一定的预期货币量。在开始实际的市场买卖之前,存货在观念上等同于一定的货币量。这同样适用于处于生产过程中的商品,即适用于那些正被劳动加工的投入品。因此,市场上的实际通约是为观念上的预先通约(pre-commensuration)所预见的(1§5),并且市场转化是为观念上的转化所预见的。

或者换言之:只有通过市场上的实际买卖,商品才会以货币的形式显示其实际价值(可以说是在交换的那一瞬间)。在其他时间里,商品和正在生产过程中的商品只具有一种预期的或预计的价值(即企业所有者和管理层心目中的价值),即

"观念上的价值"。[1]

因此,多方面的物质技术劳动过程内在地二分岔为技术劳动过程和一元的观念上的货币价值生产过程,或者简言之,观念增殖过程即是观念价值的生产。考虑到物质投入(生产资料)的价值,这种观念增殖过程将产生额外价值,通常称为"增加值"(value-added)(在1§12中展开)。

一般而言,"增殖"是货币价值的生产;当产品在市场上成功出售时,其生产才被"实现"——即把产出转化为货币的过程。[2] 为了说清楚这点,首先,增殖过程总是指货币增殖过程;其次,在生产过程中,增殖总是"观念上"的增殖。本章剩余部分将此简称为"增殖"或"增殖过程",除非特别强调是"货币的"和(或)"观念上的"。

1§10-a　补论　观念预先通约

生产上观念预先通约的概念首次由罗藤(Reuten, 1988, pp.53-55)以及罗藤和威廉姆斯(Reuten and Williams, 1989, pp.66-68)提出。这一概念对于评价资本主义生产过程具有重要意义,因为人们否认资本主义生产过程是"技术进步中性"的纯粹技术过程。[3] 而所有主流经济学学派都在使用这种假定的中性概念。从内向分岔(本书的主要主题之一)的角度看待观念预先通约使这一点更加明确。

从正面来说,预先通约是介入各种马克思主义理论的关键,即用"物化劳动"或类似的术语来描述生产过程的理论的关键(见 Reuten, 1993)。预先通约为以货币价值术语表示生产分析与综合扫清了道路。

1§11　货币增殖过程对技术过程的支配:利润的内在驱动力

生产过程尚未被加上括号(yet being bracketed)(抽象化),迄今为止,利润一直被设定为企业(它在商品二重性对立中占据主导地位)的一元外部驱动力,其目的在于实现商品投入同商品产出的货币价值之间的差额的正值(1§8)。

---

[1] 在这里和下一节中,"管理"都一带而过。在第2章中将系统地介绍它。在现阶段,企业所有者也可以被视为管理者。
[2] 补论1§12-b提供了马克思和我关于"增殖"一词的简要比较性描述。
[3] 当阿瑟(Arthur, 2000, p.22)使用观念预先通约这一术语时,他的侧重点与我关于这一术语的含义有所不同。他写道:"当然,如果具体的劳动形式足够简单,可以对劳动时间进行观念的'预先通约',从而决定它希望在市场上实现的价值——这对资本来说的确是很方便的。"但这并不是上文1§10的重点,因为其中预先通约是以市场上实现的货币价值为基础的;实物生产是否具有复杂性并不影响这一点。

由于生产过程内在地分为技术劳动过程和增殖过程(1§10),利润的外部驱动力(1§8)也同样与生产过程相联系。更确切地说,这种联系在于生产过程被两个过程的一方——增殖过程所统治。因此,通过一元驱动力,二重化的生产过程被观念上的货币价值生产所统治。[1] 故而作为外部驱动力的利润(1§8)被从观念上内化(inwarded)于作为生产单位的企业之中。换言之,外部利润驱动在投入和产出方面(1§8)转化为一种内在生产驱动:实现观念利润的生产。[2]

内在的利润驱动,即剩余的一元货币价值,是资本主义系统的本质。虽然市场的抽象化(1D2,1§4)和市场转化以及商品的内向分岔在很大程度上是资本主义生产的内向分岔的组成部分,后一个分岔和内在的利益驱动正是资本主义的关键所在。市场中的抽象化会在已准备好的实体上表现出来。然而,生产的内向分岔和内在驱动力的影响要深远得多,以至于增殖驱动的生产会影响到人们对实体的创造过程,即实体的物质组成和构成;在这种情况下,技术劳动过程(1§9)对增殖过程而言是工具性的。

因此,情况不只在于"预先给定"的、中性的技术劳动过程被观念货币价值增殖过程所统治,而且技术过程被作为增殖过程进行设计和管理,从而影响技术过程。因此,在内向驱动力的作用下,1D3 中所呈现的商品可以说是"并非无目的性"的。更确切地说,企业的产出在市场上实际地进行着抽象化并被转化为商品(1§4 中提到的价值跳跃)——资本主义利润驱动的生产作为商品生产,即观念商品的生产,先于企业的产出("观念"先于实际跳跃)。

因此,生产各种各样实体的必要性(1§0)被生产一元货币价值的驱动力——利润取代了。从而,首先能够在生产车间或零售货架上被注意到的产品都是根据利润标准预先确定的;没有企业会提供不盈利的产品。其次,实体的质量(在营养、健康、耐用性、环境共生方面)从属于一元利润量。

1§11-a　说明　生产的内向分岔的潜在威胁

刚才介绍的是本章的核心部分之一。简言之:商品的内向分岔与预先通约的结合意味着(现在仅仅意味着)就投入和产出而言,外部的利润驱动转变为内在的生产驱动,由此生产本身受到货币-价值维度的影响。

这对一个持续的社会整体构成了潜在的威胁(在营养、健康、耐用性和环境

---

[1] 增殖指的是实现货币价值的增殖。
[2] 它是观念的,因为在商品实际销售之前,我们只能预期价值以及对应的利润(参见 1§10)。

共生方面,质量处于从属地位)。因为它"仅仅"是一个潜在的威胁,所以我从方法论上免除了在目前叙述层次上提供解决方案的义务。而且,这个(潜在的)问题不可能在纯粹的资本主义经济层面(即本书第一篇)加以解决。当理论叙述展开到可以处理它时,我们将回到这一问题,即第二篇(见第 6 章)国家引入之后。

1§11-b　说明　线性叙述与对共时性的强调

书中的叙述不可避免是线性的(见图 1.3 的中间一栏)。事实上,我们有一个强化共时性的办法,那就是让这些事件像在回路中循环一样(见图 1.3 中的虚线部分)。在论述的其他部分也可以采用类似的示意图。

图 1.3　线性论述与对共时性的强调:1D3-1D5A(1§5—1§11)

图例:
　↓　建立于(以之为条件)。
　⇓　此处隐含着。
　←→　强调同时性。

第5B分节　衡量与决定因素：剩余价值、作为择机投资的资本以及资本的生产

1§12　增加值和剩余价值(总利润)的表达

企业增殖(1§10)的结果是企业获得增加值,即企业产生的所有收入的总和。简单来讲,这些收入是工资和剩余价值的总和。

到目前为止,"利润"(1§8)这个词还没有被详细叙述——目前仅是在一个相当普遍的日常的意义上使用它。但这只是一个叙述性问题,因为所有有关且相互关联的概念不能同时引入。"剩余价值"一词是利润(留存和分配)和利息两个子类别的属名词。后者适用于企业利用外部融资的情况。第2—3章系统地介绍了剩余价值的子类别。

除了工资之外,本章的其余部分将重点放在剩余价值生产,因为剩余价值同特定企业为生产进行融资的种种方式无关。

在本书中,"剩余价值"一词将与"总利润"(含义完全相同)等同使用。原因很简单,我需要"总利润率"的概念(这会在下一节中介绍),而由于理论上的历史性原因,"剩余价值率"一词会产生歧义。[1]

回到前面的第一句话,企业的增殖会导致企业增加值的产生。后者是本节剩余部分的起点。因此,我们有：

$$\text{剩余价值} <= \text{增加值} - \text{工资}$$

(其中<=符号表示右边决定了左边)。[2]

在本章中,工资水平是预先确定的(见第2章)。因此,在给定工资水平的情况下,剩余价值的高低将取决于增加值,也就是增殖水平。因此,目前的主要问题是对增加值进行解释(见1§14),这将在引入资本概念(1§13)之后进行。

---

[1] 我本想回避总利润这个词。然而,"剩余价值率"这一术语被马克思无可辩驳地创造出来以作为衡量资本劳动收入分配(更准确地说,剥削率)的一个指标。

[2] 在一般宏观经济概念(SNA)中,国内附加值被定义为 $Y = $ 营业盈余 + 工资。关于营业盈余和剩余价值之间的区别,见1§12-a。定义(＝)与实际的决定顺序不同,因此我采用了一个新符号。

1§12-a 详述　剩余价值概念与国民账户体系中营业盈余

现行的国民账户体系2008（UN2009）采用"营业盈余"（operating surplus）这一宏观经济核算体系中的盈余概念。国民账户体系的起点是产出减去中间产品（企业之间的购销）和工资。营业盈余的起点将等同于我们的剩余价值概念。然而，国民账户体系也有一些随意的填补，从而导致这两个概念发生了偏差（在8§6-d中展开）。

1§12-b 补论　本书中"增殖"概念与马克思"增殖"概念的比较

在1§10中，我引入了"增殖"这一概念。既然已经引入了"剩余价值"的概念（1§12），那么我可以适当地说明一下我对"增殖"一词的使用。在《资本论》一书中，马克思区分了"价值的生产/创造/来源"和"剩余价值的生产/创造/来源"。对于后者，马克思也使用了术语 Bildung von Mehrwert。[1] 现在，Verwertung 一词通常被翻译成"增殖"（我采用了福克斯的译法；见前面的脚注）。

为了实现本章目的，我用单一术语"增殖"来描述价值创造（即"增加值"的生产），在我具体提到剩余价值时则会清楚说明。我如此用词主要是方法论上的原因：在资本主义中，剩余价值的生产是一个必要的环节；资本主义的价值生产一般是剩余价值生产（只是偶有不同特例）。[2] 从这点上看，马克思的两个概念是相吻合的（或者说一个扬弃为了另一个）。

1§13　资本和时间——总利润率与标准时间

企业的投入和产出被视为二重性实体，即在货币价值上具有同质性的内向分岔商品（1§4，1§7）。企业的利润驱动力以商品产出的货币价值同其投入的货币价值（1§8）之间的差额的正值为目的，从而构成了一种观念利润（1§11）的内向生产。这种观念利润被进一步定义为总利润或剩余价值（1§12）。

❶ 资本与时间

在1D2到1D5A的基础上，我们现在可以确定经验中通常称为"投资"和"资

---

[1] 马克思的德语概念有些特别，其中每一个概念都没有简单的英文翻译对应。这里有一些文本参考。马克思，《资本论》第一卷（1962［1867；1890］），第171页和第209页；由福克斯（Fowkes）翻译：马克思，《资本论》第一卷（1976［1867；1890］），第259页和第302页。
[2] 马克思实际上是通过对剩余价值的偶然性的否定来论证剩余价值产生于资本主义社会的必然性。

本"的企业生产投入了。积极"资本"(active "capital")的一个方面是投资于企业生产所需物质投入的货币价值——这些投入本身由两重维度构成。然而,成熟的资本概念也包含"时间",即生产过程的持续时间(duration)及投资的持续时间。因此,资本主义生产不仅要求在占统治地位的货币价值形式下把握"有用性",而且要求它在"生产时间"下择机投资。与其他任何时间不同的是,就增殖(即作为价值量)而言的有效过程管理是同就生产时间而言的有效过程管理相对应的(农民在封建农场辛苦劳作后,驾驶三小时马车把收获的玉米运送到了磨坊主那里,这种驾驶活动显然不能视为工作而应视为休息)。在经济学叙述中,"效率"常常是一个笼统术语。除非另有说明,否则我用这个词来表示"利润导向的效率"。

❷ 物质-技术生产过程的具体持续时间

尽管这种生产过程效率具有二重性特征(货币价值量和持续时间),然而生产仍是同某种物质-技术生产过程(physical-technical production)的特定时刻及其持续时间相关的。特别是,剩余价值是通过投资于各种特定"单一生产过程"的特定技术时间跨度而获得的(小麦、电脑、钢笔等的生产根据具体情况,需要几个月、几周甚至不到一小时的时间)。也就是说,尽管剩余价值受制于增殖,但是剩余价值也是同物质-技术生产的特定节奏相关的。原则上,这种"单一过程的总利润"(singular-process-integral-profit,简称 spp)可以按"单一过程投入"(singular-process-input,简称 spi)的一定比率,即(spp)/(spi)[1]来计算。然而,不同生产部门(或同一部门)单一过程的持续时间不同,这意味着(spp)/(spi)不足以作为比较不同企业绩效的衡量标准。因此,这一指标并不能为生产何种实物商品最有利可图提供标准。

❸ 作为标准时间相对构成的资本和剩余价值

总"积极资本"(K)有以下几个部分:首先,企业对生产投入的投资;其次,运行中的增殖过程——后者以作为半成品和尚未实现的产出存货的观念货币价值这一物质利益共存的方式存在。原则上,资本可以在任意时间点加以测量,这需要对应时间点上的企业资产负债表(见 1§13-a 的说明)。后者体现在今后将采用的"积极资本"的概念中,这必然是一元货币价值的总和。为了克服第 2 点中的不足,资本投资的持续时间采用传统的标准时间即日历年(从现在起用下标 t 表示),而不是根据物质生产的节奏来衡量。

---

[1] 马克思就是这样在《资本论》第一卷中开始论述剩余价值的生产并在《资本论》第二卷第二部分中考察资本周转时间的。我在下一小节(3)中所介绍的,就是马克思在《资本论》第三卷第二部分中作为论述域(qua field of exposition)所叙述的内容。

因此,标准化的总利润之和(total integral profit)(pi,Π_t)系一年内各单一生产过程所获得的总利润的总和。

同时,总利润驱动的生产在资本总利润率的测量中是不受物质生产节奏束缚的纯粹过程。此时的总利润为一年中所获得的总利润,它同年初资本投入比(omega,ω)为:

$$\omega_t = \Pi_t / K_{t'} \tag{1.1}$$

其中,下标 t 表示第 t 年末,t' 表示第 t 年初。注意,Π_t 是流量,$K_{t'}$ 是存量。

因此,资本与总利润(即剩余价值)的生产是投资、增殖和标准时间的统一。每个标准时间的总利润率(ω_t)是衡量生产什么以及如何生产能获取最大利润的物质商品的纯粹标准。归根结底,每一种特殊商品的生产以及生产它们的方式,只是测算最优总利润率的工具。

1§13-a　说明　积极资本:简化的企业资产负债表

虽然资本具有货币-价值维度,但它不等同于货币。大多数情况下,即在生产过程中,它是以观念价值的形态存在的(参见1§10)——这一点在企业资产负债表(见表1.4)中有所体现。资产负债表实际上反映了资本在此表公布时刻的"状态"。[1]

表1.4　某企业简化的资产负债表(某一特定日期)

资产(积极侧)		负债(消极侧)	
厂房和固定设备	……	资本‡	……
原材料和流动设备			
("流动"的生产资料)	……		
中间品	……		
制成品	……		
存款(+/−)†	……		
总积极资本	K	总消极资本	K

注:† 将会在第2章介绍(事实上,这个账目记载的不是积极资本;一般而言,当考虑到企业现存的银行贷款时它就会被抵消——这也会在第2章介绍)。
‡ 本账目摘自第3章中介绍融资方式的部分(暂且将该账目记录的对象看作仅有内部融资的企业——当然这在现实中具有偶然性)。

---

[1] 资本的观念价值状态对企业、统计局、经济科学和商业报刊提出了一个重要问题。此处所述价值为账面价值。这一问题将是贯穿本书第一篇——尤其是第3章的重要主题。这对于之后更进一步、更具体地确定金融资本与产业资本之间的关系(第3章)和确定经济危机成因(第5章)都至关重要。

1§13-b 说明 本书的等式和等号

等式总是在特定的维度和单位上相等(这适用于所有的应用数学)。若以欧元(€)作为货币单位,那么欧元表示的货币-价值维度为 $mv\text{€}$。严格来讲我们总是这样表示:

$$M = mv\text{€}C$$

即"在货币-价值维度以欧元为货币单位的情况下"$M = C$(参见:Ellis, 1968, p.25)。因此,本书若非特别说明,符号">""="和"<"始终分别表示为"以 $mv\text{€}$ 计的较大值""以 $mv\text{€}$ 计的等值"和"以 $mv\text{€}$ 计的较小值"(或者采用任意其他货币单位)。

1§14 劳动生产力的占有

对(总)利润的一般解释要求从市场回到生产(1§8)。将生产视作物质-技术过程后,我们可以明确是劳动加工了随处可得的自然资源和生产资料——后者包括被占有的自然资源(1§9)。接下来的部分将展示生产本身如何取得货币价值形式,以及技术过程如何由增殖过程和利润驱动力(1§10—1§11)所主导,以及"总利润与资本投资比"如何成为关于绩效的量化标准(1§13)。

在此基础上,我回到了对增殖的解释,即对企业增加值和剩余价值的解释(1§12)。简言之,这一节为增殖和剩余价值的存在提供了根据。我提醒读者,在第 7 小节之前的等式都只是微观经济层面的等式(分析对象都是处于平均水平的企业)。

❶ 生产成本和产出

生产是将投入转化为产出的过程。资本主义生产过程中的计量单位是货币价值量和劳动量。我首先考虑以下主要的投入产出量和数量关系(注意由于引入了许多新符号,本小节有些枯燥)。

• L_t 表示一年内雇用的平均工人数(按全职人员数计)。劳动过程以及 L_t 被视为一个整体,包括买和卖的相关工作。

• 以工资率 w 雇用 L_t 的工人,因此 wL_t 是工资总额。

• K_t 表示以货币价值表示的年平均资本额,以企业资产负债表中的资产计量(见 1§13-a,表 1.4)。这些资产包括固定生产资料、流动生产资料(包括投入品存货——原材料)和产出存货。[1] 在本章中,我将现有资本存量预设为以前积累和投入生产的资本(这一预设的基础将在 3D4 中阐明)。K_t 是指在一年内每个劳动时间点上,可被劳动者平均使用的资本量。

- δK_t 为本年度消耗的固定资产价值。这些耗费表示为总资产 K 的一部分 (δ,例如 1/5)。固定资产是指持续时间可以超过一年的资产(通常这些耗费掉的资产也会在一年内更新)。[2]
- μK_t 表示一年内消耗的流动生产资料的价值。这些耗费用总资产 K 的系数(μ)表示。流动生产资料存续时间不到一年,并且是当年购置的。但是,其中一部分也作为存货(被使用和被替代)和持续投资出现在资产负债表上(因此,与 δ 不同,μ 通常不是表示为 K 的一个部分。然而,μ 就像 δ 一样是一个"技术系数",它们的大小由所采用的技术决定)。宏观经济上 μK 也称为"中间投入"。[3]
- 使用 δK_t 和 μK_t 可以更精确地表示年初总资产 K_t 的一部分,但在接下来的内容中,我忽略了这一点,因为这会使下面的等式中的符号变得过于复杂。
- Π_t(pi)表示当年产生的剩余价值。
- X_t 表示当年的产出量。
- 除 K_t(或 K_t)中的存货外,上述变量(包括 δK_t 和 μK_t)均为流量。

综合这些,我们有:

$$X_t \blacktriangleleft = [(\delta + \mu)K + wL + \Pi]_t \tag{1.2}$$

其中,符号◀表示等式右边决定了等式左边。

式(1.2)是生产完成后的成本和收益等式。问题在于剩余价值(Π)是如何产生的。在我们得到式(1.2)之前,可以说,在工厂还没有开门的清晨,它的价值为"K";在工厂门口,我们只有劳动力 L;而当大门打开,生产过程开启时,所有劳动力作为实际投入生产的劳动来发挥时,我用 L^a 表示,这会在下面加以解释。

❷ 资本形式的生产资料

纯粹从技术上讲,生产是指劳动同自然和生产资料之间的物质变换过程(1§9)。随处可得的自然资源虽然有助于生产,但它却没有价格;它对所有企业而

---

[1] 在文献中,流动生产资料(包括投入品存货)和产出存货又称为"营运资产"或"流动资产"。
[2] 第 4 章和第 5 章对重置、非重置和折旧这三个概念进行了扩展。
[3] 后者是宏观经济账户中通常采用的术语(参见联合国,2009;国民账户体系,2008)。

言都是免费的,不具备生产价格,故而在资本主义实践中被忽视了——即不赋予它货币价值。[1]对自然资源而言,只有那些具备适当性质、像商品一样可以买卖的自然资源才有价格。因为对企业来说,加工自然资源和生产资料是没有区别的,因此我把前者归入后者的概念之下。

生产资料的价值源于其生产过程。[2]生产资料不提供增加值,而是表示过去的增殖,即从先前生产的增殖过程中获得的新价值。[3]在目前的叙述阶段,生产资料的价格是给定的(将在4D2和4D3中进一步叙述)。

❸ 劳动能力

与生产资料相反,"劳动"不是过去生产出来的,因为它就是生产活动本身。如果说有什么相似之处的话,那就是劳动能力确实是以前"生产"的。但关键在于,虽然劳动能力是由货币-价值维度(工资)决定的,但它并不是作为商品在资本主义生产领域内"生产"的。相反,它是在家庭范围内创造的(1§1)。劳动能力的价格(即工资)并不包含以前的增加值,它与劳动能力的"生产价格"无关。[4]在目前的叙述层次上,我将工资,即劳动能力的价格视为给定值(其决定因素将在2D2中详细阐释)。

❹ 生产:劳动的使用

在增殖(价值的生产)方面,生产资料(K)和劳动能力(L)的主要区别在于,前者在本质上是生产过程中的静态元素;而在生产过程中发挥作用的劳动能力,即劳动(L^a),是活动元素。生产资料只能被加工或者闲置。在规定的劳动时间内,劳动能力加工生产资料,即是以一定生产力(α)和劳动强度来使用劳动。在劳动强度为零时(这实际上是在工人罢工的时候)是不会有价值生产的。因此,只有劳动潜在地创造了增加值。

以(今天特别津津乐道的)机器人制成品为生产资料,并且假定它几乎不需要

---

[1] 也许国家会出台政策,以某种方式迫使企业为非专用性自然资源拟定价格。但是目前我们的论述还没有引入国家(对国家的引入见第二篇)。

[2] 另一个问题是,任何(包括暂时性的)对绝对稀缺生产要素的所有权或支配权总是会产生租金。我在第三章(附录3c)中回到租金这一议题。

[3] 但是,在目前的生产过程中转移的是生产资料此刻的观念价值(这与相似生产资料的现行价格相关)(参见4§7)。

[4] 劳动能力是在家庭的私人领域中创造的;它所涉及的是繁衍活动——它并不是为了销售而生产的。它是在家庭中创造,在企业中使用(使用劳动);而(最终)商品是在企业内部生产,在家庭中使用。事实上,熟练劳动能力的价格可能比非熟练劳动能力高。除此之外,最主要的一点是,子嗣不是出于卖的目的而生产的,从而也没有关于子嗣的实际生产价格。

人工操作。机器人(正如第 2 点所述同任何其他生产资料一样)的价值是由之前的生产过程所决定的。为了简单起见,假设机器人根本不需要电流输入,那么机器人输出的价值(X^R)就降低到它的购买成本,从而不存在增加值。如果机器人不是现成的(因此需要在当前的生产过程中进行调整),那么当前又存在劳动能力加工过程了[1](在对当前成本进行一些修正后,就价值而言,机器人同 19 世纪初用作生产的马匹——对马匹表示歉意——并且实际上和任何其他生产资料是没有什么本质区别的)。

有趣的是,一般来说,与其说是在当前的生产中使用"K",倒不如说是在使用以前生产的新生产资料。因此,人类所创造的新技术和新的技术应用,从根上讲都是劳动创造的。

❺ 生产:劳动生产力的组成部分

我刚才提到了劳动的生产力和劳动强度,并且区分了在同一定技术相关的生产力上所使用的实际劳动($á$)和在一定劳动强度下所使用的实际劳动(i, iota)。因此,我们有 $α = (á) * (i)$,并且:

$$L^α = L^{ái} \tag{1.3}$$[2]

注意 $α$、$á$ 和 i 是指数(而非指标)。因此,$α$ 就内容而言以及从数学上来说,是提高劳动能力(L)的力量(power)。[3]

❻ 生产技术、"劳动生产力"、"单位劳动的货币价值"及总利润率

生产技术是指通过某种特定性质的具体劳动过程实现自然资源、生产资料和劳动在质和量上的某种具体结合以实现产出的过程(1§9)。对不同商品而言,这种实物产出不过是一个直觉概念,因为它们不能合理地加总起来(1D2-1D3 和 1§10)。

在生产过程开始时,"K"是指工人刚进入工厂大门尚未工作时厂房和生产设备的价值。即使生产过程是由货币价值和增殖所统治的(1§11),它也仍然是一个物质-技术过程。在实际生产过程中,工人把厂房和生产设备经过物质变换转换成不同性质的物品(实物产出)。这种质的变换是劳动生产力的一个方面;另一方面是价值量的增殖。$α$ 是变换"系数",即两个方面的劳动生

---

[1] 如果机器人产品的销售和运输本身不是自动化的,这也同样适用——这将再次涉及生产过程。
[2] 这涉及马克思在《资本论》第一章中所说的"具体劳动"(1976[1867¹, 1890⁴], p.128)。
[3] 从数学上讲,这意味着规模收益递减。经济学的基本原理是,给定一种生产技术和与其相关的 $α$ 和 $á$,潜在的劳动强度越来越受到限制:因为在一定劳动强度水平下,劳动强度将无法再进一步提高。

产力。

根据前面的论点(第2—5点),式(1.2)现在可以具体化为:

$$X_t \triangleleft = [(\delta + \mu)K + mL^\alpha]_t \tag{1.4}$$

其中,mL^α 具有同质的货币-价值维度。[1] 我将 mL^α 定义为劳动的实际货币价值,"m"是劳动的实际单位货币价值(实际上"m"衡量的是劳动净产出的实现和出卖)。[2] 注意,mL^α 包括工资组成部分 wL 的等价物。

因此,给定 K 和隐含的(潜在)生产技术,即给定技术系数 δ 和 μ 的情况下,净增加值(mL^α)由劳动生产力(α)决定,即劳动所创造的实际货币价值。因此,对于"剩余价值"或"总利润"(pi,Π)而言,有:

$$\Pi_t \triangleleft = mL^\alpha_t - wL_t \tag{1.5}$$

虽然购买的生产资料 K 决定了潜在生产水平的上限,但劳动生产力(α)决定了实际产出的多少。这是资本主义经济的重大飞跃。这意味着,劳动——更具体地说是劳动能力的实际生产力——成为增殖的唯一来源。但这种生产力总是以实际的生产技术为基础的。而技术及其在具体工艺技法中的应用,必然是社会劳动的产物(特定技术的选择是由竞争性力量所驱动的,详见第4章)。此外,劳动生产力在不同的生产部门以及在生产部门内部通常是存在差异的,并且在不同的生产技术条件下也存在差异。[3]

最后基于这一点,利用式(1.1)和式(1.5),我们得到了总利润率(1§13):

$$\omega_t = \Pi_t/K_t = [(mL^\alpha)_t - (wL)_t]/K_t \tag{1.6}$$

因此,给定 K、L 和特定技术水平时,总利润率(ω)随工资率(w)和劳动生产力(α)变化而变化。

❼ 资本的生产

目前暂不考虑剩余价值的任何分配(因而也不考虑资本所有者在剩余价值中的消费部分——详见第3章),从前面的叙述可以看出,被增殖所主导的资本主义

---

[1] 这类似于马克思所说的"抽象劳动"(出处同上)。

[2] 这么说可能有助于读者理解:在这一点上,"m"可以被当作劳动能力净产品的实现价格。我将在第3章(3§10)中更详细地讨论这个问题。

[3] 因为 L^α 中的 α 是一种与技术相关的能力(在其组成部分 $\acute{a}$ 中),α 在不同的生产部门间存在差异(在2§2中展开)。在第4章(4§4)中,我们将看到 α 通常也在生产部门内存在差异,尽管差别相对较小。

生产的实质是资本的增长（详细解释见 2D1）：

$$K_{t'} + \Pi_t =\blacktriangleright K_t \text{ 或}$$
$$K_{t'} + \Delta K_{t'} =\blacktriangleright K_t$$

因为是劳动形成了剩余价值（Π），从而引起了资本的所有增长，因此在本质上是劳动创造了资本——资本的所有者声称自己有权占有它们（详细解释见 6D1）。

❽ 增加值的测量

对于我现在明确称之为总产品的概念，我们有：

$$X_t \blacktriangleleft = [(\delta + \mu)K + wL + \Pi]_t \tag{1.2}$$

和

$$X_t \blacktriangleleft = [(\delta + \mu)K + mL^\alpha]_t \tag{1.4}$$

对于总增加值 Y^G（宏观经济意义上的 GDP），我们有：[1]

$$Y_t^G = [\delta K + mL^\alpha]_t \tag{1.7}$$

对于净增加值（宏观经济上，NDP），有：

$$Y_t \blacktriangleleft = [mL^\alpha]_t \tag{1.8}$$

请注意，前面的等式既可应用于宏观经济，也可应用于微观经济（对单个企业或各个生产部门）——对于后者而言，正如图中所示，α 和 m 可能在生产部门内部以及生产部门之间存在差异。

1§14-a 说明 同市场相关的劳动概念和同生产相关的劳动概念

本书已对"劳动能力"和"劳动"进行了严格区分（见 1§6、1§6-c、1§6-d 和 1§14）。表 1.5 是对正统经济学和马克思主义政治经济学（MPE）在这方面的一个比较。

---

[1] 按照惯例，在宏观经济核算中，所有微观经济层面的企业都被视为单一企业。这意味着（假设一个自给自足的宏观经济）企业之间的中间品交付会被抵消（采用该惯例的原因之一在于这样衡量的"产出"与企业实际合并程度无关）。就上述等式而言，这尤其意味着 $\mu = 0$（请注意，对于当前经济体而言，μK 通常大致相当于 GDP 的总和，因此微观经济产出的总和大约是宏观经济产出总和的两倍）。

表 1.5　对同市场相关的劳动概念和同生产相关的劳动概念之区别的总结

	正统经济学	传统马克思主义政治经济学	本章
• 是否区分同市场相关的劳动概念和同生产相关的劳动概念	否	是	是
• 同市场相关的劳动概念	劳动(L)	劳动力(L)	劳动能力(L)
• 劳动（……）的市场价值	wL	wL	wL
• 劳动的生产性概念	劳动(L)（=市场概念）	劳动(L)=使用劳动力	劳动(L^a)=以某一给定生产力(a)使用劳动能力
• 剩余 (VA=增加值) (SV=剩余价值)	$OS = VA - wL$[†]	$SV = mL - wL$[‡] (mL=增加值)	$SV = mL^a - wL$[‡] (mL^a=增加值)

注：[†] OS=营业盈余。它可以用所谓的"资本生产率"或"消费等待"来解释，有时与管理劳动结合起来作为一个单独的劳动类别(另见 Naples 和 Aslanbeigui, 1996)。

[‡] 另见 1§14-c。

1§14-b　补论　斯密、马歇尔和凯恩斯论劳动与利润

认为只有劳动才能创造增加值(1§14)的观点同认为在资本主义系统下利润是否有必要存在的观点无关。例如，对于亚当·斯密(1776)而言，利润是必要的。同时，他毫不怀疑劳动是增加值的源泉，因此也是利润的来源：

"因此，一般来说，生产者的劳动增加了他所加工的材料的价值，创造了维持自己生活的物资，也增进了主人的利润。……虽然生产者的工资是由他的主人预付给他的，但实际上就一般而言，他的主人无须作任何开支，因为在劳动对象的价值提高后他可以把工资连同利润都拿回来。"(Smith, 1776)[1]

然而，对于作为新古典经济学创始人之一的马歇尔以及在他之后的许多新古典经济学家而言，资本被断定具有生产力——但这并不是出于资本内在的原因，而是因为倘若不能假定资本具有生产力，那么利润就没有"正当性"（！）：

"认为纺纱厂的产出，在扣除了机器的磨损后都是工人劳动的产物，这种观点

---

[1] Smith, 1776, Book II, Ch. 3, section 1; see also e.g. Book I, Ch. 8, sections 7-8.

是不正确的。产品既包括工人的劳动,也包括雇主和隶属于雇主的经理的劳动,还包括所使用的资本;资本本身就是劳动和等待的产物:因此,纱布也是各种劳动和等待的产物。如果我们承认它只是劳动的产物,而不是劳动和等待的产物,那么毫无疑问,我们将不得不承认利息和等待的报酬的正当性毫无存在的理由,因为结论已被前提所预设。"(Marshall,1972[1890¹],p.587;感叹号是原有的。)

我们要强调的重点并不是"等待"这个奇怪的概念,它在某种程度上是具有物质上的生产性,而是应该对"正当性"加以论证。

以下是凯恩斯(1936)在这个问题上所述的两篇摘录:

"与其说一件资本品是生产性的,还不如说,在该资本品的寿命期间,它的收益超过它的原有的成本。这里的原因在于,一件资本品由于它在寿命期间能提供服务而得到的收益总和之所以大于它的原有的供给价格,其唯一的原因是它具有稀缺性,并且由于制造资本品所需要的款项要求取得利息这一事实而继续保持其稀缺性。如果资本变为具有较少的稀缺性,那末,收益大于原有的成本的数量就会减少,而与此同时,它的生产性并未减少——至少在物质的意义上是如此。"

"因此,我欣赏古典学派以前的理论;该理论认为,每一件物品都由劳动生产出来,而协助劳动进行生产的是:(1)过去被称为工艺而现在被称为技术的事物,(2)自由取用的或根据其稀缺或丰富程度而支付代价的自然资源,以及(3)体现在资产中并且根据其稀缺或丰富程度而具有价格的过去的劳动。因此,应该把包括企业家和他的助手的劳务包括在内的劳动当作唯一的生产要素,而该生产要素则在既定的技术水平、自然资源、资本设备和有效需求之下发生作用。这可以部分地解释,在货币单位和实践单位以外,为什么我们可以只把劳动当作经济制度的唯一物质单位"[Keynes,1936,pp.213-214(中译文采用高鸿业译文,参见:约翰·梅纳德·凯恩斯著,《就业、利息和货币通论》,高鸿业译,商务印书馆,1999年,第220—221页。——译者注)]

"在今天,利息不代表对真正做出牺牲的补偿……资本所有者能得到利息的原因是资本的稀缺……然而,资本的稀缺却没有与资本的固有特性有关的原因。"[Keynes,1936,p.376(中译文采用高鸿业译本第389页。——译者注)]

在第3章中,我们将看到为何没有支持资本稀缺的固有特性的原因。

1§14-c 补论 本章正文内容同传统马克思主义理论的一个比较

我首先简要地提到了马克思的《资本论》第一章。如果我们能从资本主义商品生产二重性中进行抽象(事实上我们不能),那么 L^a 可以被视为生产异质性商品(有用物)的"具体劳动"过程的载体(vector)。根据实际的二重性,马克思所说的"抽象劳动"的概念是指创造商品价值的劳动(这是二重性的其中一重)。[1] 在马克思引入货币作为实际价值衡量标准之后,我的 mL^a 就与抽象劳动概念类似了(《资本论》第1卷,第3章)。我注意到三个问题。第一,mL^a 的维度是货币。第二,在马克思引入货币计量之后,他的"抽象劳动"术语在《资本论》中消失了。第三,在《资本论》第1卷第1—3章中,马克思考虑了平均(平均企业和平均资本与劳动);因此,我的 a 在这里并不重要(马克思在这里考虑了"社会平均"——也称为"社会必要"——劳动时间)。[2] 关于马克思在这方面的动态叙述,见罗藤(Reuten,2017)第四部分及后续部分。

现在,我将1§14部分的叙述与传统马克思主义理论进行一个比较,这些比较将主要集中于下述三个问题。

(1) 作为增殖唯一来源的劳动(1§14,第6点)。我论证了为什么劳动是价值的唯一来源。在传统的马克思主义理论中,劳动也被认为是价值创造过程中的唯一因素。然而,这通常是基于一些"物化劳动"的价值理论来论证的。1§14 中的论点假定了劳动的独特性,而不依赖任何物化劳动(事实上,只有劳动才有可能创造增加值的论点绝不应该被解读为增加值在某种程度上与劳动时间成正比,即同物化劳动的价值理论一样。关键在于,a 在微观经济和宏观经济层面都是一个变量;a 通常在生产部门之间和内部存在差异)。1§14 所述的劳动的独特性并没有理由称之为"劳动价值论"。相反,我提出了一个货币价值理论(1D2)。然而,将1§14 的叙述表述为关于剩余价值(总利润)的劳动价值理论是正确的,这在接下来的章节中会进一步叙述。请注意,在"物化劳动价值理论"框架中,我关于"劳动价值"的术语只有消极启发性[在拉卡托斯(Lakatos,1970)的意义上]。

(2) 劳动能力的价格(1§14,第3点)。劳动能力的价格(即工资)与劳动能力的"生产价格"没有关系,且这些术语确实不相容,因而这一概念显得非常不马克思主义。[3] 工资的决定因素将在2D2 中详细阐释。

(3) 在净增加值方面(1§14,第8点)的劳动生产力(L^a)和"单位劳动的货币价值"(m)。回想一下净增加值的等式:

---

[1] 参见马克思(Marx,1976[1867¹,1890⁴],p.128)。
[2] 同上,p.129。
[3] 马克思似乎至少已经想到了劳动能力的生产价格,因为他设想的工资与"劳动能力再生产"有关("劳动力",即我们使用的劳动能力)。

$$Y_t \blacktriangleleft = [mL^a]_t \qquad (1.8)$$

这是对阿格列塔(Aglietta, 1979[1976], pp. 43-44)在一项突破性工作中提出的等式的发展和重新概念化。他写道(他使用了其他不同的符号表示 Y 和 L):

$$m = Y/L \qquad (1.8A)$$

并称 m 为"劳动时间的货币表现"。他接着强调,这个等式不是一个定义,而是价值实现(即卖出商品)的"货币约束"。我同意他关于 m 的观点,并且我们将在第3章(3D5)中回到这一概念。然而,在阿格列塔之后,式(1.8A)在马克思主义政治经济学中掀起了一股潮流[例如,通过利佩兹和弗里的著作(Lipietz, 1985; Foley, 1986)],[1]并且"m"被称为"劳动时间的货币表现"(MELT),约束条件被隐藏起来了,虽然式(1.8A)以不同的形式表达了这一点。

这里我只强调这些方程在 L 和 L^a 项上的根本区别。这不是关于两个方程之间的一个简单的数学问题,即第二个方程(即 MELT)的 $a=1$。相反,所有的 MELT 概念都忽略了不同生产部门之间劳动生产力的差异[而且通常在这些概念背后是同质化劳动和物化劳动的概念,例如莫斯利(Moseley, 2005,特别是第3页)]。因此,这不是一种简化($a=1$),而是不加区分。[2] 更进一步地说,据我所知,在马克思主义政治经济学或主流经济学中,从来没有人作出过这种区分。[3]

在第4章中我提到,部门层面上相对较高的 K/L 比率通常与较高的劳动生产力($a>1$)相关,反之亦然($a<1$)。事实上,对劳动生产力增长的预期是引进技术提高 K/L 的一个先决条件(补论4§4-d)。

1§14-d 补论 资本主义人口生产与资本主义劳动能力的生产——一些推论

如今,奥尔德斯·赫胥黎在《美丽新世界》一书中创作的故事,已不像在其创

---

[1] 同见弗里(Foley, 2005)。
[2] 这与 MELT 在微观或宏观经济上的应用无关。重新考虑以下等式,现在被解读为宏观经济意义上的(但对于以下等式来说,微观经济情况也没有不同):

$$\Pi_t \blacktriangleleft = mL_t^a - wL_t \qquad (1.5)$$

为了便于论证,我们假设 m、L 和 w 为常数,且 a 标准化为 $a=1$(这是 MELT 方法的隐含情况)。在这种情况下,Π(总利润)的增加无法得到解释——因为劳动强度的增加($\hat{i}$)或与技术相关的劳动生产力的提高($\hat{a}$)无法表现出来。
[3] 然而非常有趣的是,马克思在《资本论》第一卷被忽视的一章中(德语版第四部分第10章,英文版第12章)率先作出了这种区分,但后来(在该书第五部分)又提供了一个关于平均数的描述,从而消除了这种区别(Reuten, 2017, 2018 讨论过这一问题)。

作时（1932年）那样只是虚构的了。已经能够技术性地实现人口的资本主义生产并且也能将其抚育为适合劳动能力的人口。问题在于，这是否能够以及何时能够盈利（并且是在法律允许的条件下）。如果情况真的发生了，就会出现一个自我循环（self-contained circuit）——在这个循环中，生产一个小时劳动的劳动能力所需要的成本（总体上）小于这一小时的劳动。那么劳动能力将成为中间性产出和投入品，然后劳动的价值将降为零。因此，随着劳动能力"创造"与"生产"的融合，增加值将消失。随之，资本主义也将消失［参见罗藤和威廉姆斯（Reuten and Williams, 1989, p.90）］。

第5C分节　社会分离外向分岔的根据（扬弃）

1§15　资本主义生产方式解决了企业"提供生存所需的物质元素"的社会分离问题

鉴于任何社会的生存都离不开某种形式的物质"生产"（一般地说：这是物质变换活动），资本主义外向分岔为家庭和私有企业的进程表现为社会分离，因而是整个系统中最大的问题（1D1）。企业的生产分离表现为在作为货币-价值维度、商品化和企业利润驱动力主导地位的根据（存在条件）中得到解决（被扬弃）（1D2-1D4）。

然而，企业的利润——更确切地说是剩余价值（1§12）——必须被生产出来。剩余价值生产的一个主要条件是，"物质-技术劳动过程"被理解为"增殖过程"，并且后者在剩余价值的生产过程中占据主导地位（1§9—1§11）。同时，"资本"由采取货币价值形式的企业投资内向分岔为投入品生产所构成，并与生产时间下的择机投资相结合。相对于标准时间而言，"资本的总利润率"是成功生产剩余价值的纯粹标准（1§13）。到目前为止，剩余价值生产的最终条件（根据）是企业以价值化的形式吸收劳动生产力——生产增加值。考虑到工资，劳动因此生产了剩余价值并因而从本质上生产出了资本（1§14）。

因此，企业的生产分离似乎已经在劳动生产剩余价值的过程中得到了解决（被扬弃），它同企业对剩余价值的占有一起共同充当了企业的驱动力。

虽然关于资本主义分离型经济再生产的一些重大问题现在看来已经得到解决，但我们将在接下来的章节中看到，解决目前所有这些问题还需要满足进一步的条件。

1§15-a　补论　第1章同马克思《资本论》的一个大致比较

就整个马克思《资本论》的体系而言,本章大致涵盖了《资本论》每一卷中的第一部分和第二部分(共675页)。[1]因此,尽管我们在每一种情况下都有从抽象一般到具体特殊的运动,但顺序是不同的。从理论上讲,本章采用了一种价值形式方法,强调资本主义系统中的实体所需承担的"货币-价值维度"。在给出了一种特殊的社会分离的辩证法后,本章介绍了六个问题的理论进展。

(1)对上述提及的所有领域的"货币价值形式"这一理论方法的发展(以我之前的工作为基础,当时我使用了具有相同含义的简短术语"价值形式"——参见1§5-d)。

(2)对价值与货币相互关系的深入讨论(1D2)。

(3)观念预先通约概念及其对生产的影响(1§10)——建立在我之前工作的基础上。

(4)从第一次引入"资本"开始,将"资本"重新定义为相对于标准时间构成的观念货币价值(1§13)[这一概念化仅同马克思本人和马克思主义关于"单一过程"资本循环的思想(1§13,第2点)有着些许的联系——这并不意味着后者可以在其他情况下被替代]。

(5)将劳动作为剩余价值唯一来源的独特论证同"劳动生产力"(1§14)相联系。

(6)第(1)、第(4)和第(5)点加在一起意味着不存在与一般利润率相关的"转形问题",因为我的出发点是"总资本"(full capital)而非马克思的"单一过程"资本(在我看来,这是资本的一个概念萌芽)。[2]马克思在他的叙述中把利润率的概念推迟至《资本论》第三卷第一部分。在我看来,由于总利润率(ω_t)在一般抽象的水平上是必不可少的(即抽象地把握资本主义经济总体),所以必须尽早提出。

这些也是当代马克思主义理论的主要切入点(为了使这本书的篇幅保持在合理的范围内,我避免了大量参考当代的文献。虽然在需要时插入简短的关键参考文献非常简单,但要公正对待所有作者还需要更多的空间)。

---

[1] 第一卷,第1—6章(德语版第1—4章);第二卷,第1—17章;第三卷,第1—12章。
[2] 它的问题集中体现在《资本论》第二卷第二部分的手稿中的"资本周转"上。

总结与结论

本章首先对资本主义经济作了抽象的概括性论述,重点是资本主义生产方式。其出发点是经验现实中出现的一种外向分岔,即制度上的社会分离——一方面是进行消费和创造劳动能力的家庭,另一方面是生产产品的私营企业。即使我们知道事实上分岔的两极在某种程度上是彼此连接的,但这个经济体仍被假定为是社会分离的。这样论述的目的是理解这种社会分离的范围及其实际被解决的程度(第1节)。

外向分岔的两极显然是通过买卖关系来弥合的。然而,产品和劳动能力固有的多方面特性使得经济体需要可通约的标准以进行比较。后者源于日常市场的"抽象化",将以货币为中介的"价值"的超感觉维度赋予产品和劳动能力,而货币本身没有内在的内容或价值。实体在这个超感觉维度上变得可以比较,我们只有以货币为计量手段"认识"这些关系,并且这个计量手段的具体表现形式(guise)并不重要。市场的相互作用将产品和劳动能力构成商品,也就是说,作为双重(或内向分岔)实体——表现为多种多样的有用性和一元货币-价值维度这一二重性。

货币-价值维度和产品与劳动能力的商品化决定了两重市场之间的关联,且企业受货币利润驱动。两重市场相互关联的结果只是货币价值和生产能力二重性的产生(第2—4节)。

当企业的生产面对唯一的货币利润动机时,这种"纯粹"的二重性就加深了。而利润动机在(不)生产什么、(不)怎样生产方面起着具体的主导性作用。它影响着对什么重要和什么不重要的判断。令人惊讶的是,货币价值的超感觉性与生产能力影响了其自身的感觉和存在。因而这种可感觉的物质-技术生产就变成一种纯粹的增殖工具,即货币价值或增加值的生产。这就是资本主义生产过程的一般形式(第5A分节)。

然而,这种一般形式缺乏一个标准来确定什么样的工具性形式——即采用哪种物质商品和哪种物质技术——能最大化利润。

这就要求:首先,对投资额有一个共同的衡量标准,即"资本";其次,将投资时间作为"生产时间"来把握;最后,以标准时间(即日历年)来衡量资本投资的持续时间。一年中获得的利润——更确切地说是剩余价值——除以一年的资本投资额,即得到"总利润率",由此诞生了一个标准(打个比方,以希腊字母表的最后一个字母欧米伽结束)。

考虑到企业生产的利润动机,生产必须包含相当于利润的增加值部分。即使资本主义生产过程的一般形式是以货币价值和增殖为主导的,它也必然是一个物质-技术过程,因此它仍然是一个二重过程。在这种二重性中,生产资料和劳动能力(L)之间的主要区别在于前者本质上是静态的,而在生产过程中的劳动能力——即劳动(L^a)是活动的。生产资料只能要么被使用要么不被使用。劳动能力在使用生产资料的过程中以某种劳动生产力(α)水平——也包括以一定劳动强度——使用劳动。在劳动强度为零(实际上是罢工)的情况下不会有生产,无论是物质生产还是增殖过程都停止了。因此,在进行物质生产的同时,劳动也创造了(观念)价值以及剩余价值(总利润)。从而,α是生产力转化"系数",即劳动在这两个方面的生产力(打个比方,以希腊字母表的首字母阿尔法开始)。

资本限制了生产可能,而劳动生产力(α)决定了实际产出。这意味着,劳动——更具体地说,是劳动的实际生产力——是增殖的唯一来源。然而,这种生产力总是以实际的生产技术为基础的。技术及其在具体工艺中的应用,必然是社会劳动的结果。

劳动是增加值的创造者,它只能通过工资来"补偿",企业占有剩余价值,即增加值和工资之间的差额。剩余价值通常是资本增长的源泉。由于劳动是增殖的唯一源泉因而也是剩余价值的唯一源泉,劳动本质上生产的是其自身工资的等价物以及资本增长的等价物。因此,劳动本质上生产了资本(第5B分节)。

因此,总的说来,企业的生产分离似乎在劳动的剩余价值生产中得到解决(被扬弃),从而企业占有剩余价值满足了企业的生产动机。尽管目前看来,关于资本主义分岔型经济再生产的一些重大问题已经解决,但我们将在后续章节发现,解决它们还需要满足进一步的条件(第5C分节)。

第1章图表目录

图 1.1　资本主义生产方式（第1章大纲）　　　　　　　　　　006

1§1　社会分离之外向分岔为家庭和私营企业　　　　　　　　　009
　表 1.2　与向外分岔的资本主义经济相关的特定活动形式——特定于
　　　　其生产方式　　　　　　　　　　　　　　　　　　　　010

1§11　货币增殖过程对技术过程的支配：利润的内在驱动力　　031
　图 1.3　线性论述与对共时性的强调：1D3-1D5A（1§5—1§11）　033

1§13　资本和时间——总利润率与标准时间　　　　　　　　　035
　表 1.4　某企业简化的资产负债表（某一特定日期）　　　　　037

1§14　劳动生产力的占有　　　　　　　　　　　　　　　　　038
　表 1.5　对同市场相关的劳动概念和同生产相关的劳动概念之区别的
　　　　总结　　　　　　　　　　　　　　　　　　　　　　　044

第 2 章
资本积累

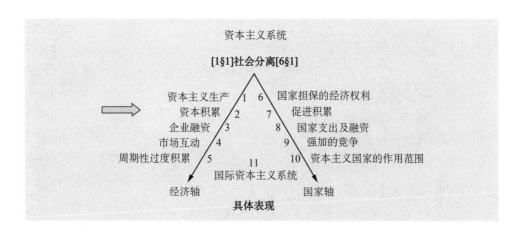

章 目 录

导言	054
第1节 资本积累	056
2§1 利润的增加	056
2§2 劳动生产力的管理	056
2§3 资本积累	058
第2节 劳动能力的扩张	059
2§4 资本积累——必要的劳动能力与工资率水平	060
2§5 剩余价值率：工资与劳动生产力	063
2§6 资本积累、劳动能力与失业率之间的相互联系	066

第 3 节	管理劳动与企业-劳动关系	068
2§7	管理劳动与企业-劳动关系	068
第 4 节	货币扩张	071
2§8	将货币具体化为银行发行的货币：银行的货币创造	071
2§9	领域扩展与银行间结算：银行间信托、清算银行	076
2§10	通过银行，以私人化的形式保证生产的预先实现	082
第 5 节	企业与银行在整体中分离的关系	087
2§11	企业与银行在整体中分离的关系	087
第 6 节	企业的法人（形式）	089
2§12	企业采取法人形式的倾向	089
2§13	公司制企业的行政管理	091
2§14	公司制企业中，股东与行政管理者从整体中的分离	092
第 7 节	二重资本积累	093
2§15	二重资本积累——企业与消极资本的所有者	093
总结和结论		097

导　言

　　本章第 1 节阐述了第 1 章中由利润驱动的企业生产如何必然地导致资本积累（即资本扩张）。一般来说，上述过程伴随着宏观经济增长。本章接下来的几节论述了资本积累的三个主要存在条件。

　　第一个条件是劳动能力的扩张（第 2 节）。这一扩张过程嵌入由一系列相当复杂的决定因素所组成的格局（constellation）。在经济学文献中，其中每个因素都分别获得了大量的关注。本章的特点在于阐述它们之间的相互联系。这种相互联系一方面集中于劳动人口增长、失业率和工资率，另一方面集中于生产过程中劳方的服从。上述因素共同决定了剩余价值、资本积累和就业。

　　更具体地说，接下来的第 3 节给出了生产过程中对劳动服从的管理（management）过程。

第二个条件是货币的扩张(第 4 节)。通过将第 1 章中的货币概念具体化为银行发行的货币,我们将会看到,商业银行是如何通过创造货币来适应资本积累的。

接下来的第 5 节会表明这一条件是如何建立在企业和银行的制度化分离之上的。

第三个条件,企业的法人形式,为资本积累的连续性以及可能的规模奠定基础(第 6 节)。

最后的第 7 节将企业的法人形式放在了作为第 1 章起点的"分叉"(bifurcation)视角之下进行考察,并详细说明了企业私人所有制的性质。

图 2.1 勾勒出了本章的系统/体系的要素(systematic moments)。

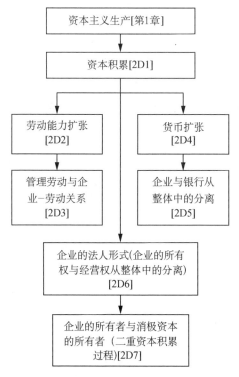

图 2.1　资本积累的体系(第 2 章概览)

图例:
→　前者以后者为基础(条件)。

在叙述层面上,根据第 1 章到现在的假定,我们考虑了"资本一般"。也就是说,个体资本是从总体资本的视角加以考虑的,或者说,企业是从宏观的视角加以考虑的。本章将会沿用这一视角。也就是说，和前面一样，我们的叙述还是在从一般-抽象层面向逐渐特定-具体（specific-concrete）的概念层面的过渡中。可以举个例子。尽管本章所提出的货币的概念——银行发行的货币——相当具体，但这一概念仍然缺乏同金融的具体联系（第3章将说明这种联系）。还要注意到，本章的叙述还会涉及一些对于资本主义体系必不可少而非偶然的制度与过程。

第 1 节

资 本 积 累

2§1 利润的增加

我们已经看到，资本主义生产过程是由单一维度的、货币形式的利润所驱动的，而不是由商品的多层面的可用性（使用价值），或人类能力的实现所驱动的（1§11）。这种单一方面的驱动力的基本原理不过是老生常谈的东西，即利润的增加。

2§1-a　说明　"剩余价值"驱动与"利润"驱动

让我们回顾一下 1§12 中关于利润与剩余价值（或者说，总利润）的区别的论述。后者不依赖于企业的融资方式。企业金融（融资）我们在第 3 章才会介绍。现在，我们假定一个外来资金的恒定额度，"利润驱动"和"剩余价值驱动"的术语就能够互换使用。

2§2 劳动生产力的管理

前文的研究已经表明，劳动（更具体地说是实际的劳动生产力）是价值增殖，乃至剩余价值和利润的唯一源泉。劳动生产力包括两个要件：劳动强度和与技术创新相关的劳动生产力（technique-associated productive power of labour）（1§14）。

在理论上，利润可能通过增加劳动强度和加速劳动生产力的技术变革而增加。

❶ 劳动强度的管理

在给定生产工艺的条件下,生产过程的管理的一个主要方面是对劳动强度的管理。[1] 这种管理,一方面基于所雇用的并投入生产中的劳动能力的技能,另一方面基于对生产过程中这些技能的具体开发的管理。劳动强度的管理关乎与特种工艺相联系的组织惯例(规范)。即使如此,劳动强度的增加存在生理的界限,这就为利润的增加(2§1)设置了一个限制。

❷ 技术与工艺变革的管理

考虑到上述生理的限制,生产过程管理的另一个主要方面涉及工艺的选择及其对这一阶段生产过程的具体适应。新生产工艺的引进可能会提高"与工艺相关的劳动生产力"。伴随着生产力的这种提高,一种新的(生产)过程工艺(的引进),本身可能就会降低单位成本;不仅如此,它还为增加劳动强度,从而进一步降低单位成本的新的组织惯例(规范)创造可能性。随着新工艺的引进,对于最初(引入新工艺)的企业,(潜在的)利润趋于增加。[2]

在投入资本总量给定的情况下,其中的一部分会被投入"研发"活动中,用于(研发)新的、能带来利润增加的生产工艺。这种"研发"活动也叫作"以增殖为导向的技术发明"(valoro-technology)(2§2-c 会解释这一术语)。劳动者的导致发明产生的知识生产也具有了货币价值的形式。这催生了特种技术的发展,以及有望能带来利润增加的特种工艺的搜寻活动。

2§2-a 说明 管理

上面这一部分介绍了关于劳动生产力的管理。一般意义上的管理将会在 2D3 部分系统地加以介绍。

2§2-b 说明 劳动强度的界限,以及强度和效能利用状况之间的权衡

劳动强度的增加不仅存在生理上的界限,还存在心理、社会与道德界限。随着工作日长度的缩短,每小时劳动强度增加的可能性也提高了。因此,存在一个劳动的高强度使用与生产工具的效能的利用程度之间的权衡,这一权衡取决于生

---

[1] 在 1§14 的式(1.3)中,我们用 L^a 表示劳动生产力,其中 $a = á * ĭ$,这里的 $á$ 代表工艺因素,而 $ĭ$ 代表强度因素。注意,L 具体代表了熟练的劳动能力。

[2] 适用于最初引入新工艺的企业的这一规律(That this applies to the 'initiating' enterprises),4§6 和 4§12 在涉及企业分层(结构)问题时还会详细论述。

产工艺的状况。

2§2-c　说明　以增殖为导向的技术发明和以增殖为导向的技术创新

"技术"与"技术变革"(知识)的概念,"工艺"与"工艺变革"(应用)的概念,大体上分别可以与熊彼特意义上的"发明"与"创新"的概念相类比(参见 Freeman,1974,p.7)。为了强调技术与生产工艺的资本主义形式是非中性的,而是由价值增殖(valorisation)驱动的(1§11),使用以增殖为导向的技术和以增殖为导向的工艺这两个术语似乎更可取。经此强调,后文的论述会经常避免明确地采用这两个术语。

2§2-d　补论　马克思对生产力与劳动强度的论述

马克思是第一个全面广泛地分析了资本主义生产过程的政治经济学家。《资本论》第一卷花了近乎一半的篇幅从绝对与相对剩余价值生产的角度探讨了资本主义生产过程(第3—5篇)。[1] 尤其是在第12章(德文版第10章)中,他论及了劳动生产力(问题),以及在第15章(德文版第13章)中,他涉及了劳动强度(问题)。20世纪(的学者)对马克思《资本论》的标准解释很大程度上忽视了他的叙述是如何必然地将(李嘉图所提出的)劳动蕴含的价值概念远远地甩在后面的(罗藤在2017年的文献中详述了这一点)。

2§3　资本积累

到目前为止,利润增加(2§1)受到了两方面的限制:一是给定数量的资本;二是劳动生产力的现有水平的(prevailing)界限(2§2)。

❶ 通过利润的再投资带来的利润增加,从而也带来了资本积累

利润会通过将其作为资本再投入生产过程中获得进一步扩张,因而资本也得到了积累。资本的内在驱动力的逻辑是通过其积累获得不断扩大的增殖。1§14的结尾就预先简要地提出了这一点——那里提到,从根本上说,劳动生产出资本,这意味着剩余价值的积累。

即使在单方面的利润驱动的假设下,似乎所有的剩余价值都被投入再生产过

---

[1] 增加"绝对剩余价值"是指在每日工资额不变的情况下,延长工作日长度;增加"相对剩余价值"是指在实际工资不变的情况下,生活消费品价格(wage bundle)的下降。实际上,存在两种每小时实际工资(即工资率)可能下降,因而每小时剩余价值量增加得以实现的机制。在相对剩余价值生产的例子中,实际工资有可能随着剩余价值量的增加而增加(参见罗藤,2004a)。

程中(即 $\Delta K = \Pi$),(人们也会努力扩大)剩余价值中用于消费支出的部分。在目前的叙述层面上,我简单地假定积累部分占剩余价值总量的某个比率$\dot{a}$(这一比率很大程度上是因情况而变的):

$$\Delta K = \dot{a}\Pi(0 < \dot{a} < 1) \tag{2.1}$$

因此,追加投入的资本(ΔK)部分,加上消费部分所代表的价值量$(1-\dot{a})\Pi$,构成了由劳动所生产出的剩余价值的总量。

❷ 一般化的资本积累条件

一般化的(generalised)资本积累带来了宏观经济增长。然而,由于后者并非企业的直接动机,我们从一般化的资本积累讲起,以此为基础,谈谈其在宏观经济层面的影响。

一般化的资本积累有赖于两大主要条件[1]:第一,剩余价值的持续扩张,因而是劳动能力的持续扩张(第 2 节);第二,货币流通量持续扩张(第 4 节)。[2] 这两个条件是资本积累的基础。

此外,一般化的资本积累还存在第三个条件,即企业的公司制形式——这促进了持续的资本积累(第 6 节)。

2§3-a　说明　在利润中的投资和消费支出部分——参考后文

在目前的论述阶段,我们假定了一个积累部分占利润总量的比例$\dot{a}$(这一比率很大程度上是因情况而变的)。在 3§10 中,我们会给出$\dot{a}$的一些决定因素。

第 2 节

劳动能力的扩张

通过一系列的相互联系(的因素),本节给出了劳动能力扩张的所必需的水平。2§4 一开始所给出的某个资本积累的增长率将会是 2§6 的一个结果。

---

[1] 国家在这里是被抽象掉的(本书第二部分将会涉及国家的内容)。
[2] 有人可能会认为,如果出现了物价普遍下跌(通货紧缩)的现象,货币流通量就不需要扩张了。然而,第 4 章将会表明,除了短暂的间隙,在普遍的物价下跌(通货紧缩)中,资本主义体系是无法生存的。

2§4　资本积累——必要的劳动能力与工资率水平

给定劳动生产力(a)中的工艺因素($\dot{a}$),资本在微观与宏观层面的积累必然需要:
- 劳动能力的扩张(ΔL)——这会在家庭内部形成。但下述情况发生时,这一要求将会改变。
- 作为劳动生产力一个因素的劳动强度的增加(Δi)——这一因素会在企业内部加以管理(2§2)。

这一部分会详述第一个方面,第二个方面会在 2§5 中说明。

从这里开始一直到本书结尾,加下划线的变量均表示这些变量的增长率。[1] 同样地,-→(或←-)代表"负相关效应",+→(或←+)代表"正相关效应"。

❶（资本积累所）必需的劳动能力

必要的劳动能力的增长率($\underline{L}$)首先决定于资本积累的增长率($\underline{K}$)和基于以增殖为导向的工艺的资本劳动比率($K/L = \tau$)——见图 2.2 的左侧。因此:

$$\underline{L} = (1/\tau)\underline{K} \quad [必要条件] \qquad (2.2)$$

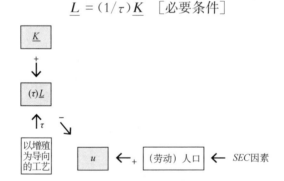

图 2.2　资本积累的增长率与劳动能力投入增长率之间的相互联系

图例:
在 $\underline{L}$ 和 u 之间的箭头表示 $\underline{L}$ 在相反的方向上影响 u。
$\underline{K}$　资本的增长率(%)。
$\underline{L}$　就业的增长率(%)。
u　失业率(%);产业后备军。
τ　资本劳动比率。
SEC　社会经济与社会文化因素(依具体情况而定)。

---

[1] 即 $\underline{x}_t = (x_{t-1} - x_t)/(x_{t-1})$。注意在正文中,除非另有说明,时间下角标都是不显示出来的(因此 x 读作 x_t)。

尽管劳动能力是企业的一项投入要素,并且是一种在市场上被交易的商品(1D3),然而,劳动能力并非作为商品(以商品为目的)而被生产出来,而是在家庭领域中"被创造"出来(参见 1§14 第 3 点)。一般来说,儿童并非以待售的视角而被生育和抚养[然而,一种特殊的教育(主流经济学——译者注)却可能有助于市场中劳动能力的"可销售性"]。[1]

一般来说,劳动能力(要素)的投入是由劳动能力储备(产业后备军)供给的,即由劳动人口增长所提供的失业人口(U)(见图 2.2 的底部)供给。因此,失业率(u)会随着劳动人口的增长而增长,会随着就业的增加而降低:[2]

$$\tau \underline{L} \; \text{-} \rightarrow u \leftarrow \text{+} \; 劳动人口 \qquad (2.3')$$

或者,我们可以将式(2.3′)写成代数式形式:

$$u = f_1(\tau \underline{L}) + f_2(pop) \quad [f_1' < 0;\; f_2' > 0] \qquad (2.3)$$

很明显,人口与劳动人口增长决定于由具体情况而定的社会经济与社会文化因素。这对于资本主义企业来说是一个问题。因为劳动能力储备(产业后备军)的变化很大程度上是不确定的,因而很难控制。[3]

图 2.4 呈现出的相互联系概括了雇主(以及很多经济学家)所想要看到的情形:资本(积累)的增长促进了就业,降低了失业(此时,τ 是一个定值)。这样,任何剩余的失业情况都来自(他们所设想的)人口增长的因素。上述论证是正确的。然而,2§6 会告诉我们,这只是整个故事的一半。

❷ 劳动能力与工资率

对于直接(straight)商品,一种需求引致的价格上升引起了产量的增加。然而,由需求引致的工资上涨却不会引起儿童"产量"的增加。就此而言,"劳动市场"——以及类似的"货币市场"——与普通商品市场大相径庭(参见 2§4-a 的说明)。

在目前的叙述层面上,足以确定的是,如果人口增长到了能形成持续的或周期性的(recurrent)劳动能力储备的程度,就会对工资形成持续的或周期性的(recurrent)压力。反之亦然。因此,更具体地说(见式 2.4),失业率的变化

---

[1] 第 7 章会涉及公共教育问题。
[2] 失业率的公式是 $u = \dfrac{N-L}{N}$。这里的 N 是劳动人口。可见,潜在劳动能力与受雇的劳动能力(L)是截然对立的。
[3] 参见第 7 章,尤其是 7D3。

(Δu)是工资率变化(Δw)的主要决定因素。然而,工资率变化的第二决定因素是已雇用的劳动能力的增长率($\Delta \underline{L}$)(见 2§4-b 的详述)。

$$\Delta u \longrightarrow \Delta w \longleftarrow + \Delta \underline{L} \qquad (2.4')$$

或者,我们可以将式(2.4')写成代数式形式:

$$\Delta w = f_1(\Delta u) + f_2(\Delta \underline{L}) \quad [f_1' < 0; f_2' > 0;\text{其中}, f_1 \text{占主要地位}] \qquad (2.4)$$

因为已雇用的劳动能力的增长率也会影响失业率的变化,所以还存在前者(已雇用的劳动能力的增长率)对工资率影响的二阶效应(second order effect)(见图 2.3)。

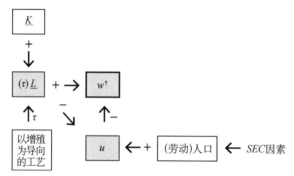

w 上的"↑" 失业对于工资率的影响压倒了(dominate)就业对其的影响。

图 2.3 工资率变化的一般决定因素

图例:
在 $\underline{L}$ 和 u 之间的箭头表示 $\underline{L}$ 在相反的方向上影响 u。
$\underline{K}$ 资本的增长率(%)。
$\underline{L}$ 就业的增长率(%)。
u 失业率(%);产业后备军。
τ 资本劳动比率。
w 工资率。
SEC 社会经济与社会文化因素(依具体情况而定)。

2§4-a 说明 与直接商品市场相比,货币与劳动市场的特殊性质

货币与劳动能力的相似性体现在,两者仅仅在需求而非供给上,接近于商品市场。就两者的供给而言,它们并非"生产"出来的,而是"创造"出来的(从 1§1 的意义上说——创造的过程是不同的)。对于货币市场,2D4 详细论述了其非生产性和创造性。

2§4-b 详述 失业与就业的变化对工资率的影响(式2.4)

就业状况的变化对工资率的影响的这种洞察力,可以追溯到斯密(1776),这一点同样为马克思所强调(1976[1867], p. 763、p. 772)(参见罗藤,2004b,p.285)。简单地说,失业效应源自失业工人压低工资;就业效应源自当就业增加,并且各种类型的劳动变得稀缺时,企业抬高工资的行为。上述两种效应的结合也许能解释即使在存在失业的情况下的工资上涨。

2§4-c 补论 生存工资与人口增长

本书的叙述关涉一般意义上的资本主义整体,考察的范围涉及相当多的国家,并追溯到19世纪。一般来说,需求引致的工资增长不会引发儿童"产量"的增加。然而,在接近生存工资的这种极端例子中,工资对人口增长和劳动能力供给[1]有一种间接的影响。简单来说,在这种极端例子中,我们可以作如下具有长期、周期性的特征的推演。劳动(供给)的普遍充足会将工资拉低到生存(工资)水平以下。结果,人口增长率下降。这种现象的产生,与其说是因为(人口)出生率的下降,倒不如说是因为饥荒的增加(尤其是儿童所面临的饥荒)。而这种人口增长率的下降会产生涉及积累率的劳动短缺。由此,工资将会再次上升到生存(工资)水平以上,导致人口增长(饥荒减少)与劳动(供给)的充足。上述过程会循环往复。[2] 在上述(理论推演的)路径中,当工资水平降低时,积累率可能会加速上升;而当工资上升时,积累率可能会下降。

2§5 剩余价值率:工资与劳动生产力

1§14曾提出过一些关于产量(X)、剩余价值量(Π),以及总利润率(ω)的公式:

---

[1] 将这一点与已经被古典政治经济学理论化的"人口增长规律"作一个比较。尽管马尔萨斯的解释为人所熟知,但其实在他之前还有很多先驱(参见 Schumpeter, 1972[1954], pp.250-258)。需要注意的是,这个补论剩下的推理部分适用于一种没有任何福利供给(也许这种福利是国家提供的)的(社会)结构。通过上述描述,读者可能会想到19世纪的欧洲,或世纪之交的非洲大部分地区。

[2] 因此,上述推演过程中的主要"机制"在于饥荒率(陷入饥荒的人口占总人口的比例——译者注)而非出生率。对于受过新古典经济学训练的读者,他们会对这种"图景"感到困惑。他们会反复思考如下问题:在传统的关于劳动市场的叙述中(他们会想到交叉曲线的图表),均衡工资高于生存工资水平是没有任何保证的。

$$X_t \triangleleft = [(\delta + \mu)K + mL^\alpha]_t \tag{1.4}$$

$$\Pi_t = mL_t^\alpha - wL_t \tag{1.5}$$

$$\omega_t = \frac{\Pi_t}{K_{t'}} = \frac{mL_t^\alpha - wL_t}{K_{t'}} \tag{1.6}$$

> **译者注** 在式(1.4)中,δ 和 μ 是工艺(technical)上的系数;K 是指生产的厂房与机器设备的初始价值;α 代表一定的劳动生产力水平;L^α 是在给定劳动生产力水平(α)下的劳动能力的投入;m 是单位劳动的实际货币价值;mL^α 是(总)劳动的实际货币价值,即价值的净增殖;符号"$\triangleleft$"表示等式右边决定等式左边。另外,式(1.6)中的 $K_{t'}$ 表示 t 期的初始资本存量(价值),其与 t 期末的资本存量(价值)和 t 期中所生产的剩余价值量之间的关系可以表示为:$K_{t'} + \Pi_t = K_t$,其中,$\Pi_t = \Delta K_t$,即 t 期中所生产出的剩余价值量,亦即 t 期中的资本增殖的量。

现在我仅引入一个新的定义:"剩余价值率"(e),用于衡量收入在劳资双方之间的分配,即资本的收入份额(Π)和劳动的收入份额(wL):[1]

$$e_t = \Pi_t / wL_t = (mL_t^\alpha - wL_t)/wL_t \quad [\text{定义}] \tag{2.5}$$

剩余价值率为正($e > 0$),是资本的总利润率(ω)为正的一个条件。将式(2.5)代入式(1.6),我们能得到:[2]

$$\omega_t = \frac{e_t}{K_{t'}/wL_t} \quad [\text{含义}] \tag{2.6}$$

正的剩余价值率以下述两种因素的一系列组合为条件。这两种因素包括一定水平的工资率(w),以及生产过程中所运用的一定水平的劳动生产力(α):

$$w \uparrow \longrightarrow e \longleftarrow + \alpha \uparrow \tag{2.7'}$$

或者,我们可以将式(2.7′)写成代数式形式:

$$e_t = f_1(w)_t + f_2(\alpha)_t \quad [f'_1 < 0; f'_2 > 0] \tag{2.7}$$

---

[1] 剩余价值率是马克思《资本论》第一卷第 3—6 篇(约 430 页)的核心概念。
[2] 系统的必要性(systemic necessity)是为了使剩余价值率为正(这并不排斥新古典理论中的"最大利润"的情形——参见 Alchian,1950)。

上述条件考虑到了两种因素的共同变化。然而,对于任何给定的以增殖为导向的工艺水平(2§3),劳动生产力的变化范围都是有限的,以至于(to the extent that)劳动强度(L^i)的变化范围也是有限的(2§2),因此:

$$(i)_t = (|\ i\ |)_t \tag{2.8}$$

因为 $a = \acute{a} * i$(式1.3),我们也有:

$$(a)_t = (|\ a\ |)_t\quad[含义] \tag{2.9}$$

以增殖为导向的工艺水平决定了劳动生产力,然而,劳动强度这一因素是由劳动者对生产过程中的各项条件(conditions)的遵守程度共同决定的。(对规范的)遵守是一个复杂的因素,其本身又是由微观与宏观因素决定的(这些微观与宏观因素本身也是复杂的)。微观因素的例子包括生产过程的局部管理、某一部门内的失业率等,宏观因素的例子包括一般(宏观)失业率、一般意义上的企业-劳动者关系等。一个"高"的失业率通常伴随着(对规范较高程度的)遵守,因为被雇用的工人害怕被解雇,即害怕被其他工人替代。进一步地,在(对规范的)遵从和工资率的变化之间,存在着一种同方向的变化关系。在一定界限之内,工资上涨会带来劳动力(the power of labour)中的劳动强度因素的增加。反之亦然。[1] 所以,就剩余价值率而言,存在一个(劳资双方关于)工资的博弈与产量之间的权衡(见图2.4)。

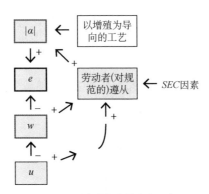

图 2.4 剩余价值率的决定因素

图例:
$|a|$ 有限的劳动生产力。
e 剩余价值率。
u 失业率(%):产业后备军。

---

[1] 在"新凯恩斯主义"经济学中,"绩效工资理论"提出了一个与之类似的观点(例如,可以参见 Snowdon and Vane, 2002a, pp. 200-201)。

2§6　资本积累、劳动能力与失业率之间的相互联系

剩余价值率,连同所雇用的劳动的数量,成为决定利润量的主要因素($\Pi = ewL$)。而利润量,连同任何积累占剩余价值的给定比率($\dot{a}$,参见 2§3,式 2.1),决定了资本积累的增量(ΔK):

$$\Delta K = \dot{a}ewL \quad [含义] \tag{2.10}$$

而劳动能力的雇用的增长($\underline{L}$)会随着资本积累率($\underline{K} = \Delta K/K$),以及由工艺决定的资本劳动比的变化而变化:

$$\underline{L} = (1/\tau)\underline{K} \tag{2.2}$$

诸如此类的关系可以参见图 2.5。注意,图 2.5 的内容建立在现有水平的情况下的工艺水平与资本劳动比的基础上,因此 τ 不是一个常数(2§2)。[1]

因此,"e",即剩余价值率,决定了雇用劳动的增量(degree)。[2] 如果单纯地从企业的劳动雇用这个方面来推断的话,那么下面这个简单的"均衡"机制就得以成立:

- 资本积累率的增长导致了工资率的增长——式(2.2)和式(2.4)。增长的工资率因失业而增速放缓,或增长中止。但就算在这种情况下,资本积累也可能会进一步加速;然而,在某个时刻,增长的积累率会将失业降低到这样一种水平:在这一水平上,失业始终无法减弱或完全抵消工资率的增长。
- 如果增长的工资率不会(或者始终不会)伴随着生产过程中增长着的劳动生产力(因为存在作为生理和/或精神上的界限的劳动强度因素 α),剩余价值率就会降低,从而资本积累率(的增长)就会放缓(参见式 2.5 和式 2.6)。
- 资本积累率的停滞或下降压低了工资,并推高了剩余价值率。由此,资本积累率可能会再次得以拉升。

劳动为资本扩张过程提供了内在和间歇性的外在动力(外在动力是指人口增长)。然而,(资本主义生产过程的)条件(环境)是由这一过程的内在分叉的含义而设定的。

---

[1] 在 4§4,以及 4D2-4D3 中,这一点还会详述。
[2] 从将劳动看作一个整体的视角出发,下述现象显得相当不合常理:就业依赖于剥削,工资率上升可能会导致就业(增长的)停滞或下降。

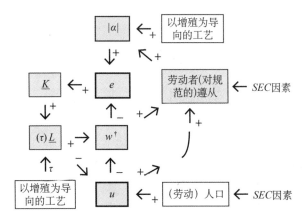

图 2.5　失业率、劳动生产力和资本积累率的相互关系（图 2.2—2.4 的综合）

$w^\dagger$ 上的"†"　失业对于工资率的影响压倒了就业对其的影响。

尽管劳动是生产过程中能动的、能创造生产力（generative）的力量，但其必定只能被动地遵循由（资本主义生产过程的）条件所设定的路径（只要这些条件会被接受）。

最终，上述路径是由资方（而非劳方）对生产资料的私人所有权（1§1）所决定的。再思考涉及就业与失业的"我们熟悉的"图 2.2，并将之与图 2.5 相对比，可以有更深入的发现：在资本主义生产关系中，失业率确实是一个关键因素。在零失业率的水平上，并在给定的有限劳动强度上，工资上涨，从而生产出的剩余价值的量减少。因此，简单地说，资本主义生产与资本积累过程需要失业的存在。

2§6-a　详述　在失业数字背后的世界

我们习惯于将通常（向社会）公布的失业率（4%、11%，或其他的什么数字）视为必然的生活事实。但在这些数字的背后，不仅涉及老（或新）工人的收入损失与令人难堪的裁员，还影响了他们的子女（我的父亲/母亲被解雇了），这一影响会在很长的时间伴随他们的父母帮助他们度过这段糟糕的时光。

第 3 节

管理劳动与企业-劳动关系

到目前为止，叙述的主要部分明确地提出了两类行动主体：劳动者与企业。接下来简短的一节（一小节）将引入新的行动主体——管理劳动者。

2§7 管理劳动与企业-劳动关系

在很多方面，剩余价值的生产（1§14）是整个体系的"阿喀琉斯之踵"，这一过程中所出现的问题，必须通过使劳动在生产过程中遵从货币价值的维度以及利润创造的要求来克服（2D2）。

❶ 管理劳动或"管理"

只有在规模很小的企业中，企业主才能是唯一的管理者。一般来说，企业的所有权（不管这一所有权是属于个人还是多人）依赖于执行具体管理工作的管理劳动。不管企业有怎样特殊的制度形式（这一点将会在 2D6 中详述），企业都需要被管理，以使得劳动能够遵从企业的目标。最终，管理的结果是，遵守（企业规范）的工人被接受了（留下了），不遵守（企业规范）的工人被解雇了。然而，由于存在不易察觉的不遵守（企业规范）的方式，因而也必然存在保证（工人）遵循（企业规范）的不易察觉的方式，即达到所谓的"良好的劳动关系"的方式。

这种管理就其本身而言是一种劳动，所以也可以说，它是由管理劳动所执行的。其功能要求必须将其提升至并认为其优于"普通劳动"（这种情况很像普通人被提升为贵族）。这种提升的要求在于，管理劳动者（现在被称为"经理"）已经将企业的规范内化在自己的心中。简单来说，上面的论述涉及最优的剩余价值生产规模，而这又以最优的总利润率和资本积累率为目的。（参见 2§7-b 关于"内在化"与"遵从"的术语的论述）

作为上文提到的"提升"的结果，这种"（管理）劳动"，被授予的不是（普通的）"工资"，而是（不凡的）"薪水"，不仅如此，他们还被给予了参与企业利润分享的机会。[1]

❷ 劳动、管理劳动和工资差异

在前面的小节中,"管理"尤其是指顶层的执行管理(最终是"首席"执行管理),后者通常被看作是资本的执行官。

然而,"管理"实际上也包括中层和低层的管理,甚至是对普通劳动者的管理。普通劳动者可能也将企业规范内在化了,而非仅仅(在表面上)遵从它们。

最终,顶层管理最重要的功能是通过提高劳动者自愿(遵循企业规范)的程度,而不是非自愿的因循守旧(的办法),来保证劳动者对企业规范的遵守。存在一些有助于劳动者遵守企业规范的"人力资源管理"的方式。然而,这与货币价值的维度(的目的)一致,后者主要通过(提高)工资率的方法实现这一目标。鉴于工资总额的整体(性)增长一般会阻碍利润(的增长)这种看法,大多数劳动者(对公司规范的)遵从,是通过不同劳动之间的工资率差异,以及在工资阶梯上向上流动的低收入群体的愿景(或梦想)来实现的。在工资上涨的同时,地位与影响力也会上升。以上所说的办法有赖于劳动者自身要(形成这一)认识:低等级的工作尽管地位较低,但也很重要。这样一种自我认识对于低等级的劳动者是必需的,只有这样,他们才能使自身顺从于他们的职位。

因此,如果对于每个企业,给定一个工资总额,顶层管理必须寻求(制定一种合理的)工资阶梯(等级)(包括他们自己的工资),以最优化(全体工人)对公司规范的遵从(也可以参见 2§7-c 关于意识形态的论述)(译者注:即在工资总量给定的情况下,通过设计一种工资等级制,使全体工人对公司规范的遵从程度最大化)。

❸ 企业-劳动者关系

总的来说,顶层管理所要管理的对象是我将简要称之为"企业-劳动者关系"的东西。这是一种雇用关系,通过这种关系,劳动(通过其"生产力"所决定)带来了价值增殖,以及生产出了由企业所占有的剩余价值(1§14—1§15)。从数量关系上看(剩余价值率),企业-劳动者关系受到三种因素制约:生产工艺、失业率(2§6),以及在生产过程中对劳动者遵从(公司规范的)管理(尤其是在面对较低的失业率的时候)。其中,最后一点需要能最优化(对公司规范的)遵从的工资等级制这种管理策略(device)的协助。

---

[1] 本句的前半部分,劳动一词被加上了单引号,因为从这些经理自身的视角来看,他们的工作不会使他们成为社会学意义上的劳动者或工人。

2§7-a 说明 "行为主体"

我从"行为"的非常一般的意义上使用了"行为主体"和"社会行为主体"这两个概念。一个行为主体可能是一个个体(即处于一种特定角色中的个体,如劳动者、企业主或经理),或一个法律意义上的(法人)"个体"。所以,后者的情况也包括机构(如企业)或特定机构(如企业)的代理人。

2§7-b 说明 对(公司)规范的服从,以及这一规范的内在化

尽管普通劳动者必须受到激励,以遵从企业规范,但对于遵从的管理而言,仍有必要将企业规范内在化。克里斯蒂安·贝(Christian Bay)详述了遵从与内在化的社会心理学概念,原文如下:

"服从是指,不伴有'这一行为本身是可取的'这一信念的服从或遵守"……内在化是指人们乐意于遵守规范,因为这些规范已经成为个体自身或他的认知视野的一部分。内在化可以保证受影响的个体在全部的生活中(对规范的)遵守。而且,……内在化,与强制性的遵从不同,会渐渐地产生一种"有责任心的"遵守。自愿遵从(规范)的人,不同于非自愿遵从(规范)的人,因为前者受到了激励,并且有足够的灵活性,将理性或效率的因素加入,以促进他已经被说服(去遵守)的那些规范和目的。"

Bay 1979[1958] pp.252,317-318

在此,我谨声明,促进内在化的观点常常在为培养未来的经理的主流商学院与经济学院传授。[1]

2§7-c 详述 相对于其他种类的劳动,对某种劳动更低级或更高级的(自我)感知

海尔布隆纳(Heilbroner,1986 [1985], p.107)将"意识形态"设想为"思想与信念体系",通过这一体系,统治阶级会为他们自己而解释社会系统如何运转,以及社会以什么样的原则为典范。因此,意识形态系统不仅作为虚构而存在,还作为"真理"而存在——并且,不仅是事实真理(基于证据的真理),还是道德真理。

对于工资差异问题,上述意识形态体系会涉及顶层管理者的一种信念,即他们的劳动优于中层管理者的劳动,以及"普通"劳动者的劳动。因此,(顶

---

[1] 一般来说,经济学中关于"委托——代理"问题的文献,在代理方上,缺乏任何有关"内在化"的概念。因此,其主要关注的是"监督"和个人奖酬问题。

层)执行管理者值得付给较高水平的工资,低等级的劳动者则只配得上较低水平的工资。在不同劳动群体的自我认识中,这些差异在相反的方向上起作用:由于有的劳动者得到了较高水平的工资,而有的劳动者只得到了较低水平的工资,相应的工作必然是高等级/低等级的。这就是作为信念体系的意识形态发挥真实影响的方式。

关于劳动收入的分配随时间的变化(如分为十组),下述观点难以自圆其说:在(不同组的)收入分布中,向最高组的进一步地偏移,意味着最高组所对应的工作变得更高级了。

本节(2§7)意在表明,尽管"劳动"是一种同质的经济范畴,但从社会学的意义上,它却不是同质的。更进一步地,这种社会学上的异质性甚至是资本主义体系再生产的要求(条件)。[1]

第 4 节

货 币 扩 张

资本积累存在的第一个条件是(2D1)劳动能力的扩张,以及在一定的工资率水平下,能使平均利润率为正的劳动生产力水平(2D2)。本节将提出第二个条件:货币流通量在某种方式上的扩张,以适应资本积累。本节始于将第 1 章中货币概念具体化为由银行创造的货币(2§8);接着,我们会论述银行间的关系(2§9);最终,我们会将货币创造与资本积累联系起来(2§10)。

2§8 将货币具体化为银行发行的货币:银行的货币创造

我们已经看到,"价值"是一般-抽象的一维(物),它可以吸收(absorb)并降低实体(商品)之间的异质性,并作为市场中这些异质商品之间的通约物而存在(1§3)。货币是平凡的媒介、价值的尺度,它没有内在的内容和价值。它仅仅是价值得以显现出来的计量工具(1§4)。

---

[1] 我对 Susan Himmelweit 表示感激。经过与她的深度讨论,我确信了这一点具有必然性,而非偶然性。

在这一章(以及第一部分余下的章节)中,我的论述会涉及"银行",这里仅仅涉及商业银行,而不涉及中央银行或国家。因此,货币创造(下面会提到的)纯粹指的是商业银行的货币创造(即逐利的实体)。上面的介绍已经足够了,因为在实践中(即使在第 7 章中我们引入了国家与央行),商业银行(因此是"银行")是货币创造职能的主要执行者。这一小节从一个单一的、独立的银行的视角介绍了货币创造过程;后一小节会引入由一系列银行所组成的结构(体系)。

所有的经济主体都是(或者可以是)银行的客户。但在本节中——在资本积累的视角下——我们的焦点放在企业这种特殊的客户上。

❶ 货币创造

与到目前为止的货币(1§4)、资本(1§13—1§14)与资本积累(2§3)的概念相一致的是,货币具体来说是作为银行发行的货币而存在的。因此,银行发行的货币是价值得以显现出来的具体媒介,并且能被感觉到反映在(具体的)实体(物)上(1§4)。

银行发行货币是一种"无中生有"的创造过程。这一创造过程的基础是银行与客户之间的互惠信用关系。在一定(数额)抵押品的基础上,客户从银行借入一笔钱(这一交易会被记录到银行资产负债表的资产栏下的一个账目中;这是客户对银行的一项负债)。与此同时,银行就"无中生有"地创造出了这笔钱,并将其记入客户的账户中(credits the client's account for it)(这一笔交易会被记录到银行资产负债表的负债栏下的一个对等的账目(entry)中;这是银行对客户的一项负债)。可以参见图 2.6。所以,至少在一开始,银行可以直接借回其贷出的那笔钱。"一开始"指的是这个客户还没有将钱从自己的账户支付到其他的账户中。而当他将钱从自己的账户支付到其他的账户之后,后一账户的持有者会将钱借给银行(见 2§8-a)。

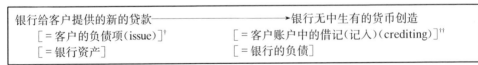

银行给客户提供的新的贷款————————→银行无中生有的货币创造
　　[= 客户的负债项(issue)]†　　　　[= 客户账户中的借记(记入)(crediting)]††
　　[= 银行资产]　　　　　　　　　　[= 银行的负债]

图 2.6　基于互惠信用关系的、商业银行"无中生有"的货币创造过程

图例:
† 基于抵押品,并由合同所详细规定。
†† 除此之外还有一种选择:手中有银行新发行的纸币(或者,还可以用支票代替纸币)。

或者,与将这笔钱直接支付到客户的账户里不同的是,银行可能会支付给客户自己发行的纸币(这同样是银行的负债,在银行的资产负债表中被记在负债一栏下)[1]。

正如上文所指出的,银行在一定数额的担保金(押金)的基础上创造货币,即某些抵押权(security title),如抵押、按揭贷款和转让。这些抵押品会以某种资产或(能带来)未来预期的(稳定)收入流的(资产的形式出现)。客户享受上述服务需要支付利息或佣金。[2]而对银行来说,提供这种服务,是进行货币创造的驱动力。

银行会以非书面的形式隐性承诺,它所贷出的钱是值得信任的价值中介,至少银行的其他客户都接受了这一点。[3]客户则承诺会在合同规定好的适当时期内归还所借的钱,以及事先商定好的利息额。因此,客户也会以非书面的形式隐性承诺,他会在保证能够偿还贷款的基础上使用这笔借入的钱。所以,他对这笔钱的使用活动也是值得信任的。

一旦客户必须提供一个(能充当)抵押权(的物);而银行除了良好的名声之外,却没有为其提供贷款的可信性提供任何保证。在这种情况下,(银行与客户之间的)互惠信用关系就是不对等的。

❷ 银行账户货币

关于货币创造,在"银行发行的纸币"与"银行账户货币"(或"簿记/记账货币")之间没有根本性的区别。后者的转移通过签名(用户授权)即可实现,而这一过程还可以以电子的形式完成。[4]存在一个从"银行发行的纸币"向"银行账户货币"发展的趋势。首先,这一趋势建立在成本-效率的基础上。对于每一家银行,企业以及其他代理商,持有物质形态的货币会带来"携带成本"。[5]其次,"银行账户货币"在被创造出来后还在银行中,所以,至少在平均水平上,银行的借贷能力是在增长的。同时,银行的利润也趋于增长。

---

[1] 这些确实将会是银行发行的纸币。如果银行被称为"Emicon Bank",银行就会发行 Emicon 纸币——有点类似于 Emicon 票据。认为银行的账户与银行发行的纸币或支票之间的可信程度不一致,是没有道理的。

[2] 利息的概念在第 3 章中会系统地介绍(3§4—3§5)。在目前叙述的层面上,我们使用"佣金"的概念就已经足够了。在这一章中,我所使用的"利息"这一术语可能会被"佣金"代替。

[3] 在这一整章中,我使用"值得信赖的"(trustworthy)这一术语,而没有使用"基于信用/信托的"(fiduciary 或 fiducial),目的是避免在各种不同的货币与金融问题的讨论中,后两种术语可能会存在的不同内涵。

[4] 尽管其他的作者可能会在另一层意义上使用"记账货币"(money of account)这一术语,"银行账户货币(资金)"这一术语可以在"活期存款账户"货币的意义上使用,即与银行的"记账式"(交易)(book entries)。

[5] 据我推测,"携带成本"这一术语来自凯恩斯(1936)。当他论及货币时使用了这一术语,他谈到了记账货币及其较低的、可以忽略的携带成本(Keynes, 1936, p.227)。

由于上述两种货币之间没有根本性的区别,又由于上面提到的发展趋势,因此,下面的叙述限定在"银行账户货币"的范围内。[1]

完全的"银行账户货币"的含义与状况是指,所有的(市场)行为主体都持有银行账户。这种情况尤其是指工资(账单)被支付到了劳动者的银行账户中,并且大多数家庭交易(支出)是通过银行账户进行的。第3章会讨论银行向家庭的贷款问题(这些尽管是依情况而变但却重要的问题,并会在第3章的附录3B中讨论)。

下面这一点对下文的叙述(以及对货币的理解)很重要:上面的这一小节将货币描述为由商业银行所创造,并不以中央银行的存在为基础(中央银行仅仅在下一节中才引入;尽管先于本书第二部分引入的国家,还是可以将中央银行称为"清算银行")。

2§8-a 详述 货币由银行创造

表2.7A展示了一个简化了的(年末的)银行资产负债表。资产栏下的数额 fB 代表基于"由抵押品所担保的贷款"(securities backed loans)的、由该银行创造的货币总额,它对应着负债栏下的活期存款账户。银行的自有资本 fA 被投入如银行的建筑与其他物质资产等资产中(从系统的角度看,银行的资本 fA 是预先假定好的。这一假定的根据将会在3D4中得到说明)。

表 2.7A 简化的银行资产负债表

资产	负债
所有权(property) fA	资本(capital) fA
由抵押品所支持的贷款 fB (以某种平均利率 b%的水平)	活期存款账户 fB (或者作为备选物的(银行)发行的纸币)

表2.7B展示了由新客户X所借的一项由抵押品所支持的贷款而带来的新货币的创造,以及由此引起的(资产与负债)平衡的打破。

表 2.7B 额外的货币创造:银行资产负债表的改变

给客户 X 的由抵押品所支持的贷款 f100 (以 4%的利率)	活期存款账户,客户 X f100 (= 从 X 借入)

---

[1] 可以确定的是:某人持有的由 Emicon 银行发行的银行纸币,代表了一种对 Emicon 银行的信用;由中央银行发行的纸币(仅仅在第7章才会介绍)代表对中央银行的信用——而且,这是一种零利率的信用。

表 2.7B 揭示了银行资产负债表的延长,即银行活动的增加。当客户取消贷款后我们看到了相反的一面。表 2.7C 展示了关于一笔 f80 从客户 X 向客户 Z 的支付的改变。

表 2.7C 银行客户之间的货币转移(流动):银行资产负债表的改变

给客户 X 的由抵押品所支持的贷款　f100 (以 4%的利率)	活期存款账户,客户 X　f20 (＝从 X 借入) 活期存款账户,客户 Z　f80 (＝从 Z 借入)

2§8-b　详述　银行发行货币的历史形式

2§8 的主要内容直接描述了当代占统治地位的货币形式(即银行账户中的账目)。大多数自 2015 年左右以来的经济学教科书仍然以历史叙述的方式,从商品货币(如黄金)的角度,描述"现代"货币(1973 年及之后出现)。并且,这些教科书紧接着就开始讨论中央银行发行的所谓的"高能货币"。

一些具体的货币形式(包括商品货币或以商品为基础的货币),可以与上一章(1§4)提出的货币的必要条件相兼容。然而,就资本的概念与资本的不断积累相联系这一点来说,某些货币的形式将会比其他种类更合适,并且前者会将后者逐渐淘汰掉。

第一,举一个例子,仅仅当实物黄金生产部门的资本积累率与平均资本积累率同步时,一个纯粹的黄金-商品-货币结构才有可能与资本主义兼容。这种兼容性进一步要求一个(与货币生产)相当的生产率增长,因为随着黄金生产部门的生产率(增长)逐渐落后(于平均生产率增长),宏观经济会进入一系列一般物价通缩和潜在的经济萧条中。

第二,关于资本积累的潜力,在下面两种情况中存在着重要区别:一是将商品当作抵押品存储在银行中(正如纯粹的商品货币那样);二是仅有对商品的抵押权。在第一种情况中,(被存储的)商品退出了流通,因此,在整个资本积累过程中,需要一种二重的积累:既包括生产资本的积累,也包括贵金属和其他商品存货的积累。很显然,这会阻碍资本积累的潜在速度,因为在这种情况下的贵金属抵押品仅仅是贮藏品。在第二种情况下,被抵押的商品(厂房、机器设备等)可以在生产过程中发挥作用,因为被抵押的仅仅是他们的(抵押)权。

2§8-c 补论 货币循环的进路

本节关于货币的论述,与主流经济学(尤其是主流经济学教科书)的论述有很大区别。在正式的方面上(比较本节的银行资产负债表和后文中的一系列说明),目前的叙述可以在后凯恩斯主义经济学(尤其是关于货币的货币循环进路)中找到根据(相关的参考文献已经在 3§2-d 中列举出来)。

2015 年左右,作为主流经济学教科书关于"货币"的方法的一种反对意见,货币是内生的并主要由商业银行创造的这一观点,正在与中央银行和 IMF 相关的研究者之间获得越来越大的影响力。可以参见 Bindseil 和 König(2013),Jakab 和 Kumhof(2015),以及他们列出的参考文献。上述作者分别在欧洲央行、德国经济研究所、IMF 和英格兰银行工作。

2§9 领域扩展与银行间结算:银行间信托、清算银行

❶ 银行间的相互联系

对于银行间相互独立的经营(方式),我将这一结构称为一种"分散的银行体系"(在前一小节中,这一点已经被隐含地提出了)。[1] 对于企业来说,这种结构将其市场(经营)领域限制在了这样一个范围中:在这一范围之内,货币是一种有效的价值媒介。

为了拓展他们(银行)所发行的货币的经营(领域),独立经营的众多银行必须在它们中间寻求达成一致,以在某种汇率(不同货币的兑换比率)水平下接受彼此的货币,以便于处理他们各自客户的债务。这意味着,在某种(银行间)达成一致的利率水平上,银行间的债务关系就可能会成立。由此,至少在短期内,银行之间必须相互信任。银行客户间的货币转移,如从银行 A 转移到银行 B,意味着"收款"的银行 B 必须为"转款"的银行 A 提供信用(凭证)。除非银行 B 可能处在与银行 A 进行清算活动的位置上,[2] 否则这一信用(凭证)将会持续有效,因而(货币转移过程)无须支付利息(参见 2§9-c,表 2.8)。

---

[1] 从历史上说,所有地区性的银行系统都是从一个高度分散的状态发展而来的。关于这一问题的详细论述并没有什么实质性的内容,尽管在这一问题上历史与系统(逻辑)的解释在一定程度上是同步的。

[2] 也就是说,如果是相反的对等的(货币)转移(从 B 到 A),则债务-债权关系取消。

❷ 存在一个作为媒介的清算银行时,银行间的相互联系

作为一种替代方案,银行可能会通过一家主要银行进行清算活动,这些银行给予了这家主要银行很高的信用(评级)。由此,这家银行就会作为一个清算银行而经营,并相应地收取利息或佣金。而且,这家清算银行可能会将自己的货币标准(standard of money)施加给它要进行清算的银行。如果其他银行采用这一标准,这些银行的经营领域就会拓展。如果一家银行(如银行 A)依然与清算银行,以及通过清算银行与其他银行有债务上的关系,清算银行就会要求从负有债务的银行那里收取利息以及提供抵押品(securities, collateral)。而且,清算银行所收取的利息的一部分,可能会被支付给债权银行(creditor banks)[1](见 2§9-c,表 2.9)。

由此,清算银行也将会设置一套关于抵押品的标准,并强制实行债务规则(见 2§9-b)。实际上,这是货币(经营)领域拓展的主要必要条件之一。一旦某家清算银行占据了主导地位,一种自我强化的过程就会强迫银行在这家清算银行的庇护下经营。这是因为,第一,这一过程拓展了为银行的客户(服务)的领域;第二(这一点更有关联),其他银行可能会拒绝与采用了不同标准的银行发生交易关系。

需要指出的是,由于国家(尤其是其货币框架)尚未被引入,这里的清算银行还不具有法律上的权力(法定权力,legal power),它仅仅是一个占主导地位的商业银行。

❸ 货币创造

尽管清算银行会为抵押品施加一个标准,并强制实行(impose)债务规则,但与其他银行相比,它并没有关于货币创造的特殊的权力。它为它自己的客户创造货币,(仅仅是)因为其他银行也是这样对待它们的客户的。然而,如果清算银行要放弃同其他银行的竞争,它可能会放弃同非银行行为主体之间的联系,从而放弃常规的货币创造(业务)。[2] 如果是这样的话,它将会成为一个纯粹的清算银行(因而仅仅从清算活动中赚取利润)。

---

[1] 要注意的是,当一些特种银行彼此之间给予了很高的信用(评级),这些银行可能会相互间发生直接的借贷关系,而逃避清算银行的利息差幅(interest margin)。

[2] 清算银行可能还是会通过在公开市场上购买金融票据来加入货币创造(业务)中。这一过程通常伴有将票据随后卖出,因而会破坏货币创造过程的目的。由此,通过"常规"货币创造过程,我讨论了货币创造的连续过程问题——在目前的叙述阶段,上述问题与企业尤为相关。

2§9-a 说明　系统阐述——非历史叙述

我再次强调，(本节)所有的论述(包括关于货币的论述)，不是一种历史的叙述，而是一种纯粹的系统性的阐述。后者的逻辑——即为在时间顺序上更早呈现出来的阶段提供依据的逻辑——决定了(将要叙述的)下一步。然而，有时可能会出现这种情况：系统阐述恰好伴随有一个明显"有逻辑的"历史。所以，例如，即使从历史的角度看，我们会发现，(存在一个)从分散的银行体系向一群银行围绕着一个作为一个清算银行而经营的主导银行(的结构)的发展过程，但(这一过程)与系统性的阐述意外地一致。换言之，我只是逐步陈述目前的资本主义银行结构的系统性的逻辑(第3章的2D4还会继续这一话题)，尽管国家及其中央银行在这一陈述中被抽掉了(第7章会引入)。

实际上，本节陈述了在一个完全独立的"中央银行"的庇护下的银行结构的存在的条件与限制。在目前的抽象层面(本书第一部分)，这个"中央银行"就是所谓的"清算银行"。

2§9-b 说明　抵押品与债务规则的标准

清算银行(在第7章中是中央银行)为在其庇护下的银行的经营设置了规则。关于抵押品的标准适用于银行的资产，尤其是不同类型的资产组合及其风险等级(评定)。这些标准可能也会决定存在清算银行(条件下的)强制执行的银行贷款的等级。更一般"债务规则"涉及银行资产负债表的负债栏。这可能包括下述情形：银行偿付能力的等级，债务占(资产负债)总额(composition)的比例，以及资产-负债的到期匹配(maturity matches)。

2§9-c 说明　通过清算银行的清算活动

银行间的清算活动，或通过清算银行的清算活动，都由下面的(银行)资产负债表的变化而说明了。这里假设除了一笔金额(这笔80的金额是由银行A的客户X支付给银行B的客户Z的)之外，银行已经完成清算活动。

表2.8涉及银行间的清算活动(弗洛林，florin，是货币标准)。[1]

表2.8A记录了一项最初的货币创造活动：一项互惠信用(2§8-b)。

---

[1] 为了简化阐述，这里假设银行A和B已经采用清算银行的货币标准。

表 2.8A　银行 A 的资产负债表的变化：货币创造活动

资产	负债
给客户 X 的由抵押品所支持的贷款　f100 （在 4% 的利率水平上）	客户 X 的活期存款账户　f100 （＝从 X 那里借入）

表 2.8B 和表 2.8C 是关于从银行 A 到银行 B 的货币转移，作为货币接收方的银行 B 必须为转入银行 A 的这笔货币提供一个对等的贷款。只有在银行 B 对银行 A（的还款能力）有信心的条件下，银行 B 才会乐意接受从银行 A 转来的这笔货币，因而也乐意为银行 A 提供贷款（在不考虑由清算银行进行清算活动的这一情况下，可能（存在的）非信任（关系）是一个会造成潜在的支付系统瘫痪的根源）。

表 2.8B　银行 A 的资产负债表的变化：从银行 A 的客户 X 转移 f80 到银行 B 的客户 Z

给客户 X 的由抵押品所支持的贷款　f100	客户 X 的活期存款账户　f20 从银行 B 那里借入（以 3% 的利率）　f80

表 2.8C　银行 B 的资产负债表的变化：从银行 A 的客户 X 转移 f80 到银行 B 的客户 Z

贷款给银行 A（以 3% 的利率）　f80	客户 Z 的活期存款账户　f80

表 2.9 显示了通过清算银行的清算活动。从表 2.8A 开始，银行 A 和 B 可能会通过清算银行进行清算活动，而非两者之间直接进行清算。

表 2.9A　清算银行的资产负债表的变化：清算活动与银行间信用

资产	负债
给银行 A 的贷款（以 3.5% 的利率水平）f80 （由抵押品所支持）†	从银行 B 借入　f80 （以 2.5% 的利率水平）

表 2.9B　银行 A 的资产负债表的变化：清算活动与银行间信用

给客户 X 的由抵押品所支持的贷款（4%） f100	客户 X 的活期存款账户　f20 从清算银行借入（以 3.5% 的利率水平）　f80

表 2.9C　银行 B 的资产负债表的变化：清算活动与银行间信用

给清算银行的贷款（以 2.5% 的利率水平） f80	客户 Z 的活期存款账户　f80

注：† 如果银行 A 不能提供担保品，我们就能发现一个潜在的银行业危机的简单基础（这一点会在 2§10 和 2§10-b 中详述）。

2§9-d 详述 清算银行向银行的强制借款行为

当预计到不能清算,或出于其他政策原因时,占主导地位的清算银行可能会强迫在其庇护下经营的银行(持续地)从它们那里借入一笔货币。我们来回顾一下简化的、完整的(full) 2§8-b 中的单个银行(现在被称为银行 A)的资产负债表 2.7A。

表 2.7A 简化的银行资产负债表

资产	负债
资产　fA	资本　fA
由抵押品所支持的贷款　fB (以某种平均利率 b%的水平)	活期存款账户　fB

假设这种强制性的借款,以抵押权为基础(against a security title),总计金额为 fC。这一金额会作为清算银行的一项债务(金额为 C_2),被计入表 2.10A 的负债栏中。同时,在清算银行的资产负债表(表 2.10B)的资产栏中,计入金额 C_3。$C_1 = C_2 = C_3 = C_4$。

表 2.10A 简化的银行 A 的资产负债表:从清算银行强制性的借入

资产	负债
资产　fA	资本　fA
贷款给清算银行(以 c%的利率水平)　fC_1	对清算银行的债务(以高于 c%的某种利率水平)　fC_2
由抵押品所支持的贷款　fB (以某种平均利率 b%的水平)	活期存款账户　fB

接下来,清算银行将这笔金额借给银行 A:它将总额为 C_4 的金额计入银行 A 的账户中(it credits the account of A for the sum C_4)(C_4 在银行 A 的资产负债表的资产栏中被计为 C_1 的金额)。

表 2.10B 清算银行的资产负债表的变化:从清算银行的强制借入

给银行 A 的由抵押品所支持的贷款　fC_3 (以高于利率 c%的水平)	银行 A 的账户(account bank A)(以利率 c%的水平)　fC_4 (从银行 A 借入)

出于古怪的历史原因[在过去银行可能以从清算银行那里购买清算银行（发行的）支票为主，在这种情况下我们会有一个清算银行的银行券的账目（entry）]，主流经济学家常常将金额 C_1 称为"高能"货币，但在我看来，这种名称是错误的（这并非货币，并且，即使是这些主流经济学家，也不会将 C_1 称为"流通中的货币"）。然而，我们确实存在一个互惠的信用关系。

2§9-e 说明 作为能引出"中央银行"的清算银行，以及主要由商业银行进行的货币创造活动

2§9 中介绍的清算银行引出了中央银行。清算银行及其"货币标准"和"债务规则"，已经在完全抽象的国家的条件下呈现出来了。因此，这里就不会提及如"法定强制货币"(legally enforced currency)、"法定货币(legal tender)"等概念。

即使在现实中，中央银行常常会被国家授予发行"法定货币与支票"(legal tender money notes)的垄断权，它（像清算银行一样）也没有创造货币的垄断权。实际上，商业银行——这里指的是获得了经营许可的商业银行——承担了货币（如活期存款账户货币）发行的主要任务（后面的这个见解正是 B.J. 莫尔(B. J. Moore)在 1988 年提出的"水平主义"(horizontalism)，其对立的概念是"垂直主义"，即中央银行创造货币，或控制货币供给）。

Bindseil 和 König(2013)[1]认为，即使像 Ball, Mankiw 或 Mishkin[2]这些人的经济学教科书，仍然通过（货币）乘数过程解释货币供给，并在央行控制货币供给的假设下的开展讨论。央行的管理者目前都已经很大程度上埋葬了这种"垂直主义"（的做法），至少在谈到货币政策的实现时是这样（货币政策的实现即能够实现货币政策的执行目标的选择与技术）。并且，即使教科书与主流学术观点在看待货币供给问题时仍然很大程度上坚持认为中央银行可以控制货币供给，现实世界中货币政策实践的发展已经为下述观点铺平了道路：将货币政策理解为利率政策，必然迟早会导向摩尔的水平主义观点（参见 Bindseil 和 König, 2013, pp. 385-386）。

---

[1] 第一个作者在欧洲央行工作，第二个作者在德国经济研究所工作。
[2] 具体是指 Ball 的《货币、银行与金融市场》(2010)，G. Mankiw 的《宏观经济学》和 F. Mishkin 的《货币、银行与金融市场经济学》(2009)。

2§10 通过银行，以私人化的形式保证生产的预先实现

这一小节会很明显地将为企业的货币创造（2§8）与资本积累联系起来。

❶ 通过银行保证生产的预先实现

尽管由银行发行的账户货币（account money）起源于一种私人的、银行与客户之间的互惠信贷关系（2§8），但这种货币随后就通过在银行的簿记（bookkeep）中的"流通"过程，获得了一种社会性质（social character）(2§9)。[1]

（对于）任何在流通中支付给企业的货币（具体来说流入同一家或其他任何一家银行的账户中的货币），它已经实现了此前的生产（previous production），或正在实现此前的生产。[2] 同时，在银行与企业间的互惠（信贷）关系下新创造出的货币是对未来生产的实现的预期。这样，当前这个阶段的货币循环就是"开放"并扩张的。换言之，在贷款的基础上创造出这一笔新货币的银行起到了生产活动的私人性的预实现的作用，而所谓的"预实现"是指当预计（能售出的）产品确实售出时，这批产品就得到了社会的承认。相应地，（企业对银行的相应数额的）贷款就能还清。这样一种预实现是持续的总体资本积累的一个必要条件。随着资本的不断积累（以及一般而言的宏观经济增长），为预实现的货币创造额也在增长。

❷ 社会实现的货币条件：货币的扩展型扩张和再创造

在企业未来产品的预先实现过程（通过货币创造过程）中，银行会对向企业的借款持有良好的预期，即银行会预期预实现之后就是生产过程和实际的商品实现（即商品的出售）。那么，货币将会流回企业的账户，贷款（包括约定的利息额）也随之还清。

因此，流回银行的这笔货币额必须高于（企业为了）预实现的贷款额。具体的情形是，一家企业的预实现（预期价值会增殖），在某些阶段是通过其他企业的扩张而得到社会承认的——这一过程通常需要货币创造和其他企业的预实现。

因此，一般来说，预实现只有通过不断的扩张过程才能实现。而且，仅仅是最初创造出的新货币，才能是资本积累的一个有效的杠杆。并且，对扩张的实现也实现了最初的扩张。

---

[1] 我很犹豫采用"流通"这一术语是否不合时宜。很显然，在18、19世纪，乃至20世纪的大部分时间中，"货币流通"曾指的是现金的流通，但现在更多地指的是货币在银行账户间的流通。

[2] 预实现：产品转化为货币的过程，即商品的出售（1§10）。

在任何情况下（并且在恒定的平均货币流通速度，即货币从一个账户转移到另一个账户的平均速度恒定），资本积累要求伴随有经由银行的预实现的扩张，即货币再创造的相应速度的提高。

❸ 过度乐观主义、过度信用扩张和多重（复合）银行结构（体系）的脆弱性

在大多数时间中，一个在清算银行庇护下的多重银行结构足以适应资本积累（的要求），即在正常的时间，甚至是在经济平稳的衰退阶段中。然而，在发生银行（系统）的崩溃，即使得资本积累减速甚至瘫痪时，这样的一个结构也是脆弱的。

一家企业向银行借贷的行为意味着该企业对于未来的乐观预期——但有时是过于乐观。上述情况对于银行而言同样适用，尽管银行会通过要求企业提供抵押品的方式来规避企业投资方案可能会出现的失败。然而，由于货币创造对于银行而言有利可图，银行可能也会过度乐观，他们会要求企业只需提供一个能足以覆盖可能会有的损失的抵押品金额即可。而且，银行间的竞争可能还会加剧这一状况（即要求企业提供更低的抵押品金额）。总的来说，这是一个通过计算索要的利息率的风险承担与风险溢价的（权衡）问题——由一个客户所造成的损失可能会被其他客户所带来的利润所抵消。然而，正如凯恩斯（1936，1937）所强调的，在统计学意义上可计算的风险的背后，无法计算的不确定性却内生于资本主义经济中。

过度乐观主义与银行信用的过度扩张组成了一个多重银行结构（2§9），这个结构在面对银行的崩溃，乃至大规模的、导致银行体系危机的崩溃时十分脆弱（见2§10-b）。

2§9 中已经表明，清算银行的抵押品标准和债务规则（2§9-b）是多重银行结构（运转）的主要的必要条件之一。对于资本主义经济而言，一个主要的问题是，尽管严格的规则是必要的，这些规则也限制了企业（以及广义上的社会经济主体）的货币需求的满足，因而也限制了资本积累速率（的增长）（这一点会在 7D2 和 9D2 中详述）。

2§10-a　说明　由扩张实现的扩张

由于（只有）银行创造货币，银行就不可能收回比他所创造的更多的货币（包括利息）。因此，一个企业的扩张过程中的预实现必然要求其他企业的扩张。因此，其他企业的预实现为该企业的剩余价值的实现提供了相对应的货币，其中包括要支付给银行的利息部分（这将会在 3D1 中详细论述）。这就是那个由来已久

的可疑的问题——能够实现剩余价值的货币从哪里来——的答案（参见马克思在《资本论》第二卷第 641—676 页的论述）。[1] 这种必要资本的不断扩张（the required expanding expansion）也是下述问题形成的主要原因之一：为什么对于一个资本主义经济而言，解决增长率下降，尤其是负增长率的问题非常困难（这一点会在第 5 章中详细论述）。

2§10-b　说明　在个别银行易于崩溃，并且银行体系瘫痪的情况下，那些使得银行体系的崩溃成为不可能的因素

- 从银行体系中找不到出口（exit）——银行体系崩溃的不可能性

2§8 的论述始于单一的独立银行，不涉及与其他银行之间的任何联系。从概念上看，能看到这样一个银行不会破产（至少不是作为其纯粹的银行业务的一个结果）这一点十分关键。[2] 但（客户）却不能从那家银行取回自己的存款。此时，客户仅仅能采取两种行为：第一，它们可以有息贷款［loans（against interest）］，或还贷款（cancel loans）；第二，他们可以将钱转到银行的其他客户的账户中（或者从其他客户那里接受转入的钱）。仅仅如此。

一个相似的概念也适用于由一系列相互联系的银行所组成的结构（2§9），即作为整体的（as a whole）结构不会崩溃。一家银行的客户可以通过将钱转到另一家银行而成为后者的客户。然而，我们却不可能将货币从银行体系中"取出"（在实践中，美元、欧元、人民币的持有者之间是没有区别的——唯一的一个例外的行为就是它们之间可能试图进行外汇交易。（货币）从作为整体的银行体系中抽离是不可能的）。

- 在由相互联系的银行所组成的结构中个别银行的崩溃

由于（上面列举的）各类原因在这里已经不重要了，对于由清算银行所设定的抵押品标准和债务规则（2§9），可能会有设定不当（设定的严格程度不合适），或执行不当的问题。伴随着上述问题，当个别银行在信贷供给（从而在货币创造）上按照过于乐观的预期行事，他们的不良贷款（坏账）可能会积累到足以使其破产的程度。在这种情况下，能够自行决定（决策）的清算银行有两个选项（对策），而清算银行此时无论是否执行（债务）规则，都会成为破产（程序）中会涉及的一方（party）（可以回想一下 2§9-c，表 2.9，即清算活动需要银

---

[1] 这是由罗莎·卢森堡（1963［1913］ch.8, esp. p.146ff）提出的问题，也可以参见 Pastrello, 2013。
[2] 参见 Bellofiore 和 Realfonzo 2003, p.200。

行间贷款)。

(上述两个选项包括:)

第一,清算银行可以停止清算这家银行,这迅即表明了该银行的破产。其他的银行再也不愿意接收来自这家银行的转账了(即他们再也不会接收这家陷入困境中的银行的客户的转账——可以回顾2§9-c,表2.8),这意味着这家破产的银行的活期存款账户的持有者陷入了困境之中——他们逃不掉了,而且,他们最终损失的金额超过了银行所能偿付(insolvency)的水平。

第二,清算银行会继续清算坏账(bad security)——同时寄希望于处于困境中的银行将会提高其偿付能力的标准(也许会强制其采取措施以达到那一目标)。然而,如果(并且当公众知道了下面这一点时)这里的银行是一家有很多坏账的银行("bad bank"),其账户持有者将会试图将他们的钱全部(en masse)转移到其他银行的账户中。然而,其他银行却不会接受这些钱。这样,第二种情况就又变成第一种情况了。

(结果,)整体银行体系的危机发展到了这样一种程度:更多的银行,包括一些大银行,都出现了无法偿债的情况。只要这一点不为公众所知,清算银行在原则上会继续将不良贷款从总体(lot)(资产)中清算出去。然而,当公众知道了这一点,该银行的账户持有者将会试图将钱转移到仍正常运转的银行中。但正如前文所指出的,这些银行是不会接受这些钱的。除了个人账户持有者的损失,银行体系剩余部分(健全的部分)适应资本积累的能力会随着银行数量的下降而下降(至少在相当长的一段时间中是这样)。

因此,清算银行的抵押品标准和债务规则,以及他们(对于这些标准和规则的)维护,对于银行体系而言至关重要。然而,如果在银行业危机爆发之初,出现了抵押品标准与债务规则中的任意两者缺一的情况,银行业危机只能通过下面的方式加以预防了:清算银行(或者后面阶段的论述将会提到的中央银行)会有足够的手段去预先制止坏账很多的银行的客户"逃离"。具体来说,清算银行会给坏账很多的银行注入大量贷款,或者会给愿意接管这些银行的其他银行注入大量贷款。这样,银行体系的可信度就不会受到影响(银行体系的可信度与作为资产的不良贷款(dubiously backed loans)的数量有关,而这笔贷款,连同清算银行的资本,可能都需要被记录下来)。[1]

一家(或许有很多家)小银行的破产通常不会对经济造成显著的影响。图

---

[1] 我们在后面将会看到(7D2),由于这一原因,中央银行很难独立于国家。

2.11给出了关于银行业危机(更广义地说,金融危机)最终导致经济衰退的次数信息。

这张图中的数据来自Jorda,Schularick和Taylor(2012),他们搜集了14个经合组织国家1870—2008年的相关数据。[1] 在这一时期的衰退/危机的总次数中,22%由金融因素导致。该图显示了每个国家每十年由金融因素引起的衰退次数的平均值。

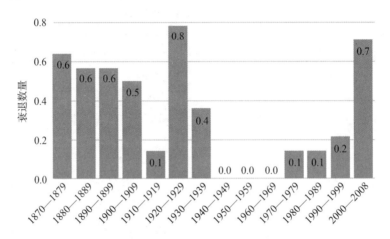

图2.11　1870—2008年与金融危机相联系的衰退的平均次数(来自14个现经合组织国家的样本)[2]

数据来源:由Jorda,Schularick和Taylor(2012)一文的表1计算得出。

2§10-c　说明　在目前的叙述的层级上的货币

在目前的货币的具体化(表述层面)上(2§8—2§10),与资本积累相联系的货币流通量的扩张的需要(2§3)已经在"相当"具体、现实的货币存在的层面上获得了理论根据。

然而,在目前的叙述层面上,我们还需要在两个主题上进行抽象。第一,国家及其中央银行(第7章)——正如我们将会看到的那样,这一抽象仅仅是在正常情况下比较重要,尽管其在严重的金融危机的时刻(更)重要一些。第二,银行作为企业的融资者(financier)的角色(第3章)是至关重要的。到目前为止,银行的角

---

[1] 澳大利亚、加拿大、丹麦、法国、德国、意大利、日本、荷兰、瑞典、瑞士、英国和美国。
[2] 同上。

色主要表现为创造货币,后者是资本积累的一般条件。

实际上,目前的这一节提出了在一个完全独立的"中央银行"庇护下的银行结构存在的条件及其界限——在目前的抽象层面上(整个第一部分都是这样),我已经使用了"清算银行"这一术语。

2§10-d　补论　参考文献

2§10 中的术语,如"预期""私人形式的预实现"和"社会预实现",都来自 De Brunhoff(1978[1976],p.46);也可以参见 Aglietta(1979[1976],pp.332-335)。罗藤和 Williams(1989)在一个相似的论述层面上关于货币的论述的大多数吸收了上述两位学者的论述,以及 De Vroey(1984)的论述。然而,这一节中关于货币创造的论述却偏离了上述学者(的论述)(即目前的这一节将货币创造假定为与商品交易、商品货币,以及所谓的"高能货币"完全无关的事物)。这一论述与货币循环理论(附录 3§2-e 中会详述)或多或少是一致的。

第 5 节

企业与银行在整体中分离的关系

2§11　企业与银行在整体中分离的关系

我们已经看到由银行创造的货币是如何成为资本积累的两大主要存在条件之一的(2D4)。最早的(逻辑)起点是资本主义经济外向分叉为家庭和私有企业两个部门(1D1)。在恰当的时机,我们将银行纳入论述中,尽管我们并没有对银行本身的特性展开详细论述。

银行存在的必要条件是银行与企业的分离(这里的企业现在可以进一步具体化为"生产企业/制造业企业",因此,当我使用"企业"这个术语时,这个术语可以替换为"生产型企业")。就银行发行的货币必须被视为广泛接受(流通)的货币而言,这一分离是必要的。如果没有这种分离,我们将无法解决在 1§2 的(叙述)层面上的"交易"分离问题,即在阐述货币之前,货币是作为价值尺度和价值(交换)媒介(即"流通手段")的统一体而存在的。进一步地,这种分离是在设置规则的清算银行的庇护下,作为银行的经营活动而执行的(2§9)。

然而,与企业相似的是,银行也是由货币形式的利润,以及通过资本积累扩大利润规模的动机所驱动的。就这一点而言,银行与企业没有什么区别。进一步地,每一家银行或企业不可能以相互独立的方式存在。就此而言,这些银行和企业构成了一个"整体"。这个"整体"仅仅在(各部分的)功能上存在差异。商品(像往常一样商品化的服务也包括在内)是在企业内部生产出来的,而货币是在银行内部创造出来的。然而,对银行而言,这一活动是在经营货币(就好像货币是其他任何一件商品一样)。在这个意义上,对于银行而言,我们可以提出一个"货币的商品化"(的概念)。[1]

这种企业与银行间的复合体(这是一种具有必要的差异和分离,而非无差异和整体的复合),由我们所假定的"从整体中的分离"这个概念来把握。这种必要的"从整体中的分离"是对抽象的"商品的内向分叉"(1§5)的一种具体的制度化的反映。

因此,我们得到了一个似乎是悖论(的结论):银行是由货币形式的利润所驱动的,而货币具体而言又是他们自己创造出来的。更准确地说,银行为别人(其他企业,以及一般意义上的其他经济主体)创造货币,却以同样的货币的方式计算它们自己成功(获利)的程度。

2§11-a 说明 "从整体中的分离"与"外向分叉"的区别

"外向分叉"和"从整体中的分离"都与主要的制度上的分离相联系。在本书中,唯一的外向分叉是家庭与私有企业之间的分叉(1§1)。外向分叉中的实体(物)一般由各自不同的目标所驱动。与此不同的是,"从整体中的分离"的不同的制度化的实体(物)最终是由同一个目标所驱动的。除了这里提到的"从整体中的分离"(的例子),另一个例子在本章的 2D7 中可以找到。第 6—7 章会给出另外三个"从整体中的分离"(的例子)。

2§11-b 说明 企业与银行的相似性和区别

正文部分假定,与企业相似的是,银行也是由货币形式的利润,以及通过资本积累扩大利润规模的动机所驱动的。从这个方面来看,我们可以得出结论——企

---

[1] 这里的术语保持精准(精细)很重要。"货币的商品化"与"商品货币"这一历史现象没有关系。

业与银行之间没有区别。然而,下面这一点同样成立:作为货币创造者和贷出者的角色的银行不生产剩余价值,却分享了企业生产的剩余价值(这一点会在第3章中详述)。即使如此,银行与企业成功(盈利)的程度,是由他们的资本的利润率所衡量的(第3章1§13会详述这一点)。

第6节

企业的法人(形式)

劳动能力扩张(2D2)和货币扩张(2D4)是资本积累的两大相似的条件(2D1)。进一步地,资本积累的连续性和规模以公司制企业为基础,这一点将会在本章最后两节介绍(见图2.1)。

到目前为止,叙述的主要部分很明显地给出了四类经济行为主体:劳动者、管理劳动者、企业、和银行(后两者到目前为止与其所有者一致)。本节进一步引入两类经济行为主体:股东和企业的行政管理者。

2§12 企业采取法人形式的倾向

劳动能力和货币的扩张(2D2 和 2D4)是资本积累的必要条件。企业的法人形式为资本积累的连续性和可能(会有)的规模提供了基础。尽管小企业会像非法人企业那样(在行业中)进出自如,但仍然存在很强的(采取)法人形式的驱动力,而且这种法人形式对于随着时间的推移(历时)实力会不断增强的中到大型企业来说非常必要。企业形式的非绝对性(尤其是对小企业而言)是由"倾向"的概念来把握(capture)的(见2§12-a)。

企业采取法人形式的倾向基于以下五个原因:第一,考虑到单一企业的连续性,公司制形式潜在地克服了这种连续性问题(股份,而非企业被传给了继任者)。第二,法人形式虑到了风险与不确定性的边界即(这一边界决定于)股份的价值。第三,法人形式考虑到了风险与不确定性在很多企业间的扩散——很多(资本)所有者将他们的资本投入很多企业中。[1]第四，公司制形式克服了与必要的企业规模相联系的边界问题。(无论是从技术还是从竞争的角度看)第五个(采取)公司制形式的驱动力与企业金融的扩张有关(这一点会在3§5中呈现出来)。

一个类似的法人的倾向也适用于银行。

企业的法人形式引起了其所有权的一种特殊的分离——使得这种所有权成为一种有层次的所有权。尽管股东是企业的所有者，企业作为法人团体(corporate body)，是"积极资本"(active capital)的所有者。[2]后者的所有权的管理被委托给了(专职)管理人员(administrator)(见2§13)。进一步地，股东不对企业的实际运营活动负责(企业本身才要对此负责)。[3]股东仅仅需要对财务负责，而且这个财务仅限于所买入股份的名义价值。[4]

2§13将会论述的公司制企业的行政管理，同样适用于银行。

2§12-a　说明　倾向

"倾向"(tendency)应该区别于经验上的"趋势"(trend)。倾向是在一个确定的方向上起作用的过程，就像一种物采取了某种特定的形式，或量化的表达形式。一种倾向总是建立在一定的外力或强制力的基础上。因此，另一种替代性的表达方式是：倾向是物的一种特殊形式，或物的一种特殊的量化表达的形成，这种形成建立在一定的外力或强制力的基础上(在目前的企业采取公司制形式倾向的例子中，这一倾向建立在2§12提到的五种外力的基础上)。

一般而言，某一种倾向可能会被其他倾向，或其他低层面的错综复杂的事物抵消，一种倾向可能是(这样一种情况)的决定因素：这种情况的实现可能不会总是在任何独立的案例中占主导地位。例如，企业不采取公司制形式是因为资金结构或税收方面的原因。然而，为了使本书中的"倾向"得到其应有的地位，"倾向"必须要做到能应用于大量的案例，以至于当我们从会相互抵消的倾向中抽象出(一种倾向)时，这种倾向能够有力地影响整体(的情况)(也可以参见一般附录，

---

[1]　在后一方面，这些资本所有者和劳动者之间存在差异。劳动者不能扩散这些风险和不确定性，因为这会导致波及很多企业的失业(如果雇主不坚持采取全日制的工作，他们有时就会将风险扩散到部分但并非很多企业中)。

[2]　股东的具体权利是由公司的规章制度所规定的。

[3]　责任取决于企业及其管理者(们)。然而，除了(经济)刑事犯罪事件(参见第6章会介绍的刑法)这种可能的例外，管理者不需要对财务负责。

[4]　对于非公司制形式的企业，企业所有者必须负全责——这个责任范围会拓展到个人财富。

A§14)。

"企业采取公司制的倾向"建立在与企业平均资本(存量)增长(增殖)相联系的外力的基础上。

2§12-b 说明 企业：厂商的形式,公司的形式

随着公司制企业的引入,现在很明显,企业要么作为"非公司制企业",要么作为"公司制公司"运营。在6§10中,这些被假定为企业的合法形式。

2§13 公司制企业的行政管理

行政管理(人员)是作为法人团体的企业的行政官和代表。对这些管理者的主要要求是他们已经将企业的规范内在化了(2§7)。简单地说,这些问题又与最优总利润率和资本积累视角下的最优剩余价值生产(的规模)相联系。

尤其是(当我们)考虑到了资本积累时,管理人员将企业规范内在化的程度(effectiveness,有效性)可能在一些情况下比企业中(针对)股东的规范更有包容性。这一点已经在关于留存利润(未分配利润,retaining profit)的分配的斗争中揭示出来了(2§14-a)。

尽管行政管理人员由企业正式雇用,这些管理人员还是将自己视为雇主。这表明他们已经将作为法人团体的企业的规范内在化了。结果,这一管理不再是"管理劳动"(2§7),而是积极资本的执行官。对于企业—劳动者关系而言也是这样(后者在2§7部分已经说明了)。

尽管上面的论述仅涉及顶层行政管理(企业的规模越大,这个顶层行政管理的规模也就越大),我还是要重申2§7中提到的中下层管理——作为一种抱负(aspiration),中下层管理人员可能会感觉自己与顶层管理的联系更紧密,而非普通劳动者(从企业—劳动者关系的企业方视角来看,这确实是一项成就)。

2§13-a 详述 管理层与股东关于信息和利润分配上的冲突

在公司制企业的管理者和股东之间,存在特定情况下涉及很多范围的利益冲突。在这个详述中,我会提到关于这种冲突的两个主要的主题:信息和利润分配。

信息。一方面,对于股东而言,对一家或另一家企业中股权(shareholding)的选择,是一件可以理解为分散风险、不确定性,以及相伴随的预期利润(2§15 中会系统地介绍)的事。因此,股东常常对占有关于企业的最佳信息感兴趣,从而也对

将管理与透明、持续的年度报告和账单(accounts)这一规则(这一规则在其他企业之间同样适用)相结合感兴趣。另一方面,管理人员则采取(同股东之间的)竞争性策略,他们很不情愿提供透明的情况。对于这一冲突,似乎没有现成的解决办法。

利润的分配。企业利润的分配(利润意味着在支付完利息后的剩余价值部分)集中于两个方面。

第一,关于利润份额保留或分配的(比例)的决策。一般来说,企业的逻辑是,利润是(不断)积累的,因此,从微观经济学的视角看,利润就会被留存,并用于(再)投资(2D1)。伴随着大幅的资本积累,经理将企业的规范内在化(过程)通常暗示着一套适度的利润分配(方案)。考虑到这一逻辑,股东希望自己分得的利润高于某一界限的想法的原因是不明确的。留存利润通常会导致资产净值(equity)和股价的增长,在这种情况下,个体股东可能希望卖出自己的股份。

第二,考虑到关于留存利润的(分配)份额的协议,存在一个涉及如下问题的潜在的冲突来源:如果并且如果是这样的话(if and if so),管理人员会在何种程度上,通过在股份回购或新股份中的捐赠,在企业的股份上得到回报(我将此问题以这样一种分析的顺序展现出来。实际上,这一问题可能已经在管理人员的任命上就决定了)。关于现有的股东这一部分的论证是很清楚的:当管理人员从股东那里得到奖金(stake),管理人员就会约束(look after)自身,也会约束"我们"(假设管理职位短期内保证不会出售)。然而,在股东视角下的假设(无论对错)是:相当一批股东对于经理内在化公司规范的平均水平并不抱太大的信心。这一点同样适用于这个例子,即当管理者的薪水与企业的绩效(津贴)挂钩时。

2§14 公司制企业中,股东与行政管理者从整体中的分离

公司制企业需要一种所有权的层级分离(结构)(2§12)。另外,还存在如下两者的分离:一是公司的"积极资本"的所有权与管理权;二是采取股权"消极资本"形式的企业的所有权(2§12—2§13)。

即使当公司制企业的层级所有权分离可能会在特定情况下导致股东和行政管理人员的利益冲突(2§13-a),这两者仍然构成了一个"从整体中的分离"的结构。这种整体涉及企业的目标,即"企业—劳动者关系"的目标(2§7)。简言之,由于认识到了(都)需要从劳动者那里榨取剩余价值,以及最终(都)能促进其在企业中的积累,他们联合起来了。

第 7 节

二重资本积累

（企业的所有者和消极资本的所有者；
企业-劳动关系在资本-劳动关系中的反映）

前几节主要关注公司制公司中的所有者——管理者的关系。这一节（只包含一小节）仅仅关注所有制（ownership）关系问题，尤其是在面对作为研究起点的"私有企业"（1D1）（的所有权关系问题）。这一节考虑到了关涉"消极资本所有权"的形式的"私有企业"的形式和性质。

2§15　二重资本积累——企业与消极资本的所有者

我们从家庭和私有企业的分叉开始叙述（1§1）。我们已经看到，企业是由剩余价值的生产和资本积累所驱动的。这里的资本可以被视为"积极资本"，即企业的资本资产（capital assets）（1§13）。同时，还存在一个同步的"消极资本"的积累过程，即企业的债务（可以回顾一下 1§13-a 表 1.4 的资产负债表）。

❶ 从资本所有权连同所有者的仅仅作为手段的（instrumental）企业所有权中的游离

关于"消极资本"的所有权，在这一点上的叙述限制在如下两种消极资本中：一是作为企业"自有资本"的消极资本（在非公司制企业的例子中）；二是作为"资产净值"（equity）的消极资本（在公司制企业的例子中——资产净值是股份的名义价值与企业准备金之和）。[1]

非公司制企业的私人所有权，连同所有者的"自有资本"，可以用"involved ownership"（整合式所有权）来描述其特征。随着公司制企业（2D6），尤其是股东限制并扩散风险和不确定性的目标的确立（2§12），可以引入一种新的消极资本形式。我们现在得到了一个游离形式的消极资本所有权——从管理和资本的直接

---

[1] 3§5 已经给出了其他消极资本所有权的形式。

生产中的游离。这意味着企业（或一类特殊企业）的所有权不是资本所有者的目的（object），而是服务于（资本所有者的）一般意义上的资本所有权的手段（instrument）。因此，尽管对于一个企业而言，所生产出的特定商品对于剩余价值的形成仅仅是一种手段（1§13），特定的公司制企业现在也表现为消极资本所有者的一种手段——消极资本所有者会利用这一手段将消极资本转移到另一家企业，如果这样做更有利可图的话。因此，对于公司制企业而言，单一维度的剩余价值和积极资本的积累（对于任何企业而言）已经抽象（化）的驱动力，具体来说，与单一维度的消极资本的积累的已经游离出的抽象驱动力相并存（parallel）。然而，公司制资本的所有者不能轻易地从企业中逃离：他必须找到愿意以一定的价格购买（substitute，替代）其股权的另一个资本所有者。

表 2.12 总结了这些区别。因此，就叙述起点（所指的）企业的私人产权而言，目前的叙述已经涉及两种形式的企业私人产权（非公司制的或公司制的），每种形式都包含不同的特征（整合的或游离的）。另外，（这两种形式还对应着）两种不同的消极资本所有权的形式（自有资本或资产净值）。

表 2.12 企业所有权的形式和消极资本所有权的形式

（不同）所有权形式的企业	特征	消极资本所有权的形式[†]
非公司制企业 （唯一的所有者或合伙制）[††]	整合式所有权	企业的自有资本（及其股份）
公司制企业 （有限的责任股份）	游离的作为手段的所有权	企业的资产净值的股份

注：[†] 第 3 章会介绍其他形式的资本所有权。
[††] 一个或更多的合伙人会承担有限责任，尽管不是承担完全责任。

❷ 二重资本积累

正如上文所说，公司制企业的所有权是一种工具性质的所有权，并且对于消极资本所有者而言相当正式。而对于一个非公司制企业而言，企业的所有权是一种整合式所有权（involved ownership）。[1] 然而，对于这种整合（involvement），迟早会有限制，即当企业的所有者考虑出售企业时（也许在所有者退休的年龄）——此时企业"处于游离的过程中"（in process of detachment）。即使不考虑这种可能会发生的前景，企业所有者也会明显意识到"自有资本"的数量。

---

[1] 这与如下情况不同：当企业的唯一所有者（或合伙人）选择将企业转制为公司制企业，而其目的又不在于主要的风险扩散。

即使对于任何个体企业(个人所有制企业),积极资本既简单地等同于消极资本(资产＝负债),也无法内在地游离于后者,资本所有权的分离形式却使得消极资本的积累走向了一条分离的道路。由此,资本积累(2D1)现在表现为一种分离的二重积累(过程)。然而,即使消极资本所有权是一种如此游离的所有权,积极资本及其增长在企业中并且仅仅在企业中形成。消极资本仅仅是这一过程的反映。因此,对于游离的资本所有权而言,某些企业是一种必要的工具(手段)。[1]

❸ 劳资关系

伴随着二重资本积累,具体的"企业——劳动者关系"会在经事实而抽象的"劳资关系"中得到反映。劳资关系是消极资本所有者与劳动者之间的间接剥削关系。随着基于企业对剩余价值占有与分配的消极资本的增长,消极资本所有者卷入了这种剥削关系中(这些消极资本所有者包括那些从未在企业内部见过其生产过程的人)。

2§15-a　详述　就相对规模和收入份额而言的资本所有者、经理和劳动者的分类(美国,1918—2012)(Mohun 2016)

在目前的叙述层面上,"消极资本所有者"至今仍然是一个不完全的分类——这一分类缺乏对(消极资本)组成部分的分析,其中,借贷资本是最重要的组成部分(3§5 会介绍这一点)。然而,在这一点上,我已经提供了一些关于消极资本所有者、经理和劳动者的分类的量化经验信息(数据)。在一篇重要的原创性的论文中,Mohun(2016)已经估算了美国 1918—2012 年这三种主要的阶级的发展。他采用了如下的定义——这些定义已经被用于(operationalised)他的文章中,即在考虑到可用的数据的情况下。(1)"从属性的(subordinate)工人"被管理,而非自我管理。"管理者"(manager)确实会管理其他工人,尽管这些"管理者"自身也会被其他更高级的"管理者"(即经理)所管理——并最终被资本所有者管理。[2] (2)"资本家"有足够的非劳动收入,意味着他们不是被迫签订(engage in)就业合同(尽管通常他们确实会签订这样的就业合同);经理却没有足够的非劳动收入以达到上述标准。(3)劳动收入由工资、薪水和津贴组成。当后者(津贴)与就业相关时,后者实际上是一个被推到次要地位的(postponed)工资部分(参见第 3 章,附录 3A-2)。表 2.13 总结了这些定义。

---

[1] 这确实与"资本"所有权相联系。在后面的叙述中,我们将会看到其他"货币财富"的形式,这些形式可能不为这一必要性所适用。
[2] 需要注意的是,管理者阶级比单纯的 CEO 更宽泛。

表 2.13　三大主要阶级的经济特征

	非劳动收入 (来自资产所有权＝除工资、薪水和津贴之外的所有收入)	劳动收入 (工资、薪水和津贴)	在管理(层级中的)位置
资本家	充足	不需要	†
管理者	不充足	需要	管理并且被管理
从属工人阶级	不充足	需要	被管理

注：† 当资本家签订了就业协议后,他们通常也会发挥管理的职能。

Mohun 将资本家的"充足的"非劳动收入的标准建立在各类指标(measures)的平均数的基础上。这些指标包括平均劳动收入、最高劳动收入,以及依赖某一种收入的人数的权重。例如,实际上,2012 年设置的标准大约是每税收单位 56 000 美元/人(Mohun,2016,pp.345-348),这一数值大约是劳动者阶级平均劳动收入的两倍(ibid., p.353)。

图 2.14 展示了 Mohun 的一些主要研究成果(他本人绘制出了更详细的图表)。第一张和第二张图分别从各阶级的人数和收入份额的角度,展示了这些阶级的发展情况。可以参见 Mohun(2016)对这些图表中所展示年代的阶级结构(composition)及其收入份额发展的评论。他总结道,在阶级视角下,目前的收入不平等状况为 1918 年以来之最(ibid., p.359)。

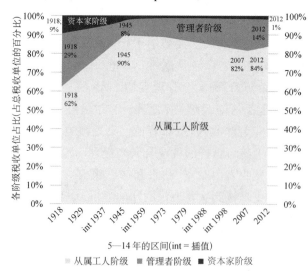

图 2.14a　税收单位数视角下的主要阶级(状况)(单位:%)

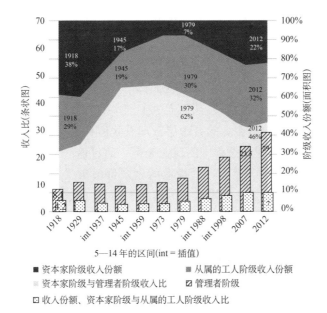

图2.14b （不同）阶级的收入份额（面积图）和资本家阶级——从属的工人阶级——管理者阶级的收入比

图2.14　1918—2012年美国税收单位数与收入份额视角下的主要阶级（状况）

数据来源：Mohun 2016, 表1。1918年、1929年、1945年、1973年、1979年和2007年均为接近美国经济周期的波峰的年份（即在非插值的年份中，2012年被排除在外了）。

总结和结论

企业在单一维度上的驱动力的基本原理（第1章）是老生常谈的东西：利润的增长。在原则上，这种增长可以通过持续地提高劳动生产力而达到。然而，这种增长是有限度的。

通过将利润用作资本（进行再）投资，利润会进一步增加。由此，资本也在积累（第1节）。

对于资本积累，存在两个主要的必要条件：第一，与（资本积累）相适应的劳动能力的扩张（第2节）；第二，与（资本积累）相适应的货币的扩张（第4节）。此外，还存在第三个条件，即企业的公司制形式——这一条件的实现并不困难（without being a hard condition），并且能促进持续的资本积累（第6节）。

第一个条件。在一个给定的、由工艺决定的资本—劳动比率的情况下，资本积累通常需要劳动人口的增长。然而,后者(劳动人口的数量)却不是企业所能控制的。在给定的劳动人口增长(数)的情况下,资本积累率最终决定于失业率——因此,资本积累需要失业。失业造成了平均工资率的下行压力,并提高了"生产过程中劳动(对企业规范)的遵从程度"。这两个方面都促进(正向影响,positively affect)了所生产的剩余价值(量),从而促进了资本的增长(第2节)。

给定可用的劳动能力,企业的管理层管理着我所称之为"企业—劳动者关系"的那个事物。这就是在生产过程中的就业关系。通过这一就业关系,从劳动中榨取剩余价值(得以实现)。(然而,)所榨取的剩余价值量受制于:第一,生产工艺;第二,失业率;第三,在给定失业率水平的情况下,对生产过程中劳动者(对企业规范)的遵守的管理。而且,这种管理还会得到能够最优化这种遵从的工资阶梯的这样一种管理工具的协助。(而这种管理的生效)需要工人(形成这样一种)(自我)的认知:低等级的工作尽管地位低,但很重要。这样,工人们就会心甘情愿地接受他们的职位(第3节)。

第二个条件。作为资本积累的条件的扩张的货币(这里的货币是建立在1D2中的更早的抽象货币概念),是以银行发行的货币为基础的。银行具体创造出的货币量建立在其与客户之间的互惠信用关系的基础上。更具体地说,银行(预)实现了未来的企业生产过程。进一步地,企业经营领域的扩张活动离不开与银行的合作,这就导致了企业与银行间的债务关系。当银行同意在一个主导性的、起到清算银行功能的银行(这个银行会强制执行抵押品标准和债务规则)的庇护下经营时,上述企业与银行间的债务关系的不稳定性就会减轻(第4节)。

银行存在的接下来的一个必要条件是银行与企业的分离。然而,这两者也构成了一个"整体",因为:第一,与企业一样,银行也是由利润驱动的;第二,企业与银行必须彼此依赖,否则两者就都无法生存。因此,银行和企业构成了一个"从整体中的分离"的结构(第5节)。

第三个条件。小企业(如非公司制企业)可以在市场中自由进出。然而,依赖媒介的资本积累的连续性,以及大型企业,通常都需要他们的公司制(公司结构)。公司制(公司结构)由以下因素驱动:第一,围绕继任方面的威胁;第二,限制与风险和不确定性的扩散(the limitation and spread of risk and uncertainty);第三,关于企业规模的界限。企业的公司制形式使分层的所有权形式成为必需。在这种分层的所有权形式中,股东是企业的所有者,而作为法人团体的企业是"积极资本"的所有者。而"积极资本"为公司的行政管理者所管理。尽管这种特殊的管理权的分离可能会在特定情况下导致所有者与管理者之间的利益冲突,然而,两者依然构成了一个"从整体中的分离"的结构(第6节)。

本章的最后一节将法人企业放到了作为本书叙述起点的私有企业(1D1)的视角下考察。随着股东限制并传播(limit and spread)其风险和不确定性的目标(的确立),我们可以得到一种消极资本所有权的游离形式。某一特定企业的所有权不是资本所有者的目的,而是其一般意义上的消极资本所有者的一种手段。这样一种游离迟早也会适用于非法人企业。尽管对于一个个体企业来说,"积极资本"(资产)和"消极资本"(负债)内在地不可分,消极资本所有权的分离形式将消极资本的积累转化为一种分离的动机。由此,资本积累(2D1)现在表现为一种分离的二重资本积累过程。然而,某些企业必须成为游离的资本所有权的必要工具。这样,具体的、直接(涉及)剥削性质的"企业-劳动者关系",就在事实上抽象的、间接(涉及)剥削性质的消极资本所有者与劳动者之间的关系中得到了反映,后一种关系即事实上抽象的"劳资关系"(第7节)。

第 2 章图表目录

| 图 2.1 | 资本积累的体系(第 2 章概览) | 055 |

2§4 资本积累——必要的劳动能力与工资率水平   060

| 图 2.2 | 资本积累的增长率与劳动能力投入增长率之间的相互联系 | 060 |
| 图 2.3 | 工资率变化的一般决定因素 | 062 |

2§5 剩余价值率:工资与劳动生产力   063

| 图 2.4 | 剩余价值率的决定因素 | 065 |

2§6 资本积累、劳动能力与失业率之间的相互联系   066

| 图 2.5 | 失业率、劳动生产力和资本积累率的相互关系(图 2.2—2.4 的综合) | 067 |

2§8 将货币具体化为银行发行的货币:银行的货币创造   071

图 2.6	基于互惠信用关系的、商业银行"无中生有"的货币创造过程	072
表 2.7A	简化的银行资产负债表	074
表 2.7B	额外的货币创造:银行资产负债表的改变	074

表 2.7C　银行客户之间的货币转移（流动）：银行资产负债表的改变　　075

2§9　领域扩展与银行间结算：银行间信托、清算银行　　076
　　表 2.8A　银行 A 的资产负债表的变化：货币创造活动　　079
　　表 2.8B　银行 A 的资产负债表的变化：从银行 A 的客户 X 转移 f80
　　　　　　到银行 B 的客户 Z　　079
　　表 2.8C　银行 B 的资产负债表的变化：从银行 A 的客户 X 转移 f80
　　　　　　到银行 B 的客户 Z　　079
　　表 2.9A　清算银行的资产负债表的变化：清算活动与银行间信用　　079
　　表 2.9B　银行 A 的资产负债表的变化：清算活动与银行间信用　　079
　　表 2.9C　银行 B 的资产负债表的变化：清算活动与银行间信用　　079
　　表 2.10A　简化的银行 A 的资产负债表：从清算银行强制性的借入　　080
　　表 2.10B　清算银行的资产负债表的变化：从清算银行的强制借入　　080

2§10　通过银行，以私人化的形式保证生产的预先实现　　082
　　图 2.11　1870—2008 年与金融危机相联系的衰退的平均次数（来自
　　　　　　14 个现经合组织国家的样本）　　086

2§15　二重资本积累——企业与消极资本的所有者　　093
　　表 2.12　企业所有权的形式和消极资本所有权的形式　　094
　　表 2.13　三大主要阶级的经济特征　　096
　　图 2.14　1918—2012 年美国税收单位数与收入份额视角下的主要
　　　　　　阶级（状况）　　097

第 3 章

企业融资

宏观经济预先实现和生产的实现

```
                        资本主义系统
              [1§1]社会分离 (dissociation) [6§1]

        资本主义生产    1     6   国家担保的经济权利
        资本积累       2     7   促进积累
   ⟹    企业融资       3     8   国家支出及融资
        市场互动       4     9   强加的竞争
        周期性过度积累  5    10   资本主义国家的作用范围
                          11
        经济轴       国际资本主义系统      国家轴
                      具体表现
```

章 目 录

引言   102

第 1 节 企业融资与金融资本   104
    3§1   企业融资、消极金融资本与投资者的剩余价值分配   104

第 2 节 银行预先实现的融资   106
    3§2   银行预先实现融资（*PVF*）的货币循环：一个单纯案例   106
    3§3   资本所有者和劳动者的储蓄：三位一体的债务-信用关系   115
    3§4   企业向银行支付利息   119

第 3 节	事后替代银行预先实现融资	121
	3§5 作为投资者的资本所有者:承担股息和利息的金融资本	121
	3§6 用非银行金融资本($RPVF$)事后替代银行预先实现融资	123
第 4 节	银行和企业的创立——建立资本积累的起点	130
	3§7 银行和企业的创立	130
第 5 节	宏观经济支出对宏观经济剩余价值的实现——融资、投资、储蓄和剩余价值	133
	3§8 投资与融资	134
	3§9 投资与储蓄:宏观经济投资与储蓄的不平等($I \neq S$)	134
	3§10 宏观经济支出对宏观经济剩余价值的实现	137
总结和结论		142
附录		143

引 言

本章研究银行为企业融资过程中资本的生产和积累。银行创造货币是资本积累的必要条件(第2章第4节)。在这种方式下货币一旦被创造出来——也就是说,从货币概念出发——已经暗示银行实际上在向企业提供融资。本章(第二部分)中明确阐明了这一点,我们将看到,银行融资不仅是资本积累的持续需要,而且它不同于任何其他类型的融资。在第三部分,我们将指出,一旦银行融资完成任务,其他类型的融资将如何替代银行提供的融资。

在论述的这个阶段,我们就可以提供开头(1§1)"积累资本"的基础(第4节)。

在本章可以看到,对融资的系统阐述不可避免地与关键的宏观经济问题和定理联系在一起。仅次于融资的关键概念,还有投资和储蓄。基于"货币循环进路"——与传统的货币数量(或可贷资金)进路相反——它将显示:(1)储蓄不

第 3 章　企业融资

是投资的先决条件；[1](2)给定储蓄的存在,不存在"来自储蓄"的宏观经济投资；(3)来自储蓄的可能仅仅是"事后"进行的资产组合投资；(4)资产组合投资总是在银行对企业投资进行融资之后；融资基于的是货币的凭空创造(第 2 和第 5 节)。

即使储蓄不是投资和资本积累的前提条件,储蓄仍然无处不在。我以卡莱茨基的观点为基础,将它对剩余价值实现(进而资本积累)的负面影响,在第 5 节中以宏观经济有效需求的角度呈现出来。

除了本章主要关注的企业融资,附录 B 概述了银行向劳动力和资本所有者的贷款。附录 A 以养老基金和金融票据二级交易,概述了金融资本市场的两种可能性。附录 C 简要地阐述了本书中对租金的处理方法。

图 3.1 概述了本章的体系。

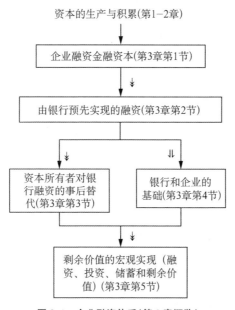

图 3.1　企业融资体系(第 3 章概览)

图例：
↓　以后者为基础(以后者为条件)。
⇓　下面由上面演绎而来。

---

[1] 当我使用术语"投资"时,我总是指"直接"或"实际"投资(主要是生产资料),而不是"证券投资"。

第 1 节

企业融资与金融资本

3§1 企业融资、消极金融资本与投资者的剩余价值分配

❶ 融资与剩余价值的分配

在第 2 章（2D7）的最后一部分，我开始区分"积极资本"（企业的资本资产）和"消极资本"。从现在开始，将后者更具体地称为"消极金融资本"——本章的主题。积极资本总是由某种形式的"消极金融资本"提供资金。

后一种类型可划分为金融资本的外部形式（由外部融资者提供）和内部形式，后者可进一步分为企业所有者的"自有资本"（非公司制企业）和"权益"（公司）。

外部金融资本可划分为银行提供的外部融资与其他外部融资（资本所有者提供的融资，见图 3.2A），在这个图的顶部（第 4 列）是我们将在第 3 章第 2 节看到的银行，任何融资（包括内部融资）都必须从银行融资开始。

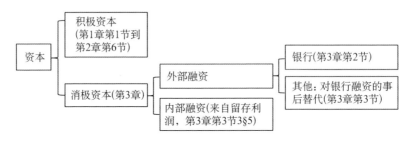

图 3.2A 积极资本和被动金融资本的形式

图 3.2B 显示了剩余价值（源于企业的生产，与积极资本相关联）的分配去向和分配形式。它以利息的形式分配给银行和资本所有者（在 3§4 和 3§5 有详述）。

剩余部分为内部利润（通俗地说就是"利润"）。[1] 后者的一部分以"股息"的形式分配给资本所有者，而剩余的"留存利润"被划拨到企业的"自有资本"（非公司制企业）或"权益"（公司）中。

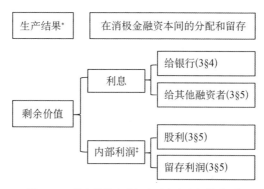

图 3.2B　剩余价值在消极金融资本之间的分配†

图例：
† 在国家引入之前。
* 准确地说是：生产的结果及其实现（见 3§10）。
‡ 包括租金（见附录 3C）。

❷ 银行及"银行企业"

为了使本章的论述尽可能简单，银行被定义为纯粹的货币创造者和融资者。其中可能需要的任何劳动力都被外包给银行实体的独立的"生产部门"，我将该部门归入企业部门。这意味着（纯粹的）银行不是生产者。从经验层面看，"银行企业"从事规模庞大的簿记服务（账户管理）、信用评估和各种咨询服务。这些业务统统划分给银行实体的"生产部门"。

银行从企业收取（净）利息。这些利息的一部分被划拨到银行的自有资本（自有资本或权益）中。剩余的利息分配给银行实体的"生产部门"，该部门本身也可以从各种活动中获得佣金收入。

如前所述，本章（其正文）讨论的是企业融资问题。银行还参与货币创造和为其他主体融资。附录 3B 简要说明了这一点（国家的相关活动在第 8 章展开）。

---

[1] 马克思和许多马克思主义政治经济学研究都使用"企业利润"一词。该术语不符合本书的概念，因为"剩余价值"是企业的"总体利润"。"内部利润"的概念将在 5§1 中展开。

3§1-a 说明 企业资产负债表

表3.3展示了与图3.2A等价的企业资产负债表。

表3.3 企业资产负债表[†]

资产(积极资本)	负债(被动金融资本)
• 厂房和设备 • 原材料等 • 半成品 • 存货 • 银行活期存款账户	外部金融资本　a 　• 银行贷款 　• 非银行来源的贷款(债券) 内部金融资本　b
相当于 $a+b$ 的值　K	$K = FC$

注:[†] 这张表涉及的是生产商品的企业,而不是从事商品分销(主要是运输和零售)或提供各种服务的企业,对于这些企业,资产方面的形式将有所修改。商业债权和商业债务被省略了(在本章中将忽略)。

第2节

银行预先实现的融资

3§2 银行预先实现融资(*PVF*)的货币循环:一个单纯案例

在资本主义经济中,货币的创造与银行的借贷行为是一致的(2§8)。更进一步地说,银行净贷款就是货币创造。前文已证明,银行推动的货币创造是资本积累的必要条件(2§10)。

❶ 资本的积累必然是由银行的预先实现融资引发起的

扩大的货币创造现在被进一步具体化为银行对企业的融资(本节中)。在资本主义经济中,任何宏观层面的资本积累,以及由此产生的经济增长,不仅必须由银行的货币创造来实现,而且必须由它来推动。更准确地说,伴随着向企业提供创造货币的贷款,银行为生产提供了预先实现的融资(参见2§10关于预先实现的表述)。银行为企业提供了消极金融资本。

为生产资料的投资提供资金,需要银行预先实现货币的创造。最重要的是,创造货币为支付工资提供资金具有系统且持续的必要性[1](见3§2-e)。

需要银行预先实现的货币创造是贯穿本章的共同主题。本节通过分析案例——"单纯案例"——展示了这一点,其中,经济行为人不储蓄。正如我们将看到的,这个单纯案例为资本主义经济运作提供重要的启示。在下一目(3§3)中,当我们考虑行为人确有储蓄这一更加实际的情形时,就会特别看到这一点。

只要企业能向银行提供足够的担保,银行通常对企业采用"预先实现融资"(PVF)进行生产的预期目标不感兴趣。尽管如此,出于分析目的,本书在当前和后续各节的阐述中明确了银行信贷(PVF)的预期目标,从而在分析意义上揭示了信贷流量的循环。

本章分三个阶段介绍预先实现(第2—4节)。第5节是结论。

❷ 用于支付工资和购买生产资料的 PVF:三个宏观经济范畴(不考虑资本所有者)

针对图 3.4 中提出的信贷流动,可以区分是三个宏观经济范畴:银行、企业整体(the integrated set of enterprises)和劳动力。在预先实现的生产中(2§10),银行为企业整体创造记账货币。

关于企业用于支付工资的预先实现融资(PVF),所创造的货币被转移到雇用工人的账户上。这些钱要么成为劳动者的储蓄,要么作为需求花费在企业的产品上。如果储蓄为零,那么这些钱就会全部回到企业账户上,这样银行为 PVF 提供的贷款就可以完全回收(见图 3.4 左侧循环)。货币的流入(起始流1)由其全部流出得到补偿。

对于企业用于购买生产资料的 PVF(图 3.4 中的右侧循环),企业间购买和销售在宏观经济层面是等价的。从宏观经济角度来看,PVF 被完全回收(也就是说,生产的预先实现确实得到了实现,换句话说,计划实现的生产能够成真——见第 4 节)。[2]

❸ 购买生产资料和支付工资的 PVF:四种宏观经济范畴(仍不考虑资本所有者)

图 3.5 提出了区分两种宏观经济企业部门(生产资料部门和消费品部门)的问题。在这里,PVF 包含了生产资料的购买和工资的支付(所有这些都被分析性地简化为 PVF 的"单期循环"——实际上循环是持续数期的)。

---

[1] 即使在生产周期结束后支付工资时也是如此。如果在商品销售之前没有货币流入企业,企业就无法支付工资。只有当有足够多的货币流入企业时,才能依靠销售支付工资,而这些货币源于为企业支付生产资料而创造的货币(参见3§2-b)。

[2] 企业亏损的情形见 2§10 的标题 3(第 5 章有扩展)。

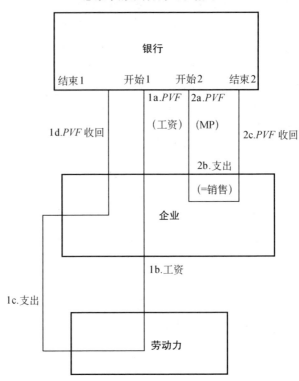

图 3.4 用于支付工资和购买生产资料(MP)的宏观层面银行预先实现融资(PVF),在工资全部支出的情况下被全额收回(不考虑资本所有者)

注:图 3.4 是银行账户(银行记账)内货币"流通"的图示,即首先是伴随着转账(1b-1d)的货币创造(1a),然后是伴随着企业之间(内部)转账(2b-2c)的货币创造(2)。

注意图 3.4 和图 3.5 仅仅显示了银行(到目前为止只有银行)是如何为生产融资的。这些循环图没有体现在生产过程产生的剩余价值(第 1 章第 5 节,特别是在 1§14)(3§2-b 的解释给出了两者的关联)。

❹ PVF 用于支付工资、购买生产资料和分红

图 3.6 重新整合了宏观经济中的企业部门(如图 3.4)。然而,现在,资本所有者和他们的消费已经明确展现出来。剩余价值的一部分以股息的形式分配给资本所有者。接下来,"股息"一词将包括从非公司化企业流向其所有者的"准股息"。就这一点而言,我们分析性地假设,资本所有者获取的分红不会超过他们的

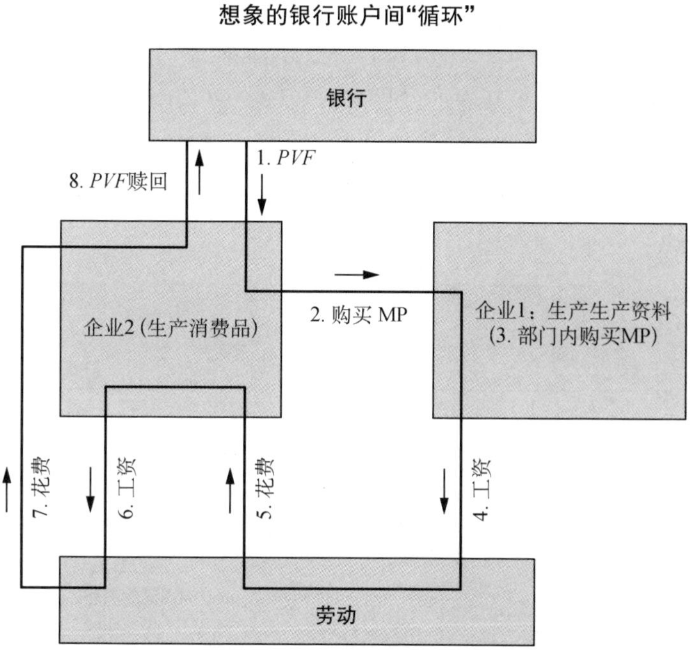

第 3 章 企业融资

想象的银行账户间"循环"

图 3.5 银行为购买生产资料(MP)进行预先实现融资(PVF),并在工资被全部支出的情况下全额收回;宏观层面两个企业(不考虑资本所有者)

注:为简单起见,PVF 被简化为一个(流向企业 2)的单期循环。根据 MP 的折旧率,初始 PVF 可以在单个时期(折旧率为 1——如图所示)或几个时期(折旧率小于 1)收回;在后一种情况下,初始 PVF 可能相当于其他企业在该期间的还款额(例如,企业 1 可以立即还完之前的贷款,在这种情况下,企业 2 会出现一条流向银行的路径 3,并会延缓路径 4 到 8)。

消费(实际上,对于非公司化企业而言,这是最常见的情形)。[1] 在下一目(3§3)中,我们将放弃这个假设。

企业倾向于最大限度地将剩余价值以积极资本形式积累,并尽量减少银行信贷,包括向资本所有者的任何支付(在某些商定的时点)。就资本所有者因消费花费股息来说,这种消费实现了生产(详见本章第 5 节)。因此,股息往往来自预先实现的银行融资,这种融资的偿还水平在宏观经济层面依赖于资本所有者的消费水平(在本节中假定这部分债务的偿还完全依赖于此)。[2] 如图 3.6 的右侧循环

---

[1] 对于公司化企业,留存利润会反映在股价上。
[2] 有人可能会说,这些股息或利息的支付可以从销售给企业的货币流入中沉淀下来。也许是的,但这只是意味着提供给工资和/或生产资料的 PVF 的收回被推迟了。将这些货币流分离出来是具有洞察力的,或分析上纯粹的。

所示。我重复一遍,尽管分析中 PVF 服务于企业特定目的,但只要企业向银行提供足够担保,银行通常不关注这些目的。

或者,股息的支付可以从企业销售所得的资金流入中扣除。这仅仅意味着用于支付工资和生产资料的 PVFs 的偿付将被推迟。无论企业实际以何种方式支付股息,区分这些资金流都具有深刻的分析意义(向资本所有者支付的利息也是如此,只有在 3§5 中才会有系统的介绍)。

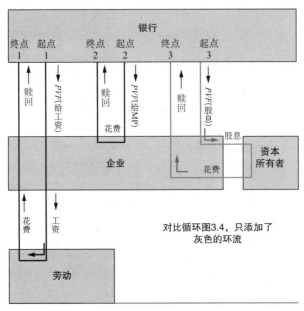

图 3.6 支付工资、生产资料和股息的预先实现融资;劳动和资本所有者没有储蓄

注:同样适用于资本所有者的权益(在 3§5 之前都是隐藏的)。

❺ 储蓄不是投资的先决条件

到目前为止,本节已经表明,储蓄不是投资的条件,因为在上述"单纯案例"中,没有一个行为者储蓄。这在经济上是极其重要的(在 3§2-c 中展开)。

在上述三种 PVF 循环中,货币的流入是完全由流出来补偿的。伴随经济增长的,是不断增长的 PVF,与此同时,资金的再流入和再流出也在增加(因此,在非衰退时期,宏观经济的 PVF 随着时间的推移而增加)。

储蓄不是资本主义经济存在的必要条件,而是偶然条件(见 3§3)。银行收取的利息详见 3§4。

3§2-a　说明　宏观经济多样性

一般来说,宏观经济进路提供了不能从微观经济进路得到的特殊见解,反之亦然。这一解释简要地扩展了一些主要的宏观经济多样性。(1)一个单一企业部门的宏观经济方法意味着企业之间的所有中间销售都相互抵消(图 3.4 和图 3.6)。实际上,这意味着所有企业"仿佛"都被整合到一个企业中。(2)我在本章所建立的货币循环理论坚持认为,作为货币创造者的银行应被视为一个单独的宏观经济范畴(见 3§2-e)。(3)两企业部门的宏观经济方法(图 3.5)区分了生产投资品的企业和生产消费品的企业。实际上,这意味着所有企业"似乎"都被视为整合到两个截然不同的企业。这些区别既适用于将本国与外国之间的关系纳入考虑之前,也适用于纳入考虑之后。

3§2-b　说明　预先实现融资和剩余价值的实现——以两类企业部门模型为例

这个解释是为那些可能想知道 3§2 中所述的预先实现融资体系(constellation)如何调节企业剩余价值实现的读者准备的。这可以通过一个简单的两企业部门模型来说明。[1] 我们有两个生产部门:部门 1 生产生产资料(MP);部门 2 生产消费品(CG)。假设:(1)所有剩余价值(总利润)都以资本(MP 形式)的形式积累,因此资本所有者不消费(或者他们也有一份作为工人的工作);(2)工资不用于储蓄;(3)生产资料在生产期间内全部用完。下面是一个简单的数值例子(见图 3.7),¤表示几十亿的货币单位,考虑一个均衡情况:部门二(CG)的产出¤200 正好等于两部门的工资总额(¤200)。部门 1(MP)的产出正好等于两个部门生产资料的重置部分(¤160)加上作为追加的生产资料进行积累的剩余价值部分(¤40)。

接下来的问题是,这种体系是如何被银行预先实现融资调节的。通常情况下,每个部门都会有几轮资金注入。为了使这个演示尽可能简单,我假设从银行到 CG 生产企业只需要注入一次额度为¤100 的 PVF。这张表描绘了创造货币的 PVF 的影响范围,通常它只是总产出中的一小部分。先前的图 3.5 现在可以用这些术语重新解释(因此这个循环中的每个资金流,1,2 等,代表价值¤100)。

---

[1] 这种模型发展自马克思的《资本论》第二卷第三篇(参见罗藤 1998 年的评论)。

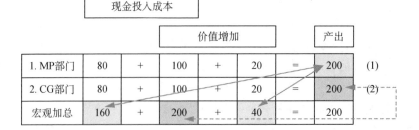

图 3.7　一个简单的两企业-部门模型(货币单位¤)的数值算例

注：(1) 销售：(80 重置 -1 + 20 投资 -1) + (80 替换 -2 + 20 投资 -2) = 200
　　(2) 销售：100 消费 - 劳动力 -1 + 100 消费 - 劳动力 -2 = 200

- 每个部门从¤80MP 的当期流量开始生产。当我们处于(程式化)生产阶段的末尾时，MP 的投入已经用完。每个部门最终产出¤200。因为工资还没有被支付，因此还不存在市场需求。
- 银行给部门 2 提供了¤100 PVF，用于购买下一个时期的 MP(图 3.5 中的流向 1 和流向 2)。此时，部门 2 有¤100MP 存货用于下一阶段的生产。
- 收到¤100 后，部门 1 企业内部花费¤100 用于购置 MP，因此该部门同样有¤100 作为下一阶段的存货(流向 3)。这¤100 也是部门 1 的销售收入，以此支付工资(流向 4)等费用。
- 最后(流向 8)部门 2 向银行偿付了 PVF。[1]

一般来说，如果工人花费他们所有的工资，那么：(1) 企业的总剩余价值(总利润)就等于企业的总投资(投资→剩余价值实现)；[2] (2) 企业仅仅需要向银行进行几次(在示例中简化为一次)借款，后者将与投资和消费支出相互抵消。

为了完整起见，我必须在这里简要地预先介绍一下本章第 5 节(觉得这部分太难的读者可以过后再回来阅读)。剩余价值(第三列数字中 SV)不是一种储蓄，相反，只有当剩余价值以追加生产资料的形式被消耗(即作为投资支出)时它才会这样存在。银行为这种支出提供了融资手段，而这些手段和支出一道实现了剩余价值。因此，可以说不存在企业储蓄这一"中介行为"。恰恰相反，我要重复一遍，

---

[1] 为了保持例子简洁，我忽略了利息。最简单地考虑支付给银行的利息(对剩余价值的扣除)的方法是引入一个部门 1 的子部门：银行花费利息购买生产资料。

[2] 这是卡莱茨基的洞见："劳动花费它所得到的"(¤200)，以及"资本得到(¤160 + ¤40)它所花费的"(即给定剩余价值的生产)。参见卡莱茨基，1942(补充说明于 3§10-a)。

这里只存在企业依靠银行提供的资金进行投资支出（为将问题复杂化，我们将在本章第 5 节中看到，正统主流经济学将这种投资支出定义为储蓄，这在分析上不是很有帮助）。

3§2-c　说明　把储蓄视为投资的先决条件是多余的

　　3§2 称为银行融资的"单纯案例"。这也是一个简明的案例，我们将在本章中定期回顾。就资本主义经济再生产的必要条件而言，我们现在所涉及的论述阶段已经接近于完成这些条件了。只是我们仍然缺乏储蓄的概念（我们将在下面的章节中看到，储蓄的引入会带来大量复杂情况）。但原则上，资本主义经济可以没有储蓄。这实际上就是 3§2 阐明的。对于一些受过新古典主义经济学教育的读者来说，这肯定会让他们感到意外，因为他们高度认同储蓄是一件好事，是投资的先决条件[1]。关于这一点的理论细节只能在本章第 3 节中阐述（在 3§3 中引入了储蓄之后）。

　　凯恩斯（1936）在很大程度上忽视了生产，而挑战了"公认的"（古典主义和新古典主义）观点，后者认为货币不扮演决定性的角色（如果货币有任何用途，那只能是覆盖在实体经济之上的"面纱"，一个必须被揭开的面纱）。他指出，储蓄使投资成为可能的错误观点建立在一个错误命题之上，即资本主义经济可以按照物物交换经济而不是货币经济的模式进行建模。在接下来的章节中，虽然我的论证思路与凯恩斯有所不同，但在这个问题上，我通常同意他的观点。

3§2-d　详述　工资支付的时间点和劳动提供的隐性信贷

　　支付工资的时间（一天、一周、一个月等）依情况而定。时间跨度越长，劳动者向企业提供的（隐性）信贷越多。这符合企业利益，因为这样它们需要的资金就更少。但在这种情况下，企业面临的问题是用资本金还是用银行贷款支付工资。支付工资的时间间隔越长，初始信贷额度越多，这将等比例降低资本金要求。这意味着，与其他要求银行预先实现的融资相比，工资支付的预先实现往往是永久性

---

[1]　这个观念实际上来自古典政治经济学，并且得到了广泛传播——以及超过了严格经济学的领域。一方面，马克斯·韦伯在其有影响力的《新教伦理与资本主义精神》（1968[1904¹]）中主张，清教徒（尤其是加尔文教派）节俭的倾向助长了资本主义的产生。另一方面，在经济学内部，从伯纳德-德-曼德维尔（Bernard de Mandeville）的《蜜蜂的寓言》（1714 年）开始，就总是存在一股异端支派，这在当前关于凯恩斯（1936 年）的"节俭悖论"的讨论中仍然历历在目。

的(permanent)。图 3.8 展示了工资在月末发放时信贷额度的变动情况。

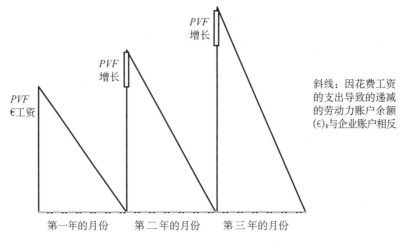

图 3.8 银行提供的工资支付 *PVF*：全额收回

为了理解这些数字，想想 2010 年左右，欧盟和美国的平均劳动收入占 GDP 的比例略低于 60%。因此，不考虑节假日和年终津贴，企业每月必须向劳动者支付约 5%的 GDP。

在 3§2 的"单纯案例"中，为支付工资而流入的资金，在工资全部支出后，由其全部回流得到补偿。更准确地说，"全部支出"依赖于时间。即使工资是在一天结束时支付的，它们也不会在一天结束时全部花完，而是在一段时间内。

3§2-e　补论　货币循环理论

目前这种划分与 1980 年左右在法国和意大利发展起来的货币循环理论有许多共同点，尽管它在 1950 年之前也有重要先驱(包括熊彼特——参见 Bellofiore，1992)。概述和进一步的文献参见 Graziani(1989，2003)，Deleplace 和 Nell (eds) (1996)，Rochon 和 Rossi (eds)(2003)，Fontana 和 Realfonzo (eds) (2005)，Arestis 和 Sayer (eds) (2006)，以及 Argitis、Evans、Michel 和 Toporowski(2014，第 8、10 节)的介绍和贡献。

在试图将货币循环理论作为"货币化生产理论(a monetary theory of production)"纳入马克思主义范式的文献贡献者中，我(不完全地)提到了 Bellofiore (1989，2004，2005a，2005b)，Bellofiore、Forges Davanzati 和 Realfonzo (2000)，

Bellofiore 和 Realfonzo(1997，2003)，以及 Forges Davanzati(2011)。

后凯恩斯主义和货币循环方法都认为货币实质上是无中生有创造出来的，这通常是由商业银行内生创造的(而不是由中央银行"外生"供给的货币决定了流通中的货币，就像新古典和"新凯恩斯主义"那样)。[1] 他们也同意，银行不应被视为将储蓄引向投资的金融中介(再一次，这与新古典和"新凯恩斯主义"的观点相反，它们明确将银行视为中介)；相反，正如凯恩斯强调的那样，投资催生储蓄。(作为比较，参见 Rochon and Rossi，2003)。

然而，参照图 3.4—图 3.5，后凯恩斯主义者倾向于从为投资(或消费)创造货币的贷款开始；而循环主义者坚持认为，出于简单易懂考虑，应该从借贷发放工资的货币创造开始。[2] 对于后者，也适用于纯粹的宏观经济方法。我同意这些循环主义者的考虑。然而，这两种方法并不矛盾；更确切地说，它涉及这样一个问题：人们是从宏观经济的单一企业部门模型开始，还是从宏观经济的双企业部门模型开始。在每一种情况下，关键在于资本主义货币经济的理论化，以及对它的宏观经济解释，不可避免地需要区分企业和作为货币创造者的银行(参见 Graziani，1989；以及 2D5 关于企业和银行分离与统一的论述)，资本积累不可避免地需要银行预先实现的货币创造(2§10)。

3§3　资本所有者和劳动者的储蓄：三位一体的债务-信用关系

银行贷款给企业，是对企业生产的预先实现。随着银行记账货币的创造，企业将其用于相互结算转账，并将货币转移给劳动力和资本所有者。3§2 所示，如果所有转移到劳动力和资本所有者的货币都支出给企业——也就是说，如果没有储蓄，那么货币将返回到企业账户，银行的 PVF 贷款就可以完全收回。因此，原则上，资本主义生产及其实现可以在没有任何储蓄的情况下展开和增长。

储蓄是偶然的。然而，应该说"储蓄"或"不储蓄"是偶然的：结果必然是两者之一。因此两者在方法论上是对立的，储蓄以及储蓄的程度是偶然的。[3]

---

[1] 7D2 将系统性引入中央银行。
[2] 参见 Gnos(2003)。作为对比，他在其中尝试将后凯恩斯主义的关注点容纳进了循环路线框架中。比较 Rossi(2003)和 Seccareccia(2003)。
[3] 将这些设定为偶然的绝不意味着否认，对资本主义经济中的个体行为人来说为了避险理由的储蓄是合理的。

当存在储蓄时,会产生重要且必然的后果。转移到劳动力和资本所有者的货币被留存下来,不会回到企业账户,因此不能用来抵消他们的银行信贷,最终成为以记账货币存在的储蓄。进而导致三位一体的债务-信用关系:银行因为这些储蓄而欠债于经济行为人,其数额刚好等于企业欠银行的剩余债务。(见图 3.9;与图 3.6 相比,只增加了灰色部分)。

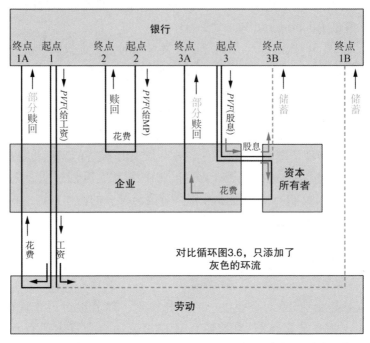

图 3.9　对工资、生产资料和红利的预先实现;劳动力和资本所有者有储蓄

注:同样适用于资本所有者的利息(直到 3§5 之前都是暗含的)。
(1) 这个循环和图 3.6 之间的"唯一"区别在于劳动力和资本所有者的储蓄(末端是 1B 和 3B 的虚线),以及 PVF 的部分收回(末端 1A 和末端 3A)。
(2) 虚线实际上不是转移;在支付工资和股息之后,相关储蓄仍在劳动者和资本所有者的账户上。(只有在历史上与纸币流通相关的情况下,这些才可能是转账:在银行的存款)。

从企业的角度来看,储蓄实际上是一种损害(nuisance)。结果是,银行(将继续)为企业节省的资金提供融资。改定存在储蓄,企业作为一个整体将不可避免地背负债务。

对企业来说,来自银行的 PVF 是一种事前融资,融资先于投资和生产的扩张。这是凭空创造出来的融资。然而,对银行来说,其自身融资(负债)的扩张是一种通过储蓄进行的事后融资。

3§3-a 说明 没有必要为企业投资而储蓄

3§3中强调,储蓄对企业是一种损害。即使储蓄在资本主义经济中无处不在(甚至对于个人行为者来说,基于预防性理由,储蓄可以是理性的),储蓄对企业来说也不是必要的,而没有储蓄,企业会更好,因为它们在银行的贷款可以毫无疑问地收回。

然而,对银行来说,储蓄完全不是麻烦,因为贷款是它们的主要业务。

3§3-b 说明 银行向企业提供事前融资,劳动者和资本所有者对银行的强制事后融资-企业和银行的资产负债表

我将扩展3§1-a。回想一下,企业资产负债表的"资产方"衡量的是积极资本(K)。"负债方"表示企业如何通过"金融资本"(FC)融资(见表3.10)。

表 3.10A 企业综合资产负债表

资产(积极资本)	负债(被动金融资本)
• 厂房和设备 • 原材料等 • 在产品 • 存货 • 银行活期存款账户	外部金融资本 a • 银行贷款 • ~~非银行来源的负债(债券)~~[†] 内部金融资本 b
相当于 $a+b$ 的值 K	$K = FC$

注:[†]在3§6中介绍。

对于企业整体来说,负债端的扩张是资产端扩张的事前融资:这种融资先于对资产的新投资。债务的扩张完全源于银行凭空创造的 PVF 融资(3§6将说明,这适用于或已经适用于企业的内部金融资本;后者都源自 $PVFs$)。

然而,从银行资产负债表来看(见表3.10B),银行自身融资(负债)的扩张是一种通过储蓄进行的事后融资,而储蓄只有在提供 PVF 之后才产生。因此,银行不会从既存的"可贷储蓄基金"中为企业(或其他行为人)融资。在忽略银行的传统宏观经济学中,忽视事前和事后融资之间的区别是巨大混乱的根源(在3§6-d中展开)。

表 3.10B 整合的银行资产负债表

资产(融资的)*	负债(金融)*
银行资产:非金融(租赁)** 银行资产:金融 d 给企业的贷款 (d) 给非企业部门的贷款† <s>同业贷款</s>‡	银行自有资金 e 从非银行金融机构借款† (银行债券、定期账户) 活期存款账户[CA]:借款 g • 活期存款账户:企业(借款) • 活期存款账户:劳动力(借款) • 活期存款账户:资本所有者(借款) • <s>活期存款账户:其他(借款)</s>† <s>同业负债</s>‡
资产负债表总额 $[a=]d=e+g$	资产负债表总额 $e+g=d$

注:* 只有在这个资产负债表(包括划掉的那些项目)中,银行的所有活动才会作为企业的金融资本而存在。

** 从银行实体的生产部门租赁(3§1,标题 2)。

† 见附录 3B。

‡ 由于银行的资产负债表被整合,这些项目被抵消了。

储蓄(如果有的话)并不是任何融资(企业、银行)的先决条件。从 3§2 的"单纯案例"中,我们已充分看到这一点。再一次重申,就储蓄而言,企业的融资是一种事前融资,这种融资并非源自储蓄,而是源自银行的 PVF,后者本身是事后融资。

此外,总的来说,后者是一种强制融资。虽然资本所有者或劳动者可能会将储蓄从一个银行转移到另一个,但是他们无法摆脱融资。在这种强制中,唯一自由的是流动性程度:活期存款账户、定期账户等(在清算所/央行票据逐渐消失的那一天,人们仍会对囤积大量央行票据的可能性感到虚幻的安慰,实际上,他们正是通过这些票据来为央行融资的)。[1]

从这个角度来看,考虑表 3.11,它根据银行资产负债表的变化,将图 3.9 涉及劳动者的资金流显示出来(也可以对资本所有者做类似的表)。

---

[1] 商业银行将"持有央行票据"计入资产端,将"向央行借款"计入负债端。央行则将"向银行贷款"计入资产端,将"发行的纸币"计入负债端,这就是央行向商业银行贷款的融资方式。当(或如果)工人或资本所有者从商业银行领取央行票据时(其经常账户被借记),他们就成为央行债务("发行的纸币")的匿名持有人,因此成为央行的融资者。

表 3.11 银行资产负债表的变化：劳动者储蓄的例子

1. 发放给企业用于支付工资的货币创造贷款：			
企业贷款（PVF）	$ x	企业活期存款账户	$ x
2. 工资支付：			
企业贷款（PVF）	$ x	企业活期存款账户	0
		劳动者活期存款账户	$ x
3. 花费 $(x−s)（因此有 $ s 的储蓄）：			
企业贷款（PVF）	$ x	企业活期存款账户	$ (x−s)
		劳动者活期存款账户	$ s
4. 企业偿还部分贷款：			
企业贷款（RPVF*）[x−(x−s)]	$ s	企业活期存款账户	0
		劳动者活期存款账户	$ s

* *RPVF*：剩余 *PVF*（Remaining PVF）

在表 3.11 的最后一行，相当于是劳动者对银行的强制事后融资。

由于存在来自工资的储蓄（$ s），对企业的初始贷款不能完全抵消，因此银行继续以 $ s 的金额为企业融资，这相当于银行对劳动者的债务。请注意，事后看来，企业似乎是通过储蓄间接融资的（就好像我们有"可贷资金"的银行中介）。然而，这是一种假象。从一开始，企业投资是由凭空创造的货币融资的，而未收回的部分仍然是由凭空创造的货币融资的。储蓄不会引起投资；相反，投资——由无中生有的货币创造——带来了储蓄产生的收入（参见凯恩斯，1936）。

考虑银行的资产负债表，企业首先通过活期存款账户为银行提供资金（!）；见表 3.11 分录 1（负债一侧）。最后（条目 4），劳动者代替了企业。银行对企业的融资（条目 1）与储蓄没有任何关系。

3§4 企业向银行支付利息

回想一下这么一个区别，一方面"银行"是纯粹的货币创造者和融资者，另一方面，银行实体的"生产部门"则属于企业部门（3§1，标题 2）。

以企业支付给银行利息的形式，银行从企业生产的剩余价值中获得一定份额。因为纯粹的银行只从事货币创造融资，单个企业如何结算利息并不重要（只要他们在到期日支付利息)。它们可能用销售收入的货币流支付利息,或者可能使用银行的信用额度,这意味着获得额外贷款——一如既往,这只是要求企业能够向银行提供足够担保。当后者满足时,银行不关心贷款的最终流向,也不关心企业靠什么资金支付利息。

从宏观经济角度来看,有两点值得商榷。

首先,特别是从图 3.5(以及与图 3.7 相结合的循环)可以看到,预先实现融资的一个或几个"发射"可以产生数量可观的更大的收入流(如净产出)——$PVFs$ 确实在经济中流动(这一点在只有一个企业部门的宏观经济循环中是模糊的:迄今为止的其他循环)。

其次,因为银行,而且只有银行才能创造货币,所以它们收回的货币(PVF 加利息)不可能超过它们创造的货币(PVF)。

这个简单事实也包含了解决方案:从宏观上讲,银行为自己的利息收入创造货币。这揭示了银行业的本质。银行从贷款中获利,包括依靠贷款支付利息。唯一的要求是贷款必须有担保。

此外,银行从净利息(扣除银行成本后的毛利息)中赚取利润。为了简单起见,如果我们假设成本为零,那么所有流向银行的利息流都是银行的利润。如果所有利润都被保留,利息就被加到银行的自有资本中。银行的金融资产是一种金融票据。它们的金融负债也是一种金融票据(电子账户票据),尤其是银行的自有资本。所有这些最终都是银行的创造物(在双向信贷关系中——2§8)。

3§4-a 详述 "银行实体"和企业向银行支付利息

到目前为止,"银行"被定义为纯粹的货币创造者和融资者。"银行实体"的任何其他活动都分配给它们的"生产分支机构",该分支机构属于企业类别(3§1,标题 2)。从现在开始,我将继续这样做。然而,这一次"银行实体"的"生产活动分支"被明确指出(见图 3.12)。作为融资者的银行在内部将其部分利息收入转移到其"生产部门"(租赁和外包的成本)。后者将其支付给企业并支付工资(为简单起见,所有这些工资都花掉了)。左边的路径("开始")代表银行向企业发放的贷款(企业打算用这笔贷款支付利息,但对银行来说,这笔贷款只是一种有担保的贷款,就像其他任何贷款一样——参见 3§4 正文)。

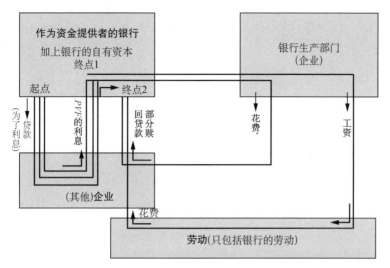

图 3.12 作为融资者("银行")和雇主("活跃的分支机构")的银行实体(这个循环涉及 3§4-a)
　　注：*　支出：包括银行的企业分支的物质投资。

第 3 节

事后替代银行预先实现融资

资本积累的基础是银行创造货币的扩张(2D4)被进一步奠定，并在银行为企业融资(3D2)中具体化。这一节着眼于对 3D2 解释的任何限制是如何克服或至少缓和的(见 3§6)。3§6 的初步概念在 3§5 中提出。

3§5　作为投资者的资本所有者：承担股息和利息的金融资本

第 2 章(2D6 和 2D7)介绍了"消极资本所有者"的类别。这些是企业的"内部融资者"(3§1，图 3.2A)，下文将进一步解释。

在此阶段解释之前，银行是企业唯一的外部融资者。它们通过 PVF 满足资本积累的程度，也对资本的无限扩张起到了约束作用。银行适应性融资的一个考虑因素是企业为 PVF 交付的担保的数量和质量。就企业负债而言，另一个要考虑的因素是企业的"偿付能力"水平，即内部资本占金融资本总额的比率（见资产负债表 3§3-b，表 3.10A）。这意味着资本扩张受到企业内部（自身）金融资本增长的限制，因此也受到留存利润的限制（3§1,图 3.2B）。[1]

任何非留存利润将通过红利的形式分配给股东。原则上，企业内部资本可以通过发行新股来扩大，由任何企业的红利支付。因此，我们有"产生红利的金融资本"。

此外，通过以红利的形式向股东分配利润，他们的财富增加了。原则上，他们可以进一步限制和分散他们的风险和不确定性（参见 2§12），不是通过股份，而可能以债券或直接配售的形式把金融资本贷放给企业。[2][3] 就像银行的 PVF，这是"生息的金融资本"。

3§5-a　详述　利率的水平

考虑企业对贷款的需求，利息是能够指挥金融资本产生剩余价值的价格（参见 Robinson，1953，p.87）。对于银行信贷之外的贷款供给，利率水平通常被认为是基于"时间偏好"（在这种情况下，利息可能是负的——Robinson 于 1953 年提出），[4] 或者等待而延迟消费的价格（在马歇尔 1972[1890]年版本中西尼尔的"禁欲论"）——不如说是一个意识形态的概念，是凯恩斯（1936 年）批判他那个时代普遍观点的主要目标之一。[5] 相反，凯恩斯将利息定义为"在特定时期内放弃流动性的回报"（1936，p.167）。[6] 对于供给端，我认为后者是最好的概念化方法。在第 3 节第 5 节中，我将此概括为风险和不确定性的限制和扩散。

---

[1] 目前这一点中，留存利润完全来自没有以利息形式分配给银行，以及没有以（准）股息支付给企业所有人的剩余价值。

[2] 由于利率是固定的，利息支付优先于股息支付，因此风险和不确定性进一步分散。

[3] 系统地说，"资本所有者"这一范畴——区别于企业所有者——是随着公司企业的引入而出现的。从历史上看，资本所有者的借贷范畴出现在公司企业出现之前。

[4] 例如，一个人可能希望在某个退休年龄获得一大笔钱，即使在此之前的净利息为负数。

[5] 有争议的观点是，人们认为储蓄是由利息唤起的。相反，行为者储蓄是因为他们想要储蓄（为了养老或某些开支或预防）。这一点在经济极度衰退时尤为明显，因为对于有能力的（中层）人来说，即使利息下降，出于预防的原因，储蓄也会增加。

[6] 与此相关的是，除了任何其他行为者之外，银行也可能提供此类奖励，以诱使行为者将账户资金存入其特定的银行。（如果储蓄存放在另一家银行，那么就储蓄金额而言，提供投资贷款的银行是欠另一家银行的债，而不是欠储蓄人的债（参见 2§12）。

3§6　用非银行金融资本(*RPVF*)事后替代银行预先实现融资

银行必须向企业提供信贷,这是一种预先实现融资(*PVF*)的流量。这一流量以全部支出的形式返回到银行,抵消了预先实现的信贷(3§2)。然而,收入的任何未支出都会影响这一点,这意味着银行是(继续是)企业这部分未支出的融资人。

PVF 的未收回部分,相当于劳动力和资本所有者的储蓄,被称为剩余预先实现融资(remaining pre-validating finance,RPVF)。实际上,银行因此在货币创造融资流量(*PVF*)之外,提供了一个非货币创造的融资存量(*RPVF*)——后者是基于前者的货币创造,现在同样建立在银行、货币储蓄者和企业之间三位一体的债务-信用关系之上(参见 3§3)[1]。

与此同时,非支出者是潜在的事后融资人。如果后者与企业明确建立(额外)融资关系,从而取代银行的 *RPVF*,它们就成为实际的事后融资人或(额外)金融资本的所有者(见图 3.13)。[2]

进一步地,平均而言,非银行融资者不过是事后融资者。它们不为资本的宏观积累和经济增长提供资金,这是银行的工作。平均而言,他们只能为已经积累的资本提供融资服务,也就是说,这是事后的,是在积累进行之后。[3] 通过必要的货币创造,银行始终是金融资本的源泉。除了不断循环滚动的银行预先实现融资(*PVF*)之外,没有事前融资。因为任何新投资都得到满足,任何现存投资也都得到满足(参见 3§7,它将银行扩展为企业创始人的金融资本提供者)。[4]

一个推论是,仅仅通过节省资金,行为人不能成为金融资本的所有者。在后一种情况下,银行是金融资本的所有者,而这些储蓄者是记账货币的持有者和索取人。

然而,有一种倾向是刺激进行储蓄的资本所有者部分地取代银行提供的金

---

[1] 对比 3§3,我现在引入了"流量"和"存量"的术语。尽管这些术语是正确的,但需要记住的是流量的时期加权均值具有存量的性质。
[2] 事后融资的具体形式在这里并不重要。这些形式可以是贷款(债券或直接配售),也可以是企业增发股票。
[3] "平均"这一限定条件在 3§6-d 中有所补充。
[4] 也就是说,至少是系统性的:任何纸币流通残余的机制都可能是不同的,尽管原则是相同的。

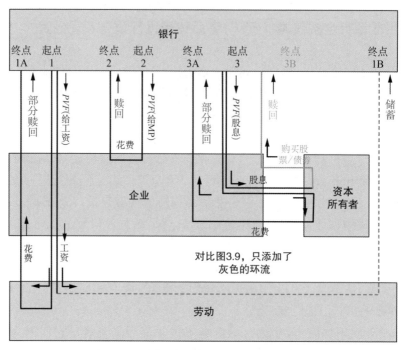

图 3.13 资本所有者事后替代"剩余预先融资"

注:(1) 为了保持该循环图清晰易懂,假设图中资本所有者的所有储蓄都用于购买股票或债券。这些股票和债券是新发行的(所谓的一级市场)。
(2) 流 3 也适用于描述向资本所有者支付利息。
(3) 原则上,工人也可以购买债券或股票,在这种情况下,劳动者和资本所有者将存在重叠。

融资本。然而,我重复一遍,这只能是事后替代,也就是说,在银行提供必要的初始金融资本(PVF)之后的替代(在 3§6-d 中展开)。[1] 这种倾向的原因是:

• 第一,银行的实际负债程度和储蓄水平共同产生了企业负债(参见 3§3-b 中的表 3.10B)。[2]

• 第二,银行试图限制储蓄和 $RPVF$ 引发的风险和不确定性(因此要求企业以其内部资本和非银行外部资本的形式提供融资缓冲)。

---

[1] 这些其他行为者是指存款人本身,或引导这些储蓄的机构(机构证券投资者,如养老基金——参见附录 3A,第 3A-1 节)。请注意,"行为者"或"社会行为者"一词是在一般意义上使用的(2§14-a)。

[2] 参见 2§10(标题 3)关于清算银行制定的信贷规则。在此,银行仅向企业提供贷款(向其他参与者提供贷款的情况将在附录 3B 中介绍)。

- 第三，企业以低于银行要求的价格寻求融资。

总而言之：现在和过去储蓄的"可贷资金"并不是投资的先决条件（详见3§6-d）。资本所有者对银行 RPVF 的事后替代有助于银行通过其 PVF 持续适应资本积累。

最后应该指出的是，前面的论述并没有暗示投资和 PVF 在宏观经济上应该相等。[1] 准确说，投资必须通过银行预先实现融资的"发射"而起飞（PVF 循环——见图3.5）。

3§6-a 补论 "银行不是可贷资金的中介机构"

当我写本章初稿时，认为银行是资本积累的初始融资者是一种异端邪说（参见3§2-e 关于货币循环理论）。然而，在2015年的一篇题为"银行不是可贷资金的中介——以及为什么这很重要"的论文中，国际货币基金组织和英格兰银行研究部门的成员 Jakab 和 Kumhof，将自己与正统经济学的可贷资金概念划清了界限（Jakab 和 Kumhof，2015）。要了解这篇57页论文的主旨，读者可以查阅它的摘要（同上，第 i—iii 页）。[2] 在3§6 中，后者的关键句子是：储蓄不为投资提供资金，融资本身才是（同上，第 ii 页）。

3§6-b 说明 PVF 和 RPVF 之间的联系

新的（额外的）生产投入是通过创造货币的 PVFs 融资的（记住3§6 的最后一句话）。这与劳动力的工资（这是持续的额外投入）和生产资料（中间投入和投资）的增长有关。

在没有任何储蓄的情况下，我们"仅仅"有一个与经济增速同步增长的 PVF（这是由企业支付给银行的利息带来的）。

有了储蓄，我们就有了不断增长的 PVF 流量，以及 RPVF 存量。在没有事后替代 RPVF 的情况下，我们有 RPVF 存量的持续增长（第 t 期储蓄 = 第 t 期 $\Delta RPVF$——符号 Δ 表示"变化"）。[3] 这一 $\Delta RPVF$ 是企业资产负债表上（对银

---

[1] 首先，PVF 有多种用途（包括工资支付）；其次，PVF 在经济中的实际流通程度取决于这一过程中的储蓄程度。

[2] 可通过该链接获得：http://z822j1x8tde3wuovlgo7ue15.wpengine.netdna-cdn.com/wp-content/uploads/2015/02/wp529.pdf.

[3] 因此尽管总体而言宏观经济 PVF<投资（3§6 的最后一段话），宏观经济储蓄 = $\Delta RPVF$（先于对它的替代）。

行)的负债(相当于资产负债表上银行金融资产的变化),企业为此向银行支付利息。

银行通过劳动力(来自工资的储蓄)和资本所有者(来自股息和利息的储蓄)的活期存款账户为 $\Delta RPVF$ 提供事后融资。劳动力和资本所有者的储蓄属于银行通过 PVF 创造的货币。

最后,特别是资本所有者和富有的工薪阶层可能通过购买企业新发行的股票或债券来部分替代 $\Delta RPVF$。

3§6-c 详述 所需融资类型的速记摘要

图 3.14 总结了 3§2-3§3 以及 3§-6 中每个概念阶段所需的融资类型。回想一下,PVF 是银行预先实现融资的缩写,而 $RPVF$ 是所有剩余 PVF(即由劳动力和资本所有者储蓄的 PVF 中未收回的部分)的缩写。[1]

金融资本的流量 在 t 期($t'-t''$)		金融资本的存量 t 期的开始		
1. 没有储蓄(3§2;图 3.4、图 3.5 和图 3.6)				
$PVF(t)$(银行短期贷款)		没有其他外部 FC		
收回的 $PVF(t'')[\Delta RPVF(t'')=0]$				
2. 储蓄,没有 $RPVF$ 的替代(3§3;图 3.9)				
$PVF(t)$		其他银行贷款 $= \sum RPVF(t-1)\cdots RPVF(t-n)$		
收回的 $\gamma PVF(t'')$ [收回比例 γ]	$\Delta RPVF(t'')>0$ $[=(1-\gamma)PVF(t)]$			
储蓄,有 $RPVF$ 的替代				
与前面区块相同		与前面区块相同的数量		
$PVF(t)$		其他银行贷款	股份	非银行贷款
收回的 $\gamma PVF(t'')$ [收回比例 γ]	$\Delta RPVF(t'')>0$ $[=(1-\gamma)PVF(t)]$	加总等于 $\sum RPVF(t-1)\cdots RPVF(t-n)$		

图 3.14 金融资本的形式:与银行 $RPVF$ 相伴随的(非)储蓄和(非)替代

---

[1] 部分替代是通过养老基金等储蓄引导机构实现的(附录 3A,第 3A-1 和 3A-2 节)。

3§6-d 详述 银行提供的金融资本的事后替代和递延替代(储蓄形成可贷资金的错觉)

在 3D2 和 3D3 部分,我回避了融资、投资和资本积累的"可贷资金"方法(再重复一遍,我所说的"投资"通常指的是所谓的"直接投资",而不是"资产组合投资")。因此,我将自己与古典主义和新古典主义的观点拉开距离,后者认为,通常来说,在一个发达资本主义体系中,资本积累和任何新的投资都是由预先存在的货币储蓄基金融资,也就是当前和以前的储蓄(可贷资金)。[1] 这个解释涉及"一般性"的情况。我们将看到,新投资有时可能由基金提供资金,但这不是一般情况。如表 3.15 的第 1 行和第 4 行所示。

表 3.15 以各种替代形式改变银行资产负债表(储蓄案例)

1. 发放给企业用于支付红利的货币创造贷款:			
企业贷款(PVF)	$ x	企业活期存款账户	$ x
2. 红利支付:			
企业贷款(PVF)	$ x	企业活期存款账户	0
		资本所有者活期存款账户	$ x
3. 花费 $(x-s)$(因此有 $ s 的储蓄):			
企业贷款(PVF)	$ x	企业活期存款账户	$ (x-s)
		资本所有者活期存款账户	$ s
4. 企业抵消部分贷款:			
企业贷款($RPVF^*$)[x-(x-s)]	$ s	企业活期存款账户	0
		资本所有者活期存款账户($RCB^{\ddagger}$)	$ s

注:* $RPVF$:剩余 PFV。
‡ RCB:剩余信用余额流量。

期初贷款被称为 PVF(预先实现融资)。活期存款账户余额(第 4 行右侧)称为 $RCBF$(剩余的信用余额流量 – 股息转移的剩余)。我称 PVF 的其余部分(第 4 行左边)为 $RPVF$。这些都是分析所用的名称。

企业可以以 $ s 的价格向资本所有者出售债券。如果企业使用由此募集的资

---

[1] 请注意,我与任何以银行为中介的"可贷资金"概念保持距离,包括那些将银行信贷与可贷资金中介结合在一起的版本。

金(RCBF)抵消 $RPVF$，即他们与银行的股息 PVF 贷款的最后一部分，我们有一个事后替代剩余银行提供融资($RPVF$)的通俗易懂的分析案例。

5a 给 E 的贷款[$RPVF(t)$] $ s	CA E(待售债券)	$ s
	CA CO(待购债券)	$ 0
5b 给 E 的贷款[$RPVF(t)$](抵消) $ 0	CA E[抵消 $RPVF(t)$]	$ 0

注：* CA:活期存款账户；E:企业；CO:资本所有者；(t)是一个时间指标(某一年)。

所有用于支付红利的银行信贷和债务都已结清(等待新的循环)。与投资相关的融资替代(数量大于红利金额)已经发生：企业资产负债表的资产端(积极资本)增加了，负债端(金融资本)也同样增加了，最初是通过银行的融资，现在部分地取代了(节省的股息)。

然而，企业现在可能不愿意出售债券(可能是因为它们的长期承诺)，或者它们可能无法出售债券(因为活期存款账户持有人的流动性偏好)。请注意，银行必须允许这种情况持续下去。因此第 5 行被划掉了。

现在我们转向下一期($t+1$)，第 6 行，它从第 4 行的结果开始。在这种情况下，我们似乎有一个可贷资金(第 4 行中的 RCB)。

起始期($t+1$)，= 第 4 行

6 对 E 的贷款[$RPVF(t)$] $ s	CA E 0	
	CA CO [$RCB(t)$]	$ s

在这一时期($t+1$)(或以后)，资本所有者的 RCB 可以用于银行贷款的递延替代(t 时期的 $RPVF$)，这将等同于第 5 行。

然而，它可能被用来为一项新的投资融资。后一种情况被认为是一种对预先实现融资[$PVF(t+1)$]的替代，这在"正常情况下"本来是由银行承担(见下面第 7a 行)。

7a 给 E 的贷款[$RPVF(t)$] $ s (没有抵消)	CA E(用于新投资的待售债券 $t+1$)	$ s
	CA CO(待购债券)	0
7b (以前的)给 E 的贷款[$RPVF(t)$] $ s (新的)给 E 的贷款[$PVF(t+1)$] $ x′−s ($x′=x+$"正常的增长率")	CA E(待售债券 $t+1$) CA E(新 PVF，类似于第一行)	$ s $ x′−s

		(续表)
7	7b 总和(类似于第一行): 对企业贷款　　　　　　　　　$ x′	CA 企业　　　　　　　　　$ x′

实际上,从(t)开始——第 6 行——的货币总额 $ s 仍然"在流通中"。因此,在 ($t+1$)中,"正常"的货币流入可以从 $ x′ 减少到 $ x′ − s(第 7b 行),最终导致了第 7 行中 $ x′ 的循环(其中 $x′ = x +$ "正常"增长率)。

在第 6 行和第 7 行所示的情况中,银行实际上通过不强迫企业完全交回初始贷款[$PVF(t)$],"允许"(临时)存在可贷资金($ s)。

需要注意的是,企业先前的非银行贷款(如债券)到期不提供净可贷资金:如果这部分贷款不续期(即重新发行债券),银行将不得不提供贷款用于收回。

我的结论是,平均而言,投资所需的融资并非来自储蓄的可贷资金,而这种融资的特殊情况实际上是银行预先实现融资的一种递延替代,完全由凭空创造的银行记账货币满足。因此,一般而言,平均意义上,投资(直接或间接)必然要由银行预先实现融资(PVF)来满足。没有它,储蓄以及"可贷资金余额"(RCB)的特殊情况就不可能存在。后者只是先前 PVF 的剩余。

3§6-e　补论　明斯基论其他贷款对银行贷款的替代

由于银行收费较高,企业可能更喜欢其他融资机构而不是银行。相反,(非银行)"潜在融资人"成为"实际融资人"的原因是,企业可能向他们提供比银行支付的利息更高的收益(利息、股息)。缺点是流动性(程度)下降。明斯基(2004[1954],p.233)显然是从融资者(资产组合投资者)的角度使用了替代这一术语,并将其与凯恩斯(1936)的流动性偏好理论联系起来:"流动性偏好关系,这是货币与其他资产之间替代关系的简写(例如,"其他融资者"从企业购买的债券),成为分析货币体系行为时使用的合适工具。"(Toporowski,2006,p.13)。

第 4 节

银行和企业的创立——建立资本积累的起点

对资本主义制度的论述(1§1)的系统切入点是家庭与私人拥有的生产资料之间的外在分离。就系统辩证法的论述而言,资本主义制度如何在历史上形成是无关紧要的(即使后者是有趣的),因为其目的是展示现有制度的要求和功能。

然而,阐明企业和银行如何在资本主义中形成,似乎大体上在资本主义系统辩证论述的范围之内。在本章前几节的基础上,目前的简要部分(一节)对这一点进行了初步论述。重点聚焦银行的创办。然而,由于企业和银行互为前提,并构成一种对立统一关系(2§11),下面的章节首先简要地考察企业的创办。

3§7 银行和企业的创立

我们已经表明银行为企业提供预先实现的生产融资,从而提供金融资本(3§1—3§2)。这就留下了一个问题:银行的创始资本从何而来?

❶ 企业的创立

一个新企业的初始生产和资本积累("在资本主义内部")实际上是由劳动力生产剩余价值(1D5)产生的,其中银行的预先实现融资是一个条件(见标题 2)。

企业的创立是显见的,它既缺乏储蓄(3§2),也缺乏向银行提供"硬"担保。因此,银行面临的只是一个"商业计划",加上新企业的承诺,即它将连本带利地偿还贷款,同时提供未来购买的抵押品(生产资料)和未来利润。[1] 仅仅依靠一份"商业计划",银行就会比有"硬"担保品的情况承担更多的风险——银行会要求相对较高的利率。

---

[1] 请注意,这种情况在目前的实践中也有发生,即使是例外情况。还要注意的是,新成立的银行(标题2)别无选择,只能在此类业务计划中做出选择。

❷ 银行的创立

新银行可能起源于现有银行或企业的分支机构。但是,这种关于创办的观点是倒退的,我们需要对现有的银行和企业进行抽象。从这些抽象中可以看出,银行的创立源于新银行向该银行创始人提供的贷款。这笔贷款是预先实现融资(PVF),原则上与现有银行的银行业务没有什么不同。通过这笔贷款,创始人为自己的银行融资。这笔贷款是从银行未来分配的利润中收回的。其结果是,任何现有银行自身的金融资本都是一种特定类型的负债,即一种对自身的负债(具体见3§7-a)。

从原则上讲,银行创立的这个启动过程与现有银行通过发行新股扩大自身的金融资本没有什么不同。这种收益是通过将(新股东的)活期存款账户资金转移到银行负债项的"自有资本"(权益)实现的。然而,活期存款账户货币总是银行创造货币贷款的结果。因此,额外的自有资本通过银行自身或另一家银行创造货币间接产生(或已经产生)(3§7-a)。

这就是它的全部,所以建立一个银行似乎相当简单(尽管进一步思考这揭示了什么是银行的本质)。然而,问题是——就像建立一个新企业一样——如何"获得客户"。也就是说,客户在银行创始人之上(创始人作为客户并不是一种幻想,因为在资本主义的实际历史中,一些银行——尤其是合作银行——充当的是创始人的银行)。[1] "客户问题"是单个银行面临的范围问题(2§8)。

一旦范围有所扩展,"新"银行就必须应对清算银行制定的规则(2§9)。然而,这不是本节的重点。2D4 仅仅是指银行的实际存在。上面的简要概述涉及这种存在的系统形成。

3§7-a 说明 资产负债表视角下银行的系统性创立

我们从现有银行自有金融资本的扩张开始(见表3.16)。这张表显示了银行资产负债表的变更(一个简化的完整资产负债表在3§3-b中提出,表3.9B)。

---

[1] 除了介绍银行的系统性基础之外,拉沃(Lavoie)还就银行的一般自有资本正确地指出了以下几点:"银行的自有资本是银行自身的负债。它代表公司(银行)欠其所有者的资金。一般来说,自有资金的作用类似于所有者手中的存款(活期账户)。……自有资金是一项会计分录,但与存款(往来账户)不同的是,所有者不能提取自有资金"(2003,p.512)。

表 3.16　银行自有资本的扩张：银行资产负债表的变更（Z 银行）

资产		负债	
1. Z 银行对企业现有贷款（非替代部分）			
企业贷款（*RPVF*）	€ x	非企业活期存款账户（非银行）	€ x
2a. Z 银行客户对 Z 银行自有资本的扩充			
企业贷款（*RPVF*）	€ x	非企业活期存款账户（非银行）	€ − x
		Z 银行自有金融资本（股份）	€ x
2b. 其他银行客户对 Z 银行自有金融资本的拓展（收款行总是向转账行提供贷款 - 2§9-b）			
同业拆借	€ x	Z 银行自有金融资本	€ x
3a. 1 和 2a 的加和			
企业贷款（*RPVF*）	€ x	Z 银行自有金融资本	€ x
3b. 1 和 2b 的加和			
企业贷款（*RPVF*）	€ x	非企业活期存款账户（非银行）	€ x
同业拆借	€ x	Z 银行自有金融资本	€ x

关于银行"自有资本"的扩张或建立，这个术语应该从两个意义上理解：所有权和创造。表 3.17 显示了建立银行的簿记行为（从零开始）。

表 3.17　银行资产负债表的基础

资产		负债	
1. 给银行创始人的创造货币贷款			
给银行创始人的贷款（*PVF*）	€ x	银行创始人活期存款账户	€ x
2a. Z 银行客户对 Z 银行自有资本的扩充			
给银行创始人的贷款（*PVF*）	€ x	银行创始人活期存款账户	0
		自有资本（股份）	€ x

贷款的抵押品可能是基于各种各样的财产。然而，在"纯粹"情况下，它仅仅基于银行对创始人从银行资本中获得的未来收入流的要求权，即分配的利润。此外，由于创始人是银行的所有者，银行的未来净值可能被用作抵押品。

随着时间的推移，银行创始人的贷款将从分配给自有资本持有者（股东）的银行利润中收回。

因此,扩张(见表 3.16)和创立(见表 3.17)的主要区别在于抵押品的程度。

3§7-b　说明　起点的基础

在前一节(3§7)中,资本积累起点的前提(1§1)已经建立(因此它不再是一个前提)。有了它,所有之前的"经济"前提也都建立。然而,状态(第二部分)仍然是预先假定的。

3§7-c　补论　马克思论历史上的资本原始积累

在《资本论》第一卷的末尾,马克思有一个著名而有趣的章节是关于他所谓的资本原始积累。[1] 它描述了从封建主义到资本主义的历史转变。因此,它描述了最初的资本家从哪里获得他们的"资本"。即使这样的历史是重要的,它也不完全符合资本主义的纯粹的系统辩证法解释。系统地来说,这样一段历史就是"机械之神"(adeus ex machina),重点是上面那个问题的短语:"最初的资本家从哪里获得他们的资本?"就"物理"实体而言,这并不是一个大问题;尽管这是一个问题,一方面是商品(实物和货币维度)的内部分化,另一方面是资本概念本身的分化。显然,在某一时刻,非资本变成了资本。从历史上看,这一定是事实。然而,如果我们依赖一个历史程序,将会质疑系统起点的适当性(这适用于马克思的《资本论》和本书的 1§1)。

第 5 节

宏观经济支出对宏观经济剩余价值的实现
——融资、投资、储蓄和剩余价值

在融资、支出和储蓄之间联系(3D2 的 3§3 和 3§6)的基础上,本节扩展了融资、投资、储蓄和剩余价值之间的宏观经济联系。它的第三部分(3§10)(该部分的标题与整节相同)是关键部分。它为在宏观经济支出中产生剩余价值(1D5)奠定了基础。前面的几节(3§8 和 3§9)对它作了一些初步论述。

---

[1] 德语版本的第二十四章,或英语版本的第八篇(英语翻译修改了标题)。

3§8　投资与融资

- 一级和二级替代：一级和二级金融市场

银行预先实现融资的事后替代（3D3，3§6）属于所谓的"一级市场"：发行新股或新债券或新的直接发放贷款。再一次，购买这种一级金融票据必须建立在银行先前创造货币的基础上；购买时总是需要把资金从一个银行账户（替代的）转到另一个（企业的）。附录 3A（3A-3 节）扩展了二级金融市场的一些或有事项：现有金融票据的交易，或对银行 PVF 的重新替代。

- 投资之于融资：企业家之于融资者

企业购买生产资料的投资和融资者购买金融票据（一级或二级）之间的区别在经济上是至关重要的。在我以前和以后使用"投资"一词时，总是指对生产资料的投资。在购买金融票据时，我将避免使用"资产组合投资"和"资产组合投资者"这两个术语；相反，我将使用术语"融资"——无论是一级融资还是二级融资——和"融资者"。

在宏观经济学中，投资是独立于储蓄的（3§2，3§6，在 3§9 中扩展）。然而，非银行金融（购买金融票据）依赖于储蓄：既有储蓄是它的条件。[1]

3§8-a　详述 "真实投资"与"资产组合投资"

在英语中，我们有"真实投资"和"资产组合投资"。[2] 经济学家和商业媒体经常将这些（其中之一）缩写为"投资"，这引起了巨大的困惑（甚至在作者的头脑中——即使在一个通常谨慎的作家和思想家，如凯恩斯的作品中，你也可以看到这一点）。但"融资"一词是含义明确的。

3§9　投资与储蓄：宏观经济投资与储蓄的不平等（$I \neq S$）

主流经济学认为，投资与储蓄在宏观层面是相等的，储蓄是投资的前提。凯恩斯、卡莱基和后凯恩斯主义经济学认为，储蓄源于投资，但同时假定了投资

---

[1] 附录 3B（第 3B-4 节和第 3B-4b 节）表明，事实上，仅仅"一些"储蓄是其主要条件。

[2] 在许多其他语言中，这些术语有不同的词根。例如，德语中的 investieren（动词）、Investition 或 Investierung（名词）表示"直接"投资，anlegen（动词）、Anlage（名词）表示投资组合的意思。荷兰语分别有 investeren 和 beleggen。法语有 investissement 和 placement。

(I)和储蓄(S)在宏观层面的事后相等。据我所知,所有经济理论都假定了投资和储蓄在宏观层面的相等($I = S$)。本节的论述明显背离了这些观点。事实上,这是在 3§2 以后的论述中所隐含的。

之前的部分经常使用的术语是支出、储蓄和投资。由于国家(第二篇)和国际关系(第三篇)迄今被(置于小括号内)抽象出来,只有两种形式的支出:私人消费和私人投资。考虑到家庭与企业的分化(1D1),只有家庭进行消费,只有企业进行投资。这些问题是依次解决的。

❶ 居民的消费支出

只有家庭进行消费。或者,他们可以部分地节制开支,从而把一部分收入存起来。他们的储蓄只有两种可能:把钱存在银行账户里或购买金融票据。

❷ 企业投资支出

只有企业进行投资。[1] 这是企业的支出形式。因为它是一种支出,所以不是储蓄。然而,与可能在一定程度上放弃消费的家庭(与之相距甚远)类似,企业可能偶尔进行一些储蓄:例外情况是纯粹出于流动性偏好;或者出于战略原因,他们购买金融票据(也许在面对联合企业时)。[2]

❸ 投资与储蓄之间的不联系

第 1 章(1D5)指出,劳动,而且只有劳动,才是剩余价值的来源。除了那一章的具体论证之外,这一观点的总体主旨与亚当·斯密(1776)的观点没有什么不同。这是关于生产的。

然而,斯密也认为,因为"主人"(资本家)会储蓄,而且在他看来,储蓄是生产("进步")的先决条件,所以"主人"一定会获得利润。[3] 这是关于新生产价值的分配。

---

[1] 这包含耐用消费品,它也包含了(例如)所有者占有的住宅(参见附录 3C-1 第 6 点以下)。
[2] 回忆 2§8 中对唯一银行账户货币的设定。在有纸币残余流通的情况下(今天仍然如此),第三种可能性是用清算银行纸币来替代账户货币[这实际上是通过普通银行从清算银行购买当前的零利率纸币("通货")]。
[3] 斯密:"所以,劳动者对原材料增加的价值,在这种情况下,就分为两个部分,其中一部分支付劳动者的工资,另一部分支付雇主的利润,来报酬他垫付原材料和工资的那全部资本。假若劳动生产物的售卖所得,不能多于他所垫付的资本,他便不会有雇用工人的兴趣;……"(1776 年,第一卷,第六章,第五段,着重部分由作者标明)。具体论及储蓄:"个人的资本,既然只能由节省每年收入或每年利得而增加,由个人构成的社会的资本,亦只能由这个方法增加。资本增加的直接原因,是节俭,不是勤劳。诚然,未有节俭以前,须先有勤劳,节俭所积蓄的物,都是由勤劳得来。……节俭可增加维持生产性劳动者的基金,从而增加生产性劳动者的人数。"(第二卷,第三章,第十五至十七段,着重部分由作者标明)(中译文引自郭大力、王亚南译文——译者注)。

从斯密开始，这个关于储蓄的想法就在所有主流经济理论中扎根：储蓄是包括利息在内的私人利润的正当理由（参见第1节14-b节中马歇尔的引用）（马克思不会同意这一点，但他多少还是不加批判地接受了斯密关于资本家"进步"的概念——就像今天许多马克思主义政治经济学家所做的那样）。

事实上，主流的宏观经济概念 $I=S$（在它的两种变体中）只能用一个完全奇怪的定义来辩护，它的作用是一个假设。这是将（PVF 满足的）投资支出定义为储蓄(!)，从而将一项支出定义为非支出。更具体地说，与留存利润等值的投资支出被定义为储蓄。[1] 这在分类上很奇怪，尽管在意识形态上它提供了提到的所谓理由。

这一章的论述并不建立在宏观层面投资和储蓄事先相等的基础上（这一点在 3§2 和对储蓄可贷资金概念的批判中已经十分明确了——3§3-b，3§6，3§6-a，3§6-d）。现在还很清楚的是，这一论述也不是建立在宏观层面储蓄和投资事后相等的基础上。因此，宏观上，$I \neq S$，更具体地说，是 $I > S$。

3§9-a　详述　凯恩斯对正统理论的部分打破

和卡莱茨基一样，凯恩斯反驳了当时的正统观点（这种观点一直延续到今天）：不是储蓄产生投资，而是投资产生储蓄。[2] 凯恩斯的伟大之处在于他把宏观经济理论和货币理论结合起来。新凯恩斯主义者（与后凯恩斯主义者相比）很快把这个结合打破了。然而，凯恩斯假设两者的事后相等（$I \rightarrow S$，事后 $I=S$）。在这方面，凯恩斯打破了先前的经济理论（I 和 S），这一点很重要。然而，这并不是一次全面突破。事后看来，通过（错误的）论点——在均衡中，事前和事后的区分并不重要——凯恩斯让事前相等偷偷溜了进来。接下来，整个可贷资金和节俭的意识形态可以被偷带回来。

将（事后）投资支出等同于留存利润作为储蓄的奇怪定义/假设，不仅在经济理论中，同时也在国民核算实践中占据主导地位。

Jakab 和 Kumhof（2015，p.4，fn.6）表面上没有明确质疑标准的 $I=S$ 概念。他们敏锐地评论道："在一个封闭经济中，宏观经济（国民核算）中，根据会计定义，而不是均衡结果，储蓄等于投资，而且储蓄的数量与融资的总数量无关。"

简单地说，作为一个定义（实际上就是"储蓄＝非消费"），投资和储蓄的事后

---

[1] 在 3§10 中从另一个不同视角批判了这一假设。
[2] Bellofiore 和 Realfonzo（2003）论证了马克思是这种观点的先驱。

相等在分析上不会造成太大伤害——在本书接下来的内容中，没有任何东西取决于它们的相等或不相等。主流观念实际上"仅仅"是一种意识形态问题，是关于用"定义来证明"利润，用"节俭"来证明利息，通常也是"用定义来证明"收入分配不公。

3§10　宏观经济支出对宏观经济剩余价值的实现

在对企业融资的阐述中，2—3 节的重点是银行对生产的预先实现。最后一节着重于生产，特别是剩余价值的宏观经济实现。它明确地将第一章的阐述与到目前为止第 2—3 章阐述的宏观经济含义联系起来。在一个介绍性的小节之后，论述集中于三个连续过程的相互联系，即生产（小节 2），宏观层面生产和剩余价值的实现（小节 3），以及剩余价值的分配（小节 4）。

❶ 前面的论述

本节总结了迄今为止论述的相关阶段。

A. 在第 1 章（1D5）中，介绍了一般的生产，因此也介绍了一般的剩余价值生产。[1]

B. 第二章对企业和银行进行了区分。即便如此，这两者还是以一种对立统一的形式呈现（2D5）。

C. 在 3§1 中，银行实体的生产活动（相对于银行的融资活动）被归为企业——因此，作为创造货币的融资者的"银行"不生产，不产生价值增殖，从而也不产生剩余价值。同一节概述了利息，作为企业剩余价值的一部分，从企业流向银行和其他融资者。

在此基础上，本节其余部分将提供一个纯宏观经济的说明。

❷ 宏观生产

在 1D5 中，预先假定资本主义生产需要由银行提供的预先实现融资（PVF）（3D2-3D3）。1D5（§14，标题 6）的论述说明了资本的生产源自劳动生产的剩余价值：

$$X_t \blacktriangleleft = \left[(\delta + \mu) K + mL^{\alpha} \right]_t \tag{1.4}$$

---

[1] 宏观经济意义上的剩余价值概念在原则上和近来的国民核算体系采用的"营业盈余"概念没有区别。但我拒绝使用后一概念以免去对国民核算体系的营业盈余概念的批评。参见 3§10-b。

从宏观层面看,作为中间项 μK 被抵消;因此宏观层面上 $\mu = 0$。当考虑净生产(如 NDP)而不是生产总值(如 GDP)时,δK 被抽象掉。因此我们有净产量(Y):

$$Y \blacktriangleleft = mL_t^\alpha \tag{1.8}$$

$$\Pi_t \blacktriangleleft = mL_t^\alpha - wL_t \tag{1.5}$$

在 1§14 中,我们已经表明 mL^α 是劳动的实际货币价值,m 是单位劳动实际货币价值,m 也度量了实现,即劳动产品的出售。(w 是工资率,$\blacktriangleleft$ 表示右边对左边的决定。)

工资总额(W)被定义为:

$$W_t = wL_t \tag{3.1}$$

现明确指出,平均来说,1D5 呈现的系列实际上是企业对计划生产的实现与实际实现的生产相符。然而,在本节中,我们允许企业计划的生产与生产的实际实现之间存在偏差(调整需要时间)。[1] 因此,1§14 中所示的生产(X)、增加值(Y 为净生产)和剩余价值(π)的方程现在被改写为计划生产变量(上标 p)。尤其相关的是劳动的计划单位货币价值"m^p"和实际单位"m"之间可能存在偏差。

因此我们有(省略了时间下标 t):

$$X^P \blacktriangleleft = (\delta + \mu)K + m^P L^\alpha \tag{3.2;参照 1.4}$$

$$Y^P \blacktriangleleft = m^P L^\alpha \tag{3.3;参照 1.8}$$

$$\Pi^P \blacktriangleleft = m^P L^\alpha - W \tag{3.4;参照 1.5}$$

所有没有上标 p 的变量(上面和下面)都表示实际实现的变量。

从宏观上看,计划生产实现与实际实现之间的偏差是由宏观支出偏离计划支出决定的。[2] 3§3 介绍了该支出的"储蓄"方面,现在我要详述一下。

---

[1] 上一句话(关于 1D5)意味着部门偏差(或部门内偏差)大致相抵。后一句话允许出现偏差。这些偏差必须是适度的,以防止(从一个时期到另一个时期)经济过热,从而引发下一次衰退。这意味着我们正处于商业周期的稳态阶段(在第五章中会详细说明)。即便如此,本节余下部分所介绍的方程式仍适用于商业周期的每个阶段。

[2] 在经济学家称为"均衡"的状态中,计划单位 m^P 等于实际单位 m,因此 $m^P L^\alpha = mL^\alpha$。通常而言,存在一定的非均衡,因此两者之间存在一定偏差,这种偏差将通过下一生产期的投资和生产变化加以调整。

❸ 用支出实现宏观生产

本节主要关注投资（I）和消费（C）这两个宏观经济类别。至于生产，用支出实现生产需要银行提供的 PVF 满足。这些大部分与 PVF 的生产相一致。投资的 PVF 导致投资支出，工资的 PVF 导致工薪阶层的消费支出。然而，向资本所有者支付股息和利息的 PVF 发生在生产之后（3§3 中图 3.9），因此与生产的 PVF 不一致（见标题 4 关于"剩余价值 π"的分配）。

鉴于所分析的经济范围，需要注意在目前的论述阶段，宏观收入（Y）仅包括实现的剩余价值（π）和企业支付的工资（W）两类：

$$Y = \Pi + W \tag{3.5}$$

$$\Pi = Y - W \tag{3.5'}$$

同样，在当前范围，宏观净支出（E）仅包括企业净投资（I）和家庭消费（C）：

$$E = I + C \tag{3.6}$$

式（3.5）和式（3.6）并不表示"规定"，而是在这个阶段对范围的正式定义。

给定生产（X^p 和 Y^p），生产的实现引起收入，由支出决定（也称为"有效需求"）：

$$Y \blacktriangleleft = E \tag{3.7}$$

$$Y \blacktriangleleft = I + C \tag{3.7'}$$

投资支出（I），即购买生产资料，是当前生产 X^p（3.2）的投资相伴随。在这个阶段，它的决定因素仅仅是暂时明确的，但没有展开论述（在第 5 章中展开）。

$$I_t \blacktriangleleft = f(\omega_{t-1}; X_t^d; PVF_t) \tag{3.8}$$

因此，当期投资（和当期投资支出）取决于前一年实现的整体利润率（ω_{t-1}）和期望的当期生产（X_t^d），以当期银行预先实现融资（PVF_t）为条件。一般来说，投资一方面适用于劳动力的计划单位货币价值 m^p 和实际单位 m 之间可能存在的差距（如上所述），另一方面也适用于企业对未来的预期（凯恩斯将这种有根据的猜测称为"动物精神"）。

就消费而言，资本所有者（Ck）和工薪阶层（Cw）的消费是有区别的：

$$C = Ck + Cw \tag{3.9}$$

平均来说，资本所有者（Ck）的消费自主地取决于他们的生活水平。也就是说，它独立于剩余价值分配的波动（在第 5 章展开）。然而，工薪阶层的消费取决于工资

(W),决定于工资的消费水平依赖于工资水平及其变化(在第5章展开)。给定 PVF 中的工资支付,我们有了实现的剩余价值(Π)(在式3.5′中替换式3.9和式3.7′):

$$\Pi \triangleleft = I + Ck + (Cw - W) \qquad (3.10)$$

因此,剩余价值的实现,一方面决定于企业的投资支出(I)和资本所有者的消费支出(Ck),另一方面取决于劳动力的消费支出(Cw) - 工资(W)。[1] 注意,剩余价值的实现取决于三个不同的行为人:企业(I);资本所有者(Ck);和工薪族(Cw - W)。正如前面强调的,在式(3.10)中,右边决定左边。右边的当期开支因素不是由同期剩余价值(π)决定的;事实恰恰相反。对投资的限制:企业的投资支出行为(通过银行的 PVF)决定了其他企业剩余价值的实现。即便如此,当期(年)剩余价值的实现可能会影响下一时期的生产和投资计划。

根据定义,工资储蓄(Sw)等于工资(W)减去工资消费(Cw)。

$$Sw = W - Cw \qquad (3.11)$$

把式(3.11)代入式(3.10),得到:

$$\Pi \triangleleft = I + Ck - Sw \qquad (3.12)$$

因此,剩余价值(π)的实现与企业(I)和资本所有者(Ck)的支出正相关,而与劳动力(Ck)的储蓄负相关。在剩余价值实现方面,这支持了3D2和3D3在融资方面所阐述的观点。也就是说,在宏观层面,储蓄不是善举,而是企业的负担。储蓄阻碍了剩余价值(整体利润)的实现,阻碍了资本积累和经济增长(然而,正如前面所指出的,储蓄对个体行为者可能是有意义的)。

❹ 剩余价值的分配

剩余价值的生产、实现和分配这三个按序过程之间的区别对于解释资本主义经济至关重要。这些过程虽然相互关联,但截然不同。产出的生产,以及剩余价值的生产,必然先于产出和剩余价值的实现。同样,剩余价值的实现必然先于剩余价值的分配。因此,不存在剩余价值(总体利润)之外的投资,这是正统经济学所认为的(投资并非自亚当·斯密以来的主流经济学认为的,由企业、资本家或"掌控者"预付;相反,是银行预付了 $PVFs$)。

剩余价值只有在生产的剩余价值得到实现后才能进行分配,即以三种形式进行分配:

---

[1] 这一见解受卡莱茨基启发。参见3§10-a。

- 给银行的利息(银行金融资本的来源)。
- 资本所有者的股息和利息。[1]
- 留存利润,它在预先实现的生产过程中,已经通过投资购买体现在资本资产中(在企业的资产负债表上,这是作为所有者权益的补充出现的)。[2]

因此,这些就是剩余价值中的三个事后部分。我们可以回过头来如此解释图 3.2B,我们在 3§1 中是从该图开始的。[3]

❺ 结论性概括

我们有三个截然不同但相互关联的按序过程:(1)剩余价值生产;(2)剩余价值实现;(3)剩余价值分配。剩余价值的生产(1D5)和资本积累(第 2 章)基于银行预先实现的融资(3D2-3D3)。融资的收回,以及剩余价值的实现,取决于宏观支出。剩余价值分配(包括留存部分)之外没有任何投资。相反,剩余价值是前两个过程的结果。第一个过程(对所有企业而言)通过银行的 PVF 产生任何新增投资。第二个过程(对投资品生产者而言)通过销售实现投资品的生产(对消费品生产者而言)通过销售实现消费品的生产。

3§10-a 补论 米切尔·卡莱茨基

回忆式(3.9):$\Pi \triangleleft = I + Ck + (Cw - W)$。式(3.9)和式(3.12)的灵感来自卡莱茨基(Kalecki 1935;1942)——他从事马克思主义研究,是凯恩斯的同时代人和先驱。卡莱茨基的观点被卡尔多关于卡莱斯基(1955/1956,p.85)的名言恰当概括:"资本家赚到他们所花费的,工人花费他们所挣得的"——不区分企业和资本所有者,假定工人不储蓄。[4] 他在 1942 年的一篇文章中指出,"资本家可以决定在某一短期内比前一时期消费和投资更多,但他们不能决定赚更多的钱。所以他们的投资和消费决策决定利润,而不是相反"(Kalecki,1942,p.259)。

关于卡莱茨基作品的概述和评论,参见 López 和 Assous(2010),Toporowski

---

[1] 紧接着上面的式(3.9),有人说:"资本所有者的消费(Ck)自动取决于他们的生活水平。也就是说,它与剩余价值分配水平的起伏无关"。即便如此,由于实现的剩余价值的一部分在一年中以不同方式分配给资本所有者,也会导致从分配的剩余价值中产生一些可变的事后储蓄(在第 5 章中详述)。
[2] 上文指出,不存在用剩余价值进行的投资。然而,事后我们在留存利润中看到了等同于投资的部分,即已赎回 PVF 贷款的那部分投资。
[3] 这是悬置了国家后剩余价值的三个部分。在第 8 章我们会看到税收构成了剩余价值的第四个部分。
[4] 《资本论》第二卷马克思写道:"但是,对整个资本家阶级来说,它必须自己把实现它的剩余价值……的货币投入流通这样一种说法,不仅不是奇谈怪论,而且还是整个机制的必要条件。"(中译本引自《马克思恩格斯全集》第四十五卷,人民出版社,2003 年,第 469 页。)

(2013)，以及 Bellofiore，Karwowski 和 Toporowski（eds）（2013，2014），Toporowski 和 Mamica（eds）（2015）。

3§10-b　补论　剩余价值和经营盈余(SNA)-初步说明

2008 年《国民经济核算体系》(UN 2009)采用了"经营性盈余"的宏观盈余概念。它的起点是产出减去中间产品(企业之间的购买和销售)和工资。综合考虑所有企业(生产性企业和金融企业)，经营盈余(OS)的起点将等同于我们的剩余价值概念。然而，SNA 也采用了一些武断的估算，这意味着这两个概念存在偏差。举两个最重要的例子：首先，对银行息差的估算(通过这种方式将增值估算给银行)，其次，对业主自住住房租金收入的估算(我在附录 3C，第 6 点下的 3C-1 节和 8§6-d 中对此和相关事项进行了展开)。

总结和结论

本章的第一节为读者提供了区分"积极资本"(企业资产)和"消极资本"(资产的融资来源)的指引。与此同时，剩余价值(生产的结果)被分解为"内部利润"(股息和留存利润的总和)和"利息"(分配给银行和其他融资者)(3D1)。[1]

在本章发展的宏观经济学类型中——受到货币循环理论的启发——企业和银行之间的区别至关重要。银行为企业提供的预先实现融资(PVF)对资本主义制度而言，不仅是无条件必要的；它也从根本上不同于任何其他类型的融资。一个基本特征是，这个 PVF 是一个纯粹的无中生有的记账货币操作。另一个特征是，它不需要储蓄，既不需要在它所满足的投资之前，也不需要在投资之后。一般来说，在资本主义制度下，储蓄是非必要的(3D2)。

然而，储蓄无处不在，它们必然会产生除 PVF 以外的融资形式。从系统的观点来看，所有其他类型的融资都来自银行提供的 PVF。所有这些其他类型的融资都是事后融资，也就是说，它们基于 PVF，为已经积累的资本或既有投资提供融资。因此，一般来说，储蓄不会先于投资；投资的资金不是"来自"储蓄。只有银行提供的 PVF 为资本积累提供资金。其他类型的融资在事后替代未收回部分的 PVF，后者是由储蓄造成的(3D3)。

---

[1] 见图 3.2A 和图 3.2B 中的总结。

尽管宏观投资独立于储蓄,但购买金融票据(通常被误导地称为资产组合投资,而不是融资)不独立于储蓄。在宏观层面上,既不存在储蓄和投资的事前相等;也不存在储蓄和投资的事后相等(在大多数经济学中,这种相等的假设是一个分类错误,混淆了支出和储蓄)(3D5)。

预先实现、生产、实现、产出和剩余价值分配之间相互关联过程的序列特征对资本主义经济至关重要。生产和生产的预先实现融资先于销售,所以也先于剩余价值的实现。这种预先实现融资的收回程度,以及剩余价值(总体利润)的实现,都取决于宏观有效需求。沿着卡莱茨基的方法,第 3 章的论述(省略了国家和国际关系)表明——对新增剩余价值的宏观实现是由投资(+)、资本所有者消费(+)和劳动力储蓄(-)决定的。剩余价值(分配给银行、资本所有者和作为留存利润)的分配在其实现之后不可避免地进行,因此,现有的剩余价值不产生投资。通过这种方式,投资-储蓄问题与投资-剩余价值问题联系在了一起(3D5)。

论述银行创立的 3D4 很简单,可能不值得总结。然而,它在"结论"方面值得提及。这种划分是建立资本积累的起点(1§1)。在论述的这一点上(3D4),关于资本主义经济的所有优先的前提似乎都被建立在此论述的基础上(3§7-b)。然而,就整个资本主义制度而言,资本主义国家仍然被预先假定(见第二部分)。

附录 3A 金融资本市场的两种或有事件:跨期交易和再替代交易

第 3 章主要论述了就资本主义制度的再生产,企业融资的必要性。融资的或有事件是普遍存在的,而本书一般不完全对待或有事件。不过,这个附录非常简短地扩展了养老基金(即储蓄的跨期交易-第 3A-2 节),以及股票和债券的二级市场(即再替代交易-第 3A-3 节)。绪论的第一部分对金融-资本市场(finance-capital market)和整个金融市场进行了系统区分。

3A-1 金融资本市场

第 3 章主要内容是讨论我现在称之为金融-资本市场的,即生产性企业的融资市场的内容。有迹象表明,资本所有者倾向于在一定程度上替代银行提供的金融资本(3§6)。这种替代是通过银行的直接中介(银行将各方撮合在一起),还是其他信贷经纪人,或是公开或私人发行"金融资本证书"(股票、债券和其他贷款),这是视情况而定的。

在金融-资本市场的需求方面,我们只有企业。在供给方面,我们有:

1. 银行。以下所有(2-4)都可以事后代替银行预先实现融资(见3§6)。

2. "其他金融机构",即其他储蓄渠道机构:养老基金、保险公司、其他融资公司(比如资产组合投资公司,包括对冲基金)。仅次于银行的,尤其是养老基金,是引导劳动力储蓄的主要工具(3§3)。

3. "私人融资者",即在这个市场上运作的个人资本所有者(包括富有的工薪阶层)。

4. 企业(特别是大公司)作为其他企业的融资人。今天,对位于产权市场(即股票市场)顶端的企业而言,这一类别尤其重要(因为这种融资在加总全部企业的资产时,会重复计算)。

我对"金融-资本市场"(第3章的主要内容及这里的附录)和"金融市场"作了系统区分。后者包括"金融-资本市场"以及向劳动力和资本所有者提供贷款的或有市场(附录B里简要提及)。上述所有机构也可以在金融市场上运作。[1]这些区别是观察角度的问题。对融资者来说,企业、家庭(或政府)融资的几种变体可能只是面对预期(不确定)收入时的安全程度问题。然而,我们在第3章中论述的出发点不是个人融资者(资产组合投资者),而是面对资本积累的企业投资(参见3§1),这就需要融资。金融-资本市场和金融市场之间的区别与这一观点有关。

3A-2 养老基金:跨期交易——保费、养老金和劳动力剩余价值的收回程度

资本和劳动之间的收入分配(剩余价值和工资),以及剩余价值分割为利息、留存利润和股息,被称为收入的初次分配。由此,我们可以推导出收入的跨时期再分配。养老基金是处理这种衍生再分配的主要工具之一。他们现在收取保险费(premiums,比如从工资中),然后用这些钱购买金融票据或其他资产。他们从收益(或者部分从他们的清算)中重新分配养老金。这样,劳动者跨期间接地取回他们生产的剩余价值的一部分——基本上是其养老保险费的收益率(如利息)(因此,仅仅作一个非常粗略的说明,如果养老金是工资的2%,平均收益,如实际利率

---

[1] 预示了第8章的内容,因为公共财政也是金融市场的一部分。

是3%,那么取回的剩余价值是工资的0.06%——忽略复利。按复利计算——取决于养老金计划——取回的剩余价值平均来说会超过保费年限的工资收入,通常低于年薪的1%)。

3A-3　金融票据的再替代交易

3§8介绍了在"一级"与"二级"股票和债券市场上交易的区别。本节将详述这一区别。我主要指股票市场。同样的道理大多也适用于债券市场：只指出它们的差异。

❶ 银行 RPVF 的替代:一级市场的股票流通

股票的一级流通是股票的净增加。股票的初次流通涉及企业发行新股。3§6表明,购买新发行的股份仅仅是资本所有者的储蓄对银行剩余的预先实现融资(RPVF)的事后替代。(企业回购自己的股份实际上与之相反)。[1]

购买新股的来源包括：资本所有者的储蓄(来自他们的股息或利息)；劳动者的储蓄(从工资中)；或者,在每种情况下,收集这些储蓄的非银行金融机构(见3A-1中更详细的清单)；顺便说一句,银行也可以在 RPVF 之间进行替代,从而用股票或债券替代贷款。

❷ 对银行 RPVF 的再替代:二级市场的股票交易

股票交易为股东实现了风险和不确定性的分散(见 3§5)。然而,这也可能发生对单个股东持有的股票价值的清算。重要的是,从宏观上讲,股票是不可能退出的(例外情况是企业回购股票,或企业的最终清算)。对于大多数类型的债券来说,这是不同的,因为债券通常是有时间期限的贷款(如10年或30年)。微观层面的(个人)清算总是一个重新替代的问题,现有股东撤出价值(活期存款账户余额增加),新股东注入价值(活期存款账户余额减少)。在这方面,新股东可能已经拥有其他股份。注意,即使新股东从其获得的股息中购买现有股份,这仍然是一种重新替代(从新股东的活期存款账户中扣除股息,并为清算股票的卖方增加活期存款账户余额)。

---

[1] 对企业来说,这一行动要么是重新安排负债,要么是(相对)取消投资,从而使银行的经常账户余额为正数,后者则转给股东。

附录3B 银行向劳动者和资本所有者提供或有贷款

除了生产的实现,第3章主要聚焦企业融资,特别是银行在企业融资中的关键作用。然而,银行不只是为企业(预先)融资。作为正文的一个推论,本附录简要扩展到银行对劳动力和资本所有者的贷款。尽管这样的借贷视情况而定(它对资本主义制度的存在不是必要的),但它在逻辑上似乎不可避免地内生于目前研究的体系。

3B-1 银行的借贷能力:货币交易和银行支付的利息

银行不仅创造货币(2D4,3D2);他们也经营自己的创造物。为了提高贷款能力,银行努力留住现有客户,并从竞争对手那里吸引客户。换句话说,他们出去吸收竞争对手银行创造的资金,并防止他们"自己"账户资金被竞争对手通过转账方式吸收。

其主要机制是向客户提供利息。这往往通过定期账户或"储蓄账户"(可能还有活期账户)的利息来实现。请注意,这可能会提高单个银行的贷款能力,但不能提高整个银行系统的贷款能力。[1]

单个银行的借贷能力也可以通过出售银行发行的债券或发行新股来提高。[2] 在这种情况下,银行系统作为一个整体,其贷款力量是否提高只取决于这些新增债券(或股票)是否按照清算银行(ClB)关于负债准备金率的规则运行,可能要面对ClB关于资产构成的标准(2§9-2§10)。

3B-1-a 详述 提供的利率水平

为了巩固其负债,银行向客户提供利息似乎是必要的(对于普通活期存款,也可以采取不收取记账服务费的形式,即转账)。然而,提供的利率水平高度依赖于银行体系的竞争或合谋结构。

---

[1] 将银行分析式地视为一个整体时这一点很容易能看出来。
[2] 需要注意的是,发行银行债券(或附加股本)实际上直接减少了流通中的货币量(经常账户货币被银行债券所替代)。而企业发行的债券则是间接减少的,如果企业用债券收益来取消银行贷款的话。

3B-2 货币借贷形式的普遍化

银行对企业收取"货币创造贷款"利息是一种系统性需要。对银行来说,也是一项(潜在的)盈利活动。由于这是有利可图的,银行倾向于将货币借贷的形式推广到任何一个社会参与者身上。特别是,他们可以借钱给劳动者和资本所有者。因此,他们在一种互惠信用关系中创造货币,类似于为企业创造货币(2§8)。虽然普遍形式的贷款是偶然的,但这种普遍化似乎内生于企业贷款形式。[1]

3B-3 贷款给劳动者

❶ 耐用品贷款和其他消费贷款

贷款给劳动者时,抵押品将是他们拥有的某些资产(如房屋或其他耐用消费品)或预期的未来收入流(工资)。这种贷款有利于企业销售相对昂贵和耐用的商品。[2] 对企业来说,更重要的是,消费贷款影响企业净利润,因为这种贷款是对企业支付工资所需预先实现融资的事前替代。这是因为在信贷方面,企业从消费中"免费"获得收入,否则它们必须在支付工资时预先融资。因此,企业向银行支付的利息更少(而由劳动者支付利息)。图3.18说明了这一点。因此,劳动者的储蓄对企业来说是一种"妨害"(3§3),而不储蓄和消费信贷则是一种乐事。

这种事前替代也是向资本所有者贷款和向劳动者贷款的主要区别。虽然贷款给劳动者确实影响企业的金融资本需求(减少),但贷款给资本所有者则没有这种影响。

❷ 作为剩余价值一部分或工资一部分的利息

从宏观上看,工人为贷款支付的利息可能超过也可能不超过他们获得的利息(3B-1)。任何从劳动者身上获得的宏观或微观净利息都是由工资收入支付的。这类似于金融资本的利息从企业的净收入中支付,即从剩余价值中支付(3§4)。

虽然这是类似的,但概念上是不同的,也存在系统性差异。企业支付给银行的利息是劳动创造的剩余价值的一部分。如果劳动者在宏观或微观层面是银行

---

[1] 尽管如此,清算银行(或在后续阶段即将提出的国家或中央银行)也可能为这种借款设限。
[2] 在(高等)正规教育由贷款资助的情况下,它还可以促进劳动能力的"可出售性"。

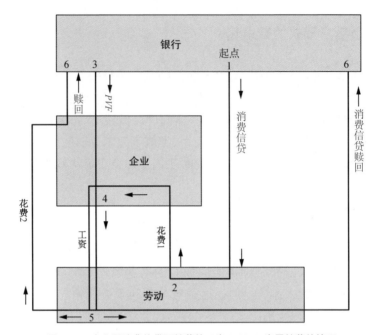

图 3.18 企业因消费信贷而储蓄的工资 PVF：工资零储蓄的情况

注：为了简单和易懂，我们假设消费者信贷（流 1）是等额收回的（流 6）。事实上，流 1 可能（暂时地）比流 6 大（后一种情况见第 5 章附录 A）。

支付利息的净接受者，那么他们会间接收回一部分剩余价值（事实是否如此，就是一个实证问题）。[1]

3B-4　贷款给资本所有者：融资翻倍

单个资本所有者，或他们参与的机构（3A-1），常常可能试图利用金融票据抵押向银行借款，增加他们的事后融资潜力（在一级或二级金融市场-3§8）。特别是，对于银行在二级市场上的贷款（现有的金融票据），这意味着，总的来说，银行的放贷能力被配置到企业之外。

有人指出，因为向企业发放有息贷款是一项（潜在）有利可图的活动，银行可

---

[1] 下面只是一个说明。假设对劳动者来说，宏观经济中银行的净贷款利息为工资的 5%，实际利率为 2%，那么，忽略复利，他们将获得工资 0.1% 的剩余价值。

以对任何社会行为人(3A-2)发放贷款。值得注意的是,这可能还包括银行向资本所有者放贷。银行可以以金融票据(股票、债券)作为担保证券,向这些潜在的事后融资者提供贷款(3B-4a 说明了在所谓"保证金购买"的情况下,此类贷款可能的杠杆机制)。

就其本身而言,这种杠杆仅仅是银行以金融票据为基础发放贷款的一系列结果。这本身并不值得注意:我们在向企业发放贷款时可能也有类似的杠杆机制。值得注意的是(在某种程度上,清算银行偶然允许银行开展这一系列业务),信贷体系翻了一倍。如表3.19所示。

表 3.19 融资翻倍

企业资产负债表	
资产(物质)	负债
资产→ 资产→ 资产→	1. 银行贷款(60%) 2. 债券(20%) 3. 股份(20%)

资本所有者资产负债表	
资产(金融)	负债
2. 债券→ 3. 股份→	2. 银行贷款(翻倍) 3. 银行贷款(翻倍)

回想一下,银行必须为企业提供预先实现融资(见表3.19左侧部分)。这些贷款的担保证券是企业资产("物质性"的生产资料)。最终,银行可能愿意发放占全部有形资产高达60%的贷款(数量无关紧要)。

然而,在资产负债表中的负债端,存在与这些资产(债券和股票)的余值(比如40%)相对应的部分。[1] 融资翻倍不仅发生在企业向银行寻求贷款之际,也发生在企业债券和股票的非银行持有者身上。这确实是基于金融票据的贷款(表3.19右侧部分的条目2和3)。由于以金融资产为基础的贷款(尤其是在保证金购买的情况下),可能会产生一种自我强化的通胀加速,特别是对股票市场来说(假设银行愿意向企业发放高达其资产60%的贷款,愿意向债券和股东发放80%的贷

---

[1] 如果银行是倒闭时的第一个约定债权人,那么银行可能不会太在意这些负债的构成。

款。如此综合下来，银行——或不同的银行——实际上共发放了相当于企业基础物质资产92%的贷款）。

3B-4a　说明　保证金买入的杠杆作用

"保证金购买"是银行向金融票据交易商（个人交易商和资产组合投资机构）提供贷款的典型模式。假设交易商拥有1万欧元的股票，这些股票被提供给银行作为贷款担保。

- 例如，银行以80%的比例贷款： €8 000
- 交易者购买新增的股份，然后以80%的保证金再次借款： €6 400
- 重复： €5 120
- 重复： €4 096
- 等等： ....
- 总计（除了最初的10 000欧元） €40 000

（在70%的比例下，杠杆率是2.3；在90%的比例下，杠杆率是9）。

这以一种自我强化的方式（价格上涨，信贷上涨，价格上涨）促进了股市繁荣。反之亦然：随着价格下跌，当保证金达到上限时，就会被迫抛售（同样的模式也适用于商品和房地产的投资组合交易）。

这种保证金购买也适用于对冲基金。对后者来说，这也是一种对公司施加（临时）力量的工具（对上市股票来说，往往只有一小部分股东出现在股东大会上）。基金可能会出于短期目的将自己的意愿强加给公司，然后再跳到另一家公司。

3B-4b　详述　融资翻倍和非银行融资与储蓄的（非）依赖性

回想一下3§9，宏观投资是独立于储蓄的，因为储蓄不是投资的条件（相反，储蓄抑制了投资，无论是在支出方面还是在银行设定的信贷限额方面）。在3§8中，它假定非银行融资（购买金融票据）不独立于储蓄，在这个意义上，事先储蓄是它的一个条件。我们现在可以看到事先储蓄需要存在的原因。由于融资翻倍，以及基于金融票据的信贷发放，即使这种资金可能只需要"一些"预先储蓄（其程度取决于银行允许的杠杆）。

附录3C 在生产性企业剩余价值中作为或有份额的租金——租赁作为一种特殊的融资方式

本附录介绍租金的概念。关于它的处理，我引入"生产型企业"，即通过生产商品（包括商品化的服务）而产生剩余价值的企业。通常，租金是指在合同规定的一段时间内使用某物的价格（而不是购买某物的价格）。在经济理论史上，特别是古典政治经济学中，地租主要与土地所有权和租赁联系在一起。[1][2] 对很多人来说，土地租金是一个神圣不可侵犯的范畴，我同意土地的私人所有权是核心问题（1§1）。然而，对于生产型企业来说，"土地"仅仅是一种为生产剩余价值服务的资本资产，就像其他任何资本资产一样。我将在本附录中这样对待它。我考虑的是租金的实际支付。[3] 我的结论是，租赁是一种特殊的融资方式，租金不是一种明确的最终收入类别。相反，它被视为企业利润。更具体地说，生产型企业支付的任何净租金都来源于剩余价值。

3C-1 在生产型企业剩余价值中作为或有份额的租金

❶ 迄今为止提出的"纯粹概念"

在第3章的正文中，"企业"和"资本所有者"的概念大多被视为纯粹类别。也就是说，企业（现在称为生产型企业）只从事生产（K是生产资本），资本所有者只

---

[1] 亚当·斯密（1776）写道："合起来说，构成一国全部劳动年产物的一切商品价格，必然由那三个部分构成，而且作为劳动工资，土地地租或资本利润，在国内不同居民间分配。社会上年年由劳动采集或生产的全部物品，或者说，它的全部价格，本来就是照这样分给社会不同成员中某些人的。工资、利润和地租，是一切收入和一切可交换价值的三个根本源泉。一切其他收入归根到底都是来自这三种收入中的一个。"（第一卷，第六章，第十七段，着重部分由作者标明）（中译文引自郭大力、王亚南译本——译者注）。卡尔·马克思指出："可见，由每年新追加的劳动新加进的价值，——从而，年产品中体现这个价值并且能够从总收益中取出和分离出来的部分，——分成三个部分，它们采取三种不同的收入形式，这些形式表明，这个价值的一部分属于或归于劳动力的所有者，另一部分属于或归于资本的所有者，第三部分属于或归于地产的所有者。"（第五十一章，第一段，着重符号由作者标明——接着他阐述了这种分配关系背后的生产关系）（中译文引自《马克思恩格斯全集》第四十六卷，人民出版社，2003年，第993页——译者注）。

[2] 可以参见 Campell(2002b) 对马克思地租理论的论述。

[3] 我无意在未支付租金的情况下估算租金——参见下文关于 SNA 的内容。

拥有金融票据(主要是股票和债券)。"银行"纯粹是作为创造货币的融资者,而"银行实体"可以提供各种各样的服务,后者是生产性企业的组成部分(3§1)。附录3A介绍了"金融企业"。除了经营场所,纯金融企业只拥有金融票据(股票、债券、直接配售)。在本附录中,银行已被归为金融企业。图3.20第1a-1c行总结了这一点。回想一下,到目前为止,内部利润等于支付利息后的剩余价值(3§1,图3.2B)。

❷ 混合型企业和混合资本所有者

到目前为止,我们考虑了商品和金融票据的买卖。本附录介绍了商品租赁以及租赁的种类。与此同时,"混合实体"(生产型企业、资本所有者、金融企业)被引入,它们结合了纯实体的各种活动,以及资产租赁。然而,请注意,所有这些混合都视情况而定。

❸ 作为一种融资方式(使用者)和盈利机会(所有者)的租金概念

我认为租金是租赁生产资料的价格,包括土地和建筑物(这适用于企业),或耐用消费品,包括住房(这适用于家庭,主要是劳工家庭)。对于生产资料或耐用消费品的使用者(承租人)来说,决定租赁而不是购买是一个融资问题(有时是一个投机问题,我将在本附录中忽略)。对于业主(出租人)来说,出租是盈利机会的问题。

例如,低收入劳动者可能无法购买住房所有权,但可以从工资中为其租赁提供资金。一个刚起步的企业可能能够获得运行生产过程的资金,尽管不是为所有的生产资料,因此它租赁后者。一个成熟的企业可能看到新的投资机会,它准备放弃它的部分生产资料所有权——所以租赁它们。

❹ 将租金收入并入企业利润

剩余价值在生产型企业内产生,而且仅在生产型企业内产生。假设,所有生产资料都可以被一组生产型企业(生产剩余价值的企业)从另一组拥有生产资料但不生产的企业租赁。后者获得的租金是剩余价值的一部分(就像利息是剩余价值的一部分)。

实际上,就生产资料而言,生产型企业是否从其他(混合或非生产性)企业租赁生产资料并不重要。如果他们这样做了,使用者(承租人)从他们的剩余价值中支付租金;业主(出租人)收到的租金(扣除维护费后)为他们带来了利润。因此,后者的利润来源于承租人(使用者)企业产生的剩余价值(图3.20第2a-2b行总结了这一点)。

就耐久消费品而言,租赁租金由工资支付(如资本所有者租赁,则从其资本收入支付;在下文中我将忽略这一点)。耐用消费品的所有者(出租人)收到租金,这对他们来说（扣除维护成本后）是他们的利润（见图 3.20，第 2c 行）。

	资产所有权			最终收入来源2	转移支付	最终收入第二来源3	转移支付	最终收入第三来源3	转移支付3	最终收入范畴
	生产资料 (2)	金融证券 (3)	资产出租1 (4)	(5)	(6)	(7)	(8)	(9)	(10)	(11)
1.纯粹范畴：给企业的融资（第三章主要内容）4										
a.纯粹生产性企业	x			剩余价值	利息支付	内部利润	股息支付	源于sv的利润	股息支付	留存利润
b.纯粹金融企业		x			利息接受		股息接受			利息和股息
c.纯粹资本所有者		x					股息接受			利息和股息
1d.宏观经济加总				总和=总sv		总和=0		总和=0		总和=总sv
2.专门从事租赁的企业（3b和3c行）——第三行介绍										
a.生产性企业				剩余价值	利息支付、租金支付(=3a)	内部利润	股息支付	源于sv的利润	股息支付	留存利润
b.企业出租MP			MP		租金接受(=3a)					
c.企业出租DCG（给工人）			DCG	工资				源于工资利润	股息支付	
3.混合范畴5										
a.混合生产企业	自用	x	MP	剩余价值	利息和租金支付		股息接受（内部）	源于sv的利润	利息接受(b行8列)7	留存利润
			DCG	工资	租金接受			源于工资利润		
b.混合金融企业。5混合资本所有者/企业6		x	MP		利息接受		股息接受	源于sv和工资的利润	股息支付（给资本所有者）	留存利润
			DCG	工资	租金接受					
3c.半-宏观经济加总				总和=总sv+工资的租金	总和=总利息=0；总和=租金MP=0	总和=从生产性企业接受的总股息		总和与相谷列相同	总和=总sv+工资的租金（忽略劳动者接受的支付的利息）	

图 3.20 原始及最终租金收入

注：非租金情况（第 1 行）；专业租赁企业出租生产资料（MP）和耐用消费品（DCG）（第 2 行）；混合企业生产资料的出租（第 3 行）（sv 是剩余价值的缩写）。

❺ 混合企业的收入：更详细的说明

图 3.20 的第 3 行给出了处理混合实体租金更详细的概念（在上文第 2 节中提到）。下面我将展开这三个混合类别中的每一个。

A. 混合生产型企业。混合型生产企业拥有供自己使用的生产资料，拥有生产剩余价值的劳动力。然而，这类企业集团也交易金融票据，也出租生产资料给其他企业。在这方面，后者占有在其他地方生产的一部分剩余价值（见图 3.20，第 3 行，前三个子行）。属于这一类别的另一组出租耐用消费品（DCG）给工人（主要）（见图 3.20，第 3 行，底部子行）。

然而，总的来说，所有剩余价值都是在这些混合生产企业内部或之间产生的。

B. 混合金融企业。混合金融企业不仅交易金融票据（像纯金融企业那样），而且还经营生产资料（MP）租赁和 DCG 租赁（见图 3.20，第 3b 行）。

C. 作为企业的混合资本所有者。企业拥有生产资料（1§1）。到目前为止，资本所有者拥有金融票据（股票和债券－3§5），因此在一定程度上为企业的生产资料所有权提供事后融资（3§6）。现在引入"混合资本所有者"。他们也可能拥有生产资料（MP），并将其出租给生产型企业。他们也可以拥有并出租 DCG。一致性要求把这些 MP 所有者视为（非生产型）企业，而且通常这种所有权实际上被转换为公司形式。因此，这些资本所有者可以像"混合金融企业"一样被对待（见图 3.20，第 3b 行）。然而，任何以股息形式分配的收入最终都归资本所有者（第

3b 行,第 10 列)。

结论:企业支付的租金(尤其是混合生产型企业支付的租金)是其剩余价值的一部分(见图 3.20,第 3c 行)。

❻ 资本、投资和耐用消费品-SNA 的处理

资本是财富的一种形式。然而,这并不意味着任何财富都是"资本"。资本是一种与生产相联系的财富形式,其目的是出售产品以获得利润(这使得主流经济学将劳动能力称为"人力资本"是一种意识形态)。投资是增加资本存量($I = \Delta k$)。

因此,一方面,"耐用消费品"(DCG)确实是这个术语所指的;这些是消费品,在这些方面的支出是"消费"。说到这一点,必须注意到,DCG 下的分类是相当随意的。例如,许多家庭使用餐具超过 50 年。然而,刀具和类似的物品在统计中通常不被认为是 DCG。

另一方面,在 SNA(System of National Accounts——国民核算和国民账户统计的正式国际标准——UN 2009)中,购买住房根本不被视为购买 DCG。相反,它被视为一种投资! 为了适应其自身(SNA)对"投资"处理可能存在的不一致,业主自住住房被视为企业的一个虚假分支(大约在 2015 年,根据国家的不同,这种统计诡计把 50%—70%的劳动家庭视为资本所有企业的一部分)。

与这种虚假对待家庭方式相对应的是,SNA 把虚假的租金收入计入这些家庭(他们的论点是,这种处理使宏观收入与谁拥有住房无关。如果计算是可靠的,那么这是对的。然而,这些家庭没有这种收入,就像他们没有从他们的餐具或各种他们可以出租但不出租的 DCG 中获得收入一样。因此,即使是这种虚假的处理方式也是不一致的)。[1][2]

在图 3.20 的概念中,我将重点限制在实际支付的租金上。那么,与之相对应,购买自住住宅将是一种消费行为,即使它的使用会持续多年(像餐具)。

SNA 的处理具有提高实际宏观收入的作用。除此之外,在宏观上,全部企业(非金融和金融)之间的租金支付和收入抵消了。工资劳动者支付给企业的剩余租金,实际上是从工资支出的。

---

[1] 可以肯定的是,许多非正统经济学家一直在抵制,而且确实还在抵制国民账户体系的这种处理方式。
[2] 皮凯蒂指出:"耐用品(不包括在官方财富账户中)一般占国民收入的 30%—50%,而且这一水平似乎相对稳定:在 1970—2010 年以及从 18 世纪到 21 世纪的长期运行中都是如此"(2014[2013],第 179—80 页和技术附录第 30 页)。

第3章图表目录

图 3.1　企业融资体系（第 3 章概览）　103

3§1　企业融资、消极金融资本与投资者的剩余价值分配　104
　图 3.2A　积极资本和被动金融资本的形式　104
　图 3.2B　剩余价值在消极金融资本之间的分配　105
　表 3.3　企业资产负债表　106

3§2　银行预先实现融资（PVF）的货币循环：一个单纯案例　106
　图 3.4　用于支付工资和购买生产资料（MP）的宏观层面银行预先实现融资（PVF），在工资全部支出的情况下被全额收回（不考虑资本所有者）　108
　图 3.5　银行为购买生产资料（MP）进行预先实现融资（PVF），并在工资被全部支出的情况下全额收回；宏观层面两个企业（不考虑资本所有者）　109
　图 3.6　支付工资、生产资料和股息的预先实现融资；劳动和资本所有者没有储蓄　110
　图 3.7　一个简单的两企业-部门模型（货币单位☼）的数值算例　112
　图 3.8　银行提供的工资支付 PVF：全额收回　114

3§3　资本所有者和劳动者的储蓄：三位一体的债务-信用关系　115
　图 3.9　对工资、生产资料和红利的预先实现；劳动力和资本所有者有储蓄　116
　表 3.10A　企业综合资产负债表　117
　表 3.10B　整合的银行资产负债表　118
　表 3.11　银行资产负债表的变化：劳动者储蓄的例子　119

3§4　企业向银行支付利息　119
　图 3.12　作为融资者（"银行"）和雇主（"活跃的分支机构"）的银行实体（这个循环涉及 3§4-a）　121

3§6 用非银行金融资本（RPVF）事后替代银行预先实现融资 123
    图 3.13   资本所有者事后替代"剩余预先融资" 124
    图 3.14   金融资本的形式：与银行 RPVF 相伴随的（非）储蓄和（非）替代 126
    表 3.15   以各种替代形式改变银行资产负债表（储蓄案例） 127

3§7 银行和企业的创立 130
    表 3.16   银行自有资本的扩张：银行资产负债表的变更（Z 银行） 132
    表 3.17   银行资产负债表的基础 132

附录 3B 银行向劳动者和资本所有者提供或有贷款 146
    图 3.18   企业因消费信贷而储蓄的工资 PVF：工资零储蓄的情况 148
    表 3.19   融资翻倍 149

附录 3C 在生产性企业剩余价值中作为或有份额的租金——租赁作为一种特殊的融资方式 151
    图 3.20   原始及最终租金收入 153

第 4 章

市场互动和分层生产

竞争、卡特尔形成和垄断

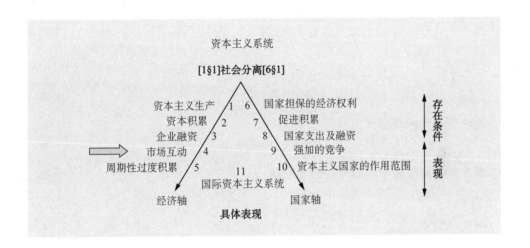

章 目 录

导言	158
第 1 节　市场与分层生产结构——企业的市场互动的形成倾向	160
4§1　市场互动	161
4§2　市场间互动：部门间平均总体利润率平均化的趋势	162
4§3　市场内互动：统一价格的趋势	163
4§4　企业和工厂的分层	164
4§5　市场互动形式的工具性	170

第 2 节	通货紧缩式的价格竞争	170
	4§6 分层价格竞争:通过"单位劳动的货币价值"(m)的下降实现的贬值	171
	4§7 根据资本贬值计算的增殖放缓	175
	4§8 衍生价格下降和衍生资本贬值	175
	4§9 普遍价格竞争与技术变革速度:通缩与停滞倾向	177
第 3 节	通胀型"结构性生产能力过剩竞争"	180
	4§10 生产能力过剩竞争:引言	180
	4§11 通货膨胀格局的货币条件:银行的 PVF 和"单位劳动的货币价值"(m)	181
	4§12 分层结构的生产能力过剩竞争	182
第 4 节	卡特尔形成的倾向	188
	4§13 卡特尔形成的倾向:停滞的创新	188
第 5 节	寡头垄断和垄断的形成倾向	190
	4§14 资本集中的倾向	190
总结与结论		192

导 言

第1—3章介绍了资本主义经济存在的必要条件(尚未引入国家)。第 4 章和第 5 章(第 1 篇的最后两章)并不是给出更多的存在条件,而是给出前面所论述内容的具体表现形式(可见本章开头的金字塔图)。

表现形式有三个主要特点:第一,它们是必要环节的结果,且常具有"趋势性"(tendency)特征;第二,表现形式是建立在基础环节之上的综合论述的顶点;第三,基础环节虽然揭示了资本主义制度再生产的能力,但它们同时相互作用的后果还表在具体的表现形式中,从而不仅揭示了再生产的能力,还揭示了再生产的脆弱性。

第 4 章中我们把企业之间的市场互动引入论述。尽管第 1—3 章的论述内容主要是商品化和为弥合家庭与私人生产单位之间分叉的交易(1D1)，但到目前为止我们几乎都没有提到"市场"这一概念——这是本书的叙述方法所致。这种方法要求首先从把各种现象联合成一个整体（即资本主义体系的整体）的要素中寻找现象之间的联系。到目前为止，我们对资本主义经济的分析就是这样进行的。

截至目前，我们的论述对资本主义经济整体性的处理，是把对宏观经济的重视和"平均意义上的资本主义企业"的行为相结合来实现的。因此，在大体上，我们重点关注的首先是企业与劳动力的相互联系，其次是企业与银行之间的相互联系。据此，本章的论述将集中在企业之间的相互联系。

在本章中，企业之间的市场互动并不是从个别企业的角度来描述的（这正是多数正统经济学分析的起点），而是从一个生产部门（行业）中的企业格局(constellation)的角度来描述。贯穿本章的中心概念是部门中的"企业分层"（将在第 1 节中介绍）。我们将看到，这个概念与企业所采用的生产技术有关。

从分析的角度看，企业之间的市场互动形式可以沿着一个连续体进行划分，该连续体的一端是对抗性竞争，另一端则是卡特尔式的垄断。因此，互动形式处于该连续体上的任一位置似乎是偶然的，且每一个位置都可以进行分析建模（这是正统经济学的主要方法）。

在本章的论述中，市场互动的形式——竞争、卡特尔、寡头垄断和垄断，是以特定部门的分层生产结构为前提的。这种结构又是以技术变革为条件的资本积累为前提而存在的（第 2—5 节）。

与竞争互动类型（第 2—3 节）相比，关于卡特尔的形成、寡头垄断和完全垄断（第 4—5 节）的篇幅相对较少。这并不是因为后者不重要。相反，之所以没给太多篇幅，主要是因为对它们的论述没有对竞争的论述那么复杂——这里已经注意到，后者既不是从均衡的视角，也不是从"完全竞争"的视角提出的。

关于竞争的两节内容与物价通缩（第 4 章第 2 节）和通胀（第 4 章第 3 节）格局有关。在最后一节可以看到，"通胀"或"通缩"并不是纯粹的货币现象。相反，这些现象是由企业间"真实"的互动，加上银行对企业的货币融通(monetary accommodation)所造成的（同样，货币问题并不是一个可以无视的"面纱"，而是至关重要的问题）。

本章首先对"市场互动"进行了一般性的阐述（独立于其特定形式）。在这里，我们将特别看到这种相互作用是如何建立在生产结构（第 1 节）基础上的。

图 4.1 对本章作了系统概述。

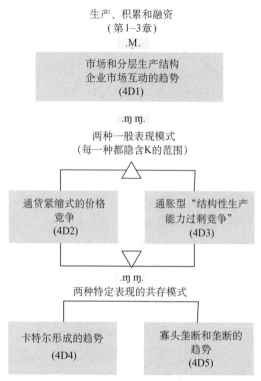

图 4.1　市场互动和生产分层结构：竞争卡特尔的形成、寡头垄断和垄断（第 4 章大纲）

图例：
.M.　具象化的存在方式。
.ɯɯ.　表现方式。

第 1 节

市场与分层生产结构——企业的市场互动的形成倾向

本节回顾了前面论述的（第 1—3 章）企业"市场互动"的一般表现形式——它独立于本章其余部分所述的特定表现方式。正如导言中所指出的那样，该节与下面的几节一样，没有提供前面论述内容的成立条件。

4§1　市场互动

企业首先是作为具有相同目标的单位而相互联系的，即以总体利润率衡量的剩余价值的生产(1§13—1§14)与生产规模的不断扩大(2D1)为目标。这是决定企业相似性的主要因素。但是，只要企业从事类似的实物产品的生产和类似的交易，并通过这些交易成为"市场"的一部分，它们就可能是相似的。

在追求同一目标的过程中，企业原则上可以促成竞争、卡特尔或垄断的状态。这就是我们所说的企业的"市场互动"的三种形式。在第1节中，我将介绍这种市场互动的一般形式——适用于这三种形式的每一种。市场互动(例如竞争、卡特尔或垄断)就是企业的交易过程，通过这种过程，它们直接或间接地把资本主义制度的决定因素强加给他者和自身。[1]

虽然企业的资本必须投资于特定的生产部门，并因此在特定的市场上运作，但它们仍是同一事物——即资本的单位，并且彼此与相互之间都为了同一事物而奋斗：资本积累。在这方面，生产性企业与从事非银行金融、房地产业务或者同时从事这些业务的银行或企业没有区别。[2] 从本章的市场角度来看，这些部门及其企业应被等同视之。[3]

于本章目的，本节对市场互动的阐述将限于三个主要环节：第一，市场间总体利润率(4§2)；第二，市场内价格(4§3)；第三，"分层生产"，这是前两个环节的结果(4§4)。

4§1-a　说明　有效需求和供给

本章介绍了企业的市场互动。3D5中介绍了宏观经济有效需求，更具体地说，是介绍了它对剩余价值实现的影响。不过这种需求如何在具体微观经济生产部门间分配无法从理论上加以确定。我们只能说，企业会通过产品设计和(广义

---

[1] 就我们的叙述而言，这些都是第1—3章中提出的必要决定因素。此处最后一句话转述了马克思在他的《政治经济学批判大纲》(1973a {ms 1857-1858}，第651页)中关于竞争的论述："包含在资本本性里面的东西，只有通过竞争才作为外在的必然性现实地暴露出来，而竞争无非是许多资本把资本的内在规定互相强加给对方并强加给自己。"(转译自《马克思恩格斯全集》(第46卷下)，第160页)。因此，我把马克思所写的"竞争"一般化为"互动"(包含竞争)。

[2] 即使如我们所见(3§1和图3.2B)，"银行作为纯粹的金融机构"是不产生剩余价值的非生产性企业，并且为了其金融资本的增长，它会寄生性地依赖于生产性企业的剩余价值生产。

[3] 就目前而言，"市场"和"部门"这两个词可以互换使用。然而，部门一词通常更适用于生产(如"生产部门")。

的)广告来吸引需求,下文会将这些费用视为生产成本的一部分。基于此,对各部门产品的有效需求被假设是给定的,至少在固定生产资料投资的范围内是如此。

4§1-b　补论　经济学词典和教科书中的"竞争"

尽管这种划分是关于一般意义上的市场互动,但选择现在而不是之后去谈论"竞争"这个词似乎更有用。主流经济学似乎没有为我所说的"市场互动"(或者应该是"市场行为")起一个通用的名字。它倾向于将卡特尔、垄断以及各种形式的合谋视为对"竞争"的"偏离"。不过在我所看到的经济学教科书中,还没有一本能对"竞争"给出简洁的定义。

然而,在一篇专门讨论这一问题的论文中,萨维奥蒂和卡夫(Saviotti and Krafft, 2004, p.2)写道:

"我们今天对竞争下了一个相当一致的定义……竞争被认为是指旨在确保某一公司的决策得以实现,同时限制其竞争对手的行动范围的一系列行动。竞争是企业之间的竞争过程,其形式包括现有市场内的竞争(行业内竞争)和可能进入的新领域中的竞争(行业间竞争)。竞争包括价格方面的竞争,也包括改变或改进生产技术或产品技术方面的竞争……"

4§2　市场间互动:部门间平均总体利润率平均化的趋势

货币增殖对技术劳动过程的支配地位(1D5,1§11)意味着企业对其所生产的具体产品是什么漠不关心。我们已经看到,这种漠不关心表现在对总体利润率 ω 的衡量上(1D5,1§13)。

因为总体利润是企业内化的外部驱动力,所以当一个部门中的资本所有者期望从经营中获得更高的总体利润率时,他在该部门拥有的经过增殖和实现的资本往往会流向另一个部门。这种流动会影响供给。因为在同等条件下,供给的变化会对价格和利润产生反作用——因此,市场间的相互作用形成了部门间(即市场间)总体利润率(TERP)趋同的倾向。(这确实是一种倾向。但在 4D5 中,我们将看到它是如何被寡头垄断和完全垄断的趋势所抵消的)。我们将在 4§4 中看到,为什么部门间"平均"利润率的条件(qualification)是重要的。

4§2-a　说明　趋势状态

目前的划分大多是从趋势的方面做出的。关于趋势状态,见 2§12-a。回顾一下,趋势是一种元素的特定形式,或特定数量表现的形成,并且这种形成是以某些力量或强制力为前提的。在 4§2 中,这个"元素"就是利润率。一种趋势可能被其他趋势或是被其他较低层次的复杂因素所抵消(物理学中的一个标准例子是引力(趋势)定律。因为重力趋势被其他趋势所抵消,因此我们可能会觉得在一幢大楼的 7 楼睡觉或工作相当安全)。关于趋势的更详细描述,请参见总附录 A§14。

4§2-b　详述　通过"资本重组"实现利润率均等

实现部门间平均利润率均等(TERP,4§2)的过程是一个渐进的过程。它具体表现为"资本重组"(ROC),并包括两个主要阶段:第一个阶段是企业现有的工厂或部门的清算——通过出售它们以及/或替换掉折旧的生产资料;第二个阶段是逐步投资于新的生产部门——更有可能的是接管一个新部门中的企业(或其中的一个分支部门),即企业集团并购,然后投资于新的生产部门。[1] 这两个阶段也可以融合在企业集团合并的过程中,以及投资从企业集团的一部分转移到另一部分的过程中。这种类型的资本重组,即部门间的"TERP 相关的 ROC",是一种即便不渐进也是持续发生的重组。

这种"资本重组"是 ROC 的两种模式之一。第 5 章(5§8—5§9)将介绍第二种模式,它与经济周期有关。

4§3　市场内互动:统一价格的趋势

为了使市场的概念有意义,我们必须从交易的商品之间较大程度的相似性开始分析,从而构成一个市场(见 4§3-a)。给定一组企业的实际产出(包括服务)的相似性(4§1),市场内互动通常被围绕该互动所展开的定价过程所塑造。从市场上任何一个现行标准价格(modal price)出发,市场互动无论在分析上还是实践上都有两种情形。

第一种情形是高于标准出售产品。然而,企业必须不断地(而不是偶然地)实现其所生产的价值。因此,即使在某一时期内某个企业偶然地以高于市场价格的价格出售产品,它的销售量也会下降——因为这会在随后的一段时间赶走自己的消费者。

第二种情形是低于或以(当前)标准价格出售。因为低于标准价格的销售会对利润产生负面影响,所以个别企业没有意愿这样做,除非目前存在生产能力过

---

[1]　"企业集团"一词是指在两个及更多部门中拥有既得利益的企业。

剩。在生产能力没有过剩的情况下,价格将趋于稳定在现有水平。在有生产能力过剩的情况下,若有效需求给定不变,那么降低价格对企业是有意义的。[1]但这意味着其他企业也将承受生产能力过剩的负担。然后,价格就会趋于建立在生产能力过剩基础上(按企业产能比例)的统一水平。

因此,市场互动确立了市场统一价格的倾向(TUP)(另见关于产品差异化的最后一个脚注)。

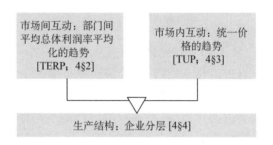

4§3-a 说明 市场内互动与产品差异化

正文指出,要使市场的概念有意义,我们必须从商品之间较大程度的相似性开始分析——从而构建出市场。对于市场的参与者和研究市场的经济学家来说,"市场"最终是一个相对的状态——取决于具体的行动方案(courses of action)或所面临的问题。某些产品差异化通常是市场内互动的一个要素。在差异化达到某种程度时,将一个市场视为被分割或分离的市场(相反的情况是两个市场被整合为统一市场)是有用的。如果沿此方向继续分析,我们将在理论和实践上得到 TERP 的市场间决定因素(4§2)。然而,当产品差异化逐渐成为主要关注点时,我们要么会失去市场的概念,要么就必须把每个企业都视为垄断者。我认为,无论从分析的角度还是从实践的角度来看,后一种研究方法都不是一种富有成效的做法。

4§4 企业和工厂的分层

❶ 作为推进技术变革的互动

市场互动的两个主要趋势(TERP 和 TUP,4§2—4§3)的联系意味着任何企

---

[1] 当企业在生产能力过剩的情况下进行生产时,降价决策带来的新增收益大小将取决于其对需求的影响(价格"弹性")。

业的总体利润率都取决于其所有产出的生产过程：生产成本的降低（给定投入价格）和劳动的价值生产力（value-productivity of labour）的提高。而上述变量的增减又由企业所采用的生产增殖技术和对劳动力的管理决定，后者能成为决定因素之一是因为它能提高劳动生产力（2§3）（在强调了技术的双重特性之后，从现在起我将简单地使用"技术"取代"增殖技术"）。因此，企业之间的互动更具体地施加和再生产出了一种推动力（compulsion），推动着新生产技术中的资本积累（2§3—2§4）。

在本目余下的部分以及本章的大部分内容中，我都会以市场上销售的产品的相似性为论述基础（4§3；4§3-a）。因此，技术的重点是在工艺上（如"技术竞争"），而不是在产品上（如"产品竞争"）。这是生产和市场相互联系的最清晰可见的情况；而产品创新只是一个包括市场战略考虑的更复杂的情况，在原则上可以纳入下面的框架。

❷ 工厂分层

企业分层是指生产部门并非由技术统一，而是由如下所述的技术上存在异质性的企业组成。具体地说，因为这种技术对应的承载者是具体的"工厂"，而且大企业往往由若干个职能部门和"工厂"组成，每个职能部门和"工厂"——至少在内部——都有自己的独立账户，所以我指的是企业的工厂这一级。[1]

资本对采用新生产技术的新工厂的投资往往是一个不连续的"起伏"过程。[2] 在任何情况下，成功引进新生产技术的企业都能获得高于该部门现有企业（工厂）的利润率。随之而来的首先成功采用新技术的企业的价格竞争威胁，加上保持增殖的必要性，似乎会迫使其他企业对那个创新企业进行模仿。[3] 然而，由于每个企业都负担着固定成本（即为已成功积累形成的资本），所以只有当一项新技术的净利润（"净"指考虑到废弃旧工厂的成本）大于现有工厂的利润时，它才会废弃旧工厂。

换言之，保存已经积累形成的资本的意愿可能会阻止企业立即转向投资于新

---

[1] 我会限制自己只用"工厂"这一个词。对于金融或商业企业来说，"工厂"指的是，那些至少有内部独立账户的企业机构或子公司。

[2] 除了这些块状的投资之外，可能还有更多的持续投资。请注意，在小企业部门和部分服务业部门，（起伏）的"工厂"投资方面只占中等比重，有时甚至可以忽略不计（在某种程度上，这是生产部门固有的，这适用于4D4中说明的配置）。

[3] 这是主流的新古典均衡思想。

技术和利润率最高的工厂。[1] 只有当产品价格不能覆盖主要生产成本时,工厂才会被废弃。[2] 在此之前,是否抛弃旧厂而投资于新厂,首先取决于投资于现有工厂和投资于新工厂的利润率的差异(包括因遗弃工厂而损失的资本);其次取决于是否有可用资金。[3]

因此,由于承载新技术的工厂一般不会立即被所有的企业所采用,所以每个生产部门内往往存在按技术、生产成本、劳动的价值生产力和由此产生的总体利润率的分层所造成的工厂分层(见图 4.2)。[4] 各分层的顶层和底层在这些方面的差距被称为分层的范围。以后我们将看到,这个范围的大小取决于技术变革的速度(4§13)。

回想一下我在本小节第一句话中的主张。我并不是说,只有当市场中的企业都具备这种技术异质性时分层的概念才有意义。不过,我确实认为它适用于平均意义上的经济体。在本章余下的部分中,我只关注存在显著分层的部门。

4§4-a　说明　工厂的分层和弃用

分层的概念意味着在每一个时间点,同一部门内的企业在实物上是不同的(对于非经济学家来说,这一点毋庸置疑;然而,接受新古典经济学的标准模型教育的经济学家会把实物同质性作为分析起点)。异质性视角的关注点在于第 4 目结尾处所示的特征:技术、成本、劳动的价值生产力、总体利润率。产生异质性的原因是,企业只有在预期新的生产技术能够产生的利润率高于现有工厂中已积累资本的利润率时,才会引进新的生产技术。并且,保留已经积累的资本可能会阻止企业迅速投资于承载新技术和最大化利润率的工厂。因此,资本倾向于根据技术、生产成本、劳动的价值生产力和由此产生的利润率(4§4)进行分层,如图 4.2 所示。一个部门中最老的工厂用数字 1 表示,而最近投资的工厂用数字 n 表示。

---

[1] 我是被传统的新古典静态平衡分析所吸引,故而采用这种表述方式。在这种分析中,利润率被确定为"物质的"工厂利润率。还请注意,在本章中不应该把互动以及之后的竞争设想为新古典的"完美"状态。索尔特(Salter, 1960)已经表明,在新古典完全竞争的情况下,资本总是会立即转移到采用新技术的工厂中。

[2] "主要成本"是指不包括固定生产资料的成本。

[3] 这意味着只有完全摊销的工厂才能获得最大利润率。这里和本节其余部分的概念与新古典主义的复古模型不同(在 4§4-b 中讨论)。

[4] 如果利润率是在资产的整个生命周期内计算的,且如果利润能够被完美地预见到,那么计算出的利润率可能是相等的。然而,这并不影响论据(另见 4§6 的增殖放缓)。本章的论述强调了概念化的经济状态通常不是均衡状态,也不是"完全竞争"状态。

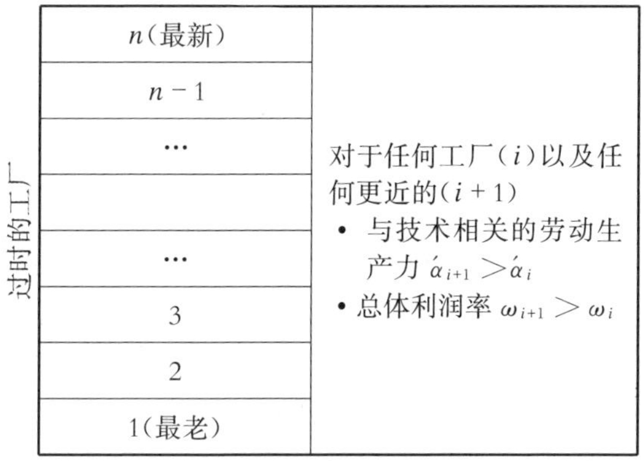
n(最新)
n − 1
…
…
3
2
1(最老)
过时的工厂
对于任何工厂(i)以及任何更近的(i + 1)
• 与技术相关的劳动生产力 άᵢ₊₁ > άᵢ
• 总体利润率 ωᵢ₊₁ > ωᵢ

图 4.2　工厂分层

回想一下 1§14 中关于总体利润率(ω)和产量(X)的等式,它们现在适用于微观经济的工厂层面(后缀 i)。下面四个等式中的所有变量都和时间(t)有关——省略时间下标是为了省去烦琐的符号。

$$\omega_i = \frac{\Pi_i}{K_i} = \frac{[m_i L_i^{\acute{\alpha}\ddot{i}} - (wL)_i]}{K_i}\ddot{i}$$

(4.1)参见式(1.3)和式(1.6)

同样回顾一下,$\acute{\alpha}$ 表示与技术相关的劳动生产力,$\ddot{i}$ 表示劳动强度。在第 2 章中,我们主要关注的是后者,而本章的主要关注点将是 $\acute{\alpha}$。虽然本章内容不排除强度会发生变化,但在本章中假设 $\ddot{i}$ 为常数可能会对读者的理解有所帮助。

对于每个工厂而言,存在运营的物料成本(μK_i)和固定生产资料折旧(δK_i)。因此,我们对工厂的产出(X_i)有:

$$X_i = \delta K_i + \mu K_i + wL_i + \Pi_i \qquad \text{(4.2)参见式(1.2)}$$

因此,只有当收益(pq_i)超过其“主要成本”($\mu K_i + wL_i$),工厂才会被遗弃,即:

$$pq_i \leqslant \mu K_i + wL_i(\text{收益} \leqslant \text{“主要成本”}) \qquad (4.3)$$

因此,将固定生产资料的成本视为已经发生的损失,那么处于分层底部的工厂(们)最终可能会继续生产,直到这一“停业止损”点的到来。

然而,我们可以假设工厂弃用后仍存在残余价值或者说清算价值 LV_i,而非完全损失(complete loss)。假设不存在资金、技术等方面的障碍,原则上可以将任何一个位于底部的工厂提升到顶部（"n"，因此为 K_n），那么简单的决策标准为：

$$\frac{\Pi_n}{(K_n - LV_i)} > [pq_i - (\mu K_i + wL_i)]/LV_i \tag{4.4}$$

如果 LV_i 足够"小"，那么——即使 4.4 中 LHS＞RHS[1]——一个企业在保持底部工厂运行的同时对顶部进行投资也可能是有利可图的。式(4.4)只给出了一个简单的判断标准。一个更复杂的比较将考虑每个备选方案的利润流贴现值。

（在大多数市场中，产品都存在着一定程度的差异。我们可以将这一部分作为分层概念的一部分，因此不同的产品可能会出现价格差异并且对应不同的利润率。但是，为了简化起见，这里忽略了这一点。）

图 4.2 是本章全部内容的总依据。以下各节说明了其特征（specifications）。

4§4-b　补论　分层和特定时期典型模型

传统的新古典一般均衡理论假设"小型"的同质工厂或企业进行原子化竞争。这让人很难理解是什么让竞争持续下去。事实上，这种竞争的概念是非常模糊的。由于每个单位都是其他单位的完美复制品，因此只能描述模型的比较静态的状态（彼此之间的差异仅体现在外生变量层面上）（见布劳格，2001）。这种观念归根结底是作为价值的同质资本与技术上的异质资本化身被混为一谈的产物（用我们的术语来说，也就是资本主义生产的内部分叉形式）。

然而，新古典的"特定时期典型模型"就没有那么简化了（见 Solow, 1970, ch. 3）；开创性的参考文献有：约翰森（Johansen, 1959）；索尔特（Salter, 1960）；卡尔多和米尔利斯（Kaldor and Mirrlees, 1962）；索洛、托宾、冯·魏茨克（Solow, Tobin, von Weizäcker and Yeari, 1966）；卡斯和斯蒂格利茨（Cass and Stiglitz, 1969）。新古典概念与 4§4 中所提出的分层概念的主要区别在于，在前者的概念中工厂的弃用是由实际工资（工资成本超过工厂的平均劳动生产率）决定的，而不是由在分层中增加工厂、引进新的降低成本的生产技术以及由此产生的价格下降和/或生产能力过剩决定的（见 4§6）。

位于分层顶部企业（工厂）获得的超额利润的概念与熊彼特的概念密切相关。熊彼特认为第一个创新的企业将获得垄断利润，但随着创新在整个行业甚至经济体中的扩散，这种利润逐渐减少（见熊彼特，2003[1943]）。

---

[1] LHS：左侧；RHS：右侧。

4§4-c 补论 早期的分层研究

我首先在罗藤和威廉姆斯(Reuten and Williams,1989,第 4—5 章)和罗藤(Reuten,1991)中提出了分层的概念和一个相当简单的模型。当时,我是特别地在商业周期理论和一种特定类型的技术进步(以资本-劳动比率提高为特征的类型)的背景下使用了这个概念和模型,即使我当时已经指出该模型的范围超出了其所基于的背景。布伦纳也采用了类似的概念(布伦纳,1998,第 24 页及之后)。我现在已经明确地概括了这个模型,以描述一般性质的市场互动(44),以及特定类型的市场互动:竞争(4D2 和 4D3)、卡特尔(4D4)以及寡头垄断和完全垄断互动(4D5)。

4§4-d 补论 分层、资本-劳动比与部门间平均总体利润率的均等化趋势——一个马克思主义政治经济学的说明

部门内生产分层结构的概念隐含在马克思有关技术的"劳动生产力"发展的概念中,因为这种发展会引起部门内的"劳动潜力"(指我所使用的 L_i^i)的差异。[1] 特别是在新技术会引起资本劳动比(K/L)增加的情况下,与之伴随而来的 L_i^a 的提高是引进这种技术的先决条件。部门间的资本劳动比通常是不同的,这主要与部门间有限的技术扩散有关。这同时意味着,部门间的平均劳动生产力(L^a)也会出现分歧。所有这些都意味着,在给定某种平均劳动强度(L^i)情况下,我们可以得到表 4.3 中所列的变量。

表 4.3 与分层有关的部门内和部门间变量

	部门内	部门间
技术和工艺	扩散	有限扩散
K/L 比例	分化*	分化
劳动生产力(L^a)	分化*	分化
剥削率($e = \Pi/wL$)	分化*	分化
总体利润率($\omega_t = \Pi_t/K_t$)	分化*	有同一倾向
*有待扩散		

---

[1]《资本论》第 1 卷,德文版第 10—12 章。

尤其是各部门之间的剥削率差异一直是马克思主义政治经济学中一个极富争议的问题。[1] 在罗藤（2017）中对这些问题进行了阐明。

4§5　市场互动形式的工具性

对企业来说，市场互动的形式（竞争、卡特尔、垄断）仅仅是企业实现生产活动和资本积累的工具。但这并不意味着任何一个企业都可以选择任意的市场互动形式，如竞争或卡特尔的形式。如前所述（4§1），企业在市场互动中把资本主义制度的决定因素强加给彼此。虽然任何企业都是这项强制执行的组成部分，但仍可以对企业施加某种市场互动形式。在内化或遵守这种形式时，它们把这种特定的互动强加给了自己和其他企业。[2] 这意味着，在不同的市场体系中，有一种特定的形式（竞争、卡特尔、垄断）占主导地位。

即便如此，这并不意味着可能产生另一种形式的动力完全消失。相反，在每种形式各自的生成力量的相互抵消中，一种力量会在一个特定的体系中明显地占据主导地位，而其他的力量则成为从属或潜在的力量。我们稍后将看到，技术创新（技术变革）或产品创新的速度是决定这些体系的主要力量之一。

第2、3节讲竞争格局，第4节讲卡特尔，而第5节的内容则是寡头垄断和垄断。

第 2 节

通货紧缩式的价格竞争

本节提出了企业市场互动的第一种一般表现模式。企业间的竞争互动主要有两种模式或形式（即竞争形式），每种模式都是基于部门内企业对轮番出现的价格领袖的服从。第一种一般模式"通货紧缩式的价格竞争"将在本节介绍。第二

---

[1] 这是与所谓"转形问题"相关的主要问题。
[2] 在这种情况下，这种相互作用的形式构成了一种与先前发展的"资本主义制度的决定因素"有关的结构（第1—3章）。遵从和内化之间的区别在2§7-b中作了阐述。

种一般模式将在下一节介绍。

4§6　分层价格竞争：通过"单位劳动的货币价值"(m)的下降实现的贬值

❶ 前言

我们已经看到，生产部门往往是由工厂的分层组成的（4§4）。这是一般市场互动的基础。我以"分层价格竞争"作为论述起点（不过请注意，我并不假定新古典均衡或以同质小规模企业为典型的所谓"完美"竞争的存在）。我们还看到，在没有生产能力过剩的情况下，市场价格将趋于稳定在现有水平；而在生产能力过剩的情况下，降价确实是有意义的（4§3）。当产能利用率接近饱和时，价格竞争将不复存在。[1] 因此，有效的价格竞争是以生产能力过剩为前提的。[2]

如果读者简要回顾 1§14 中的术语（尤其是式 1.3—式 1.8 的术语），那么阅读下面的内容可能会更顺畅。或者请参阅本书末尾的公式列表。

❷ 分层价格竞争

在竞争中，企业会试图淘汰竞争对手——至少让他们落后。在一般价格竞争的格局中，竞争行为的发起者通常会采用组合使用策略：

- 技术进步（可能降低价格）。
- 通过投资新工厂，在市场上造成潜在的生产能力过剩。
- 实际价格下降（以便有效地淘汰竞争对手或使对手落后）。

因此，这一发起者充当了价格领袖的角色——这一职能可能在企业之间轮流行使，即将价格定在一个能使其利润最大化的水平上。考虑到价格领袖的技术优势和生产能力，其他企业将倾向于服从价格领袖。4§6 说明参照 4§4 提出的分层框架详细阐明了这一点。此处我将介绍其中的主线。

于是，竞争发起者（即创新企业）会引入一种新技术。对其竞争对手来说，他们的技术和相关的劳动力生产力（a，更准确地说是 $\hat{a}$）没有任何变化。然而，由于市场价格的下降，后者实际上面临增殖放缓（增殖放缓的状态——关于增殖见

---

[1] 可能会有人认为，来自利润率相对较低部门（4§2）的企业的进入威胁可能会导致价格下降。然而，在没有任何形式的卡特尔（4D4）存在的情况下，不会有企业有兴趣实施增产降价策略以吓退进入者。

[2] 参见克拉克（Clarke, 1994, p. 281-283）。

1§10)。[1] 所谓增殖放缓的判断其实是基于前期相同资本（企业、工厂）的增殖情况。这种增殖放缓是由任意单位资本所含劳动的实际货币价值（mL^a）低于上一时期造成的。这一现象与并未发生改变的 L^a 无关，而与"m"（单位劳动的货币价值——1§14，标题 6）的下降有关。对于创新企业来说，剩余价值率较之过往增加了，因为工厂所雇用的劳动力的价值生产力在分层中相对较高（其 α 值高于竞争对手）。因此，用 $(n+1)$ 表示创新型企业，用 (n) 表示之前的价格领袖，对于任意"m"，都有 $mL^a_{(n+1)} > mL^a_{(n)}$。事实上，$(n+1)$ 的价格下降意味着整个行业"m"的下降，但创新型企业可以通过其更高的 α 使自身经营状况变得更好，从而使其总体利润率（ω）高于 (n) 和其他所有竞争对手。创新企业的战略考虑是，只有在其实行降价策略后仍能获得较之目前更高的利润率时，它才会引入这一新技术。其结果是，所有竞争对手的总体利润率与前一时期相比有所下降（详见 4§6-a）。

经历这一增殖放缓过程之后，在一定程度上处于分层最底部的工厂在完全摊销之前就被淘汰了，而此前积累在这些工厂中的资本也被一并消灭了。

我把这种生产和竞争在时间上的联结称为"分层价格竞争"。[2]

❸ 总结

到目前为止，总的来说，我们得到了一种部门间利润率平均化的倾向（4§2），再加上市场中价格同一化的倾向（4§3），就引起了部门内工厂的分层，并形成了相应的分层的总体利润率（4§4）。分层价格竞争加上承载新技术的工厂的分层一同引发了价格的下跌，并且使得先前的分层体系发生增殖放缓，进而造成了较之先前分层的利润率下降。[3]

4§6-a 说明 分层价格竞争

本部分会阐述 4§6 所依据的一些分析细节。它建立在 4§4-a 中介绍的框架基础之上。4§6 后半部分的大部分公式已经被整合在本部分中。

投资于新工厂 $(n+1)$ 并加入分层中的资本，会使用最新的生产技术进行运作。这类技术会带来最小的单位生产成本和最大的劳动价值生产力（第 4 章第

---

[1] 增殖放缓对应的概念是增加值，应与折旧——生产资料磨损（累计）的正常补偿（δK）区别开来。

[2] 它也可以被称为"分层动态价格竞争"（参见熊彼特 2003[1943]，第 103—104 页），他在考虑生产周期序列的情况下，创造了"动态竞争"一词。

[3] 请注意，严格意义上的产品创新可能导致同样的结果："底层"工厂的废弃和增殖放缓。

4 目)。如果($n+1$)不采取进一步行动(假定如此),那么这笔投资将提高该部门的总生产能力。新的投资被认为是一种可能导致分层体系生产能力过剩的投资:这是一种最简单的情形如图 4.4 所示(在一个更复杂的情况下,我们可以讨论过剩产能与经济增长和有效需求之间的关系。第五章将介绍投资和废弃工厂对宏观经济需求的影响。此处另一个简化是,假设 $n+1$ 造成的生产能力过剩是按比例分布在所有工厂的)。

在目前提出的(4D2)企业竞争互动形式下,($n+1$)通过降价来实现潜在的生产能力过剩(见图 4.4)。因此,如果处于分层底部的工厂的营收不能再覆盖其主要成本,那么将会被废弃(参见 4§4 和 4§4-a)。我们可以假设,增设新工厂的企业是发起价格竞争——即有效的价格下跌的企业。因此,这个企业充当了价格领袖——这个领袖可能是"轮流坐庄"的。因此,当工厂($n+1$)进入分层$(1, \cdots, n)$中后,并出现 h 家工厂被废弃时,之前的分层$(1, \cdots, n)$就变成了$(1+h, \cdots, n, n+1)$(见图 4.5)。

(注意,该互动造成的一般就业效应取决于:

(1) $n+1$ 规模与被废弃工厂的总规模 h 的大小。

(2) $n+1$ 与 h 相比的资本劳动比(K/L)。第五章将介绍其宏观经济效应。)

由于价格的下降,前一期分层里在竞争中存活下来的企业$(1+h, \cdots, n)$的收入会减少,而新分层$(1+h, \cdots, n, n+1)$的收入通常会按平均增长率提高(为使分析简洁,假定该部门在经济总量中的比重保持不变)。[1] 我把前一个分层中资本收入的减少称为增殖放缓(decreased valorisation)。它的基准是上一时期相同资本的增殖情况。增殖放缓是由于任一单位资本(企业、工厂)的劳动实际货币价值(mL^a)小于上一期的劳动货币价值,[2] 因此,由于它们的投资、成本和生产过程不受影响,但收入减少(它们需要让渡一部分给 $n+1$),上一期分层中存活的企业$(1+h, \cdots, n)$所积累资本的总体利润率就会下降。[3]

---

[1] 在(宏观经济或部门)萧条的情况下,收入可能保持不变或减少(见第 5 章)。一般来说,一个部门显然会高于平均水平增长。

[2] 也许有人会说,只要在投资时预见到增殖放缓,那么在计算"资本的边际效率"时就会将其纳入其中。但即使投资者在这一点上有完美的预见,该论点也不会受到影响,它不能阻止增殖放缓。即使增殖放缓,资产在整个寿命周期内的净利润仍然可能是正的和"最优的"。

[3] 在新的价格下,投入新工厂($n+1$)的资本的利润率将趋向于高于构成前一个分层$(1, \cdots, n)$的资本在前一个价格下的平均利润率;或者也高于以前处于分层顶端的工厂(n)的利润率。在任何情况下,由于新工厂($n+1$)比前一工厂(n)以更低的成本和更高的生产率开展生产活动,所以新工厂中的资本在新价格下的利润率既高于第 n 个工厂的利润率,也高于平均利润率。

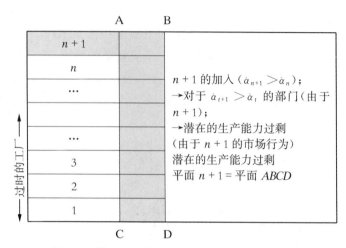

图 4.4 增加工厂后的工厂分层：市场互动前的假想格局

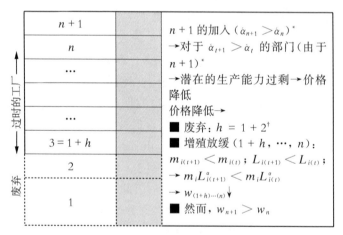

图 4.5 增加工厂后的工厂分层：降价、增殖放缓和废弃后实际分布格局

注：* 与图 4.4 相同。
† 废弃 2 个工厂而不是 1 个，是假定工厂的大小在增长（如果工厂(1) - (n + 1) 大小相等，则只有工厂(1) 会废弃。

换言之，由于加入分层体系的工厂 $(n+1)$ 在生产中投入的劳动的实际货币价值生产率相对较高，所以其剩余价值率会相对其他工厂增加，但 $(1+h, \cdots, n)$ 工厂中劳动时间的实际货币价值下降（通常是由于产出价格的下降）。因此，不仅"单位劳动的货币价值"（1§14，标题 6）m_i 在 $(1, \cdots, i, \cdots, n)$ 中逐渐分层，而且当分层规模扩大时,所有工厂的 m 也趋向于降低(增殖放缓)。[1]

总的来说,分层价格竞争是资本积累的一种形式,伴随着分层体系的底部的工厂被赶出体系。如果这些工厂在成本完全摊销前就被赶走,那么先前积累的资本会被消灭。

除了这里引入的分层概念,这种互动形式也与熊彼特的"创造性破坏"(2003[1943],第 7 章)类似。顺便说一下,马克思(1981 年[1894 年],第 265 页)用他那著名的"新组合"(neue Kombinationen)的说法表达了这一现象,并启发了熊彼特(Schumpeter,1934[1911])。

4§7 根据资本贬值计算的增殖放缓

(现在来看本目似乎在讲细节问题。但它与本章主题的相关性将在下一目中变得清晰)。上一目(第 4 章第 6 目)提出前一个分层($h,\cdots,n$)的总体利润率(ω)会下降,而这一推算是基于工厂在会计上的历史成本。另外,企业(当它们通过竞争意识到分层的变化时)可以立即采用另一种会计计算方式——即以现行的会计成本(现值或是重置价值)确认成本,[2]然后根据其资产的历史价值与承载创新者技术的资产的购买价格之差进行资本贬值。因此,通过这种纯粹的资产负债表操作,因增殖放缓而减少的利润将被计入资本贬值之中。这一做法在当今最常见。其"优势"地方在于,隐含的损失并不表现为利润率的永久性下降,而是表现为直接的资本损失。[3]

因此,根据会计实践,贬值可以直接表现为利润率下降或是所积累的资本的湮灭。两种方法的净效应(现金流效应,即折旧基金和利润之和)是相同的。

4§8 衍生价格下降和衍生资本贬值

普遍的价格竞争引起普遍的价格下降。这意味着即使在某些部门中没有出

---

[1] 如果企业之间存在合作,那么我们可能会有降价-废弃-涨价的现象重复产生。但是,在一个纯粹的竞争体系中,没有任何机制可以实现这一点。此外,价格上涨是以确定有工厂报废为前提的。尤其是经营多家工厂的企业,可能至少有一段时间内会将停业的工厂保留。

[2] 正如波拉克(Polak,1940,第 15—16 页)所指出的一样,这种会计方法最初是由科维罗(Kovero,1912)和施密特(Schmidt,1921)提出的。

[3] 对于任何一家工厂 i 的总体利润率,我们有:$\omega_t = \dfrac{\Pi_t}{K'_t} = \dfrac{[(mL^a)_t - (mL)_t]}{K'_t}$ (6)工厂版本当由于"m"的减少造成增殖放缓发生时,利润率下降。上述资产负债表操作导致 K 贬值,从而使 ω 保持不变。

现新的增加利润的技术,部门内的价格也会受到其他部门的技术变革和价格竞争的影响。

之所以如此,原因如下。考虑一个目前在某部门 A 的分层底部生产的企业,它完全通过重复顶层工厂(n)的技术向分层顶部(n')靠拢。它从一个存在技术变革和价格下降的(混合)部门 B 购买新的工厂和设备投入。因此,它从 B 部门购买的 A 部门新工厂(n')的固定资本支出还是低于 A 部门中工厂(n)的固定资本支出——因为 B 部门中的技术进步使(n')可以用比(n)更低的价格购买同样的工厂,这时(n')的出现就会降低 A 部门的产品价格。因此,A 部门的竞争过程和价格下降是以其他地方(B)的技术变革和竞争为前提的。

同样,(A)中前一个分层存在增殖放缓,在这种情况下我将其称之为衍生增殖放缓。同样,根据会计惯例,隐含的利润率下降也可以被处理为资本的衍生贬值。

总而言之,(原发)增殖放缓/贬值源自本部门内劳动过程的变化,由本部门内的技术变革引起的。衍生增殖放缓/贬值则是由其他部门的劳动过程变化和价格下降引起的本部门资本品价格下降。然而,这种衍生价格下降同样会在经济中产生乘数效应,从而发展成经济体中更普遍的价格下跌。

4§8-a　说明　物质再生产与资本再生产

从片面的物质(使用价值)角度来看,资本的衍生贬值似乎不会影响再生产。的确,物质再生产(即工厂的产出单位数)不必然受到投入价格下降的影响,因为可以用较低的价格购买新的生产资料。但这并不能抹杀资本积累(或增殖潜力)被削弱的事实。当一个工厂完全依靠贷款融资时,这一点就变得很明显了:这时,折旧基金可能足以购买一个新的工厂了,但却不够还贷款。

4§8-b　说明　质量(或产品)竞争

到目前为止,我们主要是用价格竞争来代表竞争。但除了价格竞争,我们还有产品(或质量)竞争——通过产品创新进行竞争。但对于(原发)增殖放缓(以及资本贬值),这种竞争区分并不重要,因为两种竞争的后果是一样的。这也适用于与生产资料有关的衍生增殖放缓(或贬值),因为其质量提高会带来生产成本的下降。

4§8-c　说明　小型企业部门和服务部门

即使在由小企业提供产品的部门和大多数服务部门中,分层竞争的形式总体而言不那么突出,但这些部门仍然受到普遍的通货紧缩的影响,特别是资本的衍生增殖放缓/贬值的影响。

4§9　普遍价格竞争与技术变革速度：通缩与停滞倾向

第 2 章指出,利润增长受到劳动强度上限提高速度的限制,而资本对技术和技术变革应用的投资摆脱了这种限制(2§2)。即使这些投资是资本主义制度的一个高级别决定因素,它也不能完全决定技术变革的速度。不过,一旦这种变革被触发,它与价格竞争的结合一般来说就会阻止(modal)资本投资的充分摊销——正如资本的不断贬值所表现的那样。除此之外,当这种变革以通货紧缩的形式在经济体中扩散时,它就会发展成为一种摧毁系统(至少会使系统瘫痪)的力量。

无法充分摊销意味着资本的总体积累在一定程度上被毁灭了,且这种毁灭(或毁灭的预期)的不确定性往往会抑制投资。这首先表现在对企业需要的、由银行提供的预实现信贷(PVF)规模的压缩上(3§2)。因此,剩余价值的生产会受到抑制,以利息形式计入银行账目的那部分剩余价值会减少。

更具体地说,普遍的通缩意味着对已经提供的 PVF 的偿还变得更加困难。[1] 请注意,在这种情况下,实际无法偿还的贷款数额我们可以称之为"通货紧缩的 PVF 缺口"——这与由储蓄而导致的 PVF 无法偿还(在 3§6 中被命名为 RPVF)是完全不同的。在后一种情况下,新增储蓄可以填补未偿还的贷款额。但在通货紧缩的 PVF 缺口的情况下则没有潜在的新增储蓄,即没有潜在的银行之外的资金提供者(对于这个缺口而言)。因为缺口的持续存在,从银行的借款将会永续增加。最终,这可能会超过企业可以向银行提供的抵押品价值。

因此,其结果不仅是银行信贷数量(PVF)会减少,而且增加了其风险和不确定性。银行对现行利率附加的任何可能的风险溢价都将进一步抑制投资。

至于 PVF 的(另一个)剩余部分(即除缺口之外的 RPVF),即对于由潜在金融投资者以债券形式提供融资的部分来说,普遍的通缩使这些投资者处在了相对强势地位。但关键在于,他们可以等着替代银行提供的 RPVF,以改善他们的议价地位——因为随着普遍通缩的出现,他们相比银行所持有的贷款的购买力无论如何都会增加。换句话说,普遍通缩使潜在的事后融资者有了"出手"的手段。这倾向于(在其他条件不变的情况下)对"实际"利率造成上行压力(实际的抛售(actual

---

[1] 虽然一般情况下是这样,但在 PVF 用于购买固定生产资料的情况下,这种情况最为明显。折旧(δK)分多期收回,但由于资本贬值,每期的折旧额都比前一期小。

strike)会增加银行的风险,从而使银行提高利率)。[1]

普遍通缩给企业带来了两个附加问题:其一,在通常情况下工资下降往往具有黏性(这在危机和衰退中可能有所不同;但我们考虑的是整个结构体系);其二,价格下降虽然是暂时性的,但它形成的预期可能会造成延期购买耐用消费品,以及使得技术变化速度相对较慢的部门(如服务业)推迟购买生产资料。

总而言之,普遍的快速技术变革(或快速增加的技术变革速度)和普遍的通货紧缩的组合往往会造成停滞。然而,除了本目中呈现的通缩格局之外,通胀格局(4D3)也是一种隐含的系统可能性。然而并没有内在的经济力量将通货紧缩格局转变为通货膨胀格局——回顾第1篇对国家及其经济政策的抽象处理。此外,也没有内在的经济力量来摆脱停滞。[2]

4§9-a 详述 "有益的技术变革"与"利益竞争"相结合的悖论

技术变革和竞争往往被认为是资本主义制度的有益特征(尤其是在带意识形态的话语中;此外,在这些话语中,技术变革被不加区分地统称为"技术进步")。然而,长期的快速技术变革结合价格竞争似乎并不适合这个制度。

4§9-b 补论 马克思主义政治经济学中利润率下降的倾向

在马克思政治经济学的一个主要分支中,有一个重要的定理是关于"利润率下降的倾向"。[3][4] 由于论述中仍未纳入国家,所以根据第2节正文的推论可以明白,对利润率下降倾向的假定对于存在普遍的快速技术变革的通缩体系而言是有意义的。然而,正如我们将在下一部分中看到的那样,这种体系不能被概括为资本主义的唯一或主导体系。但这又并不意味着我在第3节提出的体系中绝

---

[1] 此外,利率上升意味着股票(与债券相比)对融资者来说更缺乏吸引力;这加剧了由于资本贬值而导致的股票劣势。

[2] 在本书中,战争是偶然现象。

[3] 罗伯茨(Roberts, 2012)是一篇13页的简明论文,包含实证研究结果(G7 1963—2008)和其他实证研究结果的参考。报告显示,1963年至1975年的利润率急剧下降,其中下降的一半在1975年至1988年期间恢复。然后直到2008年,利润率才再次逐渐下降到70年代初的水平。https://thenextrecession.files.wordpress.com/2012/09/a-world-rate-of-profit.pdf.

[4] 关于马克思的著作,我认为,如果我们忽视恩格斯对文本的补充,则这个定理在马克思的《资本论》中几乎找不到依据,这一点在罗藤(Reuten, 2004c)中有所体现。然而,在1864年以前的马克思手稿中能找到依据——如罗藤和托马斯(Reuten and Thomas, 2011)所示。然而,马克思著作中的这种(非)基础的观点,与当前马克思政治经济学研究成果的恰当性无关。

无利润率下降的情况。一般来说,从我个人的角度来看,利润率的发展作为资本积累的一个指标是尤为重要的。

巴苏和马诺拉科斯(Basu and Manolakos,2010,2012)使用迪梅尼尔和莱维(Duménil and Lévy)的数据,显示了美国利润率的长期变化,如图 4.6 所示。[1]

请注意,图 4.6 不可避免地显示了结构性和周期性变动(后者见第 5 章)以及意外事件的结果。

根据巴苏和马诺拉科斯绘制的虚线(一个低(Lowess)倾向),以及皮凯蒂(Piketty,2014,技术附录)提供的美国数据,1870—1913 年美国经济平均通缩(-0.7%),此后为通货膨胀期(他以 20—37 年为间隔得到平均通货膨胀率为 2.2%—5.6%,1990—2012 年为 2.2%)。然而,从皮凯蒂的数据(皮凯蒂和祖克曼(Piketty and Zucman),2013)可以看出,1921—1933 年平均来说是高度通缩的(-3.5%)。

这两个时期在图中用阴影表示。这种阴影只是在许多因素中将重点聚焦一个决定因素上(见第 5 章)——这一决定因素在第 2、3 节中是重点讨论对象。

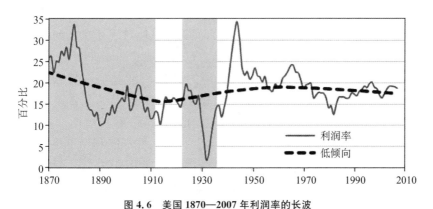

图 4.6　美国 1870—2007 年利润率的长波

数据来源:巴苏和马诺拉科斯(2010,第 45 页),基于迪梅尼尔和莱维的数据(添加的阴影部分)

---

[1] 我很感谢作者们把这张图交给我使用。

第 3 节

通胀型"结构性生产能力过剩竞争"

本节介绍了企业市场互动的第二种一般表现模式。它是第 2 节中提出的竞争模式的替代模式。本节没有阐述经济体如何从通货紧缩转为通货膨胀,这是因为并不存在经济体中的内生力量来促成这种转变。[1]

通货紧缩的价格竞争并不难理解,因为在主流经济学中它是竞争的原型。相比之下,理解通货膨胀式的价格竞争机制要困难得多。

4§10 生产能力过剩竞争:引言

"通胀型结构的生产能力过剩竞争"是一种竞争形式,在这种竞争形式中,竞争者通常不是以降价竞争的形式淘汰对手,而是通过使对手存在过剩的生产能力以增加对手的负担并使其被淘汰。生产能力过剩一般意味着在给定固定成本(特别是包括固定生产资料和间接费用的部分)的情况下,单位成本与满负荷生产状态相比会更高。因此,在存在生产能力过剩的情况下进行生产会导致收入的减少,这时处于分层底部的边际生产者就会被迫退出(详见 4§12)。

另一种说法是"结构性的超额生产能力"或"结构性产能利用不足"。[2] 需要强调的是,结构性的生产能力过剩并非是受市场需求影响的结果,而是任意给定需求水平下的生产能力过剩。这是一种市场战略原因造成的生产能力过剩——至少对一个行业的价格领袖来说是如此。

如第 2 节所述,长期的快速技术变革和价格竞争几乎与资本主义制度不相容

---

[1] 国家为防止普遍通缩所做的努力在 9§5 中作了介绍(并在 7§8 中作了简要的预示)。
[2] 经合组织的统计术语表指出:"生产能力过剩是指企业的生产规模低于设计规模的情况。"它还说:"生产能力过剩是自然垄断或垄断竞争的一个特征。"请注意,本节的界定扩大了这个范围。它还补充说:"企业也可以选择保持过剩的生产能力作为一种主动战略的一部分,以阻碍或阻止新企业的进入。"这在一定程度上接近了本节讨论的问题,即使我们的重点不会主要放在进入者身上,而是放在淘汰现有生产者上面。https://stats.oecd.org/glossary/detail.asp?ID=3209。

（我所说的"几乎不相容"是指体系形成了一种停滞的倾向）。主要原因则是 4D2(4§6，4§8)中所述的原发和衍生的资本贬值。我们已经看到，这意味着资本的普遍积累在一定程度上被消灭，而这往往会抑制投资。我们也看到，这不仅影响到生产企业，也会影响到银行。对于后者来说，它不仅影响其信贷准备的数量（PVF），而且还影响其面临的风险与不确定性。

出于这些原因，银行和生产企业在避免普遍的通缩方面有着共同的利益。不过双方虽然有这种共同利益，但并不存在经济上的力量来实现这种利益（协调行动的前提要么是存在国家，要么是一个通过"联合会议"和工业与银行业的领袖决策来建立一个大卡特尔使其他主体服从）。

下面的陈述假定了某种通货膨胀格局的存在——而无关通胀以何种方式达成。这个体系存在的条件主要有两个：第一个条件将在 4§11 中给出；第二个条件将在 4§12 中给出。

4§11 通货膨胀格局的货币条件：银行的 PVF 和"单位劳动的货币价值"(m)

普遍通胀格局存在的一个主要条件是银行愿意通过调整其对企业提供的信贷额度（PVF）来适应这种体系，而这一措施同时会影响流通中的货币量。更具体地说，这一条件使得"单位劳动的货币价值"(m)的增加成为可能。

这种适应还有三个普遍的影响（以下斜体部分是与通货紧缩格局的对比）。

与通缩体系相比，银行现在实际上是适应了"私人损失的社会化"。也就是说，它们在事实上将私人损失社会化，而这些损失是在没有通胀的情况下由技术变革引起的资本贬值造成的。[1] 较之通缩体系，通胀会导致企业和银行利润增加。[2]

其一，与该适应相对应的是两类主体的购买力损失：其一是持有非权益性金融资产的社会主体（包括"小储户"）；其二是拥有固定收入或是收入虽能（部分）随通货膨胀浮动但却有时滞的主体。

---

[1] 损失社会化的概念最早在 De Brunhoff（1978 年[1976 年]）中提出，并最初（据我所知）源于 De Brunhoff 和 Cartelier（1974 年），尽管这两个概念都不是在资本贬值和竞争的背景下提出的。但 Aglietta（1979 年[1976 年]，第 313—15 页和第 365—70 页）从"预计报废"（anticipated obsolescence）的角度对通货膨胀进行了理论分析，而本章则将其与生产结构（分层）联系起来。

[2] 对银行来说，这是所提供资金融通的数量和质量问题（如上所述）。请注意，通过灵活利率或利率指数化，信贷可以成为银行"防通胀"的工具。

请注意,即使是处于零通胀状态的体系,也与某些通缩体系大不相同。因为前者中不存在衍生的资本贬值(第4章第8目)。[1]

其二,通货膨胀导致了对资本价值的实际衍生重估——这与4§8所述的资本衍生贬值相对应。这种重估在企业资产负债表中归在资本"准备金"(股本的一部分)中。

其三,通货膨胀使雇主(企业,包括银行实体)处于有利的谈判地位。

在给定的、经过谈判确定的名义工资下,劳动生产率提高所带来的价格下降即为对劳动者生产率的提高的自动补偿。

在通货膨胀的情况下,工人们将不得不重新对工资进行谈判以获得生产率提高的补偿——甚至仅仅是为了维持最初的实际工资(在得到部分或是全部生产率进步收益的情况下,这些补偿往往会有一个时滞)。

4§12 分层结构的生产能力过剩竞争

回顾4§10开头的内容,生产能力过剩竞争是指使竞争对手处于生产能力过剩状态,这种状态下的产品单位成本要比满负荷生产状态下更高。通胀型生产能力过剩竞争存在的第二个主要条件(除了4§11中所提)是普遍的"结构性生产能力过剩"。这一条件消除了向通缩体系转变的可能——这种可能原本一直持续存在。我将从"简单的生产能力过剩"开始,分三步介绍这个体系。

❶ 简单生产能力过剩:仅是暂时的生产能力过剩

与价格竞争体系(4D2)类似,分层生产能力过剩竞争由一个(轮换的)价格领袖发起,并且该领袖会在分层中增设一个新的工厂——这体现了相对于竞争对手的技术进步。另外,工厂的增加提高了整个分层的(潜在的)总生产能力。然而不同之处在于,价格领袖的目的虽然仍是将竞争者从分层的底部挤走,但手段已不再是通过降低价格来影响对手的收益了,而是通过使他们承受生产能力过剩带来的负担来影响其收益(此时对手的单位成本与满负荷生产状态时相比有所增加,因为他们持续承担着固定成本——特别是固定生产资料和间接费用)。因此,价格领袖在该部门创造了(相当于自己工厂生产规模的)实际的过剩生产能力。与之相伴的目的是提高价格,或至少保持价格不变。为了使论述简洁,我给出了一个边缘通货膨胀(即通胀率为0的情况——译者注)——即不

---

[1] 在零通胀的情况下,可能仍然存在着一种对损失进行社会化的适应方式。

变价格的案例分析。在这一案例中,价格领袖设定的价格等于上一个时期的价格。

见4§2-a,图4.4(新增工厂)。不过现在可以将该图中的"潜在生产能力过剩"改为"实际生产能力过剩"。图4.7展示了分层底部往下的工厂已经被弃用的情形(注意,目前在底部的工厂已经在边际上或是接近在边际上运营)。这种弃用可能不会立即发生,因为在产品价格不变的情况下,这些工厂可能会在一段时间内以仅覆盖其主要成本的方式继续运营(4§4,倒数第二段)。[1]

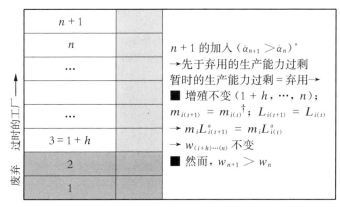

图4.7 简单生产能力过剩下的工厂分层(在微弱通货膨胀下非稳定)

注:* 与图4.5类似(通货紧缩式的价格竞争)。
    ** 底层工厂弃用后消失。
    † 该等式适用于价格不变的分析情况;事实上,我们有 $m_{i(t+1)} > m_{i(t)}$。

❷ 结构性生产能力过剩

以下内容与通胀率为0或较低的情形有关,而与通胀率"中偏高"的情形关系不大(见4§12-b)。[2]

到目前为止,根据上文所概述的仅是暂时的"简单产能过剩"的体系,通胀型生产能力过剩竞争的出现似乎是自然而然的。然而考虑到图4.7给出的情况,这样的体系可能并不稳定(特别是在我们讨论的临近通货膨胀的边缘通货膨胀情形下不稳定;但在更高的通货膨胀水平上可能更稳定)。问题的关键是,"轮流坐庄"的价格领袖需要一种工具来有效应对企图通过降价竞争夺取领袖地位的竞争对

---

[1] 他们的目的是向分层的顶端移动(或仅仅通过复制(n)或($n+1$)的技术来接近它),因为这增加了他们的整体利润率。这在融资可行的情况下是可以实现的。
[2] 从理论上讲,"中偏高""低"之间的边界并不明显,大概是以4%为界。

手。这个工具就是一种结构性的生产能力过剩。即超出暂时的生产能力过剩的部分。当价格领袖($n+1$)存在结构性生产能力过剩时,它就能立即对竞争者作出反应(这些竞争者知道,价格领袖的进一步降价将立即夺走他们的大部分市场份额)。因为当前的价格领袖必须存在结构性的生产能力过剩,所以当它在一段时间中向分层下部移动时(那时它的最高位置已经被一个新的价格领袖所取代),它还会继续保持这种过剩。因此,一旦给定通胀格局,所有的工厂都将趋向于在结构性生产能力过剩的情况下运营(见图4.8)。[1]

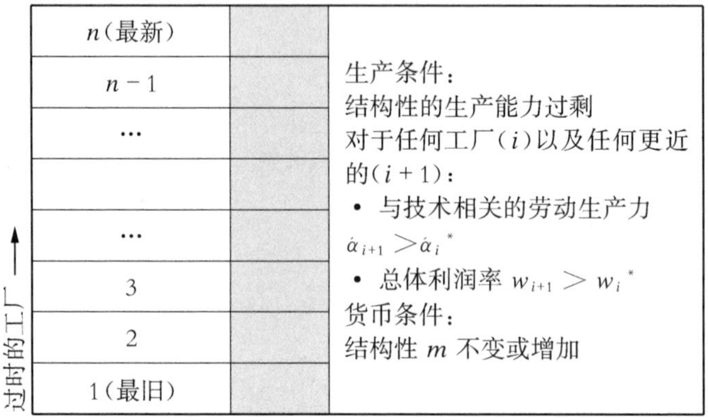

过时的工厂 ↑	n(最新)	
	$n-1$	生产条件: 结构性的生产能力过剩
	...	对于任何工厂(i)以及任何更近的($i+1$):
	...	• 与技术相关的劳动生产力 $\hat{\alpha}_{i+1} > \hat{\alpha}_i$ *
	3	• 总体利润率 $w_{i+1} > w_i$ *
	2	货币条件: 结构性 m 不变或增加
	1(最旧)	

图4.8　在结构性生产能力过剩下的工厂分层

注:＊　与图4.5类似(通货紧缩式的价格竞争),尽管现在是结构性的生产能力过剩。

❸ 通过"结构性生产能力过剩"之外的额外生产能力过剩(这种过剩是结构性生产能力过剩和暂时的生产能力过剩之外的过剩——译者注)进行分层的生产能力过剩竞争

有了竞争,企业就会试图消灭竞争对手,或至少使其落到自己所处分层之下。在结构性生产能力过剩竞争体系中,竞争行动的发起者往往倾向于具备以下几点特征:

• 在结构性生产能力过剩的情况下进行生产(像所有的竞争者一样——见前文标题2)。

• 技术进步(当拥有领先技术时,若有竞争者试图争夺其价格领袖地位,则它

---

[1] 根据特定行业及其生产技术,工厂的规模可能会有一定的差异。在这种情况下,那些认定价格竞争将不复存在的底部工厂可能会缩小工厂规模——但这不适用于分层上部的工厂。

就可能通过有效地降低价格来回应——见前文标题2)。

- 创造"结构性生产能力过剩"之外的短暂的额外的生产能力过剩,这样它就有夺取竞争者市场份额的可能(这种过剩等于新增工厂的潜在产量减去结构性生产能力过剩);在分层底部工厂被淘汰后,所有的额外生产能力过剩都会消失。(见图4.9,下文将进一步阐述)。

因此,它充当了价格领袖的角色——这一角色可能在各企业之间轮流分配——即将价格定在一个能使自身利润最大化的水平上。给定存在技术进步和价格领袖所具备的结构性生产能力过剩,其他企业将倾向于屈从于价格领袖的地位。

在普遍的通货膨胀存在的前提下,"m"(可被解读为NDP的价格水平或价格指数)与生产资料价格的变化方向和速度大致相同。如上所述,为使表述保持透明和简洁,我提出了边缘通胀这一情形,即价格不变、"单位劳动的货币价值"(m)亦不变的情况(这在经验上是相关的——见4§12-b中的解释)。在这种情况下,价格领袖设定的价格等于前一时期的价格。我用($n+1$)表示(竞争)发起者/价格领袖及其加入分层的工厂。我们可以假定,在对顶层工厂进行投资之前,企业已经考虑到这项投资的预期效果,特别是对其总体利润和总体利润率(ω)的影响。

由于存在暂时性的产能过剩($n+1$),因此在给定社会对该部门产出的需求的情况下,前一个分层中所有工厂的收入在最初都会减少(增殖放缓),这就相当于产能过剩(见图4.9)。这会使得处于分层底部的工厂($1, \cdots, h$)以极低的利润或者零利润生产,并面临被弃用。[1] 最终结果是多出来的产能(不是结构性的产能过剩)被化解了。

总的结果(也就是在第5章的论述开始之前的结果)是,对于前一个分层中($1+h\cdots n$)存活下来的工厂而言,其生产条件与前一个生产时期的条件相似——这包括相同的总体利润(率)。与价格竞争体系相比,之所以能保持生产条件的近乎不变是因为通货膨胀将"私人损失社会化"(4§11)了。请注意,从企业的角度看,结构性生产能力过剩实际上是一种"合意的生产能力过剩"(第5章将经常使用这个术语)。

---

[1] 此处我忽略了此种情形:出于战略原因,这些底层的工厂可能会在一段时间内继续运转,并在刚好覆盖主要成本的价格水平上进行生产。在这种情况下,文中所论述的最终结果将在下一个生产时期实现。

我想要以两点来结束本部分的内容。首先,同通货紧缩格局一样,技术变革的速度也很重要。加快技术变革和对新工厂的投资,可能意味着处于分层底部的工厂的成本没有得到充分的摊销,因此这些工厂的资本积累在某种程度上被消灭了(这对环境,包括气候和自然资源都会造成影响——参见4§12-a)。与这些对分层底部的影响无关,在宏观经济层面上资本积累是否也被湮灭,取决于技术变化速度和通货膨胀下的"衍生资本重估"的综合影响,后者在4§11中提到过。

其次,与通货紧缩格局一样,通货膨胀格局的总体就业效应取决于以下因素: $n+1$ 相对于报废工厂 h 的规模;以及 $n+1$ 与 h 相比的资本劳动比(K/L)(第5章会给出宏观经济效应)。

4§12-a 说明 持续的生产能力过剩与"效率"

"效率"一词从来不是中性的,应始终对效率标准加以规定。从气候、环境和自然资源的角度来看,持续的生产能力过剩是没有效率的。但从企业剩余价值的产生和资本积累的角度来看,它是有效率的。

4§12-b 说明 纯粹的暂时性生产能力过剩与暂时性+结构性生产能力过剩的区别:通胀的程度与生产能力过剩的度量

度量一个部门的生产能力过剩并不是一件容易的事,因为这种度量依赖于对企业的问卷调查,而这些企业由于市场战略原因可能并不乐于披露相关信息。回顾正文部分对暂时性"简单生产能力过剩"和"结构性生产能力过剩"所作出的区分,我指出前者在边缘通胀或是低水平通胀的情况下往往不稳定,而在通胀率较高的情况下往往比较稳定。这意味着,我们可以预期结构性的生产能力过剩会出现在通胀率特别"低"的情况下(可能是0—4%的范围?),而纯粹的暂时性生产能力过剩会出现在通胀率较高的情况下(以下称为高区间)。在后一种情况下,即使企业在做调查问卷时坦诚相对,也可能不会提及这种过剩。

值得注意的是,在高区间内,一些部门可能会经常出现一定程度上的价格竞争(争夺价格领袖的位置),但又不会造成普遍的通货紧缩。如果企业倾向于发动更多结构性价格战,那么价格领袖将建立起结构性的生产能力过剩(就像在较低的通胀区间中那样)。

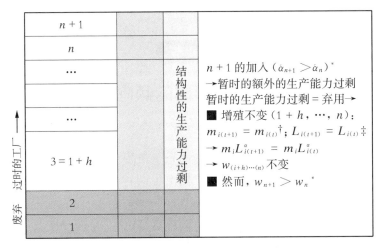

图 4.9　结构性的生产能力过剩的分层：零通胀 $\Delta m = 0$

注：*　与图 4.5 类似(通货紧缩式的价格竞争)，尽管现在是结构性的生产能力过剩。
　**　底层工厂弃用后消失。
　†　该等式适用于价格不变的分析情况；事实上，我们有 $m_{i(t+1)} > m_{i(t)}$。
　‡　这整行显示了通胀格局和通缩格局的主要区别(后者参见图 4.5)。

4§12-c　补论　卡莱斯基和卡莱斯基主义者对生产能力过剩的看法

卡莱斯基指出，平均而言结构性的生产能力过剩是存在的："即使平均而言，在整个商业周期中，(设备)的利用程度也将大大低于繁荣时期所达到的最大水平"(1971[1943[1]]，第 137 页，另见其 2003[1954]，第 129—131 页)。此后，异端经济学家们对此一直存在争议(参见拉沃(Lavoie)，2014，第 6 章，他对这一争论进行了全面的回顾)。这一争论的背景主要是商业周期，并且在这一背景下这一问题显得尤为重要(另见第 5 章)。

然而，目前本章 4D3 的内容并没有(直接)介入这场辩论。我的重点是了解通货膨胀竞争体系，而正是在这种情况下，结构性生产能力过剩的存在似乎是可信的——特别是在边缘通胀或温和通胀的情况下。

第 4 节

卡特尔形成的倾向

本节介绍的是第三种,也是一种特殊的企业市场互动的表现模式。本章内容的系统性呈现如图 4.1 所示。前面两节提出了两种相互替代(或许是相互替代的)一般竞争体系。第 4 节和第 5 节则提出了两种特殊的竞争表现模式,它们与前面的每种一般表现模式(第 2 节和第 3 节的模式)共存。在每一种表现模式中,企业都在以某种方式和某种程度上寻求减少与竞争体系有关的竞争。特别是在第 4、5 节,需要再次提醒读者,国家以及国家管制措施尚未进入到我们现有的论述中。

4§13 卡特尔形成的倾向:停滞的创新

卡特尔可能在多种情形下偶然形成。我要强调的是,这部分我只讨论与分层生产结构和创新有关的卡特尔形成动因。

❶ 分层生产的范围

一个生产部门的创新频率(无论是技术创新还是产品创新)决定了分层的"范围"——即分层顶层和底层之间劳动价值生产力的差异(即层数;几个企业/工厂可能在同一层运作——见图 4.10)。在创新停滞的部门,分层的范围会缩小。这就意味着,此时上层工厂要想使得下层工厂被弃用,将会更加困难,甚至最终不可能做到。

❷ 创新停滞与卡特尔形成倾向

创新停滞期越多或越长,底层和中层工厂就越有更多的时间去或多或少地复制上层工厂的技术或产品。此时的竞争就会接近停滞竞争(有点类似于新古典的静态竞争)。停滞的创新和停滞竞争为卡特尔的形成扫清了障碍。[1] 卡特尔的

---

[1] 如上所述,本目仅限于讨论与分层生产结构和创新有关的卡特尔形成过程。对具有动态创新的企业来说,建立卡特尔也有好处。

目标通常是确定价格。[1]

❸ 与企业数量相关的卡特尔类型

在创新停滞不前的部门中,以企业间公司协议为基础的卡特尔,往往只能在企业数量不多的部门存在,并且这些企业供应的是该部门的商品。这一现象的成因是,当一个部门有大量企业经营时此类协议会很难维持。[2]

当一个停滞部门的企业数量相对较多时,卡特尔往往是隐性的卡特尔,采取的是默契的价格领导形式。

尽管卡特尔的存在使利润提高了,但"过高"的利润可能会吸引新企业进入该部门。但是一个在技术上停滞不前的部门对进入者来说几乎没有吸引力。

4§13-a 说明 生产分层的范围和密度

到目前为止如下事实已经不言自明了:生产分层不仅有一定的范围(层数),而且有一定的密度(同一层的工厂数量),见图 4.10。另外,自分层的顶端($n+1$)增加工厂往往是由一个创新者完成的,而其他企业可能会在之后通过或多或少地复制创新者的技术而向顶层爬升。

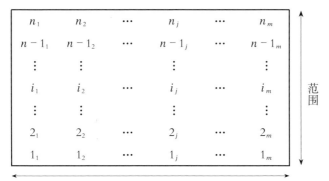

图 4.10 生产分层:时间上每一点的范围和密度

---

[1] "卡特尔在维持和加强其行业垄断地位方面最常见的做法包括:确定价格,在成员之间分配销售额、专属销售区域和生产活动,对每个成员的最低利润提供保证,以及关于销售条件、回扣、折扣和条款的协议。"(Editors Encyclopaedia Brtittanica, "Cartels", https://www.britannica.com/topic/cartel—)

[2] 另见伊瓦尔迪、朱利安、雷伊、塞布赖特和蒂罗尔(Ivaldi, Jullien, Rey, Seabright and Tirole, 2003 年,第 32 页)和欧洲经济(Europe Economics, 2001)。后一研究机构提到,合谋的条件是公司数量少、市场条件稳定以及"创新程度低和不确定性小的成熟市场"(第 120 页;参见第 27、71—72 和 79 页)。

4§13-b　详述　关于投标和市场分享的协议

与生产分层的构成无关,在大型项目(从建筑到 ICT)经常进行招标的情况下,也会存在着合作的倾向。在这种情况下,各企业相互提供有关其报价的信息(除一个企业外,其他企业都是假报价),以便达到市场共享。当市场是寡头垄断的时候,这种市场分享通常更有可能。

4§13-c　补论　亚当·斯密论卡特尔的形成:阴谋

企业卡特尔与资本主义的诞生一样古老。1776 年,亚当·斯密写道:"同一行业的人很少集会,即使是为了娱乐或消遣,而他们的谈话内容也总是涉及反对公众的阴谋,或要求提高价格的计划"(第一卷,第 10 章,第 82 节)。[1]

第 5 节

寡头垄断和垄断的形成倾向

本节提出了企业的第 4 种市场互动形式,并且它也是一种特殊的表现模式。与第 4 节的模式一样,它的特殊性在于其可以同通货紧缩或通货膨胀格局并存。虽然这是简短的 1 节(只有 1 目),但其内容的影响是深远的。本节所概述的倾向,纯粹是从资本主义经济的角度提出的(见第 9 章关于国家的引入)。

4§14　资本集中的倾向

❶ 资本集中

特定的市场互动形式只是企业盈利的工具(4§5)。这同样适用于两种消灭竞争的市场互动形式,一种是部门内同业企业的合并,即某种程度的资本集中的授

---

[1] 他接着说,"确实不可能通过任何可以执行或符合自由和正义的法律来阻止这种会议。不过,虽然法律不能阻止同一行业的人有时聚集在一起,但它不应因为这种集会提供任何便利,更不应该使这种集会成为必要"(参见第一卷第八章第 12—13 节,关于"联合"抑制工资水平的部分)。

权。另一种是收购形式的集中。资本集中化的最终形态是形成寡头垄断和紧随其后的市场垄断。[1]

❷ 寡头垄断部门：资本-劳动比和规模

虽然兼并和收购是一种普遍现象，但资本集中化的倾向尤其存在于具备以下特征的部门中：首先，资本-劳动比（K/L）相对较高；其次，当采用大规模（K）可以获得超额剩余价值时。[2] 这适用于许多不同的部门，从能源、农业种子、运输（汽车、火车、飞机）、工业中间产品（钢铁、铝）、通讯、药品到银行和保险部门。规模越大，越无法进入该部门（即便能进入，也往往是以寡头联合的方式发起的）。[3]

❸ 寡头垄断部门的分层

如同一般竞争体系（4D2、4D3）一样，在这一竞争体系下总会有企业充当价格领袖（默认或商定）。然而，在这种情况下，分层的有效范围通常是寡头垄断企业在分层的所有层次上经营。与（完全）竞争部门相比，这一范围可能相对较小。只要寡头垄断企业的生产能力和市场势力（分布在其工厂中）大致相当，那么它们往往会回避价格竞争，并把竞争限制在产量竞争上。[4]

❹ 垄断

如果在一个寡头垄断部门内，通过兼并或收购实现的进一步集中会在该部门内造成新的权力不平衡，这可能会暂时加强对价格领袖地位的争夺，进而推动竞争性寡头的相互兼并。这样一来，资本的集中化往往会发展成一个自我强化的过程：同一部门内的集中行动往往会引起其他企业的集中行动，从而抵消权力天平的倾斜。当这一系列合并最后形成了使生产能力和市场势力不对称的双头垄断时，两个寡头通常会选择合并，进而完全垄断整个市场。[5]

❺ 利润标准

从企业的角度看，通过"资本集中"来限制或排除竞争，（从他们的角度看）符合"理性的"追求最大利润的目标。一直以来，这些（和其他）企业的标准是总体利

---

[1] 更确切地说，这是资本集中化的倒数第二形态。最终形态是指所有资本集中形成跨部门垄断。
[2] 这是规模报酬递增的特殊情况。
[3] 例如，寡头垄断的医药企业可以通过兼并集团的方式进入寡头垄断的农业种子领域（2016年拜耳案）。
[4] 人们经常认为，寡头垄断进行产品差异化的"竞争"。就目前而言，这个论点很棒。就构成市场的寡头垄断而言，这种差异化要么可以忽略不计，要么是有效的——因为事实上确实存在着单一市场被完全垄断的竞争格局。（参见4§3-a 关于市场内互动和产品差异化）。
[5] 再回顾一下，国家在现阶段还是没有纳入我们的论述。如果存在国家阻止垄断的政策法令，那么一个强大的寡头企业可能会容忍一个较弱的企业继续经营。

润率(1§13)。寡头垄断和垄断的形式在很多人看来似乎是可怕的。然而,对资本主义制度更具威胁性的是,它公然把标准设定的问题放到了议程上。

❻ 抵消部门间平均利润率均等化的倾向

在所有这些体系中,只要生产部门中存在势力不对称的寡头垄断者(和垄断者),那一个部门内的市场力量总和就会导致该部门价格高于竞争价格(本章第2、3节),从而影响到其他部门的成本,并最终影响到消费品的价格。这种不对称加上前述的进入障碍,就抵消掉了部门间利润率平均化的倾向(44§2)。

4§14-a 详述 资本集中与单位劳动的货币价值

回顾1§14,劳动支出的增殖情况是以增值: mL^a 来衡量的,剩余价值则是以 $mL^a - wL$ 来衡量。这在宏观经济和微观经济层面上都适用。

资本集中程度与技术水平有关,即相对较高的资本与劳动比率(K/L)和相对较大规模的(K)会使劳动生产力(L^a)提高。但是,当资本集中与技术水平相关,且实现了资本集中的企业(寡头或垄断企业)也从市场势力中获得了超额利润时,我们不能说这些利润是来自于劳动者的生产力(L^a),而只能是来自于单位劳动的货币价值(m)。[1] 从经验上看,这两者(L^a 和 m)是无法区分的(我们只能衡量增值 mL^a,以及由增值减去工资得到的剩余价值)。更准确地说,它们是无法直接区分的。但是两者可以通过部门间平均的总体利润率的均等化水平来间接区分。也就是说,当一个部门的平均总体利润率结构性地高于整体经济的总体利润率时,我们可以推断这一相对较高的利润水平是由部门间不同的市场势力造成的,并反映在部门间不同的单位劳动货币价值(m)上。

即使类似的方法也适用于社会科学和自然科学中许多公认的理论,但只能间接测量仍是一个不足之处。

类似的间接测量是关于卡特尔的(4§13)。但是,如果没有有关部门结构的更多信息,这一测量也无法区分卡特尔的形成和集中力量。

总结与结论

本章没有给出前面论述成立的先决条件(第1—3章),而是在企业间市场互

---

[1] 我坚持使用"单位劳动的货币价值"一词,因为没有劳动的生产,根本就不会有生产(1§14),因而也无法从市场势力中获利。

动中给出了前面论述的具体表现。

第 1 节阐述了企业之间的互动是如何引致市场间平均总体利润率均等化倾向与市场内价格统一倾向的(4§2—4§3)。这些倾向的联结意味着,任何一个企业的总体利润率都要取决于它的生产。如果从技术变革或其他的创新水平来看生产结构是动态的,那么市场上的企业——特别是它们的工厂——就会以劳动生产力和随之而来的总体利润率而分层(4§4)。

在这一企业分层框架的基础上,第 2—5 节提出了企业间市场互动的四种主要形式。

第 2 节阐述了所谓的"通货紧缩的价格竞争"。有赖于技术和产品创新的程度,价格竞争往往会导致不同程度的资本积累和贬值水平(4§6—4§7)。普遍的价格竞争会引起通货紧缩式的普遍价格水平下降。价格下降不仅影响到产品对应部门,而且影响到其他部门的投入产品价格,进而再次影响到它们的分层——这时我们就有了衍生的资本贬值(4§8)。据此我们指出,普遍的快速技术变革(或加速的技术变革)和普遍的价格下降如何共同导致停滞的出现,并且没有内在的经济力量来摆脱这种停滞(4§9)。

第 3 节提出了另一种竞争体系,即"通胀型结构性生产能力过剩竞争"。就影响来看,它与通货紧缩格局的主要区别在于,它不仅没能消除有关部门的价格下降的影响,而且还通过投入价格(即衍生的资本贬值)在整个经济中产生乘数效应。我们指出,即使在这种情况下(在第 5 章的论述开始之前),企业仍可以在一段时间内维持住其总体利润率。然而,与技术变革的速度有关,这种情形下使处在分层底部连续经营的企业成本摊销不足(从而在一定程度上消灭以前积累的资本)从而对包括自然资源在内的环境产生影响(4§12)。

本节还指出,刚才提到的维持总体利润率不变(与通货紧缩的价格竞争相比)由于银行容忍通货膨胀而产生的"损失的通货膨胀式社会化"的效果。与这一比较利润相对的,是拥有非权益性金融资产的社会行为人(包括"小储蓄者")、拥有固定收入的行为人或收入(部分)根据通胀调整但有时滞的行为人的购买力损失——这些也是这一比较利润的来源。工人就属于收入调整有时滞的行为人,他们将不得不为生产率进步的工资补偿或甚至仅仅为维持初始工资的购买力水平而与资方重新谈判(4§11)。

第 4、5 节给出了两个特定的格局,它们与先前的任意一般格局共存。在这两个体系中,企业都试图以某种方式和在某种程度上削弱与竞争体系相关的竞争。

第 2、3 节介绍了企业在有活力的部门——即创新蓬勃发展的部门中的互动,而第4节则讨论了在创新方面停滞不前的部门及其市场。在这些部门中，竞争逐渐消失，这也为企业联合成卡特尔扫清了道路。

第5节介绍了市场互动的最后一种形式：资本通过并购而集中，从而形成寡头垄断和垄断。这种集中在资本-劳动比相对较高、资本规模相对较大的生产部门特别普遍。一个部门内的促进资本集中的行动往往会引起其他企业促进资本集中的行动，因此资本集中是一个自我强化的过程。集中的最终形式是垄断。此外，资本集中(只要集中化程度在部门中分布不均)会抵消市场间总体利润率的均等化倾向(4§2)。与这种集中化相伴的是，一个部门内的市场势力总和会导致价格高于竞争价格(4D2，4D3)，从而影响到其他部门的成本，并最终影响到消费品的价格。

第4章图表目录

图 4.1 市场互动和生产分层结构：竞争卡特尔的形成、寡头垄断和垄断(第4章大纲)   160

4§4 企业和工厂的分层   164
图 4.2 工厂分层   167
表 4.3 与分层有关的部门内和部门间变量   169

4§6 分层价格竞争：通过"单位劳动的货币价值"(m)的下降实现的贬值   171
图 4.4 增加工厂后的工厂分层：市场互动前的假想格局   174
图 4.5 增加工厂后的工厂分层：降价、增殖放缓和废弃后实际分布格局   174

4§9 普遍价格竞争与技术变革速度：通缩与停滞倾向   177
图 4.6 美国 1870—2007 年利润率的长波   179

4§12 分层结构的生产能力过剩竞争   182
图 4.7 简单生产能力过剩下的工厂分层(在微弱通货膨胀下非稳定)   183
图 4.8 在结构性生产能力过剩下的工厂分层   184
图 4.9 结构性的生产能力过剩的分层：零通胀 $\Delta m = 0$ 187

4§13 卡特尔形成的倾向：停滞的创新   188
图 4.10 生产分层：时间上每一点的范围和密度   189

第 5 章

资本的周期性过度积累和毁灭

商业周期

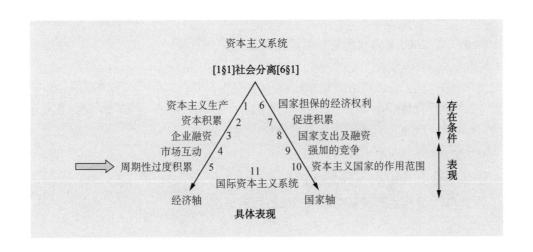

章 目 录

导言	196
第1节 企业内部利润：扣除分配给外部融资者份额后的净剩余价值 ——为第2节做准备的具体概念	197
5§1 总体利润率和内部利润率	198
5§2 实现的剩余价值（π），以及作为分配结果的内部利润（R）	199
5§3 劳动者储蓄和资本所有者消费的决定因素	200
5§4 外部融资：PVF，$RPVF$ 以及利率	201
5§5 投资的决定因素	202

5§6	一个简缩的宏观经济序列	204
第2节	**资本的周期性过度积累和毁灭——商业周期**	**206**
5§7	资本阶段性分层的周期性运动:预备性讨论	206
5§8	周期性运动(1):从扩张到停滞	208
5§9	周期性运动(2):从停滞到收缩和重新扩张	213
总结和结论		**225**
附录5A	**2008年危机的特殊结构性背景**	**227**
5A-1	总体结构	228
5A-2	从工资储蓄下降到"对未来的殖民"	229
5A-3	利益结合	231
5A-4	2008年危机的过程及危机肆虐的后果	232
5A-5	停滞问题未得到解决	232
5A-6	对商业周期"正常"过程的修正	233
附录5B	**分层生产和马克思未完成的周期理论**	**234**

导　言

本章是全书对资本主义经济的最具体层面的阐述。第1—3章介绍了资本主义经济存在的必要条件——国家尚未被纳入其中。第四章介绍了前文阐述在基于分层生产结构的企业之间市场互动上的具体表现。本章同上章一样,不阐述资本主义经济的存在条件,而是讨论了前面所有阐述(第1—4章)在资本历时性周期运动中的具体表现。

经济扩张和收缩的交替,通常被称为"商业周期",是一种经验现象,主流经济学家试图仅仅通过偶然的"外生冲击"的交替来解释它。本章指出,资本以其周期性运动的形式生产和积累,是源于资本主义系统内在的力量。

简言之,本章将阐述在经济上升期的后半段,阻碍资本持续积累的周期性障碍是如何发展的。这些障碍将在下一轮经济衰退中以剧烈的方式被解决。虽然系统内在的力量产生了资本的积累,但该力量同样导致了资本的过度积累,表现形式为过度产能过剩。这是一个无法被简单纠正的结构,它会导致不利于资本积累的反应。我以积累的金融决定因素(PVF 和 $RPVF$)和剩余价值实现的宏观经济决定因素(包括储蓄的障碍)为基础,对该结构进行讨论。这些因素的具体化将通过分层的生产结构得以整合,现在已提升到宏观经济层面(第 2 节)。

本章的阐述在这一具体的层次上综合了先前阐述的许多线索。不过,由于经济现实总是必然处于这种运动中的某个阶段(商业周期的一个阶段),本章的阐述也是对先前叙述的具体综合。

为了给本章的主要阐述做准备,第 1 节提出了一些具体的概念。资本本身的周期性运动在第 2 节中呈现(见图 5.1)。

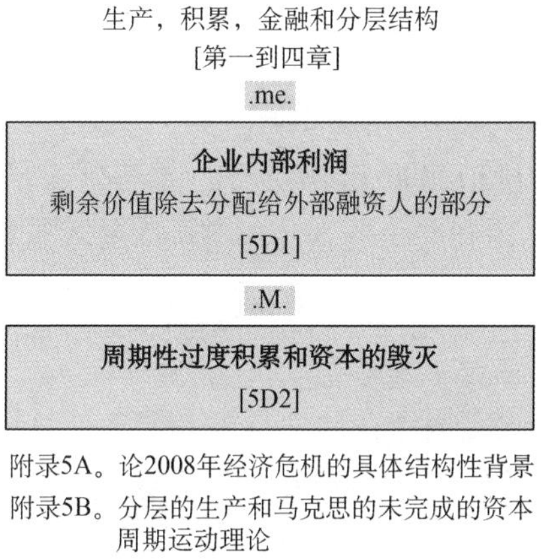

生产,积累,金融和分层结构
[第一到四章]
.me.

企业内部利润
剩余价值除去分配给外部融资人的部分
[5D1]

.M.

周期性过度积累和资本的毁灭
[5D2]

附录5A。论2008年经济危机的具体结构性背景
附录5B。分层的生产和马克思的未完成的资本周期运动理论

图 5.1　资本的周期性过度积累与毁灭(第 5 章的大纲)

图例:
.me.　具体存在方式。
.M.　具体表现。

第 1 节

企业内部利润:扣除分配给外部融资者份额后的净剩余价值——为第 2 节做准备的具体概念

本节为第 2 节的资本周期性运动概述做概念上的准备。企业投资将被视为

资本周期性运动的主要决定因素(第 2 节)。而决定投资决策的一个主要因素是企业的"内部利润",即扣除分配给外部融资者份额后的剩余价值。本节在前文阐述的视角特别是融资的视角下,扩展了这种内部利润。与此同时(以及在第 3 章第 5 节的基础上),本节还扩展了引致企业内部利润的宏观经济支出的决定因素。

本节首先考虑利润率(5§1),之后的目转而讨论利润量。

除非另有说明,本节中的所有等式均指时期(t)。

5§1 总体利润率和内部利润率

本目讨论了生产企业融资(第 3 章)同其利润率之间的相互关联。这与 5§5 所讨论的企业投资决策有关。

❶ 总体利润率(剩余价值与资本的比率)

资本的生产以货币价值维度和劳动力的商品化为前提(第 1 章第 2 节和第 3 节),1§13—1§14 将总体利润与资本的比率(ω)作为资本生产的核心衡量指标:

$$\omega = \frac{\Pi}{K} = \frac{mL^\alpha - wL}{K} \tag{1.6}$$

该比率的许多动态决定因素在第 2 章第 2 节中被具体化,在 2§6 中得到了综合(另请参阅图 2.5)。在对货币扩张(第 2 章第 4 节)和企业融资(第 3 章)展开阐述之前,后者的决定因素仅隐含在资本的总体利润率中(ω)。该比率的确对总体适用:它独立于生产资本的融资方式,也独立于剩余价值的哪一部分归融资者(包括银行)(第 3 章)。

❷ 生产型企业的内部利润率

现在我明确解释之前有关利润率的具体化(第 2—3 章),将其称作企业的"内部利润率",即企业向外部融资者(银行、债券及其他贷款持有者)分配了剩余价值后的利润率。对企业的外部融资和内部(自有)资本利润的计算,影响式(1.6)的分母和分子。

- 设"外部"融资(银行加其他融资者)在资本中的份额为 ε。因此内部融资资本为 $(1-\varepsilon)K$。
- 设 i 为平均利率(支付给银行和其他外部融资者的利率的加权平均值)。那么生产企业支付的利息是 $i\varepsilon K$。这是生产企业与外部融资者分享的剩余价值部分。

因此,我们有"内部利润",R(在 3§1 中第一次介绍;参见图 3.2B):

$$R = \Pi - I\varepsilon K \tag{5.1}$$

即剩余价值减去分配给外部融资者的份额。[1]

内部资本的内部利润率称为 ρ：

$$\rho = \frac{R}{K - \varepsilon K} = \frac{mL^\alpha - wL - i\varepsilon K}{K - \varepsilon K} \tag{5.2;参照1.6}$$

将式(5.2)除以 K，得到：

$$\rho = \frac{[mL^\alpha - wL]/K - [i\varepsilon]}{1 - \varepsilon} = \frac{\omega - i\varepsilon}{1 - \varepsilon} \tag{5.3}$$

- 只要 $i < \rho$（或 $i\varepsilon < \omega$）[2]，外部资金就充当了 ρ 的放大器。相反地，如果 $i > \rho$，会拉低 ρ 值。

因此 ε 是一个融资要素，而 ρ 将融资考虑在内。[3]

我们可以从微观（会使用下标"i"）和宏观（严格来说是一个半宏观经济的两部门账户——一个部门为生产企业，另一个部门为包括银行在内的外部融资机构）两个方面来解释上述每个方程。

本小节的一个推论是，"部门间平均总体利润率的均等化趋势"(4§2)表现为"部门间平均内部利润率的均等化趋势"这种形式。

总而言之，内部资本的衡量指标 ρ 是迄今已形成的决定因素的"集中体现"。不过，总体利润率 ω 仍然与总体经济的生产资本，以及任何一家企业的生产资本相关。份额 $i\varepsilon K$"仅仅"是资本分配的一个重要组成部分。

5§2 实现的剩余价值(π)，以及作为分配结果的内部利润(R)

❶ 生产的剩余价值的确认

第3章第5节(3§10)讨论了剩余价值的宏观经济验证（实现）。

---

[1] 回想一下，"银行业企业"通过提供簿记服务创造剩余价值，就该部分而言它们被视为生产企业。然而，"银行"分支纯粹考虑其融资，通过这种融资（即它们的 $i\varepsilon K$ 部分）它们分享剩余价值——3§1
[2] 应该为 $i\varepsilon < \omega$，译者注。
[3] 主流企业核算使用"税后净利润"这个术语，我们将其称为 Rat（"at"表示税后）。然后是所谓的"净资产回报率"(ROE)：$ROE = Rat/(K - \varepsilon K)$。这是一个一致的度量（$\rho at$）。Rat 还采用了所谓的"资产回报率"(ROA)：$ROA = Rat/K$。这当然衡量了它的作用。请注意，分子(Rat)取决于企业的融资方式，而分母(K)与融资方式无关。而我们的 $\omega = \pi/K$ 具有独立于融资方式的分子和分母。更重要的是，内部利润(R)和利息(εK)都来源于剩余价值，这在传统的衡量标准中相当隐蔽。(参见 http://thismatter.com/money/stocks/valuation/profitability-ratios.htm 是关于 ROE 和 ROA 的简要概述)

$$\Pi_t \blacktriangleleft = [1 + Ck + (Cw - W)]_t \tag{3.10}$$

和

$$\Pi_t \blacktriangleleft = [1 + Ck - Sw]_t \tag{3.12}$$

(Ck 表示包括外部和内部融资者在内的资本所有者的消费支出，内部融资者为(准)股东，Sw 表示来自工资的储蓄)[1]回顾一下基本的顺序，即以银行预先确认的融资为前提的"剩余价值的生产"、"生产的剩余价值的确认"，然后是"剩余价值的分配"(3§10)。

❷ 作为生产、确认和分配结果的内部利润

将式(3.10)代入式(5.1)得到事后的，也就是 $i\varepsilon K$ 分配后的内部利润结果：

$$R_t = [I + Ck - Sw]_t - i\varepsilon K_t \tag{5.4}$$

因此，与式(3.10)和式(3.12)相反，式(5.4)不是一个纯粹的实现方程。将式(5.4)代入式(5.2)，在剩余价值被实现后，内部利润率为：

$$\rho = \frac{R}{K - \varepsilon K} = \frac{1 + Ck - Sw - i\varepsilon K}{K - \varepsilon K} \tag{5.5}$$

接下来本节的目将对式(5.4)的决定进行详细阐述：消费和储蓄(5§3)、外部融资和利率(5§4)以及投资(5§5)。

5§3 劳动者储蓄和资本所有者消费的决定因素

本目简要阐述式(5.4)中 Ck 和 Sw 的决定(这同样适用于式 3.12)。3§10 中引入了劳动者和资本所有者的消费和储蓄。在此，我结合大体考虑的商业周期各个阶段(这些阶段的特性在第 5 章第 2 节中给出)，对这些内容进行简要扩展。

❶ 劳动者的储蓄

根据定义，我们有 $Sw \equiv S_w(wL)$。然而，工资收入 wL 中的储蓄率 S_w 并不恒定。当工资上升时，储蓄率往往上升(反之则下降)。失业者将尽可能地消耗自己的储蓄，并进一步依靠亲友的储蓄或者可能是工会的储蓄基金生存。因此在以上所有这些情况中，失业率的(周期性)变化往往伴随储蓄的变化。

❷ 资本所有者的消费和储蓄

资本所有者的收入随商业周期的各个阶段而变化。对于(准)股东：当利润

---

[1] 3§2 中指出，"分红"一词被认为包括从非公司化企业流向其所有者的"准分红"。

(R)上升时,分配得到的分红往往会更多(反之则更少)。对于外部融资者:当银行和其他融资者察觉到风险和不确定性增加时,利率趋于上升(反之则下降)。因此,资本所有者的收入随着商业周期而变化。尽管如此,他们常常保持一个自主且恒定的生活水平及相应支出(C_k)。当其收入超过支出时,他们就储蓄,而收入低于支出时他们则消耗储蓄[1]。所以其支出起着自动稳定器的作用。

因此,一般来说,在经济衰退期间储蓄率趋于下降,当经济上升期储蓄率则趋于上升(第5章第2节更具体地阐述了周期的各个阶段)。

5§4 外部融资:PVF,RPVF 以及利率

本目详细阐述式(5.4)中 $i\varepsilon K$ 的决定。

❶ *PVF* 和 *RPVF* 的变动

回想第3章中银行"预先实现的融资"(*PVF*)概念。经济增长率的提升需要持续增加的 *PVF*(反之则下降)。在工人和资本所有者有储蓄的情况下,更不用说储蓄增加的情况下,生产企业无法偿还 *PVF*,由此我们有一个"剩余的 *PVF*",简称为 *RPVF*(见 3§6-c 中图 3.14 的总结)。Δ*RPVF* 随 *PVF* 和储蓄而变化,而储蓄本身则取决于商业周期的阶段(5§3 以及第5章第2节中的详述)。

❷ *RPVF* 和利率

本小节引入了一些简化方法,以减少下一节商业周期阐述的复杂性。

图3.14还总结了一点,即非银行融资者可以在事后替代 *RPVF*。在第5章第2节中,我将基本不会强调这一点,而仅将 *RPVF* 的变动作为企业外部融资成本的近似值(类似 $i\varepsilon K$ 的变动—5§1)。因此,第5章第2节忽略了新股发行(这意味着新股发行的影响被视为恒定不变)。然后我们就有了一个近似:Δ*RPVF* ≈ ΔεK。外部融资比率 ε 增加意味着外部融资者面临风险,他们会要求利率风险溢价(反之亦然)。那么,Δi 伴随着 Δ*RPVF* 变动(因此对于 Δ$i\varepsilon K$,是数量效应 ΔεK

---

[1] 事实上,这背后是一个卡莱茨基消费函数(卡莱茨基 1971[1933], p.1),类似于单独应用于资本所有者的凯恩斯消费函数。卡莱茨基提出: $C_k = B_0 + \lambda P$ (其中 B_0 为自主决定的部分,P 为利润)。他附注"λ 是一个小的常数"。在下文中,我忽略了这一由利润决定的"小"部分。因此如 3§10 所示,即使资本所有者的消费水平是自主的,某个事后的储蓄水平(S_k)是分配的分红和利息(PD)所产生的结果: $PD \equiv C_k + S_k$。

如果资本所有者向银行借款,(在宏观经济层面)这不是为了消费,而是为了他们的一级或二级金融活动(附录 3A, §3A-2)。

和同方向的价格效应 Δi 结合起来的结果)。

5§5 投资的决定因素

本目概述了投资(I)的决定因素,以及利润方程式(5.4)的其余决定因素。

❶ 投资:初步概念化

K 为积累的总资本,投资是其新增的部分:

$$\Delta K_t = I_t \quad [\text{忽略在设备变得陈旧时由于折旧造成的贬值}] \quad (5.6)$$

$$\Delta K_t^* = I_t - scrap_t \quad [\text{包括折旧部分}] \quad (5.6a)^{[1]}$$

相较于消费,投资的决定因素相当复杂,并且从结果来看投资的波动性远大于消费。投资主要由两个因素决定(其中每一个都是许多决定因素的集中表现):上一期内部利润率(ρ);以及上一期非意愿的产能过剩率($\emptyset$):

$$I_t = f(\rho_{t-1};\emptyset_{t-1}) \quad [I \text{ 与 } \rho \text{ 正相关,与 } \emptyset \text{ 负相关}] \quad (5.7)^{[2]}$$

❷ 投资和内部利润率(ρ)

随整体利润率(ω)之后的内部利润率(ρ)是本书迄今所发展的各种决定因素的"集中表现"。该集中还会传递至投资的决定。我尤其提到决定资本生产过程的所有因素(第1章第5节),包括对其进行管理(2§2),以及资本生产所需条件,即劳动力扩张(第2章第3节)、货币扩张(第2章第4节)、金融(第3章第2节,第3章第3节)、确认宏观经济支出的生产(第3章第4节)以及企业分层结构(第4章第1节,第4章第3节)。因此,内部利润率是资本主义系统衡量资本运动及投资的关键的内在指标。[3]

我再次强调,在本书的阐述中,受卡莱茨基对该问题的启发,利润并不在为投资提供融资的意义上决定投资,而是投资通过确认已生产的剩余价值(3§10),成为利润的一项主要决定因素("主要",即相较于 $i\varepsilon K$)——这与主流经济学相反。

---

[1] 均衡模型同(5.6)一致。等式(5.6a)明确了为什么资本积累不能被简化为投资

[2] 该方程与3§10的式(3.8)有些偏差。其一,在现在的等式中 PVF 条件通过 $i\varepsilon K$ 而隐含于 ρ 中。其二,式(3.8)中意愿生产因子(X^d)(在引入第4章的分层化之前)现在通过产能过剩系数 $\emptyset$ 而被规定,如下文所述。

[3] 以下论点与商业周期无关,但与资本主义系统的结构性运动相关。即使内部利润率是投资的一个关键决定因素,内部利润率本身所提供的也不是绝对基准,因为用现行平均的内部利润率或通行的内部利润来评判适当性是一种经验做法,并且与大的结构发展阶段有关。与商业周期相关的是当前时代的内部利润率,它覆盖多个商业周期。

不过,这一作为结果的利润决定了作为结果的利润率(ρ),它作为一个衡量成功与否的指标(与其他因素)共同决定下一期的投资。因此,把式(3.10)和式(5.7)或式(5.4)和式(5.7)(包括其时间下标)结合起来极其重要。

请注意,给定 ρ 的决定(式5.2),投资的融资行为是通过利率(i)被考虑在内的。其背后的主张是,企业总可以从银行获得信贷,即便可能是以一个他们认为高得过分的利率,这导致他们或许会拒绝该信贷。

❸ 投资与非意愿产能过剩率($\emptyset$)

技术性(过剩)产能比率是当前的产出比上现有资本资产(K)水平下成本最小化的产出。[1] 我区分了意愿的产能过剩(o)和非意愿的产能过剩($\emptyset$)。个别企业可能希望保持一定程度的产能过剩(o),首先是因为它们预期在不久的将来有效需求会增加,其次是出于市场战略原因(关于市场份额或竞争性价格反应)。[2] 非意愿的产能过剩率($\emptyset$)衡量的是超出其意愿比率的产能过剩。[3] 从现在起,"意愿的产能过剩(desired overcapacity)"将被这样表示。为简便见,"产能过剩(overcapacity)"总是代表"非意愿的产能过剩"($\emptyset$)。

在第5章第2节中我们将看到,产能过剩($\emptyset$)是生产和资本积累周期性运动过程的重要决定因素。更确切地说,它限制了由内部利润率决定的投资。即使在某些特定时刻,企业认为内部利润率(ρ)很"高"或高到足以进行有利可图的追加投资,在存在产能过剩的情况下进一步提高产能是没有意义的,即超出了其意愿的比率。请注意,意愿的产能过剩也表明企业对未来的"乐观"程度。[4]

5§5-a 补论 斯坦德尔(Steindl)论投资

在斯坦德尔(1976[1952])的论述中也可以发现,产能和非意愿的产能过剩是投资的决定因素。斯坦德尔还提出,他所谓的"负债因素"也影响利润(参考式5.5,以及我在5§4中的近似 $\Delta RPVF \approx \Delta \epsilon K$)。关于斯坦德尔,参见海因(Hein, 2015),特别是章节3—4,以及他提供的参考文献。

---

[1] 这种(过剩)产能适用于厂房和设备以及部分不能(或不容易)改变的劳动力产能。在大多数部门中,任何生产过剩都被认为是企业能够相当快调整的暂时性因素。
[2] 我们在第4章第3节中看到,企业可能在过剩的产能水平上生产,它们既可能出于战略原因而自愿生产(价格主导者),也可能是因为市场环境迫使它们这样做(那些被迫遵从价格主导者的情况)。
[3] 任何产能过剩都会通过主要影响分母 K 而对当前利润率产生负面影响。就意愿的产能过剩而言,这种负面影响预期将在未来得到补偿。
[4] 因此,意愿和非意愿产能过剩之间的区分,包括凯恩斯(1936)所称"动物精神"的因素(企业管理层对未来的直觉)。

5§6 一个简缩的宏观经济序列

本目根据一个完全简缩的经济序列来整合前文部分线索。按顺序呈现宏观过程很困难,因为我们实际上有微观和宏观经济的循环,其中所有一切都同时运动。虽然如此,经济活动(水平的变化)必然始于生产。

(0) 一种经济状态引致了某个产能过剩率($\emptyset$)下的内部利润率(ρ)——$\emptyset$ 可能为零。该结果决定了下一期的状态及相应序列(图 5.2,第 1 列)。

(1) 该结果决定新一期生产的预期水平,mL^a 为其核心。变化程度决定于由 PVF 所中介的投资,而对投资而言已实现的 ρ 和 $\emptyset$ 是决定性的(图 5.2,第 2 列)。

(2a) 劳动力创造产出(α),而其工资实现了产出(消费品生产商的销售额)。投资既创造了产能(生产),又是实现了产出(生产资料生产商的销售额)。

(2b) 各种企业和资本所有者的支出(其投资和消费)减去劳动者的储蓄,实现了利润(通过剩余价值的实现)(图 5.2,第 3 列)。

(3) 这导致了在某个产能过剩率($\emptyset$)水平下的内部利润率(ρ),进而决定了下一期的状态及其相应序列[类似于上面的(0)](图 5.2,第 4 列)。

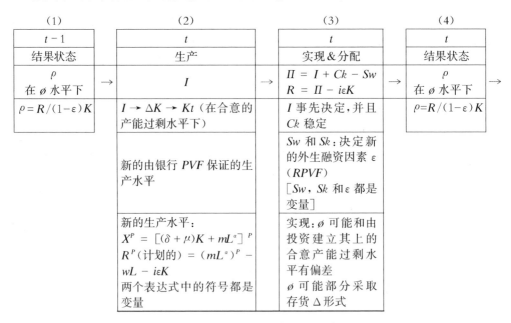

图 5.2 决定生产和利润的简缩宏观经济序列

5§6-a 补论 商业周期理论

在20世纪60年代之前,商业周期几乎没有被主流新古典主义经济学家理论化,想必是因为它很难融入新古典的均衡框架。直到20世纪60年代,弗里德曼(Friedman)同其合作者才开始着手研究这一问题,20世纪70年代末的卢卡斯(Lucas)紧随其后。在这之前,商业周期主要被经济学/政治经济学中的非主流异端学派所研究和理论化,马克思是第一位商业周期理论家(见附录5B)。正如本书总导言所指出的,评述相关文献通常超出了本书的范围(参考文献大多仅限于致敬与鸣谢)。一系列关于各个流派商业周期理论的简要概述,请参阅《宏观经济学百科全书》(斯诺登和维恩,2002)中的文章及它们在文中所讨论的文献。主流流派:货币主义进路(哈蒙德,2002);新兴(New)古典进路(斯诺登和维恩,2002b);政治商业周期进路(弗雷与本茨,2002);真实商业周期进路(莱恩,2002)。异端流派:奥地利学派进路(加里森,2002);凯恩斯主义进路(特里格,2002);马克思主义进路(罗藤,2002b)。

5§6-b 详述 美国1950—2015年商业周期的经验指标

作为下一节的准备,图5.3显示了20世纪下半叶以来美国的GDP变化,以及经济衰退期。

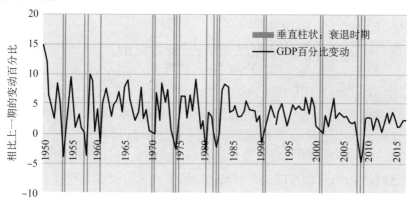

图5.3 1950—2015年美国的GDP变化和经济衰退

注:线 实际GDP,较上一期的百分比变动,半年度数据,季节性调整后的年度变动率数据。
垂直的条块 基于NBER的衰退指标,从高峰到低谷之后的时期,半年度数据。
数据来源:FRED经济数据(圣路易斯联邦储备银行)[1]。

---

[1] https://fred.stlouisfed.org/. GDP 更新于 2017 年 12 月 21 日;NBER 指数更新于 2018 年 1 月 3 日(以上均于 2018 年 1 月 11 日获取)。

第 2 节

资本的周期性过度积累和毁灭——商业周期

在本节,我们抵达了本书对资本主义经济阐述的最具体层次。尽管在某种意义上资本运动必然是周期性的,但这应该被理解为一种必然的上升与下降运动,即一种加速扩张并且紧接着停滞与收缩的运动。在这种意义上,运动的周期循环是有规律的。这种规律性并不适用于周期的长度(一周期顶端和下一周期顶端间的时长)或周期的振幅(一个周期的顶端与低谷积累水平之间的差值)。就后一种意义而言,第 2 节绝对抵达了偶然性层面。不过就第一种意义,资本的周期性运动是对迄今所讨论的所有必然性环节的具体综合。本节特定的阐述不会明确提及第一至四章所讨论的每一环节,这实际上是一个自我施加的篇幅限制问题(即文本)。第 1 节已为该综合会明确提及的环节做了准备。

那些习惯于仅通过模型来解释商业周期的读者应当注意,本节——作为一个"环节"——更准确地说展现的是模型的框架。

5§7 资本阶段性分层的周期性运动:预备性讨论

在迄今为止的讨论中,资本主义经济的决定因素似乎通过扩张生产来维持资本的持续积累(第1—4章)。事实上,正如我们将在 5§8 看到,这些决定因素太过于维持这种积累,以至于反复地诱发资本的过度积累,这导致——至少在相当长的一段时间内——显然是系统性反常的抑制反应。我们会看到,积累的"逻辑"由此转向它的对立面,伴随开除工人即剩余价值生产者的资本的毁灭。其委婉的说法是经济"收缩"。那么,为了资本主义系统的再生产,应有一种系统内生的力量把这种收缩引向新兴的扩张(在 5§9 讨论)。这些统称为资本的周期性运动。

5§6 讨论了资本生产、融资和积累的简缩宏观经济序列。接下来的各目对资本的周期性运动作如下讨论,其中各个序列分阶段地同向变动:扩张或收缩。图 5.4 按照我将在接下来两目中阐明的六个阶段的顺序,展示这种周期性运动的型式化曲线。

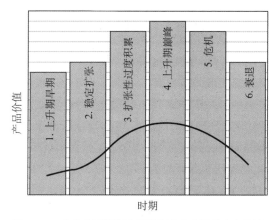

图 5.4　一个商业周期的型式图形（六个阶段的生产增长）

注：虽然图中各阶段的持续时间已统一，但实际上它们之间的差异很大。各周期之间的振幅（波谷和波峰之间的价值差额）差异也很大。

一个阐述周期性运动的主要的系统化框架会是资本的分层（第 4 章）。一方面，现在将把分层放在宏观经济视角来考虑。另一方面，它会被分解为资本运动的阶段性形式。在采用该框架时，焦点在于经济中处于边际通货膨胀结构之内的竞争激烈、变化迅速的部门（参见第 4 章第 3 节）。不过，由于当前的阐述将所有的分层整合到一个宏观经济的分层中，停滞的部门（参见第 4 章第 4 节）也是其中一部分。

如果延续第四章，图 5.5 可以被理解为某一随机的微观经济部门随时间的运

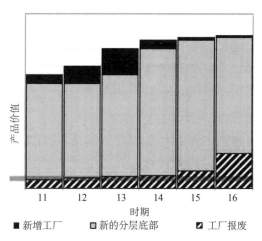

图 5.5　资本的阶段性宏观经济分层

动(顶部是新增的工厂,底部是废弃的工厂)。但是在本节的剩余部分,它被理解为一种宏观经济结构。后续内容将忽略定期的报废(在底部粗线的下方)。

5§8　周期性运动(1):从扩张到停滞

(在阅读下面正文部分时,读者可能需要参考图 5.6 和图 5.7(第 262—263 页)的概括。说明 5§9-b 扩展了后一张图,更详细地概述了所有周期阶段,读者可以根据需要选择性地跳转到该部分。请注意,尤其是图 5.7 是为那些需要概览详细信息的读者提供的。)

Ⓐ 早期和稳定扩张期(第 1、2 阶段)

在扩张的前两个阶段(早期回升期和稳定扩张期),过剩产能可以忽略不计,伴随着内部利润率的确定,投资不断增加(5§5)。[1] 结果是持续增加的利润(R)以及内部利润率(ρ)的增长。在迟疑不决的早期回升阶段(第一阶段)之后,行为人将第二阶段视为一种"回归正常"阶段,这产生了一个乐观的环境。事实上,考虑周期的所有阶段,稳定扩张的第二阶段是一种典型化的("正常的")情况(请参阅图 5.7 第二列的列表)。

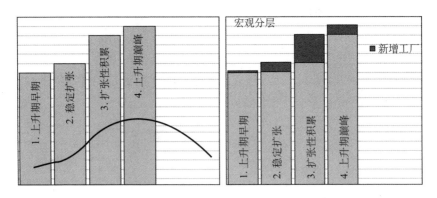

Ⓑ 扩张性过度积累(第 3 阶段)

危机和衰退的主要条件奠基于第 3 阶段的扩张。行为人通常认为这是一个繁荣的阶段,如果就收入和就业而言确实如此。回想一下 5§2:

$$\rho = \frac{R}{K - \varepsilon K} = \frac{[1 + Ck - Sw] - i\varepsilon K}{K - \varepsilon K} \tag{5.5}$$

---

[1] 在 5§9 中,我们将看到早期扩张是如何从经济衰退(即前一阶段)带来的利润率提高开始的。

1. 不断上升的利润（R）和利润率（ρ）以及上一阶段轻微的产能过剩产生了普遍狂热的投资。企业热切地不愿错失良机。总体来看，这推动了部门的分层扩展。这种情况本身产生了另一轮由投资决定的利润增长（R）。然而，投资（从根本上未经协调的）的大幅增加——以及由此的资本积累（K）——也产生了巨大的产能过剩（$\varnothing$）。分别考虑这两个问题，就内部利润率（ρ）而言，我们由投资支出产生的利润增长效应超过了资本增长效应，因此 ρ 提高。

2. 然而，增加的储蓄缓和了利润（R）的增长（因此有效需求面临压力）。由于扩张伴随着就业以及工资的增加，部分劳动力的储蓄也随之增加（Sw——回想一下，它是由一个持续增长的储蓄率 s_w 所影响的）。回想一下，资本所有者的消费支出大致上恒定（然而他们的储蓄，Sk，由于利润分配的增加而提升，影响了 $RPVF$——下面的第 3 点）。

3. 利润（R）的增长由于融资而进一步缓和。因为这种扩张不仅使银行预先确认的融资（PVF）增长，更重要的是，储蓄的增加意味着这些融资将有更大的部分无法被偿还（$\Delta RPVF$）。因此，我们有一个不断增长的 $\Delta RPVF \approx \Delta \varepsilon K$。由于风险增加，利率也上升（$i$）。这意味着（参见 5§4）外部融资的杠杆效应被压低（并且或许已经开始成为负值）。

对利润和内部利润率（ρ）的净影响（1—3）是一个经验问题。可以说，与上一阶段相比，ρ 基本不变。或许它会下降或上升，但正如我们将在下文看到，这对于周期性运动的进一步发展而言不是特别重要。

一般来说，该第 3 阶段将第 2 阶段的稳定积累转变为资本的过度积累（虽然如此，这依旧符合积累的"逻辑"——第 2 章第 1 节）。[1]

● 扩张的顶峰和转折点（第 4 阶段）

对下一阶段——扩张的顶峰阶段——来说，最重要的是已经被积累起来的产能过剩。[2] 给定投资的决定因素（内部利润率和非意愿的产能过剩），企业会对其进行权衡。面对非意愿的产能过剩，他们认为额外投资毫无意义（5§5）。[3] 因此，一般来说企业会削减投资（一些投资可能仍会继续：第一，因为投资计划还在进行；第二，因为部分企业仍保持乐观）。这种投资的减少意味着对利润的投资支

---

[1] 通过非意愿的产能过剩率（$\varnothing$）对资本的过度积累进行事后衡量；进一步参见说明 5§9-b。

[2] 例如就房地产（"出租"）等情况而言，产能过剩是可公开观察到的。早期建筑的修建推动了就业和利润。类似的现象也发生在更少曝光的生产企业大门后，不太容易公开观察——直到工厂关闭。

[3] 只有在个别企业能够实现巨大的创新飞跃时有例外（4D3）——巨大的，也就是说在前一阶段已经大规模实施的进展之上。

出效应现在以负的为主导,因此内部利润率肯定会下降,并且十分急剧。请注意,尽管 PVF 和 RPVF 的增长会因投资的减少而下降,银行的风险仍然在不断增加,因此利率进一步抑制利润(R)。

由于持续的生产增长(尽管以一个减缓的速率),就业增加,进而工资率有进一步上升的压力,这对储蓄产生了如上所述(B-2)的同样的影响——现在这一影响进一步加强了。

基于各种力量的合成,企业应该采取什么行动并不明确。中小企业没有容易的出路。但是,对于大型到超大型企业,这往往有所不同。[1] 它们的规模以及该规模通常由几家工厂组成的事实,使它们能够对其企业进行成本削减性重组。与此同时,它们将有选择地放慢其重置投资和雇用劳动力的速度(因此那些企业/工厂的增长率会变缓或呈负增长)。尽管以它们的视角来看这是合理的,但这些行为的宏观经济影响会消除可能的增长,并终结普遍的经济扩张。

关于各阶段持续时间的注释

我以对各阶段的日历时间的注释来结束本小节。每个阶段的持续时间是一个经验问题。例如,一个阶段的持续时间可能是半年或 3 年甚至更久。从经验上看,一个完整的周期似乎在 6—12 年(罕有)。该问题与各阶段的特征有关(另见图 5.7)。例如,过度积累阶段(第 3 阶段)可能是一个延长了的阶段,多半伴随着一种逐渐发展的过度积累和产能过剩,那么利润率(ρ)或许会在该阶段中途或接近尾声时趋于下降。

5§8-a　说明　对资本周期性运动阶段的总结

图 5.6 简要概括了资本运动的各个阶段(包括四个扩张阶段和两个收缩阶段)。图 5.7 是一个更详细的总结。至此,讨论的内容只与扩张有关(读者可以在阅读下一目后转至收缩部分)。

---

[1] "大型"企业的相对重要性取决于特定的经济体。举例来说,2010 年荷兰"大型企业"(超过 100 名工人)几乎占企业总数的 1%,就业人数略高于总就业人数的 60%。(其中"超大型企业"(>500 名工人)占企业数量的 0.2%,就业人数占总就业人数的 44%。)(数据来源:荷兰中央统计局,"Statline",2012 年 3 月 12 日获取)

第 5 章 资本的周期性过度积累和毁灭

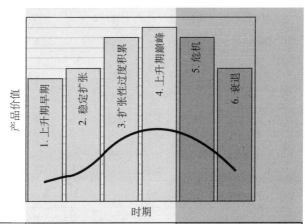

	扩张(1—4 阶段)	收缩(5—6 阶段)
生产和投资 投资(ΔK) 生产和雇用 工资率 失业率(u)*	从↑经过↑↑到↓ ↑ ↑ ↓	↓ ↓↓ ↓ ↑
金融 来自银行的 PVF 储蓄对 RPVF 的影响 RPVF 和 εK 的结果 $i\varepsilon K$ 的结果	↑ $Sw\uparrow$;$Sk\uparrow$(都不断增长) ↑ ↑	↓ $Sw\downarrow$;$Sk\downarrow$ ↓ ↓
支出 支出($I + Ck - Sw$) 总支出	$I\uparrow$;Ck 不变;$Sw\uparrow$ ↑	$I\downarrow$;Ck 不变;$Sw\downarrow$ ↓
资本和产能 过剩产能($\emptyset$) 资本(K)	从可忽略不计到↑↑ ↑	资本毁灭(直到 $\emptyset = 0$) ↓
结果 利润($R = [I + Ck - Sw] - i\varepsilon K$) 利润率($\rho = R/K - \varepsilon K$)	↑(受支出支配)** 从↑到↓	↓(受支出支配) 从↓到↑(K 支配)

图 5.6 周期性运动的简单总结:扩张和收缩

注:* 其他情况相同时的劳动增长率。
** 扩张最高处利润减少。

上升期早期	稳定扩张	过度积累	上升期巅峰	危机	衰退
缓慢增长	稳定增长	加速增长	减速增长	突然零增长	零到可忽略的增长
$I\uparrow;K\uparrow\to L\uparrow Y\uparrow$ [缓慢]	$I\uparrow;K\uparrow\to L\uparrow Y\uparrow$ [稳定]	$I\uparrow;K\uparrow\to L\uparrow Y\uparrow$ [加速]	$I\uparrow;K\uparrow\to L\uparrow Y\uparrow$ [受阻]	$I\downarrow;K\downarrow\to L\downarrow Y\downarrow$ [迅速]	I 不变;$K\leftarrow\to L\leftarrow Y\leftarrow$ [不稳]
回忆 5§5,投资(I)由之前阶段的 ρ 和 ϕ 决定（见下）						
u 不变,w 不变, $\alpha\uparrow,e\uparrow$	$u\downarrow$（稳定）,$w\downarrow$, $\alpha\uparrow,e\uparrow$	$u\downarrow$（加速）,$w\uparrow$, $\alpha\downarrow,e\uparrow$	$u\downarrow$（受阻）,$w\uparrow$, $\alpha\downarrow,e\uparrow$	$u\uparrow$（缓慢）,$w\downarrow$, $\alpha\uparrow,e\downarrow$	$u\uparrow$（迅速加速）,$w\downarrow$, $\alpha\uparrow,e\uparrow$
宏观经济分层的典型运动 分层的表面指示了资本积累和生产的各个阶段					
			$\sum n+5$	$\sum n+5$	$\sum n+5$
		$\sum n+4$ 工厂增加			
工厂增加	$\sum n+1$ 工厂增加				
ϕ 不变	ϕ 不变	$\phi\uparrow\uparrow$	$\phi\uparrow$	$\phi\downarrow$	$\phi\downarrow$
I 影响:$R\uparrow$	I 影响:$R\uparrow$	I 影响:$R\uparrow\uparrow$	I 影响:$R\downarrow\downarrow$	I 影响:$R\downarrow$	I 影响:R 不变
Sk 和 Sw 不变	$Sk\uparrow$,Sw 不变	$Sk\uparrow$,$Sw\uparrow$	$Sk\downarrow$,$Sw\uparrow$	Sk 不变,$Sw\downarrow$	Sk 不变,$Sw\downarrow$
Sw 影响:R 不变	Sw 影响:R 不变	Sw 影响:$R\downarrow$	Sw 影响:$R\downarrow$	Sw 影响:R 不变	Sw 影响:$R\uparrow$
$RPVF$ 不变	$RPVF$ 略微$\uparrow$	$RPVF$ 陡峭$\uparrow\uparrow$	$RPVF$ 略微$\uparrow$	$RPVF$ 略微$\downarrow$	$RPVF$ 强烈$\downarrow$
$RPVF$ 杠杆:正	$RPVF$ 杠杆:正	$RPVF$ 杠杆:降	$RPVF$ 杠杆:降	$RPVF$ 杠杆:负	$RPVF$ 杠杆:趋向正
$K\uparrow;R'>K'$	$K\uparrow;R'>K'$	$K\uparrow;R'\approx K'$?	$K\uparrow;R'<K'$	$K\downarrow;R'=K'<0$	$K\downarrow;R'>K'<0$
ρ 微弱$\uparrow$	$\rho\uparrow$	$\rho\uparrow$或不变?	ρ 迅速$\downarrow$	ρ 不变	$\rho\uparrow$
				报废工厂 物理摧毁和 贬值摧毁	
$\sum 2$	$\sum 2$	$\sum 2$	$\sum 2$	$\sum h+1$	
$\sum 1$	$\sum 1$	$\sum 1$	$\sum 1$	$\sum h$	

图 5.7 资本周期性运动的型式化总结：核心宏观经济变量（在 5§9-b 中详细阐述）

注：层中的评论适用于分层所有范围的平均。
变化（$\uparrow\downarrow><$）或没变化（不变）都是指和前一阶段对比。
$X'=X$ 的增长率。
求和符号 $\sum$ 将微观部门分层（第四章）加总为宏观水平。
表格没有展示危机和衰退中温和的（替代）投资如何表示。
该图抽象了周期内任何"正常的"不良管理故障。

α	劳动生产力	∅	(意愿外)产能过剩率	S_k	资本所有者的储蓄
e	剩余价值率(Π/wL)	PVF	预先实现的融资	S_w	工资储蓄
I	投资	RPVF	剩余 PVF	u	失业率
K	资本(资产)	R	内部利润	w	工资率
L	雇用的劳动	ρ	内部利润率	Y	宏观经济的收入

5§9 周期性运动(2):从停滞到收缩和重新扩张

资本主义系统所有的决定因素都相互关联,这意味着它能够很好地应对经济增长——并且在迄今为止的大部分时间里,它确实带来了增长。然而,这个系统几乎不会应对下滑的增长,更无法应对萎缩的经济活动(负增长或衰退)。对于这些状况,系统内生的反应往往是不理智的、反应过度的,并且会加剧问题。

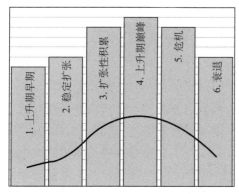
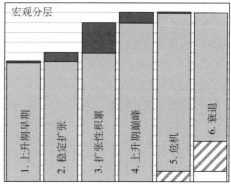

A 经济危机,或早期衰退(第5阶段)

A-1 螺旋式下降

我们在5§8看到,在上升期的顶峰阶段,大型企业对利润率下降的最初反应是进行重组,并且伴随选择性的投资增速减缓与所雇用劳动力的减少。这导致了一个普遍的、有效需求引致的就业、投资和利润的螺旋式下降。这种负向的螺旋结构一旦开始,就很难停下来。经济一旦进入(早期)衰退期,投资不足就不再是唯一的问题;同时还有普遍的有效需求不足。此外,尽管 PVF 下降了,但早期积累的 RPVF 所需的利息转变为一个去杠杆化过程,从而进一步挤压内部利润。

在这一阶段,大型企业继续实施在第4阶段已经开始的重组行动方案,而且还会关闭工厂。已经亏损经营的中小企业走向破产,其他企业则竭尽全力地削减成本。由于实体毁灭以及/或者伴随于此的资本贬值($K\downarrow$),利润率可能不会在其早期急剧下降之上更进一步下降。

该阶段的持续时长与衰退程度,很大程度上取决于前一扩张顶峰阶段的突发性与时间长短。短暂而突然的顶峰阶段往往会产生急剧的危机(或早期衰退)。

A-2 银行危机与倒闭

早期衰退阶段可能但不一定与银行业危机(包括银行倒闭)有关。当伴随银行业危机时,这一阶段衰退程度就会很深,并且往往会持续很长时间。用术语"危机"一词来描述"早期衰退"和银行业危机的结合是最恰当的。[1] 从第2章和第3章我们得知,银行对资本主义系统至关重要。因此,用危机来形容两者的结合是恰当的,因为银行业危机不仅是各银行的危机,而且事实上是整个系统的危机。

B 衰退(第6阶段)

在衰退阶段,螺旋式下降(上述 A-1)仍在继续。不过与此同时,该阶段为新一轮上升期准备了条件。本目剩余部分主要关注这些条件(B-1—B-6),正如我们将看到的,这些条件会实现利润率(ρ)的恢复。

B-1 资本重组:消灭积累的资本

衰退的主要特征在于,"资本重组"的程度与其前一阶段的温和起步相比大大加强。简言之,这涉及加强内部改组、破产、接管以及兼并——后两者因而导致了资本的周期性集中(区别于结构性集中——第4章第5节)。除破产以外,这还伴随着效率最低的工厂被关闭。这些共同作用,消除了在扩张阶段所积累的大部分产能过剩。[2] 总之,我们就此遭受了剧烈的周期性资本毁灭与资本贬值。由此周期的前几个阶段所生产和积累的部分资本被消灭了($K'<0$)。就这样,通过部分消灭扩张,扩张结束时所表现出来的那些显然是不可克服的问题(5§8)被"解决"。

但与此同时,那些被运用的自然资源,无论是否纳入 MVD 之中(1§14,标题2),都被摧毁了。因此,这至少会影响人类与自然共生代谢的最终的系统条件(1§9)。更直接地说,生产活动和生产能力的毁灭会破坏劳动者就业。由此造成

---

[1] 1940年之前,大约三分之一的周期顶峰阶段结束于某种形式的银行危机。此后银行业危机变得更少见是与国家调节有关(参见第十章)。

[2] "大部分"产能过剩被消除。储备金充足的大公司往往能够在产能过剩的情况下存活,或许得到了银行的协助。

的苦难集中于那些被驱逐的失业者群体。他们及其子女中的绝大多数,因"创造与毁灭"的进程而牺牲[沿着这一西西弗式的进程,即使人均实际收入可能有所增加,但人们之间并不平等,尤其失业者在这方面是"特殊类别"(hors catégorie)]。

接下来的因素是这种资本重组的"副产品",它们有助于开启新的扩张。

B-2 由储蓄维持的生存和下降的 RPVF

工人由于资本重组被解雇。因此,虽然许多企业和融资者失去了其部分资本(即使企业的公司形式可以减轻风险——2§12 和 3§5),而许多工人则丧失了其生活资料。通常工人至少在一段时间内,可以利用以前的储蓄(例如,他们自己的,亲戚朋友的,或由工会所筹集的资金)来存活。这种对储蓄的花费压低了 RPVF。这也适用于资本所有者,当利润分配减少或为零时,他们用其以前的储蓄维持生活水平。从就业工人那部分看,由于普遍失业所导致的工资下降,储蓄会进一步被压低。

B-3 伴随金融资本结构重建的银行损失

由于资本重组,尤其是破产,银行也不得不承担金融资本损失。[1] 另一方面,这些也重建了银行的资产负债表的结构,因为质量不佳的资产可能从资产端消失了。

此外,从上升期的顶端开始并持续至整个衰退阶段,银行会从过度积累阶段 PVF(尤其是 RPVF)过于虚假的增长中喘一口气。[2] 这次喘息的机会也会重建它们资产负债表的结构。

B-4 工人的屈从:来自衰退的规训

随着资本重组,剩余企业的内部利润率被进一步推高,因为失业造成了屈从,从而影响了工人在生产中的权利——即那些仍有工作的工人的权利。回想第 2 章第 2 节和第 3 章第 6 节,劳动的屈从性实际上是一个主要的不确定因素。资本重组是一个主要的规训因素。

资本重组(从 B-1 到 B-4)的结果是剩余企业的内部利润率上升。只要没有额外的有效需求出现,或者至少没有对其预期,这本身不足以推动额外投资。

---

[1] 即使银行可能拥有扩张过程中积累的风险溢价准备金,这仍然会缩短其资产负债表。
[2] 雅各布和库莫夫观察到,"特别是在金融周期的繁荣期,当所有银行同时决定增加贷款时,这是它们自身评估新贷款对其盈利能力和偿债能力的影响的结果。"然而,"一个考虑是否与其竞争对手的行为有显著差异的个体银行"面临着"向次级借款人过快放贷会增加信贷风险"和"如果太多客户被竞争对手抢走,其客户数量会减少"的困境。

B-5　工艺的周期性"贮藏"和应用

因为效率最低的工厂通过资本重组被废弃,我们的分层范围缩小了。[1] 由此,我们看到,在经济扩张期间形成的结构性产能过剩被消除了。

一般来说,任何成功的新工厂投资,要么需要额外的需求(在经济衰退时不是这样),要么需要层级顶部和底部之间的生产率差异。这种差异应该是这样的:通过投资产生的普遍产能过剩,会迫使层级下方的工厂被淘汰——从而缓解普遍的产能过剩。相反,由结构调整导致的总体范围缩小,减少了这种生产力差异的机会。

然而,随着经济衰退,当新工厂的投资不再出现时,研究和开发仍在继续,但新技术(new technology)并没有在新工艺(new techniques)中使用。[2] 因此我们有了对新工艺的"贮藏"。当这种贮藏建立起来后,资本会在某个时间点投资新工艺,目的是淘汰底层工厂(这就是目的;然而,如果全面的新一轮投资产生了足够的宏观经济增长,那么这种淘汰可能不会马上发生——见第一阶段,以及在5§9-b 中提到的脆弱性)。因此,总的来说,我们在新技术的使用上有一个周期性的集中或分散。

请注意,与上述所有内容一样,这是一个宏观经济描述。在衰退中,一些行业可能会继续投资,即使规模较小,因此这些行业的贮藏行为也是比较缓和的。

B-6　延续银行信贷

由于 B-1 到 B-4 的因素,银行倾向于接纳 B-5 的投资项目。

●早期扩张(第一阶段)

在某种程度上,工艺的应用在宏观经济上是同步的(以及 B-1 到 B-4 因素),这就会产生一种温和但普遍的投资刺激(至少在最初不需要淘汰)。这为新一轮扩张提供了动力(上升期早期阶段,如前一节所述)。[3]

5§9-a　补论　马克思和熊彼特论周期性运动与"新组合"

马克思在《资本论》第一卷第七篇和《资本论》第三卷第三篇(马克思 1976[1867]和 1981[1894])中阐述了资本的周期性运动。熊彼特不仅称赞他是第一位商业周期理论家,而且还称赞他发现了这一现象:"我们几乎找到了曾经进入过严肃的

---

[1] 关于分层范围参见图 4.9。
[2] 即使在严重的经济衰退期,企业也倾向于至少保留其核心研发人员,因为重建研发部门需要耗费巨大的努力和时间。(正文主要强调过程创新;然而,产品创新也是如此。)
[3] 与当前理论相比,熊彼特没有提供推动经济进入上升期的机制(见 5§9-a)。

商业周期分析的所有元素,总的来说,很少有错误。此外,我们不能忘记,仅仅感知到周期性运动的存在在当时就是一项伟大的成就"(2003[1943],pp.40-41)。

第5章第9目的阐述建立在马克思的这一主要见解之上,即在经济衰退中,利润率通过资本的破坏和贬值得以恢复。然而,马克思也认为衰退中的竞争性斗争推动了新生产方法的引入。他用他著名的短语"neue Kombinationen"(新组合)来表达这一点,这启发了熊彼特(1934[1911])。[1] 在马克思的著作中,这些"新组合"是在衰退期还是(主要)在上行期开始应用并不太清楚。无论如何,对熊彼特来说,这种情况发生在上行期早期阶段——对此我表示同意。

然而,无论是马克思还是熊彼特都没有解释为什么发明会在萧条时期产生,并在上行期得到应用。上述关于技术"贮藏"和"应用"的论点是,创新一直都在产生,但平均而言,它们在衰退中的应用不会带来回报,因为资本的重组和集中会导致分层范围的缩小,因此,在(潜在的)顶部和底部之间的生产率差异建立起来之前,企业之间的动态竞争不会显现出来(创新的贮藏)。

5§9-b 说明 商业周期的各个阶段——宏观经济描述

此处的解释主要从宏观经济角度阐述商业周期的过程。图5.7为其概要。尽管本解释为5§8和5§9主要部分的概要增加了细节,但其目的远非详尽无遗。它旨在与本书的总体目的保持一致,即阐明资本主义制度的主要相互联系。然而,现在(正如第4章中已经发生的情况),偶然性越来越多地出现。

我将这个周期分为六个阶段。这个数字有些随意(其他解释可能采用更多或更少的阶段)。

在下文中,我采用了最开始在3§2-a中引入的术语:消费品部门(消费品生产行业的总和)和生产资料部门(生产资料生产行业的总和,包括中间产品)。[2] 除另有说明外,变动/增加/减少指与上一阶段比较而言。

对于下面描述的所有阶段,像前面一样,记住内部利润和内部利润率的公式可能是有用的。

---

[1] 马克思在1972年[1894]第265页写道:"……应用新机器、新的改进工作方法、新组合。"英文版(由Fernbach翻译)使用了"新的组合形式"一词(1981[1894],第363页)。

[2] 生产生产资料的行业所涵盖的范围远不止于"投资"所能衡量的,因为这些还包括所有的"中间产品"生产。大致来说,如今(生产资料的)中间产品的生产相当于GDP的总和,因此总的生产总值是GDP的两倍(这取决于经济的结构;这个数字可以从特定经济体统计的投入产出表中读取)。

$$\rho = \frac{R}{K - \varepsilon K} = \frac{1 + Ck - Sw - i\varepsilon K}{K - \varepsilon K}. \tag{5.5}$$

❶ 上升期早期阶段（经济复苏期）

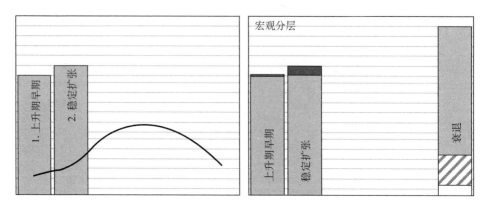

第一阶段本质上是最脆弱的阶段。（在所谓的"双底型衰退"中，经济复苏期的脆弱性会导致我们再次陷入衰退。）

- 在经济复苏期，我们有温和的 $I\uparrow$ 和 $L\uparrow$ 和因此而出现的 $Y\uparrow$。率先增加生产的是 MP 部门，它首先增加了重置投资的生产，然后在净投资中产生乘数效应。这项投资和生产都体现了新工艺。

- 对额外重置投资的需求，以及接下来的 I、L 和 Y 的增加，是由三个因素的组合触发的，这是衰退的结果，因此它们的解释必须推迟（见阶段 6 和第 5 章第 9 目）。在这里我只提到这些：(a) 一由于资本的贬值性重组而恢复的利润率（通过资本的贬值性重组，低效率的工厂/企业被废弃或淘汰），以及通过资本的贬值性重组，剩余的工厂可以在接近完全产能的水平上生产；(b) 对于幸存的企业，由于工资下降以及工人屈从性的提高，利润率进一步恢复；(c) 对工艺的"贮藏"（在当前经济复苏期被应用）。所有这些因素都导致了劳动生产率的提高。

- 利润率的恢复为银行通过额外的 PVF 来适应投资的增加提供了信心。上文所述的衰退因素在经济复苏期（进一步）生效。"贮藏劳动能力"的工厂其生产率也得到了提高。[1]

---

[1]"劳动贮藏"（实际上是劳动能力贮藏）指的是企业在经济衰退期不愿解雇那些在预期的经济复苏中可能难以被其他工人取代的专业人员梯队。因此，在经济衰退期间，这些人员或许拿着全额工资公司在一定程度上无事可干。

- 尽管 PVF 上升,但与前一阶段的大幅下降相比,RPVF 趋于稳定:资本所有者(由于微薄的利润分配)和就业者(由于工资下降)的微薄储蓄多多少少超过了由失业者群体和为失业者群体所消耗的储蓄。
- 前期 RPVF 的强劲下降,加上前期资本重组的风险降低,意味着利率处于低谷期,因此 RPVF 的杠杆效应(对于现有的 $i\varepsilon K$)是正的。
- 投资仅仅温和地增长意味着几乎没有产能过剩。
- 总而言之,利润(R)上升-主要是由于投资效应-它的增长率大于积累资本的增长率($R'>K'$),从而内部利润率(ρ)上升。

上升期早期			
融资	一般	RPVF 和支出的决定因素	结果
$PVF\uparrow$; $RPVF\approx$不变 RPVF 杠杆:正	$I\uparrow, K\uparrow; L\uparrow; Y\uparrow$ 缓慢增长 $I'>K'$	Sk 和 $Sw\approx$不变 $\emptyset\approx$不变	$R'>K'$　$R\uparrow$; ρ 缓慢$\uparrow$

注:$X' = X$ 的增长率。

❷ 稳定扩张期

在利润率增长和产能过剩削减的基础上,这一阶段宏观经济投资、就业和收入稳步增长。总的来说,人们对未来恢复了信心和乐观。对于企业的管理来说,之前的危机和衰退逐渐被抛至脑后。另一方面,即使失业率下降,很多劳动力仍为失业而苦恼。

投资带来了工厂净增加和产能适度增加,使其接近意愿产能水平。虽然 PVF 随着就业和投资的增加而增加,但 RPVF 也有温和的增加,这是由于部分资本所有者的储蓄逐渐温和增加。利率仍在低谷,因此 RPVF 的杠杆效应为正。利润总额(R)由于投资效应而稳步上升。它的增长率大于积累资本的增长率($R'>k'$),因此内部利润率(ρ)上升。

稳定扩张				
融资	一般	RPVF 和支出的决定因素	结果	
$PVF\uparrow$; $RPVF\uparrow$:些许 RPVF 杠杆:正	$I\uparrow, K\uparrow; L\uparrow; Y\uparrow$ 稳定增长 $I'>K'$	$Sk\uparrow$ $Sw\approx$不变	$\emptyset$ 接近意愿率	$R'>K'$　$R\uparrow$; ρ 缓慢$\uparrow$

❸ 扩张性的过度积累

这是一个普遍急剧增长的积累和增长阶段。投资在上一阶段利润率上升和产能过剩有限的基础上急剧加速。企业不愿错过这些机会。CG 部门（消费品）波动不定，并加强了 MP 部门的增长。若仅考虑投资对利润的影响，则利润增长加速了（$R = I + Ck - Sw - I\varepsilon K$）。仅考虑投资的影响也会对内部利润率（$\rho$）产生正向影响，因为投资的增长率（因此利润的增长率）大于积累的增长率（$I' > K'$）。然而，所有这些影响都被自身通过支出产生的储蓄效应（Sw），以及储蓄效应对 RPVF 进而对 $I\varepsilon K$ 的影响（Sk 和 Sw）所缓和了。

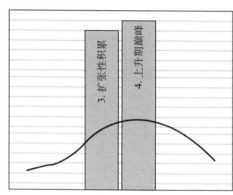
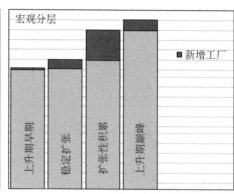

首先，投资的加速伴随着就业的增加和工资率的增加（wL）。来自工资的额外储蓄（Sw）直接缓和了利润的增长（R）。其次，投资和工资的增长都取决于银行 PVF 的增加。因为资本所有者从增加的分配利润中获得额外储蓄（Sk），以及由于工资的额外储蓄（如前所述，Sw），这将伴随着 RPVF 的不成比例的上升。由于银行和其他金融家要求额外的风险溢价，RPVF 的上升影响了外部融资（$i\varepsilon K$）的数量（εK）和价格（i）。RPVF 对利润率的杠杆效应向下移动，或者可能变为负值（这取决于具体情况，可能在具体周期中是不同的）。

如正文所指出的，这些因素对内部利润率的净影响是一个经验问题。下一阶段的决定性因素是（本质上不协调的）广泛增加的投资也会产生巨大的产能过剩。

扩张性过度积累			
融资	一般	RPVF 和支出的决定因素	结果
PVF ↑； RPVF ↑：急速 RPVF 杠杆：↓	I 暴烈↑，K↑；L↑；Y↑ 上升的增长 $I' > K'$	Sk↑；Sw↑	∅ 急剧↑ $R' \approx K'$？ R↑； $\rho \approx$ 不变？

宏观经济产能过剩率($\emptyset$)是衡量宏观经济过度积累的一个指标。当前阶段的特征是"扩张性过度积累"。事实上，行为人（以及经济学家-观察者）通常只在这一阶段的末尾或中途的时候才会意识到过度积累。然而，即使企业可能早些时候就意识到它们的投资可能过多，它们往往也不愿意将市场份额留给竞争对手。所有退出的企业都会被那些不退出的企业淘汰，特别是当后者很少的时候。周期性的资本过度积累几乎成为积累的必要形式。大卡特尔，构成部门间卡特尔的部门垄断者或者最终一个大垄断者可能会阻止这种情况的发生。

❹ 扩张顶峰和拐点

即使在前一阶段末期，内部利润率也会上升而不是下降或停滞，投资会因为产能过剩而回落。即使在一个相对较高的利润率水平上，投资也没有意义，因为这会进一步增加过剩产能（第5章第5目，标题2）。

从宏观上看，由于投资计划和投资订单的执行，以及部分企业对销售业绩和利润率仍持乐观态度，可能仍有温和的投资。考虑到个别投资通常与其他投资互补，一旦确定了计划并下达了投资采购订单，则(t)和($t+1$)或更长时间内的投资相当固定。[1]

投资回落是这一阶段的决定性特征，也是使商业周期转向下行的特征。由于投资支出大幅减少，利润（R）与前一阶段相比急剧下降。与此同时，因为 L 一直在增长（尽管增速有所缓和），所以工资一直在增长（增速没有缓和）。因此，工资储蓄（Sw）增加，这也对剩余价值的确认从而对利润产生负面影响。

与前一阶段相比，PVF 有所下降（由于工资总额增加，PVF 有所上升，但由于投资减少，PVF 下降更多），尽管如此，由于 Sw 增加，$RPVF$ 略有上升，但由于分配利润减少，Sk 下降，这一上升被抵消了。外部融资的这种数量效应，加上风险的增加，使得利率上升，从而外部融资的杠杆效应进一步下降。

结果是，利润和内部利润率急剧下降（参见式5.5）。一旦认识到问题的严重性（也许在这一阶段的后半部分），较小的企业梯队应该采取什么行动来应对这一情况并不清楚。相比之下，从大型到超大型的企业可以开始进行削减成本的重组。正如5§8所指出的，他们将倾向于有选择性地减缓他们的重置投资和对劳动力的雇用（因此，我们就看到，这些企业/工厂的增长率或者缓慢或者是负增长）。这些行动所产生的宏观经济乘数效应抵消了残存的增长，并结束了

---

[1] 在这种情况下，卡莱茨基（1971[1933]，第2—4页）区分了"投资订单""投资品的生产"和"成品设备的交付"（也请参阅 López and Assous 2010 年的讨论，第29—30页）。

整体扩张。

扩张巅峰和转折点				
融资	一般	RPVF 和支出的决定因素	结果	
$PVF\downarrow$; $RPVF\uparrow$:些许 $RPVF$ 杠杆:$\downarrow$	$I\downarrow, K\uparrow; L\uparrow; Y\uparrow$ 增长减速 $I'<K'$	$Sk\downarrow; Sw\uparrow$	$\emptyset\uparrow$	$R'<K'$	$R\downarrow; \rho\downarrow$

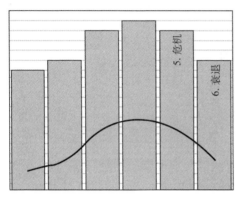
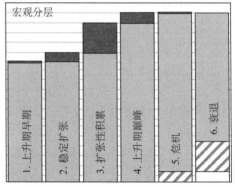

❺ 危机(早期衰退)

我在此不再重复这一阶段的主要概要,就目前的目的而言,这在 5§9(导言和 A 小节)的正文中已经作了充分的描述了。在此,我简要地阐述了这一阶段和下一阶段的螺旋式下降过程,以及当前阶段关于宏观经济利润(R)和利润率(ρ)的一些细节。

前一阶段投资的下降首先打击了 MP 生产部门的销售,因此失业率的上升从这里开始。其影响是消费的下降,这影响了消费品生产部门的销售,从而削减了生产并造成裁员。这重新影响了它自己的销售。作为回应,该部门将削减重置投资,从而再度影响生产资料生产部门。诸如此类。这就是在 5§8 前言中提到的螺旋式下降过程,也是资本主义系统不适合应对经济活动衰退和萎缩的原因(如上所述,这适用于危机阶段,特别是下一小节讨论的第 6 阶段:衰退)。

在当前的早期衰退中,我们首先看到的是小企业的破产。其次,上一阶段大中型企业启动的重组,现在已经发展为对处于层级下方的工厂的废弃。这意味着资本积累(K)减少了,因此产能过剩也减少了。由于 K 下降,虽然宏观经济利润

(R)下降,但与前一个阶段 4 的急剧下降相比,内部利润率倾向于基本不变。利润净下降的原因有:第一,投资支出效应(负的);第二,工资储蓄减少,这产生了适度的正效应;第三,$RPVF$ 的利息增加。尽管 $RPVF$ 数量温和下降,但 ρ 值较前一阶段的急剧下降(目前处于低谷)意味着债务延期需要风险驱动的较高利率。

危机(早期衰退)			
融资	一般	$RPVF$ 和支出的决定因素	结果
$PVF \downarrow$ $RPVF \uparrow$:些许 $RPVF$ 杠杆:负	$I \downarrow; K \downarrow; L \downarrow; Y \downarrow$ 迅速降低 $I' = 0; K' < 0$	$Sk \approx$ 不变 $Sw \downarrow$	$\emptyset \downarrow$ $R' \approx K' < 0$ $R \downarrow;$ $\rho \approx$ 不变

❻ 衰退

实际上,我们将在下文看到,衰退为资本的重新积累准备了条件(在第一阶段,即上升期早期阶段)。在衰退阶段,我们看到由大企业在上升阶段末期发起的持续的资本重组(ROC)。现在我们看到的是普遍化的和强制性的资本重组(ROC)以及资本的集中。强制的原因是越来越多的企业处于破产边缘,而对其他企业来说,内部利润率处于低谷或负值(阶段 4—5)。

ROC:企业内部重组及企业间资本集中。一般来说,ROC 的持续时间和强度(从而此阶段的持续时间和强度)取决于第 3 阶段过度积累的强度。ROC 有许多可能的形式。这包括企业部门的改组,也包括工厂或工厂特定部门的关闭。但 ROC 亦可包含企业间重组。在这种情况下,伴随着企业之间出售和购买工厂,或进行收购或合并(每次都紧接着企业内部重组)。这种企业间的重组被称为"资本集中"。这一术语(源于马克思)适用于企业治理从局域到中央集中的转变。[1]

实际的破产,以及工厂的关闭,意味着在上一个周期的上升期建立起来的东西一定程度上被毁灭了。以前的劳动就业增长大部分都转为失业。从企业的角度来看,与实体工厂关闭相对应的,我们有资本的毁灭,即先前积累的湮灭(因此 $K \downarrow$)。[2] 就资本分层而言,随着效率最低的工厂被废弃,分层范围被强制缩短了(参见图 4.9 的分层范围)。

---

[1] 在主流经济学中,这被称为"集聚"(concentration)。(马克思也使用"集聚"一词,但指的是企业的增长——大企业,即局域性增长。参见马克思的《资本论》第一卷,第 25 章;德文版第 23 章)

[2] 关于 ROC,到目前为止,我从 Fine 和 Harris 的著作中获得了灵感(尤其是 1979 年,第 83—7 页)和 Weeks(1981 年,第 208—13 页)。

ROC 的进一步影响。伴随着这些纯粹的资本效应,随之而来的失业增加导致工资率下降。这不仅意味着有工作的人的储蓄大幅减少,还意味着之前积累了储蓄的失业者(或者如果失业者没有储蓄的话,比如亲属的储蓄)的储蓄减少。同时,RPVF 的下降,推升了留存企业的利润。这种利润推升在一定程度上弥补了(从前一阶段持续而来的)投资接近零对利润的主要负面影响。

与此同时,失业或失业的威胁,也在生产过程中强制实行对劳动者的"规训"、要求劳动者的屈从(2§5,图 2.4),这实际上提高了劳动生产率。

这些对资本和劳动者的影响共同构成了对衰退的"治愈"效应。总之,到目前为止,由 ROC 所造成的资本的大量毁灭/贬值意味着,即使利润处于非常低的水平,留存企业的内部利润率也会增加。

以下融资因素加强了内部利润率的这一增加。首先,由于(从第四阶段开始,源于劳动者和资本所有者的)储蓄的减少,用于工资的 PVF 几乎被企业完全偿还。第二,重组破产意味着银行和其他外部融资者不得不注销他们的贷款,从而降低风险准备金率(RPVF)。第三,对生产企业的资产负债表进行了清偿,由此对于现有的 RPVF,银行的风险有所减轻。这些因素以及它们对利润率的有利影响,意味着银行越来越愿意对债务延期收取较低的利率(与前两个阶段相反)。这意味着杠杆效应现在开始变为正值。

衰退			
融资	一般	RPVF 和支出的决定因素	结果
$PVF \downarrow$ $RPVF \uparrow$:迅速 $RPVF$ 杠杆:趋向正	I 不变(0);$K \downarrow$;$L \downarrow$;$Y \downarrow$ 全不稳定 $I' = 0$;$K' < 0$	$Sk \approx$ 不变 $Sw \downarrow$	$\emptyset \downarrow$ $R' > K' < 0$ $R \approx$ 不变 $\rho \uparrow$

经济衰退的治愈为经济复苏和资本的重新积累提供了先决条件。然而,在生产和收入总体下降的情况下,新一轮投资可能会如何启动这一点并不清楚。它的关键在于资本分层范围和新工艺的贮藏(与应用),如 5§9 标题 D[1] 所解释的。

5§9-a 补论 一个内在的理解

总的来说,这本书对资本主义制度提出了一种内在的批判,也就是说,依据它

---

[1] 原文有误,应该是 5§9 B-5。——译者注

自己的标准进行的批判。这样一来,本书给读者留下了更多的理解空间。以其本身的标准(简而言之,货币价值维度和利润率作为经济活动的标准,这产生了资本为积累而积累的动机),资本积累的周期性运动至少是矛盾的。资本的积累反复导致这种积累的大量毁灭。这种情况不仅是持续地发生(如第 4 章所述的持续废弃),而且是极为周期性的。个体企业和资本所有者总希望能逃离这种周期性波动(dance)。然而,只有少数公司能在一系列漫长的周期中生存。在共同进行资本的过度积累中(第 3 阶段),企业无非是应用了他们自己所强化的系统的"逻辑"。

在个人层面上,资本所有者自愿承担风险(大资本可以分散风险),可能赢也可能输。然而,工人并不会自愿承担风险:对生产资料缺乏控制权,无法获得足够的银行贷款,他们被迫出售自己的劳动能力,并被"雇用"(被使用),否则将面临挨饿的惩罚。这是系统的内在要求。随着工资增加被使用和随着工资减少被使用是一回事。然而,这也是该系统的内在特征,即其周期性运动的最大阴暗面集中在一个特定的群体:那些被解雇的失业者。

此外,至少可以说,就气候和自然资源而言,资本的周期性过度积累和毁灭在物质上可持续多久是值得怀疑的。货币价值维度和利润率仅仅衡量它们所衡量的东西,以及这些东西所包含的内容。

总结和结论

本章叙述了前文阐述在资本周期性运动中的具体表现。我们已经看到了资本的生产和积累是如何具体地采取了这种周期性运动的形式的。本章的阐述在这一具体的层面上综合了前文叙述(第 1—4 章)的许多步骤。然而,由于经济现实不可避免地总是在这个运动的某个阶段(商业周期的某个阶段)这种实际存在,因此对它的阐述也是对先前阐述的具体综合。

第 5 章第 1 节介绍了前几章与当前章节的具体联系,特别是宏观经济中企业的"内部利润"和"内部利润率",它们都考虑了企业的外部融资及其(去)杠杆效应。投资是周期性运动的主要动力,受产能过剩率限制的内部利润率被视为投资决策的核心宏观经济决定因素。该节的最后一部分提出了一个简缩的宏观经济生产序列,它以银行融资、支出对生产的剩余价值的实现、剩余价值向外部融资者的分配以及由此产生的内部利润率为基础。

第 5 章第 2 节阐述了这些序列的阶段系列如何周期性地从扩张阶段(5§8)发

展到危机和收缩阶段(5§9)。在这种周期性运动中,资本主义系统内在的扩张力量产生了资本的过度积累(5§8)。[1] 在危机和衰退中,资本的毁灭为新一轮的扩张和再次收缩创造了条件,从而有力地解决了这一问题(5§9)。也就是说,内部分岔的生产活动被周期性地毁灭了。随之而来的是,应用的自然资源被毁灭了——那些被计入货币价值维度上和没有计入货币价值维度(MVD)的自然资源。随着生产活动和生产能力的毁灭,劳动力的就业也被毁灭了。痛苦集中在那些被迫失业的人身上。绝大多数这些人和他们的孩子,被牺牲在"创造和毁灭"的过程中。即使在这个西西弗式(Sisyphean)过程中,人均实际收入可能会增加,但人们之间并不平等,尤其失业者在这方面是"特殊类别"(hors catégorie)。

从第1—4章的角度看第5章

MVD决定的分岔生产(第1章)造成了资本积累(第2章),后者受到银行融资的约束,继而这一融资(部分地)在事后被替代了(第3章)。因为企业之间的竞争动态互动最终是在生产中决出胜负,并且因为企业力求以最佳方式保存其积累的资本,所以生产结构往往根据劳动的价值生产率和利润率(第4章第1节)进行分层。因此,这种分层结构是阐述资本周期性运动的主要重点。如前所述,内部利润率是投资决策和周期性运动(受产能过剩率限制)的核心决定因素。与"整体利润率"类似(以剩余价值为基础,首先在1§13提出,参见5§1),内部利润率是迄今提出的各种决定因素的集中表现(第一部分),就像它在企业的日常实践一样。内部利润率反映了资本生产内部具体的分岔过程;也就是说,工人通过生产剩余价值($\Pi = mL^\alpha - wL$)为资本所有者生产资本,工人的生产能力(α)是原动力(1§14)。要旨是,现实中抽象的实体(即实践中的抽象,1§4,1§4-b)——即货币价值和利润率——决定了资本主义世界在我们的经验中具体表现的形式,包括经济的高潮和低谷。

工人是价值和资本生产的原动力,而资本本身是其周期性积累过程的原动力,同时也是这种积累的部分毁灭的原动力——工人被动地面对就业和失业的起伏周期。

银行是资本主义系统的高层次制度决定因素(1§4中的货币在第2章第4节中具体化为银行发行的货币)。银行是企业外部融资(及其内部融资)的唯一发起人。银行提供的PVF是资本主义持续的必要条件(第2章第4节,第3章第2

---

[1] 这是一个几乎必要的过程。"几乎":在5§9-b中,在对第三阶段的阐述结束时,指出大卡特尔和垄断者(实际上是一个私人计划的资本主义经济)可能会超越这种必要性。

节)。根据储蓄存在的多少——对企业而言,就存在一个巨大的财务麻烦——就存在一部分未偿还的 PVF($\Delta RPVF$ 等于 $\Delta \varepsilon K$),需要由其他外部融资部分替代。储蓄的程度会影响所需的外部融资的程度。这体现在利率上。它在整个周期中的变化决定了外部融资是否对内部利润率起(去)杠杆作用。

平均而言,工资储蓄会对剩余价值的实现产生负面影响(3§10),因此会对最终利润产生负面影响(5§1)。由于工资储蓄率在周期的各个阶段有所不同,因此会对最终利润产生阶段性影响(在扩张的后半段产生负面影响,在衰退中产生正面影响)。工资储蓄——直接或间接——是失业者的最后的依靠。从工人的角度看,资本的周期性运动是在他们背后发展的。为资本所有者生产资本是资本主义经济的内在要求。我们现在已经看到,随着他们的产品在衰退期的毁灭,工人们还受到了失业的折磨——所有人都受到这种潜在的折磨,许多人实际上受到了这种折磨。这同样是资本主义经济所固有的。从辛苦工作(额头上的汗水)到裁员和贫穷。

附录 5A 2008 年危机的特殊结构性背景[1]

导言和概要

没有一个周期,包括其危机,与前一个周期相同。第 5 章说明了它们的一般模式。然而,2008 年的危机及其后果并不是周期性现象。2008 年的金融经济危机,特别是欧盟和美国,产生于 20 世纪 80 年代初以来发生的结构性变化(见下文)。随后延长的经济衰退期首先结合了这种结构性变化的后果,其次是作为"正常"衰退特征的资本重组。

这种结构性变化包括两个主要问题:第一,收入在资本劳动之间的宏观经济分配向有利于资本收入的方向发生了相当大的变化("通常"会对消费支出产生负面影响)。第二,银行信贷结构和规模的变化,后者大大增加了对消费者/工薪阶层的信贷。工薪阶层由此维持甚至增加了他们的消费(抵消了工资效应)。

---

[1] 这个附录是基于一篇发表在《科学与社会》(罗藤,2011)上的文章。当前的版本更加精炼,并且也修正了一些错误(对此我表示歉意)。

在这一结构变化的时期内(从 20 世纪 80 年代初到 2008 年),我们经历了"正常"的周期性变化,尽管对 PVF 的去向、储蓄和 RPVF 的来源进行了调整。

在这种结构性变化下面的更根本问题,可以描述为"推迟的停滞"。虽然银行的政策在推迟停滞方面发挥了核心作用,但危机的根源位于更深的层次上。这意味着,经济问题比通常的分析所暗示的更难以克服。

我在考虑这个附录是应该包含在这一处,还是应该放在第 10 章的末尾。要点是,下面的经验数字显然是基于国家的存在(即使相当含蓄的)以及有关政策如失业支付等(在第二篇有介绍)。我最终决定将这一附录放在这里,首先,因为主题与资本融资(第 3 章),特别是资本的周期性运动的过程(第 5 章)密切相关;其次,因为提到的结构性变化主要独立于国家政策发展而来——或者更确切地说,因为国家(事实上许多国家)主要在这个问题上避免立法(即包括银行作用在内的结构性原因)。

5A-1　总体结构

本附录考虑了所谓的"新自由主义"时代,(大约从 1980 年开始)直到 2010 年,并与此之前的 20 年(1960—1980 年)进行了比较。图 5.8 显示了在美国和欧盟 15 个国家各种变量占 GDP 的份额。[1]

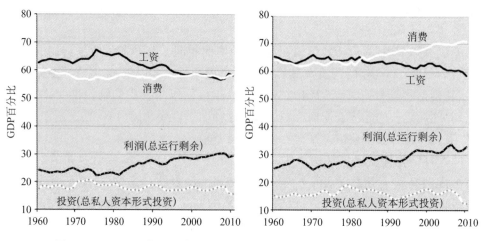

图 5.8　1960—2010 年 GDP 表示的宏观收入和支出:欧盟 15 个国家(左)和美国(右)

---

[1] EU-15 是指 2004 年之前组成欧洲联盟的 15 个国家(从统计上来说,这是一个有用的分组,因为这些国家的相关数据通常可以追溯到 1960 年)。

投资。在所示的变量中,投资是衡量周期性运动的最佳指标。然而,由于图表显示的是它在 GDP 中的份额,所以投资的周期性波动被削弱了(对所有这些变量都是如此)。[1] 从 1980 年起,EU-15 的平均投资份额大致不变,在美国呈下降趋势。

工资。大约从 1980 年开始,美国工资份额显著下降,欧盟 15 个国家的工资份额大幅下降。这种结构性变化与劳动力市场的发展和收入决定的生产方面有关。[2] 简而言之,1981—1982 年严重衰退后持续的大规模失业改变了企业和劳工之间的权力平衡,使工资增长可以持续低于劳动生产率的提高。

消费。值得注意的是,工资份额的下降并没有反映在消费份额的下降中。后者在欧盟 15 强中略有增加,而在美国则大幅增加。基于 5§2 所述的原因,我认为 ck 份额(来自资本收入)大致是恒定不变的。下一节详细讨论了工薪阶层的消费情况。

剩余价值。图表中所示的营业盈余份额只是剩余价值在国内生产总值中所占份额的一个非常粗略的指标(这是由于国民账户的构建方式-见 3§10-b;第 3 章,附录 3C,§3C-1 下的第 6 点,和 8§6-e)。

回顾(3§10 或 5§2)以下剩余价值实现的方程:

$$\Pi^{\triangleleft} = I + Ck + (Cw - W) \tag{3.10}$$

$$\Pi^{\triangleleft} = I + Ck - Sw \tag{3.12}$$

在欧盟 15 国,工资(w)份额大幅下降(与 1980 年相比,总共约为 10%),源于工资的消费份额(Cw)大致不变,这在很大程度上解释了利润(Π)份额的上升。

对美国来说,工资(w)份额下降幅度更为温和,源于工资的消费份额(Cw)也大幅增加(在 2008 年,差距达到 10%)。这两者同样在很大程度上解释了利润(Π)份额的上升。

这是一个总体情况,我抽象了国家支出和对外部门变化的影响。

5A-2 从工资储蓄下降到"对未来的殖民"

请参考第 3 章图 3.9 和图 3.18,这里将其重新复制,并在最后一个循环的外部右侧添加了一个额外的列("或殖民化的延期")。关于图 3.9,请记住工资储蓄

---

[1] GDP 份额显示了一个变量相对于另一个变量的变化。以 GDP 份额进行测量的一个优点是我们不需要对价格通货膨胀进行修正。

[2] 收入分配的决定因素有四个:(1)劳动力市场;(2)生产;(3)价格设定;(4)支出。(这四个决定因素被 Bellofiore 强烈强调,例如 1999 年,第 64—5 页。)

(以及源于分配的资本收入的储蓄)导致企业债务增加($\Delta RPVF$)。[1] 在工资储蓄减少(从而支出增加)的情况下,企业的债务来源减少了。因此工资储蓄减少会影响银行和生产企业之间的剩余价值分配,而有利于后者。[2] 这是部分影响(请参阅本节末尾)。

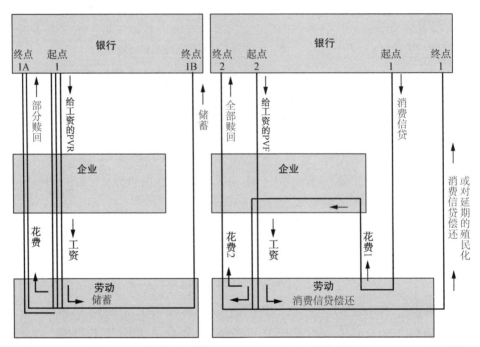

图 3.9 (减少)银行为工资的预先实现融资(PVF):来自工资的储蓄的例子图 3.18 企业由于消费信贷在工资 PVF 上的储蓄:工资零储蓄的例子(增加了最右边一栏)

进一步是消费超过工资的流动(参见图 3.18)。这种差异由直接消费信贷和通过抵押贷款的间接消费信贷提供资金——后者面对(预期)的抵押价值增加。这是我们历史上第一次看到消费由银行大规模融资,其次,以证券化形式被富有的金融家取代,主要通过对冲基金。这样,工人们就"补偿"了他们在工资方面的损失。一直以来,这都阻止了总需求的停滞,即使这不是其动机。

---

[1] 此外,需要注意的是,银行的初始融资(PVF)、资本所有者或工薪阶层在事后可能会替代企业与银行的债务存量,例如通过直接或间接购买企业的债券(例如通过养老基金)。在此类替代发生之前,银行、企业和劳工之间的三元信贷-债务关系通常对银行来说有利,因为它们可以获得息差。

[2] 在其他金融家部分替代债务存量(即事后替代未偿还的 PVF 部分)的情况下,当然这些金融家获得剩余价值的份额较小。

然而，贷款需要利息，并且必须在某个时候被偿还。因此，银行以及其他通过银行进行融资的金融家对劳工未来的工资提出索取要求。莱桑德鲁(2009)恰当地称之为"对未来的殖民"。因为这意味着未来的支出会减少，所以其影响是推迟停滞的出现。

请注意，图 3.18 显示了从工资中立即偿还消费信贷的简单案例。这就是消费者信用纯粹取代 PVF 的情况。事实上，这种偿还在过去被推迟了，现在仍然被推迟了，导致了工人欠银行的大量债务：对未来的殖民。

我指出，工资储蓄的下降影响了银行和生产企业之间的剩余价值分配，这有利于后者。这是部分影响，因为分配给资本所有者的剩余价值大幅增加（比较投资和营业盈余占国内生产总值（GDP）的份额）。考虑到资本所有者的稳定消费，这导致了结构性储蓄的增加，因此对应这一部分的 RPVF 增加（比较 3§6 和图 3.13）。这两类储蓄对 RPFV 的影响很可能得到平衡。

5A-3 利益结合

由于利益的结合，推迟停滞的所有因素似乎都是合适的，也就是说，直到大约 2007 年。[1]

第一，直接的受益者是企业。在最初和持续的工资增长减速之后——工资增长落后于劳动生产率增长——企业看到了工资储蓄的比例下降，因此通过增加支出减少了欠银行的债务存量（图 3.9）。不过可以推测，这大概被资本所有者的储蓄增加所平衡。最重要的是，一旦银行向工人消费者提供用于与企业交易的消费信贷，那么就以相当于消费信贷的金额预先替代 PVF。因此，消费者承担了银行"通常"提供给企业的部分信贷（图 3.18）。[2] 另一方面，由于向非银行金融家分配的剩余价值增加，他们的 PVF 必须增加。总之，企业支付低工资，却不受低消费支出的惩罚。

第二，假设 PVF 效应和 RPVF 效应抵消了（以上第一点），银行从劳工手中获得了利息（它们在工资中的份额）。此外，对于那些银行通过证券化转售的抵押贷款，他们会收到佣金。[3]

---

[1] 我并不是说，为工资和消费之间的差异提供资金的浩大过程是一次协调一致的行动。我只是指出，存在一种临时的、偶然的契合，从而没有一个利益集团有理由采取不同的行为。

[2] 请注意，如果消费者信贷是由企业本身或其专门的分支机构提供的，那么这些企业将需要为该信贷提供 PVF。因此，这种情况最终归结为资产负债表 3.10 的子情况。

[3] 根据巴塞尔银行监督委员会的一份报告，在危机前的 15 年（1993 年至 2007 年）中，银行在其自有资本上获得了平均（税后）利润率为 14.8%。参见《对更严格的资本和流动性要求的长期经济影响的评估》，国际清算银行，2010 年 8 月，第 48 页。http://www.financialstabilityboard.org/publications/r_100818a.pdf。

第三,银行对抵押贷款的证券化为寻求投资机会的富有金融家提供了渠道。因此,在 2000—2007 年相对较短的时期,美国和欧洲银行的证券发行从 4 000 亿美元翻了四番,达到近 16 000 亿美元。[1]

银行的行为导致停滞的推迟,以及剩余价值(营业盈余)在国内生产总值(GDP)中的份额大大增加。然而,伴随着停滞推迟引起的、抵押贷款驱动的房地产市场泡沫,这也为高风险资产埋下了地雷。一旦这种停滞的进程顺利地进行了,就没有明智的机构阻止其继续下去:无论是中央银行、其他监管当局,还是政府。国家已宣布中央银行为"独立",而中央银行通过个人纽带与商业银行紧密交织在一起,宣布了商业银行的"自我监管"。商业银行家可能没有参加过巴塞尔议会,但他们对其薄弱"框架"和表现不佳起到了重要的作用。(在这方面,这一切与第一篇第 2 章及之后章节中提到的私人"清算银行"并无不同。)

5A-4 2008 年危机的过程及危机肆虐的后果

危机本身的过程并不是特别难以理解,在文献中已经得到了详细的描述。由于大多数银行在资产负债表的资产方面都表现不佳,他们有理由在这方面不信任其他银行。一旦一家或几家主要的银行陷入了实际的困境,也就是说对其他银行的债务无法偿还,这种不信任就像多米诺骨牌一样在世界各地蔓延,直接影响到美国和欧盟。最终,甚至是作为货币转账系统的银行系统也几乎崩溃:银行不希望从其他不信任的银行接收付款,因为这使得一家银行陷入与另一家银行的风险债务。各国最终不得不介入,将主要银行国有化或半国有化,以至少维护支付系统。

总之,企业和银行别无选择,只能接受利润的降低。购买证券化贷款的资产组合投资者是受影响最小的群体,因为银行通常提供表外担保。最大的痛苦施加在越来越多的失业者身上,仍在就业的工人处于紧随其后的第二位,面临工资削减,以及由于国家提供的转移支付削减而最终导致生活水平降低的问题。

5A-5 停滞问题未得到解决

(下面的结论适用于我完成这本书时的情况。)

金融和经济危机是对自 20 世纪 80 年代以来收入分配发生重大变化的反应。然而,2008 年的危机及其后果并没有解决潜在的停滞问题。

相反,如果银行没有受到比目前为止提出的更有效的监管(当我完成这本书

---

[1] Lysandrou(2009)进一步阐述了这一点。

时),银行系统就会面临再次崩溃的风险。一方面,新一轮的大规模国家援助,除了在政治上不太可能提供外,还将再次侵占国家的财政手段。另一方面,如果银行将得到有效的监管,那么推迟的停滞就会结束:随着消费信贷停滞,并在融资消费中发挥较小的作用,相对消费将大幅下降。

除此之外,我们还有对未来劳工收入的殖民化:对收入的索取要求也将导致消费的相对下降。

随着消费的相对下降,企业的投资也会放缓。[1]

总而言之,美国和欧盟的经济可能进入停滞时期。

5A-6 对商业周期"正常"过程的修正

正如在本附录的导言中所述,随着结构性变化的时期(即从20世纪80年代初到2008年)我们有"正常"的周期性变化,尽管有一些修正。这些修正包括 PVF 的去向(从企业转向劳动力)、储蓄来源(从工资转向资本所有者)以及这些对 $\Delta RPVF$ 的不同影响(即使 $\Delta RPVF$ 的总和可能没有受到多大影响)。

关于第5章所提出的周期大纲,首先应该回顾一下,该大纲指的是一个带有国家限制的情况。正如我们在第10章(10D1)中看到的,这对周期的振幅有主要影响,因为国家发挥了(自动)稳定器的影响。就失业救济金而言,它也会影响到危机和经济衰退中劳工储蓄减少的程度。

参见图5.7的型式化总结。一般来说,所谓的结构性变化平抑了工资储蓄(Sw)的周期性变化。另外,由于分配的资本收入的结构性增加,资本所有者的储蓄(Sk)效应得到了加强。这些储蓄的差异也会影响它们对 $RPVF$ 的影响。这些因素似乎对投资的核心决定因素,即内部利润率(ρ)和产能过剩率($\varnothing$)的变化方向没有重大影响。

鉴于资本所有者的收入是相当无用的(尽管他们的消费起到了自动稳定器的作用,但它们的储蓄不仅不必要,而且使 $RPVF$ 增加),恢复收入分配的重新调整可以防止停滞。[2] 然而,在消费减少导致实际停滞的情况下,很大程度上取决于

---

[1] 额外的大规模"深化投资"原则上可以保持投资,但似乎没有市场激励来确保这些投资在适当的时间以足够的数量出现。这种投资的一个明显领域可能是非传统能源领域。对传统能源的高额税收可能是一个"市场"激励因素。然而,这种解决方案的问题是,这将进一步抑制未来二十年的消费,从而减少非深化投资。这样的计划必须与下一节讨论的措施的强化相结合。

[2] 这句话的第一部分让人想起了凯恩斯的一个判断:"因此,我认为资本主义的食利者方面是一个过渡阶段,当它完成了它的任务时就会消失……对食利者即不承担职能的投资者(他可能指的是金融家或资产组合投资者)的安乐死,不会突然发生,只是逐渐而持续的过程……并且不需要革命"(Keynes 1936,第376页)。

其速度。快速的减少往往会使经济陷入萧条。缓慢的减少,至少使宏观经济维持一个平均较低的增速,周期性运动通常会强加在这种低增长上。

附录 5B 分层生产和马克思未完成的周期理论

正如补论 5§9-a 所示,马克思在《资本论》第一卷第七篇和第三卷第三篇阐述了资本周期性运动的观点。[1] 虽然我从马克思对这个问题的处理中获得了很多灵感,但他的阐述与第五章中提出的阐述非常不同,主要是因为他只有在周期性运动之后才系统地引入了金融——具体如下所述。

马克思非常了解,他的第一次讨论(《资本论》第一卷)纯粹基于资本的生产和积累,而没有系统地提出:任何利润率;经济的支出方面;银行和金融。

当马克思进入其第二次讨论(《资本论》第三卷)时,他已经发展了(基于剩余价值的)整体利润率,尽管他仍然抽象了支出、银行和金融。[2] 因此,在马克思的系统中,他必须在处理了银行和金融(当前《资本论》第三卷的后半期)之后,回到商业周期。然而,遗憾的是,他在其一生中并没有完成这一点。因此,马克思的资本周期性运动理论是不完整的。

即便如此,我们也可以从诸如马克思这样的抽象处理中获得洞察力。我简要地介绍了马克思的第二次讨论(与第 5 章相比,外部融资($RPVF$ 和 $i\varepsilon K$)以及与支出相关的储蓄的所有影响都包含在内)。马克思关注剩余价值、整体利润率、积累和技术发展。

马克思对技术发展的观点是,这是一种 K/wL 上升类型。然后,假设剩余价值率(Π/wL)或多或少恒定,对经济上升期可得:

$$\omega = \frac{\Pi}{K} = \frac{\Pi/wL}{K/wL} \frac{\text{在上行期几乎不变}}{\text{在上行期提高}}$$

因此,整体利润(ω)在经济上升期下降。然后,我所说的下行期的资本重组(资本毁灭和贬值)恢复了利润率,正如马克思所说,"我们再次绕着整个循环走

---

[1] Marx 1976 [1867] and 1981 [1894].
[2] 这是他在关于这个问题的最后一份手稿中的观点。据推测,他计划在《资本论》第二卷最后一部分将他主要在这一手稿之后发展的支出方面内容包括在内。

了一圈",一个恶性循环("循环")。[1] 经济衰退的利润恢复效应揭示了马克思对这个问题令人印象深刻的见解(正如5§9-a所示,这也给熊彼特留下了深刻印象)。[2]

马克思的一些批评者质疑这种表述,认为其缺乏微观基础。在他们看来,资本家通常不会引入降低利润率的生产技术。[3] 我已经指出(罗藤 1991),从生产结构分层的角度来看,新技术对某个行业或整个经济的利润率有降低的影响是完全可行的。[4] 我现在应该补充的是,这在价格竞争的情况下尤其如此。(比较4D2,其中价格领导者引入了一项新技术——也许是一个 K/wL 上升的技术——因此对于整个分层结构来说,利润率下降了。)从这个角度来看,所提到的批评者观点可以被驳斥。

然而,对马克思理论的进一步推敲表明,它与更一般的资本过度积累理论非常一致,无论技术变革类型是 K/wL 增加还是降低(正如我在 1991 年的论文中所说的)。这一更一般的理论已经在第 5 章中提出,包括融资和支出(通过储蓄)的主要复杂性,这些复杂性影响了周期各个阶段的不同运动。

第 5 章图表目录

图 5.1	资本的周期性过度积累与毁灭(第 5 章的大纲)	197
5§6	一个简缩的宏观经济序列	204
图 5.2	决定生产和利润的简缩宏观经济序列	204
图 5.3	1950—2015 年美国的 GDP 变化和经济衰退	205

---

[1] Marx 1993 [ms. 1864-65], p. 329; cf. thesomewhat deviating formulations for 'Zirkelvicieux' inMarx 1964 [1894 ed. Engels], p.265 and 1981 [1894 ed. Engels, English translation], p.364.
[2] 在研究周期时,马克思逐渐形成了这一观点。与此同时,他越来越强调衰退对利润率恢复的作用。参见罗藤和托马斯(2011)以及托马斯和罗藤(2013)。此外,还要注意到在恩格斯编辑的《资本论》第三卷手稿中,有重要(由恩格斯作出)的变化,这些变化不再强调衰退对利润率恢复的作用(罗藤 2004c;这篇文章还提供了一个关于构成《资本论》第三卷中马克思周期理论的三章内容的评论性概述)。
[3] 请参阅罗藤 1991 年的参考文献。
[4] 参见罗藤和威廉姆斯(1989),第四章。

5§7　资本阶段性分层的周期性运动：预备性讨论　　　　　　　　　206
　　图 5.4　一个商业周期的型式图形（六个阶段的生产增长）　　207
　　图 5.5　资本的阶段性宏观经济分层　　　　　　　　　　　　207

5§8　周期性运动(1)：从扩张到停滞　　　　　　　　　　　　　208
　　图 5.6　周期性运动的简单总结：扩张和收缩　　　　　　　　211
　　图 5.7　资本周期性运动的型式化总结：核心宏观经济变量
　　　　　（在 5§9-b 中详细阐述）　　　　　　　　　　　　　212

附录 5A　2008 年危机的特殊结构性背景　　　　　　　　　　　227
　　图 5.8　1960—2010 年 GDP 表示的宏观收入和支出：欧盟 15 个
　　　　　国家（左）和美国（右）　　　　　　　　　　　　　228

第二篇

资本主义国家

本书的第二篇介绍了与资本主义经济（第1—5章）相对的国家和经济政策（第6—10章）。第一篇试图在资本主义经济之内确立资本主义经济的存续基础，而在第二篇中，我们将了解为什么这些基础是不充分的。第6章开篇不久就会指出资本主义国家（6D2将阐明为什么使用"资本主义"国家一词）是资本主义经济的存在前提。在该论断提出之后，本书的叙述就有了双重任务：要阐释国家的行动和不行动如何为经济的存在提供充分的基础，同时必须提出国家本身的存在条件。回顾一下在总导言中已给出的图示大纲。

第6章的出发点与第1章相似：家庭和私营企业之间的社会分离带来的分岔。因为第1—3章已经紧接着寻找了内在与经济体的存在条件，所以第6—8章将探求经济和国家本身的存在的充分条件。类似的类比也适用于本篇的最后两章：与第一篇对资本主义经济的具体表现相对，第二篇的第9、10章将介绍国家的具体表现。

这本书的顺序显然是这样的：从第1章到第11章。这与本书的其中一个目标（正如在总导言中所说的那样）是一致的，即第一篇试图展示资本主义经济在多大程度上可以被认为是独立存在的。与之相一致，对系统的阐述从第1章到第5章，再从第6章到第10章。

然而，这本书也提出了一个在图中呈现为之字形的互补系统，即第1章对应并列的第6章，而第2章对应并列的第7章，以此类推。原则上，这本书可以按这个顺序阅读。后一个系统主要确定了第二篇各章之间的分界线。

和之前一样，本篇的论述是系统的，而不是历史的。因此，以下内容预设了资本主义国家的抽象存在。从系统论述的角度看，预设实际上对应着某一对象的抽象存在——只要它的存在条件尚未提出。

最后，当我使用"国家"一词时，在与讨论内容相关的情况下，它包括联邦或联盟的中央政府。

第 6 章

国家担保的资本主义经济权利

一般意义的资本主义国家[1]

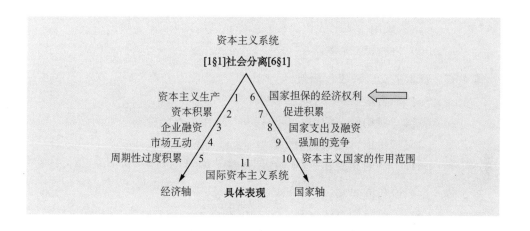

章 目 录

导言	241
第 1 节　分离——外向分岔为家庭和私营企业	243
6§1　外向分岔为家庭和私营企业	243
第 2 节　国家以权利形式担保的资本主义经济权利主张：资本主义国家	244
6§2　资本主义经济权利主张	244
6§3　生存权利的主张	246

---

[1] 译者注：原文为 capitalist state in general。

	6§4　资本主义国家:担保权利形式下的资本主义经济权利主张	246
第3节	**以法律和国家合法化形式担保的权利**	249
	6§5　服从的合法性	249
	6§6　国家和假定的普遍利益	251
	6§7　国家作为公正机构的自我强加;相对于资本主义经济而言,国家构成了资本主义制度中的"在统一中分离"	252
	6§8　采用法律形式担保权利的定位:法律权利作为政治权利	253
	6§9　仲裁和制裁	254
第4节	**资本主义经济权利框架**	255
	6§10　合法财产权的必要类别	255
	6§11　雇用他人劳动的合法权利与雇主占有该劳动产生的剩余价值合法权利相结合	257
	6§12　普遍利益和"客观阶级"利益	259
第5节	**生存权利框架**	260
	6§13　生存的合法权利	260
	6§14　保护消费者、气候和环境:对商品生产的限制	260
	6§15　关于劳动时间、职业安全和健康的劳动保护:对生产过程的限制	261
	6§16　对具体规定及其执行的监督的授权:从冲突中抽身	261
第6节	**公共安全框架**	262
	6§17　"权利"(允许权利)和"积极权利"	262
	6§18　公共安全框架:维护合法的经济和生存权利以及国家机构	264

总结和结论 265

附录6A　第7—10章的经验数据:OECD 21的平均水平 266

　　6A-1　对"资本主义"的经验说明,以OECD 21"最强大版本"为例 266
　　6A-2　OECD 21算术平均数的经验说明 267
　　6A-3　OECD 21的数据来源 268

第6章 国家担保的资本主义经济权利

导 言

第1章以"分离的家庭和私有生产单位分岔"的概念开始论述。该章的其余部分——以及第2章到第3章——展示了资本主义"扬弃"外向分岔的方式(也就是说,在分岔本身没有被撤销的情况下部分解决分岔的阶段——1§1,标题4)。结果——第1章到第5章——是一个经常出现问题的体系(大概也是从企业和金融产权所有者的角度来看),尽管这个体系似乎是一个系统的可复制的整体。

然而,它将在第2节中以一般的术语(见下面的介绍)显示——并且在接下来的章节中更具体地显示——没有资本主义国家,资本主义经济就不能存在。所以,到目前为止,出发点的基础是不充分的,因此,论述必须扩展——在第一篇中,在这种不充分的情况下,扩展始终是辩证的过程。

由于总论述(第一篇和第二篇)的出发点是资本主义经济及其分离的分岔,所以对资本主义国家的系统论述又从第1节资本主义经济的分支开始。这是非常恰当的,因为事后看来,正如我们将看到的,资本主义经济内部无法解决的关键"不足"在资本主义扬弃分岔的早期阶段已经普遍存在。

由于这些系统性的原因,1D1和6D1的起点是一致的,尽管本章第1节的介绍将是简略的。

第2节将国家引入论述。在第一篇中,行动者(企业和家庭)有按计划行事的自由一直是隐含着的。含蓄地说,他们声称有权利按规定行事,这些权利主张(例如,关于财产权的主张)受到其他行动者的尊重。第2节指出,资本主义经济的制度本身并不能保证这种要求的实现,因此需要一个特殊的制度,即国家,以权利的形式担保这些要求。

第3节提出了国家存在的第一组主要的抽象一般条件,特别是关于国家运作的形式。第一个是国家必须获得其(不)行动合法性。进一步的条件为这第一个条件奠定了基础。

第4节对所需的资本主义经济权利进行了分类:财产和雇用他人劳动的合法权利。在国家层面上,这些构成了第1章论述存在的主要条件。

由于没有合法的生存权,经济权利是无效的,第5节对生存权进行了分类。

被担保的合法权利(6D3)没有它们的支持是空的。最后的第6节提出在"公共安全"中维护这些权利,其中包括警察和公诉。

应该记住——按照总论中概述的系统辩证方法——这一章是关于积极权利和法律的,但仅仅是在权利作为资本主义经济——现在是资本主义制度(包括国家)持续存在的必要条件(绝对条件)的程度上。除此之外,还有许多权利在道德上或文化上是重要的,但从资本主义经济再生产的角度来看,这些权利是偶然的。在本书中,如前所述,这种偶然性被忽略了。

图6.1概述了本章中所述要素的体系。

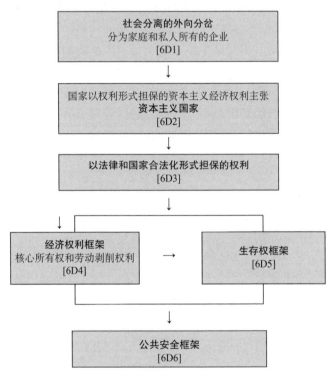

图6.1 国家保证的资本主义经济权利的系统-一般意义上的资本主义国家(第6章大纲)

图例:
↓ 建立根据在下面的环节(以之为条件)。
→ 建立根据在对立的环节。

第 1 节

分离——外向分岔为家庭和私营企业

由于全部论述(资本主义经济和国家)的出发点是资本主义经济,所以对资本主义国家的系统论述始于资本主义经济的分离的外向分岔(这里简要概括)。因此,这种划分系统地类似于 1D1。另请参见章节简介。

6§1 外向分岔为家庭和私营企业

资本主义经济(以及一般的资本主义制度)的特点是家庭和私有企业之间的分离的外向分岔,后者是占有土地和生产资料的私人所有者。一般来说,企业不归从事生产的劳动者所有(见 1§1-e,"一般"一词)。因此,资本主义社会的特点是拓展的外向分岔,一方面是私营企业所有者,另一方面是——通常是不重叠的——从事生产的劳动者。伴随这些私有财产关系,企业还占有劳动生产的产品(无论方式、目的和程度如何),劳动则因其生产获得"补偿"。

显然这个结构(constellation)是分离的,即使我们知道在现实中分岔的两极是相互联系的。阐述的目的是理解这种明显分离的范围,理解其实际解决的程度,并阐明上述起点的存在(或基础)的必要条件。

6§1-a 说明 起点的双重基础

因为全部论述(资本主义经济和国家)的起点是资本主义经济,所以系统地讲,起点(1D1)的基础是双重的——在引言中已经提到。图 6.2 展示了这种双重性。

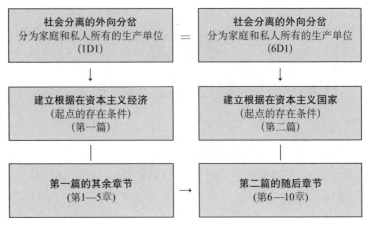

图 6.2　起点的二重根据

图例：
= 相似。
↓ 建立根据在下面的环节。
→ 建立根据在对立的环节。

第 2 节

国家以权利形式担保的资本主义经济权利主张：资本主义国家

在这本书的系统的——而非历史的——辩证论述中，国家的存在是被假定的（总论，C§3）。在阐述之前，这在方法论上是一个抽象的存在。这种划分说明了为什么以及何时资本主义制度中的国家被定性为"资本主义国家"。

6§2　资本主义经济权利主张

在对资本主义经济的论述中，隐含着这样一种观点，即分离及其基础要求私营企业和家庭拥有第一章和后面几章所述的行动自由。然而，自由是完全抽象的。因此，这些自由被视为有权按规定行事的具体要求。其核心是：

第一,对土地私有财产权利的主张。

第二,对生产资料私有财产权利的主张,而不是由权利要求人(claimant)进行生产。

第三,对雇用他人劳动并占有由其生产的剩余价值的权利主张。

总之,我称这些为"资本主义核心经济权利主张"(在 6D4 中具体化)。

6§2-a　说明　自由和强制

私营企业和家庭需要第一部分规定的行动自由。然而,资本主义所必需的自由也导致了一种强制结构。我们已经看到,资本主义经济在结构上是由货币价值维度及其衍生的力量决定的。

基于分离的分岔(1D1),经济行动者被迫进行贸易以求生存(消费品、投入、产出)。

由于工人没有生产资料,他们被迫向任何企业出售他们的劳动力(labour-capacity)(1§6)。因此,他们的自由仅限于出售给 i 公司或 j 公司——他们实际上根本没有出售的自由,因为他们别无选择。而且,由于工人的货币储备有限,他们被迫立即出售自己的劳动力(这影响了他们的谈判地位)。此外,根据增长模式(2D2)或经济的周期性状态(5D2),出售劳动力的自由甚至可能完全丧失(失业)。

最后,任何企业都受到大量限制和压力。例如,他们在企业分层中的地位(4§4)可能迫使他们获取额外的金融资本;或者,资本的周期性重组可能意味着企业失去财产和/或被迫合并或被接管(5§9)。

由此可见,尽管资本主义经济的存在要求经济行动者拥有经济自由,但资本主义经济同样以武力、强迫和限制来否定自由。没有普遍的自由,而是不对称的自由,或者相反,不对称的强迫。

有人可能会说,人们加入的任何社团都至少限制了自由(例如某些婚姻)。然而,如果一个人自由而有意识地参与交往,那么它的约束就不是强制性的。然而,资本主义经济制度不是基于自由意志的社会契约——即使大多数人可能会同意这些制度。

6§2-b　详述　三种权利主张的相互联系

在 6§2 中列出的三个核心权利主张中,第 3 个主张是关键。生产资料的所有权(主张 2)是任何生产的前提条件;然而,第 3 个主张(占有被雇用者劳动产生的剩余价值)不仅要求对生产资料的某种所有权,而且要求这种所有权与所雇用的劳动力数量相对应。[1]（自营职业者或工人合作社不需要这种额外要求,因为他们没有雇员,因此不需要这种生产手段）。

前两个主张中,第1个是影响最深远的。大部分的土地（earth）是行使生产资料功能的（因此,更具体地说,这包括在第2个主张中）。鉴于土地不能增加（就像生产可以增加一样）,对土地和其他自然资源所有者而言,这实际上是垄断权利（举例来说,如果土地以某种制度化的形式从集体性的世界人口出租,情况就不会如此）。[2]

6§3 生存权利的主张

没有对生存权利主张的经济权利主张（6§2）是无效的。因此,后者必然根植于前者（当行为者不能免于人身暴力时,他们行使经济权利是徒劳的）。

6§4 资本主义国家：担保权利形式下的资本主义经济权利主张

对资本主义核心经济权利和生存权利的要求是资本主义经济所必需的（6§2,6§3）。然而,在经济中,没有任何机构保证这些所主张的权利。在由货币价值维度、商品化和整体利润率（the rate of integral profit）标准（1§13）主导的经济中,面对经济的结构和力量,这些主张只能是道德上的努力——也许是相互矛盾的（第一篇）。因此,我们有一个基本的连续性障碍:在经济中实现这些所主张的权利是必要的,也是不可能的。[3] 因此,资本主义经济不能独立存在。

国家是一个以权利的形式担保（构建）这些主张的制度集合体。它划定了这些被担保的权利,并维护这些权利。这样,国家为资本主义经济的实际存在方式奠定了基础。

就国家特别是将资本主义经济权利主张（如6§2所列出的）作为被担保的权

---

[1] 亚当·斯密写道:"因此,工人给物质资料增加的价值在这种情况下分解成两部分,一部分支付他们的工资,另一部分是他们雇主的利润（……）。在这种状态下,劳动的全部产品并不总是属于劳动者。在大多数情况下,他必须与雇用他的股票所有者（the owner of the stock）分享它"（Smith 1776, Book I, Ch. 6, paragraph 5）。

[2] 在欧洲大部分地区的封建时代,以及在许多其他文化中,至少有一种观点认为土地是上帝派生的集体财产（由管家管理）。例如,见 Locke 1689, Second Treatise, Chapter V。

[3] 参见附录 1§1-j 1 1-j 中"连续性障碍"和"矛盾"的术语。

利而言,国家被认定为资本主义国家。

6§4-a　说明　国家、国家代理人和后者的道德规范

在整个第二篇,我使用国家或资本主义国家这一术语,表示国家是一种制度。我尽可能避免"国家代理人"或"国家行为者"的概念。这意味着所指的主要是立法和其他条例中规定的国家效力,而不是导致这种效力的过程,包括国家代理人的动机。因此,我也避免使用"政府"这个词,这个词通常有一个国家工作人员群体的含义。强调国家作为一种制度的作用也意味着我不关心国家代理人的道德或伦理规范。我并不否认国家官员可能会受到这些规范的内在激励。我也不否认他们可能不会。[1]

6§4-b　说明　国家与民族:解释的系统顺序

"国家"通常与一个民族背景相联系。国籍和地理将只在第三篇(第11章)介绍。就国籍和地理而言,目前的解释水平将与一个孤立运作的资本主义国家联系在一起,或者与没有国界(national borders)的世界普遍性联系在一起。

6§4-c　说明　本章介绍的权利

本章介绍的权利仅限于资本主义经济存在所必需的权利。许多已经颁布的权利,例如言论自由或集会自由,都取决于资本主义经济的存在(资本主义经济并不认为这些权利"不重要")。

6§4-d　补论　面对资本主义经济的"社会"

在本书中,"社会"一词仅用于1D0(社会化)、1D1(分离)和当前的划分。除了本章对国家的介绍和随后几章对国家的进一步具体化之外,到目前为止,我对资本主义社会——也就是资本主义经济(第1—5章)——做了一个简化的描述。我并不打算完整地介绍具体的社会。目的是提出资本主义经济存在的必要条件;事实上,国家是它的主要条件。

迄今为止,性别、种族和性的多样性、艺术、宗教、体育等都是社会生活的关键要素。然而,就资本主义经济的存在而言,这些社会因素是偶然的。不过,这并不意味着这些不受货币-价值维度的影响。我们都很清楚它们是的。

---

[1] 这或许同样适用于以自我为中心的经济驱动。因此,这一论述与许多的国家"公共选择"方法相反。

另外，这些社会因素可能会很好地帮助或支持资本主义制度的再生产（比如马克思，曾经把宗教称为人民的鸦片。后来，马克斯·韦伯认为新教，尤其是加尔文主义，助长了资本主义精神）。许多文化和政治体系都与资本主义相兼容——如自由主义、保守主义、宗教原教旨主义、社团主义或法西斯主义。这一切都不是当前考察的对象。

6§4-e　补论　国家：系统阐述和历史

与以往一样，对系统顺序的考量与对历史顺序的考量是不同的。

关于历史，Hirsch(2005)认为"国家"是随着资本主义的出现而出现的，通过延长其历史来将国家"自然化"是错误的。从历史上看，封建领地(domain)是一个统治实体和一个包含剥削性社会-经济权力的实体的统一（只有在事后，这些才可能被视为一个包含"经济"的实体）。资本主义经济在历史上从封建领地(domain)（在我的术语中）分岔出来，并成为一种自在的权力——最初是与封建领地(domain)相对立的。然后，出于必要，作为一个统治实体的封建制度要与资本家合作。从历史上看，封建实体，包括（事后看来）一个政府部门，逐渐转变为资本主义国家——以重商主义国家为中介（见 Hirsch 2005 给出的条件）。

言下之意是，很难想象如果没有一个事实上支撑新兴经济的封建政体，一个资本主义经济是如何崛起的。从霍布斯(1651)到斯密(1776)，英国古典政治哲学关于"自然状态"的"思想实验"得出结论，"市民社会"没有国家就不能存在——也就是说，除非我们承认霍布斯所说的"所有人对所有人的战争"。斯密(1776)写道："在没有财产的地方……市民政府(Civil government)没有必要。"以及"市民政府，就其是为财产安全而设立而言，实际上是为了保护富人对抗穷人，或保护那些有财产的人对抗那些一无所有的人"。[1]

当前的系统阐述避开了上述合作等，描述了一种可以说是"崭新的"国家（没有封建残余等）。由于这一国家是资本主义经济所必需的，对国家的阐述也是基于这一点而进行的。

---

[1]　Wealth of Nations, Book V, Ch. I, paras 45 and 55.

第 3 节

以法律和国家合法化形式担保的权利

在该部分,国家是以关于国家运作形式的五种存在条件为基础的。这些在图 6.3 中列出。读者应注意,在眼下(这一节),这是一个相当抽象——一般条件的基础。国家"合法化"的关键概念,只会在当前和下一章逐渐获得内容。

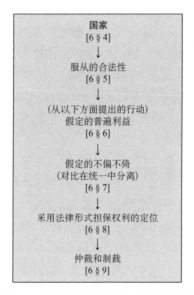

图 6.3　国家的初始存在条件:其行动的形式

6§5　服从的合法性

资本主义国家作为一个制度体系,以担保权利的形式设定特殊的权利主张(6§4)。国家存在的第一个条件是,在绝大多数行为者服从的意义上,它是合法的。国家必须不断寻求这种合法性——在本部分的剩余部分中用一般术语进行了概述。

6§5-a　说明　寻求合法性:关于资本主义国家的一般理论立场

广义上来看,本章的论述,尤其是对合法性的论述,不是规范性的(一个主要部分是"社会契约理论"),而是描述性的(关于区别,见 Peter 2016,第1节)。

这一论述简要概述了本章论述的一般理论立场,与我与之保持距离的"社会契约论"形成对比。许多政治哲学和政治理论在某种程度上是基于"社会契约论"。早期的表述可以追溯到霍布斯、洛克和卢梭在 1651—1762 年出版的著作中。[1] 简而言之:鉴于人民之间对立的利益和持续的冲突,国家制度(在封建时代是"君主")被认为是人们之间"社会契约"的结果。在社会契约的观点中,他们"愿意"并服从国家(或君主)的权威,以缓和或克服冲突。

本章(以及随后的章节)的立场是,首先,不可能有一个"前国家"资本主义体系,上述契约和"普遍意志"的国家从中得以形成。封建经济和封建统治实体逐渐转变为资本主义经济和国家(见 6§4-e)。然而,在这个过程中,进而在成熟的资本主义(也就是说,包括资本主义生产)中,国家必须寻求其合法性(从而寻求资本主义制度的合法性)。因此,这一立场与社会契约理论恰恰相反。在下面的部分中,国家必须寻求合法性的做法将变得更加明确,尽管仍然是在抽象——一般的意义上。它将在第7章进一步展开。

6§5-b　详述　合法性和独裁政权

6§5 的结果是,服从至少是必要的。然而,在这个层面上,服从是抽象--一般的,因此任何具体化都是不成熟的——也就是说,可能有多种方法来获得服从。阐述的抽象--一般层次要求避免将合法性和服从与当代读者的偏好体系——也许是某种形式的政治民主——联系起来。历史表明,资本主义制度与民主(包括欺诈性选举形式的滥用和/或仅由少数实际选民选出的总统)以及社团主义和法西斯主义都是相容的。在所有情况下,重点仅仅是,例如,多数派或少数派总统或法西斯领袖必须获得大多数人的服从。即使是非选举产生的独裁者也必须寻求(并获得)大多数行动者的服从。也就是说,归根结底:在过渡时期,服从可能会很弱。

---

[1] 有关概述,请参见 Friend (n.d.) [accessed 2016].

6§6　国家和假定的普遍利益

国家在行动者服从上的合法性(6§5)最终是根据基于假定的普遍利益的行动来获得的。[1] 在这一点上，这些行动是关于以担保的权利的形式提出某些权利主张(6§4)。以"普遍利益"的名义，国家寻求合法性来维护(它所定义的)这些担保的权利。相反，它断定这些权利符合普遍利益(即它所设想的普遍利益)。当担保的权利发生冲突时，这种符合普遍利益的权利框架尤其不稳定，因此国家必须将一项权利置于另一项权利之上。利益冲突再次根据假定的普遍利益来解决。

鉴于"普遍利益"本质上是抽象的，它不断地在实际的实践中由国家提供作为其(不)行动的合法性基础。然而，通过任何新的(不)行动，国家进一步具体化了其隐含的普遍利益概念，然后再次根据普遍利益进行辩护，以此持续下去。

即使当对国家普遍利益的提法是抽象的时候，这种普遍利益最终也是资本主义制度事实上的持续存在(最终以担保权利的形式担保和维护这三个核心经济权利主张——6§2 和 6§4)。这种"事实上"是可证伪的，如果国家不再将这些主张作为权利担保，那么它将被证伪。

6§6-a　说明　国家的合法性和隐含行动

到目前为止，国家的行动仅仅是将某些主张(6§2—6§3)以担保权利的形式提出。其他的国家行动还是隐含的。在本章的剩余部分和下一章，这些行动将进一步扩展。就假定的普遍利益而言，合法性也适用于这些扩展的行动，尽管是隐含的。

6§6-b　说明　未定义的普遍利益

在立法背景下(在 6§8 中适当介绍)，国家有关普遍利益的提法是回避性和循环性的。事情就是这样。国家没有提供它的定义(即使我们可以隐含地推断它最终是由资本主义制度的持续存在来定义的)。国家可以在一般的绪论中给出这种提法。然而，当在实际实践中为法律或法律提案辩护时，当对特定立法没有足够的论据时，这种提法也是最后一根稻草。[2]

---

[1] 短语"假定的普遍利益"中的形容词"假定的"是指，国家提议其行动符合国家本身所认为的普遍利益。这样，国家实际上是将其行动界定为符合普遍利益的。其他行动者可能对何为普遍利益有不同的看法。

[2] 这也是我在荷兰议会担任参议院议员时的亲身经历(2007—2015)。我可以指出许多立法辩论，在这些辩论中，"普遍利益"确实是最后一根稻草。

6§7　国家作为公正机构的自我强加；相对于资本主义经济而言，国家构成了资本主义制度中的"在统一中分离"

国家为了寻求合法化而反复提到"普遍利益"（6§6），这要求它（假定地）把自己定位在对立的特定经济利益之上和之外。因此，就普遍利益而言，合法性存在的一个条件是，国家（假定地）将其自身设定为一个公正的特殊的社会机构，不同于所有其他社会机构。[1]

从这个意义上说，国家是一个独立于经济的机构。然而，鉴于国家事实上以权利形式担保核心经济主张（6§6），它相对于资本主义经济而言，就构成了资本主义制度中的在统一中分离。

权利主张之间，以及国家担保的权利之间可能的和潜在的冲突，不能通过这种在统一中分离来克服；确切地说，这种冲突是由作为一种特殊社会制度、以某种方式（也许仍然是冲突的）存在的国家来解决的。[2]

6§7-a　说明　资本主义制度下的国家"在统一中分离"：国家事实上的目标

术语"在统一中分离"（s-i-u）最早是在2§11中，在企业和银行分离的背景下引入的，它被假定是在统一中分离。该术语在2§11-a中进行了扩展。像外向分岔一样，在统一中分离是主要的制度分离。关键的不同在于，与外向分岔相区别，在统一中分离的制度、或机构、或组成部分"（最终）都由相同的目标驱动，这表明了它们的统一性"。

在6§7的正文中，前面的句子需要说明。国家被认为是相对于资本主义经济而言的，后者在制度上被分为两部分（回想一下，这就是"外向"分岔的含义）。分岔的两极由不同的目标驱动。这些共同构成了作为实体的资本主义经济，它不是一个统一的实体，而是一个分离的分岔的实体。正文（6§7）假定："鉴于国家事实上以权利的形式担保核心经济权利（6§6），它构成了相对于资本主义经济而言在资本主义制度中的在统一中分离。"最终，鉴于国家担保的权利，国家

---

[1]"公正"总是一个棘手的（tricky）概念，因为它不可避免地基于公正的前提。如果资本主义制度的持续存在是前提，那么国家可能确实认为自己是公正的。

[2] 请注意，该解释仍处于抽象———一般性的层面上。在更具体的解释层面上，国家将自己置于对立利益之上的定位可能要求它直接或以向中央银行或竞争主管机构等机构降级的形式，回到经济高度冲突的问题上（参见第7章和第9章）。

事实上的目标是资本主义制度的再生产——因此它(赞成担保这些权利)被认定为资本主义国家(6§4)。从这个意义上说,它构成了资本主义制度中的在统一中分离。

本章和接下来的章节中反复出现的一个主题是,国家必须为这一立场寻求合法性。在寻求这种合法性的过程中——特别是我们将在第 7 章中看到的——国家需要考虑几个相互冲突的利益,包括那些前面提到的分岔的两极的不同目标所表达的利益。

关于 6§4-a(关于国家代理人或国家行动者及其动机),应该强调的是,国家作为一个实体没有"主观"目标。国家的目标是由立法和其他条例规定的国家运作的效力以及国家对该立法的支持来确定的。

6§8 采用法律形式担保权利的定位:法律权利作为政治权利

根据普遍利益(6§6)及其"在统一中分离"(6§7)对国家行动的定位是基于以法律形式对被担保的权利的定位。因此,国家以合法权利的形式赋予权利。法律形式明确规定这些权利平等地适用于所有人。因此,国家(假定地)确立了其特殊的公正地位。

对法律形式下国家行动的定位(迄今为止关于这些被担保的权利),需要对这些行动进行精确且往往复杂的界定和说明,同时还要面对对这些行动的实际维护。这意味着国家必须对权利的具体内容采取立场。尤其是当权利实际上或潜在地发生冲突时(6§7),国家的这种立场表明了它作为一种政治立场的立场——即使是以普遍利益为框架。这样,法律权利就作为政治权利出现了。

6§8-a 说明 阐述的阶段和权利的"构建"

请注意阐述的三个阶段:(1)主张的权利(6§2—6§3);(2)这些权利主张以担保权利(6§4)的形式提出;(3)这些以法律形式担保的权利(6§8)。正如在最后一种形式中所假定的,这些在 6D4—6D6 中进一步具体化。

以法律形式担保的权利也可以称为"构成权利的法律规则"。Morris (1993, p.823)评论说:"权利必须被构建,以便它们不仅仅是简单地给某些利益'赋予法律效力'。它们还必须规定既定利益在任何特定背景下以及与任何其他特定权利相关的法律效力的范围和类型。"

6§8-b　说明　成文法和非成文法

国家可以通过成文法或其他创造法律的行为,如判决或裁定来界定权利。接下来,我的隐含说明将是"成文法体系"(code law systems)。然而,该解释同样适用于"普通法体系"(common law systems),尽管这可能经常需要一些重新表述。

6§8-c　详述　"自然权利"与国家担保的权利

在政治哲学和政治理论中,有一个长期存在的传统,即认为权利是"自然权利",或者至少是独立于国家而存在的权利(例如,Gavison, 2003)。我与这一传统保持距离,因为没有标准来区分一个"前国家权利"与另一个。[1] 因此,在6§2—6§3中,我使用了权利主张这一术语。关于"财产",前一种立场(独立于国家而存在的权利)被称为"完全自由主义的所有权",后一种立场(由国家担保的权利)则被称为"捆绑理论"(bundle theory)(见 Breakey n. d. 的概述;另见 Azevedo, 2010)。在后一种传统中,作者经常使用"规则"这一术语而不是"权利"(例如,Morris, 1993,以及 Calabresi 和 Melamed 的作品也是如此)。

6§9　仲裁和制裁

国家以法律的形式赋予权利(6§8)。然而,为了使法律权利不会空洞,即行为者可能忽视法律,国家必须维护这些合法权利。因此,合法权利的基础要求国家成为偏离法律行为的仲裁者和制裁者。

(在这个解释中,对这种偏离的公诉是隐含的——它在6§18中被详述。在这里,仲裁是国家行政机构的一部分。在7D6中,司法机构被描述为国家的一个独立机构。)

---

[1] 在 Reuten and Williams (1989),我们仅仅区分了权利和法定权利,以我目前的观点来看,与这一传统的距离不够远。

第 4 节

资本主义经济权利框架

在这一部分以及本书后面的所有部分中,"框架"是"立法框架"的简写。这一部分对必要的财产和雇用他人劳动的合法权利进行了简单的分类。在国家层面上,这些构成了第一章论述存在的主要条件。这些被统称为经济权利框架。"框架",在这里和下一个部分,仅仅表示我提出了一个非常一般性的分类,而不是详细的说明(最后,根据框架,人们会在成百上千页的立法法典中找到这些内容)。

6§10 合法财产权的必要类别

本节仅列出了必须构成合法财产权框架的类别。出于本章目标,不需要更多的细节。合法财产权在民法和刑法中具体化。虽然下面列出的所有权利都是必要的,但没有一项权利是完全必要的。

关于财产,6§2 和 6§4 中的论述以及 6D3 中所隐含的重点是对土地的私有财产和除权利要求人(claimant)生产以外的生产资料私有财产的"权利主张"/"担保的权利"/"合法权利"。对于资本主义来说,这些是核心的被担保的财产权,构成了担保的总体财产权这一更广泛范畴的一部分。然而,在某种程度上,国家未区分这两种权利和总体财产权,以下内容与总体财产权相关,是基于这一理解,即前两种财产权是基本权利,其他财产权是从属权利,即使后者可能是前者的必要推论。[1]

- 合法财产权(自然人和公司)

财产的合法权利由公约(convention)规定,即占有是所有权的充分权利(而对所有权提出挑战的行动者必须证明其自有权利)。[2] 几种形式的征用,如盗窃,

---

[1] 在此,我明确指出,一个系统的论述不必拘泥于论述对象的范畴和具体概括。"重新分类"通常是科学调查和阐述的核心。

[2] 对这一问题的更详细的说明是,必须处理什么可以算作财产和什么不可以算作财产的问题(例如,知识产权)。

被归类为刑事犯罪,因此在刑法中被具体化,受到起诉和处罚。然而,某些形式的征用是合法的(参见7§2)。

- 自由使用财产的合法权利

所有权是由自由使用财产的合法权利裁定(ruled)的,只要这不妨碍他人的财产权。这种自由使用的合法权利可能与生存的合法权利相冲突,因此这种财产权是一种受限制的权利(见下文6§14)。

- 获得财产果实的合法权利

财产的自由使用似乎包括对获得财产果实的合法权利。我们将在7§1和7§18中看到,这些权利是不可类比的,后者不是一项完全的合法权利。除了最后一句中的告诫之外,对资本主义的合法权利而言至关重要的是,剩余价值(也见下文6§11)被定义为来自土地和其他生产资料的财产的果实,而不是来自劳动的果实[关于后者的观点,参见1§14-b中对Smith(1776)和Keynes(1936)的引用]。

- 通过协议转让财产的合法权利

财产的永久转移或财产的临时转移(雇用、出借、出租、租赁)由自由合同或协议的权利(包括婚姻的权利)决定。面对所有权占有的不稳定基础(见合法财产权),大量财产(尤其是不动产和住宅)由法律规定其登记、转让协议和转让。

- 并购的合法权利

转让财产权的一种特殊形式是并购的权利(参见2D6)。

即使是这样简短的罗列,加上对充分行使这些权利的一些主要限制,也可能表明财产权的法律表述是一个复杂的问题。如今,他们的法典和非常规条例占据了数千页。

6§10-a　说明　或有产权(contingent property right):财产的合法继承

财产继承是在民事继承法中具体化的财产权转移的一种特殊形式。[1]之所以没有将其纳入6§10的正文,是因为它是偶然的。熊彼特(2003[1943])非常重视继承作为资本主义生存的基石——用我们的术语来说,这似乎是资本主义制度所必需的。他可能对一个以非公司组织为主的商业结构有看法,在这种结构中,单一所有权的企业会随着所有者的死亡而消亡(或者可能进入公有制)。然而,由于公司无法从所有权中脱离(除非它破产),因此公司不会随着一个或多个现任股东的死亡而消亡。

---

[1] 家庭成员的继承似乎是封建残余。

还要注意，当今资本主义国家之间，继承税率差异很大。

6§10-b　详述　公司所有者的有限责任

对自由使用或"不妨碍他人财产（和人身）"的财产的限制意味着财产所有者在这方面对其他财产所有者负有责任。就公司财产而言，公司负有责任，而公司所有者（即股东）的责任仅限于其出资。这种有限责任是公司法的一个显著的方面，因此也是资本主义财产权（参见 2D6，那里仅仅阐述了这一问题的"经济"方面）的一个显著方面。在没有公司有限责任的情况下，企业可能仍然成立无限责任的合资企业。

6§11　雇用他人劳动的合法权利与雇主占有该劳动产生的剩余价值合法权利相结合

劳动法没有区分劳动力交易和劳动（1§6）。因此，在本节中，这种区别被放在括号里。企业进行交易和雇用劳动的合法权利，连同其占有产品的合法权利，特别是该劳动产生的剩余价值，对资本主义制度至关重要。

• 交易和占有：人身财产

商品的市场交易是以销售商品的行为人是其合法所有者为前提的，所有权通过交易合同转移。在以租赁（也称出租）形式进行的商品交易中，所有者（出租人）在合同规定的时间和其他条件下，将商品的使用权转让给合同一方（承租人）。

劳动力市场交易的合法权利来自于这样一种观念，即人类（在这种情况下是工人）可以以某种形式进行交易，这在资本主义经济中确实如此（更广泛地说，在奴隶制度中也是如此）。劳动力的市场交易基于一个显著的前提，即一个人（工人）是其自身的所有者（这个概念似乎起源于 Richard Overton，1646，更有影响的是 John Locke，1689，他写道："每个人都有其自己人身的财产"）。[1] 只有在这个前提下，一些实体（土地、牲畜、人）才能以所有权转移的形式或使用权转移的形

---

[1] Overton 在 An Arrow against all Tyrants 中写道："自然界中的每一个个体都被赋予了不被任何人侵犯或篡夺的个人财产。对每个人来说，就他是他自己而言，他有一个自有财产，否则他不可能是他自己；……"（引自 Ishay，2008，p.92）。Locke（1689）在讨论神赐平民的背景下，写下了在正文中引用的短语。洛克本人（在下面的最后一句话中）从这个论点中得出一个明显激进的结论——对劳动者而不是全体平民来说——是另一种情况。他写道："虽然土地和所有低等生物对所有人来说都是公共的，但每个人都有其自身的财产：除了他自己，没有人有任何权利拥有。我们可以说，他身体的劳动和双手的活动，完全是他自己的。"（Two Treatises of Government, Book II, Chapter 5, §27）

式进行交易。

只有在这个前提的基础上——在劳动租赁合同的情况下——企业才能支配商品使用的果实,也就是说,占有产品,包括劳动产生的剩余价值——劳动的"补偿"是工资(一种租金形式)。

如果一个人(工人)确实拥有其人身财产,那么,根据财产与合同法,所有权原则上可以转让。然而,劳动法不允许这样做(或者有时没有明确说明)。[1] 这似乎意味着要么劳动者的人身财产非常有限,要么人身所有权的前提不成立——因此劳动租赁和对结果的侵占是不稳定的。

然而,最根本的一点是人的资本主义商品化(1§6),就劳动而言——国家作为一项合法权利赋予的商品化。有人可能会说,这仍然比奴隶制或封建占有制(如在贵族的土地上强迫劳动)要好。然而,"情况可能更糟"并不是一个坚实的法律基础。

- 自由交易和强制交易

劳动合同法的第二个前提是劳动合同是自由的、非强制性的。在稍微不同的背景下,已经提到了这一点(1§6 和 6§2-a)。工人可以自由选择哪个雇主将占有他们生产的剩余价值。从这个意义上说,占有是以自由合同为基础的。然而,在工人缺乏土地和其他生产资料等财产的情况下,他们被迫与一些企业签订就业合同。从这个意义上说,占有不是基于自由合同,而是基于强制合同。然而,在每一种意义上,占有都是合法的占有。

最后,我们将在 6§15 看到,不受限制地行使雇用他人劳动的合法权利可能与生存权(在 6§3 中提出)相冲突。因此,尽管这种权利对资本主义制度来说是基本的和必要的,但我们将会看到,它必须是一种受限制的权利。

6§11-a　说明　雇用他人劳动与剥削劳动

我对于是否应该用剥削劳动这个词来代替雇用他人劳动这个词犹豫不决(就像马克思和大多数马克思主义政治经济学家那样)。剥削劳动是一个分析性术语,与严重或不严重的剥削(用剩余价值率衡量)无关。因为在过去几十年的公共语言中,"剥削"已经变成了"过度就业"(也就是"严重剥削")的意思,所以我决定反对"剥削"这个词,因为这不是一般性的问题。一般性的问题是企业占有劳动

---

[1] 在后一种情况下,假设人们不进行愚蠢的销售行为,知道工人对销售价格的所有权将随着个人的购买而转移给购买者。

("严重"或"不严重")生产的剩余价值。

然而，如果没有刚才提到的混淆风险，或者当上下文需要时，我有时会使用"剥削"一词。例如，法院(tout court)的"雇用的合法权利"一词可能被解释为工人的权利，而不是企业的权利(在第6—7章中，国家雇用他人劳动是隐含的——这将在第8章中明确说明)。

6§12　普遍利益和"客观阶级"利益

经济立法，特别是国家赋予权利主张以法律效力，本质上涉及对立和冲突的利益。[1]在这本书里，目标是阐述资本主义制度再生产的条件。当国家"最终"根据"普遍利益"(6§6)为特定的立法提出论据时，这最终是指资本主义制度的再生产。然而，为了评估国家的定位，最好是看国家的立法和其他法规所服务的特定"资本"或"劳动"利益是什么。出于这个目的，我将使用一个基于两个"类别"——或"客观阶级"的非常广泛的区分的速记表示法：资本主义和管理阶级(CMC)和处于隶属地位的工人阶级(SWC)。这些都有资本主义的普遍缺点(简而言之，货币价值的一维性，1§4)。特别是，这两类人从资本主义制度中获得了不同的优(劣)势，体现在他们的决策权以及他们的收入和财富份额上。根据2§15-a，这些阶级的定义如下：

- SWC。处于隶属地位的工人被定义为没有决策权的工人(在1930—2010年的美国，这一类别包括73%至90%的相关人口)。他们的平均收入比CMC的平均收入低得多(2§15-a，图2.14)。
- CMC。资本家有直接或间接的决策权。他们的非劳动收入规模如此之大，以至于他们不会被迫签订雇用合同——也就是说，自己被雇用(尽管通常他们会签订这样的雇用合同)。管理者有决策权，从"超级工资"(super-wages)中受益。[2]

仅以决策权和收入这两种衡量标准来看，这些被称为"客观阶级"，与任何"主观阶级"，即阶级意识的概念相反。

---

[1]　参见Morris 1993, p.823。
[2]　如2§15-a所示：1930—2010年，美国总体管理阶层的平均收入比SWC总平均收入高3—4倍。资产阶级的平均收入比SWC平均水平高9—29倍(参见Mohun, 2016)。

第 5 节

生存权利框架

在简要介绍了与直接的人身安全有关的权利后,该部分侧重于对人的各种保护,这在某种程度上限制了完全的财产权。这些保护是消费者和环境保护,以及生产过程中的劳动保护。

6§13　生存的合法权利

合法的经济权利(6D3)必须建立在国家担保的生存权利(6§3 和 6§4)的基础上,然后被以合法权利(当前部分)的形式规定。因此,国家必须区分、定义和具体化这些权利。这首先关系到对人身的尊重,因此也关系到对人的直接暴力的限制。更具体的生存权,尤其是体现为经济权利的生存权,将在本部分的以下内容中介绍。

6§14　保护消费者、气候和环境:对商品生产的限制

对人的存在的尊重不仅涉及直接的身体暴力,还涉及对人在食物和环境(包括气候)方面的安全和健康的侵犯。一般来说,担保这些权利似乎是具有说服力的和简单的。然而,当涉及到以法律形式制定这些权利时,潜在的冲突集中在其程度和内容上。此外,这一领域的许多法规难以准确颁布,因此往往是广泛而复杂的。

- 消费者保护

生产的货币价值维度决定了实际产量不是生产的内在动机,而是它的副产品(1§11)。这种对实际产出的漠视是对消费者安全和健康状况的潜在威胁(1§11-a)。

- 环境保护

与消费者保护相比,环境保护的范围更具弹性。而且比前者更甚,环境保护可以被放在次要位置(即使并非没有损害)。另一个关键的区别是,尽管消费品的交易要经过市场(1§4),但内在的自由天性并没有:它没有货币价值(1§14,标题2)。另一个主要区别是,忽视消费者保护可能影响一代人,而忽视环境保护可能

影响许多或所有后代。
- 权利冲突：对商品生产的限制

除了与这些受保护权利的程度和内容的划分有关的固有冲突之外，这些保护对商品生产施加了限制，因此与财产权相冲突，并且必须限制财产权(6§10)。

对于消费者和环境保护来说，它都适用于这样的情况，即虽然这种保护作为一个"要素"(即必须有这种保护)是必要的，但这种保护的程度和具体内容是偶然的，并且是潜在冲突的来源。面对这种(潜在的)冲突，这些保护措施的大部分具体内容往往委托给半独立的监管机构，而起诉则委托给半独立的检查机构(另见6§16)。

6§15 关于劳动时间、职业安全和健康的劳动保护：对生产过程的限制

除了消费者和环境保护(6§14)，生存的合法权利(6§13)在劳动保护中具体化。

这种保护涉及劳动时间(特别是每天和每周的最长劳动时间)的规定以及职业安全和健康的规定。一般来说，劳动保护相当有说服力，因为它直接关系到生存问题。然而，关于这种规定的潜在冲突再次集中在它们的程度和内容上，而不是原则上。劳动时间的规定很容易精确地制定，而对职业安全的规定则不然，而且往往很复杂。

劳动保护对生产过程的计划施加限制，这与对财产的自由使用的合法权利(6§10)和雇用劳动的合法权利(6§11)相冲突。与消费者和环境保护一样，劳动保护作为一个要素是必要的(必须要保护)，而实际内容是偶然的，并且是持续的潜在冲突的来源。同样，该规定的具体内容往往委托给半独立的监管机构，起诉则委托给半独立的检查机构(见6§16)。

6§15-a 说明 劳动时间和最低工资

关于劳动时间的规制，它预设了所允许的最长劳动时间应足以获得"生活工资"或至少维持生计的工资。到目前为止，除了通过劳动服从(2§7)之外，这一规制并无任何保证。最低工资在7§10中给出。

6§16 对具体规定及其执行的监督的授权：从冲突中抽身

在需要限制商品生产和生产过程(保护消费者、环境和劳动)的情况下，维护

生存权与资本主义经济权利相冲突(6§14—6§15)。这种权利冲突威胁到国家的合法性。在试图缓和这些问题的过程中,国家倾向于概括性地颁布这些保护/限制,将具体的规制任务委托给假定的(半)独立的监管机构,并将起诉委托给假定的(半)独立的检查机构。

通过这种方式,国家使其核心行政机构得以"抽身"(purification),并(在某种程度上)免于冲突。不过,国家最终对其授权行为负有责任。在发生灾难或严重冲突的情况下,国家可以解散和替换权威委员会或检查机构,从而避免或减轻对其自身合法性的任何严重影响。

6§16-a　详述　通过授权从冲突中抽身

正文中提到的授权是第一次出现国家的制度性"抽身",换言之,国家从潜在冲突中抽身是为了保护其合法性。在第 7 章和第 9 章中,类似的以及其他形式的抽身将反复地被论述。

第 6 节

公共安全框架

这部分提出了"公共安全"的框架(6§18)。第 1 目(6§17)是介绍性的,适用于(大多数)公共安全以及一般权利。

6§17　"权利"(允许权利)和"积极权利"

一般来说,一个人所拥有的权利赋予其他人尊重该权利的义务(duty)[1](用司法语言来说,当我使用"人"一词时,该词包括对非自然人的提及,如商业公司和企业)。关于权利,区分了"允许权利"和"积极权利"("positive rights")。到目前为止,当我使用"权利"这个词时,我隐含的意思是我现在所说的"允许权利"(allowance rights)。

一个人所拥有的允许权利——如对生产资料财产的允许权——意味着所有

---

[1]　见 Morris, 1993, p.828。

其他人都有义务尊重这一权利。即不干涉、不妨碍、不作为的义务。因此,一个充分的财产允许权意味着,一旦一个人拥有财产,那么财产就不应受到妨碍,更具体地说,财产持有者不应被剥夺。同样,一个充分的生存允许权要求其他人有义务不干涉或阻碍这一权利,例如不使用暴力(在大多数文献中,允许权利被称为"消极权利",指的是这种权利的责任方——见6§17-a)。

积极权利意味着更进一步的义务:需要"积极的行动"(积极权利要求具体说明积极行动的义务是属于所有其他人,还是属于某一特定类别,或者也许是属于国家或其他机构)。对财产的积极权利,如对土地的权利,可能更具体地要求每个人都有权拥有土地的某一部分或可能均等的一部分;它可能会迫使其他人将他们不成比例的土地份额转让给其他权利持有人。同样,一项生存的积极权利,例如,被指定为体面工作的积极权利,或体面生活的积极权利(均有待进一步说明),有着要求他人分享现有的体面工作或分享其他体面生活手段的义务。同样,所需的责任可能落在国家或其他机构上。

回到允许权利:将权利限制为允许权利意味着对对称的积极分配(财产、工作、生存等)的否定。换句话说,这种限制意味着经济行为者在不妨碍权利(财产、生存)的义务方面享有形式上的平等,而在财产或生存手段的分配方面可能存在实质上的不平等。

在资本主义社会,合法财产权一般被限制为合法财产允许权利。关于生存权,有几个种类(见7D5)。请注意,允许权利和积极权利之间的界限并不确切。以消费者保护为例。从一个角度来看,这就要求企业承担"节制"义务,不得妨碍消费者的安全(允许权利)。从另一个角度来看,它规定了生产安全食品和其他商品的"积极"义务(涉及积极权利)。

作出这一区分后,"权利"一词今后将表示允许权利。其他权利将被指定为"积极权利"。这种区别在第7章将变得特别重要。

6§17-a 补论 权利(允许权利或消极权利)和积极权利

允许权利(消极权利)在资本主义制度中是一种常见的,或许是最常见的权利类别。我没有使用"消极权利"一词,因为当我在这本书的早期草稿中这样做时,主要同经济学专业的学生进行了分享,后者对这个词感到不安,尤其是质疑对维护这种权利而言究竟什么是"消极"的。因为本书提供了对资本主义制度的内在批判,我不希望我的术语类似于外部批判,而"消极权利"一词可能与外部批判相关联("允许权利"的替代术语将是"容忍权利""许可权利"或"非阻碍权利")。

消极权利(允许权利)和积极权利之间的区别源于 Isaiah Berlin（1958），他对消极自由和积极自由进行了区分（见 Andre and Velasquez，1990，其中给出了两页篇幅的介绍）。

6§18　公共安全框架：维护合法的经济和生存权利以及国家机构

- 公共安全部门

国家对合法财产权利(6D4)和合法生存权利(6D5)的维护需要公共警察和公诉机构，公共警察有权使用暴力。

维护财产和生存的每一项合法权利也需要防止火灾、水灾和其他灾害。

这些加在一起——公共警察和公诉机构以及对各种"灾害"的预防——被称为"公共安全"。它们的共同点是——出于各种原因——它们的条款不能或不能充分地在市场上出售。因此，它们必须由国家或通过国家统一提供——即使部分执行可能被外包，或许通过采购和许可。

公共安全或其特定组成部分可以以条款的形式（弱主张）或"积极权利"（强主张）——见 6§18-a——的形式担保。

- 国家的合法化暴力及其限度

作为公共警察的制度化形式，国家赋予自身使用暴力的垄断权利，然后以法律形式将这一权利制度化。[1] 这种合法化的暴力是国家的极端但有限的合法资源，其目的是保护它所赋予并合法化的权利。这种暴力也是保护国家机构本身的极端但有限的合法资源(6§4)。

国家可以对数量有限的违法者使用这种暴力。这种违法者的数量是有限的，因为国家暴力本质上受到物质限制——因为最终暴力手段必须在物质上生产出来，并且必须有足够数量的可靠的警察部队来使用这些武器。[2] 因此，最终也是最主要的，国家必须在大多数人服从，而且是在绝大多数社会行动者服从的条件下，为其行动和不行动寻求合法性(6§5)。[3]

---

［1］　Weber 指出，国家"主张在一定领土范围内合法使用武力的垄断权。……国家被认为是使用暴力的'权利'的唯一来源"(1999 年[1919 年]，p.1)。然而，这种垄断也有(不同程度的)例外，例如，在美国，公民有权携带武器。

［2］　我很清楚我所指的限制，以及国家对这些限制的探索，在历史上和当代都导致了大量的流血事件。

［3］　在这种情况下，无法确定是什么构成了"绝大多数"。很可能超过 75%，而不是更少。从另一个方面来看，即国家主体的暴力行为，即使 10% 的人的这种叛乱似乎也是无法克服的。即便如此，按照 OECD 的平均水平衡量，即使包括现役军人在内，在"常规的"警察队伍中，这也是一个非常高的数字。

6§18-a　说明　公共安全的积极权利

因此,注意到对合法财产权利和生存权利(不受干涉的权利)的维护必须转化为受警察、消防队等保护的积极权利(受干涉的权利)。例如,如果警察对财产或人身的保护是一项积极权利(而不是一项条例),那么决定权利含义的是对保护的具体定义。一般来说,国家倾向于从"条例"而不是权利的角度来制定其关于公共安全各种要素的立法,因为这降低了出现损害的情况下可能的责任索赔的有效性。

总结和结论

这一章回到了第一章的论述层面。它始于资本主义经济在家庭和私有企业之间分离的外向分岔——现在不仅基于假定的资本主义经济的抽象存在,还基于假定的国家的抽象存在(第 1 节)。

在对资本主义经济的阐述中,隐含着行动者有第一部分所述的行动自由(具体化为权利主张)。这些(权利主张的)核心是:第一,对土地私有财产的权利主张;第二,对生产资料私有财产权利的主张,而不是由权利要求人(claimant)进行生产;第三,对雇用他人劳动并占有该劳动生产的剩余价值的权利主张;第四,生存的权利主张。

然而,在经济中,没有任何制度保证这些权利主张,因此资本主义经济不能独立存在。当国家以权利的形式具体地担保这些权利时,国家就被认定为资本主义国家。国家划分并维护这些被担保的权利(第 2 节)。

国家的存在基于五个涉及其运作形式的存在条件:(1)体现为行动者服从的合法性;(2)根据假定的普遍利益而采取行动,以获得这种服从;(3)假定的普遍利益要求国家假定自己处于对立的特定经济利益之上和之外,因此是一种特殊的社会机构——即"在统一中分离";(4)这再次要求国家以法律的形式规定权利,平等地适用于所有人,然而,这意味着它必须对权利的内容采取立场;(5)法律的形式要求国家通过仲裁和制裁来维护法律(第 3 节)。

"经济权利框架"是国家将权利规定为合法权利的第一个要素。它包括各种必要的"财产权",雇用他人劳动的合法权利,以及雇主占有该劳动生产的剩余价值的合法权利(第 4 节)。

没有生存权,经济权利是无效的。因此,后一种权利基于前一种——国家将权利规定为合法权利的第二个要素。以法律形式对生存权利的许多界定（消费者保护、环境保护以及劳动保护）与经济权利相冲突。因此，经济层面的潜在冲突转移到国家层面。国家试图通过将这些保护的具体内容的监管委托给（假定的）半独立监管机构，并将起诉委托给（假定的）半独立检查机构，来减轻其对合法性的影响（第 5 节）。

国家对合法财产权利和合法生存权利的维护基于国家提供的公共安全——警察、公诉和防火、防水（第 6 节）。

这就完成了在叙述水平上类似于第 1 章的对资本主义国家的论述。

第一个主要结论是，资本主义经济的存在只能在资本主义经济内不充分地建立起来。鉴于这种不充分性，"经济自由"不能在经济内建立起来。

第二个主要结论是，国家通过担保它确实赋予的"经济权利"，被确认为"资本主义国家"。因此，这些权利实际上是政治权利。然而，这个形容词在某种程度上是空洞的，因为所有实际权利都是政治权利。我们将在第 7 章中看到，国家的合法性需要的"不仅仅是"担保和维护这些经济权利（正如我们在基本生存权利中所看到的）。

注意：读者通常会跳过本书的附录，但若想要了解经验性的详述（在下一章中），建议至少阅读以下附录的第一部分（6A-1）。

附录 6A　第 7—10 章的经验数据：OECD 21 的平均水平

在这本书的系统阐述中，1§1 和 6§1 中"分离的外向分岔"的起点给出了资本主义制度的抽象一般特征。成熟的"资本主义"的具体含义是由该起点的越来越具体的存在条件及其表现形式决定的，如第 1—10 章所示。如下所述，在第二篇的其余部分（第 7—10 章），我将参考 1870—2015 年 21 个经合组织国家的历史平均数据，特别是不同类别的国家支出和税收。

6A-1　对"资本主义"的经验说明，以 OECD 21"最强大版本"为例

从经验来看，2015 年组成经合组织（Organisation for Economic Development and Co-operation）的 34 个国家是成熟资本主义国家的主要例子。然而，并非所有这些国家在 1870—2015 年都可以被定性为资本主义国家。这尤其适用于 1990 年后成为经合组织成员的大多数国家。因此，对于历史数据，我只限于 1990 年时是

经合组织成员国的国家,但忽略了冰岛、卢森堡和土耳其,因为这些国家总是缺少1960年以前的数据和后来的许多数据。这样就剩下21个国家。此后,我使用"OECD 21"一词表示:澳大利亚、奥地利、比利时、加拿大、丹麦、芬兰、法国、希腊、德国、爱尔兰、意大利、日本、荷兰、新西兰、挪威、葡萄牙、西班牙、瑞典、瑞士、英国(大不列颠及北爱尔兰联合王国)、美国。[1][2]

OECD 21确实只是资本主义国家的例子,尽管是其中的一个特例,因为在世界范围内,这些国家的人均GDP相对较高,其中许多国家是建立在殖民和帝国主义历史之上的。另外,我认为对"资本主义"体系的批判性阐述应该集中在其迄今为止经济上的最强大版本,无论在历史上它以何种方式达成(就我个人而言,我对这段历史以及对这种"强大"的承认有道德上的看法。然而,这些观点与资本主义制度及其最强版本的再生产的论述是不相关的)。

我们将在第7章中看到,就OECD 21的平均水平而言,国家支出从1870年约占GDP的11%增加到2015年的45%,同期社会保障转移支付的主要支出部分从约占GDP的0%增加到25%。考虑到绝大多数行动者服从的合法性(这是资本主义制度所必需的),我认为,在最近和目前较弱的资本主义国家(第11章),未来国家支出的发展有类似的趋势。

我强调,所有对OECD 21的定量说明都不构成本书的系统叙述的一部分,因此都归入系统叙述之外的补充部分。系统叙述部分指的是以起点的"分离的外向分岔"为特征的所有资本主义国家,无论这些国家在这方面是老牌或新兴的,也无论它们在国家支出和人均GDP等方面处于何种发展阶段。当然,第一部分适用于所有这些国家。

6A-2　OECD 21算术平均数的经验说明

和第一篇一样,第二篇关注的是总体的成熟资本主义,而不是单个国家。在详述部分,我指的仅仅是OECD 21的平均值,这是出于实用的原因,因为从长远来看(1870—2015年),缺乏所有资本主义国家平均值的相关且合理标准化的数据。

---

[1] 2015年,这21个国家占世界人口的13%,而它们占世界GDP的56%(资料来源:World Bank, database World Development Indicators-update 17 Nov. 2016)。

[2] 2015年,其他13个经合组织国家是:冰岛、卢森堡、土耳其——如上所述(从1961年开始);捷克共和国、匈牙利、韩国、墨西哥、波兰(1994—1996年);智利、爱沙尼亚、以色列、斯洛伐克共和国、斯洛文尼亚(自2010年起)。

我指的是 OECD 21 的平均数,但在一些情况下,没有平均数或平均数没有意义(在这种情况下,我可能指的是一个国家)。更具体地说,它总是未加权平均数或算术平均数(与"算术平均值"相同)。原因是我不关心一个国家对另一个国家可能产生的经济影响。我担心的是 OECD 国家的政治经济体系平均水平。那么一个国家是大是小就无所谓了。在每种情况下,国家必须维护一个完整的法律框架并且获得该框架的合法性。因此,原则上来讲,我必须用算术平均数来衡量(不考虑经济的规模)。[1]

6A-3 OECD 21 的数据来源

当数据可用时,我总是使用 OECD 数据库。1990 年以后的数据大多如此,1960 年或 1970 年以后的数据有时也是如此。顺便提一下,我也使用专门的数据库,如联合国教科文组织(UNESCO)的数据库。

对于 OECD 没有可用数据的年份,我主要依靠三个来源:Tanzi and Schuknecht(2000),Castles(2006)和 Tanzi(2011)。在 1960 年之前,在一个共同基础上分解的国家支出数据很少,而且我们越往后追溯,在一个共同基础上有数据的国家数目也受到限制。对于所有年份(1870—2015 年),我已经使用了 OECD 21 提供的最大数量的信息。

最后,"国家支出"领域的常见统计数据通常采用"各级政府"(total government)或"一般政府"(general government)来表示"联邦政府"(如果相关)、州政府和地方政府的总和。对于图表,我采用后一种"一般政府"的惯例。

---

[1] 请注意,这在该领域相当常见。例如,见 Tanzi and Schuknecht 2000,Castles 2006 and Tanzi 2011。OECD 数据库还经常计算其"OECD 总数"的未加权平均值。

第6章图表目录

图6.1 国家保证的资本主义经济权利的系统--一般意义上的
资本主义国家(第6章大纲)　　　　　　　　　　　　　　242
6§1 外向分岔为家庭和私营企业　　　　　　　　　　　243
　图6.2 起点的二重根据　　　　　　　　　　　　　　　　244
第3节 以法律和国家合法化形式担保的权利　　　　　　249
　图6.3 国家的初始存在条件:其行动的形式　　　　　　　249

第 7 章

促进资本积累的条件

```
                    资本主义系统
                [1§1]社会分离[6§1]

        资本主义生产    1    6   国家担保的经济权利
        资本积累       2    7   促进积累           ⬅
        企业融资       3    8   国家支出及融资
        市场互动       4    9   强加的竞争
        周期性过度积累  5   10   资本主义国家的作用范围
                         11
                    国际资本主义系统
        经济轴        具体表现         国家轴
```

章 目 录

导言	272
第1节 国家的行动半径取决于其对资本积累条件的形成的促进	273
7§1 国家的物质性存在：税收和国家行动半径	274
7§2 税收的根本冲突；税基与税率	274
7§3 国家的潜在行动半径、税基和国家对资本积累条件形成的促进	275
第2节 货币框架——从税收到促进资本积累的货币调节	278
7§4 央行货币本位的推行	278
7§5 货币及其在货币立法中的基础	279

	7§6 货币调节的冲突	280
	7§7 将具体调节制定、监督调节的执行和货币政策制定的权力授予中央银行:消弭冲突	280
	7§8 实现温和通胀的目标	282
	7§9 银行业危机和趋向"大而不能倒"的银行的变化	282
第3节	劳动力框架——积累促进型调节	283
	7§10 现有劳动力人口的再生产	284
	7§11 对最低工资委员会或理事会的授权	285
	7§12 暂时失业救济金	286
	7§13 劳动力人口增长	286
	7§14 公共教育	288
第4节	基础设施框架——积累促进型调节	292
	7§15 基础设施	292
	7§16 基础科技研究	294
第5节	社会保障框架——在从属工人必须服从的情况下,社会保障转移的不确定程度	295
	7§17 合法性:依赖于服从的社会保障转移支付	295
第6节	国家行政机构与司法机构的分离	301
	7§18 仲裁和制裁——通过使司法机构与国家主要机构相分离,使后者分配给前者的职能具备合法性	301
第7节	国家行政机构与代议制机构的分离	303
	7§19 税收与对产权的凌驾	304
	7§20 税收形式的冲突	304
	7§21 国家在经济中所占份额带来的顾虑或安全感	305
	7§22 法定权利和在服从中实现合法性的普遍冲突	306
	7§23 冲突的改变——合法地将职权分配给分离的代议制机构,作为于国家主体的统一中的分离	306
总结与结论		310
附录7A	第7章中图片的数据和数据来源	312

导　言

第六章的论述表明,资本主义经济不可能独立存在,其再生产必然要求国家以法定权利的形式维护核心的经济权利主张。本章首先阐述了国家及其行为的物质基础要求它以税收的形式从经济中获取财富。正因如此,税收必然凌驾于产权之上。进而我们得到一个悖论,即国家要维护产权必然会侵犯产权。

国家的"行动半径"是指国家在可行税收约束下能做的事情的集合。而可行税收又是由资本积累的一般条件所决定的。资本主义国家在可行税收之内所采取的必要行动,决定了它能以何种方式(以及何种程度地)促进资本积累。对资本积累的这些一般条件的阐述是本章的主要内容:首先是货币条件(第 2 节),接着是关于劳动力供给的数量与质量条件(第 3 节),然后是关于经济基础设施的条件(第 4 节)。特别地,后两项条件的具体实现需要额外的国家支出,因而需要为此征税。然而,税收的可行与否并不体现在其绝对数额上,而体现在税率的可行性上。

国家支出在量上的一个(潜在的)重要类别与社会保障制度有关。我们将在第 5 节介绍这些制度,以及它们对国家合法性的依赖。

尽管国家在所有这些领域采取行动都是必要的,但我们将在本章中看到,关键在于这些行动的程度。这就造成了持续不断的冲突,进而可能会威胁到国家的合法性。最后两节展现了这种合法性方面的潜在冲突是如何造成国家机构内部的两次重要分离的。因此,国家制度性地存在于三个机构之中。核心机构是行政机构,其余的则是司法机构(第 6 节)和代议制机构(第 7 节)。代议制机构对服从性的寻求,以及最终促成服从性的实际产生,是国家存在的一个不可或缺的条件,因而也是资本主义制度的一个不可或缺的条件。

在本章中,我不会使用"国家干预"一词。我认为这个词是高度意识形态化的,因为它预设了资本主义经济有独立存在的可能。与这种预设相反,资本主义经济和国家构成了一个必要的统一体,而无论它们在制度上是不是分离的(一种"统一中的分离")。

本章介绍了使第 6 章论述成立的第一个条件。同时,本章也是第 2 章论述的续篇,阐述了后者的成立条件,特别是关于资本的积累以及积累过程中货币和劳动力扩张的环节(本章第 2 节和第 3 节)。

图 7.1 总结了本章中的主要环节。

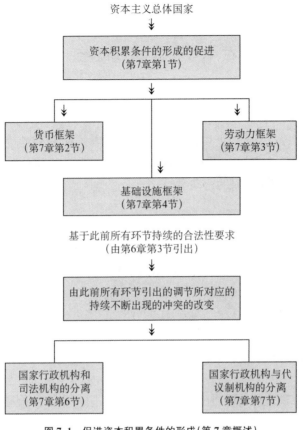

图 7.1　促进资本积累条件的形成（第 7 章概述）

图例：
↓　以……为基础（以其作为条件）。

第 1 节

国家的行动半径取决于其对资本积累条件的形成的促进

一般术语注释：我使用"调节"一词时，我指的是所有法律以及"授权形式的调节"（delegated regulation）。当我要明确地提及后者时，我总是会使用形容词"授权的"。而当我提到"调节"时则指的是前面所提到的全部内容(详见10§2)。

7§1 国家的物质性存在：税收和国家行动半径

国家的立法行动和对权利的维护活动(第6章第4节—第6章第6节)必然需要国家自身的物质再生产。而国家在物质再生产方面是依赖于经济体的。不过分离形式(6§6)至少在原则上要求国家本身不参与产生利润的生产过程，即便这可能是其行动的资金来源。因此，国家被迫通过税收从经济中获得适量的财富。这样一来，税收决定了国家的行动半径。

7§1-a 说明 国家与利润产生过程

正文提及了国家对利润产生过程的"原则性"回避。但事实上，就21世纪初OECD 21国的平均水平而言，总劳动力中约有2%受雇于国有企业。可以肯定的是，这些国有企业的收益远远不能覆盖国家总支出(大约在同一时间平均财政开支水平约占GDP的45%)。

7§2 税收的根本冲突；税基与税率

国家通过征税进行物质再生产(7§1)，意味着国家要维护权利，就必须通过征税凌驾于产权之上。因此，税收在根本上是冲突的。这一根本冲突是无法克服的，纵使它可以被缓和(在本章的最后一节之前，我把这一基本冲突暂且系统性地忽略了)。

除了这种冲突的基本特征外，冲突的程度是由税基或是由税基(征税的对象)与税率共同决定的。税基是指原则上可以进行征税的收入或财产的价值量。因此，如果国家要求征收数量为 x 的税额，宏观经济的税基(例如剩余价值总量)决定了征收 x 所需税率($t\%$)。

7§2-a 说明 一般意义上的税收

之前的章节加上本章的全部内容是对税收进行的一般性阐述。第8章介绍了各种形式的税收(如特别是对财产、收入或支出的税收)，以及它们在资本积累过程中对利润的影响。

7§3 国家的潜在行动半径、税基和国家对资本积累条件形成的促进

"国家的行动半径"是指在可行税收的约束下,国家能够采取的行动的集合。到目前为止,行动半径这一概念仅是由第六章中所阐述的内容来界定的。结合本章内容,国家的行动半径以可行的税收为基础(7§1),而可行的税收又由"税基"和随之而来的"税率"(7§2)决定。税基(如剩余价值)又是以资本积累的体系为基础的(第2章)。因此,一种普遍存在的积累体系会制约国家的行动半径,因而这种体系可能不足以支持国家的必要行动。考虑到可行税收的约束,资本主义国家为采取必要行动,必然要求它促进资本积累条件的形成。因此,这种特性是资本主义国家体系所固有的(从方法论上看,这一特征再次为国家的存在提供了依据——这一点总结在了图7.2中)。

图7.2 促进资本积累条件的形成中国家行动半径的基础(第7章第1节的概述)

图例:
↓ 以……为基础。
∥ 隐含在之前的环节中。

尽管促进积累条件形成是国家的一个重要的质性目标,但国家持续面临的关键问题却是量化的,即在可行的税率下促进积累到何种程度。

因此,国家必须促进资本积累条件和与之共生的经济增长条件的形成。[1] 由此可见,这些条件对于税收、维护国家授予的法定权利以及国家的合法性至关重要。不过,经济增长和资本积累目标的必要性往往靠"普遍利益"来佐证。[2] 这样一来,国家就把它表述成了一个至少是独立的目标,即便国家最关注的可能是税基。但在实际操作中,国家以何种方式表达这一点其实并不重要。不管怎么表达,国家都必须在行为主体的服从中寻求合法性,而这不仅是为了授予和维护

---

[1] 回顾第2章第3目可知,"资本积累"或"经济增长"是同一问题的不同视角。国家行事时可以在两个视角间切换。在讨论国家与企业时,资本积累这一视角可能更常用;经济增长视角可能更适合于基于"普遍利益"的政策制订,但不排除可以用"普遍利益"来表述资本积累。(这也与特定的意识形态氛围有关。)

[2] 回顾第6章第6目,"普遍利益"一定是"假定的普遍利益":国家计划其行动是为了国家自己认为的普遍利益。其他行为人可能对何为普遍利益有不同看法。

法定权利（6§5、6§6），同时也是为了促进经济增长条件的形成。

由此我们可以得出，货币价值维度（第1章第2节）也是国家所关心的问题的一个部分。货币价值维度与税收和经济增长有关，这一点不必多言。关于法定权利，我们认为其在立法过程中的具体化不仅是靠定性的法律论述，还采用了成本和收益的论述，也即定量的货币价值维度的论述——特别是在立法的"解释性备忘录"中。

接下来的几节介绍了国家维持和促进经济增长条件形成的三个主要手段，即关于货币和银行（本章第2节）、劳动力（本章第3节）和经济基础设施（本章第4节）的手段。

7§3-a　说明　将剩余价值作为唯一税基的简化

7§3中的主要内容为理解国家在实践中所做的工作提供了概念基础，这些工作包括经济政策以及该政策的主要目标之一——刺激经济增长。本节还提供了主流经济理论漫不经心地提出的对（潜在的）"市场失灵"进行修复的依据——详见本章第2—4节。

通过一个暂时性的简化，即假设所有的税都是在剩余价值被分配之前就从剩余价值中征收了，正文内容就更容易理解（在第8章中，将引入能够部分替代这一种税收的其他税收形式）。这意味着，剩余价值是唯一的税基。税基制约着国家的行动半径——到目前为止，这一行动半径就是第6章中所介绍的行动半径。在剩余价值为零的假设下，行动半径将为零（这将带来一个不可能定理，即资本主义不能在没有国家的前提下存在）。这意味着，国家为了其行动半径，以及扩展行动半径的可能，必须要关注税基及其增长。因此，更广泛地说，国家必须谋求促进资本积累以及与之共生的经济增长的条件的形成。请注意，在给定的行动半径下，由于剩余价值增加导致的税基扩大，会创造使税率降低的条件，从而减轻7§2中提到的冲突程度（当税基减少时，则后果相反）。

7§3-b　详述　税基长期增长情况的粗略代理指标

图7.3显示了1870—2010年OECD国家（最多有21个）平均的人均实际GDP增长率（采用算术平均；见附录6A关于OECD 21与算术平均数的内容）。这应该可以作为平均的税基增长的一个非常粗略的代理指标。对于这些国家而言，只有这些数据符合我们的条件且可获取——特别是19世纪那一时段的数据。我们将在后面看到（第8章第2节），一直到1913年左右，国家的税收收入平均低

于 OECD 国家 GDP 的 10%；然后在 1913 年和 1920 年之间的大幅增长后，税收于 1937 年之后持续上升。图 7.3 的上半部分（年增长率）显示，1945 年之后的人均 GDP 增长率比此前更稳定。下半部分的图显示的是十年平均增长率。一个大胆的推测是，国家对经济增长条件形成的促进作用是逐渐出现的，并且这种作用约在 1980 年之后逐渐弱化。在本章其余的"详述"部分，这一点被 OECD 21 国的经验所证实。

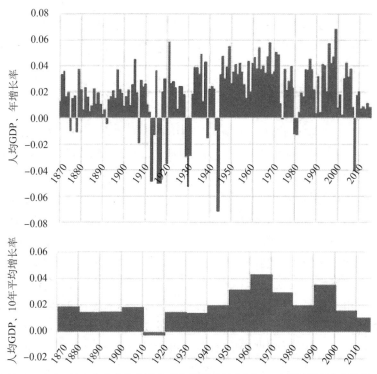

图 7.3 1870—2010 年的人均实际 GDP 年增长率（上图）和 10 年平均增长率（下图）；20—21 个当前 OECD 国家平均值（以 2011 年美元计算）

数据来源：Maddison 项目数据库 2018 年版，作者为 Jutta Bolt、Robert Inklaar、Herman de Jong 和 Jan Luiten van Zanden。关于这一数据的更多信息，见 7§3 下的附录 A。

需要强调的是，由于国家间经济周期不同步，图 7.3 没有画出商业周期，因为图中的平均增长率已经高度熨平了经济周期（我将在第 10 章中回到经济周期）。

第 2 节

货币框架——从税收到促进资本积累的货币调节

本节提出了国家促进经济增长条件的三个主要手段中的第一个(后面两个将在第 3、4 节提出)。本节是第 2 章第 4 节在货币扩张(资本积累的基础)方面的续篇。

7§4 央行货币本位的推行

国家的物质性存在特征要求它从经济中获取财富(7§1)。与资本主义经济的货币价值维度相一致的是，国家是以货币形式，而不是具体的有用物品或服务的形式对经济行为人征税。

回顾第 2 章，银行创造的货币的使用范围，是各银行在具有主导地位的清算银行所制定的货币规则之下展开合作的决定因素。再回顾下第 2 章，这种清算银行可能并不唯一，而是有若干个。

而国家加强了银行之间的这种合作——或者称之为合作的深化。国家可能会与一家占主导地位的银行(即清算银行)建立关系。一方面，国家将要求以其清算银行的货币本位来支付税收。另一方面，国家将要求经济主体无条件地接受其支付。因此，国家会要求以"它的"清算银行的货币本位进行支付。综上，所有银行都会被要求采用国家的清算银行的货币本位，这一清算银行即现在的中央银行。

第 2 章第 4 节中提出的有关清算银行及其与商业银行联系的所有决定因素均适用于中央银行。因为国家是中央银行的客户，中央银行可以向国家提供具有货币创造性质的贷款(与清算银行向其客户提供的同类贷款类似)。中央银行倾向于避免与普通银行争夺除国家之外的客户(在这种情况下，国家是其唯一的非银行客户)。

7§4-a 详述 法定货币

在 7§4 中，我没有使用"法定货币"一词。该术语可能指受法律保护的支付类型,也即 7§4 中所指。然而,即使时间到了 21 世纪的第 2 个 10 年,这个词也常常指一种货币本身——尤其是中央银行所发行的票据。这令人感到困惑,例如美国财政部并不期望参与者会以美元纸币来纳税(也不会将其视作一种最终支付方式)。

7§4-b　说明　中央银行没有垄断货币创造权

7§4 的最后一句话重新确立了当前的陈述与第 2 章处于同一层级。在第 2 章第 4 节中,当清算银行"仅仅"表现为银行家的银行时,资本主义货币(第 1 章第 2 节)才会被具体化为银行创造的货币。现在(7§4)它被国家认证为法定强制执行的资本主义货币。

关于货币创造,本节没有引入任何新内容,除了新增了一个当下被认证为中央银行的清算银行。这仅仅意味着其货币本位(例如"美元"货币本位)获得了垄断地位。但这并不意味着中央银行垄断了货币创造权,即使它可能拥有发行其纸币(即自己的纸币)的垄断权。情况恰恰相反,普通银行创造了绝大多数的货币,它们也可能发行自己的"票据"——例如以支票的形式(除了危机时期,几乎所有的货币创造都是由普通银行完成的)。

7§5　货币及其在货币立法中的基础

国家推行自己的银行的货币本位,意味着国家对央行行为负责。

这首先决定了货币在货币立法中的具体基础。这一基础是必要的,因为国家(第 6 章)以及由此而来的货币形式的税收对于资本主义经济的存在是必要的。

其次,进一步来讲,货币立法是国家追求促进经济增长条件的形成的产物,也因此由资本积累所决定(7§3)。

货币立法包括:第一,关于央行地位的规则;第二是金融企业作为银行的经营资质的授权规定;第三,银行对其客户(债务人和债权人)的权利与义务的总体框架;第四,银行监管的总体框架(参见之后的 3 目)。

7§5-a　说明　监管与银行牌照

有关对金融企业的银行牌照授予或是执业许可的规定,以及银行监管的总体框架(7§5),可能与清算银行对抵押品和债务的规则标准差别不大(2§9、

2§9-b)(回想一下,这些条件可能涉及银行的偿付能力、各种准备金率、期限匹配、收取的利率(保证金)以及银行与清算银行的强制贷款)。现在的主要区别(7§5)在于,不遵守规则的普通银行可能会被罚款或最终可能会失去银行牌照。

7§6　货币调节的冲突

尽管货币立法是必要的(7§5),但其详细程度是视情况而定的。其详细程度决定了国家以及央行行动的行政决策空间。

这种可能的行动空间包括央行对国家的贷款和债券的承销。货币立法也可能在一般价格水平变化(参见第 4 章第 3 节)和关于商业周期的货币稳定(参见第 5 章第 2 节)的货币量调节方面是具体或不具体的。立法范围内外都包括利率水平(无论是作为政策目标还是作为"准工具")。

这种行动空间还包括对抵押品和债务认定标准的严格程度(一般是指银行资产负债表的构成——2§9 和 2§9-b),以及对银行的监督力度。严格程度引致了国家在货币政策上主要面临的两难困境:严格的审慎调节会阻碍银行对经济增长的调节能力,而宽松调节又会增加银行业危机爆发的风险。

在任何情况下,无论是以何种手段,国家都必须作出立法或行政决策(这涉及调节的优先级、具体调节方式及其解释)。这些决策直接影响收入分配(价格与利息),并间接影响投资和失业。这意味着国家必须在劳工、企业和金融家之间的(潜在)冲突中选边站队。因此,就像劳动保护对生产过程有限制一样(6§16),国家可能会减少对"普遍利益"的提及(6§6)和它对(假定的)公正性的自愿承担(6§7),从而破坏了其合法性的基础(6§5)。

7§7　将具体调节制定、监督调节的执行和货币政策制定的权力授予中央银行:消弭冲突

就货币调节而言,国家必须制定可能损害其合法性的调节(7§6)。因此,国家倾向于为中央银行的目标和任务制定一个总体框架,其中包括对其他银行的监管。在此基础上,它倾向于将具体调节制定、监督调节执行以及货币政策制定权下放给被认为是独立或半独立的中央银行(7§7-a)。通过这种授权方式(类似于先前的授权——6§16),国家将其核心行政机构从冲突中抽身出来,以使其(在一定程度上)免受冲突影响。尽管如此,国家仍是其所授予的权力的最终责任

人。[1] 不过,在引发灾难性后果或产生严重冲突的情况下,国家可以解雇和更换中央银行的委员会成员,从而避免自身合法性受到严重影响。[2]

图 7.4 按顺序总结了到目前为止本节所提出的基础环节。

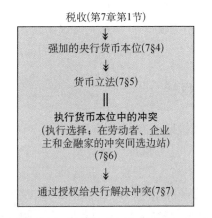

图 7.4 从税收到货币调节冲突与围绕冲突的授权(本章第 2 节、7§4—7§7 的系统关系)

7§7-a 说明 对由"技术官僚"组成的央行的授权和国家无法避免的最终责任

将职能分配给中央银行并不意味着中央银行制定的政策会更符合普遍利益。授权只是保护国家主体,使其从冲突中抽身的一种手段。这与中央银行比国家(其他机构)更独立的主流假设相悖。顺便说一下,这假定了国家是不独立的(就资本主义经济中的国家而言,国家确实是具有资本主义性质,但我认为这存在争议)。因此,那些有时被称为央行"技术官僚"的人必须阐明他们对(货币形式的)普遍利益的具体观点。然而,这些技术官僚并不比其他行为人更大公无私(尤其是在倾向于银行的利益——也可能是大银行的利益方面)。不过他们喜欢被贴上"独立"的标签。

---

[1] 在以下引文中揭示了国家的授权与最终责任。2013 年,荷兰财政部长 Dijsselbloem 向本国参议院表示:"……荷兰决定,通过授权至欧盟层面来实现本国货币政策。但是,国家最终决定了"货币体系"。在欧元区不复存在的理论情况下,荷兰将不得不再次决定以何种方式重塑本国货币政策。"['Zoals uit bovenstaande blijkt heeft Nederland er voor gekozen om haar monetaire beleid vorm te geven door deze te delegeren naar het Europese niveau. De Staat is dus uiteindelijk bepalend voor de "monetaire constellatie". In het theoretische geval dat het eurogebied zou ophouden te bestaan ontstaat er voor Nederland een nieuwe situatie en zal zij opnieuw moeten kiezen op welke manier zij het monetaire beleid vorm zal willen geven.'](荷兰财政部,2013,p. 15)。
[2] 如果任职期限固定,且年限较长,这一手段的实现会变得更困难。

因为国家在事实上把处理冲突的权力交给了中央银行(特别是关于收入和财富的分配——7§6),所以"宣传"中央银行是一个"独立"的机构,不仅符合中央银行的利益,也最符合国家的利益。

不过,这个授权进程进行得还算可以。尽管在日常工作中仍存在一些温和的冲突,以及央行的一些较小失误。一旦重大失误出现,特别是央行出现对(大)银行在监督上的重大失误,就会再次将问题推到国家面前(见7§9)。

7§8 实现温和通胀的目标

实现温和通胀(可以委婉地被称为"价格稳定")是资本积累的必要条件(参见第4章第3节)。国家倾向于对这一目标进行量化,并委托中央银行去执行这一目标。温和通胀应该会避免经济体陷入经济停滞,而这种停滞是普遍价格竞争和加速的技术变革的结合,后者可导致经济停滞(4§9)。在第9章"强加的竞争"(the imposition of competition)部分中我们将解释,价格竞争是通胀目标形成的推动力。

以避免经济停滞为目的推动温和通胀一个副作用是,工人的工资谈判总是会慢一步(一年),而通胀的工资补偿多半是在事后提供。虽然我说这是一个副作用,但它很可能也是温和通胀的另一个目标。

7§9 银行业危机和趋向"大而不能倒"的银行的变化

银行过度放贷导致了企业过度乐观,这又使得银行体系容易受到银行倒闭的影响,从而导致银行体系危机(2§10、2§10-b)。银行业危机和与之紧密相关的衰退(2§10-b中的图2.11)对资本主义经济造成了严重的破坏性影响。尽管如此,一直到近期的整个资本主义史中,这些危机都没有威胁到资本主义制度的再生产。然而,2008—2012年危机以及紧随其后的"大衰退"所造成的后果确实构成了这种潜在的威胁。[1] 构成这种威胁的一个重要因素是20世纪80年代以来银行

---

[1] 在面临崩溃威胁的时候,国家官员将受到限制而不能公开传播这一信息,因为这将产生自我强化的效果。由于在2008—2012年前后出现了可能造成经济崩溃的威胁,一些议会成员被如此告知(就像我经历的一样,当时我是荷兰参议院的议员,是参议院的财务发言人之一)——尽管是在严格保密的条款下被告知的。Luyendijk在《卫报》中写道,范龙佩直到2014年才在一次采访中承认,他当时看到这个系统在"陷入完全内部崩溃的几毫米范围内"。2008年,范龙佩是比利时总理,2009年至2014年是欧盟政府首脑理事会的全职主席。https://www.theguardian.com/business/2015/sep/30/How-the-bank-ignored-lessons-of-crash.

资本的大规模集聚和银行的集中。[1] 这导致了"大银行"(大到这些银行在组织上过于复杂,从而无法在微观上对其进行监管——这一点我们将在第9章中看到)和所谓的"大而不能倒"银行的出现。此类大银行的倒闭往往会像多米诺骨牌一样引发其他银行倒闭,直至银行业的崩溃——进而导致整个资本主义制度的崩溃。这意味着央行和(或)国家不得不去拯救那些大到不能倒闭的银行。

一些评论家认为,为了拯救这些银行,央行可以开启印钞机。但考虑到复式记账原则,情况并非如此。中央银行可以借钱出去,而当它以坏账形式借出时,这会反映在央行的所有者权益中。那么只有两种可能:国家填补央行在所有者权益上的赤字,或者国家下场来结算经营不善的大型银行的金融资本(通过某种形式的金融资本"注入",包括通过接管的形式)。在这两种情况下,国家实际上是最后的贷款人(而不是预设的"独立"的银行)。这多少意味着国家是"最后的征税人"。因为在事实上,所有经济行为人都为此付出了代价。可以肯定的是,他们不仅为拯救银行掏了腰包,而且还为银行业危机的直接与间接影响买了单。

允不允许银行部门的集聚与集中,归根到底是一个涉及调节和监督的问题,也是国家对竞争模式和资本积累模式进行限制的意愿强弱问题。此外,"太大而不能倒"不仅适用于银行,而且也适用于其他关键部门(那些绝大多数行为人所依赖而又没有现成替代品的部门),例如能源部门和通信部门(目前为ICT)。因此,这个问题将留在第九章的"强制竞争"中讨论。

第3节

劳动力框架——积累促进型调节

本节提出了国家促进经济增长条件形成的三个主要手段中的第二个(其他两个分别在第2节和第4节)。此外,本节也是在劳动力扩展方面对第2章第2节的进一步探讨。

---

[1] 到2005年,OECD 21国最大的三家银行资产占所有银行资产的比例平均达到74%(见附录9A,图9.3)。

7§10　现有劳动力人口的再生产

国家维护资本主义法定权利以及国家本身的行动半径,这就要求国家推动经济增长条件的形成,从而促进资本积累(7§3)。对于这些以及其他国家需要采取的行动(抑或是不行动),国家都必须不断地在社会行动者的服从中寻求合法性,特别是人数众多的"资本家和管理者阶级"(CMC)和从属于他们的工人阶级(SWC)这些"客观阶级"(6§12)。

工资水平如果低于生存工资会导致劳动力短缺,并对劳动力人口的再生产产生负面影响。[1] 尽管这对于企业而言是一种自我毁灭的行为,但至少在中期内,经济中不存在一种阻止此类行为的力量。

因此,国家为了促进资本积累条件的形成,必然需要确立法定最低工资水平,该工资水平至少能保证工人维持生计(7§10-b)。[2] 同时,法定最低工资侵犯了资本主义经济权利,尤其体现在压缩了雇主雇用劳动力的合法权利的适用范围(6§11)。

高水平的法定最低工资符合工人阶级的利益(与前文一致,是在资本主义制度的范围内)。尽管在个别的工人看来,这可能有悖于他们的利益,但考虑到劳动力人口再生产的要求,这也符合他们的共同利益。出于竞争的考虑,企业会特别关注最低工资水平的约束是否适用于所有经济主体。

这方面的潜在冲突(在本章之后的7§11中会有所解释)在于具体的最低工资水平,这个水平如何选定是非常微妙的。它可能不是个定值,可以是从最低生活水平到超出某些定义中的贫困线或生存工资(这些定义始终都包含着社会文化因素,见7§10-b)。

7§10-a　详述　无法定最低工资环境下的劳动力人口

回顾一下,本书的所有论述都是关于成熟的资本主义制度的总体情况,因此不涉及资本主义在特定历史阶段中出现的偶然现象(即一般性的介绍)。在整个

---

[1] 营养不良以及通常与之共生的恶劣卫生环境,将首先影响到儿童健康及其死亡率,因此会在大约10—15年的时间跨度内影响潜在的劳动力人口数。

[2] 当存在救助结构性失业者的一般性社会保障规定时(见第7章第5节),这些规定可能会决定有效的非强制的最低工资参照水平(在这种情况下,雇主必须支付至少相当于这些转移支付水平的工资——例如在德国,直到2014年都是如此)。

19 世纪,当今许多"强大的"资本主义 OECD 国家(关于这些国家见附录 6A)的工资水平通常只能维持工人生计。在其他资本主义国家中,这一普遍现象甚至持续到 20 世纪。

当存在失业时(因此会有过剩劳动力),竞争将倾向于压低工资。在工资被压到低于维持生计的工资水平时,现有的劳动力人口的再生产将会受到影响。这种对再生产的影响并不是立竿见影的。相反,正如之前的脚注所指出的那样,营养不良——以及往往伴随着营养不良的恶劣卫生条件,首先会影响到儿童的健康情况和儿童死亡率,从而在大约 10—15 年的时间跨度内影响到潜在的劳动力人口。这也取决于一些宏观经济条件,因为死亡率上升最终会导致劳动力短缺和工资上涨,也许会使工资超过生存工资,而这将再次对死亡率产生滞后影响,从而影响劳动力人口的增长(参照古典政治经济学的劳动力人口理论)。虽然有这样的"平衡"力量,但由于它们的影响在时间跨度上很长,因而往往会导致经济停滞而不是经济增长:在其他条件不变的情况下,劳动力人口的增长情况是一个制约因素(值得注意的是,这个问题在传统的新古典经济学的劳动力市场并不存在,最低工资亦是如此)。

7§10-b 详述 生存工资和法定最低工资

如何定义维持生计的工资并不是一件容易的事情。这最终可能会在区域间死亡率比较的基础上制定出衡量标准。但是在任何情况下生存工资都包括社会文化因素,因此只用营养摄入来定义是不够的。除了社会文化因素外,生存工资还应该包括养育子女和治疗疾病的部分。类似的困难也适用于对贫困线的定义(例如 CBS/SCP 2013)或对"体面"的定义——这是人权公约和国际劳工组织公约中采用的术语(Biermans,2012)。

虽然这些定义问题与对法定最低工资的讨论有关(另见 7§11),但正文(7§10)的重点是,国家必须设定一些法定最低工资标准——无论这些标准具体是什么(考虑最后一个脚注中提出的注意事项)。

7§11 对最低工资委员会或理事会的授权

法定最低工资水平侵犯了资本主义当事人自由地雇用劳动力的经济权利,而尤其微妙之处在于最低工资的具体数量(7§10)。

围绕最低工资水平而存在的潜在社会冲突会威胁国家的合法性。因此,国家倾向于将最低工资水平的决定权授权给最低工资委员会或最低工资理事会。这也是为了将国家的核心行政机构从冲突的漩涡中抽身出来(参见6§15和7§7中介绍的为从冲突中抽身而进行的授权)。

7§12　暂时失业救济金

- 周期性(暂时)失业救济金

资本积累呈现周期性的发展过程(第5章)。如果周期性失业会导致劳动力陷入贫困,并因为贫困致使劳动力健康状况恶化甚至是使得劳动力储备梯队出现断层,那么企业就会在周期的上升期失去新的增殖潜力。[1]因此,国家促进经济增长的条件形成的目标(7§3)要求它设立周期性失业救济金。由于周期性衰退是否出现难以被界定,这些失业福利往往会扩展为在一定时限内对被解雇的劳动力提供物质支持。[2]这些福利可能由税收开支,也可能(部分)由企业的专项缴款开支。

- 医疗津贴

类似的论点也适用于工人的经常会患上的"常规"疾病。[3]一经患病则立即解雇患病工人,或是由于疾病时间稍长而解雇工人,对企业而言都是无利可图的。因此,国家对医疗津贴进行调节符合企业(以及工人)的利益,从而为资本积累提供均等的条件。这些福利的大小是相机抉择的。讨论这些福利的融资方式也是有必要的,但通常这些福利的融资负担是被强加给企业的(从企业的成本来看,这些负担可以归为最低工资水平的提高)。

这些福利中的每一项都符合SWC和CMC的利益。同样,这些福利的具体大小是冲突的主要来源。给定最低工资水平的决议(7§11),上述福利的大小往往被设定为最低工资的某个百分比。

7§13　劳动力人口增长

一般来说,人口政策似乎是偶然形成的。然而,考虑到国家有创造促进经济

---

[1] (周期性)失业具有统计上的不确定性,因此不能被投保;即使可以投保,成本通常很高,而且赔偿金和赔偿时间都有限。
[2] 鉴于"正常"的周期(即那些与银行危机没有特别关联的周期)中衰退期约为2年,因此这些福利的持续时间将大致延伸到2年。
[3] "常规"疾病与无法治愈的工作残疾是有区别的(关于后者,见本章第5节)。

增长从而促进资本积累的条件的目标(7§3),人口政策就是在有可预见的结构性劳动力短缺前景下对国家的行动要求(请注意,7§10谈论的是现有劳动人口的再生产,而这一目讨论的是长期的劳动力人口增长)。

考虑到当前的人口增长情况,在给定的某种技术发展状态下,这种人口增长情况以及由此衍生的劳动力人口增长情况,最终将会限制资本积累(参见第2章第2节,特别是2§6和图2.5中总结的相互联系)。回顾一下,2§4将劳动力人口增长视作一个意外情况。就本书采用的方法而言,未来究竟如何仍是不确定的。[1]

给定人口增长和劳动参与(见下文)水平,可用的劳动力数量由以下因素决定:
- 工作日(或工作周)的长度

在存在结构性劳动力短缺的情况下,国家可能会放松规定工作日或每周工作时长的既有调节(6§14)。这显然会造成一系列冲突。

可用的劳动力数量还取决于:
- 职业健康与安全

国家放松职业健康与安全调节(6§14)同样会产生冲突。

如果给定前面提到的两类调节不变,则可用的劳动力数量的决定因素有:
- 劳动参与

劳动参与水平由以下因素的共同决定:第一,家庭内部分工;第二,正规教育的年限;第三,退休年龄。(1)第一个是最复杂的,因为家庭成员是否参与劳动一方面是社会经济文化的问题,另一方面又是是否要在单一工资水平下获取多份收入的问题。无论如何,国家可能会通过对家庭的第二份收入减税来增加多份收入的总额。(2)缩短教育年限会与企业所需劳动力质量的提高相冲突(见下文,7§14)。(3)尚未引入(可能会强制执行的)决定退休年龄的意外事件(见本章第5节)。如果某个时期有对老年人或是对养老金的转移支付,则退休年龄可能会延后。

给定前面三类调节不变,则可用的劳动力数量的最终决定因素为:
- 人口增长

人口增长率是出生率和死亡率共同决定的。在死亡率方面,国家可以采用广泛的监管措施,从交通速度限制(便宜)到提供公共卫生服务(昂贵)。影响出生率的因素则更多。但是,国家可以使用促进儿童福利的一系列政策工具来促进人口增长(也许通过增加第二个及以后的子女的福利)。在这种情况下,要促进人口增

---

[1] 回顾一下2§4第1小节的结论:"对于资本主义企业来说,劳动力储备大小是相当不确定的,因而也难以在量上加以控制,所以这是一个问题。"

长,就需要增进儿童的福利。

7§13-a　详述　劳动力输入

在第 11 章之前,本书论述的都是一个封闭的经济体和国家,或者说是一个无国界的世界经济体和世界国家。在民族和国家众多的情况下,劳动力稀缺地区可能会从劳动力丰富的地区输入劳动力。

7§13-b　详述　国家在 7§10-13 中出现的调节上的支出

所有的立法和其他调节都需要国家在立法和监督上提供开支,而且还需要国家向承担任务的当局以及委员会提供经费。与其他国家支出的总和相比,这只是一个小部分(见第 10 章)。除此之外,最低工资水平调节(7§10)也不需要国家进行支出(不考虑国家自己的雇员工资支出)。然而,暂时失业救济金可能会需要国家进行支出。儿童福利也是如此(7§13)。关于后两者的经验信息,见本章第 5 节,以及图 7.9 和图 7.10。

7§14　公共教育

国家需要推动促进经济增长的条件的形成(7§3),其中一种手段是提高企业雇用的劳动力的质量。国家可以通过公共教育(与国家教育同义),或更一般地通过国家对学生的教育提供资助来达成这一目标。有几种(可相机抉择的)方式来组织这项工作(见 7§14-b)。

到目前为止,本书的论述仅限于国家在立法、保护法定权利和维持劳动力数量上的支出。引入国家对教育的资助相当于在国家支出的类型(劳动力质量)和国家支出的数量方面,为论述引入了一个在质上与其他环节区分的新环节(见 7§14-d)。虽然国家对教育的资助促进了资本积累条件的形成(取决于技术发展阶段),但即使以纯粹的货币目标来衡量,也难以确定资助教育的成本和收益,也更谈不上进行细致的成本收益权衡了。

公共教育符合企业和 CMC 的利益,当然也符合 SWC 的利益(关于 CMC 和 SWC 的所指,请参见 7§10 和 6§12)。

7§14-a　说明　公共教育的必要性以及本章第 3、4 节所有环节的必要性

对于本应独立存在的资本主义经济的"幽灵"而言,公共教育本身并不是必需

的(即使没有公共教育,利润率和资本积累率也会下降)。然而,对于资本主义制度来说,公共教育是必要的。因为促进经济增长的条件的形成是资本主义国家的必要目标(7§3)。不过,棘手的问题不是在于它必要与否,而是在于执行到何种程度。后者在实践中不可避免地包含利益冲突、选择和冲突解决这三个要素。这种定性的评价也适用于本章第 3、4 节中的所有环节。

7§14-b　详述　国家资助教育的原因和组织教育活动的几种主要方式

如果所有的正规教育都完全由市场决定,那么教育服务将会倾向于只对高收入家庭提供。这会造成大多数工人受教育程度不足,进而可能阻碍新生产技术的应用。为劳动力能够从事各种职业的职业教育和一般技能培训,使那些不提供这种教育服务的企业获得了租金。因此,提供集体教育——或者至少提供资金——是符合企业利益的。[1]

具体的组织方式是可选择的。一种可能的方式是,所有的正规教育都由以营利为目的的私人机构(即企业)提供,而国家则通过补助金对学生进行补贴。这种制度的效率如何是值得怀疑的。另一种可能的方式是,国家直接对教育机构进行资助,并要求这些机构免费提供教育。

所有这些方式往往是与义务教育的相关调节相结合。义务教育年限与技术发展状况有一定的关系。国家是否资助,以及在多大程度上资助超过义务教育年限的高等教育也是视情况而定的。

在免费教育之外,国家是否为学生在受教育期间提供生活补贴、补助或是贷款也是视情况而定的。如果国家在义务教育期间不提供生活资料,那么,生活资料在平均水平上的等价物就必须进入最低工资(6§7),或者以更为直接的儿童福利来支付这一费用。

请注意,和之前一样,此处与正文中的论述既没有考虑道德因素,并且在这种情况下也不涉及免费教育在解放天性上的任何作用。"提高企业所需劳动力的质量"(7§14)并不明确地意味着对应的教育应是解放性的(另见 2§7 中关于服从企业目标的内容)。

---

[1] 自由市场的绝对支持者对此表示怀疑。在《美国经济评论》的一篇文章中,Blankenau, Simpson 和 Tomljanovich (2007)提出,"一些研究无法发现公共教育支出和增长之间的有利关系,这可能反映了政府未能适当考虑融资方法"。

7§14-c　详述　平均正规教育年限的发展情况,以及教育水平分布情况的指标:OECD 21 国的案例

（关于这里和本章其余部分提到的 OECD 21 国数据的概览,见附录 6A。）图 7.5 显示了正规学校教育（不仅是公立学校教育）平均年限的发展数据。就目前 21 个 OECD 国家的平均数而言,我们看到 1870—1950 年正规学校教育年限几乎呈线性增长,而在 1950—1980 年呈现加速增长态势。1980 年后,增长速度有所放缓。就分布而言,我们看到 1870—1920 年的偏度急剧下降,并在 1930 年后又有相当大的下降（分布的基尼系数的大小在 0—100 的范围内:数字 0 表示完全平均的分布,数字 100 表示偏度到达最大值——即一个人占有了所有的教育年限）。

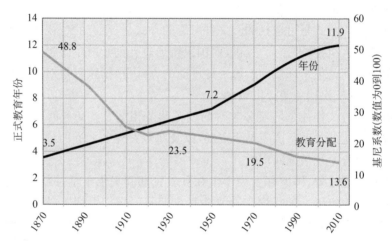

图 7.5　1870—2010 年正规学校教育年限和教育水平分布情况;OECD 21 国的均值[1]

数据来源:Clio Infra(2016 年 2 月 27 日获取)。关于数据的更多信息,见"7§14-c"中的 7A 部分。

7§14-d　详述　国家教育支出:OECD 21 国的案例

图 7.6 显示了 1870—2014 年 21 个当前的 OECD 国家支出占 GDP 的百分比的平均值。这些数据存在缺失（缺失部分作了插值处理）,但据我所知这是我们能

---

[1] 即为 OECD 21(见附录 6A)。

够获得的最完备的数据了——特别是在 1960 年之前的时段中(见在"7§14-d"中的附录 7A)。注意,"一般政府"是一个(统计)类别,表示各级政府(中央加上各级地方政府)。

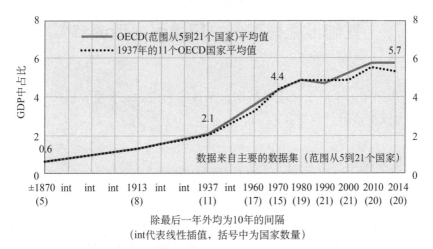

图 7.6　1870—2014 年国家教育支出(一般政府)占 GDP 的百分比;OECD 21 国的均值

数据来源:1870—1960 年的数据来自 Tanzi & Schuknecht(2000),表Ⅱ.5;1970—2014 年的数据来自 UNESCO(联合国教科文组织)统计研究所,2017 年 5 月发布,2017 年 12 月 27 日获取。关于数据的更多信息,见"7§14-d"中的附录 7A。

从图 7.6 可以看到,1870 年国家教育支出平均只占 GDP 的 0.6%,1937 年上升到 2.1%。1937—1970 年占比急剧增加(到 4.4%),但在此后的几十年中增速趋于平缓。

7§14-e　详述　历史数据集中国家数量差异的影响

为了显示早期众多国家数据的缺失可能会造成的影响,我在正文和相关章节的统计附录中呈现的大多数折现图都标明了两类时间序列数据的走向。图 7.6 中的两个序列就是一个例子。由图中可知,1937 年的 11 国数据与 1960 年的 17 国和之后的 21 国数据相近。由此可以得出结论,1937 年的数字可能是总体情况的可靠代表。

第 4 节

基础设施框架——积累促进型调节

本节提出了国家用于促进经济增长条件的形成的三个主要杠杆中的第三个（内容上紧随本章第 2 节和第 3 节）。

7§15 基础设施

- 基础设施网络

有一类（潜在的）经济活动类别叫作基础设施建设。基础设施确实对提高整体经济层面的劳动生产率有正面影响，因此也会对增加整体经济的剩余价值（总体利润）有正面影响，但这些基础设施要么在微观经济层面由企业生产时是不能盈利的，要么即使能由企业生产也会导致垄断的出现。[1] 并且基础设施建设往往是成本高昂的网络建设，即商品和垃圾的运输网络建设，包括前者的关键转运点建设。更具体地说，是用于车辆（人员和商品）、商品（后者包括通信和信息以及能源）和垃圾（包括下水道）运输的网络。

- 基础设施网络中的国家参与

只要由企业来承担这些能够提高生产率的基础设施建设就会产生垄断，则国家就必须参与基础设施建设，因为国家的目标——促进经济增长条件形成，从而促进资本积累（7§3）——要求它这么做。

此外，虽然比直接参与更有争议，但国家可能会参与由私营企业承担或是可以承担的基础设施建设，前提是基础设施可以在这种情况下以更低的成本生产（相比竞争状态）。无论如何，这种参与方式是符合增加宏观经济税基的目标的。

国家可以采用各种方式参与到网络生产中。网络可以由国家生产、维护和所有。这些网络也可以是由国家所有，但通过采购方式让企业进行网络的生产和维

---

[1] 这些项目也不一定是永远都无法盈利。技术发展可能会改变收益和成本，使以前无利可图的活动变得有利可图。除此之外，第 9 章阐述了为什么国家倾向于对垄断进行限制。

护。在某些情况下,另一种可能的方式是某种方式——也许是采购——向企业发放暂时的生产许可。除了最后一种方式,国家只要参与基础设施建设都会提高国家支出和税收数额(和对教育进行干预一样)。考虑到这种参与对生产率、成本和经济增长的影响,税收总额的增加不一定与税率变化有关。

- 基础设施供给(工厂)

在许多情况下,通过基础设施网络运输的商品本身就具有所谓的基础设施特征,即倾向于形成(区域)垄断或寡头垄断(例如,水资源、大规模能源生产、通信、火车接驳)。此外,当这些东西没有现成的(区域内的)替代品时,国家就不能允许供应企业破产——也就是说,不能出现任何危及(区域内的)经济再生产的因素。"大而不能倒"意味着私人利润可能对应着社会损失,而这可能是国家对基础设施供应保有所有权的一个理由。

7§15-a 详述 1870年至今的国家基础设施支出:OECD 21国的案例

对于OECD国家来说,国际上可比的国家基础设施支出数据只有1995年以后的可得。然而,国家总投资支出(一般政府)的长期数据是可得的。因此,我使用后者的一个主要部分(57.5%)作为基础设施支出的近似值。在附录7A(7§15-a),我通过将其与1995年以后的基础设施数据联系起来,为这一代理变量的合理性提供基础。

从这个角度来看,图7.7显示了21个OECD国家1870—2015年的国家(一

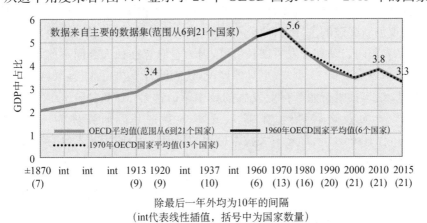

图 7.7 1870—2015年至多21个OECD国家政府(一般政府)的投资支出平均值

数据来源:1870—1937年(Tanzi & Schuknecht, 2000);1960—2015年(OECD Economic Outlook 数据库,2017—2、6月,2017年12月27日)。更多关于该数据的信息,见7§15-a下的7A。

般政府)总投资平均值。从现有的数据可以看出,从1870年(投资约占GDP的2%)开始,总投资占GDP的比例一直到1970年都在稳定增长。在此后的60年里(应为40多年,可能是笔误——译者注),投资的平均水平大幅下降,在2015年达到略低于1920年的水平。

7§16 基础科技研究

基础科技研究(相较于技术和应用技术的发展)不可能由企业在一个相当大的范围内进行。然而,基础科技研究对应用研究和技术发展是必不可少的。鉴于国家的目标是促进经济增长条件的形成,从而促进资本的积累(7§3),因此国家对这种基础研究的资助也许不是绝对必要的——但从现实来看它(至少在今天)是相当重要的。对国家来说,问题在于拨付多少数额的资金和根据什么标准拨付(似乎没有这样的标准)。

7§16-a 详述 国家推进的基础科学研究

Mazzucato(2011)[1]在一项关于二战后研发(R&D)情况的研究中指出,2008年美国的商业公司的研发支出占美国总研发支出的67%。然而,在基础研发方面却仅占18%,其余部分由联邦政府(57%)、大学和学院(15%)以及其他非营利机构(11%)承担(见 Mazzucato(2011)的图3和图4,p.51-52)。她表明,国家是"实现创新突破的主导者,使公司和经济一起实现增长"(第18页)。是"国家而不是私人部门启动和开发了增长引擎,因为它愿意在私人部门不愿承担风险的领域去承担风险"(第23页)。更具体地说,她表明计算机行业、互联网、医药生物技术行业、纳米技术行业等行业发生的技术革命都是"国家主导作用"的结果(第20页;第76页及之后)[2][在第1、2章中我把基础研究称为"科技研究"(technology research),而把有关技术应用的研究称为"应用技术研究"(technique research)]。

---

[1] 亦可见 Mazzucato(2013)。

[2] 因为我不会在第11章,也就是当我引入多民族和多国情况时再来讨论这个问题,所以在这里可以直接指出,各国可以在基础科学研究上存在分工。研发人员,尤其是进行应用研究与开发的大型企业中的研发人员,必须具备吸收基础科学研究成果的能力,而无论这个成果出现在哪国(见 WRR 2013a 和 2013b)。

第 5 节

社会保障框架——在从属工人必须服从的情况下，社会保障转移的不确定程度

国家的合法性有赖于绝大多数当事人的服从(第 6 章第 3 节,6§5),使国家授予的经济权利(第 6 章第 2 节)在一个抽象的一般水平上有了依据。与后者紧密相关的是,这种在服从中产生的合法性,在系统的高级水平上决定着使后文论述成立的所有更具体的先决条件是否存在(此处与货币价值维度有相似之处——见第 1 章第 2 节)。更具体地说,在资本主义制度的存在及其导致的后果方面(不)具有特殊利益的各类行为人的服从中,产生了带来合法性的服从(回顾 6§12 中提到的资本家和管理阶级(CMC)和从属于他们的工人阶层(SWC)这两个外延非常宽泛的客观阶级)。

从这个角度看,关注 SWC 的服从的本节是以第 6 章第 3 节和现在为止所提出的后文论述的存在条件为基础的。

回顾一下 6§17,那里对"允许权利/规定"和"积极权利/规定"进行了区分。就"生存权"这个大类而言,特别是就"积极的生存权/规定"而言,本节是本章第 3 节中提出的三个环节(最低工资、暂时失业津贴和儿童福利)的延续。这三者主要服务于劳动力的需要——即作为一项推论的"积极的权利/规定"。然而,本节中提出的所有环节都是在需要合法性的背景下能够"独立存在"(self-standing)的。

7§17 合法性：依赖于服从的社会保障转移支付

❶ 在绝大多数人的服从中寻求合法性

无论国家是采取行动还是不采取行动,它都不可避免地需要在绝大多数行为人的服从中寻求合法性(6§5、6§18)。考虑到处于从属地位的工人阶级占到了绝大多数,因此国家必须寻求他们的服从。[1] 这可能要求,首先,最低工资要大大

---

[1] 从 Mohun(2016)对美国 1918—2012 年的研究中可以推断,平均而言该期间内美国的从属工人阶级占总数的 82%(另见 2§15-a)。

高于生存工资(7§10);其次,对失去工作的行为人应该进行补偿,使其收入达到"体面"的工资水平。

这种补偿涉及这些行为人的"生存安全",或是通常被称作的"社会安全"(这是一种不那么沉重的说法)。这些补偿都是必要的。[1] 然而,这些补偿在量上不是固定的,因为服从度取决于一直在变化的冲突程度,或者还受在物质补偿水平不足的情况下产生的反抗行为的影响。

考虑到这种补偿的水平会因具体情况而变化,本节概述了一个社会保障框架:首先会给出主要的、一般性的社会保障类别,其次是给出可以提供这些保障的法律形式。对于"补偿",我采用了常见的术语"转移支付"进行了替代。

❷ 社会保障转移支付类别

社会保障转移支付有六类,并且可分为两组:

A. 失业转移支付,特别是:

• 一般性的失业者——即对结构性失业者的转移支付,以及 7§12 中提及的暂时失业救济。

• 丧失劳动能力(残疾)者——即正常的工作生活中丧失劳动能力的人。

• 老年残疾者或是退休者(养老金)。

B. 与支出相关的转移支付,特别是:

• 健康(治疗和护理)——这些转移支付既可以是现金形式,也可以是实物形式。

• 与儿童相关的一般性支出——包括在可预见的劳动力人口短缺前景下做的转移支付(7§13)。[2]

• 住房——这些支出取决于住房市场的情况,但实际上是取决于最低工资或 A 项下的转移支付是否使劳动者能够租到房子。

❸ 社会保障转移支付的法定形式

A. 保护穷人

社会保障可以基于对穷人的相关资助提供进行转移支付,不过这需要划定"贫困线"。对于某些意识形态立场而言,这种规定与它们的"自由市场"原则相冲突,即不应该出现所谓的"自由所得"(free income),即在劳动所得和财产收益之外的收入。国家可以考虑这种立场,但它的决策最终必须获得"绝大多数人"的服从。

---

[1] 即使在 1880—1920 年也有一些这样的情况,即国家支出仅占 GDP 的 0.4%—0.9%(OECD 国家数据平均值)——详见 7§17-a。在这个早期阶段,宗教机构在贫困救济中发挥着主导作用。

[2] 儿童福利也可以在公平的基础上进行辩护:每个人都有不生孩子的自由;那些有孩子的人因为抚育下一代而得到奖励。

B.普遍的社会保障转移支付

当上述转移支付(除住房外)对象扩大到所有人(既有穷人也有富人)时,这些意识形态上的抱怨似乎就不那么刺耳了。这种类型的转移支付也会被认为是合理的,因为它增加了公众对此的支持。[1] 即便不考虑意识形态原因以及社保政策的支持度,普遍的社会保障还可以防止对穷人的污名化。不过,总的后果仍然是(如同所谓的基本收入计划一样):大量的资金会流出,国家的开支和税收(直接增加或以社保费的形式)增加。

这两种法定形式(穷人或普通人),各自又有两种法定形式:法定权利形式和法定资源提供形式。在实践中,它们的主要区别在于,一旦确定了法定权利,那么法定权利相比法定资源提供而言就不那么容易被削减。

表7.8的右边一栏是对前两小节的总结。本章第17节的附录a提供了关于社会保障支出的经验信息。

❹ 社会保障转移支付与剩余价值

国家的合法性有赖于绝大多数行为人的服从,因而需要社会保障转移支付。又因为国家的合法性是资本主义制度存在的必要条件,所以这些转移支付本身也是资本积累的间接条件。

表7.8 生产调节与生存保障的法定形式

生产调节	生存保障调节	
法定允许权利的形式 水平:与服从相关	法定积极权利的形式 水平:至少是维生水平;更高的水平与服从相关	
消费者保护(6§14) 环境保护(6§14) 劳动保护(安全、时间、健康)(6§15)	(劳动力市场中的调节) 最低工资(7§10)	(OECD定义下的)社保转移支付
	(劳动力市场中的调节) 暂时失业津贴(7§12) 暂时医疗津贴(7§12)	
	济贫的形式,或 一般调节形式 保障生存的实物发放形式,或 保障生存的法定积极权利形式	
	以上所有水平:与服从需要相关	

---

[1] 荷兰的情况就是个例子。

(续表)

生产调节	生存保障调节	
消费者保护(6§14) 环境保护(6§14) 劳动保护(安全、时间、健康)(6§15)	针对儿童的转移支付(7§13)[†‡] 医疗保险或医疗保险:转移支付或实物提供 针对结构性失业的转移支付 针对老年人的转移支付 针对失能(残疾)人群的转移支付 住房转移支付(或提供住处)	(OECD 定义下的)社保转移支付

注:† 在预见到劳动力短缺时是必须的(7§13)。
‡ 在图 7.9 中这些是由家庭提供。
* 第 7 章中的论述系统地区分了与劳动力相关的转移支付(图顶部)和纯粹与服从相关的转移支付。在 OECD 的分类中并没有作出这种区分。

实际上,原本流向并由资本家和管理者阶级(CMC)占有的剩余价值只是部分被交还给了员工,主要用在为员工的健康、老年人的赡养和残疾人的生活补助提供转移支付上(图 7.9 和图 7.10)。这些转移的相当一部分是由以社保缴款的形式,从工资总额中支付的(另见第 8 章,以及 8§9)。此外,由于社保具有从高收入到低收入的(跨时)再分配效应,因而会导致储蓄的降低,又对剩余价值的实现产生了积极的影响(见第 3 章,特别是 3§1、3§3,以及第 8 章)。

7§17-a　详述　国家社保支出:OECD 21 国的案例

这里放了两张国家社保支出数据图:一张是 1980—2010 年的详细数据,另一张是 1880—2015 年的汇总数据。

OECD 21 国只有在 1980 年以后才有详细的、口径一致的社会保障支出数据(所谓"详细的",即数据要详细到按 7§17 中所区别的类别一级)。图 7.9 显示了这些数据,以及该时期的平均失业率。

可以看出,在这一时期中,位于图中底部的三个类别均有上升的趋势。图中位于顶部的一些类别在一定程度上与失业率相关。

图 7.10 展示了当前的 OECD 21 国从 1880 年开始在社会保障方面的总支出数据。可以看出,在 1880—1930 年的缓慢增长之后(1940 年和 1950 年的数据缺失),总支出一直到 1990 年之前都在迅速增长,但在 1990 年之后其增长趋于平缓(也可以看出,这一趋势对于数据集里的 17 或 21 个国家来说都是普遍存在的)。[1]

---

[1] OECD 还收集了关于"强制性私人社会支出"的数据(在 OECD 21 国中的 9—15 个国家都有)。这种支出,尽管在数量上不多,但从 1980 年平均占 GDP 的 0.7% 逐渐增加到 2011 年的 1.0%。关于强制性私人支出,见 Adema, Fron 和 Ladaique(2011)。

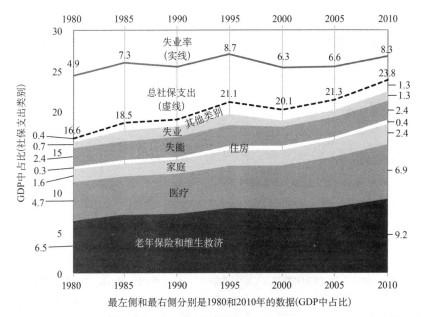

图 7.9　1980—2010 年国家社保支出（一般政府）占 GDP 的百分比：19—21 个 OECD 国家的平均值

数据来源：地区图表：OECD, database 'Social Expenditure: Aggregated data (SOCX)'；失业率：OECD database。以上所有数据均于 2017 年 12 月下载。数据详情见 7§17-a 中的附录 7A。

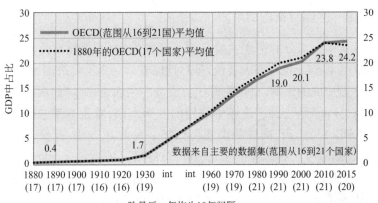

图 7.10　1880—2015 年国家社保支出（一般政府）；最多有 21 个 OECD 国家的平均值

数据来源：1880—1970 年的数据来自 Tanzi(2011)的表格 1.2；1980—2014 年的数据来自：OECD，社会支出数据集——加总数据，2017 年 12 月 27 日获取。[1]

---

[1] OECD 数据获取链接：http://stats.oecd.org/index.aspx?DatasetCode=SOCX_AGG。

第 8 章将系统介绍国家总支出(所有类别)。考虑到这一点,图 7.11 已经从总支出的角度来呈现社保支出变化了。可以看出,从 1920 年开始(就现有数据而言),社会保障支出的发展变化情况较之总支出更加稳定。

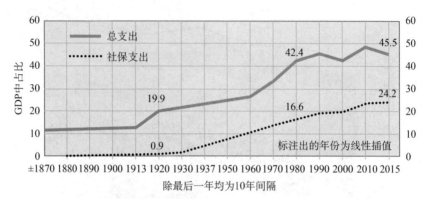

图 7.11　1870—2015 年社保支出和国家总支出(一般政府)占 GDP 百分比;最多有 21 个 OECD 国家的平均值

数据来源:(1)社保数据:图 7.10。(2)总支出:1870—1937 年来自 Tanzi 和 Schuknecht(2000);1960—1980 年数据来自 Castles(2006);1990 年之后的数据来自 OECD Economic Outlook 数据库,2017 年 12 月,第 8 章将给出细节:图 8.2 和附录 8A。

7§17-b　详述　(不)体面的结果

回顾一下,第二部分的论述主要是关于国家的影响,而没有涉及国家代理人的行事动机(6§4-a)。也许有人会说,虽然社保支出是为了促进国家合法性,但其从 1930 年逐渐造成的影响,也是使得社会成员的生活越来越"体面"的原因之一。这是正确的("体面"是"人权"论述中使用的一个术语,我也知道它同时也是一个道德或伦理术语)。然而,同样的事实可以换一种陈述方法:社保支出的影响使"不体面"在逐渐减少。在这种情况下,看待总体情况的视角是不同的——这是一个"不体面"的视角。这一点是有意义的,因为正如第 6 章和第 7 章的前几节所论述的那样,国家事实上维持着资本主义制度的运行。

7§17-c　详述　总需求效应

尽管实现总需求效应并不是推动社会层面的转移支付的动因,但正如我们将在第 10 章中看到的那样,这些转移支付具有熨平经济周期的重要"副作用"(这无法从图 7.11 中看出端详,因为它只展示了 GDP 份额的波动,而不是其绝对数值的波动)。

第6节

国家行政机构与司法机构的分离

第6和第7节基于同第5节截然不同的视角介绍了国家的合法性问题。本章第6和第7节内容均适用于分析不断涌现的立法和其他调节框架在内容上的冲突。所谓其他调节,也就是迄今为止提出的七个调节框架内容:资本主义经济权利(第6章第4节)、生存允许权利(第6章第5节)、公共安全(第6章第6节)、货币和银行(第7章2节)、劳动力(第7章3节)、基础设施(第7章4节)和社会保障(第7章5节)。我们将在以下两目中看到,国家试图通过分离内部机构来缓解由此产生的冲突。当前部分会提出司法机构分离这一概念,即将司法机构从国家的主要行政机构中分离出来。

7§18 仲裁和制裁——通过使司法机构与国家主要机构相分离,使后者分配给前者的职能具备合法性

第6章指出,法定权利的基础要求国家成为违法行为的仲裁者和制裁者(6§9)。

仲裁往往需要对法律进行解释或具体化。因为被起诉的行为人对法律的理解可能与仲裁者的解释不同,所以制裁举措与行为人的正义感在这种情况下是相冲突的。

在权利冲突的背景下,国家的仲裁和制裁更会存有争议。特别是在财产来源存在争议时,这种冲突显得尤其微妙。

在存在冲突和不公正感的情况下,国家行动所援引的(假定的)普遍利益(6§6)和(假定的)公正性(6§7)的效力都会受到削弱。因此,现有法定权利存在的必要基础(即仲裁和制裁)可能会侵蚀国家的合法性(6§5)。

因此,为了减轻这些负面影响,对违法行为的仲裁与制裁的职能通常会分配给国家的一个特定的独立机构:司法机构。通过这种方式,国家主要机构的行政机构能够从冲突中使自己抽身。请注意,相比授权,这种方式能使得国家机构离

冲突更远(见 7§17-a)。

然而不可避免的是,即使司法机构已经从国家行政机构中分离出来,它仍然是国家的一个机构,即国家内部的一个"分离的统一体"(见图 7.17)。大多数行为者也把它当作是国家的一个机构。

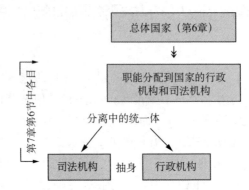

图 7.12　1870—2015 年社保支出和国家总支出(一般政府)占 GDP 百分比;最多有 21 个 OECD 国家的平均值

图例:
↓ 以……为基础。

7§18-a　说明　抽身程度:分配与授权

将国家职能分配、授权给独立机构是有区别的。所谓分配,是指国家内部活动的分离(统一中的分离),使其相互间不存在从属关系——至少在原则上是这样。而如果进行授权(6§15,7§7、7§11),就存在一种从属关系——这意味着国家是其授权机构的最终责任人,尽管这个责任链条很长,而且国家往往会以复杂的形式履责。就其所涉法律类型而言:分配往往是在宪法层面上确立的,而授权往往是在普通法律层面上制定的。

尽管分配和授权都能有助于使国家主体的合法性多多少少免受侵蚀,但这两种方式在从属关系方面的差异,导致了在"免受侵蚀"方面的程度差异(采用"分配",免受侵蚀的程度更高)。

7§18-b　详述　从冲突中抽身与"分权"

7§18 中对司法机构的阐述是从国家的角度出发,即国家及其相关机构通过(假定)将自己置于与特殊利益(6§7)相对立的位置上,来获得大家的服从——从而获取合法性(6§5)。司法机构被分离出来,因为由国家自身执行仲裁和制裁可能会削弱民众的服从。

这一论述与关于分权的论点（如孟德斯鸠的"三权分立"）有很大不同——后者是从国家之外的行为者（"主体"）的角度来论证的。在这种论点中，国家从冲突中抽身似乎是必要的，不过分权可能只是有助于实现一种完全抽身的道德理想（我并不想贬低这种理想）。

不过，在每一种情况下（抽身与分权），根据实际情况制度化都是实现分离的前提，而这种制度化本身也可能是有问题的。例如法官是由国家的某个机构（如总统或司法部长或议会）任命的，这会使得分离变得模糊不清。[1] 例如在日常生活中，许多行为人都实实在在地感到司法机构是国家的延伸。这种感觉本身似乎是正确的——在任何情况下，它都可以归到"统一中的分离"这一概念中。

如前所述，7§18 的论点是从国家的角度出发的，即国家为巩固自身合法性采取一系列行动——而不是从非国家行为人的角度出发的规范性论点。这种做法与全书的论述是一致的，即保证论述的实证性质（6§4-a）。在指出这一点之后，我们可以注意到，余下的论述并不依赖于这一角度。在每个案例中，与讨论内容相关的实际后果是国家行政和司法机构之间的"统一分离"。

第 7 节

国家行政机构与代议制机构的分离

这一节我提出了"代议制机构"（如果"议会"一词不包含作为立法机构的直接含义——本书并不排除这种功能——那么我应该使用"议会"而不是"代议制机构"，但目前我想暂时使用它）。代议制机构是国家内部的第二个（也是最后一个）增强合法性的机构。与司法机构一样，代议制机构将国家的主体从冲突中抽身出来，并再次构成了与后者相分离的统一体。同样，这种分离倾向于具有分配（而不是授权）的特征。分离司法机构以促进合法性的理由是相当直接的，而且通

---

[1] 我准备将司法机构的小规模或大规模裁员视作偶然发生的异常情况。以 2016 年的土耳其为例，该国家是一个发达的资本主义国家，从 1961 年起就成为 OECD 的一部分。可以肯定的是：在本书的系统论述中，这是偶然情况，因为它通常不是资本主义制度再生产的必要条件。

常分配给它的职能也是很清晰的。但就代议制机构而言,促进合法性的理由就不那么简单直接了,而且分配给它的职能也比较模糊。这意味着代议制机构的分离相比司法机构的分离需要更多的空间。

本节的前几目(7§19—7§22)介绍了资本主义国家行动所涉及的四个主要冲突领域,这些冲突在前面的论述中多少有提到。对于在迄今为止的论述中呈现的制度化的国家及其合法化进程而言,这些冲突是无法克服的(第6章第3节和第7章第6节)。最后一节介绍了上文提到的国家主体内部的分离,这种分离应该能克服这个合法性问题(7§23)。

7§19 税收与对产权的凌驾

国家的物质性存在特征要求它通过征税从经济中获取资源。税收是国家保护合法权利——包括合法产权——的基础。同时,税收也凌驾于产权之上(7§2)。

因此,法律上的完全产权,即完全的生产资料所有权和完全的剩余价值分配权,似乎是不可能实现的:要制定产权就要对产权进行限制。这是"这些被主张的产权权利不可能在经济体内部实现"(6§4)这一论断在国家层面的再现。虽然这些权利主张者可能会要求国家以法定权利的形式准许他们的声索,但这种主张此时却成了一种外部强加的权力,与他们的主张本身相冲突。对这些被盖章批准为权利所有者的主体而言,这反映在"支持"和"不支持"国家的冲突中(开明的产权所有者可能会认识到,完全的产权确实是不可能的)。

7§20 税收形式的冲突

鉴于税收不可避免地会损害产权(7§19),税收的任何具体化——即各种基于税基和税率的设计——都会导致进一步的冲突,因为它不可避免地要求国家对收入和财富的分配采取某种立场——这适用于销售税、增值税、所得税和财产税(在第8章中详细说明)。举个例子,没有明显的理由说明对收入、财富或继承所得(对其中之一或全部)按统一税率征税比按照累退税率或累进税率更公正,也没有充分理由说明一种或另一种征收标准对经济运行更有利。[1]

---

[1] 关于这一点的争论始于古典政治经济学,并持续至今,这也表明了并不存在一种显著的理由支持某种税收形式优于其他税收形式。

在对收入和财富分配选择立场时，国家必须不可避免地引入"市场"以外的考虑因素和标准。因此，仅仅考虑资本主义制度(不仅仅是资本主义经济)的货币价值形式标准，特别是利润形式的标准，是不够的。即便在理论家们可能正确或错误地认为一种税收形式比另一种税收形式对市场的干扰更小的前提下，情况也是如此。

国家对收入和财富分配会不可避免地采取立场是威胁到国家合法性的另一个冲突来源(紧跟着前两目所介绍的来源)。

7§21　国家在经济中所占份额带来的顾虑或安全感

资本主义国家对其行动半径的关注要求它进一步改善资本积累条件。如果成功，这会扩大税基，从而为降低税率创造条件(7§3)。然而，国家的收支规模也会随之膨胀(本章第2—4节)。[1]

同样的情况也会出现在通常是间接，部分是直接的社会保障转移支付中(本章第5节)。因此，与国家放弃这些收支的假设情形相比，国家会直接或间接地控制着更大的经济份额(之所以是假设，是因为资本主义经济和国家离不开这七个调节框架，并且这些框架缺一不可。在本章介绍的最后五个框架中，存在争议的只是它们的数量大小或强度)。即便如此，经济行为人并没有对国家应发挥的必要影响达成共识，因为一些人认为这种影响令人担忧，而另一些人则认为它能带来安全感。

这在国家改善了资本积累条件(税基不断扩大)，但仍需要提高税率的情况下更为明显。以利得税为例，改善资本积累条件但仍提高税率仍然可能造成利润的增加(7§21-a 提供了一个简单的例子)。国家面临的问题是，企业往往将增税(提高税率)视为国家行为的结果，而将利润增长视为自身行为的结果。

7§21-a　说明　一个利润和税率同时增加的例子

如果对100单位的利润(税基)按20%的税率征税，则税额为20单位，税后利润为80单位。如果国家以接近零成本的方式改善了资本积累条件，使利润增加到105，如果要维持原有的20单位税额，则可按19%的税率征收。这就是这种可

---

[1] 实际上，从结构上讲，委托给央行的货币政策职能(包括监督职能)并非如此，因为后者往往会为国家带来利润。

实现税收减免的简化情形。现在假设改善积累条件需要额外征收"3"的税（如用于基础设施），且利润会增加到"105"，那么22%的税率（而不是之前的20%）将产生"23"的税额，税后利润为"82"（而不是之前的"80"）。因此，与最初的情况（利润为100）相比，税率提高和税后利润增加并行不悖。通过对这个例子做一些调整，可以证明利润可能随着税收在GDP中的份额增加而增加。

7§22　法定权利和在服从中实现合法性的普遍冲突

如果国家不以合法权利的形式（6§2—6§4、6§8）保护核心经济权利主张，资本主义经济就不可能存在。国家的合法性源于行为人对国家授予的法定权利的服从（6§5），因而也最终基于国家对普遍利益的定义（6§6）。它进一步建立在国家通过公共安全（6§18）以及通过仲裁和制裁偏离法律的行为（由司法机构负责）来维护所授予的权利的基础上（6§18）。

尽管国家的行为是为行为人的利益服务，但对行为人及其所属的客观阶级而言，这些调节中的很大一部分带来的感觉都是负面的。但是国家必须以某种方式寻求行为人对现行的国家行动的服从。

- 首先，工人必须服从。（1）企业有雇用工人的合法权利，并（在保证以现行法定最低工资为基准的现行工资（6§10）和现行劳动保护水平（6§15）的前提下）占有工人生产的剩余价值；（2）工人（也包括其他人）享有现行规定的生存权和产权（6§14、6§15；6§10）；（3）现行的公共教育（6§14）；（4）现行规定的社会保障水平（6§17）。
- 其次，企业的所有者（包括金融资产所有者）必须服从。（1）国家制定他们的雇用权利（与上一段的（1）对应）；（2）按现行规定维护他们享有的生存权和产权；（3）更具体地说，就维护产权而言，国家通过征税限制他们的财产权（6§2）以改善资本积累条件（本章第2—4节）。

国家调节给各阶级带来的有效利益往往是相悖的，体现在从属关系上，以及不均的收入和财富分配上。因此，法定权利与调节体系内部往往是严重冲突的，也正因如此，很难说国家是否有能力将这种体系表现为是符合（其定义的）普遍利益的。

7§23　冲突的改变——合法地将职权分配给分离的代议制机构，作为于国家主体的统一中的分离

这一部分（7§19—7§22）所阐述的冲突威胁到了国家在行为人的服从中实现

合法性的进程。但国家的合法性是资本主义制度存在和再生产的必要条件。

那么,问题的关键其实不在于国家对普遍利益的定义是否"存在",而在于这一普遍利益是否被行为人体认到与其利益的多样性相并存,抑或不偏袒某一种利益。从这个角度来看,对立的利益及其冲突需要一种形式,以将国家的特定立法选择表现为冲突向普遍利益的被体认到的转化——因此在这种情况下,这些选择显得符合普遍利益。

这种冲突的解决是建立在国家内部机构的分离之上的:一方面是核心的行政机构,另一方面是被合法化的代议制机构。这是在国家整体中以分配方式推进的分离,因此它是统一中的分离(类似于行政机构和司法机构在统一中的分离——本章第6节)。

- 代议制机构事实上是对立法选择和国家的行动(和不行动)进行审议,并由此寻求或确保人民对这些行动的服从。

它的具体形式是随机的。例如任何一个指定的"大会":财产所有者代表大会、公司代表大会、授权议会进行投票表决、(授权)议会按选区投票表决或是任何一种具有宪政民主性质的代表性议会机构,都可能帮助国家获得所需的服从。

不过,给定任何一种代议制机构形式,究竟把什么职能分配给它仍是一个开放性的选择(也不仅是一个开放的选择,在实践中,许多行为人甚至不知道它被分配了什么职能)。

分配给代议制机构何种职能是存有操作空间的。代议制机构可能只是"有发言权",所以能给行政机构提供建议,也可能(在所有领域,或是仅仅在特定领域)拥有最终投票权,或与行政机构一起对立法选择拥有最终的共同投票权。

但是,只有在最终确定一个特定的机构形式和特定的分配职能后,才能充分获得民众的服从。

- 行政机构至少拥有执法职能。而它是否对立法选择有最终投票权或最终共同投票权是不确定的。

根据上述分配情况,如果最终立法投票权被分配给了行政机构或代议制机构,或是同时分配给两者,都是有可能的。

如果立法提案的起草工作被分配给行政机构,或是同时分配给行政机构、代议制机构,都是有可能的。

- 因此,立法机构可能由行政机构、代议制机构或两者共同组成。

就这些可供分配的职能而言,其必要目标是保证被确定下来的某种形式的代议制机构能得到绝大多数人的遵守,从而生成国家的合法性。要实现这一点,至少需要让有影响力的行为人充分感受到被机构所代表。此外,机构还必须尽可能地保护国家的行政核心免受立法和一般行动(和不行动)——特别是源于税收的冲突的影响。

因此,通过"统一中的分离",国家的核心从冲突中抽身出来,这样它就能以普遍利益的名义和法律的形式维护被授予行为人的核心经济权利主张,并改善促进经济增长的条件,从而促进资本积累。因此,代议制机构是冲突的政治舞台,是解决冲突的一种模式。因此,它也是一种冲突的存在模式。

7§23-a　详述　普选:OECD 21 国的平均水平

目前所有 OECD 21 国都实行各种形式的代议制民主,不过它们背后的分配性质各不相同。1940 年,这些国家在平均意义上在议会选举方面给予了各民族平等的选举权(也被称为普选)。由于种族歧视的存在,各国平均而言在 1894 年才给予所有男性选举权,1930 年才给予了所有女性选举权[1](在此之前,选举权门槛主要是最低收入或最低财产数额)。关于消除选举权上的种族歧视的时间,各国之间差异很大:如挪威(1821 年)、爱尔兰(1829 年)、美国(1965 年)、西班牙(1977 年)。[2]

7§23-b　详述　从冲突中抽身与"分权"

同样,对于司法机构(7§18-b)而言,7§23 是从国家及其在服从中获得合法性的角度来论述的。因此,它不是从国家之外的角度来论述的,比如"分权"进路,或者以民主作为基本价值的进路,对后者而言政治民主自身就是一种目标。这两种进路都是道德理想(再次声明,我并不想贬低这些理想)。再强调一下,一定程度的分权(司法机构和代议制机构)是从冲突中抽身的结果。

鉴于 7§23 中的论述是从国家的角度展开的,该目中的论述可能会进一步被归于"民主工具主义"的变体(见 Peter,2016,第 4 节),因为民主审议和民主决策成了增进合法性的工具。但要补充说明一点,我从中得出的不是单一的规范性立场(许多民主工具主义者就是这样——见 Peter 的概述)。

---

[1] 平均值的来源并不清楚,因此我不知道它有多可靠。https://en.wikipedia.org/wiki/Universal_suffrage#Dates_by_country(2017 年 10 月访问)。

[2] 在所列的其他 25 个国家中,各国于平均于 1950 年实现了各民族的共同平等选举权。

7§23-c　说明　从冲突中抽身的方式：分配与授权

在第 6 章和第 7 章的论述过程中，我们看到了一系列的从冲突中抽身的方式——要么通过职能分配实现统一中的分离，要么通过授权进行分离（两者的区别见 7§18-a）。这些方式有一个共同点，即冲突被隔离了。但这并不能消弭冲突。图 7.13 中总结了这些分离方式。

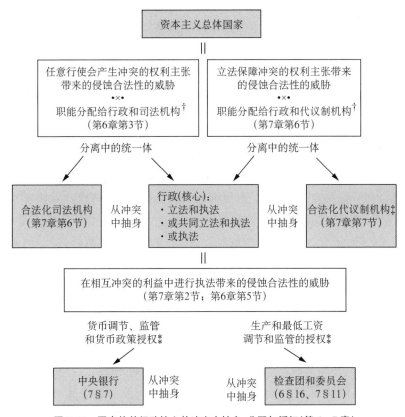

图 7.13　国家使其行政核心从冲突中抽身：分配与授权（第 6—7 章）

注：† 由法律界定的指定机构范围（权限）。
‡ 它可能拥有（共同）立法权（如果是这样，那么行政机构的权力也会随之变化）。
✻ 由法律界定的授权程度。

图例：
•×• 连续体存续的障碍。
= 此处隐含的。

总结与结论

资本主义国家以法律形式支持核心经济权利主张,并维护这些权利主张(第6章)。国家的存在需要税收,而征税迫使国家对(假定的)普遍利益的定义作出界定,并以其名义凌驾于产权之上。因为国家的(潜在)行动半径由税基决定,所以它必须寻求通过进一步改善资本积累条件和经济增长条件来扩大税基,从而扩大税率选择的可行集(第1节)。

第2到4节概述了国家存在条件的具体化过程。从论述的系统性来说,2、3节(货币框架和劳动力框架)是第2章中的资本积累的基础,因为资本积累需要货币和劳动力的扩张。

国家的税收和支出活动要求其实施国家清算银行的货币本位,即所有银行都必须采用本国清算银行(现在的中央银行)的货币本位。这种强制规定意味着国家对央行的行为承担责任,正如国家货币立法中具体规定的那样。该框架的主要关注点是迫使银行遵守健全的安全规则和责任规则("审慎监管"),违反这些规则的最终惩罚是撤销违规银行的银行业经营许可。第二个主要关注点是"价格稳定"的实现(实际上是"温和的通货膨胀"——第9章第2节有详述)。国家可以试图影响利率,但实际上无法控制货币和信贷的数量。主要承担货币创造的其实是商业银行,也正因如此,使得货币体系可以为资本积累和经济增长创造条件。但这也构成了国家货币政策的主要困境:严格的审慎监管会影响银行为经济增长创造条件的能力。这也是近期出现的一个主要困境,即货币体系让银行"太大而不能倒",而且由于组织太复杂而无法对其进行微观监管(在第9章第2节有详述)。

货币立法及其相关执法活动的开展需要进行一些选择,这些选择会影响总体经济增长,更具体地说还会影响收入分配、投资和失业。这意味着,在劳工、企业和金融家相互之间的(潜在)冲突中,国家必须选边站。由于这可能会侵蚀国家合法性的基础,它往往会将货币政策和调节的具体化——包括对银行的监管和监督——委托给央行来执行。通过这一授权,国家从冲突中抽身出来。然而,与所有授权一样,国家对其授权的行动负有最终责任。后者在银行业危机严重到央行都无能为力时尤为突出,国家将不得不作为"最后征税人"介入危机,而这也侵蚀了国家的合法性(第2节)。

国家要改善资本积累的条件,就必须在数量和质量上保证足够的劳动力增长。数量方面可具体化为最低工资、临时失业救济金和(按数量划分的)临时儿童福利金的规定。国家资助的公共教育是质量方面的具体化。[1] 这些方面当然也会存在冲突——特别是最低工资的决定,因此国家会倾向于将这些方面的执行权授予最低工资委员会或理事会。再次地,这是为了使国家的核心行政机构远离冲突(第3节)。

国家改善资本积累条件的另一个重要措施是参与到基础设施网络建设之中,并且还要根据具体的市场体系,参与到基础设施供给中。最后一个部分是基础科技研究(第4节)。

无论国家是否采取行动,都不可避免地追求获得绝大多数行为人的服从,从而获得合法性。鉴于从属工人阶级占绝大多数,国家还必须专门寻求他们的服从。这在各种社会保障提供中得到了具体化,其规定的保障水平取决于(潜在)冲突的激烈程度。[2] 因为国家的合法性是资本主义制度存在的必要条件,所以这些转移支付是资本积累的间接条件(第5节)。

这就完成了对七个主要调节框架的阐述:法定经济权利(第6章第4节)、法定生存权(第6章第5节)、公共安全(第6章第6节)、货币和银行(第7章第2节)、劳动力(第7章第3节)、基础设施(第7章第4节)和社会保障(第7章第5节)。

目前为止所概述的国家为资本主义制度再生产所采取的必要行动,实际上被许多行动人视为与其自身利益相冲突。第一,国家对税收的要求意味着,法定的完全产权,即完全的生产资料所有权和完全的剩余价值分配权是不可能实现的:要制定产权就要对产权进行限制。第二,考虑到这一限制,任何对税收的具体化(关于各种税基和税率的设计)都会产生进一步的冲突,因为它不可避免地要求国家对收入和财富的分配采取某种立场。这种冲突通常是持续存在的。在银行业存在严重危机时这一点尤为突出,因为国家作为"最后征税人"拯救了银行,也因此将财富重新分配给了特定部门。第三,国家的必要行动,包括改善资本积累条件和提供社会保障,都意味着国家会在经济中占有相当大的份额。经济行为人并没有就这一影响达成共识,因为一些人认为这令人不安,而另一些人则认为它给人安全感。第四,一般而言,尽管国家的行为是为行为人的利益服务,但对行为人及其所属的客观阶级而言,这些调节中的很大一部分带来的感觉都是负面的。

---

[1] 就 OECD 21 国的平均水平而言,公共教育支出占 GDP 的比例从 1870 年的不到 1%增长到 2015 年左右的近 6%(图 7.6)。

[2] 就 OECD 21 国的平均水平而言,国家在社会保障方面的支出在 1920 年之前可以忽略不计,而在 2015 年左右增长到了 GDP 的 25%左右(图 7.10)。

所有这些冲突都威胁着国家的合法性。然而，国家的合法性是资本主义制度存在和再生产的必然要求。

这些冲突的解决依赖于国家内部的两种"功能的分化"，即分化为国家的核心行政机构，和担负合法化功能的司法机构和审议机构。因为国家有必要对违法行为进行仲裁与制裁(6§9)，所以国家卷入了权利主张的冲突之中，从而削弱了国家以普遍利益行事的可能性，也使得国家将自身定位为极为公正的机构变得困难重重。这一点是通过将仲裁和制裁职能分配给一个独立的司法机构来解决的，这一分离使国家的核心机构从相关冲突中得以抽身(第6节)。

代议制机构是表现冲突的必要政治舞台，也是解决反复出现的冲突的一种方式。通过这种分离，国家的核心机构同样得以从冲突中抽身，使其能够以法律形式支持核心经济权利主张，并执行促进经济增长和改善资本积累条件的框架所要求的任务(第7节)。

附录7A　第7章中图片的数据和数据来源

一般性注解：在许多年份中(1870年至今)，我使用了一些数据来源，用以尽可能多地提供关于OECD 21国的信息。本附录为这些来源的可靠性提供了证明(参见附录6A中关于"OECD 21国"的解释，以及作为"算术平均值"的OECD 21国平均值以及我的主要数据来源)。

［回应7§3-b］图7.3中的数据信息。图7.3 1870—2010年的人均实际GDP年增长率(上图)和10年平均增长率(下图)；20—21个当前OECD国家平均值，2011年美元。这些数据来源于Maddison，而在他去世后，这些数据继续用于所谓的Maddison项目(Maddison Project)。本书所使用的数据来自该数据库的2018年版。[1] 在其两个主要数据集中，我使用了来自"CGDPpc"的实际人均GDP数据(事实上，对于OECD 21国的平均值而言，该数据集与"RGDPNApc"这一替代数据集的差异并不大)。其中，爱尔兰的连续数据仅从1921年开始可用。

［回应7§14-c］图7.5中的数据信息。1870—2010年正规学校教育年限和教育水平分布情况；OECD 21国的均值。数据来自Clio Infra，https://www.clio-

---

[1] https://www.rug.nl/ggdc/historicaldevelopment/maddison/releases/maddison-project-database-2018，更新于2018年1月11日。另见Bolt, Inklaar, de Jong and Luiten van Zanden (2018)。

infras.eu/(2016年2月27日访问)。图中数据样本陆续涵盖OECD 21个国家。1870—1880年的分布为13个国家,1890年为17个,1900年为18个,1910—1920年为20个,1930年及以后为21个。Clio Infra网站还提供了有关基尼系数计算方法的信息。

[回应7§14-d]图7.6中的数据信息。教育支出,1870—2014年一般政府,目前经合组织21个国家的平均水平。

1870—1960年的数据来源(Tanzi和Schuknecht,2000年);1970年至今(UNESCO统计研究所,教育数据集)Tanzi和Schuknecht(2000年,表Ⅱ.5)提供了1870年、1913年、1937年和1960年5个OECD成员国的数据。

本书采用的UNESCO数据是其2017年5月发布的。[1]但即使是UNESCO最新的数据(1970年以来)也存在一些缺失,于是我把数据的时间点选为每10年或最近可得的1年(与OECD经常对其序列数据所采取的处理方式相同)。因此,每10年和2014年的国家数据所包含样本量如下:

1970	1980	1990	2010	2010	2014
15	19	21	21	20	20

[回应7§15-a]图7.7中的数据信息。OECD 21国政府(一般政府)的投资支出平均值,1870—2015年。就OECD国家而言,只有从1995年起,才有定义相同的国家基础设施支出数据。因此,如7§15所示,我使用国家总投资支出(一般政府)的主要部分(57.5%)作为这一类别支出的代理变量。下面我提供了这一代理变量的可靠性基础。以下所有数据是最多21个OECD国家的平均值。[2]

交通运输是国家基础设施支出的主要组成部分。1995—2013年,这一支出相当稳定,平均为GDP的1.36%[3](属于COFOG类别4.5的一部分)。1995—

---

[1] 教科文组织,教育数据集(资金投入来源/政府教育支出),http://data.uis.unesco.org/OECDStat_Metadata/ShowMetadata.ashx?Dataset = EDULIT_DS&ShowOnWeb = true&Lang = en。

[2] 在下文中,我使用了经合组织的"COFOG"数据(即"政府职能分类"的缩写)。在这一分类标准中,政府支出划分为10种"功能"("第1位数"),以此类推。

[3] 这一数据可拆解为0.9%的"交通基础设施投资"(21国的数据)和0.5%的维护支出(15—18个国家的数据)。根据OECD国际运输论坛的数据可计算"OECD 21国"平均值 http://stats.oecd.org/OECDStat_Metadata/ShowMetadata.ashx?Dataset = ITF_INVMTN_DATA&ShowOnWeb = true&Lang = en(→2015年12月)(这些支出属于COFOG类别4.5的一部分,此处引用的数据来源有比这里给出的更多的数据。此外,COFOG 4位数字编号中的第2位是指特定部门而非特定基础设施)。

2013年,通信支出(COFOG 4.6)可以忽略不计(尽管通信公司可能由国家所有)。其他基础设施支出被列为COFOG中第5类,主要是废品和废水处理设施建设,在1995—2013年的平均支出占GDP的0.67%。这些支出总和占到GDP的2.0%。

国家总投资(一般政府)在1995年至2013年间平均占GDP的3.5%(OECD 21国)。其中的57.5%即为GDP的2.0%。[1]

在第10章中,当我使用近几十年的数据时,总投资的其余42.5%部分则为其他支出类别,主要包括军事、卫生和教育(以及该章中称为"核心"支出)。

图7.7-A展示了1995—2013年的投资代理变量与基础设施支出之间的差异。

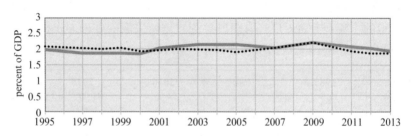

图7.7-A 1995—2013年基础设施国家支出和国家总投资的基础设施指标,最多21个OECD国家的平均值

数据来源:交通基础设施支出,OECD国际运输论坛(见前一个脚注);废品和废水处理设备,OECD数据集《2015年国民账户概览》,来自按功能划分的一般政府支出中的环境保护支出(COFOG 5);[2]关于国家总投资,见图7.7(正文)。

[回应7§15-a]图7.7中的更多数据信息。1870—2015年至多21个OECD国家政府(一般政府)的投资支出平均值。

数据来源。1870—1937年(Tanzi和Schuknecht,2000,表Ⅱ.13);1960年至今[OECD Economic Outlook数据库,2017年11月(政府固定资本形成、价值、拨款账户,除以GDP、价值、市场价格)][丹麦和新西兰1970年=1971年;德国1990年=1991年]。

为了与后来几年数据保持一致,我从1960年开始使用Economic Outlook(新)中的时间序列。但在最近一年中,只有6个国家的数据可得(芬兰、法国、意

---

[1] 请注意,基础设施指标实际上是OECD 21国的平均值。例如,在美国,联邦政府总投资中高于平均水平的部分包含军事支出。

[2] http://stats.oecd.org/index.aspx?DatasetCode=NAAG_2015_NOV15(2015年12月24日获取)。

大利、日本、瑞典、美国),平均占到 GDP 的 5.3%。但如图 7.7 所示,1970 年 6 个国家和 13 个国家的平均值之间的差距并不大;该图还显示,13 个国家(1970 年)和 21 个国家(2000 年)的平均值之间没有太大偏差。

[回应7§17-a]图7.9。1980—2010 年国家社保支出(一般政府)占 GDP 的百分比:19 到 21 个 OECD 国家的平均值。

数据来源。各分类的数据来自 OECD 数据库("社会支出;加总数据[SOCX]")。[1] 失业率来自 OECD 数据集(Economic Outlook,2017 年 11 月)。[2] 对于大多数类别的社会支出数据,都有 19—21 个国家的数据可得——2013 年是最近的可得数据出现的年份。有 18—21 个国家的失业支出数据可得(德国 1990 年 = 1992 年)。

表 7.9-A　1980—2010 年各项社会保障支出占 GDP 的百分比:19—21 个 OECD 国家的平均值

支出类别	GDP 百分比(除最后一行外)				线性变化率			
	1980	1990	2000	2010	1980—1990	1900—2000	2000—2010	1980—2010
老年人和受灾群众	6.5	7.4	7.9	9.2	13%	7%	17%	40%
健康	4.7	4.9	54	6.9	4%	11%	27%	47%
家庭	1.6	1.7	2.0	2.4	5%	14%	19%	43%
租房	0.3	0.3	0.4	0.4	31%	10%	14%	64%
残疾人	2.4	2.5	2.4	2.4	7%	-6%	3%	3%
失业	0.7	1.2	0.9	1.3	58%	-18%	33%	74%
所有社保	16.6	19	20.1	23.8	14%	6%	18%	44%
国家总支出	42.4	45.4	42.4	48.6	7%	-6%	15%	15%
失业率	4.9	6.4	6.3	8.3	30%	-1%	32%	69%

数据来源:见图 7。

从表 7.9-A 中可以看出,1980—2010 年,社会保障支出总额的增长速度远远

---

[1] http://stats.oecd.org/index.aspx?DatasetCode=SOCXAGG(2017 年 12 月 27 日获取)。
[2] http://stats.oecd.org/index.aspx?DatasetCode=EO102_INTERNET(2017 年 12 月 27 日获取)。

超过国家支出总额。此外,在 1990—2010 年,对残疾人尤其是失业人群的转移支付是滞后的,且相比失业率的变化更为滞后。

第 7 章图表目录

图 7.1 促进资本积累条件的形成(第 7 章概述)   273

7§3 国家的潜在行动半径、税基和国家对资本积累条件形成的促进   275

图 7.2 促进资本积累条件的形成中国家行动半径的基础(第 7 章第 1 节的概述)   275

图 7.3 1870—2010 年的人均实际 GDP 年增长率(上图)和 10 年平均增长率(下图);20—21 个当前 OECD 国家平均值(以 2011 年美元计算)   277

7§7 将具体调节制定、监督调节的执行和货币政策制定的权力授予中央银行:消弭冲突   280

图 7.4 从税收到货币调节冲突与围绕冲突的授权(本章第 2 节、7§4—7§7 的系统关系)   281

7§14 公共教育   288

图 7.5 1870—2010 年正规学校教育年限和教育水平分布情况;OECD 21 国的均值   290

图 7.6 1870—2014 年国家教育支出(一般政府)占 GDP 的百分比;OECD 21 国的均值   291

7§15 基础设施   292

图 7.7 1870—2015 年至多 21 个 OECD 国家政府(一般政府)的投资支出平均值   293

7§17 合法性:依赖于服从的社会保障转移支付   295

表 7.8 生产调节与生存保障的法定形式   297

图 7.9 1980—2010 年国家社保支出(一般政府)占 GDP 的百分比:19—21 个 OECD 国家的平均值   299

图 7.10	1880—2015 年国家社保支出(一般政府);最多有 21 个 OECD 国家的平均值	299
图 7.11	1870—2015 年社保支出和国家总支出(一般政府)占 GDP 百分比;最多有 21 个 OECD 国家的平均值	300

7§18 仲裁和制裁——通过使司法机构与国家主要机构相分离,使后者分配给前者的职能具备合法性 301

图 7.12	1870—2015 年社保支出和国家总支出(一般政府)占 GDP 百分比;最多有 21 个 OECD 国家的平均值	302

7§23 冲突的改变——合法地将职权分配给分离的代议制机构,作为于国家主体的统一中的分离 306

图 7.13	国家使其行政核心从冲突中抽身:分配与授权(第 6—7 章)	309

附录 7A 第 7 章中图片的数据和数据来源 312

回应 7§3-b;图 7.3	312
回应 7§14-c;图 7.5	312
回应 7§14-d;图 7.6	313
回应 7§15-a;图 7.7	313
回应 7§15-a;图 7.7-A　1995—2013 年基础设施国家支出和国家总投资的基础设施指标,最多 21 个 OECD 国家的平均值	314
回应 7§15-a;图 7.7(接上)	314
回应 7§17-a;图 7.9	315
回应 7§17-a;表 7.9-A　1980—2010 年各项社会保障支出占 GDP 的百分比;19—21 个 OECD 国家的平均值	315

第 8 章

国家支出及融资

对宏观经济剩余价值以及收入和财富分配的影响

```
                    资本主义系统
                  [1§1]社会分离[6§1]

    资本主义生产   1    6   国家担保的经济权利
    资本积累       2    7   促进积累
    企业融资       3    8   国家支出及融资  ⟸
    市场互动       4    9   强加的竞争
    周期性过度积累 5   10   资本主义国家的作用范围
                        11
                   国际资本主义系统
        经济轴       具体表现        国家轴
```

章 目 录

导言 319

第 1 节　国家生产和国家支出 321

8§1　由国家雇用劳动（公务员）进行的以货币度量的生产 321
8§2　国家在国家支出方面的行动 323
8§3　就从业者数量而言的国家生产：国家就业 325

第 2 节　国家融资：税收和其他主要融资形式 326

8§4　税收和国家的其他主要融资形式 327

第3节	国家支出对企业宏观经济生产和剩余价值实现的影响	330
	8§5 国家支出与企业生产	330
	8§6 国家支出与宏观经济剩余价值的实现	331
第4节	国家支出和税收对企业宏观经济税后剩余价值的综合影响	339
	8§7 利润税:剩余价值税	339
	8§8 国家财政赤字对税后剩余价值的影响	342
第5节	税收形式:收入和财富的分配	344
	8§9 社会保障融资:税收和社保缴款	345
	8§10 税收形式	347
	8§11 税收形式与设计,及其通过对特定收入分配的遵从而实现的合法化	348
	8§12 税后财富分配	355
总结与结论		363
附录8A 第8章中的图表数据和数据来源		365

导 言

第6、7章阐述了为什么,以及在什么方面,资本主义经济不可能独立于国家而存在。这些章节侧重于国家活动的必要内容。本章从国家融资的货币支出角度重点阐述了这些活动,特别概述了它们对企业利润的影响。

用经济术语来说,国家"生产"其活动,需要雇用劳动(公务员)以及来自企业的投入。伴随支出(concomitant expenditures)是一个不同于与转移支付(例如社会保障支出)相关的支出类别(本章第1节)。

第2节概述了通过税收和其他形式的融资方式为生产和转移支付相关支出融资的情况。

接下来的两节介绍了国家支出对宏观经济中企业剩余价值的影响(本章第3节)和税收对企业税后剩余价值的影响(本章第4节)。与此同时,企业的所谓"税收负担"将以不同于我们通常理解的方式呈现。

税收是必要的,国家可以而且必须在几种税收形式及其组合之间进行选择。这意味着,就必然性和偶然性这一对方法论而言,这方面(融资、税收)的必然性呈现出偶然性的形式。这种形式是由国家促进资本积累的条件及其合法化要求所决定的。特定形式的税收导致特定的收入分配(倾斜)和特定的财富分配(甚至更倾斜)(本章第5节)。

第1节(国家生产)和第2节(国家融资)为第6—7章的论述提供了成立条件。所有其他小节都具有将前面章节的含义具体化的作用。图8.1给出了章节大纲。

在本章各节的详述中,读者可看到以当前21个OECD国家的平均水平为参考的经验例证,在可能的情况下数据将会回溯到1870年。读者可以参考附录6A,了解这些图表的具体情况,尤其是OECD 21国的平均值代表资本主义在资本主义制度再生产方面的最强版本。[1]

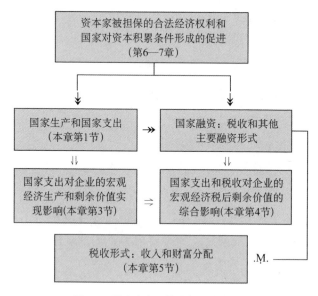

图8.1 国家支出及其融资(本章大纲)

图例:
⇓和➡ 根植于。
⇊ 上侧环节衍生出下侧环节。
⇒ 左侧环节衍生出右侧环节。
.M. 此前环节的表现(见本章第5节的引言)。

---

[1] 总的来说,我再次重申,理解之后的内容(正文部分和解释)不需要理解详述和附录部分。

第1节

国家生产和国家支出

这种划分为之前对国家"生产"的阐述提供了依据。在第6—7章中,主要重点是国家立法框架的内容。在第7章的详细说明中,关于这些框架支出的信息实际上是作为一项备用资料提出的。以下两个小节着重于强调国家也是一个经济行为人。在目前的划分中,视角一般是"国家生产"和"国家支出"。

8§1 由国家雇用劳动(公务员)进行的以货币度量的生产

第6—7章介绍了资本主义国家以法定权利(第6章第2、3节)及其具体化的形式(第6章第4—6节)授予经济和生存权利,其框架促进了资本积累的条件(第7章第2—4节)及其依赖合规性的社会保障提供(第7章第5节)。简而言之,这是这些章节中提出的七个立法框架的内容。

在经济上,国家"生产出"七个调节框架的内容,这种生产是这些框架的存在条件(基础)。为了这种生产,国家利用雇用劳动(wage labour)(工资总和 Wg)。为此,国家还从企业购买投入,既有流动投入(如纸张、运输和清洁),也有重置投资(总计 Fg)。(净投资在 8§2 中出现)用货币表示,国家劳动的产品是一组集体商品和服务(G^{COL}):

$$G^{COL} = Fg + Wg \quad [国家惯例] \tag{8.1}$$

(我用代表政府的符号 G 或 g 来表示国家经济活动的货币额,以避免与代表储蓄的符号 S 混淆。)

国家倾向于让其劳动力(也称为"公务员")在覆盖成本的基础上生产这些框架。因此,与企业不同,国家倾向于不盈利,工资是其增加值(Yg)的唯一组成部分:

$$Yg = Wg \quad [国家惯例] \tag{8.2}$$

其原因主要是它不能向个人出售其大部分活动(如立法和公共安全),而这些活动是免费向集体提供或分发的。即使国家一般不出售其产品,但在资本主义经济中仍然具有货币价值维度,因此仍然从成本的角度以货币单位计算其活动。[1]

给定 G^{COL} 的数量水平(由 Fg 和 Wg 定义),Fg 和 Wg 的采购比例取决于国家特定的偏好和意识形态立场。(例如,当国家本身不再承担道路建设,而是从私营企业购买道路时,Fg 增加,Wg 下降。然而,如果国家劳动力和私人劳动力的生产率相同,那么对于相同里程的道路国家支出必须增加,因为企业需要获取利润。)

式(8.1)考虑的是国家的生产,而不是与其自身生产无关的各种转移支付支出——一个主要的转移支付类别是社会保障转移支付(见 8§2)。

8§1-a 补论 公务员劳动的剩余价值(或者无剩余价值)生产特征

在国家的账户中,G^{COL} 的价值是由 Fg 和 Wg 的价值界定的。没有理由假定,公务员比私人雇用的劳动者在物量上受到更少(或更多)的剥削,即便我们没有适当的度量以解释这一点。假设国家劳动与企业雇用的劳动具有同等的生产性,那么其中很可能包含一个剩余部分,因此 G^{COL} 的"价值"在国民账户体系中会被低估。即使公务员的劳动产品(隐含地)包含一个剩余部分(即工资与诸如立法或治安的净产品之间的差额),这种剩余实际上是被无偿地分配给了生产企业、金融企业和家庭(集体商品和服务)。[2]

另一个问题是(宏观)经济剩余价值的占有。如果抽象掉资本主义企业(通过市场出售其产出)中的公有产权,那么除了被企业占有的剩余价值(包括企业分配给金融家的剩余价值)之外,便没有剩余价值。因此,国家生产的剩余(如果有这种东西的话)就表现为企业的剩余价值。

与此相关的是国家服务在特定部门的企业中的配置,例如,考虑到基础设施工程,一些部门比其他部门更直接地从其无偿分配中受益。然而,这种非市场配置的问题似乎独立于特定的价值理论。一般来说,我们只能用非常粗略、不精确的术语"隐性补贴"(implicit subsidies)来描述它——尽管在某些情况下,它在某些方面可以被市场模仿(想想港口税)。

---

[1] 这不同于商品产出的通约和观念上的预先通约(第 1 章第 4、10 目)。
[2] 这是假设特定的税收和特定的国家服务之间通常没有直接的联系(在价格的直接联系上)。从这个意义上说,后者是无偿分发的。

8§2　国家在国家支出方面的行动

国家的生产(8§1)受其工资货币支出和来自企业的流动投入的制约。国家的生产也需要企业的投资投入支出。因此,我们有以下生产相关支出:
- 公务员工资(Wg)。
- 购买自企业的流动投入(Fg)。
- 来自企业的投资投入(Ig)。[1]

其他支出——与国家生产无关——包括各种转移支付:
- 为合法性服务的社会保障转移支付(Zg)——如第 7 章第 5 节所示,其水平取决于合法性要求。
- 国债利息支付[Qg]。这些是从国家流向债权人的货币,即银行和资本所有者等投资方。
- 对企业、家庭和文化机构的补贴。我称这些转移支付为"便利"(Ag)。这些偶然的补贴在本章中被忽略了(在 10§13 中有简要的详述)。

因此,我们有以下国家支出的总和(G^* 和 G):

$$G^* = (Wg + Fg) + Ig + (Qg + Zg) + Ag \quad [\text{会计定义}] \quad (8.3Ag)$$

根据本章目的,我们有(忽略了 Ag):

$$G = (Wg + Fg) + Ig + (Qg + Zg) \quad [\text{定义式}] \quad (8.3)$$

8§2-a　详述　1870—2015 年 OECD 21 国国家总支出的趋势

图 8.2 显示了从 1870 年至今以"OECD 21 国"平均水平计算的国家总支出占 GDP 的百分比(见 OECD 21 国附录 6A)。这些包括等式(8.3Ag)中的便利——2015 年约占 GDP 的 7%(见 10§13——Ag 是"一般便利"和"对企业的补贴和其他直接援助"的总和)。

---

[1] 有时一些企业可能既是国有的,又在市场上经营。这不影响支出类别。在这种情况下,任何分配的利润都以股息的形式流向国家。此外,国家还可能承担各种工程,如修建道路或公园,或由自己的工作人员收集垃圾。在这种情况下,国家在工资(Wg)和投资(Ig)上的支出较高,而在企业流动投入(Fg)上的支出较低(尽管这些工程总是需要从私营部门购买商品)。这是本章重点讨论国家总支出(G)的一个主要原因。

1870—1937年,国家支出占GDP的比例翻了一倍多(从占GDP的11%到24%),然后1937—1990年又翻了将近一倍(占GDP的45%)。然后下降(至42%),直到2007—2008年金融危机爆发。增长最快的时期是1913—1920年,其次是1960—1980年。[1]

一般来说,1960年之前OECD 21国的数据很少。因此,正如7§14附录e中所提到的,为了显示早期数据稀缺的可能影响,我的大多数长期图表给出了包含不同国家的平均值的序列。

请注意图8.2(以及其他类似的图表),GDP份额的度量包含了GDP本身的变化,这些变化与20世纪30年代、80年代初以及2008—2013年左右的严重衰退尤其相关。此外还要注意,经济周期在国际上并不同步运行。

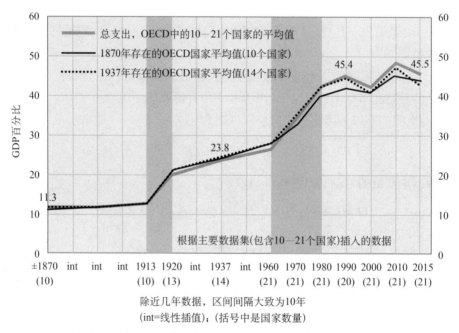

图8.2 1870—2015年国家总支出(一般政府),以占GDP百分比表示;包含目前OECD国家中的10—21个

数据来源:1870—1937年(Tanzi and Schuknecht, 2000);1960—1980(Castles 2006);从1990年起(OECD的Economic Outlook数据集,2017年11月;摘录于2017年12月28日)。详见8§2-a中的附录8A。

---

[1] 尽管关于第一次世界大战的支出在1913—1920年发挥了积极作用,但从1920—1937年以及此后直到1995年左右,平均而言支出没有削减。

8§3　就从业者数量而言的国家生产:国家就业

因为国家不生产剩余价值——或者不考虑剩余价值(8§1)——总的或净的附加值不能为国家生产相对于私人生产的规模提供足够的衡量标准。相比之下,国家就业占总就业的比例是一个更合适的衡量标准。

8§3-a　详述　OECD 21 国的国家就业

图 8.3 显示了 1870—2015 年 OECD 21 国中国家就业人数占总就业人数份额的平均值。所使用的数据不包括军队就业和国有企业就业,因为这些类别具有偶然性。[1] 我们看到,在 1937—1980 年急剧增长之后,国家就业在总就业中的份额在 1980 年后稳定在总就业的 19% 左右。该图显示了国家就业情况与图 8.2 中国家支出的对比情况(请注意,它们的总就业人数和 GDP 的基数不同)。

8§3-b　详述　国家职能外包

第 10 章第 3 节将显示国家支出曲线的主要组成部分。在这里,我简单地考虑一个在数量上很小,但在意识形态上很重要的组成部分,即国家对其部分职能的外包,包括以派发许可证形式的外包。数量小,是因为教育和社保支出是最大组成部分。这种外包通常是依据成本效率获得辩护的(私营企业会生产更便宜的产品)。例子从公路和铁路建设、公共交通到公共公园和纪念碑的维护。这意味着较少的国家就业,但不一定意味着成比例减少的国家支出。[2]

---

[1] 21 世纪初,OECD 21 国的国有企业就业人数平均约占经济总就业人数的 2%(见经合组织,《2013 年政府概览》)。

[2] 造成这种情况的两个主要因素是采购成本和私营企业所需的利润。关于这些支出,一个关键问题是任何可能的生产效率改进收益是否会超过利润和采购成本。然而,假定的收益可能不是外包的主要动机。一个主要动机可能是特殊的意识形态原则,即私营企业能做的事情不应由国家承担。同样,这一原则可能会影响国家生产的规模,尽管不一定与国家支出和税收的规模成比例。

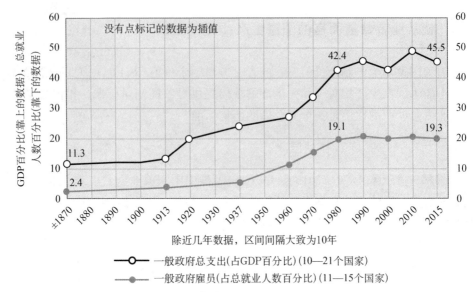

图 8.3　国家就业占总就业的百分比[1]与国家支出的比较（每个一般政府）；1870—2015 年，平均多达 21 个当前 OECD 国家

数据来源：位置靠上的数据见图 8.2；靠下的数据中：1870 年、1913 年、1937 年三年数据来自唐兹和舒克内西特（Tanzi and Schuknecht，2000），1960 年数据（OECD 1999），1970—2015 年数据（OECD dataset Economic Outlook，November 2017；extracted 28 December 2017）。对于底部数据的更多信息，见 8§3 中的附录 8.A。

第 2 节

国家融资：税收和其他主要融资形式

和之前一样，本节关注的是也是作为经济行为人的国家。这节以前两章为基础，尤其也以国家融资中的国家生产和支出为基础（本章第 1 节）。

---

[1]　一般政府雇员（不包括军队雇员和国有企业雇员）占总就业人数（公民人数）的百分比。

8§4 税收和国家的其他主要融资形式

我们已经看到,税收是资本主义国家存在的必要条件,因此也是资本主义制度存在的必要条件。尽管税收是国家融资的一种必要形式,但其所需资金可以通过其他形式的融资来相机调节。其中一个特殊类别是"社会保障缴款"(SSC)(见8§9)。此外,税收也可以由国家借贷来调节(更多内容参见8§4-a)。

那么我们有"支出的当前融资"(current finance of expenditure,CFg):

$$CFg = T + SSC + OR + B \quad [会计定义] \tag{8.4}$$

其中,T 是税收总额,SSC 是社保缴款,OR 是其他收入,B 是当期净借款流量。在财政盈余的情况下,B 为负。在所有情况下,我们都有:

$$CFg = G \quad [会计定义] \tag{8.5}$$

其中 G 表示国家支出。CFg 和 G 是净额。这意味着,如果国家缴税(由财政部征收),这些税款将从"总预算"的收支两边扣除,以得到净预算。同样,当期借款流量 B 也是净额,也就是说,如果国家在同一时间(年)借款和贷款,则两者相互抵消。

8§4-a 详述 税收和社会保障缴款以外的相机融资形式

第5节详述了社会保障转移支付的资金,包括社会保障缴款(8§9)和各种形式的税收(8§10)。目前的详述总结了除税收和社会保障缴款之外的其他融资形式。所有这些其他形式都是因情况而异的。

- 借款

国家为其支出融资——特别是为临时额外支出和投资支出融资——可以从银行、其他金融机构、拥有临时盈余资金的企业和富人那里借款。这可以是通过发行国库券进行短期借款,也可以是通过发行债券进行中长期借款。

回想一下,任何新的货币借贷(也就是说,任何宏观经济中所借货币总量的增加)都必须来源于银行的货币创造,因此都源于银行(2§8、3§2)。国家也可以向中央银行借款,中央银行随之创造货币(7§4)。

虽然在实践中"临时"额外支出和投资支出都可以灵活定义,但一般理念是,这些支出的成本可以从未来的税额中收回,而无需现在提高税率。

这种借款本身可能接近一种准税收形式（quasi-form of taxation），具体抽了多少"税"取决于这种行为造成的通货膨胀率上升程度，或者说通胀率超过通胀预期水平的幅度。[1]

- 强制贷款

除了为临时额外支出和投资支出（见上文）融资以外，国家要求经济主体强制提供贷款可被视为延期征税。然而，当国家成功发行永久债券时，税收被无限期推迟。[2] 以（接近）零利率强制永久贷款的行为近似征税。

- 特许经营费

原则上，特许经营费可以扩展到任何（商业）活动。其基础越广，就越接近准税收。

- 出售国家服务，通常以费用的形式
- 国有企业分红
- 包括土地在内的国有资产的租金

后三者可以在多大程度上继续替代税收取决于国家在这方面的经济布局。

- 罚款

在7§2中，我引入了税收因其凌驾于财产权之上所带来的根本冲突。此处提到的其他融资类别也可能会存在相互间的冲突。当国有企业被认为与私营企业竞争时，这尤其适用。当国有企业被限制在特定部门（如银行或电力供应）或具有（潜在）极端市场力量（如垄断）的企业时，情况可能会不同。

无论如何，在资本主义内部，国家可能在不征税的情况下为其支出融资是不可信的。从经验来看，情况也是如此。

8§4-b 详述 OECD 21国 1870—2015年税收和其他国家收入的趋势

图8.4显示了1870—2015年国家总收入（目前OECD 21国的平均水平）占GDP的百分比趋势。

1870—2015年，国家总收入的平均值翻了两番（从占GDP的近11%到43%）。增长最快的是1913—1920年（12%—19%），以及1937—1970年（18%—

---

[1] 按通货膨胀指数化的利率可能会阻止这种隐性的准税收。
[2] 关于英国统一公债（consols）的简要描述参见 http://en.wikipedia.org/wiki/Consol_(bond)。关于强制短期借贷参见德国DWI2012年的一个提案：http://www.diw.de/documents/publikationen/73/diw_01.c.405701.de/12-28-1.pdf；英文摘要参见 http://www.diw.de/sixcms/detail.php?id=diw_01.c.405712.de。

35%)。1970年后，增长率逐渐下降。在前几十年，只有 7—8 个国家的数据可用。然而，从图中细实线可以看出，1870 年有 8 个国家的数据大致接近后来多达 21 个国家的数据。从 1965 年开始，税收和社会保障（两条虚线）有了更具体的数据。我们看到这些曲线的增长在 2000 年后停止了。

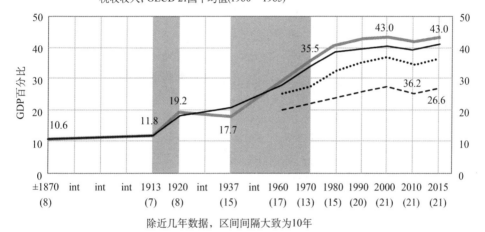

图 8.4 1870—2015 年国家收入（一般政府），以 GDP 的百分比表示：(a) 经常收入总额；(b) 税收和社会保障收入；(c) 税收。8—21 个当前 OECD 国家的平均值

数据来源：1870—1960 年数据来自唐兹和舒克内西特（Tanzi and Schuknecht, 2000）；1960—2015 年数据来自 OECD 数据库。详见 8§4-b 中的 8.A。

鉴于社会保障支出在 1960 年占 GDP 的 10.4%，在 1930 年占 1.7%（第 7 章，图 7.10），很可能在 1930 年左右，"税收和社会保障收入"（图 8.4 中的中间虚线）的总和几乎与"税收收入"（底部虚线）一致。

"总收入"包括税收、社会保障收入（加在一起是主要部分）、（主要是）国有企业的国家收入（股息）和特许经营费，以及罚没（retributions）、缴款和罚款（见 8§4-a）。

图 8.5 结合了图 8.2 和图 8.4。因此，这张图也展现了预算赤字（请注意，根据 GDP 的增长率，国家财政赤字可能但不一定导致债务总额占 GDP 的百分比增加）。请再次注意，因为这些图表是以 GDP 份额表示的，所以没有显示周期性变化。此外，由于 OECD 21 国的平均水平和国际周期的不同步，这些波动无论如何

都将被拉平。在一个国家内,税收收入占GDP的百分比在上升趋势中上升,在下降趋势中下降。然而,OECD范围内的严重衰退或萧条确实在某种程度上显示在图8.5中支出和收入之间的差异。参见1937—2010年(10年间隔),其次是20世纪80年代。

图8.5　1870—2015年国家总支出和总经常收入(一般政府),以GDP百分比表示;当期OECD 21国的平均值

数据来源:见图8.2和图8.4

第3节

国家支出对企业宏观经济生产和剩余价值实现的影响

在阐述了一般的国家支出和融资(本章第1、2节)之后,以下两个小节表明了它们对企业生产和剩余价值实现(本节)以及税后剩余价值(本章第4节)的影响。见图8.1。本节是第三章的第5节"宏观经济支出对宏观经济剩余价值的实现"的续篇。

8§5　国家支出与企业生产

- 国家支出概述

8§2 中给出了国家支出（G）的定义式：

$$G = (Wg + Fg) + Ig + (Qg + Zg) \tag{8.3}$$

类别概述见表 8.6 的左侧。

- 企业生产

就生产而言，企业通过经济行为人的支出来预测生产被实现的水平（3§10；以及参见第 5 章的表 5.2）。随着国家被引入，这也适用于由国家或通过国家带来的支出。

表 8.6　国家支出和当前融资账户

支出		融资	
工资（公务员）	Wg	税收	T
流动投入（来自企业）	Fg	社会保障缴款	SSC
净投资 （来自企业的固定投入）	Ig	其他收入	OR
国债利息（净付款）	Qg		
社会保障转移	Zg		
其他支出：便利†	Ag	当前借款流量	B
支出总额	G^*	当前融资总额	CFG

注：† 在本章中忽略。$G = G^* - Ag$。

8§5-a　说明　从国家到企业的直接和间接货币流动

仅仅出于分析的目的，我记录了在没有储蓄的情况下，国家的所有支出（无论这些支出是以何种方式融资的）最终都成为企业的销售收入，从而为企业创造收入。图 8.7 对此进行了可视化。

8§6　国家支出与宏观经济剩余价值的实现

本节揭示了国家支出对企业生产的剩余价值在宏观经济中的实现的影响。对于这一实现而言，企业和银行的综合生产和主要收入账户被考虑在内，请回忆一下，企业的部分剩余价值在税前被分配给了银行（8§6-b 给出了当前部分的更

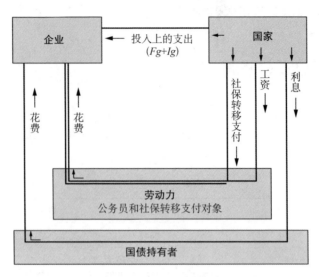

图 8.7 国家支出的目的地:零储蓄下向企业采购

完整的正式介绍。读者可能会立即转向附录 b,而无需阅读本目的其余内容)。

• 第 3 章的概述

第 3 章(3§10)指出,给定剩余价值(Π^P)的生产,剩余价值(Π)的宏观经济的实现一方面由企业投资(I)和资本所有者的消费支出(Ck)决定,另一方面由劳动储蓄(dis)决定,即他们的消费和工资之间的差额($Cw - W$)。[1] 随着国家和国家支出的引入,第 3 章企业部门的符号通过添加扩展"e"(在 8§6-b 中详述)进行了修改。修改符号后,我们得到:

$$\Pi_{\blacktriangleleft} = [Ie + Ck] + [Cwe - We] \qquad (3.10^*)^{[2]}$$

$$\Pi_{\blacktriangleleft} = [Ie + Ck] - Swe \qquad (3.12^*)$$

因此,剩余价值的实现,由企业和资本所有者的净支出($Ie + Ck$)正向决定,由企业雇用劳动力的储蓄(Swe)负向决定。

• 国家对企业的支出

我们有国家支出(8§5):

$$G = \{Fg + Ig\} + \{Wg + Qg + Zg\} \qquad (8.3)$$

---

[1] 劳动力借贷(这是偶然的)是另一个决定因素(附录 3B,3B-3 节)。

[2] 此后,星号表示先前方程的符号改变。箭头意味着右边决定左边。

对流动投入(Fg)——包括重置投资——和净投资(Ig)的支出直接归于企业部门。就其他三个类别而言,国家支出归于企业是通过消费间接实现的,即通过来自工资(Wg)、利息(Qg)和社会保障转移支付(Zg)收入的消费——并取决于储蓄的程度。对于消费(Cxx)和储蓄(Sxx),我们有:

$$Cwg = Wg - Swg \tag{8.6}$$

$$Cqg = Qg - Sqg \tag{8.7}$$

$$Czg = Zg - Szg \tag{8.8}$$

这三种储蓄类别合在一起,我称之为"国家调节储蓄"(Smg):

$$Smg = Swg + Sqg + Szg \tag{8.9}$$

再看国家总支出(G),它可以被表示为(参见 8§6-b):

$$\mathit{\Pi}_\blacktriangleleft = [(Ie + Ck) - Swe] + G - [Swg + Sqg + Szg] \tag{8.10}$$

或者

$$\mathit{\Pi}_\blacktriangleleft = [(Ie + Ck) - Swe] + G - Smg \tag{8.11}$$

这里,方括号中的记号与等式(3.12^*)类似,但在数量上不同。之所以如此,是因为随着国家支出(减去 Smg)的增加,企业的产量也会增加。从而投资至少也会增加。为了说明与第 3 章(以及第一部分的所有内容)的区别,记号 [$(Ie + Ck) - Swe$] 和 $\mathit{\Pi}$ 用斜体表示(这适用于本章的其余部分)。

式(8.10)和式(8.11)中的所有支出和储蓄,及其自主部分(参见 5§3、5§5 中 Ie 和 Ck 的自主部分),是独立于剩余价值(Π)的。

总之,所有的国家支出(G)对剩余价值(Π)的生产和实现都有积极影响,而转移支付的任何储蓄(Smg)都会调节这种积极的影响。参见图 8.8(在本章第 4 节中,当我提出税收对税后剩余价值的影响时,国家本身的储蓄或消耗储蓄也将被考虑在内)。

8§6-a 说明 剩余价值的生产、实现和分配的方法论评述

从引入资本主义生产(第 1 章第 5 节)开始,剩余价值的生产和剩余价值的分配就有了区别。起初,这种区别只是隐含的(第 1 章第 5 节),但在第 2 章,尤其是第 3 章(第 3 章第 1—3 节)中,这种区别变得明显,并逐渐变得更加详细(见图 3.2B)。

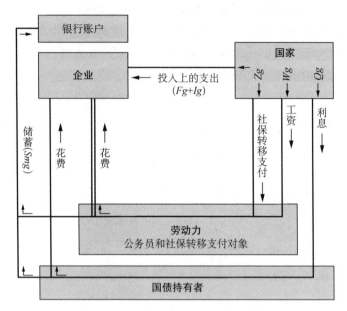

图 8.8 国家支出的目的地：购买和储蓄

随着国家在叙述（第 6 章第 2 节）中的出现，国家的活动变得明确（explicit）。在本章第 1 节，这些活动在经济上被概念化为由公务员进行的生产。为了进行这种生产，国家需要来自企业的投入，并与企业一起支出。这是在叙述中得以明确的（得以明确，是因为没有国家，资本主义经济就不可能存在）。在这个意义上，在叙述中引入国家并没有造成企业的额外生产。不过，确有下述情况，推动国家额外支出确实会造成企业的额外生产——从而（在其他条件不变的情况下）造成额外剩余价值的生产。

只有在下一节（本章第 5 节），当叙述扩展至税收，下面这一点才会变得明确：通过企业的税收，剩余价值的分配也会受到影响。

8§6-b 详述 国家支出对剩余价值宏观经济实现（税前）的影响——一个正式推导

此处考察支出对生产的宏观经济实现的影响，以及由此产生的初级收入：剩余价值和工资。只有在这之后才考虑收入的次级分配：特别是剩余价值包括税收（见 8D4）的分配。这里考虑两个不同的宏观经济部门：企业部门（企业与银行非借贷业务部分的整合）——符号为"e"，国家部门符号为"g"。

此处的等式编号对应的是正文部分的等式编号(式8.1—8.11)。在这一详述中添加的等式编号为8.6b.1、8.6b.2等(6b对应于本节的详述,同时添加了编号最后一位数字)。

❶ 问题域的重新概念化:符号上的一些微小变化

在将国家纳入系统叙述后,我们正式扩展了原有的问题域。为了保持正式叙述的透明和简洁,我重新定义了3§10的符号,现在引入了企业部门的标记"e"和国家的标记"g"(g代表政府)——见表8.9。我本可以在第3章中引入这一符号,但我不想让第8章的内容太早出现。

表8.9 第3章和本章正式问题域的符号

	企业部门		本章中的正式问题域符号
	3§10中的符号	本章中的符号	
(净)增加值	Y	Ye	$Y = Ye + Yg$
(净)投资	I	Ie	$I = Ie + Ig$
(总)工资	W	We	$W = We + Wg$
源于工资的消费	Cw	Cwe	$Cw = Cwe + Cwg$
源于工资的储蓄	Sw	Swe	$Sw = Swe + Swg$

因为国家不生产剩余价值和资本,所以我保留资本所有者的消费:$Ck = Ck$。由于剩余价值只在企业中产生($\Pi \equiv \Pi e$),所以我保留Π,但用斜体表示($\mathit{\Pi}$),以便明确指出,正如我们将要看到的,国家的引入正式意味着剩余价值的扩张。第3章的其他内容这里也用斜体表示(表8.9第4栏)。

前后的符号中时间脚标都省略了(假定时间脚标都是"t")。在新的符号的基础上,我重述第3章中的两个主要公式:

$$\mathit{\Pi} = Ie + Ck + (Cwe - We) \qquad (3.10^*)$$

$$\mathit{\Pi} = Ie + Ck - Swe \qquad (3.12)$$

(自此以后,星号表示之前等式符号的变形)。

❷ 针对企业和国家部门的宏观经济两部门进路

我采用了一种宏观经济的两部门进路,即没有将企业部门和国家部门同质化处理(因此,尽管Ye和Yg是相互关联的,它们也是区分开的)。

$$Y = Ye + Yg \qquad (8.6b.1)$$

(其中，当国家被明确时，斜体的 Y 代表总净增加值)。

2a 国家(和国家调节的)部门

$$Yg = Wg \qquad (8.2)$$

我们有国家支出(8§2)：[1]

$$G = \{Fg + Ig\} + \{Wg + Qg + Zg\} \qquad (8.3)$$

流动投入，包括重置投资(Fg)，和净投资(Ig)的支出，会直接归于企业部门。其他三类则是通过消费间接归于企业部门的，并取决于工资(Wg)、利息(Qg)和社保转移支付(Zg)等收入的储蓄水平。对于消费(Cxx)和储蓄(Sxx)，我们有：

$$Cwg = Wg - Swg \qquad (8.6)$$

$$Cqg = Qg - Sqg \qquad (8.7)$$

$$Czg = Zg - Szg \qquad (8.8)$$

这三种储蓄类别合在一起，我称之为"国家调节储蓄"(Smg)

$$Smg = Swg + Sqg + Szg \qquad (8.9)$$

2b 企业部门

从企业部门实现的净产出来看，我们有：

$$Ye_{\triangleleft} = [mL^{\alpha}] \qquad (1.8^*)$$

其中 m 是决定劳动的货币价值的实现约束。

$$Ye = We + \Pi \qquad (3.5^*)$$

$$\Pi = Ye - We \qquad (3.5^{*\prime})$$

从支出的角度来看，我们有以下三个等式。

非国家部门与企业部门的最终支出(Ee)：

$$Ee = Ie + Ck + Cwe \qquad (3.6^* \text{和} 3.9^*)$$

国家部门与企业部门的直接和间接支出(Eg)：

---

[1] 这里考虑的是国家不拥有出售产品的企业的单纯情况。如果是这样的话，那么这些都被归入企业，国家将获得股息。

$$Eg = [Ig + Fg] + [(Cwg + Cqg + Czg)] \qquad (8.6\text{b}.2)$$

将最后两个等式放在一起,我们可以得到:

$$Y e_\blacktriangleleft = Ee + Eg \qquad (8.6\text{b}.3)$$

宏观经济剩余价值是这些支出减去企业部门工资的总和:

$$\Pi_\blacktriangleleft = (Ee + Eg) - We \qquad (8.6\text{b}.4)$$

将式(3.6′*)和式(8.6b.2)代入式(8.6b.4),我们得到:

$$\Pi_\blacktriangleleft = [(Ie + Ck) + (Cwe - We)] + [Ig + Fg] + [(Cwg + Cqg + Czg)] \qquad (8.6\text{b}.5)$$

其中阴影部分类似于上面的等式(3.10*)。

再代入式(8.6)、式(8.7)和式(8.8)我们得到:

$$\Pi_\blacktriangleleft = [(Ie + Ck) + (Cwe - We)] + [Ig + Fg + Wg + Qg + Zg] \\ - [Swg + Sqg + Szg] \qquad (8.6\text{b}.6)$$

这里右边的第二项是国家支出(上面的等式 8.3)。当替换此项时,我们得到:

$$\Pi_\blacktriangleleft = [(Ie + Ck) + (Cwe - We)] + G - [Swg + Sqg + Szg] \qquad (8.10)$$

或

$$\Pi_\blacktriangleleft = [(Ie + Ck) - Swe] + G - Smg \qquad (8.11)$$

这些支出和储蓄本身独立于剩余价值(Π),在这个意义上它们是自主量(关于 Ie 和 Ck 的自主部分,见 5§3 和 5§5)。

因此,剩余价值(Π)的实现由企业部门和资本所有者的最终支出($Ie + Ck$)以及国家支出(G)正向决定,由来自企业工资的储蓄(Swe)和国家调节储蓄(Smg)负向决定。

没有储蓄的情况是最清晰易懂的(即,当 $Cwe = We$ 且 $Smg = 0$ 时,因此我们就有 $\Pi^* = Ie + Ck + G$)。借鉴卡莱茨基(Kaleckian)的表达,我们可以说:资本家赚取他们花费的,以及国家直接或间接花费的。

回想一下,企业无法决定其剩余价值的实现(3§10)。剩余价值的生产是每个企业都可以单独控制的,但剩余价值(Π)的宏观实现由上述支出组成部分(8.6b.5 和推导出的 8.11)决定,这一实现是单个企业不能控制的,即便它们能控制它们自己的个别投资支出。[1]

8§6-c　详述　从剩余价值到企业税前内部利润

在本章 8§6 及 8§6-b 中概述了剩余价值的实现后,我们现在可以转向剩余价值分配的第一阶段(税前)。这一阶段中,剩余价值(Π)以利息形式分配,因此我们的论述将从 Π 转移到企业部门的内部利润(R,现在用斜体表示)(在第 3 章的叙述水平上,我们对企业内部利润进行了简要介绍——见 3§1,参见图 3.2B,并且在 5§1 中进行了更多扩展)。

考虑已实现剩余价值的决定过程:

$$\Pi_\blacktriangleleft = [(Ie + Ck) - Swe] + G - Smg \tag{8.11}$$

我们有企业部门的内部利润:

$$R = \Pi - Qe \quad \langle\text{因为净利息支出 } Qe \text{ 为正}\rangle \tag{8.6c.1}$$

其中,Qe 是企业支付给外部投资者的净利息。[2]

因此,我们可以企业的内部利润表示为:

$$R = [(Ie + Ck) - Swe] - [Qe] + [G - Smg] \tag{8.6c.2}$$

8§6-d　补论　对《2008 年国民账户体系》(SNA 2008)的评论

上述范畴的顺序可以与《2008 年国民账户体系》(SNA 2008;见联合国 2009)的顺序相联系,后者在收入的产生与其分配的关系上,大致采用了相同的顺序。然而,这并不意味着我会同意国民账户体系中的所有顺序选择。我不认同其中的多数顺序,因为这需要将一个经济范畴通过另一个进行"估算"得到。(我尤其不同意将自住住房归为名义上的企业部门,其中业主是名义租户——该部门通过估算出的租金得到运营盈余(见附录 3C 的最后一节)。我也不认同银行附加值的核算方式,即通过对银行在利息收支和银行支付的中介作用(银行服务)的估算

---

[1] 这是卡莱茨基(Kaleckian)的观点。
[2] 回想一下,对于后者,我们在第 5 章第 1 目的式(5.1)中有符号 ieK。这个符号在目前的情况下也是够用的。符号 Qe 只是为了让读者意识到,现在的"净"利息可能是国家向企业支付的利息的净额。

来得到银行业附加值）。[1]

除了这些之外，我的顺序与国民账户体系的不同之处在于，我一贯在相同水平上看待所有税收（针对收入的直接税和针对产品的间接税）。一个不那么重要的区别是，我考察的是净投资而不是总投资（国民账户体系中包含了这两类）。

与 SNA 相当不同的一点是，（在目前的一般叙述层面上）国际关系仍然是被抽象掉的。总之，这意味着——用国民账户体系的术语来说——我从宏观经济生产及其实现开始，这一生产是以"净增加值"或"GDP 扣除要素成本后的净产品"来衡量的，其中与国际相关的项目假设为 0。

第 4 节

国家支出和税收对企业宏观经济税后剩余价值的综合影响

这一节首先展示了国家支出（本章第 3 节）和对企业的征税对企业的税后剩余价值的综合影响（8§7）。接下来，则更具体地介绍了国家赤字对企业税后剩余价值的影响（8§8）。

8§7 利润税：剩余价值税

- 国家支出的融资和预融资

企业通常在实现剩余价值后纳税。这似乎是显而易见的。然而，在它的背后，可能是一个不太直观的事实，即根据储蓄和其他税收，国家支出（G）在很大程度上产生了相当于企业税额大小的税前剩余价值。国家进行必要的支出，考虑到现行税率，它必须考虑这会带来多少税收（这就是国家制定预算和执行预算的方式；它可能会对税收进行估计，但结果是不确定的）。在征收税款之前，国家必须（预先）通过借贷（直接通过银行或间接通过发行短期债券或国库券）为其支出

---

[1] 虽然 2008 年国民账户体系（UN 2009）的制作者们可能作出了一些武断的选择，但总的来说，它整体看来似乎是具有令人印象深刻的一致性和精确性的（超过 600 页）。用 Excel 文件形式保存的账户的续篇（UN 2008a）是一个有用的先导性的数据情况概述，它由数千个条目组成。

融资。

- 税收对剩余价值的影响

税收总额(T)由"已实现剩余价值税"(Tsv)和所有其他税收(To)组成。后者(To)见本章第5节。

$$T = Tsv + To \tag{8.12}$$

税前剩余价值(Π)和税后剩余价值(Πat)的关系为：

$$\Pi at = \Pi - Tsv \tag{8.13}$$

回想一下 8§6 中的剩余价值(Π)实现方程：

$$\Pi \triangleleft \ = [(Ie + Ck) - Swe] + G - Smg \tag{8.11}$$

(Swe 是企业工资收入储蓄，Smg 是国家引致支出的储蓄)。

将前两个式子带入到最后一个式子可得：

$$\Pi at = [(Ie + Ck) - Swe] + [G - Smg - Tsv] \tag{8.14}$$

接下来我们考察方括号中的第二项 $[G - Smg - Tsv]$。

首先，税收(Tsv)是企业在由国家开支实现的七项调节框架(第6—7章)下进行生产和支出(8D1)活动的成本。尤其是国家对企业合法经济权利的维护(第6章)。

其次，这些成本(Tsv)与国家在调节框架下支出的形式所带来的收益、直接或间接扩大企业产出的收益($G - Smg$)以及企业生产的剩余价值是并存的。

考虑到国家及其对剩余价值生产所发挥的调节作用，该税(Tsv)的影响是税前剩余价值的一部分被分配给国家(见图8.10)。

回顾企业雇用的工人的储蓄是其工资和消费之间的差额($Swe = We - Cwe$)，我们也可以将式(8.14)重新写为

$$\Pi at = [(Ie + Ck) + Cwe - We] + [G - Smg - Tsv] \tag{8.14'}$$

总而言之，我们看到，尽管每个企业的工资(We)和税收(Tsv)都是生产剩余价值的成本，但工人和国家的支出(Cw 和 $G - Smg$)也会带来收益。

基于该税收的一个推论是，"部门间总体利润率趋同趋势"(4§2)以"部门间税后总体利润率趋同趋势"的形式发挥作用。

下一页的图是图 3.2B(3§1)的完整版本。

8§7-a 详述 税收对企业利润的影响

正文介绍了剩余价值（Π）的征税。有时国家可能允许企业从被征税的剩余价值中扣除利息支付（即扣除这部分剩余价值的分配），因此国家是对内部利润征税。

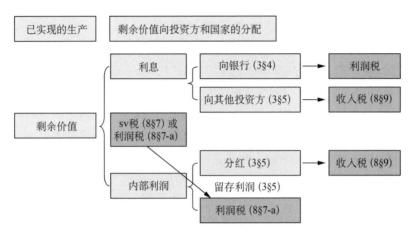

图 8.10 剩余价值向投资者和国家分配

继之前对企业内部利润的详述（8§6-c）后，当前的详述考虑了对内部利润（R），即进行利息分配后的 Π（因此现在的税基更小）征税。回想一下 8§6-c：

$$R = \Pi - Qe \quad \text{〔因为净利息支出 } Qe \text{ 为正〕} \tag{8.6c.1}$$

$$R = [(Ie + Ck) - Swe] - [Qe] + [G - Smg] \tag{8.6c.2}$$

税收总额（T）由企业内部利润税（Tr）和其他税款（To^*）组成：

$$T = Tr + To^* \tag{8.7a.1}$$

税后内部利润（Rat）定义为：

$$Rat = R - Tr \tag{8.7a.2}$$

将式(8.6d2)代入最后一个等式，我们得到：

$$Rat = [(Ie + Ck) - Swe] - [Qe] + [(G - Smg) - Tr] \tag{8.7a.3}$$

带方括号的最后一项代表企业部门因国家而产生的收益（$G - Smg$）和成本（Tr），前者调节了企业利润的形成。

该税的一个推论是,"部门间平均内部利润率趋同趋势"(5§1)采取了"部门间税后平均内部利润率趋同趋势"的形式。

式(8.7a.3)提供的信息与8§7中最后一个式子没有太大差别:

$$\Pi at = [(Ie + Ck) - Swe] + [G - Smg - Tsv] \tag{8.14}$$

8§8 国家财政赤字对税后剩余价值的影响

尽管国家的财政状况(盈余或赤字)是相机决定的,但往往存在结构性的财政赤字。(例如1870—2015年间的OECD 21国,参见8§4-b中的图8.5。根据现有数据,从1960年之前几年到1970年之后几年的财政盈余时期是例外)因此,有必要考虑(结构性)财政赤字对企业税后剩余价值价值的影响,这是本目的主题。我们在下面的第3小节中讨论这个问题。第1小节的存在目的是简化符号。第2小节介绍了国家储蓄的概念。

❶ 混合税

一个国家的财政盈余相当于该国的"储蓄",财政赤字则是对"储蓄"的消耗。储蓄不仅仅是税收和支出之差,因为国家还有其他收入。

回想一下本章第4目中"当前支出融资"(CFg)的等式:

$$CFg = T + SSC + OR + B \tag{8.4}$$

(T代表税收,SSC代表社保缴款,OR代表其他收入,B代表当前净借款带来的现金流。)回顾8§7中的税收等式(To代表"其他税收"):

$$CFg = Tsv + To + SSC + OR + B \tag{8.4'}$$

为了简化下面的符号,我引入了术语"混合税"(T^H),定义为:

$$T^H = Tsv + To + SSC + OR \tag{8.15}$$

最后三项合并为"其他混合税"(T^Ho)。

$$T^H = Tsv + T^Ho \tag{8.16}$$

❷ 国家储蓄,或反映在消耗储蓄中的财政赤字

将式(8.12)和式(8.15)代入式(8.4)可以得到:

$$CFg = T^H + B \tag{8.17}$$

在财政盈余的情况下,B 为负(因此国家偿还了部分债务)。

回想一下,国家支出的总和(G)等于其当前融资:

$$CFg = G \tag{8.5}$$

国家的当前储蓄(Sg)定义为:

$$Sg = T^H - G \tag{8.18}$$

或者:$G - T^H = -Sg$。因为存在财政赤字(因此 $G > T^H$ 和 $B > 0$),储蓄 Sg 为负(因此国家实现了"储蓄消耗")。

❹ 财政赤字对税后剩余价值的影响

在上一目(8§7)中,我们对税后剩余价值进行了如下表示:

$$\varPi at = [(Ie + Ck) - Swe] + [G - Smg - Tsv] \tag{8.14}$$

通过将式(8.16)代入式(8.14),我们同时确定了国家的税收立场($G - T$)和"其他混合税"的总和(T^H),而且两者都决定企业部门的税后剩余价值:

$$\varPi at = [(Ie + Ck) - Swe] + [(G - T^H) - Smg + T^Ho] \tag{8.19}$$

因此,如果国家采取行动,使剩余价值的占有者与其他混合税(T^Ho)的纳税人"分担"混合税,则给定其他各项不变,税后剩余价值会更大。

将式(8.18)代入式(8.19),国家的储蓄或对储蓄的消耗(其财政盈余或赤字)由下式确定:

$$\varPi at = [(Ie + Ck) - Swe] + [-Sg - Smg + T^Ho] \tag{8.20}$$

因此,税后剩余价值受到财政盈余($Sg > 0$)的负向影响。[1] 相反,财政赤字($Sg < 0$,因此 $-Sg > 0$)对税后剩余价值有正向影响。

然而,尽管后一句话中的说法在形式上是正确的,但国家债务的总额——以及随之而来的利息支付——对国家债券持有人的储蓄有二次影响(回想一下 8§6 中的式 8.9,这种储蓄 Sqg 是"国家调节储蓄"Smg 的一部分)。如果国家债务规模(比如说以债务占 GDP 的百分比来度量)继续增加,那么在某个时点,债券持

---

[1] 式(8.20)的形式本质上与 3§10 中得出的结果没有什么不同(式 3.12)。在所有税收都将从企业部门获得时($T^Ho = 0$)更简洁明了。因此,利润由企业(Ie)和资本所有者(Ck)的最终支出正向决定,而由所有其他参与者(现在包括国家)的储蓄负向决定。回想一下,本书中的论述与投资恒等于储蓄的正统观点不同(第 3 章第 9 目)。

有人的储蓄效应(Sqg)将超过预算赤字效应(Sg)。[1]（当考虑这一点时，应该记住，只要国家预算赤字占 GDP 的百分比，例如 2%，小于 GDP 的增长率，例如 2.5%，那么国家债务总额占 GDP 的比例就会下降。）

8§8-a 补论 卡莱茨基论国家预算赤字和利润

国家预算赤字对利润产生积极影响的观点源于卡莱茨基（例如，见 2003[1954]，p.48-49），尽管他没有像本书正文部分那样详细进行说明。明斯基说，"自从卡莱茨基的早期工作以来，人们就知道毛利润等于总投资加上政府赤字……"并且"尽管维持和增加企业利润从来都不是积极财政政策的公开目标——就业或收入一直是公开的政策目标——但当收入下降时，大政府产生的巨额赤字带来的主要影响是维持利润"（Minsky 1982，p.388，p.389）。

第 5 节

税收形式：收入和财富的分配

上一节介绍了税收对税后剩余价值的影响。原则上，国家可以对剩余价值征收所有必要的税。

鉴于国家的行为使得企业与家庭"共享"税收，这一最终的分摊比例呈现了特定税收形式对家庭收入分配（8§11）和家庭财富分配（8§12）的影响。在这些部分之前是对范畴的概述（8§9、8§10）。

对这一点给出方法论上的评论是恰当的。尽管税收是必要的，但具体的税收形式是相机决定的。这些税收形式在收入和财富分配中导致的结果实际上是资本主义制度的"表现"（见第 4、5 章和第 9、10 章）。然而，由于这些分配与本章主题有关，所以我选择在本章末尾，也就是第 5 节纳入讨论。

---

[1] 根据 20 世纪初金融危机前后 OECD 21 国平均值以及更早的 20 世纪数据，基于一些合理的储蓄假设，可以推断，低于 GDP 100%的国家债务规模不会出现这种"失控"现象。然而，这并不意味着方程 8.20 中的术语 $[-Sg - Smg + T^{Ho}]$ 将变为负值。在 OECD 21 国中，至少在过去 50 年里，T^{Ho} 占 GDP 的比例从 1979 年的 28.2%一直增长到 2015 年的 32.2%。（企业利润税占 GDP 的比例从 1970 年的 2.3%，2000 年的 3.7%，到 2015 年的 2.9%。）

8§9　社会保障融资：税收和社保缴款

在 7D5 中，对社保提供（或"转移支付"）合法化的框架进行了概括性的介绍。此处回忆一下图 7.8 和图 7.9（7§17）中所示的转移支付类别。

提供社会保障的资金来源有两个。大部分情况下，一部分来自税收，另一部分来自社保缴款（SSC），这些缴款通常部分由雇主支付，部分由工人支付。

SSC 被视为具有集体保险性质，并与工作相关（如非结构性失业、医疗津贴和与工资挂钩的养老金）。某种程度上，这些并不是"纯粹的"转移支付，而是一种集体保险，只有工作的人才有资格参加，且只有退出劳动市场的人才能获得收益——特别是关于与工资挂钩的养老金收益。需要指出的是，这些收益要么是正式保险的结果，要么具有推迟支付工资的性质。（回想一下，就 OECD 21 国而言，2010 年养老金约占社会保障转移支付的三分之一——见图 7.9——其中与工资挂钩或与保费挂钩的部分是否应被归类为"社会"转移支付确实令人怀疑。）因此，这和与工作无关的转移支付不同，例如由税收资助的固定金额（人人平等）的国家养老金，以及儿童和其他津贴、社会援助和由国家直接提供或间接承担的医疗保障——所有这些通常都由税收资助。

工人缴纳的社会保障金不可避免地要从他们的工资总额中支付。然而，雇主缴纳的 SSC 也是总工资的一部分（这也是国民账户体系（SNA 2008）对这些问题的解释）。[1] 对雇主来说，这些是"工资成本"。

SSC 在雇主和工人之间的分配取决于工资谈判，在一些国家取决于经济政策。不过在很大程度上，其分配结果只是实际工资的反映（如果工人的 SSC 部分更大，则雇主支付的总工资可能更高）。然而，对收入分配而言，重要之处在于任何工资谈判或经济政策的决定要么为 SSC 设定了上限（使收入分配更有偏），要么为转移支付/收益设定了上限（使收入分配不那么有偏）——在每种情况下，都要考虑到雇主愿意支付的工资总额。

是否存在对社会转移支付的征税，对哪些社会转移支付征税，是相机决定的（并取决于各国情况）。

---

[1] 2008 年国民账户体系（UN 2009），第 7B 章，雇员薪酬，特别是表 7.4 和第 138—139 页的文本。另见 2013 年 OECD 数据。

8§9-a 详述 1970—2015 年 OECD 21 国社保融资

图 8.11 显示了 OECD 21 国的社会保障平均筹资情况。

这些国家之间的差异很大。例如,在澳大利亚和新西兰,100%的资金来自税收,在丹麦,近100%的资金来源于 SSC,而在法国、德国、日本和荷兰,超过 50%的资金来自 SSC(2010 年)。

如表 8.12 所示,从社会保障缴款(SSC)的角度来看,对于 OECD 21 国,平均而言,大约三分之一的社会保障转移支付(SST)实际上是工资部分——对这一部分可能征税,也可能不征税。

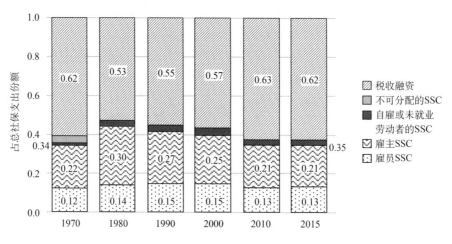

图 8.11 1970—2015 年社保融资情况:社会保障缴款份额(SSC)和税收;OECD 21 平均值
数据来源:社会保障缴款(SSC)(OECD 数据集收入统计——可比表,2100、2200、2300 和 2400 系列);[1]社会保障支出(见图 7.10)。

表 8.12 社保融资和作为总工资的部分的社保贡献

	雇主	工人	国家
社保融资	x%的贡献	y%的贡献	$(1-x\%-y\%)$来自税收
"总工资"组成部分(与前一行相关)†	是(工资成本)‡	是	否

---

[1] http://stats.oecd.org/OECDStat_Metadata/ShowMetadata.ashx?Dataset=REV&ShowOnWeb=true&Lang=en (last updated August 2017; accessed 28 December 2017)

(续表)

	雇主	工人	国家
二次社保转移支付的征税	n.a.	不同国家情况不同	

注：† 这也是 2008 年国民账户体系（SNA 2008）就这一问题所使用的概念（见之前的脚注）。
‡ 这也是"工资"和"工资成本"概念之间的区别。这些缴款被直接支付给管理社保的机构——因此，工人不会收到现金，尽管这是属于他们的（下一行也是如此）

8§10 税收形式

回想一下 8§5 的表 8.6（以及 8§4 中的图 8.4）中的国家融资形式。鉴于借款和国家的其他非税收入是有限的，税收是国家融资的主要和必要形式（8§4）。然而，税收的具体形式是有条件的。"纯"税收形式是对企业财产和剩余价值征税，此时税收与国家的起点基础相联系（6§1、6§11）。在实际操作中，工人在税收中的"份额"，涉及其劳动收入和支出。因此，税收主要有四类：[1]

❶ 利润税
- 公司利润税（公司化企业）。
- 其他利润税（非公司化企业）。

❷ 财产价值税和财产收入税
- 财产价值税（财富税）。
- 财产所得税（利息税、股息税和租金税）。
- 财产继承税。

❸ 劳动所得税及其衍生物
- 劳动所得税。
- 社会保障转移支付税。[2]
- 养老金收益税（参见第 3 章附录 3A-2）。

❹ 产品税（间接税）
- 产品价值税（生产、销售或转让时；或最终使用时）；其中包括间接增值税。[3]
- 每单位商品或服务的税收（消费税）。

---

[1] 准确的定义可在 2008 年国民账户体系（联合国，2009）中找到。
[2] 当前的 OECD 国家的税收具有多样性。见 Adema, Fron 和 Ladaique 2011。
[3] 向不同生产阶段的企业征收，其总额计入最终购买价格。

如果这四种形式都存在,所有类别的行为人都要缴纳最后一类的税,根据行为人的角色,他们可能会缴纳前三类中的某一类或全部。

考虑到维持合法性的需求,国家原则上可以在这些不同形式的税收以及不同的征税水平之间作选择。

8§11 税收形式与设计,及其通过对特定收入分配的遵从而实现的合法化

与所有主要的国家行动一样,税收的形式和具体设计最终必须在行为人的遵从下实现合法化。最终,这涉及行为人对通过税收达成的特定的收入和财富分配的遵从。本目重点介绍收入分配,下一目介绍财富分配。

❶ 税收不可避免地具有某种立场

我对税收形式(8§10 中概述的类别)及其设计(税率和对应的税基)进行了区分。不可能有"中性"税或中性税率。更具体地说,在税率方面,统一税率并不比累进或累退税率更中性。推广统一税率似乎意味着对"市场"的结果以及由此产生的税前收入和财富分配做出规范性判断。然而,与道德或伦理规范完全不同的是,这种判断是建立在一种幻觉,即"市场"可能独立于国家及其支出而存在之上。脱离对税收形式和设计的判断,"市场"就是一个幻象,因为市场无法脱离于第 6、7 章中提出的权利框架和经济框架而存在。[1] 此外,由于税收是国家存在的基础,"无税收的真空中的市场"也不存在。税收的形式和设计是可以变更的,虽然在无税收的真空中这一点无从实现。总之,任何实际的税收形式和设计都不可避免地基于国家的规范立场,只有税收及其设计的变化才能被认定为具有再分配性质。

❷ 税率

特定的税收形式是相机选择的,且必须实施至少一种形式。这同样适用于税收设计:必须有一些影响收入或财富分配的税率(累退、统一或累进)。四种主要税收形式(8§10)之间的一个重要区别,在于它们通过税收设计改变收入和财富分配的可能性是不同的。

- 关于产品税,除了以粗率的方式(例如降低普通食品的税率)之外,很难甚

---

[1] 所谓的"一般均衡理论"和所谓的市场效率规范都是基于这种幻象。然而,即使我们假定它不是虚幻的,这个理论也是从非中立的假设出发的。这些都是哈恩在 1981 年提出的(这个来源是相关的,因为哈恩是一位在一般均衡理论领域工作的专家)。

至不可能引入累进税制。

- 对于企业利润税来说,可以采用累进税制。例如,累进可以从与雇用工人数量相关的起征点开始,或者建立在所谓的税阶之上(事实上通常的公司税一般是固定的百分比)。[1] 另一种可能性是区分企业留存利润和已分配利润的税率。
- 在工资税和家庭的任何最终所得税中引入微调的累进税制都是最容易的。

❸ 累进税率:利润和储蓄

就税收对企业利润的影响而言,本章第 4 节中的叙述意味着对个人收入征收累进税有助于整体利润的提高。

收入分配越是两极分化,储蓄就越能压低利润。[2] 因此,累进个人所得税会提高企业的利润率、投资水平和就业水平。

这使国家议程中出现了一个两难,即它主要关心的是企业的利益,还是高收入人群的利益。就这个问题而已,最重要的是长期以来所形成的一个意识形态假定:投资取决于储蓄(3§2、3§3、3§9)。对许多人来说,这种意识形态成为了支持收入分配两极分化的论点。[3]

❹ 收入和财富再分配的偶然性?

资本主义制度的存在从表面上看与收入和财富在个体间的某种分配无关,实际上它为有意加剧收入和财富不平等创造了大量机会。另一方面,资本主义制度似乎与收入的平等分配相兼容,或者"甚至"是让一份不吸引人的工作(例如垃圾收集——通常位于工资结构的底部)比吸引人的工作的报酬更高的制度。

事实上,收入和财富分配中存在相当大的不平等,过去和现在都为拥有高收入和财富的阶级的利益服务。[4] 然而,这种偏差受到需要获得大多数人的遵从的约束(2§5、2§7 和 2§7-b,6§5、7§17),尤其是工资结构和可支配收入结构需

---

[1] 有时,小公司会被赋予一个统一的较低税率,能否享有这一税率会与某个阈值有关——例如利润总额。

[2] 工资收入(包括管理层收入)和当前资本收入的情况是不同的。然而,就"所得税"的征收对象而言,这种区分在实践中很难做到。考虑资本收入,当该收入对应的消费是稳定时(正如卡莱茨基(Kaleckian)的观点中所假定的那样),资本收入的储蓄会反映在新债券和企业股票的发行中(见第 3.13 条第 3 节第 6 页)。然而,对于这一类范畴而言,在企业发行的债券相对多于股票的情况下,企业负债状况会受到影响。

[3] 凯恩斯非常清楚这一点,称"租房者"为"无功能投资者"(Keynes 1936,第 24 章,第二节)。(他指的是无功能的金融家或"投资组合投资者"。)

[4] 和之前一样,我把阶级作为一个客观的范畴——在这种情况下,它们是根据收入和财富分配情况的分类。

要获得各阶级在总体上的遵从（比如，收入分配的中间 60%，即收入十分位数的 3 到 8 涵盖的人群）。然而，尽管这一条件不是偶然的，但获得这种遵从仍具偶然性。

对于这种合法性的获得，意识形态是一个突出的因素：高收入阶层出于这样或那样的原因确实应该（不应该）取得现在的收入。这种意识形态的关键组成部分是市场的幻象——这也是所有官方统计的出发点和参照点。当以此为参照点时，收入分配会被理解为是从上层阶级手中夺走一部分，然后重新分配给下层阶级。这一意识形态的一个关键问题在于忽略了在此前发生的剩余价值生产和分配，即把这一过程的市场结果当作统计的起点和参照点。

8§11-a 详述 2015 年前后 OECD 21 国的家庭收入分配示例

图 8.13 显示了用各种收入标准衡量的家庭收入十分位数分配的例子（在十分位数分配中，家庭人口从低收入到高收入排列，然后分为十组，每组占人口的 10%）。"市场收入"（或初级收入）是指再分配之前的收入，总收入是社保转移支付后的市场收入，可支配收入是指税后的总收入。这三项衡量的是家庭在某个时点实际获得的收入。还有第四种度量，即"等价可支配收入"——在这一度量中，家庭根据其成员数量被标准化了，其中成年人的权重比儿童高。如果将这四种度量进行比较，就会发现哪一个是十分位数排名的基础。

此处的例子是英国（图 8.13）——OECD 21 国收入排名见表 8.18。

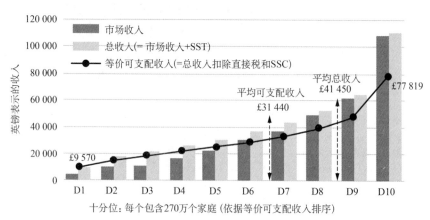

图 8.13 收入分配：2015 年英国的市场、总收入和可支配收入均衡家庭

数据来源：Office for National Statistics (UK), Dataset 'The effects of taxes and benefits on household income' 2015/16, Table 2a (release date 25 April 2017)。

表 8.14　各分类家庭总收入的百分比份额：英国 2015 年（见图 8.13）

份额	D1	D2	D3	D4	D5	D6	D7	D8	D9	D10
市场收入	1%	3%	3%	5%	7%	9%	11%	14%	17%	31%
总收入	3%	4%	5%	6%	7%	9%	10%	13%	16%	27%
等价可支配收入	3%	5%	6%	7%	8%	9%	10%	12%	15%	25%

数据来源：见图 8.13。

我们在图 8.13 和表 8.14 中看到，平均而言，最大的再分配效应来自社保转移支付（SST），而不是税收。从图 8.15 中可以更清晰地看出这一点。该图显示了 OECD 21 国中至多 20 个国家在每个收入类别下的平均基尼系数。基尼指数（或称基尼系数）是衡量分配情况偏度的常用指标。它采用 0 到 1 的比例，数字 0 表示分配完全公平，数字 1 表示最大偏度（所有收入归一个单位的人口所有）。该图显示，社会保障转移支付（SST）是导致收入分配不那么有偏的主要因素（自 2000 年以来数据的顶部和中间的条块对应数值之差）。2015 年，它占了这一差额的 3/4。

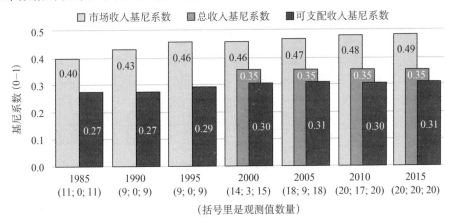

图 8.15　家庭收入分配（等值）：(a)市场收入的基尼指数；(b)社保转移支付后的收入；(c)直接税后的收入；1985—2015 年；4—20 个 OECD 21 国的平均值

数据来源：OECD 收入分配与贫困数据集，2017 年 10 月 8 日获取。[1] 指定年份或最近可用年份。[2]

---

[1] http://stats.oecd.org/viewhtml.aspx?datasetcode=IDD&lang=en. The following link provides brief OECD definitions of various distributional measures: https://data.oecd.org/inequality/incomeinequality.htm.

[2] 2000 年之前的总收入基尼系数仅适用于一两个国家（2017 年 10 月访问的数据）。该图使用的数据是 2012 年的收入定义下的可用数据（2011 年与 2012 年定义的差别在数据上的影响一般而言微乎其微）。

图 8.15 还显示,1985—2015 年的 30 年里,市场收入的基尼系数增长了 21%,可支配收入的基尼系数增长了 13%。这也是国家 SST 支出增长放缓的时期(见 7§17-a,图 7.10)。

请注意,当分配极端不平等时,基尼系数对分配情况的变化将会不那么敏感。例如,在这种情况下,用顶部十分位或五分位数与底部十分位或五分位数收入之比能够更恰当地衡量分配情况。尽管如此,即使是基尼系数,我们也看到了这几十年来的变化,即收入从不同定义的底部向顶部的再分配。

OECD 21 国中的社会保障转移支付并不能阻止被认定为有能力的家庭的收入跌破贫困线。贫困线的定义各不相同。在这里,我展示了贫困线的数据,贫困线被定义为总人口中家庭收入中位数的一半。这种定义考虑到了在特定年份、特定国家中,家庭根据本国消费习惯获取商品和服务的水平(此处是指 OECD 21 国的平均值)。贫困率被定义为低于该线的家庭数量相对于家庭总数的比例。图 8.16 显示了转移支付和直接税前后的贫困率——再次说明,这里是被标准化后的家庭。

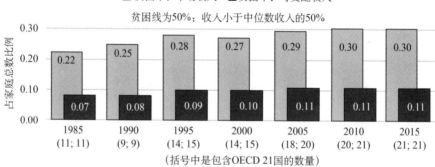

图 8.16　1985—2015 年转移和税收前后的贫困率;OECD 21 个成员国中 9—21 个国家的平均年龄
数据来源:见图 8.15。所示年份为最近的可用年份。[1]

图 8.16 显示,在 1985—2015 年,税前和税后的贫困率分别增加了 36% 和 52%。[2] 显然,在 OECD 21 国中,11% 的家庭生活在贫困线以下。

同样重要的是,如果没有社会保障的提供,贫困率将是 30%——从满足合法

---

[1] 这些数据是 2012 年收入定义下的可用国家数据。
[2] 2010 年,经合组织 21 国组织的贫困差距(即贫困线的平均差距)为 30%。2010 年,德国的可支配收入中位数(相当于家庭)为每年 20 535 欧元,贫困率为 24%。因此,该国的贫困线为每月 856 欧元,贫困家庭平均每月处理 650 欧元以上(对美国来说,最后一个数字是 920 美元)。

性要求方面来看,这可能是不可持续的。

表 8.17 显示了 OECD 中 3 个国家的社会保障转移支付(SST)占家庭总收入的百分比。最后一列表示所有家庭的平均数,其他列表示家庭收入各个十分位数的分配情况。这些国家是根据 2015 年 OECD 21 国总收入排序在偏态程度上的多样性选择的(如表 8.18 所示,顶部、中间和底部)。这些国家的 SST 设计各不相同。然而,在每种情况下,都是第六个十分位数对应着该国平均 SST。因此,大致可以说,D1 到 D5 的家庭受益于 SST 平均水平的增加(当 SST 设计不变时),反之则受损。我将在第 10 章对此进行更进一步的评论(10§12)。

表 8.17 社会保障转移支付在家庭总收入中的份额(%)和十分位数(%):
2015 年的英国、2014 年的荷兰和 2015 年的挪威

	D1	D2	D3	D4	D5	D6	D7	D8	D9	D10	平均
英国	60%	47%	48%	36%	25%	17%	13%	8%	5%	2%	15%
荷兰	122%	99%	93%	76%	45%	24%	16%	11%	7%	6%	25%
挪威	53%	42%	34%	27%	22%	19%	16%	13%	11%	6%	18%

数据来源:UK (as for Graph 8.13); Netherlands (Statistics Netherlands (CBS), Inkomensgroepen; particuliere huishoudens naar diverse kenmerken);[1] Norway (Statistics Norway, Statbank, Income and wealth statistics for households, Composition of total household income and equivalent after-tax income (per cent), by contents, time and equivalent after-tax income).[2] Accessed 21 October 2017。

表 8.18 2015 年 OECD 21 国中英国、荷兰和挪威的收入排名(排名第 1 为分配偏度极高,排名 20 为稍有偏度)[3]

	市场收入	总收入	可支配收入
英国	5	3	2
荷兰	15	11	10
挪威	19	18	19

数据来源:OECD, Dataset Income distribution and poverty (accessed 8 October 2017)。

[1] http://statline.cbs.nl/Statweb/publication/?DM = SLNL&PA = 71013NED&D1 = 0-2&D2 = a&D3 = 0-10&D4 = 0&D5 = l&HDR = G4, G1, T&STB = G3, G2&VW = T (data 8 February 2017; accessed 10 October 2017).

[2] https://www.ssb.no/statistikkbanken/selectout/pivot.asp? checked = true (accessed 21 October 2017).

[3] 2015 年的日本数据缺失。

8§11-b　详述　1910—2010年当前OECD 21国平均收入最高5%和最高10%份额的变化情况

OECD的数据的巨大优势在于，各国统计局对国家层级数据的收集工作是基于统一定义进行的，但对长期历史数据来说情况并非如此，因为过去收集的数据无法再重新制作。因此我们只能基于现有数据，通过估计来尽可能实现定义的一致。早前的收入数据大多基于税务机关的数据，这些数据不是基于理论定义（如"总收入"的组成部分），而是基于各国之间在一段时间内不同的税收立法（税法）。因此，例如，"税收单位"（个人、家庭和家庭组合）是因国家和时间的变化而不同的。

图8.19中使用的数据基于来自不同国家的许多人的辛勤工作，他们聚集在一起构建了"世界财富和收入数据库"[最为公众所熟知的经济学家是托马斯·皮凯蒂（Thomas Piketty），还有伊曼纽尔·萨兹（Emmanuel Saez）和托尼·阿特金森（Tony Atkinson）]。关于最高收入（和财富）的原始数据可以追溯到19世纪初，但有几个国家或长或短的连续时间序列只能追溯到20世纪初[关于数据及其问题的简要描述，请参见罗因和瓦尔登斯特龙（Roine and Waldenström, 2014, p.12-22），罗因和瓦尔登斯特龙（Roine and Waldenström, 2015, 第2.1节）]。总之，本书所使用的数据近似于"总收入"，税收单位主要是个人（个人收入）。分析重点是最高收入，因为给定历史上的税法，这些数据是最可靠的（尽管估算最高收入份额，必须估计总人口收入）。

图8.19显示，在1950年之前，两个最高收入份额都在稳步下降，而在1950—1980年下降幅度更大。在接下来的30年则发生了急剧的增长，在2010年达到了高于1950年的水平（考虑到增长期仅为30年，这种急剧增长比早期的急剧下降更为迅速）。

如图7.10所示，急剧下降期与SST的急剧增长期在时间上大致重合（可能是因为缺乏1940年和1950年的SST数据）——1990年后SST的增长模式转为温和增长。虽然SST并不能解释全部，但它似乎确实解释了其中的某些部分。

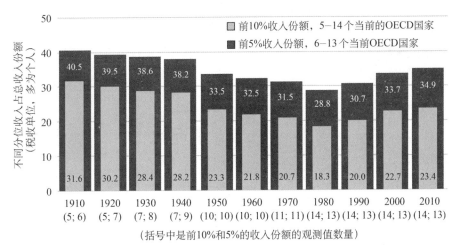

图 8.19 收入分配:1910—2010 年,前 10%和前 5%的人在个人总收入中所占份额;目前 OECD 多达 14 个国家的平均数[1]

数据来源:世界财富和收入数据库(可用的十年或最近年份)。[2]

8§12 税后财富分配

- 财富分配

税收及其设计(8§11)导致了特定的财富分配。鉴于财产税通常被视为从当期收入中扣除,财富的当前分配方式是以下因素的最终结果:
- 第一,以前获得的财富的价值重估或贬值。
- 第二,对财富和当期收入征税。
- 第三,对当期收入进行储蓄。

财富分配的偏度往往比收入分配的偏度更高(8§12-a 将对此阐释)。
- 资本和财富之间的区别以及资本的分配

"财富"是指所有具有货币价值的耐用实体或权利。"资本"是财富的一种形式。然而,这并不意味着所有的财富都是"资本"。资本是一种用于生产的财富形式,其目的是出售产品以盈利。这直接适用于"主动资本"(3§1 中的图 3.2A 总结

---

[1] 澳大利亚、加拿大、法国、德国、爱尔兰、意大利、日本、荷兰、挪威、葡萄牙、西班牙、瑞典、瑞士、美国。(还有其他国家的数据:丹麦、新西兰和英国。然而,他们的家庭基数与当前群体的家庭基数差异太大,无法计算出一致的平均值。)

[2] http://www.wid.world/ (accessed 20 October 2016).

了主动资本和被动资本之间的区别)。在这些主动或被动资本形式中,一类家庭是资本的所有者(对非公司化企业而言,这些家庭是主动资本的所有者)。请注意,虽然企业发行的债券是一种被动资本,但国家发行的债券不是资本(从金融家的角度来看,这两者只在风险水平上有差异)。

资本所有权往往集中在财富分配的顶端——事实上是最顶端的10%中。[1]

因此,在财富分配有偏的事实下,资本的分配更为有偏(见8§12-b的详述)。

财富的分配是一个货币分配问题。即便我们关注它的资本组成,它仍然是一种货币分配——但它也是潜在或实际经济权力的分配。

除非另有说明,本节详述中的"财富"是指"净财富",即资产减去债务。这些详述包括:

8§12-a　OECD 21国2015年财富分配情况估算。

8§12-b　财富分配及其组成部分:2015年荷兰的例子。

8§12-c　2014年前后OECD 21国中19个国家的最高财富排名所占份额。

8§12-d　1910—2010年,财富排行前5%和10%所占份额。

8§12-e　财富继承税。

8§12-a　详述　OECD 21国2015年财富分配情况估算

关于财富分配的国家数据通常不是在某个国际标准定义的基础上收集的。夏洛克、戴维斯和路伯拉斯(Shorrocks、Davies and Lluberas,2015)对全球财富分配情况进行了估计。在图8.20中,我使用了OECD 21国的估计值。可以看出,财富在十分位数上的分配远比收入在十分位数上的分配更为有偏(比较8§11-a中的图8.13)。例如,在2010年,可支配收入平均值与中位数的比值为1.1,而财富平均值与中位数的比值则为2.6(2010年和2015年的估计值)。

中位数和平均值之间的距离是衡量(财富)分配偏度的一个简单方法。

以下的详述是关于财富的真实分配情况。接下来给出的是关于分配情况主观信念的事实。根据对美国收入和财富分配信念的研究,平均而言,受访者(2011年)认为,分配情况远远没有实际情况那么有偏。[2] 另外,61%的受访者

---

[1] 考虑到相对集中趋势,我们考察了前5%、前1%等等的水平。穆丁和米拉·德·埃尔科尔(Murtin and Mira d'Ercole)给出了在2010年前后的18个经合组织国家中前10%、5%和1%的情况(见Murtin and Mira d'Ercole, 2015,图2和图3)。

[2] https://www. scientificamerican. com/article/economicinequalityitsfarworsethan youthink/ (Nickolas Fitz, Scientific American, 31 December 2015).

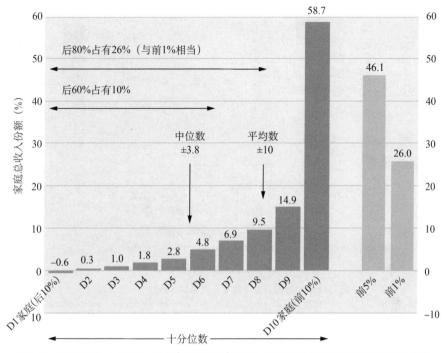

图 8.20　财富分配：十分位数、前 5% 以及前 1% 的份额，2015 年估计值；OECD 21 国的平均数

数据来源：夏洛克、戴维斯和路伯拉斯（Shorrocks、Davies and Lluberas, 2015，第 149 页，表 6-5）。

（2013 年）认为美国经济体制对富人有利。[1]

8§12-b　详述　总财富的分配及其组成部分：2015 年荷兰案例

这一详述显示了荷兰 2015 年总财富的主要组成部分——资产和债务的分配情况（见图 8.21）。在 2014 年前后数据可得的 19 个 OECD 国家中，荷兰的前 10%、5% 和 1% 的家庭所占财富份额的排行排到了第二，即在偏度上仅次于美国。[2]

这张图的总体情况与前一张图没有什么不同。然而，它的主要观点是，我们现在看到财富的资本部分在分配顶端的集中程度：2015 年，前 10% 的家庭拥有家庭总资本的 89%。

---

[1] http://www.pewresearch.org/fact-tank/2013/12/05/u-s-income-inequality-on-rise-for-decades-is-now-highest-since-1928/ (Drew Desilver, Facttank, 5 December 2013).

[2] OECD dataset Wealth (net wealth) http://stats.oecd.org/index.aspx?DatasetCode=WEALTH (accessed 29 Jan 2018).

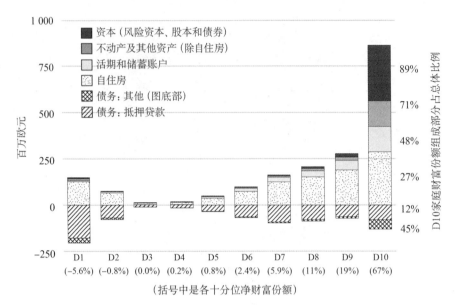

图 8.21　2015 年荷兰总财富及其组成部分的十分位分配

数据来源：荷兰统计局（CBS）："Vermogen van huishoudens; huishoudenskenmer ken, vermogensbestanddelen", 2015（发布日期：2018 年 2 月 7 日）。[1]

D10 的负债水平主要表明了最富有的阶级将债务作为财富的放大器（在第 3 章附录 3B-4 中，我称之为"金融倍增"）。前两个十分位数的负财富份额表明住房抵押贷款高于自有住房资产价值。特别是 D1 的数据还揭示了对小型非公司化企业的过度信贷。

（2015 年，家庭总净财富占 GDP 的 160%；其中，D10 占 108%。）

8§12-c　详述　2010 年前后 OECD 21 个成员国中 15 个国家的最富家庭财富份额

OECD 在其网站上表示，在 2013 年发布财富数据收集指南之前，还没有一致认定的标准可供统计机构在收集数据时参考。[2] 我在表 8.22 中使用的最富家庭财富份额数据可能是目前唯一在这一统一定义下收集的数据。

---

[1] Accessed 7 February 2018. http://statline.cbs.nl/Statweb/publication/? DM = SLNL&PA = 83834NED&D1 = 13&D2 = 0, 5160&D3 = 014&D4 = 9&HDR = G3, T&STB = G1, G2&VW = T.

[2] 另见穆丁和米拉·德·埃尔科尔（Murtin and Mira d'Ercole [OECD], 2015）. http://www.oecd.org/std/householdwealthinequalityacrossOECDcountries OECDSB21.pdf.

与往常一样,表 8.22 显示了 OECD 21 国的平均值(仅包含可得数据)。此外,此表还区分了财富分配偏度排名靠前和靠后的国家与 OECD 平均值的差别。

表 8.22　2014 年[†] 前后 OECD 21 国中的 19 个国家里最富有家庭财富份额

	前 10%	前 5%	前 1%
OECD 19 国平均值	52.4	38.6	18.6[‡]
最有偏的分配		(括号里是排名)	
美国(2013)	78.2(1)	65.9(1)	37.6(1)
荷兰(2015)	68.3(2)[1]	52.5(2)	27.8(2)
丹麦(2015)	64.0(3)	47.3(3)	23.6(5)
德国(2014)	59.8(4)	46.3(4)	23.7(4)
奥地利(2014)	55.6(5)	43.5(5)	25.5(3)

表 8.22　OECD 21 国中的 19 个国家里最富有家庭财富份额(续)

	前 10%	前 5%	前 1%
最不有偏的分配		(括号里是排名)	
芬兰(2014)	45.2(15)	31.4(15)	13.3(14)
意大利(2014)	42.8(16)	29.7(17)	11.7(16)
比利时(2014)	42.5(17)	29.7(16)	12.1(15)
希腊(2014)	42.4(18)	28.8(18)	9.2(18)
日本(2014)	41.0(19)	27.7(19)	10.8(17)

注:[†] OECD 的均值没有包括瑞典和瑞士(前 1%的数据还不包括新西兰)。
在 2009—2015 年,这些国家中的每一个都只有 1—3 个观测值。该表基于最接近 2014 年的数据(该年的缺失值最少)。
[‡] 本栏包含 18 个国家(没有新西兰的数据)。
数据来源:OECD 数据集财富(净财富)。[2]

[1] 这一数字与图 8.21(67.1%)所示的数字有所不同,后者源于不同的发布日期。就国家间比较而言,只有 OECD 的数据是与此相关的。

[2] http://stats.oecd.org/index.aspx?DatasetCode=WEALTH (accessed 29 January 2018). Anticipating the next amplification, the following table compares two OECD data from the second row of Table 8.22 with the figures of amplifications 8§12-a and 8§12-d.

来源	最富有家庭财富份额(%)	
	前 10%	前 1%
OECD 数据,18—19 个国家[2014 年前后]	52.4	18.6
罗因和瓦尔登斯特龙(Roine and Waldenström)(WID 数据)。6—7 个国家[2010 年前后]	58.9	21.9
夏洛克、戴维斯和路伯拉斯(Shorrocks, Davies and Lluberas,对 21 国的估计值[2015 年]	58.7	26.0

由于其社会保障体系,荷兰、德国和奥地利被归类为"莱茵资本主义国家"。从表 8.22 可以看出,就财富而言,这样的体系对他们的资本主义上层阶级来说并不是有害的。[1]

8§12-d　详述　1910—2010 年最富的 5% 和 10% 家庭的财富份额

我在本次详述中提出的 OECD 历史平均值基于罗因和瓦尔登斯特龙(Roine and Waldenström,2014)收集的数据。正如这些作者所指出的,"关于财富不平等的实证文献仍然有限,尤其是从长期来看"(p.40)。对于我所引用的这些作者的数据存在的问题,以及他们在可能的情况下对这些问题采取了什么措施,见他们著作的第 40—49 页。[2] 然而,这些问题中的许多不仅仅与长期历史数据有关。[3]

将罗因和瓦尔登斯特龙(Roine and Waldenström)的 2010 年数据与 OECD 最接近 2010 年的数据进行比较(见倒数第二个脚注中的表格),在这两个存在部分国家样本(5 到 6 个)重叠的数据集中,OECD 数据中的前 10% 的家庭财富占比相比罗因和瓦尔登斯特龙(Roine and Waldenström)的数据低 10%,前 1% 则低 20%(10% 和 20% 指的是百分比,而不是份额上的百分点的绝对数值差异)。本书希望这些偏差不会随着时间变化太多,如果是这样的话罗因和瓦尔登斯特龙(Roine and Waldenström)的数据仍可以用作表示趋势的代理指标——见图 8.23。

北欧国家(丹麦、芬兰、挪威、瑞典)数量占到了 OECD 21 个成员国中的 19%。然而,就这些财富数据而言,我们只能获取到前 50% 和前 40% 的数据。此外,图 8.23 还显示了非北欧国家的平均值(虚线)。在这一时期,北欧国家享有高于 OECD 平均社会保障水平,但与 OECD 的平均水平相比,这并没有损害到其最富有的阶级。[4] 我们在图 8.23 中看到,1910 年左右,财富份额明显集中在顶端。在此后的一段时间里,我们看到这一份额持续下降,其中前 1% 的下降幅度相对更大(1910—2010 年:下降了 55%;而前 10% 下降了 30%)。这些份额的下降在很

---

[1]　另见巴维尔和法兰克玛(Bavel and Frankema,2013)。
[2]　罗因和瓦尔登斯特龙(Roine and Waldenström, 2015, p.40-49)。关于作者选择的数据来源,请参见他们的表 A1(p.141-142)。
[3]　关于最近数据(如欧盟收集的数据)问题的检测,请参见 Salverda(2015, p.7-14)。
[4]　如前所述,这同样适用于德国、荷兰和奥地利等"莱茵"国家,尽管这些国家从 1960 年左右开始,直到 2000 年左右荷兰的社会保障规定低于 OECD 21 国组织的平均年龄。

大程度上与其他十分位数(尤其是第7到第9个十分位数)的家庭的自住住房价值的增加有关。另一个重要因素是税收。图8.24显示了最高财富份额如何随着税收总额变化(或至少是趋势一致)(有关税收总额的详细信息,请参见8§4-b中图8.4周围的文字)。其中尤为明显的是,自1980年起,随着税收的减少,最富有家庭的财富份额大致趋于稳定(就目前的财富份额数据而言,税收似乎是比金融危机更重要的决定因素——关于这一时期的相关事件参见2§10-b,图2.11)。

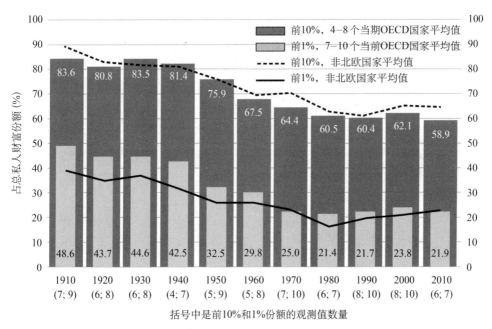

图8.23 财富分配:1910—2010年6—10个当前OECD国家最富家庭占私人财富总额的份额[1]
数据来源:罗因和瓦尔登斯特龙(Roine and Waldenström, 2014)。此处展示可得的每10年数据。[2]

这再次表明,不仅是国家需要"购买"资本主义制度的合法性,而且富人,即那些在资本主义体系中普遍拥有既得利益的人,也不得不为此付出代价。

---

[1] 前10%家庭财富占比包括:丹麦、芬兰、法国、挪威、瑞典、瑞士、英国、美国。前1%财富占比是前面提到的国家加上澳大利亚、荷兰和北欧国家。北欧国家是指丹麦、芬兰、挪威和瑞典。
[2] http://www.uueconomics.se/danielw/Handbook.htm. 作者于2014年结束了他们的研究。出于数据一致性的原因,我没有添加2010年的数据,这些数据现在可以从其他来源获得。

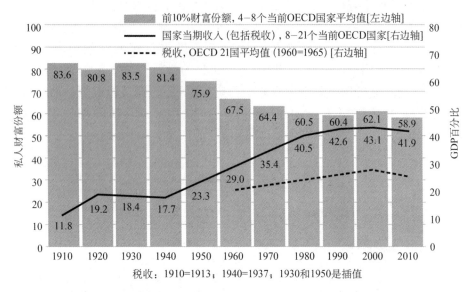

图 8.24　财富分配：1910—2010 年前 10％家庭财富份额与税收总额的关系（目前的 7—8 个 OECD 国家的平均值）

数据来源：财富份额排行榜，见图 8.23；税收和其他州收入，见图 8.4。

8§12-e　详述　财富继承税

人们经常认为，对财富和财富继承征税是"不公平的"，因为之前已经对收入征过税了。这一论点否定了普通家庭的税收负担有两个主要组成部分，即对收入征收的直接税和对支出征收的间接税。

因此，花费收入需要纳税两次。而未支出的收入，也就是储蓄，会被征收一次税。反对征税的观点认为，当储蓄被花费时，第二轮征税（间接税）就会进行。然而，这种观点忽略了一个事实，即大部分财富（前 10％及以上的家庭财富）从未被实际花费掉，而是被遗赠出去了。

另一个反对观点是基于可贷资金理论中对储蓄是"善"（benevolence）的假定——这一点已经回应过了（3§6，3§6-a，3§6-d）。

无论如何，尽管直接税（包括对当前财富的直接税）对最高收入和财富阶层来说额度很高，但从间接税率的角度来看继承税似乎是合理的（因此不必对储蓄征税）。

不幸的是,OECD 21 国缺乏有效遗产税收入的长期数据。[1] 图 8.25 显示了 OECD 21 国 1965 年后的遗产税和继承税在 GDP 中的平均占比。[2] 可以看出,遗产税和继承税的收入规模没有那么可观。

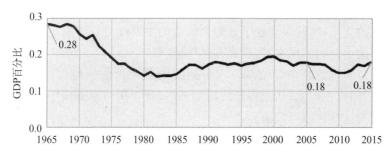

图 8.25　1965—2015 年 OECD 21 国遗产税、继承税和赠予税收入占 GDP 的百分比平均值

数据来源:OECD dataset Revenue Statistics-Comparative tables, series 4 300。[3]

总结与结论

本章第 1 节(国家生产)和第 2 节(国家财政)为第 6、7 章的叙述提供了具体的存在条件。其他各节都体现了前面章节的具体含义。

在经济上,国家"产生"了经济权利框架的内容和促进资本积累的框架,如第 6、7 章所述。对国家而言,国家雇用劳动(即公务员)并从企业购买投入,但通常不产生利润。此外,国家还将其产品作为集体商品和服务免费分发。除了国家的生产支出外,其支出还包括主要以社会保障和利息形式进行的转移支付(第 1 节)。

税收是国家财政的必要和主要形式。除此之外,国家可以相机征收社会保障

---

[1] 皮凯蒂(Piketty, 2014)给出了最高法定遗产税率的长期数据(1910—2010 年,法国、德国、英国和美国)。这些数据也许重要,但最终还是要看实际税率。https://www.quandl.com/data/PIKETTY/TS14_2Topinheritancetax rateinrichcountries19002013-updated 29 April 2014; accessed 13 September 2017.

[2] "在将资产交给受益人之前,对遗产征收遗产税。相反,遗产税适用于被某人继承后的资产。在遗产税的情况下,每个受益人可能需要支付不同的金额,这取决于继承的金额。"(Investopedia, January 2016 http://www.investopedia.com/ terms/e/estatetax.asp.)

[3] http://stats.oecd.org/OECDStat_Metadata/ShowMetadata.ashx?Dataset = REV&ShowOnWeb = true&Lang = en (last updated August 2017; accessed 21 January 2018)。。Investopedia(来源于之前的脚注)提到了美国的情况:"截至 2016 年,美国国税局(IRS)只要求总资产和之前应征税赠予的资产加总超过 545 万美元的遗产,应提交联邦遗产税申报表并缴纳遗产税。"

缴款，以及（主要）相机征收特许经营费、国家服务费和国有企业股息等其他收入。最后，国家可以通过借贷来弥补任何预算赤字（或者在出现盈余的情况下放贷）。国家的融资，以其特殊的形式，为国家支出以及之前的环节奠定了基础（第2节）。

国家的所有支出——除国家发出的工资和转移支付中的储蓄外——最终都是归于企业的支出，因此也实现了其剩余价值的主要部分。国家支出的扩大提高了剩余价值的生产和实现水平，反之亦然（第3节）。

国家调节实现的剩余价值的一部分通过对剩余价值征税（或更狭义的利润税）分配给了国家。因此，从宏观经济角度来看，企业从国家支出中获得的利益在一定程度上被这些税收所抵消。

这些税收是企业为以下三者付出的成本：国家授予并维护企业在经济意义上的法定核心财产权的成本，授予并维护企业占有剩余价值的权利的成本，以及国家调节资本积累方面的成本（即第6、7章所述的七个法定框架的成本）。因此，一般而言，这些是国家对企业占有剩余价值加以调节的成本——而不仅仅是来自与国家额外支出相伴而来的额外剩余价值的成本。

原则上，所有国家支出都可以通过对剩余价值征税来融资。然而，在实际的资本主义实践中，国家的行为是让企业可以将自身的税负"分担"给以下两者：对工人的工资收入征税，以及对企业分配给金融资本所有者的剩余价值征税。从工人的角度来看，对剩余价值在哪个环节征税实际上是无关紧要的（无论是在企业内部生产的环节，还是在分配的环节）。因此，总的来说，国家的行为是在工资税之外，让企业和资本所有者"分担"剩余价值税（第4节）。

至此，对植根于资本主义经济的资本主义国家的叙述就完成了。

在这一点基础上，接下来的论述转向了特定的税收形式及其在家庭收入分配和财富分配中的作用。在没有其他说明的情况下，家庭本身并不直接被确定为工人或资本所有者的家庭，而是在工资或剩余价值的收入中占有一定份额的家庭（回顾2§15-a关于美国总收入历史变动的图表2.14）。

税收的主要形式包括利润税、财产价值税、财产收益税、劳动收入税和产品税。原则上，国家可以在这些形式或其组合之间进行选择。某种形式的税收是必要的，具体采用哪种或哪种形式以及采用到何种程度是相机抉择的。

税收不可避免地对收入和财富产生非中性的分配效应。这适用于特定形式的税收，也适用于税率的设计（累退、统一、累进）。更具体地说，统一税率并不比非统一税率更中性。任何实际的税收形式和设计都不可避免地建立在规范立场的基础上。这没有影响到下述事实，即收入分配愈有偏，更多的储蓄愈会压低利润。因此，累进税在利润率、投资和就业率方面支持了企业。这使国家议程出现了一个两难，即它主要关心的究竟是企业的利益，还是富人和高收入阶层的特权。投资需要储蓄这一意识形态假定在这里至关重要。

以各种行为人的遵从为前提的国家的合法化，从而资本主义制度的合法化，是在某种至少有利于下层的收入再分配中形成的。然而，这种再分配主要是通过社保转移支付产生的，而不是通过某种有效的累进税率。

附录 8A 第 8 章中的图表数据和数据来源

[回应 8§2-a]图 8.2。1870—2015 年国家总支出（一般政府），以占 GDP 百分比表示；包含目前 OECD 国家中的 10—21 个。

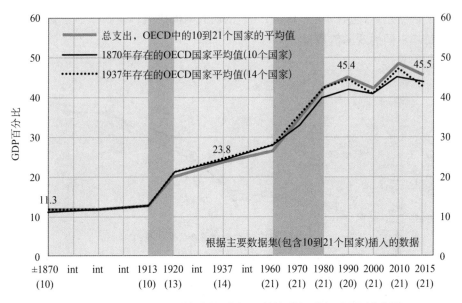

除近几年数据，区间间隔大致为10年(int=线性插值)；(括号中是国家数量)

该图显示了以下国家的平均值序列：(1)1870 年至今数据可得的 10 个国家（澳大利亚、奥地利、法国、德国、意大利、日本、挪威、瑞士、英国、美国）；(2)从 1937 年至今已有数据的 14 个国家（前面的国家加上加拿大、爱尔兰、新西兰和瑞典）；(3)1960 年至今的 OECD 21 国。

数据来源。1870—1937 年来自唐兹和舒克内西特（Tanzi and Schuknecht,

2000,表 I.1)。为了保持可比性,我仅忽略了他们的"中央政府"数据。1960—1980 年来自 Castles(2006)的表 1。在他的数据中,我添加了来自唐兹和舒克内西特(Tanzi and Schuknecht)的新西兰、挪威和瑞士的数据。1990 年至今的数据来自 OECD(http://stats.oecd.org/OECDStat_Metadata/ShowMetadata.ashx?Dataset=EO102_INTERNET&ShowOnWeb=true&Lang=en 2017 年 12 月 8 日获取)。

我曾考虑使用库萨克和富克斯(Cusack and Fuchs,2002)的数据,他们在 1870—1950 年收集了 12—17 个当前经合组织国家的各种来源(与唐兹和舒克内西特的不同)的总支出数据,样本量上超过了我从唐兹和舒克内西特(Tanzi and Schuknecht)使用的 10—14 个数据。此外,它们还提供了我进行了插值的年份的数据。然而,他们的数据(就唐兹和舒克内西特提供的数据集而言)的问题在于,这些数据混合了广义政府和中央政府的数据。

因此,我没有使用库萨克和富克斯(Cusack and Fuchs)的数据。[1] 图 8.2-A 显示了数据差异(包含了 Castles(1960)的所有时间序列),表 8.2-B 显示了三组数据中每年不同的观测值数量。

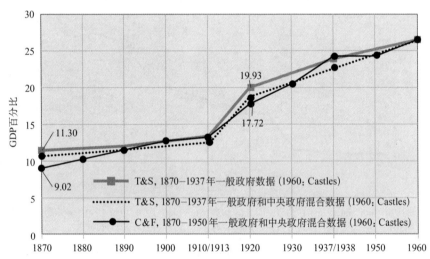

图 8.2-A 当前 OECD 国家 1870—1950 年的国家总支出(GDP%):唐兹和舒克内西特(Tanzi and Schuknecht)的数据与库萨克和富克斯(Cusack and Fuchs)的数据比较

数据来源:唐兹和舒克内西特(Tanzi and Schuknecht,2000)的表 I.1,库萨克和富克斯(Cusack and Fuchs,2002)的表 1 和附录。

---

[1] 就这张图以及以下几张图而言,我也拒绝使用 Jordà-Schularick-Taylor 的数据库,因为它只与中央政府有关(各州在分配给中央或下级政府的资金方面存在很大分歧)。

表 8.2-B　1870—1950 年支出数据观测值数量：唐兹和舒克内西特(2000 年)以及库萨克和富克斯(2002 年)

	1870	1880	1890	1900	1910/13	1920	1930	1937/38	1950
T&S，一般政府	10	…	…	…	10	13	…	14	…
T&S，一般政府和中央政府混合	12	…	…	…	13	17	…	17	…
C&F，一般政府和中央政府混合	12	11	11	11	14	14	14	16	18

数据来源：见图 8.2-A。

将我使用的一般政府的 T&S 数据集(第 1 行)与 C&F 数据集进行比较，主要区别在 1870 年和 1920 年的数据。由于同一个国家的中央政府支出数据小于一般政府支出数据，同一年的观测值中包含更多的中央政府数据观测值通常意味着平均水平的下降。C&F 通常在每一年有更多观测值，但 1870 年的澳大利亚和瑞士的数据(第 1 行)和 1920 年的澳大利亚和爱尔兰的数据在 C&F 中是缺失的，但 T&S 中却包含了。这扩大了这些年份中一般政府与中央政府的数据差异。

然而，考虑到这些差异，从 C&F 数据中得知，我采用的 10 年插值似乎不会导致对这些时间区间中的数值起伏的忽略，这让我感到欣慰。

[回应 8§3]图 8.3。国家就业占总就业的百分比[1]与国家支出的比较(每个一般政府)；1870—2015 年，平均多达 21 个当前 OECD 国家。

一般政府雇员，占总就业人数(公民人数)的百分比；1870—2015 年数据平均包含 11—15 个 OECD 国家。1870 年和 1913 年中包括 OECD 21 国除加拿大、丹麦、芬兰、希腊、新西兰、葡萄牙、西班牙之外的国家。1937 年则在 1913 年样本中扣除澳大利亚和比利时。1960 年中包含 OECD 21 国除澳大利亚、丹麦、法国、希腊、爱尔兰、日本、挪威、西班牙之外的国家。1970—1980 年则包含 OECD 21 国除澳大利亚、奥地利、德国、希腊、爱尔兰、新西兰、瑞士(挪威 1970 = 1972；英国 1970 = 1971)之外的部分，1990 年以后的数据样本与此相同，区别仅在于 1980 年开始加上了爱尔兰。

数据来源：1870 年、1913 年、1937 年的数据来自唐兹和舒克内西特(Tanzi and Schuknecht, 2000)的表 II.2。1960 年数据来自 OECD(1999)的表 2.13，尽

---

[1] 一般政府雇员(不包括军队雇员和国有企业雇员)占总就业人数(公民人数)的百分比。

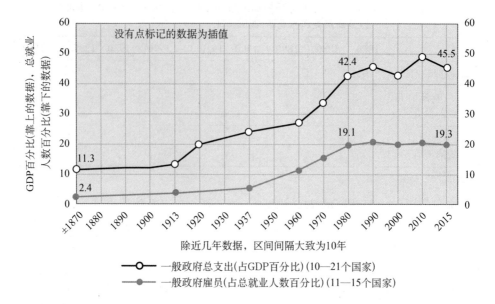

管删掉了澳大利亚(数据仅包括公共企业),并且补充了来自唐兹和舒克内西特(Tanzi and Schuknecht, 2000)的加拿大和意大利的数据。1970年至今的数据则来自OECD(http://stats.oecd.org/OECDStat_Metadata/ShowMetadata.ashx?Dataset = EO102_INTERNET&ShowOnWeb = true&Lang = en 2017年12月20日获取)。

[回应8§4-b]图8.4。1870—2015年国家收入(一般政府),以GDP的百分比表示:(a)经常收入总额;(b)税收和社会保障收入;(c)税收。8—21个当前OECD国家的平均值。

最上面的两行展示了两组当前OECD国家的平均国家总收入(一般政府)的发展变化:(1)一组有在1870年数据可得的8个国家(澳大利亚、法国、爱尔兰、意大利、日本、挪威、英国、美国);(2)一些随着时间的推移观测值不断增加的国家样本——尽管日本在1920年和1937年的数据有缺失,以及1970年和1980年的几个国家数据都陆续有缺失(如下:1920年是1870年的样本加上新西兰减去日本;1937年则再加上奥地利、加拿大、德国、荷兰、西班牙、瑞典、瑞士;1960年再加上比利时、芬兰、日本,但扣除新西兰;1960年为1970年的样本扣除澳大利亚、德国、爱尔兰、瑞典,其中丹麦1970 = 1971;1980年为1970年的样本加上挪威和葡萄牙;1990年则是OECD 21国扣除希腊,其中德国1990 = 1991;2000年以后则为完整的OECD 21国)。

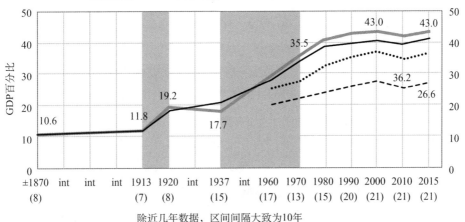

下方的线条显示了整个 OECD 21 国的税收和社会保障收入总额。请注意，仅有 1965 年数据包含了 OECD 21 国全样本。在图中，1960 = 1965。

数据来源。1870—1960 年数据来自唐兹和舒克内西特（Tanzi and Schuknecht, 2000，表 III.1）。为了保持可比性，我仅忽略了他们的"中央政府"数据。他们已经更新了 1960 年的数据，来自 OECD 的 Economic Outlook（2017-2）。1970 年以后的总收入数据来自 OECD 数据集，即 2017 年 11 月发布的 Economic Outlook（no. 102）中的一般政府当前收入（http://stats.oecd.org/index.aspx?DatasetCode = EO102 _ INTERNET）。税收和社保贡献也来自 OECD（http://localhost/OECDStat_Metadata/ShowMetadata.ashx?Dataset = REV&ShowOnWeb = true&Lang = en）（2017 年 11 月 23 日更新——2017 年 12 月 28 日访问）。

第8章图表目录

图 8.1　国家支出及其融资(本章大纲)　　　　　　　　　　　320

8§2　国家在国家支出方面的行动　　　　　　　　　　　　　323

图 8.2　1870—2015 年国家总支出(一般政府),以占 GDP 百分比表示;包含目前 OECD 国家中的 10—21 个　　　324

8§3　就从业者数量而言的国家生产:国家就业　　　　　　　325

图 8.3　国家就业占总就业的百分比与国家支出的比较(每个一般政府);1870—2015 年,平均多达 21 个当前 OECD 国家　　326

8§4　税收和国家的其他主要融资形式　　　　　　　　　　　327

图 8.4　1870—2015 年国家收入(一般政府),以 GDP 的百分比表示:(a)经常收入总额;(b)税收和社会保障收入;(c)税收。8—21 个当前 OECD 国家的平均值　　　　　　329

图 8.5　1870—2015 年国家总支出和总经常收入(一般政府),以 GDP 百分比表示;当期 OECD 21 国的平均值　　330

8§5　国家支出与企业生产　　　　　　　　　　　　　　　　330

表 8.6　国家支出和当前融资账户　　　　　　　　　　　　　331

图 8.7　国家支出的目的地:零储蓄下向企业采购　　　　　　332

8§6　国家支出与宏观经济剩余价值的实现　　　　　　　　　331

图 8.8　国家支出的目的地:购买和储蓄　　　　　　　　　　334

表 8.9　第 3 章和本章正式问题域的符号　　　　　　　　　　335

8§7　利润税:剩余价值税　　　　　　　　　　　　　　　　　339

图 8.10　剩余价值向投资者和国家分配　　　　　　　　　　341

8§9　社会保障融资:税收和社保缴款　　　　　　　　　　　345

图 8.11　1970—2015 年社保融资情况:社会保障缴款份额(SSC)和税收;OECD 21 平均值　　　　　　　　　　　　346

表 8.12　社保融资和作为总工资的部分的社保贡献　　　　　346

8§11 税收形式与设计,及其通过对特定收入分配的遵从而实现的
　　　合法化　　　　　　　　　　　　　　　　　　　　　　　　　348
　　图 8.13　收入分配:2015 年英国的市场、总收入和可支配收入均衡
　　　　　　家庭　　　　　　　　　　　　　　　　　　　　　　　350
　　表 8.14　各分类家庭总收入的百分比份额:英国 2015 年(见图 8.13)　351
　　图 8.15　家庭收入分配(等值):(a)市场收入的基尼指数;(b)社保转移
　　　　　　支付后的收入;(c)直接税后的收入;1985—2015 年;4—20 个
　　　　　　OECD 21 国的平均值　　　　　　　　　　　　　　　　351
　　图 8.16　1985—2015 年转移和税收前后的贫困率;OECD 21 个
　　　　　　成员国中 9—21 个国家的平均年龄　　　　　　　　　　352
　　表 8.17　社会保障转移支付在家庭总收入中的份额(%)和十分位数
　　　　　　(%):2015 年的英国、2014 年的荷兰和 2015 年的挪威　　353
　　表 8.18　2015 年 OECD 21 国中英国、荷兰和挪威的收入排名
　　　　　　(排名第 1 为分配偏度极高,排名 20 为稍有偏度)　　　　353
　　图 8.19　收入分配:1910 年至 2010 年,前 10%和前 5%的人在个人
　　　　　　总收入中所占份额;目前 OECD 多达 14 个国家的平均数　355

8§12 税后财富分配　　　　　　　　　　　　　　　　　　　　　　　355
　　图 8.20　财富分配:十分位数、前 5%以及前 1%的份额,2015 年估计值;
　　　　　　OECD 21 国的平均数　　　　　　　　　　　　　　　　357
　　图 8.21　2015 年荷兰总财富及其组成部分的十分位分配　　　　　358
　　表 8.22　2014 年前后 OECD 21 国中的 19 个国家里最富有家庭财富
　　　　　　份额　　　　　　　　　　　　　　　　　　　　　　　　359
　　图 8.23　财富分配:1910—2010 年 6—10 个当前 OECD 国家最富
　　　　　　家庭占私人财富总额的份额　　　　　　　　　　　　　361
　　图 8.24　财富分配:1910—2010 年间前 10%家庭财富份额与税收
　　　　　　总额的关系(目前的 7 到 8 个 OECD 国家的平均值)　　362
　　图 8.25　1965—2015 年 OECD 21 国遗产税、继承税和赠予税收入
　　　　　　占 GDP 的百分比平均值　　　　　　　　　　　　　　363

附录 8A　第 8 章中的图表数据和数据来源　　　　　　　　　　　　365
[回应 8§2-a]图 8.2　　　　　　　　　　　　　　　　　　　　　　365

图 8.2-A　当前 OECD 国家 1870—1950 年的国家总支出（GDP%）：唐兹和舒克内西特（Tanzi and Schuknecht）的数据与库萨克和富克斯（Cusack and Fuchs）的数据比较　　　　366

表 8.2-B　1870—1950 年支出数据观测值数量：唐兹和舒克内西特（2000 年）以及库萨克和富克斯（2002 年）　　　　367

[回应 8§3]图 8.3　　　　367

[回应 8§4-b]图 8.4　　　　367

第 9 章

强加的竞争

市场互动模式的约束框架

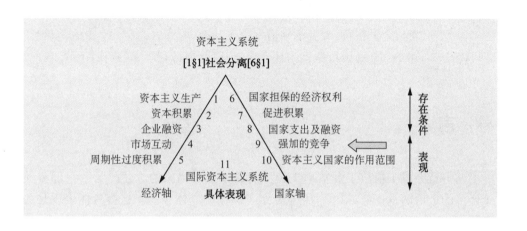

章 目 录

导言 374

第 1 节　强加的竞争——企业市场互动的禁止性规制框架 375

 9§1　国家在竞争政策中的表现形式：产生资本主义制度的
   一种特殊存在方式 375

 9§2　强加的竞争：童话中的"自由市场"变成了"不自由的
   自由市场" 376

 9§3　道德经济规范的宣言 378

 9§4　委托给"独立"市场机构执行竞争监管：从冲突中抽身 379

第 2 节　对竞争模式和资本积累模式的(潜在)约束　　　　　　379
　　9§5　克服通货紧缩体系:爬升的通货膨胀　　　　　　　　380
　　9§6　企业由于大到不能倒向寡头垄断的转变,以及通过
　　　　　资本积累上限对资本积累模式的(潜在)限制　　　　381
总结和结论　　　　　　　　　　　　　　　　　　　　　　　385
附录 9A　太大的银行:大到不能倒,大到不能监管　　　　　　　386
　　9A-1　资本在银行业的集中和积聚,以及大银行的特点　　386
　　9A-2　大银行:大到不知道发生了什么　　　　　　　　　389
　　9A-3　全面银行危机的社会成本,以及银行利润率的暂时下降　391

导　言

前一章完成了根植于资本主义经济的资本主义国家的论述。与第一部分关于经济的最后两章一样,第9—10章介绍了国家的具体表现。这些具体表现是关于资本主义制度的再生产力量,但也包括其脆弱性(系统辩证法总附录,A§12)。

本章介绍了国家在对企业和银行的市场互动模式施加约束框架以及对这种互动的结果施加约束方面的具体表现。

第1节是第4章的续篇,考察了国家对市场互动约束的参与情况,这种参与"通常"被视为竞争法中的"竞争政策"。可以看出,国家建立这种立法框架的理由是相当模糊的。以"竞争政策"的形式,国家向企业和银行强加关于"适当"竞争互动的观点。

第2节介绍了市场互动对市场结构的两个主要影响,这些影响在不受约束的情况下会产生资本主义制度再生产的脆弱性。第一个弱点是导致(潜在的)普遍价格紧缩(第4章第2节)的竞争格局,并招致国家对此的反应。这种反应采取了货币政策的形式,导致"爬升的通货膨胀"。

第二个弱点是2008年金融危机爆发后才出现的一种现象,即企业,尤其是银行,已经"大到不能倒"。国家对这种现象的反应还不够(在完成这本书的时候),尽管一种更充分处理这种现象的工具的萌芽似乎正在形成。即使这样一个(潜在的)工具存在,它的有效实施将需要大企业分裂成几个较小的企业。这是非常矛

盾的,因为它实际上是对资本成功积累的惩罚。

后一点在第 2 节的一个单独部分中讨论。附录更广泛地论述了它的经验背景。

图 9.1 给出了本章的大纲。

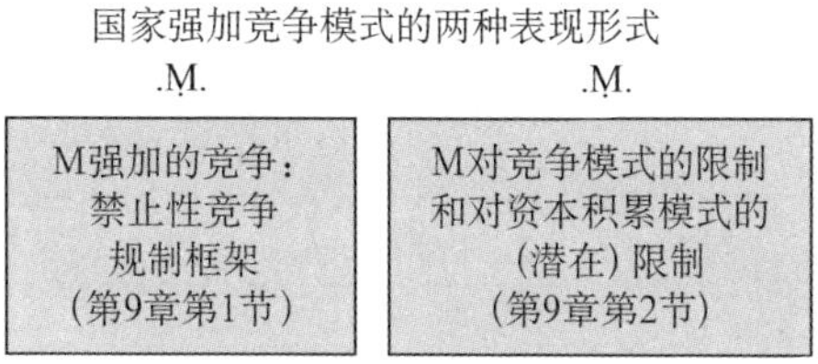

国家强加竞争模式的两种表现形式

```
.M.                          .M.
┌─────────────┐    ┌─────────────────┐
│ M强加的竞争：│    │ M对竞争模式的限制│
│  禁止性竞争  │    │ 和对资本积累模式的│
│   规制框架   │    │    (潜在)限制    │
│(第9章第1节) │    │  (第9章第2节)   │
└─────────────┘    └─────────────────┘
```

图 9.1　竞争的强制性(第 9 章大纲)

图例：
.M. 具体表现

第 1 节

强加的竞争——企业市场互动的禁止性规制框架

本节说明了国家对市场互动约束的参与,这种约束"通常"被视为竞争法中规定的"竞争政策"。

9§1　国家在竞争政策中的表现形式：产生资本主义制度的一种特殊存在方式

企业的主要目标是资本的生产和积累(第 1—2 章)。在实现这一目标的过程中,市场互动的特殊形式对企业来说纯粹是工具性的(4§5)。因此,竞争、卡特尔形式和资本集中仅仅是工具性的选择(概要见表 9.2)。在"竞争法"的框架下,国家可能会考虑强加竞争性的市场互动。某种程度上讲这种框架并不明显,因为非竞争性市场行为首先不会干扰资本的生产和积累,其次不会干扰国家的物质存在(第 7 章第 1 目)。国家对竞争法框架的偏爱似乎更像是资本主义制度特定存在方式的表现。即便如此,这种模式——以各种形式——在资本主义国家无处不在。

表 9.2　第 4 章中列出的市场互动形式概述

	互动形式	竞争程度(上层:最高竞争程度)
竞争互动	竞争*	1a. 通货紧缩的价格竞争:听从轮换的价格领导者(第 4 章第 2 节)
		1b. 通货膨胀的"结构性产能过剩竞争":听从轮换的价格领导者(第 4 章第 3 节)
非竞争互动**	卡特尔形式	2. 隐性价格领导者(隐性卡特尔)(第 4 章第 4 节)[1]
		3. 卡特尔
倾向于非竞争互动的竞争	资本集中	4. 寡头垄断(通过合并或收购):默认或约定的价格领导者(第 4 章第 5 节)
互动的取消	资本集中	5. 垄断(通过合并或收购)(第 4 章第 5 节)

注:＊　1a 和 1b 是二选一的一般市场结构。特定部分中的 2—5 与其他部分中的每个一般市场格局共存。

　　＊＊　这一层(存在于一个行业创新停滞时,4§13)是一个不断消逝的层,接下来被新的停滞不前的层"取代"。

9§2　强加的竞争:童话中的"自由市场"变成了"不自由的自由市场"

我们已经看到,资本主义经济不能独自存在,迄今为止需要国家建立七个调节框架。[2] 事实上,资本主义的"自由市场经济"是一个幻影,只能在如此设计的模型的童话故事中出现(参见 8§11,第 1 小节)。

在这七个框架之上,国家可能会产生一个有利于竞争的立法框架。然而,国家建立这样一个框架的理由很麻烦,因为有这个框架就等于国家宣称资本主义经济不能独立存在(一个主要的资本主义国家早在 1890 年就颁布了这一法案,即美国当时的谢尔曼法案)。

如果由"自由市场"产生的"竞争"被认为是资本主义经济所固有的(这是许多人乐于接受的童话),那么当"自由市场"自行其是时将导致竞争的消失(卡特尔、

---

[1] 隐性价格领导不需要涉及法律意义上的"合谋";然而,它经常被归类为"隐性合谋"(Ivaldi, Jullien, Rey, Seabright 和 Tirole(2003),特别是脚注 2)。

[2] (1)资本主义经济权利框架(第 6 章第 4 节)逐次根植于:(2)允许生存权的框架(第 6 章第 5 节);(3)公共安全框架(第 6 章第 6 节);(4)货币框架(第 7 章第 2 节);(5)劳动力框架(第 7 章第 3 节);(6)基础设施框架(第 7 章第 4 节);(7)合法化的社会保障框架(第 7 章第 5 节)。

非竞争寡头垄断和垄断)时,是相当矛盾的。

相反(或因此),如果国家用它的声音来教导"自由市场"企业竞争是什么,或竞争应该是什么,这是自相矛盾的。事实上,国家通过把它的竞争观点强加给企业来教育企业。因此,用童话的语言来讲,我们似乎有不自由的自由市场。

随着竞争的规范,资本主义经济和国家的统一在普通市场(即除劳动力和货币市场以外的所有市场)的运作方面得到了最具体的表现。

实际上,"竞争法"领域不是关于竞争,而是关于禁止所谓的"反竞争行为"(见9§2-b 和 9§2-c 的详述)。其影响是非常深远的,因为它限制了产权(6§10),特别是"自由合同"——"自由合同"即"自由"卡特尔协议(现在被认为是"共谋")和在合并和收购(那些会导致过度市场支配地位的)情况下的"自由"股份购买协议。

9§2-a 详述 双重童话

新古典一般均衡理论是童话中的童话。这一童话甚至忽略了前两个框架及其后果。在这个童话故事中,它构建了一个没有任何市场势力的公司世界。更确切地说,布劳格(Blaug, 2001)指出,把不存在的东西(一般均衡)称为"完全竞争"是相当讽刺的。他论证了一般均衡理论如何满足于竞争的"终极状态"概念,即竞争已经停止,而不是竞争作为一个过程的动态概念。

9§2-b 详述 "自由竞争"——欧盟的一个未定义目标

就目前的情况而言,欧盟是一个有趣的案例,首先,因为它主要是一个经济和货币联盟;其次,因为它从零开始建立自己的立法。第一,它是在其"宪法"(即2009年生效的《里斯本条约》)[1]中保证自由市场经济的少数几个类似国家的联盟之一:

"……成员国和联盟的活动应包括……采取一项经济政策,该政策基于成员国经济政策的密切协调、内部市场和共同目标的确定,并根据自由竞争的开放市场经济原则进行。"

欧洲联盟,《欧洲联盟条约》(TEU),第119条,着重部分由作者标明。[2]

---

[1] "自由市场经济"的重要性已经在1992年的《马斯特里赫特条约》中彰显。
[2] 2010年3月30日的官方杂志C83,或 http://www.lisbon-treat.org/wcm/the-lisbon-treaty.html 第(3)条规定:"欧盟应建立内部市场。它将致力于欧洲的可持续发展,其基础是平衡的经济增长和价格稳定,以及一个高度竞争的社会市场经济,旨在达成充分就业和社会进步,以及高水平的环境保护和环境改善。它将促进科学技术进步。"一份简短的"内部市场和竞争议定书"指出:"《欧洲联盟条约》第3条规定的内部市场包括一个确保竞争不被扭曲的制度"。(添加了所有重点。)

这是引自里斯本条约的总则部分。第二，《欧洲联盟运行条约》(TFEU)载有六条关于竞争的简短条款(TFEU101—106条)。值得注意的是，这些条款没有概述"自由竞争"是什么(刚刚引用的 TEU 第 119 条)，这表明了问题的棘手之处。相反，这些概括地描述了它不是什么。同样，欧盟委员会也不阐述什么是自由竞争，甚至什么是竞争(荷兰参议院，2014，p.3)。

Arts. TFEU101—102 条使用了标准的限制条件，如"限制或扭曲"竞争；"滥用"支配地位；以及"不公平"的买卖价格或其他交易条件。

9§2-c 详述 禁止竞争法

施瓦尔贝（Schwalbe）、迈耶-里高德（Maier-Rigaud）和皮萨尔凯维奇（Pisarkiewicz）在 OECD 的一份"背景文件"中简明扼要地阐述了"竞争"和"非竞争"定义的两重性：

"竞争法的作用是通过防止创造或加强市场势力，或禁止滥用实质性市场势力（垄断）来确保有效竞争。竞争主管机构必须评估有关兼并或潜在反竞争行为的决定对竞争的影响。"(2012，p.24，着重部分由作者标明。)

9§3 道德经济规范的宣言

立法造成规范。第 6—8 章中提出的所有立法框架都是国家保证资本主义经济权利的条件（第 6 章第 2 节），包括雇用劳动力和占有该劳动力生产的剩余价值的权利。

竞争法没有这样的条件。国家用它的术语如"限制或扭曲"竞争；滥用支配地位、不公平的市场行为和反竞争行为(9§2-b 和 9§2-c)来宣布道德经济规范。看起来，这就把为什么国家偏爱这些特殊的道德经济规范的问题提上了议程，但它却看不到雇用劳动(从剥削劳动的意义上来说)的明显害处。不过，这些道德规范是关于市场互动的，而不是关于生产的。在正常的失业条件下（第 2 章第 2 节，第 7 章第 3 节），市场工资水平允许生产剩余价值。[1] 此外——相当一致地——"市场势力"、"主导市场势力"和"垄断势力"本身并不是竞争政策要约束的对象。更确切地说对象是对这种势力的"滥用"（稍后在 9§6-b 中有解释）。虽然这是一致

---

[1] 将欧盟关于竞争的立法视为一个主要例子；其两个关键条款(TFEU 第 101 条和第 102 条)中的任何表述都不妨碍剥削劳动力。

的,但也是矛盾的。

9§4　委托给"独立"市场机构执行竞争监管:从冲突中抽身

对竞争的监管通常是具有高度冲突性的,因为它侵犯了企业之间的自由合同(9§2),而且体现于对监管的认识。因此,国家倾向于用相当笼统的术语来表述竞争立法,并将其执行——包括具体(自由裁量)规则的设计——委托给一个"独立"的市场机构(或几个市场机构)。[1] 通过这种委托,国家至少在某种程度上使自己抽身,免于具体情况下的权利冲突(这符合图 7.13 中总结的一系列类似的抽身举措)。

权利冲突尤其适合于禁止或拒绝对兼并、收购和垄断行为授权(与国家担保的财产权利相冲突)。此外,对于禁止由共谋、默许或协议造成的价格领导制,其法律取证往往很困难(此外,行为人可能认为有几种类型的协议是公平的,即便不合法或接近于不合法的话)。同样难以界定和证明的是,市场结构的(重组)是否会导致一个企业或一组企业的市场支配势力过大。[2]

面对经常涉及的大量财务利益,市场当局的许多决定在法庭上都有争议,因此最终既可能与法院裁定或判例法一致,也可能不一致。"独立"法院再次保护国家免于冲突。

第2节

对竞争模式和资本积累模式的(潜在)约束

这一节超越了严格意义上的传统"竞争政策"。相反,它关注企业和银行市场互动的两个关键(潜在)效应,这些效应如果不受约束,将为资本主义制度的再生产带来脆弱性。第一个效应见 9§5,这是 4D2 的续篇(关于通货紧缩的价格竞

---

[1] 关于授权中的"独立"一词,见 7§7-a(在该部分中,国家授权给"独立的"中央银行)。与央行一样,市场监管机构喜欢被贴上独立的标签。然而,考虑到国家对冲突处理进行授权,(在这种情况下)将市场管理机构标记为"独立"机构最符合国家利益。

[2] 参见 Schwalbe、Maier Rigaud 和 Pisarkiewicz(2012, p.21-103)对这一问题的评论。

争)。第二个效应是关于 7D2 中的一个开放式问题(银行大到不能倒),它在 9§6 中得到专论,但没有给出系统解决的说明,因为这一问题实际上没有解决(在本书付梓之际)。

9§5　克服通货紧缩体系:爬升的通货膨胀

4§9 概述了普遍的价格竞争和加速的技术变革如何导致经济停滞。4§9 还指出,没有内在的经济力量将通货紧缩体系转变为通货膨胀体系。由于经济系统的这种重大连续性障碍,国家被迫阻止这种局面(出于一般合法化的理由,6§5,和出于促进资本积累条件的理由,7§3。参见 4§11 关于爬升通货膨胀对企业和银行的好处)。由于实际上很难对技术变革施加限制,出路在于为"爬升的通胀"奠定条件——实际上,它的委婉说法是价格稳定。国家倾向于将实现这种价格稳定的任务(即爬升的通货膨胀)[1]委托给中央银行。

即使爬升的通货膨胀是央行的"目标"(参见 9§5),为了达到这一目标,央行只有影响利率这一工具。尽管央行做出了努力,但价格水平仍处于通缩边缘,因此额外的国家支出比货币政策更有效。

9§5-a　说明　爬升通货膨胀目标的系统地位

爬升的通货膨胀政策是指用货币工具实施的竞争政策。这就是本章处理它的原因。由于货币工具和政策倾向于委托给央行,它通常包含在"货币政策"中(我只是"名义上"在第 7§8 中这样假设)。

9§5-b　详述　接近 2% 的潜在通胀目标——欧盟的欧洲央行和美国的美联储就是这种情况

美国和欧盟的中央银行解释他们的使命是寻求价格稳定,目标是每年 2% 的通货膨胀率(在撰写本书时)。对于每一个目标来说,其动机都是为了避免价格紧缩。

欧洲央行写道:"为了追求价格稳定,欧洲央行的目标是在中期内将通胀率维持在 2% 以下,但接近 2%。"声明的理由是:"这避免了欧元区个别国家在结构上不

---

[1] 爬行通货膨胀通常被定义为每年低于 3% 的通货膨胀("步行通货膨胀"为 3%—10%,"加速通货膨胀"是 10%—50%,"恶性通货膨胀"是每年超过 50%)。

得不忍受过低的通胀率甚至是通缩。"[1]

美国联邦储备委员会称:"联邦公开市场委员会(FOMC)认为,从长远来看,2%的通货膨胀率最符合美联储对价格稳定和最大限度就业的要求。……当至少有一个低的通货膨胀水平时,即便经济状况疲软,经济也不太可能经历有害的通货紧缩。"[2]

9§5-c 详述 价格通胀目标——从系统偶然性到系统必然性

在整个资本主义的历史中,国家对价格通胀或通缩的货币政策立场是相机的。然而,爬升通货膨胀的政策目标(国家自己称之为"价格稳定"来代替这一术语)是一个"成为必然"的重要案例——这里指的是特定的货币政策立场(见一般方法附录 A 13,第 5 点)。这种"成为必然"也适用于有关银行和其他企业变得大到不能倒的监管,这是下一目的主题。

9§6 企业由于大到不能倒向寡头垄断的转变,以及通过资本积累上限对资本积累模式的(潜在)限制

资本可能如此集中在一个企业内,以至于经济关键部门的企业变得大到不能倒(就其本身而言,这是一种随着 2008 年金融危机的出现才得以缓解的现象)。关键部门是绝大多数行为人依赖的部门,但没有现成的替代部门。这主要涉及银行部门、能源部门和通信部门(目前为 ICT)。

这些部门的主要企业可能破产,而同一部门的其他企业不可能接管生产,这将严重影响资本积累的一般条件。这就要求国家在财政上援助那些有可能破产的企业。实际上,这意味着在好的时候利润是私人的,而在坏的时候损失是社会化的。

在货币框架的背景下,第 7 章的论述已经间接提到了银行的这个问题(7§9)。然而,大到不能倒的威胁也适用于其他行业,至少是潜在的,比如上面提到的那些。

为了通过损失的社会化来防止大企业的破产,这些"大"企业需要受到严格有效的监管。对银行来说,这种监管和监督必须适用于合计占银行业80%至90%的企业(附录 9A,第 9A-1 节)。然而,至少对银行业而言,鉴于大银行复杂的内部结构,这实际上是无法实现的[见附录 9A,第 9A-2 节。为了提供这一部分的要点,

---

[1] https://www.ecb.europa.eu/mopo/strategy/pricestab/html/index.en.html.
[2] https://www.federalreserve.gov/monetarypolicy/files/FOMC_LongerRunGoals_20160126.pdf.

我在这里提到,2014 年,安德鲁·霍尔丹(Andrew Haldane)作为英格兰银行(Bank of England)负责整个金融部门稳定的首席经济学家,宣布大银行的余额是"最大的黑洞"]。

另一种选择是,国家对单个银行和企业的资本积累设定上限——作为一种普遍的监管形式(这样的上限将对银行和企业的规模施加绝对限制,以至于它们变得小到可以倒闭)。然而,对单个银行和企业的资本积累设定上限将具有高度的冲突性,因为这将对资本积累的成功进行严厉惩罚,事实上这与国家担保的经济权利相冲突。

此外(或因此),这种上限不符合市场监管的长期实践,在这种实践中(自1890 年美国谢尔曼法案以来),监管的重点是市场势力(以市场份额或更复杂的替代工具衡量)意义上的竞争,而不是更广泛意义上的经济势力上的竞争,后者可能包括以积累的资本衡量的企业和银行的垄断。

尽管如此,原则上,对单个银行和企业资本积累的上限可以通过一种监管来间接实现,这种监管区分"正常"银行和企业,以及那些构成所谓"系统性风险"(大到不能倒)的银行和企业。这可以采取对"系统风险"实体实施比"正常"实体更严格的准备金率的形式。在某种程度上,这将有效并实质性地影响他们的利润率,大企业可能会选择根据自己的"自由意志"分裂成较小的实体(参见 2014 年巴塞尔协议Ⅲ的第 9.6-c 部分,这些规则可能还是温和地预示了这一点)。[1]

然而,尽管关注资产负债表负债一侧(更严格的)监管是有意义的,但它的可靠性取决于"黑洞"资产一侧的不可靠估值。之所以如此,是因为估值过高的资产(对其风险估值不足)不可避免地会出现在估值过高的所有者权益中,这一高估是应对(更高的)准备金率的"记账结果"。

与此同时,对大银行适度提高准备金率尤其给国家带来了巨大的困境,因为在银行解体之前,提高准备金率会影响大银行的利润和信贷能力,从而影响经济增长的信贷条件。[2] 对国家而言,这不是一个在简单的经济增长和又一次全面

---

[1] 当我完成这本书时,巴塞尔银行监管委员会内部就这些(仍然温和的)监管规范达成了一致,但只是在监管中部分实施了,尚未完全生效(巴塞尔银行监管委员会,2014)。

[2] 银行家们意识到了国家面临的这一困境,并将其用于游说反对更严格的规则。请参阅欧洲银行协会关于收紧规则的投诉声明,这一声明不超过 12 行:http://www. ebf-fbe. eu/wp-content/uploads/2016/07/EBF_02191-Statement-Basel-banking-reforms. pdf。这涉及《巴塞尔协议Ⅲ》补充条款下的条款,以及他们误导性地称之为《巴塞尔协议 IV》的条款。荷兰国际集团(ING)首席执行官在一份声明中用一种特定的现金关系来描述这一点:"如果你想让银行继续支持经济,那么它们必须能够实现10%以上的利润率——否则就会出现收缩。"(Het Financialeele Dagblad, 2016 年 10 月 4 日)

银行危机的统计风险之间进行权衡的问题,这是一个不确定性的问题。然而,对大银行适度提高存款准备金率可能确实会导致较低的结构性增长率。然而,除了较低的结构性增长率,政府还必须接受下一次(迟早发生的)整体银行业危机的不确定性,这场危机可能伴随着 100%—500% 的 GDP 损失(附录 9A,第 9A-3 节)。

9§6-a 说明 单个企业资本积累的上限?

9§6 实际上是对资本主义制度脆弱性的观察,这种脆弱性是与作为银行和企业之集中的资本积累相联系的。对这些企业的资本集中设置上限,将与迄今存在的资本主义制度格格不入。然而,这似乎是系统再生产所必需的。

9§6-b 详述 与"大"经济势力相对的市场势力

传统的竞争政策涉及相对市场势力意义上的经济势力,而不是企业和银行的绝对规模。关于(传统的)竞争政策,我已经提到了施瓦尔贝、迈耶-里高德和皮萨尔凯维奇(Schwalbe, Maier-Rigaud and Pisarkiewicz, 2012 年, pp. 21-103),他们概述了这一领域,对法律方面给予了充分的关注。他们这样评论(以下引用中的引用是他们对判例法的引用):

"在欧盟竞争法中,如果一家公司能够'……通过赋予其独立于其竞争对手、其客户并最终独立于消费者的行为的权力,阻止相关市场上的有效竞争……'则该公司被视为具有支配地位……'根据美国竞争法,如果一家公司'……具有控制价格和排除竞争的权力'。公司被视为具有垄断权力支配地位或垄断势力本身并不违法,因为一家公司能够获得这一地位是因为它比竞争对手更有效率,提供更好的产品,或者通过其他合法手段胜过竞争对手。尽管如此,占主导地位的公司倾向于使用更广泛的工具来滥用市场势力排除竞争。"

(SCHWALBE, MAIER-RIGAUD 和 PISARKIEWICZ(2012, pp. 73-74)着重部分由作者标明。)

我引用这段话是为了强调,至少在竞争法范围内,占主导地位的相对市场势力本身似乎没有理由迫使企业分裂成更小的企业(小到可以倒闭)。因此,由于银行和企业的绝对规模——它们大到不能倒——而导致它们的解体,将需要一个全新的立法领域,而这个领域必然会具有高度冲突性。如果是出于滥用市场势力的原因,强制企业自行解散就不是什么新鲜事了。有一个著名的案例,1911 年美国标准石油公司被拆分成大约 40 个较小的企业。另一个著名的例子是 1982 年,AT&T 再次在美国拆分成 8 个较小的企业(1999—2000 年,有人试图拆分微软,但未获成功)。

9§6-c　详述　巴塞尔银行监管委员会(2014)的提议,作为限制单一企业资本积累的间接工具[1]

巴塞尔银行监管委员会(2014)的提议在一定程度上间接限制了单一银行的资本积累。[2] 与"正常"银行相比,这些提议要求对"大到不能倒"的系统性风险银行进行更严格的监管。例如,前者要求的更严格的准备金率(有更多的要求),降低了它们的潜在利润率,因此也改变了大银行和小银行之间的竞争关系。

这种预防性的监管歧视是前所未有的。尽管对"大到不能倒"的银行进行更严格监管的提议似乎还算温和(在更严厉的歧视被提议和实施之前,可能还会发生另一场金融危机),但在不太温和的情况下,这是一种迫使大银行分拆成较小银行的间接手段,因为这将对每个较小银行的利润率产生积极影响。

一个主要的监管热点问题是通过严格的监管规则来"识别"一家银行是否大到不能倒(一家银行构成"系统性风险")或接近这一风险。经过修改的巴塞尔银行工具原则上可以通过限制股本和贷款的比例(从而影响杠杆率和内部资本利润率)应用于所有经济部门。

潜在地,它可以应用于其他关键的经济部门,这些部门有大到不能倒的风险。将它与狭义的传统竞争政策(第9章第1节和9§6-b)联系起来,它也可以适用于"仅仅"具有较大市场支配势力的企业。然而,这需要加大监管力度,并改变竞争政策的范围。

正如正文所指出的,直接或间接对单个银行和企业的资本积累设定上限将是具有高度冲突性的,因为这将对成功积累的资本施加限制。然而,《2014年巴塞尔

---

[1] 国际清算银行巴塞尔银行监管委员会制定了银行监管规则。其成员是 OECD 21 国中 13 个(GDP)最高的国家,加上阿根廷、巴西、中国、欧盟、香港特别行政区、印度、印度尼西亚、韩国、卢森堡、墨西哥、俄罗斯、沙特阿拉伯、新加坡、南非和土耳其。https://www.bis.org/bcbs/index.htm? m = 3%7C14. 2011 年,《巴塞尔协议Ⅲ》规则达成一致,并在 2013 年至 2019 年期间分阶段实施(https://www.bis.org/bcbs/basel3.htm? m = 3%7C14%7C572;第一页的表格总结了关键规则)。《巴塞尔协议Ⅲ》取代了 2004 年的《巴塞尔协议Ⅱ》,反映了 2008 年的危机及其后果。2014 年,《巴塞尔协议Ⅲ》得到了"衡量和控制大额风险敞口的监管框架"的支持。

[2] 另见 2016 年 11 月拟议的欧盟实施 http://ec.europa.eu/finance/bank/crisis_management/index_en.htm ♯161123。美国远远领先于此(事实上也领先于巴塞尔 2014 年的条款)。相关概述参见 http://www.shearman.com/~/media/filess/newsinsights/publications/2014/06/basel-iii-framework-large-exposures-framework-fia-061614.pdf。

协议Ⅲ补充协议》的监管协议中包含的"歧视"似乎是迈向这一目标的谨慎的第一步。

总结和结论

本章介绍了国家在对企业和银行的市场互动模式施加约束框架以及对这种互动的结果施加约束方面的具体表现。第1部分阐述了国家对市场互动约束的参与,这种互动"通常"被视为竞争法中规定的"竞争政策"。第二部分阐述了市场互动对市场格局的两个主要影响——即普遍的价格通缩和已经"大到不能倒"的企业或银行——如果不受约束,这些实体将为资本主义体系的再生产带来脆弱性。

国家在竞争政策中的表现形式产生了资本主义制度的一种特殊存在方式。这种表现是自相矛盾的,通过禁止那些造成卡特尔的自由合同和并购,国家教导企业什么是"适当的"市场互动。

随着国家将其对市场互动的适当看法强加于市场主体,资本主义经济和国家的统一在普通市场的运作方面获得了最具体的表现。然而,这种统一是矛盾的,以至于国家仅制定总体框架,而将其细节和执行委托给"独立"的市场机构(第1节)。

为了防止出现存在普遍价格紧缩的市场结构(参见第4章第2节),国家制定了导致爬升通胀的货币政策(国家将其称为"价格稳定政策")。它倾向于将这一政策的具体化和执行委托给"独立"的央行(第2节、9§6)。

虽然政府推出了有效的货币政策工具来应对价格通缩(尽管工具的规模通常与"量化宽松"这个委婉的称呼不相符),但对于"大到不能倒的银行",以及其他潜在关键部门的"大到不能倒的实体"这一严重问题而言,这一政策就不那么有效了(在本书付梓之际)。"大到不能倒"的逐渐形成是市场互动的结果,随着2008年金融危机的出现,才成为信条。

特别是就银行业而言,大银行复杂的内部结构已经演变得实际上无法实现有效的规制和监管。它们已经变得"大到不知道发生了什么",大银行的余额已经成为"最大的黑洞"。因此,"大到不能倒的银行"造成的系统漏洞只能通过限制资本积累来解决,这样实体就变得足够小而可以倒。然而,这将是高度具有冲突性的,因为这将严惩资本积累的成功,实际上与国家担保的经济权利相冲突。

然而，国家（通过《巴塞尔协议Ⅲ》2014年补编）似乎正在谨慎地为此做准备。也就是说，在杠杆和风险加权的资本比率方面，大银行和小银行之间存在"歧视"。这种预防性的监管歧视是前所未有的。但这并不是说，到目前为止，"歧视"已经严重到足以迫使大银行分拆成较小的实体。而且，这种谨慎的折中措施只会压低大银行的利润和信贷能力，从而导致结构性的低增长率——而不会解决"大到不能倒"的威胁。除了加大歧视力度，从而形成"小到可以倒"的结构，似乎别无出路，即使其实施可能"需要"另一场令人战栗的金融危机（第2节，9§6）。

附录9A 太大的银行：大到不能倒，大到不能监管

第9章第6节指出，对资本主义制度的生存来说，对单一银行的资本集中设置上限似乎是不可避免的。这一观点是基于2008年银行业危机所暴露的银行业"常规"监管的无能。本附录的主要目的是给出这种无能的原因（第9A-2节）。在此之前，先给出银行业资本集中和积聚程度以及大银行"系统性风险"特征的经验信息（9A-1）。在最后一部分（9A-3），我提供了2008年危机的社会成本，以及OECD 21国1996—2015年的平均银行利润率的经验信息。

9A-1 资本在银行业的集中和积聚，以及大银行的特点

❶ 银行业内部的集中

大银行倒闭造成的损失比小银行更大。我首先介绍市场当局常用的衡量市场实体相对规模的常用指标——此处以银行业为例。也就是说，与我们的考察相关的是银行业的集中化程度。（我使用了第四章中引入的马克思主义术语资本"集中"(centraliztion)，在我看来这一术语足够用了；主流的术语则对应"积聚"(concentration)一词。简而言之，我的术语"集中"是指与同行业其他实体相比的相对规模。我的另一术语"积聚"指的是一个实体的绝对规模——以货币绝对值或占GDP的百分比来衡量。图9.3显示了OECD 21国银行部门的平均集中化程度，以OECD 21国所有银行资产中排名前5位的银行和排名前3位的银行的资产来衡量。

图9.3最重要的一点是，2007年后，集中化程度几乎没有变化（前5位有所增加，前3位略有下降）。进一步可以看出，平均而言，排名前3的银行与排名第4和第5的银行之间的份额存在巨大差异。在过去5年里，排名前3的银行平均比排

名在第4、5位的银行大3.5倍。

因为我们知道银行业在经济中是一个"大"的行业,所以上面的数据为银行"大到不能倒"的程度提供了一些相关信息。然而,这一衡量标准没有考虑到银行之间的相互联系程度,因此没有考虑到可能的多米诺骨牌效应。尽管如此,假设所有的银行都同样相互关联,大银行的失败比小银行的失败有更大的多米诺骨牌效应。

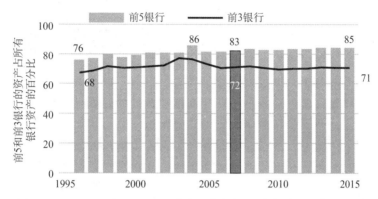

图9.3 1996—2015年OECD 21国银行业的集中化平均值:前5和前3银行的资产占所有银行资产的百分比

数据来源:世界银行数据库"全球金融发展","5-银行资产集中度"和"银行集中度"(均于2017年6月16日更新)。[1]

❷ 资本集中在银行业:创造货币的银行

大到不能倒尤其取决于银行的绝对规模,这是拯救一家濒临倒闭的银行的成本指标。有人可能会说,一家大到不能倒的银行必须不惜一切代价来拯救(从这个意义上说,"大到不能救"并不存在,或者它应该是一个描述崩溃情况的术语)。图9.4同时给出了一个国家排名前三的银行的平均资产规模与其GDP。这衡量了拯救一家大型银行的最大直接成本——之所以是最大成本,是因为当一家银行破产时,并非所有资产都可能报废,其中一些可以出售给其他各方(这是关于直接成本——参见第9A-3中的间接成本)。从图9.4可以看出,2007—2012年,前三名银行的规模占GDP的比例有所下降,2015年回到了2007年的水平附近。这意味着,在2007年和2015年,拯救一家大型银行的直接损失程度是大致相同的。

---

[1] http://databank.worldbank.org/data/reports.aspx?source = global-financial-development. 大多数年份是21个国家,有些年份是16—20个国家。

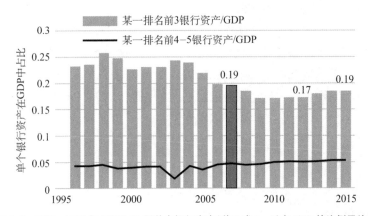

图 9.4　1996—2015 年 OECD 21 国单个银行资产(前 3 或 4—5)占 GDP 的比例平均值
数据来源：世界银行数据库"全球金融发展"，"5-银行资产集中度"和"银行集中度"；商业银行的资产与 GDP 之比(均于 2017 年 6 月 16 日更新)。[1]

❸ 大银行的特点

在国际货币基金组织的一篇论文中，莱文、拉特诺夫斯基和唐（Laeven, Ratnovski and Tong, 2014）研究了银行规模和系统性风险之间的联系（系统性风险被描述为"银行困境对金融系统或实体经济的外部性"——p. 14）。他们对 54 个国家的 1 250 家银行进行了抽样调查，其中 137 家是大银行（11%），后者被定义为 2011 年资产超过 500 亿美元的银行。（样本包括 15 个 OECD 21 国。）样本中的银行是创造货币的银行（即"吸收存款"的银行）。作者发现（除其他外）：

- "第一，如今大银行不成比例地更多地参与以市场为基础的活动。[2]
- 第二，以风险加权资本比率或简单杠杆比率衡量，大银行持有的资本比小银行少。
- 第三，从存款在总负债中的份额来看，大银行的融资不如小银行稳定。
- 第四，从子公司的数量来看，大型银行的组织结构更加复杂。"（Laeven、Ratnovski and Tong, 2014, p.8）
- "这（1—4）表明，大型银行可能有一个独特的、可能更脆弱的商业模式。"（Laeven、Ratnovski and Tong, 2014, p.3）

将 2007—2008 年与 2006 年相比，他们还发现：

---

[1] http://databank.worldbank.org/data/reports.aspx?source=global-financial-development. 有关国家数量的信息，请参见上图的脚注。

[2] 也就是说，它们不（像传统银行业一样）限制借贷——我补充这点是因为后者也是一种市场活动。

"规模本身是带来单个银行风险的独立因素。大银行比小银行风险更大。然而,仅在大型银行(资产超过500亿美元)中,规模本身不再是一个独立的风险因素。相反,风险是由资本不足带来的。"(Laeven、Ratnovski and Tong,2014,p.14)[1]

这是一项重要的研究。然而,对于研究人员和监管者来说,最大的问题是银行资产估值的可靠性,以及杠杆率或风险加权资本比率的可靠性。这是下一节的主题。

9A-2 大银行:大到不知道发生了什么

9§6指出,对资本在单个银行的集中程度设置上限似乎是资本主义制度生存所不可避免的。但为什么对银行的"常规"监管不够呢?这是因为规制和监管机构,还有银行的管理层和内部监管者,都缺乏他们应该监管什么的信息。

2014年,安德鲁·霍尔丹(Andrew Haldane)(英格兰银行负责整个金融部门稳定的首席经济学家)向《明镜》杂志宣称:大银行的余额是"最大的黑洞"。[2]

事实上,这种黑暗主要是指银行在其资产负债表的资产端上承担的(未知)风险——或者更确切地说是"不确定性"。然而,资产的估值反映在资产的净值上,这"模糊"了杠杆比率或风险加权资本比率。

在我认为是关于2008年金融危机的一份重要文件中,卢安迪科(Luyendijk,2015)展示了来自银行业内部及其监管者的观点。它是基于对相关人士的200多次采访(其中许多也出现在《卫报》上)。下面我引用这一文件的观点,这些观点是从监管者缺乏关于他们活动的"客观对象"信息的角度来看的。

至少在21世纪初,监管者和银行管理层失去了对银行资产估值的控制,进而失去了对银行资产负债表总量的控制。这种估值是(或者应该是)"审慎"监管的

---

[1] 作者用SRISK指标度量系统性风险,该指标被定义为银行在危机期间对整个金融系统资本化恶化的贡献(Laeven,Ratnovski和Tong,2014年,p.14-15页)。使用这一代理指标,他们发现:•"大型银行在资本较少的情况下对系统性风险的贡献更大;当大型银行的存款减少时,它们对系统性风险的贡献更大;•以非利息收入在总收入中的份额或贷款在资产中的份额度量,当大型银行更多地参与基于市场的活动时,它们对系统性风险的贡献更大;•经济影响是巨大的,尤其是对银行资本而言"(Laeven, Ratnovski and Tong, 2014, p.17)。•"……大型市场化银行在个体意义上可能不会比传统银行更具波动性,但它们更有可能一起倒闭,这给金融系统和整个经济带来了风险。"(Laeven, Ratnovski and Tong, 2014年,p.18)

[2] 卢安迪科(2015,第13章)和《卫报》:https://www.theguardian.com/business/2015/sep/30/how-the-banks-ignored-lessons-of-crash.因此,正如卢安迪科所说,一个主要负责人告诉我们,监管者不知道银行的账目上有什么。

一个重要焦点。[1]

我引用了霍尔丹(Haldane)的说法,即大银行的余额是"最大的黑洞"。类似地,2007—2010年间任英国财政大臣的阿利斯泰尔·达林(Alistair Darling)在2011年写道:"(金融)机构是否大到不能倒,甚至太大而不能救,这是一个大问题,但还有另一种问题:太大而不知道发生了什么。"[2]

卢安迪科(Luyendijk)采访的一位匿名高级监管人士表示:"最终,作为监管者,我们依靠自我声明,依靠银行内部管理层向我们提供的信息。但是他们经常不知道发生了什么,因为今天的银行是如此的庞大和复杂。……真正的威胁不是银行管理层对我们隐瞒什么:而是管理层不知道自己有什么风险,要么是因为没有人意识到,要么是因为一些人对他们的老板隐瞒了这一点。"[3](重点标识为笔者添加)。一家大型银行的匿名内部(财务报告)会计师显然确认了这一点,他说:"问题不仅仅是你作为一家银行面临着多大的风险。而是,你是否知道自己在任何特定时间点有什么风险。"[4]

一家大型银行结构化信贷部门的匿名的前负责人向卢安迪科(Luyendijk)解释说:"……银行里的大多数人不了解我们的产品。甚至是那些在我们内部应该进行核查及平衡的风险和合规部门的人员……我们开始意识到,我们必须教他们如何监督我们。然后还有我的领导,他们会接到他们的领导的垂询。我了解到高层对其所起的作用认识得很勉强。这种'勉强'在紧急情况下是不够的。我会在电话上花几个小时向资历越来越高的人解释我们在做什么。我意识到,他们不理解,不是从根本上理解。"[5]

如果银行本身对其资产的风险加权价值一无所知,监管机构能否在这方面有所改善?卢安迪科(Luyendijk)提到,大约有100万人在英国金融部门工作,而监管部门则有5 000人(0.5%)。

我猜想即使后者增加十倍,"最大的黑洞"也不会变透明。只有当我们对银行

---

[1] 在相当多的国家,所谓的"审慎"监管和监督在制度上与"行为"监管和监督是分开的,每个监管和监督都有各自的权力和授权。在这种情况下,商业银行只采用审慎部分。

[2] 《悬崖勒马:9月11日的1000天》(2011)——参见卢安迪科(2015,第7章)。"大到不能倒"是从20世纪80年代中期开始通过并购逐渐发展起来的现象(卢安迪科,2015,第4章)。

[3] Luyendijk 2015, ch. 8 和《卫报》:https://www.theguardian.com/commentisfree/joris-luyendijk-banking-blog/2012/jun/25/senior-fsa-regulator.

[4] luyendijk 2015年, ch. 7.

[5] Luyendijk 2015, ch. 7 和《卫报》:https://www.theguardian.com/commentisfree/joris-luyendijk-banking-blog/2012/apr/05/former-head-structured-credit-voices-finance.

资产负债表的资产端至少有"透明"的认识时,合理的监管才能到来。然而,监督人员是在现有规则的基础上进行监管。一家倒闭银行的前财务主管告诉卢安迪科(Luyendijk):"监管是为了控制金融城吗?不要惊讶,不管你制定什么样的规则,他们总能找到绕过它的方法。"[1](许多其他评论家注意到了这一点。监管机构金融业不是领先一步,而是落后其"创新"一步或多步。)

最后几段的重点一直放在银行资产负债表的资产端。但是,如前所述,资产的估值反映在杠杆比率上。

9A-3 全面银行危机的社会成本,以及银行利润率的暂时下降

❶ 对2008年危机成本的估计

对2008年金融危机相关损失的估计差异很大,这取决于考虑的变量以及2008年以后的前景。

总的来说,欧盟委员会的一份文件(欧盟委员会,2014,p.41-42)提到了巴塞尔银行监管委员会(BCBS)的一个工作组在2010年进行的一项研究,该研究评论了"估计产出的文献(以贴现价值累计度量,同时作为对GDP趋势的偏离)。

仅考虑假设产出水平永久变化的研究,中位数为158%。"

欧盟委员会的报告还提到霍尔丹(Haldane)2010年的一份报告,该报告指出,"这场危机造成的产出损失可能达到GDP的100%至500%,这取决于对产出下降会有多持久的假设。"

欧盟委员会的报告本身估计,"欧盟的产出损失最终可能高达欧盟GDP的100%,这是以贴现值计算的未来累计损失。"

但要考虑的不仅仅是产出损失。拉文和巴伦西亚(Laeven and Valencia, 2012)还包括财政成本、公共债务增加和货币扩张等变量。[2] 然而,2008年危机(以及所有危机)还有许多其他重要方面,用货币术语很难理解。尤其是失业对失业者及其子女生活的影响。

在达拉斯联邦储备银行(Federal Reserve Bank of Dallas)的一篇工作论文中,阿特金森(Atkinson)、鲁特瑞尔(Luttrell)和罗森布鲁姆(Rosenblum)(2013)试图采用更广泛的度量来估计2007年金融危机给美国带来的成本。(请

---

[1] Luyendijk 2015, ch.12 和《卫报》: https://www.theguardian.com/commentisfree/joris-luyendijk-banking-blog/2012/mar/12/former-treasurer-voices-of-finance.
[2] 欧盟的文件确实提到了货币基金组织的后一份文件。这些作者研究了自1980年以来各种金融危机的影响,但关于2008年的危机,在他们的框架内回避了对他们提供的最后一年(2011年)数据之后的估计。

注意,在美国和英国,危机始于2007年。)这些作者得出结论:

"由于2007—09年的衰退,一年产出的40%至90%(6万亿至14万亿美元,相当于每个美国家庭承担5万至12万美元)已经消失。我们还提供了几个度量消费损失、国家创伤和其他负面后果的替代指标……对这些因素的更全面评估表明,美国因危机而失去的可能大于一年的产值。"

他们还提到合法化影响(以其他方式度量):

"与机会减少类似,金融危机导致对政府机构和资本主义经济体系的信任大幅丧失。(……)[T]那些受委托治理和公正监管金融服务业的官员,向少数几家最大的金融机构提供了大量支持和优惠。(……)[F]金融机构积极追求利润和增长战略,这有利于管理层,并在一定程度上有利于股东和债权人。

繁荣转为萧条时,随之而来的损失不成比例地由纳税人承担。私有化的收益,社会化的损失……

然而,拯救金融体系本身——特别是通过政府向少数大型金融机构提供特别援助——强化了一种观点,即政府首先支持的是大型的、相互关联的、复杂的金融机构。"

Atkinson,Luttrell 和 Rosenblum(2013,p.14)

❷ 银行利润率

银行自身是如何受到2007/2008年危机及其后果的影响的?图9.5显示了OECD 21国在危机前和危机后的银行利润率。

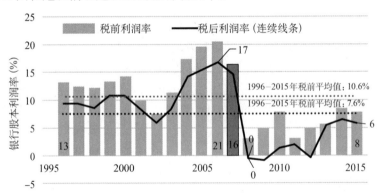

图9.5 1996—2015年OECD 21国平均税前和税后银行资产股本利润率

数据来源:世界银行数据库全球金融发展,"税前银行股本回报率(%)"和"税后银行股本回报率(%)"(皆于2017年6月16日更新)。[1]

---

[1] http://databank.worldbank.org/data/reports.aspx?source=global-financial-development(包含21个国家)。

尽管危机对利润率的影响是巨大的,但是 2004—2007 年的利润率很高。从内部观察银行业的各种作者[如卢安迪科(Luyendijk,2015)]根据他们的来源得出结论——与主流教科书经济学相反——银行业的结构是这样的,其目标不是实现长期利润,而是短期利润,这与重视奖金和"股东价值"的激励结构有关。

说到这里,从图 9.5 可以看出,至少在 1996—2015 年,平均利润率并不太低。站得高才会跌得惨——当到达波谷时,这句话并无助益。不过,特别是大型银行确实(或可能)知道或猜到,它们在 2008 年前承担了高风险。

以下是一个细节。我认为,2006 年后税前利润和税后利润之间的差异,与(子公司)亏损的结转和在结转中通常非常复杂的税收规则有关(2007 年后的部分亏损被转回 2007 年,这一年的税前和税后利润率略有不同。2009 年和 2013 年之间不稳定的税前和税后差异可能是受前期亏损结转的影响)。

第 9 章图表目录

图 9.1　竞争的强制性(第 9 章大纲)　　　　　　　　　　　　　　375

9§1　国家在竞争政策中的表现形式:产生资本主义制度的一种特殊存在方式　　　　　　　　　　　　　　　　　　　　　　　375
表 9.2　第 4 章中列出的市场互动形式概述　　　　　　　　　　　　376

附录 9A　太大的银行:大到不能倒,大到不能监管　　　　　　　386
图 9.3　1996—2015 年 OECD 21 国银行业的集中化平均值:前 5 和前 3 银行的资产占所有银行资产的百分比　　　　　　　387
图 9.4　1996—2015 年 OECD 21 国单个银行资产(前 3 或 4—5)占 GDP 的比例平均值　　　　　　　　　　　　　　　　　　388
图 9.5　1996—2015 年 OECD 21 国平均税前和税后银行资产股本利润率　　　　　　　　　　　　　　　　　　　　　　　392

第 10 章

资本主义国家的作用范围

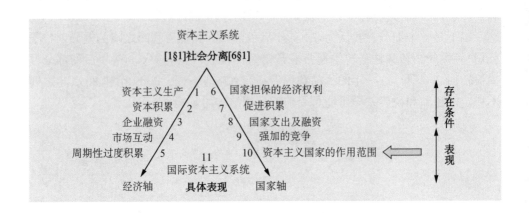

章 目 录

导言   395

第 1 节 国家支出规模及其对资本主义经济周期幅度的影响   396
     10§1   国家规模:缓解经济衰退的国家支出   397
     10§2   经济衰退或经济萧条时的国家政策   400

第 2 节 不断增长的调节规模与复杂性   403
     10§3   调节:法律和授权调节   403
     10§4   调节作用范围的一个概念大纲:缺乏可行的测度方法   404
     10§5   调节的量和密度:(过于)简单的测度方法   406
     10§6   调节的复杂性:困难性、交织性和领域融合的结合   411
     10§7   变更:增强调节复杂性的趋势   414

第 3 节　资本主义国家的硬核以及当社会保障转移支付在数量上占主导时在支出方面的表现　416
  10§8　国家的表现：行为人对国家存在的体验　416
  10§9　用于硬核和检查机构的必要国家支出以及偶然的军事和利息支出　418
  10§10　货币和劳动力框架内的支出　418
  10§11　基础设施框架内的支出　420
  10§12　与资本积累的发展相关的社会保障支出　421
  10§13　"其他国家支出"：偶然的支出以及特别是对"太大而不能倒"的银行的必要支出　424

第 4 节　资本主义国家作用范围的脆弱性　426
  10§14　脆弱性和不可能的必然　426

总结和结论　428

附录 10.A　第 10 章图表的数据及其来源　430

导　言

本章讨论资本主义国家在其三种具体表现上的作用范围。

第 1 节是本书第五章的后续，展示了国家就支出而言的规模发展如何调整资本的周期性积累。具体来说，国家支出的结构性增加会减小周期的波动幅度。

第六章至第九章讨论了国家调节的内容，第 2 节则讨论国家在法律与其他调节的特征上的表现。该节将表明，出于各种原因，不仅调节的量会随时间增加，而且调节的动态性必然导致调节越来越困难（complicated），同时也越来越复杂（complex）。

第 3 节是国家在其支出方面的表现的一个综合性概述。尽管所有支出类别都会被简要评述，本节将重点关注社会保障支出以及其中对国家、进而对资本主义系统而言成问题的地方。

一个简短的结束节，"资本主义国家作用范围的脆弱性"，结合了第 2 节和第 3 节的一些线索。尽管第六章至第八章相继呈现了国家的存在条件——相对于资本主义经济而言，且国家与资本主义经济构成了统一中的分离，最后一节探究了这些存在条件具有严重的脆弱性。换言之，它探究了资本主义系统持续再生产的潜在障碍。

图 10.1 给出了本章概要。

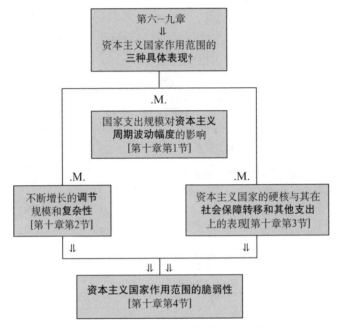

图 10.1　资本主义国家的范围（第 10 章的概要）

图例：
.M.　具体表现。
⇊　底部环节源自顶部环节。
†　这三种表现与前三个环节有关（第 1 节—第 3 节）。最后的环节（第 4 节）以特定的合成方式建立在第 2 节和第 3 节的基础上。

第 1 节

国家支出规模及其对资本主义经济周期幅度的影响

本节考察国家及其支出如何在第五章所述的资本周期性运动中被表现。因此,本节是该章的后续。

10§1 国家规模:缓解经济衰退的国家支出

本目简要勾勒国家支出对资本周期性积累和过度积累的一般影响(第5章)。一般来说,国家支出的程度(以占GDP的百分比衡量)影响其熨平周期波动幅度的潜在程度。

"潜在的",意味着国家没有顺周期的支出。因此,在经济衰退期间,只要国家维持其支出,它就为一般周期性支出(即国家支出加上私人投资和非社会保障转移的消费)设定了足量的最低水平。然后,就国家支出程度的结构占比大于私人部门而言,潜在非波动性一般支出(国家支出)与潜在波动性支出(私人投资和非转移消费支出)构成的结构性变动偏向于非波动性支出,从而使周期总体的波动性降低。换言之,国家支出起到了自动稳定器的作用(参见进一步详述10§1-a)这种影响与任何相机抉择的逆周期政策无关(参见10§2)。

给定国家支出的最低水平(并假设国家放弃制定顺周期政策),资本主义商业周期的进程大致如第五章所述,尽管周期波动的幅度有所平缓。这是对国家进而资本主义系统作为一个整体存在的合法性做出积极贡献的一个方面(还包括消极方面和其他积极方面)。不过,行为人倾向于"在他们自己的时代中"评估周期——即给定国家在他们时代中的"标准"规模。

10§1-a 详述 伴随国家支出变动的周期幅度的历史性变动

本详述的前两个小节没有提及国家支出,它们只是对波动幅度的观测结果。

(1) 1870—1989年的幅度。以现今16个OECD国家[1]为样本,麦迪逊(Maddison,1991,p.3-4)表明"自第二次世界大战以来,和平时期商业周期的历史比以前温和得多,而1920—1938年间总体上要比1870—1913年间糟糕得多。"他给出了以下平均"总产出衰退幅度,1870—1989:GDP最大高峰-低谷下降或最小上升(年度数据)"。

	1870—1913	1920—1938	1950—1973	1973—1989
占GDP百分比的幅度: 16个OECD国家的算术平均数	−5.5	−12.1	+0.2	−1.8

[1] OECD 21国去除希腊、爱尔兰、新西兰、葡萄牙和西班牙。

麦迪逊(Maddison)提到,以上的群体平均数受到各个国家间实际的周期不同步影响。

(2) 1990—2000年的幅度。在2002年的一份OECD工作论文中,达尔斯加德(Dalsgaard)、埃尔梅斯科夫(Elmeskov)和帕克(Park)观察到,就一个由13个OECD国家构成的样本[1],以十年期间的产出差平均规模为代理变量,与20世纪70年代的十年相比,1980—2000年大多数国家的商业周期波动幅度有所下降(达尔斯加德,埃尔梅斯科夫和帕克,2002,p.7)。"自1960年以来,OECD国家的产出差之间的差异已经减小,并且自20世纪90年代早期以来该趋势尤其强劲"(达尔斯加德,埃尔梅斯科夫和帕克,2002,p.23)。

在国际货币基金组织(IMF)的出版物中,坎南、斯科特和泰罗纳(Kannan, Scott and Terrones, 2009)表明,自20世纪80年代中期(一直到2007年)出现了进一步的(波动)缓和。(金融危机相关的研究结果,请参见10§2-a)

图10.2作为例证,显示在一个更长的时间段内,美国实际人均GDP增长率的波动幅度。[2]

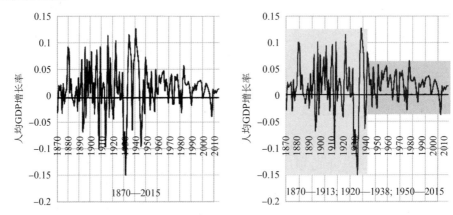

图10.2 以实际人均GDP增长率衡量的增长波动幅度,美国1870—2015年以2011年计价(年度数据)
面板1:所有年份;面板2:删除与世界大战相关的年份(1914—1919年和1939—1949年)
数据来源:Maddison项目数据库,2018版;由朱塔·博尔特(Jutta Bolt)、罗伯特·英克莱尔(Robert Inklaar)、赫尔曼·杨(Herman de Jong)和扬·卢滕·范·赞登(Jan Luiten van Zanden)建立。[3]

---

[1] OECD 21国去除比利时、丹麦、芬兰、希腊、爱尔兰、荷兰、葡萄牙、瑞士。

[2] 我们还注意到日本以及尤其是法国的波动幅度大幅下降。在英国和意大利等一些国家,下降幅度要小得多。在德国,与1920—38年间相比,波动的下降幅度也相当大;不过对于该国,1870年至1913年期间的波动幅度相当温和(在+6%与-4%之间)。

[3] https://www.rug.nl/ggdc/historicaldevelopment/maddison/releases/maddison-project-database-2018 (CGDPpc集),2018年1月11日更新。另请参阅博尔特、英克莱尔、杨和卢滕·范·赞登(2018)。

(3) 幅度与政府支出规模。鉴于"不断增大的政府支出规模可缓和商业周期波动幅度"这一论点(10§1 的正文部分)与大多数主流经济模型都不太符合,本小节引用了这方面的经验研究。在一份实证评估了 20 世纪 90 年代 OECD 20 国(OECD 21 国去除瑞士)的政府预算同经济周期幅度之间关系的 OECD 工作论文中,范登·努德(Van den Noord)注意到:

> "决定财政状况对于周期的敏感度的最重要因素是一般政府部门的规模。在大多数情况下,政府支出在国内产出中所占份额越大,财政状况对经济活动中波动的敏感性就越强……税收结构对自动稳定器的功效也有重大影响:在周期性敏感的税基中征税越高,随商业周期变化的税收就会越多,因此财政状况的周期性敏感度就越大。最后,税收的累进度、失业救济的慷慨度以及各种税基和失业的周期性敏感度,是决定财政状况对于周期的敏感度的其他重要因素。"(2000,p.7,重点标识为原文所用[1])

加里(Galí,1994)在早些时候表明,以 1960—1990 年的 22 个 OECD 国家(OECD-21 国去除新西兰再加上冰岛和卢森堡)为样本,"税收和政府购买似乎都有效地发挥了'自动稳定器'的作用。""'大政府'经济体"比'小政府'经济体经历的经济波动更温和"(加里,1994,第 130—131 页)。加里考虑了政府购买(政府支出减去工资和转移支付)占 GDP 比率的稳定性作用。

法塔斯和米霍夫(Fatás and Mihov,2001)考察了 20 个 OECD 国家在 1960—1997 年间的政府支出总额。他们发现:

> "政府规模和产出波动之间存在很强的负相关性……在加入大量控制变量集以及采用去除趋势和估算的替代方法后该相关性是稳健的。在国际样本中,政府支出的 GDP 占比增加 1 个百分点,产出的波动性降低 8 个基点。"(他们的摘要)

他们还观察到(参考范登·努德,2000):

---

[1] 范登·努德还观察到,一些国家政府的"相机行动……已经减少甚至抵消了自动财政稳定器的效果"(摘要)。

"传统以来一直认为,财政政策的稳定性作用不是与预算本身,而是与预算赤字的规模和波动性有关。正如我们之前讨论的,尽管证据表明,财政响应能力变量和总体规模变量与财政政策的稳定性作用强相关,我们的结果还是提出了下述问题:政府规模本身是否重要。"(法塔斯和米霍夫,2001,p.18)

法塔斯和米霍夫(Fatás and Mihov,2002/2003)以 1960—1999 年间 51 个国家为样本得出了类似的结果[1](在同一篇论文中,他们还研究了顺周期政策的影响)。[2] 到 2008 年,安德列斯、多梅内克和法塔斯(Andrés、Doménech and Fatás,2008)提出"大政府与较小波动的经济体正相关"这一论点是在经验上已确立的"特征事实",并被最近的几项研究完善。[3] 他们证实了早期涵盖了 1960—2004 年 20 个 OECD 国家(OECD 21 国去除新西兰和瑞士加上土耳其)的结果。(本文的大部分内容,如法塔斯和米霍夫,2002/2003)以及自加里(Galí,1994)以来该领域的其他文献,关注这一经验事实如何(不)能被修正后的"真实经济周期"模型所解释的问题。

我指出以下一点来结束本小节:一般来说,商业周期的国际同步自身就会产生一种振幅增加效应。达尔斯加德等人(2002)注意到:"周期性位置的国际差异已经缩小,但在欧元区之外,几乎没有证据表明周期的同步性有所增加"(他们的摘要;另见第 9 页,特别是注释 15)。这与以金融为根源的衰退有所不同,我将在下一目中简要讨论这一点。

10§2 经济衰退或经济萧条时的国家政策

鉴于资本主义国家总是要促进资本积累(7§3),以及资本积累的动机会一再导致资本周期性过度积累(5§8),国家似乎只能被动地等待过度积累被周期性地

---

[1] 特别参见工作论文版(2002 年)的第 15 页和第 27 页。

[2] 他们有些误导性地将"相机政策"定义为"不是对经济状况作出反应的财政政策变化。"他们补充道:"理论上,将财政政策视为由三个部分组成是有用的:(a)自动稳定器,(b)对经济状况作出反应的相机财政政策,以及(c)出于当前宏观经济状况以外的原因而实施的相机政策。"(工作论文版第 3—4 页)关于最后一个组成部分(c),他们发现由[这种类型]相机财政政策造成的产出波动的波动性每提高一个百分点,经济增长就会降低 0.6 个百分点,并且"有证据表明,波动性增加的部分原因是由于选举周期;尽管如此,我们确实发现政治约束对财政政策的制约比它们对传统的选举年波动性的影响更大"(摘要)。

[3] 摘要和工作论文版第 13 页。

克服(5§9)。[1] 如果有可观的自动稳定器,普通的经济衰退通常不需要额外的国家政策。保证国家支出及其承诺,以及税率不受影响,为经济衰退期间的一般宏观支出设置了底线(10§1)。

但是,当经济衰退呈现出萧条(一种长期的衰退——通常由金融危机和银行倒闭引发,并且常常伴随价格通缩)特征时,仅仅由国家支出保障的底线水平可能不足以成为以资本重组实现经济复苏的一个充分基础(5§9)。[2] 那么资本主义系统的再生产就需要大量相机抉择的国家政策。正如凯恩斯(Keynes,1936)指出,在萧条时期仅货币政策不可能足够,国家因此需要进行大量额外的支出[3](另见坎南、斯科特和泰罗纳,2009)。

10§2-a 详述 与金融危机相关的衰退/萧条的频率,以及同非金融危机相关的衰退/萧条的严重程度与持续时间比较

在国际货币基金组织(IMF)的一项实证研究中,坎南等人得出结论:

"与金融危机相关的经济衰退往往异常严重,并且从这种衰退中复苏通常十分缓慢。相似地,全球同步性的衰退往往漫长且深重,从这些衰退中复苏的势头普遍较弱。逆周期的货币政策有助于缩短衰退时间,但其对于金融危机的有效性是受限的。相比之下,扩张性财政政策在缩短同金融危机相关的衰退和促进复苏方面似乎尤为有效。"(2009,摘要)

这些结论基于1960—2007年OECD 21国(OECD 21)样本的证据,不包括最后一年(2007年)出现的金融导致的衰退。他们的样本共有122次衰退,其中15次与金融危机有关(即大概12%)。[4]

乔丹、舒克里拉和泰勒(Jorda、Schularick and Taylor,2012)以14个OECD

---

[1] 但请参阅有关指示性计划的补论10§2-b。
[2] 在2008年国际货币基金组织的一份工作论文中,克莱森斯、高丝和泰罗纳(Claessens、Kose and Terrones)将萧条描述为"一种极其严重的衰退,从波峰到波谷的产出下降幅度超过10%"(2008年,第15页)。坎南等(2009,第5页)也持这种观点。1873—1896年(特别是英国,美国稍短一些)、1929年至二战,以及2007/2008年及之后的三个时间段被确定为萧条(例如,参见 http://www.nytimes.com/2010/06/28/opinion/28krugman.html?_r=0)。不过请注意,自第二次萧条以来,国家支出的最低限度已大幅增加。
[3] 在二战后的大部分时间里,凯恩斯一直被视为一位商业周期理论家(至少新凯恩斯主义者是这样评价他的)。在我看来,除了理论创新之外,他1936年的著作主要使其成为一位萧条经济学家。
[4] 坎南等,2009年第8页。样本中最近一次与金融相关的危机发生于日本1997年第二季度至1999年第1季度。

国家[1]作为样本回溯到了1870年。他们还考虑了2007/2008年的金融危机。在他们的样本中,这一时间段内22%的衰退/危机都以金融为根源。不过,把他们的样本数据限制在1960—2007年(并且像坎南等人那样排除2007/2008年的金融危机)并进行计算,计算结果表明1960—2007年11%的衰退/危机是金融所致。这与坎南等人基于21国数据的12%相差不远。

有鉴于此——并且考虑到本章仅限于描述自早期成熟资本主义以来的概况——图10.3展示了我基于乔丹等人的样本计算出的十年平均值。

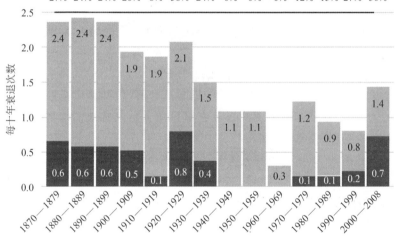

图10.3　1870—2008年每十年和每个国家的平均衰退次数,以现今14个OECD国家为样本[2]
数据来源:根据Jorda、Schularick和Taylor 2012年表1计算得出。

请注意,经济衰退的严重程度(10§1)至少与其频率同等重要,从图10.3可以看出,每十年的平均周期数大致上呈下降趋势,而源自金融的危机显示出一种不规则的现象,尤其是在1910年之后。[3]

---

[1] OECD 21国去除奥地利、比利时、芬兰、希腊、爱尔兰、新西兰、葡萄牙。(关于"OECD 21"参见7§3-c)。
[2] 请参阅前文注释。
[3] 1975—2015年金融危机对GDP增长影响的相关图表,请参阅 https://knoema.com/xflgvk/40-years-in-financial-crises。

坎南等（2009，第 10 页）指出，在 1960—2007 年，金融危机前的扩张期间信贷增长高于其他扩张期，并且信贷繁荣往往紧随金融放松管制。

10§2-b　补论　日本和法国的指导性计划

鉴于资本周期性的反复过度积累会导致其衰退和毁灭，对一个资本主义国家来说，试图阻止这种过度积累并不是个荒唐的想法。在整个 20 世纪 60 年代和 70 年代，法国和日本通过各种方式将"指导性投资计划"（结合预测值和计划的非约束性投资时间表）制度化。关于法国的不同版本，请参见例如道尔顿（Dalton，1974，pp. 154 - 160）、波诺（Bonnaud，1975，pp. 93 - 110）和尼尔森（Nielsen，2008）。关于日本的不同版本，请参见例如凯夫斯和植草益（Caves and Uekusa，1976a；1976b）、特雷齐斯和铃木（Trezise and Suzuki，1976）以及尼尔森（Nielsen，2008）。

第 2 节

不断增长的调节规模与复杂性

国家的八个调节性框架（第 6—7 章和第 9 章）以及税收的形式和设计（第 8 章）使调节越来越困难，也越来越复杂。本节与调节内容和税收立法无关，而关注决定它们作用范围的特征。由于本节将以几页篇幅讨论诸多相互关联的概念，因而可能是本书中较难的部分之一。同时也是本书的一个关键部分。在本章的结论中，我将指出，资本主义内部必然增加的调节的量、困难性和复杂性是其核心脆弱性之一。

10§3　调节：法律和授权调节

立法和调节框架中许多机构和术语都是国家-专有的。一般来说，"规则框架"包括最高管理层级通过的"初级法规"（法律/法案）和较低管理层级（包括特定领域的调节主体）通过的"次级法规"（其他规则）。前者为后者提供正式授权，也能撤回该授权。次级法规通常更详细或针对特定领域。

尽管在大多数国家（以及所有 OECD 21 国）都存在这种区分，不过把什么指派给不同层级是高度偶然的（即使在一国内部）。[1] 这与机构组织和某一规则可能的变化速度（授权立法速度更快）有关。此外，层级不对行为人造成影响；其所需合法性与立法层级无关。

因此，服务于本节目的，我采用以下术语。我使用"调节"（regulation）一词来指代法律和"授权调节"（delegated regulation）的整体。当我明确提及后者时，我总是使用形容词"授权的"。当我提及"调节"时，如我所言，它指的是这种整体。我用"一项"（"a"）调节来指代一项特定调节，如果是一个特定群，则用"一组调节"（regulations）。

10§3-a　详述　授权调节的执行："指令"

该详述不是对正文部分的进一步深入，不过它与详述 10§5-a 尤其相关。

授权调节可能由行政人员（例如总统）、政府、部长大臣或其他行政主体（尤其是调节性机构）颁布，这总是取决于法律（有时是宪法）所规定的授权类型。特定类型的授权调节在不同国家有不同的名称。在本节中我仅使用"指令"（order）一词：总统指令、政府指令（或委员会指令）、部长指令、专门领域指令（后者指在某一部门内部或由其管制的特定机构的指令——也称为调节机构或官方机构）。

在下文中，我将不再进一步提及例如"调节"（指全部授权调节）"法定文书""法典"（codes）"规则"或"裁决"（decrees）等在各个国家中的具体名称。[2]

10§4　调节作用范围的一个概念大纲：缺乏可行的测度方法

本目是一个预览，在后续的目中将展开说明。图 10.4 为本节剩余部分提供了一个概念大纲。接下来的 10§5 从调节的量开始。（参见图左侧边框的目标示）然后我们讨论调节的复杂性（10§6），最后是调节的变更（10§7）。几乎所有在大纲中的概念都如图右侧边框所示，涉及"程度"（例如，复杂性程度）。

遍及整个经济的调节总量由各调节领域（例如银行业、电信行业或修鞋业）中调节的"密度"决定；该密度则取决于某个领域是否被调节完全涵盖，以及调节的

---

[1] 在某些情况下，议会可能需要详细的初级法规（议会对此有更大的影响力）；在其他情况下，他们关心的是授权细节。

[2] 有关美国的情况，请参见 http://dictionary.law.com/Default.aspx?selected=1771（或 http://legal-dictionary.thefreedictionary.com/regulation）。有关英国的情况，请参见 https://www3.law.ox.ac.uk/lrsp/overview/legislation.php。

强度(被高度调节或几乎没有被调节;这涉及各种调节的具体程度)。

```
┌─────────────────────────────────────────────────┐
│                    调节                          │
│            (法律体系和授权的调节)                  │
│                                                 │
│   ┌──────────────┐      ┌──────────────┐        │
│   │   涵盖范围    │      │    强度       │        │
│   │(各种社会-经济 │      │(领域i涵盖     │        │
│   │ 领域中的领域i,│      │  范围内)      │        │
│   │  i=1…n)      │      │              │        │
│   └──────┬───────┘      └──────┬───────┘        │
│          │                     │                │
│  10§5    └─────┐     ┌─────────┘         程度   │
│                ▼     ▼                          │
│           ┌──────────────┐                      │
│           │    密度       │                     │
│           │  (领域i)      │                     │
│           └──────┬───────┘                      │
│                  ▼                              │
│           ┌──────────────┐                      │
│           │     量        │                     │
│           │(领域i=1…n的总和)│                    │
│           └──────────────┘                      │
├─────────────────────────────────────────────────┤
│   ┌────────┐   ┌─────────┐   ┌──────────┐      │
│   │ 困难性  │   │ 交织性   │   │  融合     │      │
│   │(单个调节的)│ │(领域i的)多个│ │(通过调节领域内│    │
│   │         │  │  调节的   │   │的各种行为人) │      │
│   └────┬───┘   └────┬────┘   └─────┬────┘      │
│   10§6     └───────┐│┌────────────┘    程度    │
│                    ▼▼▼                         │
│              ┌──────────┐                      │
│              │  复杂性   │                      │
│              └──────────┘                      │
├─────────────────────────────────────────────────┤
│  ┌──────────────┐           ┌──────────────┐   │
│  │A.由新的或重新 │           │B.由调节中意外 │   │
│  │  认识的社会经 │           │  的漏洞推动   │   │
│  │  济问题推动   │           │              │   │
│  └──────┬───────┘           └──────┬───────┘   │
│  10§7   └──────────┐  ┌────────────┘   程度    │
│                    ▼  ▼                        │
│         ┌──────────────────────────┐           │
│         │       调节的变更          │            │
│         │ 强化困难性、涵盖范围与强度,│            │
│         │ 并且增强已经复杂的调节的   │            │
│         │       复杂性              │           │
│         └──────────────────────────┘           │
└─────────────────────────────────────────────────┘
```

图 10.4 调节效力的概念大纲

单个领域内调节的复杂程度——以及所有领域加总的总复杂性——取决于调节的"困难"程度,以及该领域内(例如,考虑竞争)的各种调节与本领域或密切关联领域内（例如，税收）的其他各种调节的"交织"程度。此外，复杂性还取决于经济行为人（调节的对象）在动态过程中各"融合"调节领域的程度（特别是通过产品和工艺创新）。尽管后两者很重要，我将证明"困难性"实际上是调节作用范围的关键概念。

持续变更调节的推动因素共同作用于调节的动态性。这些推动因素（各种调节中意外的漏洞；以及新的或重新认识的社会经济问题）不仅会提高调节的（初始）密度——通过涵盖范围和强度这两个决定因素——而且会尤其增加调节的困难性（参见图10.4中的虚线箭头）。尽管存在特殊集团的政治努力，各领域行为人对调节的抵制抑或至少减少其困难性的诉求（在我看来相当天真），我将在10§7中得出结论，为了资本主义系统的持续存在，一个不断增强的调节的复杂性是必然的。

我们会在接下来的叙述中面临这样一个问题：除调节的纯粹数量问题以外，该研究领域还缺乏关键概念的测度方法。

10§5 调节的量和密度：（过于）简单的测度方法

对调节数量的抱怨以及相伴随的抵制国家调节的努力获得了相当多的关注。[1] 不过也请注意，同样存在加强调节（把国家引入）的压力。设想一下各种财产权利主张以及税收和非税收补贴。在有关竞争的政策领域中，抵制或引入国家存在于同一场域。企业为了维护自身非竞争性（反竞争）的供给活动而设法抵制国家调节，但又把国家调节引入其寻求竞争性的购买活动中。这同样适用于对生产和产出质量的调节，包括对健康和诸如气候等环境可持续性的关注：调节他们，而不是我们！不过，一旦调节被普遍认为是不可避免的，企业就会寻求平等。同时存在的抵制或引入国家调节的力量，以及随之而来的对平等的诉求也适用于社会保障领域。

更一般地，经济结构的变化需要进一步扩展调节的范围（例如，交通或信息通信技术的演进）。由于"旧"工艺和产品只会逐渐消亡（如果有的话），调节的量会

---

[1] 例如，参见 OECD 关于管理简化的出版物 http://www.oecd.org/gov/regulatory-policy/administrative-simplification.htm 及其一系列关于调节政策的国家研究 http://www.oecd.org/gov/regulatory-policy/by-country.htm 和毕马威国际（KPMG International 2011）。后一份文件包括一份针对全球高层管理人员的关于总体管理复杂性的调查问卷。非税收调节的复杂性排名最高（71%的受访者），而税收调节的复杂性则稍低（57%的受访者）。至少对于这些管理者来说，与调节打交道似乎主导了他们的大部分工作。

有所增长。废除调节的情况很少见(除非一些通过不断自我革新而幸存下来的领域被全新的法律覆盖)。

仅就数量而言。一个国家内有多少调节在生效这一简单问题也难以回答(参见10§5-a)。不管怎样,计量法律及其他调节的名称数量并不能说明什么,因为它们的规模差异很大,单个名称下的文本页数从数十页到数千页不等(后者,例如法语形式的"民法典")。[1] 一些研究人员建议将调节的条款数目(sections)相加,[2] 但它们的规模,尤其在不同的国家传统之间,也存在很大差异。一种更好的简单方法似乎是计量文本页数,尽管其依赖于排版这一限定性条件。[3] 不过即使在某个初始日期的调节存量未知,人们仍然可以计算调节数量的变化率(10§5-a 提供了一个例子)。

无论采用何种方法,该领域的研究人员普遍认为,从19世纪末或20世纪中叶到21世纪初,调节的数量大幅增加。主要问题仅仅在于某些时段增长的速度是否有所放缓。[4]

密度。如10§4所提出的,调节总量由各个领域内调节的密度决定。而后者又取决于:其一,被任一调节所涵盖的领域范围,其二,以上领域范围内调节的强度,也即具体程度(见图10.4的第一块)。[5][6]

原则上,以上两项都可以被计量,后者(即强度)可以通过计算调节法规文本的页数这一非常粗略的方式来计量,并暂且假设,就一个国家而言,各种调节法规具有同样的困难性(参见下一目)。

量、影响和测度方法。仅仅通过测度调节的量来测度调节的影响是有偏误的,因为这没有测度调节的复杂性(参见下一目)。但是由于缺乏适当可行的方法来测度后者,导致我们仅仅只能通过简单的量的测度来进行长期比较和国家之间的比较。

---

[1] 有关2010年左右的法典标题数,请参阅10§5-a。
[2] 例如,杨和赫韦耶尔(Herweijer),2004年,第57页。
[3] 最好的简单方法是一种字数统计(假设全数字化),但我还没有看到基于字数统计的量化研究。
[4] 但请注意,在政府在任的末期通过的立法数量通常比初期要高(由于立法准备的影响)。
[5] 对于"领域",可以参考国民账户体系(SNA)基于某些数字层级的经济部门划分。接下来是适用于多个领域的一般调节(第六章至第七章和第九章)。
[6] 范·杰斯托和赫托(Van Gestel and Hertogh, 2006, p.31)以及范·杰斯托(2011, p.8 n.5)采用术语"调节的密度"作为"量"(所涵盖范围和强度)和"交织"两者的结合体。他们没有关注"困难性"和"融合",因此没有涉及调节的复杂性。

10§5-a　详述　一些简单量化调节的量的例子

即使仅仅加总所有有效的调节的名称数,也是一项不会经常开展的艰苦工作(不过,近段时间内的改变众所周知)。

国家方面关于有效调节的总量的有限信息。就估计美国正在生效的联邦法律数而言,美国国会图书馆的高级法律研究专家沙米玛·拉赫曼(Shameema Rahmana)在2013年写道:"试图统计这个数字几乎是不可能的。"[1]

一份2013年的英国议会法律顾问办公室的报告中提道,"估算在某时刻有多少法律有效是极其困难的"(第6页;该办公室没有展开这项困难的估算工作)。[2]

图10.5显示了荷兰正在实施的法律的一些相关数据(这是一个例子;2015年,该国的世界GDP排名为第17。尽管这一排名对调节量来说似乎并不重要。任何国家都不得不进行调节,不过授权的程度可能存在文化差异——包括"指令")。

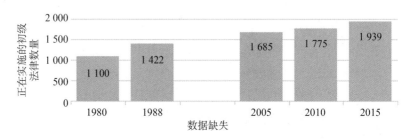

图10.5　1980—2015年荷兰正在实施的法律数量(中央政府、特定授权和欧盟的调节)
数据来源:1980年和1988年:奥弗霍夫和莫伦纳(Overhoff and Molenaar, 1991, pp.5-6)[3];2005年和2010年:荷兰政府(2013; 2015);贝斯特尔(Vester, 2017)。

有关初级法律的历史信息十分有限(图10.5)。从中可以看出,在1980年至2015年的35年间,生效的法律数量提高了76%。有关中央政府所授权的调节的信息甚至更为有限(从2004年起才可获取)。2015年该国共有9 136项有效的各种中央政府调节(特定的调节性机构和特定的欧盟调节)。其中包括1 939项法律

---

[1] http://blogs.loc.gov/law/2013/03/frequent-reference-question-how-many-federal-laws-are-there/. 显然,在2010年前后的美国,每年大约有100个全新的提案被通过而成为法律 http://www.kowal.com/?q=How-Many-Federal-Laws-Are-There%3F。

[2] 关于法律的改变,它指出:"每年,新的立法和修正案都会产生超过15 000的(如果考虑次级立法则超过30 000)立法效果"(第7页)。

[3] 转引自杨和赫韦耶尔,2004,第19页。

(21%)和7 197项议会和部长指令(79%)。[1][2]

我接下来讨论未包含于上述数字中的欧盟调节。

有效调节的量:欧盟(the EU)。欧盟调节包括两个主要的类别。一类涉及所谓的"指示(directives)"。由于各国政府有义务通过本国调节以贯彻实施这些指示,它们不应被计入国家有效法律的数量中(因此上述荷兰例子中的数字包含了"贯彻实施(implementations)")。而余下的其他欧盟调节均未在国家调节中被贯彻实施,因此这是国家调节之外的补充调节。图10.6总结了其他欧盟调节。请

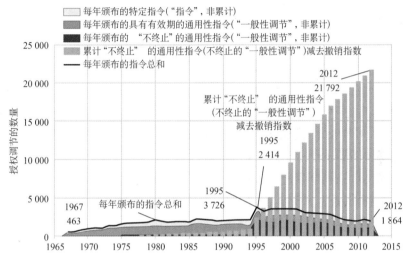

图10.6 每年颁布的各种授权调节总数,以及各种无有效期的授权通用调节累计总数;欧盟1967—2012年[3]

数据来源:托什科夫(Toshkov) 2014[4]和英国[UK]下议院2010,第13页。[5]

---

[1] 参见贝斯特尔2017。
[2] 在另一个例子中,我指出与芬兰新颁布的中央政府法律和授权调节(不包括调节性机构和欧盟调节)文本的页数相关的信息。因此,这与有效调节的存量无关。新颁布的调节数从1920年的每年1 000页增加到1985年的2 000多页,再到2000年的3 500页(杨和泽尔斯特拉(Zijlstra)2009,第139页;来源于芬兰政府2002年)。
[3] 一个与欧盟不完全一致的前身建立于1957年。图中的起始日期是1967年,这一年创建了一个委员会和一个理事会,服务于之后的三个欧洲共同体(欧洲经济共同体EEC、欧洲原子能共同体Euratom、欧洲煤钢共同体ECSC)。
[4] http://www.dimiter.eu/Eurlex.html/http://www.dimiter.eu/Data.html[2014年2月→2015年12月19日]。
[5] 根据后一个来源提供的1997—2009年所撤销的调节(针对所有调节),可计算平均撤销率为25%。为了安全起见,我已将此比率应用于托什科夫的数据库中无有效期的调节(Regulations)上。(它们的撤销率可能低于所有调节的平均水平)

注意，欧盟管辖权主要是经济和货币的，不包括特别是税收和社会保障立法管辖权（尽管也有例外）。

图 10.6 底部的面积图显示了 1967 年以来新颁布的欧盟各种授权调节数量的发展进程。这些调节主要分为两种类型。第一类包括常具有某种通用性的指令（欧盟将这些指令称为"一般性调节，即 Regulations"，我将字母 R 大写以区别于作为另一范畴的"调节，即 regulations"）。第二类包括常用特定单词表示的指令（"Decisions"）。三个底部图表表明，在 1967—1995 年的大幅增长之后（总数的 8 倍）——这与欧盟建立有关——新调节的颁布放缓，不过仍旧保持着可观的增长量（2012 年的新增量为 1 864）。

作为有效授权调节的存量指标，我们可以使用各种无有效期的一般性调节（"Regulations"），并根据撤销进行更正——参见图 10.6 中的柱状图。2012 年的总数为 21 792。即使是从 1995 年到 2012 年，其总量也增长至 9 倍。

美国的联邦授权调节的存量：页数。尽管前文提到，美国的联邦法律存量显然是未知的，但联邦"授权调节"存量的数据不仅可以追溯至 1950 年，而且该信息还是以文本页数的形式呈现。（见图 10.7）。

每年出版的美国联邦法规（Code of Federal Regulations，CFR）是"联邦政府各部门和机构在《联邦公报》上公布的一般性和永久性规则的汇编。"[1][2]

图 10.7 显示，有效的授权调节文本的页数增加量相当大（1950 年至 2015 年间 18 倍的增长）。如果继续保持相同的增长率，那么到 2050 年页数将增加为 100 万。但请注意，2015 年有效的联邦授权调节的 178 000 页远不足以测度美国某些州的行为人面对的调节总数量。一份 2015 年的 OECD 报告提到，在法律总数（即联邦法律加上地方州法律）中，只有 1.7% 是国家的，即联邦法律——但没有提供一个就授权调节而言的类似比例数字。[3]

此详述的结论。即使我们掌握的仅仅有关于调节量的数据有限，但可得的信

---

[1] https://www.gpo.gov/fdsys/browse/collectionCfr.action?collectionCode = CFR.
[2] CFR 是一种存量的测度标准，有别于《联邦公报》上关于新调节的年度流量数据。从 1937 年到 1970 年间，以文本页数计算的该流量显著增加。从 1970—80 年间加速增长，之后下降，到 1985 年后又逐渐增长。然而，从 20 世纪 70 年代中期开始，新的"最终规则"的数量减少（有波动），从 1976 年的 7 401 条减少到 2017 年的 3 281 条（后者数字表明页数计算是相关的）。凯里（Carey）在 2016 年对这些流量指标做出了包含详细说明的评论。就对存量的一种页数计算而言（CFR），尤其是涉及其长期趋势，这些说明无足轻重（他的正确观点之一是消除一项既有的规则需要一项新规则的执行；不过就页数而言这通常不重要，而且随着时间的推移这种情况发生的可能性或许会下降）。
[3] OECD 2015a，附件 A.［OECD 2015 年的调节政策展望］

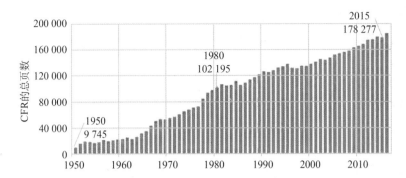

图10.7 美国联邦政府一级有效的授权调节数量的发展:1950—2015年的总页数

数据来源:美国《联邦公报》,联邦法规(CFR,2017/2004)[1]

息表明,随着时间的推移,调节量将大幅增加。

10§6 调节的复杂性:困难性、交织性和领域融合的结合

调节的"复杂"程度是单个法律或指令的"困难性"与多个法律之间及同较低层级指令之间的"交织性"的结合。"领域融合"会带来额外的复杂性(下列 A—C 小节)。

Ⓐ 调节的困难程度:简单调节明显的公平悖论

调节必须同时适用于仅从事简单(经济)活动的行为人和从事困难活动的行为人。调节的困难程度由三个主要组成部分决定。

- 第一,概念和语言的困难程度。
- 第二,规则实施的困难程度,即对行为人(是否)行动的要求(做什么和不做什么)。
- 第三,所需留存记录和报道的困难程度(例如,对于税收、银行资产或遵守环境规范)。

三者中的每一个都决定行为人认知同其相关的调节,及相应服从性所需的

---

[1] https://www. federalregister. gov/reader-aids/understanding-the-federal-register/federal-register-statistics→联邦法典(CFR),总页数和卷数 1936—2016(xls)→选择 CFR 卷数(2017/04,2018 年 2 月 1 日获取)。另请参阅 https://www . federalregister. gov/blog/learn/tutorials,《联邦公报》和 CFR 出版物统计数据-汇总图表。一个类似的图表可以在乔治华盛顿大学法律研究中心的网站上找到;调节统计 http://regulatorystudies. columbian. gwu. edu/reg-stats。

专业程度。与此同时,困难程度和所需专业性也决定了企业和其他行为人在何种程度上不得不聘请法律专家以认知和服从调节(这是对认知成本和服从成本的决定)[1]。

困难调节的替代方案是表述简单且内容宽泛的调节。一定程度的精确性就被更多的模糊性和文义不清所取代,从而造成调节有多重解释。这只能通过将填补细节与精确性的工作留给法院来解决——即行为人和调节官方机构在规则解释上发生冲突的情况。当法院解释法律和其他调节时,后者的"简单"表述再次变得困难,这样就形成了一个完整循环。并且,只要调节没有采用困难的表述,就必须不断参考"判例法"(即法院的解释)。与此同时,由于包括上诉在内的法庭程序通常需要花费大量时间(更不用说其花费高昂),"简单"的调节给调节体系带来了不确定性。[2]

这就是调节的困难性在公平问题上明显的悖论。一方面,公平要求对调节法规的阅读不是件高度司法专业性的事务,而另一方面,对"简单"调节的解释最终导致开庭时阅读判例法所要求的高度司法专业性。[3]

注意尤其就税收而言,由于税收的"工具主义",即税收不仅是为募集资金还用于各种方式的激励和补偿,[4]立法/调节的困难程度增加。其结果是一系列往往十分困难的税收补贴(税收减免,也称为"税收支出")。[5]

❸ 调节的交织性

调节的交织性是指同一层级或不同层级的各种不同调节之间的相互联系。几乎所有法律都(至少)在定义和各种规范上参考了其他法律。而在这些其他法律中,最常出现的是对同样是其他法律的再次引用(参见 10§6-a 中的图 10.8)。这也适用于授权调节。这些交叉引用的程度决定了调节的交织程度。因此,一项新法律或对旧法律的一个修正案,会产生一系列对其他法律和授权调节(希望没

---

[1] 另请参见帕特洛(Partlow)2013,第 307—308 页。帕特洛在这篇优秀文章中使用术语"复杂性"与我使用术语"困难性"一致。我保留术语复杂性来表示额外的错综复杂(见下文)。帕特洛重点关注税收的立法和调节,他也从中举例。

[2] 帕特洛 2013 年,第 17 页。第 314 和 320—321 页。

[3] 也许有一种方法可以通过在法律或调节中用更通用的语言来解释它们来简化调节的概念和语言(但这必须是明确的通用语言)。然而,除了调节交织的问题(下一小节)之外,这还将导致调节的长度巨大增长,这也无助于公平,因为长度需要毅力。

[4] 例如为了适当的环境行为、雇用残疾工人、技术创新、依赖利息扣除的抵押贷款类型、依赖保费扣除的养老金类型、损失结转扣除。许多工具主义目标可以通过直接补贴或直接的禁止及禁令来实现。

[5] 另请参阅帕特洛 2013,第 174 页;第 316—317 页。

有遗漏)的必要修正案。

如果一项法律，即使是非常困难的法律，能够独立存在，那么它就会是"可行的"。它是几项或一系列困难法律的交织，这进而增强法律体系及其衍生调节的复杂性(参见图10.4的第二块)。

在实践中，当需要通过查阅一系列其他法律和各种授权调节来理解法律中的一个条款时，即使是法律专家，这种交织也会非常令人绝望。[1]至少在原则上，可以通过将交叉引用整合到每一项法律中来克服这一问题。然而，其"代价"将是调节量的指数级增长(伴随着专家们每次从一项法律到另一项时都必须经历漫长的重复)。

⦿ 经济行为人导致的调节领域的融合

当行为人的经营领域是各领域的(新)融合且被这些领域中既有调节涵盖时，就会出现额外的困难性(参见图10.4的第二块)。因此，是行为人动态地融合了各领域。第一种领域融合伴随着产品创新，特别是生产工艺创新(例如，包括ICT推动的创新)而发生。第二种领域融合是通过对过去独立的职能的整合——例如银行与保险职能的融合，汽车生产商或房地产公司整合影子银行(重点不是某一企业内有不同部门，即企业集团，而是全面整合)。这在技术和组织的动态结构中并不罕见。对于这两种类型的领域融合，都有可能出现来自不同既有调节领域的规则相互冲突的情况。因此，即使最终可能会赶上，调节往往滞后于这些变化——当下暂且是这样。

10§6-a 详述 调节的交织，来自英国的例证

英国议会法律顾问办公室在一份关于英国立法的报告中指出：

"新的和既有的立法可能会出现不一致。不同来源的调节有时会重叠，并且开端可能难以追溯。每年，新的立法和修正案都会产生超过15 000的(如果考虑次级立法则超过30 000)立法事项。因此，法规文本是一个不断演变的复杂信息网络，可以有机地扩展并且极难绘制。"(英国议会法律顾问办公室，2013年，第14页)

立法事项确实因其交织("网络")而变得错综复杂。图10.8可视化了单个法

---

[1] 存在特定领域专家。然而，并不存在法律和其他调节的专家。荷兰最高法院法官威廉米娜·托马森(Wilhelmina Thomassen)在2011年接受采访时表示：甚至没有人知晓所有法律，每年会公布29 000份相关法院判决(与判例法相关)——每年判决决策的总量约有180万份(在荷兰，2011年的判决占人口比例为11%；"相关"决策占人口比例为0.2%)。http://www.nrc.nl/rechtenbestuur/2011/04/09/niemand-kent-alle-wetten-en-regels/。

案(2004年《公司、审计、调查和社区企业法案》)交织的例子。

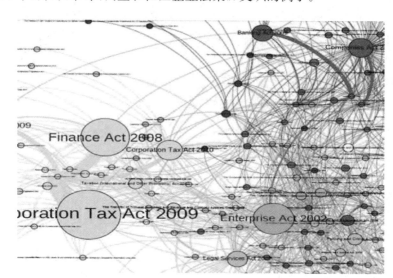

图 10.8　英国 2004 年《公司、审计、调查和社区企业法案》与其他早期和晚期法案交织的可视化[1]
数据来源：英国议会法律顾问办公室，2013 年，第 16 页。

10§7　变更：增强调节复杂性的趋势

本目讨论调节的变更，该变更从调节在某一时间点上的某种形态（以及调节相应的复杂性状况）开始。调节的变更有两种截然不同的推动力，每一种都会分别增强调节的复杂性。不过，两者的结合更加剧了复杂性的增强（下述 A 和 B，以及图 10.4 第三块中的 A 和 B）。

🅐 由新的或重新认识的社会经济问题推动的不断增强的复杂性

调节的变更——由新的或重新认识的社会经济问题推动的——是调节具有持续性的一个方面。这些变更部分源于合法性问题，另一部分源于经济结构的变化与产品和工艺的创新，以及上一目末尾提到的融合。这些会影响调节的"涵盖范围"和"强度"，从而影响其密度和量（见图 10.4 中的虚线）。社会经济问题越复杂，各种调节往往也会越复杂。（设想金融部门的新问题，例如"大到不能倒"问

---

[1] 正如该办公室指出的那样："它呈现了在查看该法案当前的生效状态时要考虑的立法典的比例。"

题;重新认识的气候与其他环境问题;新技术,例如有关通信和健康的技术;以及税收的重新设计,以应对企业组织架构的变化)这连同交织性,导致不断增强的调节复杂性。

❸ 由调节中意外的漏洞推动的不断增强的复杂性

不过,调节的变更——特别是既有调节的不断修改——也由调节中意外的漏洞决定。对这些漏洞的填补会持续增加各种单一调节的困难性,并且随各种调节的交织,进一步倍增其复杂性。

我将法律和/或授权调节中的"漏洞"定义为,允许行为人(例如企业)实现立法者构想以外的目标,或更具体而言的获取好处或利益的规则或条款,这对立法者而言是意外的。[1]

尤其是当牵涉到巨大的财务利益时,企业的律师——以及税务上的会计师——为了找到充分利用空白和模糊性的方法,煞费苦心地搜寻相关法律和其他各种调节。通过(评判)规则边界是否具有服从性的方式,规则被验定。并且当调节者指控行为人滥用权力,或可能处以罚款时,法庭的起诉程序通常会紧随其后(请注意,由于预料到这一切,调节者自身也会不断搜寻法律和其他调节中的空白和模糊性)。

以上的结果是对法律和各种授权调节的不断修正,以修补其中的空白和模糊性。"由于利用漏洞的手段很复杂,对漏洞的修正必然也很复杂。"[2]这种不断增加的困难性——连同与其相关的交织性——导致了一种循环趋势,即搜寻空白和模糊性、修正以及更强的困难性和复杂性。[3]

❸ 复杂性增强的组合强化

虽然"漏洞修正案"(标题 B)导致的困难性和复杂性不断增强本身是一个持续的过程,不过任何由新问题所产生的新调节(标题 A)都会开启新的漏洞修正案循环(标题 B)。各种调节增加的数量(图 10.6 所示的欧盟)和文本页数(图 10.7 所示的美国)已相当大,但这仅测度量的增加,而不是困难性和复杂性的增强。

---

[1] 我不排除由游说压力导致的法律中存在的模糊性(甚至在某些情况下,具体的法律条款源自游说者)。不过,下面的重点是意外的模糊性。
[2] 帕特洛,2013 年,第 316 页。
[3] 困难性和复杂性不是政府的目标,不过这无法避免。我可以补充一下这方面的一个轶事。当我担任荷兰议会参议员在 2015 年提出一项困难的七页公司税法修正案时(对其他四项税法产生了直接影响)——需要不少于 52 页的说明备忘录——我在正式的书面通讯中询问国务卿,他本人是否认为这一提议会导致公司税法更强的复杂性。他的书面答复(简言之)是"复杂性的增强是无可否认的",但在内阁看来,"这种复杂性的增强还算可以接受"(荷兰政府,财政部长,2015 年,第 22 页)。我反问内阁是否曾经提出过它认为不可接受的法律。

综上所述，对于资本主义系统的再生产，调节是必然的（第六至九章）。同时无论如何，社会经济变迁，尤其是调节困难性和交织性的动态交互，意味着调节复杂性的增强是必然的。企业是由利润导向的，会利用既有调节法规中的空白和模糊性，这一点会强化调节的复杂性，因此不断增强的调节复杂性在很大程度上内生于这种利润动机。

第3节

资本主义国家的硬核以及当社会保障转移支付在数量上占主导时在支出方面的表现

上节讨论了资本主义国家的作用范围在调节法规特征上的表现。本节讨论国家在其支出发展上的表现。所有主要支出类别都会被简要评述。不过，聚焦于数量上占主导的社会保障支出类别的发展及其与公共教育和通信基础设施之间的相互联系——这在本节最后一目（10§12）。

10§8　国家的表现：行为人对国家存在的体验

- 资本主义国家的硬核

国家的存在表现在立法、公共安全保障和法律维护的过程中。如第6§2—6§3所述，资本主义经济的存在要求这些过程关注主要由国家担保的合法权利：

(a) 对土地私有财产权利的主张。
(b) 对生产资料私有财产权利的主张，但权利要求人并不进行生产。
(c) 对雇用他人劳动并占有由其生产的剩余价值的权利主张。
(d) 生存权利的主张（在"允许权利"（allowance）的意义上）。

当国家特别地担保这些权利主张为合法权利时，国家被认定为资本主义国家（6§3）。在本节中，这种权利结构同第六章中叙述的其他环节一起，被视为资本主义国家的"硬核"（HC）。

- 作为隐蔽之手（hidden hand）的资本主义国家

对许多人来说，国家担保的经济权利（上述a-c）以及对这些权利立法，并不构成他们有意识的经验的一部分,"国家"是一个抽象要素。在同首都中的"他们"、市政大楼里的"他们"以及处罚人们的警察或其他权威机构打交道的过程中,这些人意识到的国家是不断更迭的政权的工作人员。

同时,他们可能感觉或知晓,在权力、财产权、收入和尊重等方面,"国家"巩固一种有偏的"经济"分配。事实上,在对财产权利和就业权利的实际主张被形式化的地方,即他们的日常工作场所,他们体验到了被担保的合法权利(a)—(d)——如果他们从事有薪工作。他们还会在周末或月末的工资水平上体验到这一点——如果幸运的话,这使他们能过上贫困线以上或者舒适的生活。因此在这种日常经验中,国家的硬核作为一种"隐蔽之手"而存在。

- 对资本主义国家支出的体验

大多数人主要通过国家的支出与对支出的分配,体验到其作用范围,即国家对生产和产品的安全性监管(10§9)、公共教育(10§10)、基础设施(10§11)、社会保障的公共品部分(尤其是健康)和其他组成部分(10§12)的作用范围。

10§8-a 详述 对本节各详述中有关 1870—2015 年 OECD 21 国国家支出的综合性概述的说明

本节的各详述对现今 OECD 21 国在迄今为止的成熟资本主义时期内(1870—2015 年),各国家平均的支出构成部分,展开最简要的综合性概述。其大部分篇幅专门讨论社会保障支出(10§12),我们将会看到,它是资本主义系统两种主要的"必然的脆弱性"之一(另一个是调节不断增强的复杂性)。

本节的详述仅仅依照 1870 年以来以 10 年为单位的发展图示进行概述,其理念是,在每一个十年内(如 20 世纪 20 年代),国家的作用表现于其对硬核(隐蔽之手)的支出,以及其他被体验到的支出。第 7—9 章中的诸多详述预见到了本节中的综合。与那些详述相同,本节中的各详述讨论了迄今为止"强大"的资本主义国家的平均值,以现今 OECD 21 国的平均值作为经验例证(见附录 6A,6A-1)。

在可获得的经验统计数据范围内,概述将遵循第 6—7 章和第 9 章中提出的八个调节框架的顺序。考虑到硬核框架(第 6 章)在调节强度上的必然性,它有特殊地位。尽管其他框架也是必要的,但它们的调节强度和支出程度可能会随时间而变化。不过事实上,它们似乎在很大程度上具有棘轮特征:支出大幅减少的情况十分罕见。[1] 资本主义是一个动态系统,该系统生成的产物可能会威胁自身的

---

[1] 基础设施是个例外(占 GDP 的百分比从 1970 年的 3.2%下降到 2015 年的 1.9%)。参见 10§11。

持续存在,因此要求国家采取新的必要行动。

对于第6—7章和第9章的八个调节框架所提出的所有类别,1995年以来的经验统计数据都是可得的。不过,本节从1870—2015年这一长期角度来看国家支出,通常缺乏详细的数据。这意味着对折中方案,以及有时对粗略估计的依赖。这些将在附录10.A中的Re10§8部分被阐述,特别参见表10.13。

10§9 用于硬核和检查机构的必要国家支出以及偶然的军事和利息支出

10§8解释了硬核一词。"检查机构"与生产(工作条件和最低工资)、产品和环境相关。

国家的军事支出和利息支出被视为偶然。

10§9-a 详述 1870—2015年OECD 21国在硬核、检查机构上的国家支出以及偶然的军事和利息支出

正如附录10.A中对10§9-a的解释,根据实际情况,我将整个1870—2015年的硬核和检查机构的支出数字固定为常数(分别占GDP的3.3%和0.1%,根据1995—2015年实际数据估算得出)。这意味着这些支出随GDP绝对地增加(或减少)。

图10.9是1870—2015年OECD 21国国家支出的4张系列图的第1张。这是一张介绍性的图,它并不关心硬核和检查机构的固定参考数字(3.3%和0.1%)。该图的要点在于它合并了提到的两种偶然性支出:军事和利息支出。可以看出,两者对1990—2000年间国家总支出的相对下降(占GDP的百分比)作出了相当大的贡献(军事支出的单独图表在附录10.A的Re10§9部分中。20世纪60年代后,军事支出已稳步下降;缺乏20世纪50年代的充分数据。同一位置提供了利息支出的单独图表,利息支出相当不稳定)。

10§10 货币和劳动力框架内的支出

促进资本积累的主要条件是货币框架(第7章第2节)和劳动力框架(第7章第3节)。货币框架(对银行和其他金融机构的监管)内的国家净支出可以忽略不计。其支出的主体部分由中央银行完成,平均而言中央银行赚取利润并将其作为

除了最后一年以外,大约间隔10年[int:对于大多数类别都是插值]

图 10.9 1870—2015 年国家总支出(一般政府)和硬核支出以及偶然的军事和利息支出,占 GDP 的百分比;最多 21 个当前 OECD 国家的平均值[†]

注:[†] 检查机构 ppe = 生产、产品和环境的检查机构
数据来源:总支出见图 8.2。军事支出:1870—1980 年主要是萨巴特(Sabaté, 2013);1990—2015 年(世界银行数据库,详细信息参见附录 10.A 的 Re10§9 部分)。对于利息支出:1870—1937 年唐兹和舒克内西特(Tanzi and Schuknecht, 2000);1960 年至今(OECD Economic Outlook 数据库,详细信息参见附录 10.A 的 Re10§9 部分)

股息分配给国家。[1]

对劳动力的主要支出用于公共教育。

10§10-a 详述 OECD 21 国的劳动力支出

该类别的支出将在之后的图 10.10 中显示。就劳动力框架而言,根据实际情况,与暂时失业和劳动力人口增长(儿童福利)相关的支出将会被纳入社会保障转移支付。出于同样的现实原因,"检查机构"(和委员会)的最低工资支出已纳入检查机构(见附录 10.A,表 10.13)。

这就留下了大量用于公共教育的国家支出及其从 1870—2015 年的增长(另参见图 7.6)。支出的内容和支出程度一般会随技术变革而变化。如图 7.5 所示,1870—2010 年,平均受教育年限从 3.5 年增加到 12 年。

---

[1] 这种分布可能并非在所有国家都是如此。

10§11　基础设施框架内的支出

同教育一样，国家在基础设施上的支出通常会随着技术变革而变化（参见第7章第4节）。设想一下引入新的能源运输（如供电）、交通运输（如铁路）或通信（电话、ICT），都需要新的网络（这些和其他技术变革还要求至少在中级及更高水平上扩大和改变公共教育）。彻底地考察这部分国家支出，应当注意到相当多的基础设施服务可能由国有企业或（服务于此调节目的的）私营企业提供——也许通过特许权或许可证。在这种情况下，这些服务的数值并不在国家支出中显示，而是相反地显示为国家收入（股息、使用费）。

10§11-a　OECD 21 国的基础设施支出

10§11 最后一句话与理解 1970 年后基础设施支出的相对下降有关。国家基础设施支出约为其总投资的 0.575（7§15 中的图 7.5 和附录 7.A 中的图 7.5-a）。

图 10.10 在总支出中显示了国家在教育和基础设施方面的支出。

以占 GDP 的比重来衡量，教育支出从 1870 年的 0.6% 持续上升至 1980 年的 4.8%，此后略有波动，但仍呈上升趋势（2014 年为 5.7%）。基础设施支出从 1870 年的 1.2% 上升至 1970 年的最高点 3.2%，然后逐渐下降到 2015 年的 1.9%。

考察这两种类别的生产自身所能实现的劳动生产率提高（即，除去其他部门对其劳动生产率的影响），值得注意的是，两者十分不同（参见 10§11-b 中的"鲍莫尔成本病"）。

10§11-b　详述　不同的劳动生产率变化："鲍莫尔成本病"

基础设施生产和教育所能实现的劳动生产率增长是截然不同的。设想现在和 100 年前的道路修建和经济学课程（后者的主要区别是使用 PowerPoint 替代了粉笔和黑板）。鲍莫尔的"成本病"定理是指在特定经济部门间结构性持续存在的生产率差异现象。该定理最初来自鲍莫尔和鲍文（Baumol and Bowen, 1965）的一篇论文，该论文以交响乐团为例来说明劳动生产率变化的差异，该交响乐团今天的演出生产率与其 1870 年的生产率几乎相同。相似的劳动生产率停滞在不同程度上适用于许多国家支出类别，例如硬核程序、检查机构、教育和卫生部门的护理部分。

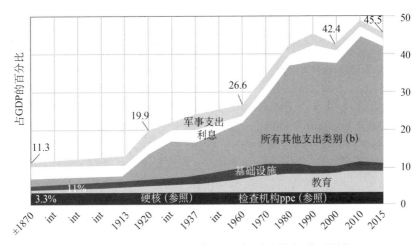

除了最后一年以外，大约间隔10年[int：对于大多数类别都是插值]

图 10.10　1870—2015 年国家总支出（一般政府）与教育和基础设施支出，占 GDP 的百分比；最多 21 个当前 OECD 国家的平均值

注：1920 年的教育支出是插值，2015 年 = 2014 年
数据来源：教育参见图 7.6；基础设施参见图 7.7 和 7.7a；其他类别见图 10.9。

10§12　与资本积累的发展相关的社会保障支出

❶ 社会保障转移支付

按本节术语，国家"硬核"的合法性可能需要以相当数量的一般化社会保障转移支付（以下简称 SST）为"代价"。到目前为止，本节所列支出类别直截了当：纯粹的资本积累需要这些支出。在国家合法性所需范围内 SST 是必要的，因此对国家进而资本主义系统的存在性而言"成为必然"。[1]

❷ 评价 SST 的三种话语

评价 SST 的发展一共有三种话语。第一种从道德或伦理的角度赞扬 SST（援助穷人，尽管一般 SST 超出该范围）。第二种抱怨 SST 缺乏"市场中性"或"经济效率"（大部分工具主义的公共选择理论）。第三种话语将 SST 视为生产和市场体系的某种失败，该体系无法为大部分人口提供过上体面和公平生活的机会，包括无法为他们的老年提供保障。

当国家论证某一特定程度的 SST 符合假定的"普遍利益"时，它必须考虑以上

---

[1] 另请参见一般方法论附录 A§13 的第 5 点，"成为必然"概念。

每种话语。然而,就资本主义系统的再生产而言,最终来看,重要的不是这些话语,而是绝大多数人的服从。[1]

SST 的现今水平与未来水平不是同一件事。在成熟的资本主义历史中,每当人们认为我们"今天"的 SST 已达到某一水平,该水平足以使国家(进而资本主义系统)合法性的该组成部分在未来得到充分保障时,在事后看来都是错误的。1960 年、1980 年或 2000 年都有过这样的"今天"。不过即使事后看来是错误的,SST 的 GDP 占比也不可能一直增加。(当转移性收入构成家庭可支配总收入的 50% 时,就可能达到终点。鉴于 50% 这一具体分配情况,这意味着可支配收入的分配有偏性可能会消失。我只是将这一点作为一个简单的"思想实验"提出,与对实际资本主义系统的叙述没什么关系。)

❸ 资本积累和 SST 趋势

国家对硬核的立法允许企业及其所有者垄断土地财产权和其他生产资料,并占有劳动力生产的剩余价值(第六章第 2 节)。一个主要结果是有偏的收入分配,以及由此造成的有偏的财富分配(第八章第 5 节)——SST 可以减小这种偏度。除此之外,SST 也是国家存在的合法性所需的绝大多数人服从的一个主要组成部分。

从再分配角度看,"一般 SST"——而不是"仅仅"对穷人的援助——常常会对收入分配底层大约 50% 的人产生积极影响(表 8.17)。[2]

收入分配和 SST 的趋势并不独立存在。有关收入分配的广泛信息(知识及其传播)是 SST 的关键催化剂。这些信息一方面与公共教育,尤其是其分布相关(参见图 7.5);另一方面与通信手段相关。而这两者又与宏观经济中资本积累的发展相关。因此简言之,资本积累要求不断提升公共教育和通信基础设施的水平(7§14;7§15;10§10;10§11),这产生了 SST。由此可以更简单地说,资本积累的状况决定了 SST 的状况。这是资本主义系统的一个主要命运。

因此,SST 的 GDP 占比提高通常由两方面因素的联系所推动:一方面,国家的绝大多数人的合法性要求;另一方面,与资本积累相关的信息广泛程度。由此

---

[1] 我并不是在说 SST 是国家合法性的唯一组成部分。不过,它是合法性决定的复杂因素中一个主要因素。在第 6 章第 3 节(在 6§4 和 6§5 中一般性地介绍国家的合法性要求)之后,我在以下文本中明确提到合法性:(1)引入国家促进资本积累和经济发展条件的形成(第 7 章第 1 节的 7§3);(2)社会保障框架(第 7 章第 5 节);(3)各种机构的分配和授权(第 7 章第 6—7 节);(4)税收的形式和设计(第 8 章第 5 节的 8§11);(5)竞争框架(第 9 章第 1—2 节)。

[2] 我从 OECD 国家近年来的数据中得出这一结论。这个边界线大概已经从较低的逐渐移到了如今这个边界性。对于许多非 OECD 国家来说,边界线可能(仍然)位于 20% 到 40%。对于(还没有)一般 SST 的国家,对贫困人口的援助可能只涉及最底层的 20%。

决定的信息促使国家会必然地提高 SST。

鉴于 SST 常会对收入分配底层大约 50% 的人口产生积极影响,提高 SST 主要有助于提升底层群众的服从性。然而,问题在于不断增加的 SST 将由何处负担。(实际上,当人均增长率结构性扩张时,该问题不那么紧迫。十分位数的平均收入远高于中位数收入。)[1]如果不断增加的 SST 最初由中层偏上(收入十分位数 D6-D9)负担,国家在这一阶层面临合法性逐渐减弱的风险。[2]如果该负担落在上层阶级(D10)身上,该阶级成员将会为资本主义系统对他们而言的进一步合理性感到困惑。

似乎没有明确的方法可以避免这种两难困境。

10§12-a 详述 1870—2015 年 OECD 21 国的社会保障支出

图 10.11 以 1870—2015 年 OECD 21 国家总支出为背景,呈现了国家对 SST 的支出。[3]同之前类似的图一样,该图以每 10 年为单位,显示了国家在其支出方面作用范围的大概表现。

图 10.11 显示,1920 年平均 SST 相当于 GDP 的 1%,2015 年增加到 24%。这一时期国家总支出从 GDP 的 20% 增加到 45%(另参见图 7.10,该图更为详细)。1930—1990 年,SST 呈现出相当连续且稳定的上升趋势。1990 年后,增幅有所放缓,不过至少到 2015 年,SST 都一直在增长(2010 年后增幅非常温和)。[4]

[1] 对于 OECD 21 国来说,2015 年的这一数字约为 70%。
[2] 请参阅最后一个脚注。在一般 SST 的下边更低时,这可能会拓宽至,例如 D4-D9。
[3] 包括暂时失业救济金和儿童福利金——详细信息请参阅附录 10.A 的 Re10§12 部分。
[4] 尽管不同 OECD 21 国存在数量水平差异,但都朝着同一方向发展,虽然存在一些波动。以美国为例。1920 年其 SST 仅为 OECD 21 国平均水平的 0.81。1980 年,这一比例为 0.77,2015 年为 0.78,与平均值的偏差相当稳定。因此,其 SST 的变化速度与 OECD 21 国平均水平大致相同。包括美国在内,有九个国家的 SST 出现稳定增长。八个国家出现轻微波动,其余四个国家出现较大波动(爱尔兰、荷兰、新西兰和挪威)。

现今 OECD 21 国家 SST 占 GDP 的百分比,1880—2015 年:SST 范围

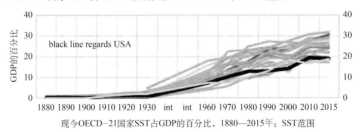

现今OECD-21国家SST占GDP的百分比,1880—2015年:SST范围

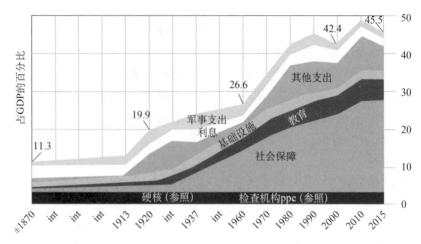

图 10.11　1870—2015 年国家总支出（一般政府）和社会保障国家支出，占 GDP 的百分比；最多 21 个当前 OECD 国家的平均值†

注：†　社会保障 1870 = 1880。仅 1937 年和 1950 年采用 SST 插值
数据来源：社会保障参见图 7.10；其他类别见图 10.10。

10§13　"其他国家支出"：偶然的支出以及特别是对"太大而不能倒"的银行的必要支出

在"其他国家支出"中，我对目前为止（10§9—10§12）未提及的国家支出进行分类，将其归入以下两类。

❹　对企业的补贴和其他直接援助

其中大部分可以被视为偶然的。不过，直接援助还包括与"太大而不能倒的银行"相关的援助，鉴于此现象，这绝对是一项必要的支出（参见 9§6）。

❺　一般便利设施

这是一个十分多样化的类别，主要包括文化、宗教、社区、休闲娱乐、对外援助以及具有一般性质的研究和开发支出。最后一项的大部分内容都是必要的（7§16）。对于其他方面，我不会仔细审查他们的（非）偶然特征，也由于其偶然性的程度可能会随着时间而演变（例如，宗教支出可能在某些时间与地点发挥着不可或缺的作用，但有时却会消失）。

10§13-a 详述 1995—2015 年 OECD 21 国偶然的支出和必要的"其他支出"

图 10.12 展示了 10§13 中提到的两大类"其他支出"的变动[1](附录 10.A 的 Re10§13 部分中的图 10.12-b 更为详细;该图细分了"对企业的补贴和其他直接援助")。仅能获得 1995—2015 年间上述支出在国际上大致同质的数据。1960 年前后,这些支出的总量处于相对较低的水平(确切地说占 GDP 的 1.6%——不比 1870—1913 年的水平高多少)。2015 年,其占 GDP 的比重已增至 6.8%,虽然过程中有所波动。

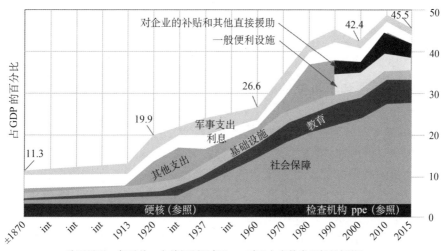

图 10.12 1870—2015 年国家总支出(一般政府)以及"一般便利设施"和"对企业的补贴和其他直接援助"国家支出,占 GDP 的百分比;最多 21 个当前 OECD 国家的平均值

数据来源:一般便利设施以及对企业的补贴和其他直接援助:OECD 的 COFOG 数据(对于这两个子类别 1990 年 = 1995 年)——详细信息请参阅附录 10.A 的 Re10§13 部分。其他类别见图 10.11。

从图来看,1990—2015 年国家总支出的大部分波动可以追溯至"对企业的其他直接援助"以及利息支出。

---

[1] 这两者是对 OECD 的 COFOG 类别重新分组的结果——详细信息,请参阅附录 10.A 的回应 10§13 部分。

第 4 节

资本主义国家作用范围的脆弱性

本节简短且只有一目,建立在前两节叙述的线索之上。虽然第 6—8 章相继介绍了相对于资本主义经济,国家的存在条件,但是最后这节却发现了这些存在条件中的缺陷和未解决的问题。换句话说,它探究资本主义系统持续再生产的潜在障碍。

10§14 脆弱性和不可能的必然[1]

❶ 不断增强的调节复杂性所带来的脆弱性

正如第 2 节所示,资本主义系统的过去与现在不仅是通过调节来维持的,而且更是通过不断增加的困难且复杂的调节来维持的。没有证据表明该趋势能够逆转。这意味着,"自由市场经济"会逐年进一步偏离经济学教科书的幻象(这种"自由市场经济"从未存在过,所以是"幻象")[2]。

❷ "太大而不能倒":银行体系的脆弱性——通过给单一资本积累设定上限来应对?

第 3 节最后一目用不太具体的"对企业的其他援助"刻画了国家"其他支出"的主要部分。在这部分支出背后,即国家对"大到不能倒"的银行支出的背后,潜藏着变化莫测的未来(7§9 和 9§6)。在资本主义的历史中这是一种新现象,对其整个系统的影响程度是前所未有的。限制银行规模这一解决方案看起来似乎相当合情合理。然而,为资本家的成功设定上限——这种成功根据所有现行标准都不是非法的——似乎与资本主义逻辑及其硬核格格不入。(此外,在完备的立法中具体确定这一上限难度会很大。)就银行而言,目前的解决方案是对那些太大而

---

[1] 译者注:原文为"impossible necessities",也可译为不可能的必要。
[2] 回想一下 10§5-a,仅计算规模(页面总数),《美国联邦法典(CFR)》的页数在 1960 年为 22,877 页,2015 年为 178,277 页。其年平均增长率为 4.9%,比年 GDP 增长快 1.5 倍。再回想一下,按照同样的增长率,到 2050 年调节页数将增加到 100 万页。

不能够倒闭的银行(即那些构成"系统性风险"的银行)实施严格监管,这种监管相对于较小的银行更严格、并具有歧视性(参见 9§6)。实际上,这是一项旨在限制大银行规模的(不过是适度的)间接调节举措。[1]

❸ **资本过度积累:未解决的环境复原问题**

保护环境(包括气候)是一项系统性高标准的要求,尽管表面看来是"弹性的"(6§14)。虽然这是一个连续的结构性要求,同这些要求之间的偏差却只会被周期性地突出显示。第 5 章展示了资本主义经济在资本周期性积累、过度积累和毁灭过程中的表现。我关注于此是由于这是资本主义系统的动力的关键:它是摆脱资本主义所固有的经济危机的方式。伴随于此,地球资源也遭到循环往复的破坏。我们还看到反复发生的超大规模失业(super-unemployment)所带来的绝望,就家庭生活而言,这种绝望胜过单纯失去收入。国家支出,正如我们在第 10 章第 1 节中所看到的,并没有消灭这一过程,不过减轻了它——这是因祸得福。

由于存在社会保障转移支付(不过尤其是在资本主义的发达国家),资本主义系统似乎生成了一种模式,用以应对资本周期性过度积累所导致的失业问题。它在相应的环境问题上还没有类似的操作(至少在本书撰写时)。但是,当可持续的环境消亡时,不仅资本主义会同时走向终结,人类也将如此。

这是同资本结构性积累与周期性过度积累相关的土地私有财产权的"悲剧"。不过,资本主义系统原则上可以应对这一问题,但"代价"是进一步扩大艰巨且复杂性不断提升的调节的规模——对于这种调节而言,这是一种前所未有的进一步扩大。如今,只要是稍微有觉悟的企业高管人士都知道,地球是脆弱的。然而,资本主义系统中根深蒂固的逐利动机结构,驱使行为人再三测试法律的漏洞,寻求他们所认为的,对企业而言能更好地分担这一悲剧的方式(第 10 章第 1 节的 10§7)。[2]

❹ **绝大多数人的合法性:不断增加的社会保障转移支付的脆弱性**

我们在第 10 章第 3 节(10§12)中看到,有关收入分配的广泛信息(知识及其传播)是 SST 的关键催化剂。SST 的 GDP 占比提高由一系列因素驱动,一方面是国家的绝大多数合法性的(vast-majority-legitimation)要求,另一方面是与资本积

---

[1] 尽管这是其作用,不过一个适度的间接上限(例如巴塞尔银行委员监管,2014)可能不会废除"大到不能倒"的银行。可能还需要一场银行业危机,这种间接上限才会变得足够严格,才能在面对利润率时迫使规模过大的银行拆分为较小的企业。

[2] 达成目标协议(如 2015 年《巴黎气候变化协议》)与将其落实到实践不是同一回事(2015 年《巴黎协定》的一个主要缺点是它没有包含能够强制实现其目标的工具)。

累的发展相关的信息广泛性程度。资本积累所必需的国家公共教育支出构成了该复杂体系的核心要素。

SST 的 GDP 占比增加对于国家的绝大多数人的合法性是必然的（这涉及收入分配中的大部分底层），尽管如此，承担该负担（主要由分配结构的上层负担）意味着这一增加的趋缓，这对国家的绝大多数人的合法性来说同样是必然的。

❺ 不可能的必然

本书的第一篇和第二篇对资本主义"外向分岔为家庭和私营企业"的存在条件展开了叙述。到目前为止，在本书中我一直避免使用"矛盾"一词（参见第一章第 1 节的最后一个补论）。就当前上下文而言，矛盾是一系列的既必然又不可能。对于上述国家作用范围的四种脆弱性中的两种，资本主义正趋向下述独自存在的不可能性：不断增长的调节规模和复杂性，以及不断增加的社会保障转移支付。另外两种主要脆弱性——尤其是气候和自然资源，它们对人类的未来更有利——或许会导致调节规模和复杂性的进一步增长。

10§14-a　说明　进一步讨论主要的脆弱性

我并没有主张资本主义已处于或接近于崩溃点。我的观点在于，即使环境和"大到不能倒"企业的脆弱性可以得到缓解甚至可能被解决，从 1870 年[1]存在至今的资本主义系统也正趋于一个不可能的结构。

这是基于国家的合法性要求（并且由于资本主义不可能脱离资本主义国家而存在，这是一种制度条件）。我也没有断言代议制民主对资本主义而言是必要的（唉）。不过，我认为资本主义国家在绝大多数民众中的合法性是必要的（7§23）。该条件最终与国家的大规模合法化暴力的物质限制有关（6§18）。（然而正如历史已表明的，我并没有主张这种大规模的暴力不可能在"相对"较短的时期内存在——也许是 10 年或 20 年。）

总结和结论

本章展示了三种关键的国家表现，它们共同决定了国家的作用范围。

---

[1] 译者注：此处应为"1770 年"。

第一种表现适用于资本积累的周期性运动（这是第五章的后续）。国家支出缓和了"正常"经济周期的幅度。这种自动稳定效应的程度取决于国家支出与私人支出相比的结构规模。这与金融危机和银行倒闭引发的"非正常"经济衰退不同。此时仅仅由国家支出保障的底线水平，可能不足以奠立一个充分的基础，以"正常"调整资本毁灭的结构，并据此实现复苏。资本主义系统的再生产需要大量相机抉择的国家政策（第1节）。

第二种表现涉及国家调节资本主义经济的特征。在新的或重新认识的社会经济问题的推动下，有效调节的数量随时间而增加。这部分源于合法性问题，另一部分源于经济结构的变化以及产品和工艺的创新，包括工艺融合。这些会影响调节的"覆盖范围"和"强度"，从而影响调节的密度和量。社会经济问题越复杂，各种调节往往就越困难，加之各种调节之间相交织，共同导致不断增强的调节的复杂性。

不过，调节的变更还主要由调节中的"意外"漏洞所决定，即空白和模糊性——通过利润驱动的边界是否具有服从性的方式来验定。调节的修正案对这些漏洞进行立法的和其他调节性的修复，这增加了各种单一调节的难度，并且伴随这些调节相互交织，调节的复杂性进一步倍增。这就导致了必然连续不断的循环，即寻找漏洞、制定修正案、进一步变得困难与复杂（第2节）。

第三种表现关涉国家支出。对许多人而言，资本主义国家的硬核——简言之，它所担保的财产权利和剥削权利以及与之相关的立法——并不是他们有意识的体验的一部分。大多数被雇用的行为人主要通过日常工作场所来间接体验国家，因此国家硬核作为"隐蔽之手"而运作。对大多数人来说，国家的作用范围直接体现在其支出的具体化上，特别是在生产和产品安全监管、公共教育、基础设施以及社会保障条款（包括卫生保健条款）方面。

在国家的主要支出类别中，社会保障转移支付（SST）方面的支出在量上占据主导，并且随时间推移往往会增加。SST是国家获得其所需的绝大多数人的合法性（即国家担保的硬核的财产和剥削权利的最终合法化）的一个主要因素。但是，SST的趋势并不以其自身独立存在。有关收入分配的广泛信息（知识及其传播）是SST的关键催化剂。这些信息一方面与公共教育相关，另一方面与通信手段相关。而这两者又与宏观经济中资本积累的发展相关。因此，资本积累所要求的不断提升的公共教育和通信基础设施水平产生了SST。

SST的GDP占比增加对于国家的绝大多数人的合法性是必然的（这涉及收入分配中的大部分底层），尽管如此，承担该负担（主要由分配结构的上层负担）意味着这一增加的趋缓,这对国家的绝大多数人的合法性来说同样是必然的(第3节)。

最后的第4节汇集了第2节和第3节的一些线索,标题为"资本主义国家作用范围的脆弱性"。该节列出了资本主义国家作用范围的四种主要脆弱性,由此构成了资本主义系统持续再生产的潜在障碍。第一是不可避免的调节数量和复杂性的不断增加。因此,所谓的"自由市场经济"将无限地受到资本主义国家更深入的操控。第二种脆弱性涉及"大到不能倒"的企业——尤其是银行。这个脆弱性也许可以通过几轮复杂的调节来解决,但就当下而言是没有保障的。第三种脆弱性与环境恶化有关。这其实是影响最深远的一种。不过环境恶化也许可以通过一轮又一轮的复杂调节来恢复——这些轮次的调节必须比(在撰写本书时)预期的调节严格得多。第四种脆弱性涉及社会保障转移支付所需的国家支出。转移支付占GDP比例不断提高对国家的绝大多数人的合法性而言是必然的,但这种提高的逐渐减弱也同样是必然。

为了资本主义系统的持续再生产,国家必然不得不处理这些脆弱性。第二种和第三种脆弱性"在想象中"是可以被解决的。然而,对于第一种和最后一种,资本主义系统正在走向一系列我所谓的"不可能的必然"。

附录10.A 第10章图表的数据及其来源

一般说明:对于所有年份(1870—2015年),我都已经使用了数据源所能提供的有关OECD 21国的最大信息量。

回应10D3 经验统计中支出类别的局限性,以及这些已经被如何说明

就第6—7章和第9章的八个调节框架中提出的所有类别而言,从1995年开始的经验统计数据都是可获得的。然而第10章第3节中,国家支出是在1870—2015年这一长期视角下的,而这些详细数据常常缺失。这意味着对折中方案,以及有时对粗略估计的依赖。粗略估计尤其涉及第一章中的类别。一种较小的折中适用于劳动力和社会保障框架。表10.13总结了对1995年以前数据缺失的说明。

表 10.13 第 3 节的调节框架和经验统计的支出类别

调节框架	第 6—7 章，第 9 章	第 10 章第 3 节		备注
资本主义国家的硬核(HC)	第 6 章第 2 节		国家的硬核	
1. 资本主义经济当事人的经济合法权利	第 6 章第 4 节	10§9		
2. 合法的生存权利(允许的生存权利)	第 6 章第 5 节	10§9		分为： 公共安全[†] 各种检查机构[††]
3. 公共安全 ❶ 行政(所有框架) ❷ 司法(所有框架) ❸ 立法(所有框架)	第 6 章第 6 节 第 6 章第 3 节 第 7 章第 6 节 第 7 章第 7 节	10§9 10§9 10§9 10§9		[‡] [*] [*]
4. 货币	第 7 章第 2 节	10§10		
5. 劳动力 ❶ 最低工资 ❷ 暂时失业 ❸ 劳动力人口增长 ❹ 公共教育	第 7 章第 3 节 7§10—§11 7§12 7§13 7§14	10§10 10§10 →10§11 →10§11 10§10		各种检查机构[††] 纳入 SST 纳入 SST
6. 基础设施	第 7 章第 4 节	10§11		
7. 公共保障转移支付(SST)	第 7 章第 5 节	10§12		
8. 竞争	第 9 章第 1 节	10§13		
调节以及调节的失败		10§13		

注：[†] 对人身直接暴力的节制的组成部分：在公共安全之下。
生产过程中消费者(产品)、环境和劳动力保护的组成部分：在"各种检查机构"之下。
[††] 用一个数字表示所有的检查机构。
[‡] 第 6 章第 3 节(在第七章介绍立法和司法之前)暗示，国家一般围绕作为"行政"的国家而展开。
[*] 包含于硬核之下(详细信息请参见附录 10.A，图 10.9a 周围的文本)。

回应 10§9　国家硬核支出：一般说明

硬核支出：被担保的财产权利、雇用劳动力的权利和占有剩余价值的权利。为了估计 1870—2015 年的硬核支出，我根据现实情况地使用 1995—2015 年的详细数据，并将这些数据投影到整个时期作为"参考数字"。对于核心支出(除去下面详述中的一类支出），该数字是 GDP 占比的 3.3%（细节参见下文）。

硬核支出：被担保的允许的生存权利或规定。其中部分纳入公共安全，另一部分纳入"检查机构"（见表 10.13）。根据现实情况，我将后者与最低工资的检查机构归为一类。对于这些检查机构，在 1870—2015 年我同样使用同一个参考数字，这种情况下为 GDP 的 0.1%。

[回应 10§9] 硬核、检查机构、军事和利息支出

以下两张图和四周的信息说明图 10.9（即下图）底部和顶部的形成基础。

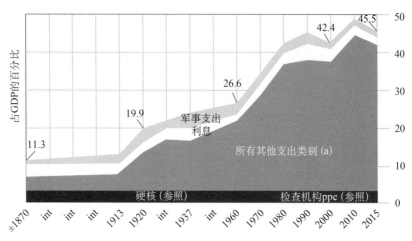

除了最后一年以外，大约间隔10年[int：对于大多数类别都是插值]

硬核和检查机构的参考数字。在谨慎使用 1995—2015 年立法和行政支出以及公共秩序与安全支出数据的基础上，粗略估算硬核支出的参考数字。

一般数据的信息：COFOG 分类。以上数据来自 OECD 的"COFOG"数据（政府职能分类，Classification of the Functions of Government）。在该分类中，政府支出被分为十种"职能"类别（"首位数字"）。首位数字的信息已被用于"公共安全支出"，即 COFOG 的 03 类别（公共秩序与安全）。可以获得数量（更加）有限的国家的细分信息（"第二位数字"），该信息已用于"立法和行政支出"之上，即 COFOG 的 01.01 类别（"行政和立法机构"）。另请参阅欧盟统计局的 COFOG 手册（2011），其附录（第 155—181 页）列出了 COFOG 的结构。

图 10.9-A 显示了这两个类别中的可用数据。立法和行政支出涉及 9—16 个国家，公共安全支出涉及 16—19 个国家。

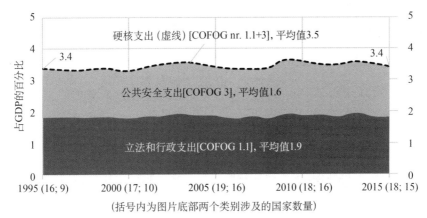

(括号内为图片底部两个类别涉及的国家数量)

图 10.9-A　1995—2015 年的硬核支出,9—19 个 OECD 21 国家的平均值

数据来源:公共安全(OECD 数据集,国民账户概览——一般政府,按职能划分的支出;2018 年 1 月 25 日访问);[1] 立法和行政部门(OECD 数据集,国民账户,11.按职能划分的政府支出(COFOG);2018 年 1 月 25 日访问)。[2]

从图 10.9-A 可以看出,可获得数据的平均值在这期间几乎没有波动(考虑了 21 世纪初和大致 2008—2013 年这些经济衰退年份)。(在 2018 年初)可获得的数据在地理分布上偏向欧洲国家(公共安全支出涉及 OECD 21 国除去加拿大和新西兰,立法和行政支出涉及 OECD 21 国除去澳大利亚、加拿大、新西兰、瑞士和美国)。

就硬核支出的 GDP 占比而言,我采用 3.3% 作为 1870—2015 年整个时期的参考数字的粗略估计。这意味着我将超出 3.3% 的支出归类为偶然的支出(该支出在我的"其他支出"类别中——请参阅本附录的 Re10§13 部分)。

生产过程、产品和环境检查机构的参考数字。原则上,这些支出属于 COFOG 的类别 4:各种经济事务。但是,该特定类别中没有可获得的数据。(在正文中的)参考数字,即 0.1% 的 GDP 占比,是根据荷兰的上述检查机构在 2010 年左右的支出所粗略估计的。这主要涉及劳动安全、食品和消费者安全、环境卫生、火灾和洪灾防护以及建筑等方面的检查机构。10§10 的正文指出,所有这些支出都主要与公务员的工资有关(正文还说明了为什么财务监管没有被包括在这 0.1% 之中)。

---

[1] http://stats.oecd.org/OECDStat_Metadata/ShowMetadata.ashx?Dataset = NAAG&ShowOnWeb = true&Lang = en.

[2] http://stats.oecd.org/OECDStat _ Metadata/ShowMetadata.ashx? Dataset = SNA _ TABLE11& ShowOnWeb = true&Lang = en.

作为结果,同超出 3.3% 的硬核支出一样,我将高于 0.1% 的支出归类为偶然的支出(该支出在我的"其他支出"类别中——请参阅本附录的回应 10§13 部分)。

回应 10§9　图 10.9:军备支出

图 10.9-B 中可以看出,从 1950 年开始,不同的国家组别的平均数趋同。2015 年军费支出的 GDP 占比接近于 1870 年的水平。

1870—1937 年的数据主要来自萨巴特(Sabaté,2013,图 7—图 12)。除此之外还加入了唐兹和舒克内西特(Tanzi and Schuknecht,2000 年,表Ⅱ.3)1900—1937 年的不同年份数据,该数据涉及奥地利、澳大利亚、比利时、爱尔兰、日本和新西兰。

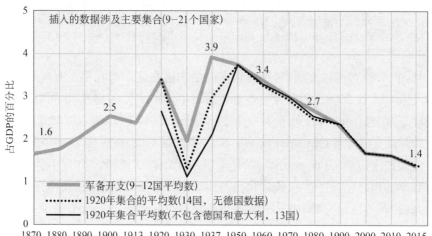

图 10.9-B　1870—2015 年军事支出,最多 21 个当前 OECD 国家的平均值

数据来源:1870—1937 年(萨巴特,2013;数据补充来自唐兹和舒克内西特,2000)。1960—2015 年(世界银行数据库,世界发展指数,更新于 2018 年 1 月 19 日,2018 年 1 月 23 日获取)。

回应 10§9　图 10.9:利息支出

1970 之前的数据相当少。唐兹和舒克内西特提供了 7—8 个国家 1870 年与 1913 年,以及 13—16 个国家 1920 年和 1937 年的数据。其中一些数据仅适用于中央政府(澳大利亚、加拿大、英国和美国的数据适用于一般政府)。

1960 年的 OECD 数据为"政府利息支付总额,价值"与 GDP(西班牙 1960 = 1964;瑞士 1960 = 1965;丹麦 1970 = 1971;德国 1990 = 1991)的商值。在 1970 年和 1980 年的 OECD 数据中,我加入了唐兹和舒克内西特的澳大利亚、德国、爱尔兰和荷兰数据(他们没有提供 1960 年的数据)。

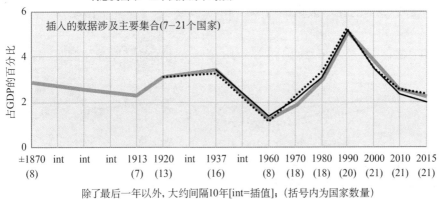

图 10.9-C　1870—2015 年总利息支出,最多 21 个当前 OECD 国家的平均值

数据来源:1870—1937 年(唐兹和舒克内西特,2000);1960 年至今(OECD Economic Outlook 数据库,2017 年 11 月,2018 年 1 月 13 日获取)。

回应 10§12　1880—2015 年的社会保障转移

该类别可获得的数据仅可追溯到 1880 年,而非 1870 年。

第 7 章对劳动力调节所必要的社会保障转移(7§12—7§13)与国家(进而资本主义系统)合法性可能必要的"一般"转移进行了区分(参见总结图 7.13)。不幸的是,统计数据——尤其是长期历史数据——不能充分适用于这种区分。因此在 10§12 中,我将"暂时失业转移"与其他社会转移共同纳入考察。2015 年主要的转移涉及公共养老金、医疗(治疗和护理)以及对工作年龄失业(广义上包括残疾)的转移支付。不过,仅从 1980 年左右开始,可获得的统计数据(基于国际通用)允许对这些转移进行区分(见图 7.9)。因此,在图 10.11 中,我显示了"OECD 定义的"国家社会保障转移支出总和的平均数据。

[回应 10§13] 1995—2015 年的"其他支出"

下述信息对图 10.12[1870—2015 年国家总支出（一般政府）以及"一般便利设施"和"对企业的补贴和其他直接援助"国家支出，占 GDP 的百分比；最多 21 个当前 OECD 国家的平均值]进行简化形式的再现。该图显示了从 1990 年（实际上是 1995 年）开始，"其他支出"类别的细分。

21 个国家均可获得 1995—2015 年的 OECD 总支出数据。OECD 的 COFOG 中首位数字级别的支出数据涵盖 16—18 个国家（为 9—16 个国家）（COFOG：政府职能分类）。[1]

图 10.12-A 显示了 21 国和 16—18 国总支出的统计差异（在图顶部）。该图

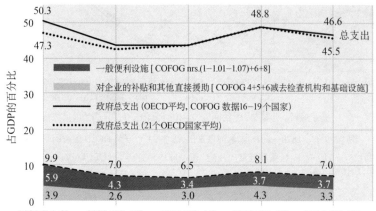

（括号内的国家数目：第一个为总支出，顶部实线；第二个为图片底部的类别）

图 10.12-A 一般便利设施支出与对企业的补贴和其他直接援助支出（COFOG 数据）以及 COFOG 与总体数据集之间的统计差异，1995—2015 年，个别的 OECD 21 国平均值

数据来源：(1)21 个国家的总支出，见图 8.2；(2)总支出，COFOG 数据，OECD 数据集国民账户概览——一般政府，按职能划分的支出（2018 年 1 月 25 日访问）；[2] (3)底部类别，OECD 数据集国民账户，11. 按职能划分的政府支出（COFOG）（2018 年 1 月 25 日访问）[3]——有关数据分类的进一步说明请参见表 10.6。

[1] 这仅为我在 2018 年 1 月查阅该数据库时的情况。可获取 COFOG 的首位数字级别数据的国家是 OECD 21 国除去加拿大和新西兰。除上述两个国家之外，澳大利亚、瑞士和美国也缺乏第二位数字级别的数据。

[2] http://stats.oecd.org/OECDStat_Metadata/ShowMetadata.ashx?Dataset = NAAG&ShowOnWeb = true&Lang = en.

[3] http://stats.oecd.org/OECDStat_Metadata/ShowMetadata.ashx?Dataset = SNA_TABLE11&ShowOnWeb = true&Lang = en.

还显示了第二位数字级别的 9—16 个"COFOG 国家",在一般便利设施以及对企业的补贴和其他直接援助上的平均支出。

可以看到,在某些年份,首位数字级别的 COFOG 数据与 21 个国家总体的非 COFOG 数据之间的统计差异较大。第二位数字级别(图底部的类别)可能也同样如此。因此,在正文的图 10.12 中,我将 1990 年起的两个指标参数的比例(如 10.12-A 底部所示)应用于 21 个国家数据集的"其他支出"类别。[1] 参见表 10.14 的类目 D。

❻ "对企业的补贴和其他直接援助"类别中的"直接补贴"。对企业的补贴,尤其是在国际比较中,是一个探索十分不足的领域(这可能令人惊讶)。[2] 如图 10.12-B 所示,国际可比较的数据可以追溯至 1960 年。补贴被定义为向企业(包括上市公司)的转移支付,不包括提供贷款和贷款担保。

这种补贴所占数量并不是较小的部分。就规模而言,这一支出类别在 21 世纪初比基础设施更为重要(OECD 21 国的平均水平)。从图 10.12-B 可以看出,2010 年平均直接补贴支出占 GDP 的百分比回到了 1960 年的水平。很难评判 1981 年之后所占百分比的下降在多大程度上是由于被税收补贴(税收减免)所间接取代。[3] 在国际比较中,对这些税收补贴(例如与 R&D 相关的补贴)领域的探索甚至更加不足。

再次考察正文的图 10.12,可以看到自 1960 年以来"其他支出"类别大幅增加。根据图 10.12-B 推断,其中一个主要组成部分是 1960—1981 年补贴的增加。

图 10.12-C 显示了 1995—2015 年"对企业的补贴和其他直接援助"支出,以及其中的直接补贴所占的 GDP 份额。

"其他直接援助"包括对特定部门的援助,以及特别是对企业的贷款。在 2007—2010 年的 3 年间,其字占 GDP 的比重上升了 1.6 个百分点,这是由于对金融部门("大到不能倒")以及与危机相关的其他部门的援助[4](请注意,这一国家

---

[1] 这包括 COFOG 类别 06:住房和社区设施。
[2] 在经合组织 2010 年的一份文件中,斯佩克特(Spector)写道,对国家援助的描述往往"基于不同的定义","关于国家援助的最全面数据是涵盖欧盟的数据",而"与非欧盟国家有关的可用数据较少且这些数据通常缺乏同质性"(斯佩克特 2010,第 18—19 页)。
[3] 据我担任荷兰议会参议员的经历(2007—2015),此类协议是与企业组织共同达成的。
[4] 斯佩克特指出,欧盟的数据显示"尽管对国家援助进行了严格控制,但 2008 年的援助总额,即使不包括对金融危机相关的计量,仍为 1134 亿欧元,占欧盟 GDP 的 0.94%。如果不考虑对铁路部门的援助,1992 年至 2008 年的这一数额减少至一半,从 1%降至 0.54%。如果纳入对危机相关的计量,会极大地改变这一情况,因为它们达到了 2 122 亿欧元,占 GDP 的 1.7%。"并且:"2002 年 OECD 国家仅对农业部门的援助就达到了 3 180 亿美元"(斯佩克特,2010,第 18—19 页)。

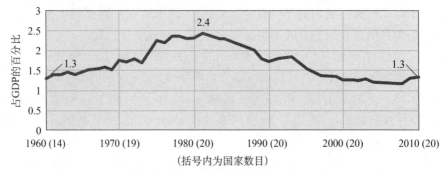

图 10.12-B 1960—2010 年国家对企业明确的直接补贴支出（一般政府）占 GDP 的百分比；最多 20 个 OECD 21 国家的平均值[†]

[†] OECD 21 国去除瑞士。数据来源：DICE 数据库（2013）。[1]（加拿大和新西兰 1960 = 1961；丹麦 1970 = 1971）

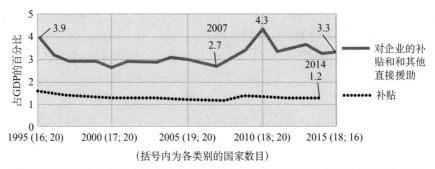

（括号内为各类别的国家数目）

图 10.12-C 1995—2015 年国家对企业的补贴和其他直接援助以及在竞争政策上的支出（一般政府）占 GDP 的百分比；16—19 个 OECD 21 国家的平均值

数据来源：补贴和其他援助（OECD，COFOG 数据，OECD 数据集国民账户概览—广义政府，按职能划分的支出，2018 年 1 月 25 日访问—类别 4，减去基础设施和生产监督（检查机构）支出。补贴：参见图 10.12-b（另外包括 DICE 对 2012—2014 年的预测）。

援助远未反映 21 世纪初金融危机的社会经济成本总额，据估计该成本达到了 GDP 的 100% 甚至更多——见第 9 章，附录 9A，9A-3 目）。

回应 10D3 该节采用的类别与 COFOG 类别之间的关系

见表 10.14。该表的主要目的是显示第 10 章第 3 节中采用的类别与 COFOG

---

[1] 按经济类别划分的一般政府费用：以 GDP 的百分比计量的补贴，1960—2014 年，Ifo 研究所，慕尼黑，http://www.cesifo-group.de/DICE/fb/3FRjkpsh8。

类别是如何相互关联的(表类目 A-C)。回想一下本附录 10§9 部分中对一般数据信息：COFOG 分类的澄清，每一种 COFOG 首位数字级别的分类是其总的十种类别中的一种。

表 10.14　第 10 章第 3 节中采用的类别与 COFOG 类别之间的联系(表类目 A-C)；以及 COFOG 的一般便利设施和对企业的额外便利设施占"其他支出"的比例(表类目 D)

		2015，%GDP 示例	COFOG 分类	第 10 章中的类别
A	COFOG 类别			
1	一般公共服务	6.4	1	
1a	立法和行政‡	1.8	1.1	
1b	债务交易(主要是利息)‡	2.3	1.7	
1c	COFOG 1 的其他公共服务(第 1 行减去 1a 和 1b)	2.2		
2	防御	1.3	2	
3	公共保障	1.6	3	
4	各种经济事务	4.6	4	
5	环境保护(基础设施)	0.7	5	
6	住房和社区便利设施	0.5	6	
7	卫生(Health)	7.0	7	
8	休闲娱乐、文化、宗教	1.0	8	
9	教育	5.2	9	
10	社会保护	18.3	10	
11	总支出：OECD 18 国的平均水平，COFOG 数据(2015 年)(第 1 行至第 10 行)	46.6	＝1—10	
12	总支出：OECD 21 国的平均水平(2015 年)	45.5		
13	统计差异(第 12 行减第 11 行)	－1.1		
B	重新组合的 COFOG 类别			

(续表)

		2015，%GDP 示例	COFOG 分类	第 10 章中的类别
14	防御（第 2 行）	1.3	2	军事
15	债务交易（主要是利息）（第 1b 行）	2.3	1.7	利息
16	立法加公共安全（第 1a 行加第 3 行）	3.4	1.1+3	硬核
17	一般服务、对外援助、文化、休闲娱乐、社区（第 1c 行加第 6 行和第 8 行）	3.7	1－(1.1+1.7)+6+8	一般便利设施
18	基础设施、检查机构、对企业的补贴和其他援助以及竞争政策（第 4 行加第 5 行）	5.3	4+5	
19	教育	5.2	9	教育
20	社会保障	25.3	7+10	社会保障
21	总支出，OECD 平均 COFOG 数据（第 14 行到第 20 行）	46.6	=1—10	
C	第十章中的其他类别			
22	生产、产品和环境的检查机构（参考数字）	0.1		各种检查机构
23	基础设施指标（总投资的 57.5%）	1.9		基础设施
24	对企业的补贴以及其他经济政策便利（第 18 行减去第 22 行和第 23 行）	3.3		为企业提供的额外便利设施
25	其他类别的总和（第 22 行至第 24 行＝第 18 行）	5.3		
D	估计 20—21 个国家总体的一般便利设施、补贴以及其他经济政策便利（考虑到统计差异）*			
26	"其他支出"（21 个国家的平均值）	6.8		
27	"其他支出"（COFOG 平均值）第 17 行加第 24 行	7.0		
28	一般便利设施在其他支出中所占比例，COFOG（第 17 行/第 27 行）	0.53		

(续表)

		2015，%GDP 示例	COFOG 分类	第 10 章中的类别
29	补贴等占其他支出的比例，COFOG	0.47		
30	一般便利设施：21 个国家的估计值（第 26 行×第 28 行）	3.2		
31	补贴以及其他经济政策便利：21 个国家的估计值（第 26 行×第 29 行）	3.2		

注：† 第三列中的 2015 年数据可能与各图中提供的数据略有偏差，因为前者是 19 个国家的平均值，后者是 21 个国家的平均值。
‡ 对于这两种 COFOG 类别的 2 级数据，1995—2000 年有 9—10 个国家的数据可获取，2000 年之后则有 15—16 个国家。
* 请注意，第 28—29 行的比例（以及第 30—31 行的比例）不是常数，每年都会不同（从图 10.12-b 的底部数字可以看出）。
类目 A 数据来源：OECD，数据集：国民账户概览，按职能划分的政府支出（COFOG）。[1]

第 10 章图表目录

图 10.1　资本主义国家的范围（第 10 章的概要）　　　　　　　　　396

10§1　国家规模：缓解经济衰退的国家支出　　　　　　　　　397

　　图 10.2　以实际人均 GDP 增长率衡量的增长波动幅度，美国
　　　　　　1870—2015 年以 2011 年计价（年度数据）　　　　398

10§2　经济衰退或经济萧条时的国家政策　　　　　　　　　　400

　　图 10.3　1870—2008 年每十年和每个国家的平均衰退次数，
　　　　　　以现今 14 个 OECD 国家为样本　　　　　　　　402

10§4　调节作用范围的一个概念大纲：缺乏可行的测度方法　　404

　　图 10.4　调节效力的概念大纲　　　　　　　　　　　　　405

---

[1] http://stats.oecd.org/. Rows 1a and 1b: Dataset: 11，Government expenditure by function (COFOG)，http://stats.oecd.org/index.aspx?DatasetCode=SNA_TABLE11.

10§5　调节的量和密度:(过于)简单的测度方法　　　　　　　　　　406
　图 10.5　1980—2015 年荷兰正在实施的法律数量(中央政府、特定授权
　　　　　和欧盟的调节)　　　　　　　　　　　　　　　　　　408
　图 10.6　每年颁布的各种授权调节总数,以及各种无有效期的授权
　　　　　通用调节累计总数;欧盟 1967—2012 年　　　　　　　409
　图 10.7　美国联邦政府一级有效的授权调节数量的发展:1950—2015 年
　　　　　间的总页数　　　　　　　　　　　　　　　　　　　411

10§6　调节的复杂性:困难性、交织性和领域融合的结合　　　　　　411
　图 10.8　英国 2004 年《公司、审计、调查和社区企业法案》与其他早期和
　　　　　晚期法案交织的可视化　　　　　　　　　　　　　　414

10§9　用于硬核和检查机构的必要国家支出以及偶然的军事和利息支出　418
　图 10.9　1870—2015 年国家总支出(一般政府)和硬核支出以及偶然的
　　　　　军事和利息支出,占 GDP 的百分比;最多 21 个当前 OECD
　　　　　国家的平均值　　　　　　　　　　　　　　　　　　419

10§11　基础设施框架内的支出　　　　　　　　　　　　　　　　　420
　图 10.10　1870—2015 年国家总支出(一般政府)与教育和基础设施支出,
　　　　　　占 GDP 的百分比;最多 21 个当前 OECD 国家的平均值　421

10§12　与资本积累的发展相关的社会保障支出　　　　　　　　　　421
　图 10.11　1870—2015 年国家总支出(一般政府)和社会保障国家支出,
　　　　　　占 GDP 的百分比;最多 21 个当前 OECD 国家的平均值　424

10§13　"其他国家支出":偶然的支出以及特别是对"太大而不能倒"的
　　　银行的必要支出　　　　　　　　　　　　　　　　　　　424
　图 10.12　1870—2015 年国家总支出(一般政府)以及"一般便利设施"
　　　　　　和"对企业的补贴和其他直接援助"国家支出,占 GDP 的百分
　　　　　　比;最多 21 个当前 OECD 国家的平均值　　　　　　　425

附录 10.A　第 10 章图表的数据及其来源　　　　　　　　　　　　430
　表 10.13　第 3 节的调节框架和经验统计的支出类别　　　　　　431
　图 10.9-A　1995—2015 年的硬核支出,9—19 个 OECD 21 国家的
　　　　　　 平均值　　　　　　　　　　　　　　　　　　　　433

图 10.9-B　1870—2015 年军事支出,最多 21 个当前 OECD 国家的平均值　434

图 10.9-C　1870—2015 年总利息支出,最多 21 个当前 OECD 国家的平均值　435

图 10.12-A　一般便利设施支出与对企业的补贴和其他直接援助支出（COFOG 数据）以及 COFOG 与总体数据集之间的统计差异,1995—2015 年,个别的 OECD 21 国平均值　436

图 10.12-B　1960—2010 年国家对企业明确的直接补贴支出（一般政府）占 GDP 的百分比;最多 20 个 OECD 21 国家的平均值　438

图 10.12-C　1995—2015 年国家对企业的补贴和其他直接援助以及在竞争政策上的支出（一般政府）占 GDP 的百分比;16—19 个 OECD 21 国家的平均值　438

表 10.14　第 10 章第 3 节中采用的类别与 COFOG 类别之间的联系（表类目 A-C）;以及 COFOG 的一般便利设施和对企业的额外便利设施占"其他支出"的比例（表类目 D）　439

第三篇

国际资本主义系统

第 11 章

国际资本主义系统

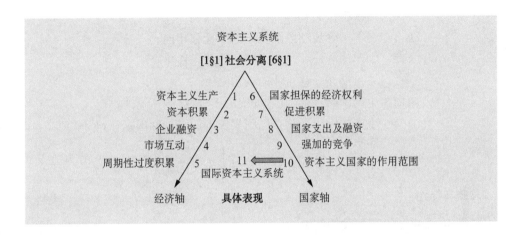

章 目 录

第三篇和第 11 章的导言	448
第 1 节　资本主义系统的国际存在模式	449
11§1　关于国际资本主义系统的论述：纲领性描述和方法	449
11§2　世界各国及其人均收入的经济排名	451
第 2 节　国际贸易趋向	455
11§3　国际贸易趋向	455
11§4　国家担保的进出口权利	456
11§5　国际贸易对生产的部门结构的影响	458
11§6　国际贸易对剩余价值的（不平衡）影响	458

11§7	国际贸易:"已积累资本的结构性国家守恒"(structural national conservation of capital accumulated)	459
11§8	(国际)长途贸易的不可持续性	461

第3节 资本国际流动和生产国际迁移的趋向 462

11§9	资本国际流动的趋向	462
11§10	国家担保的资本国际流动的权利	462
11§11	资本国际流动以及生产国际迁移趋向	465
11§12	生产国际迁移时迁入国所需的条件集合——潜在迁移企业的视角	468
11§13	生产国际迁移:利益冲突的多样性	473
11§14	生产的国际迁移:"已积累资本的结构性国家守恒"的断裂	476
11§15	生产的国际迁移趋向对资本主义国家格局的影响	478

总结与结论 480
与第 10 章主要论点相关的结论 482
附录 11 其他详细的图表和数据信息 483

第三篇和第 11 章的导言

　　本篇和本章展示了资本主义系统的国际存在模式(mode)。像前文一样,本章继续抽象掉偶然因素。第 1 节概述了本章的重点及其方法论状况。除了这种存在模式,国家(nations)也将被引入:国民经济(national economies)和民族—国家(nation-states)。本章重要的两节内容聚焦于国际经济关系的两种主要形式:国际贸易(第 2 节),以及在生产国际迁移(the international migration of production)中表现出来的资本国际流动(第 3 节)。我们将看到,就其影响的特征而言,国际贸易与国内区域按部门划分的生产专业化之间并没有本质区别。然而,生产国际迁移的后果是相当深远的。

　　第 1—10 章所有成系统的主要章节(the systematic main sections)均适用于

任何成熟的资本主义国家。这也适用于当前这一章。我仅在之前章节的非系统性的详述(non-systematic amplifications)中提到了 1870—2015 年 OECD 21 国的平均水平,其中一个原因在于,只有这些国家的长期数据可以获得。本章详述将展示世界范围和世界国家分组的数据。无论是本章所涉及类别还是年份,数据的可获得性都是有限的。

图 11.1 展示了本章大纲。本章可能相对简短,因为它是以第 1 节中所说明的方法建立在前文所有章节的基础之上。

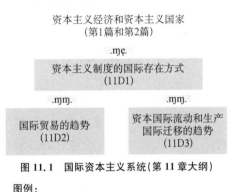

图 11.1　国际资本主义系统(第 11 章大纲)

图例:
.me. 具象化的存在方式
.mm. 表现方式

第 1 节

资本主义系统的国际存在模式

11§1　关于国际资本主义系统的论述:纲领性描述和方法

我从一个术语注释开始。在前文中,我总是用"国家"(state)一词来指称"中央国家机器(central state)"。[1] 为了本章的目的,我将"nation"指称的国家定义为国家(state)(即中央国家机器)拥有管辖权的地理领土。这与"country"指称的

---

[1] 就完全管辖权而言,一些中央国家机器源于(我称之为)"从属国家机器(subordinate states)"的联盟或联邦。

国家常常相一致,尽管一个国家机器(state)可能对一个以上的地区(country)拥有管辖权。在本章中,我将不使用后一种区分,因此"nation"和"country"这两个词是互相代替使用的。

第一、第二篇主要系统性章节(the main systematic sections)的论述是关于每一个成熟资本主义国家的。在第三篇的论述中,各国"仅仅"在以下方面有所不同:

(1) 其地理位置。

(2) 其成为成熟资本主义的历史时间点(包括资本主义生产和由此产生的资本积累),这尤其暗含了第6章中展示的国家担保的硬核权利和立法框架。

(3) 第7—9章所描述的所有其他立法框架的强度(degree of intensity)。

(4) 在一国人口给定的情况下,资本积累所达到的程度——该程度由立法的"资本积累框架"共同决定(7D2-7D4)。

除此之外,第三篇只是明确地指出,资本主义企业(或资本主义企业中的一类)出于利润的原因寻求跨越国界的扩张。我在第三篇(即本章)研究的问题并非在国际视角下重新探讨第一、第二篇的所有论述,而是探讨之前对资本主义系统再生产条件的系统性叙述——以及由此得出的结论——是否受到资本主义系统的国际存在模式的影响,如果有,又是如何受到影响的。这个问题的大部分内容都会被隐含地回答。也就是说,我隐含地假设,除了本章确实要讨论的事项以外,先前的论述不受这种存在模式的影响。

事实证明,主要的例外涉及资本国际流动的其中一种形式(这种形式是生产的国际迁移),对此我将在11D3中处理。这也涉及国际贸易(11D2)的一个方面,尽管我在处理这个方面时所涉范围更为广泛,以便将资本国际流动与之进行对比。

以上是本篇(和本章)的论述方案。我不会深入讨论国际金融格局的问题,因为这些问题事实上是由上述两种形式衍生而来的。特别的是,本章的论述继续抽象掉历史的和现行的偶然性,即抽象掉资本主义系统再生产中不必要的实体和过程(11§1-a)。有人可能争论道,严格地讲国际贸易和资本国际流动没有绝对的必然性。然而,正如我们后面将看到的,它们是系统固有的趋向。我隐含地假设,这种系统固有的趋向不适用于我抽象掉的事物(11§1-a)。

从这个角度来看,本篇(章)没有提出资本主义系统必要的存在条件(这些条件在第1—3章和第6—8章中已经完成),而是提出了资本主义一种主要存在模式及其表现形式。然而,正如我们将看到的,国际贸易趋向和资本国际流动趋向的实现都需要特定的国家担保的权利作为条件。

11§1-a 说明

本书第一、第二篇没有涉及偶然性——甚至没有涉及关于性别、种族和宗教的各种歧视,即使这些因素共同决定了资本主义系统的具体存在。原因在于,资本主义没有这些也能存在。就本篇而言,这对战争、国际强权政治(霸权)和殖民主义(的种种变体),以及未列出的类似现象同样适用。上述所有现象都是极其重要的。而所有这些对人们的生活来说,可能比资本主义的剥削性质更为重要。再次声明,本书自我施加的约束是资本主义没有这些因素也能存在,尽管应该牢牢记住,资本主义并没有消除它们。

11§2 世界各国及其人均收入的经济排名

本章将间接涉及世界所有 217 个国家的国际贸易(11D2)和国际直接投资(11D3)。我不会声明,这些国家是否以及在何种程度上具有第 1 章和第 6 章意义上的成熟资本主义(包括资本主义生产)的特征——因为这需要对其进行全面的研究。由于成员国的资格标准,欧盟的 34 个 OECD 国家和 7 个非 OECD 国家肯定是资本主义的——但这远远不是完整的名单。

出于务实的原因,我假设 217 个国家中的绝大多数都是成熟资本主义国家。同样出于务实的原因,我还将假设这些国家已在不同程度上达到了 OECD 21 国资本主义的成熟程度(并伴随其问题)——如第 10 章所说明的那样。

回顾图 10.12 所示的 1870—2015 年 OECD 21 个国家支出的历年演变。我认为,当代资本主义国家不仅以资本积累程度,而且以国家调节框架和支出的强度作为区分的特征。粗略地说,我们可以根据后一种因素对国家进行分类,如图 11.2 所示(用共时分类取代图 10.12 的水平历时轴)。

然而,这并不意味着所有这些资本主义国家都要经历与 OECD 21 国相同的历史。这与生产技术和工艺(technology and techniques of production)的扩散有关,也与调节框架强度的不同混合有关。技术、工艺,特别是公共教育状况和通信基础设施,是使这些国家的历史具有差异性的重要加速器(当然,由于历史的偶然性,如殖民主义、帝国主义和战争等,这些历史也有所不同)。

为了使这一章作为概况易于管理,我务实地假设,在国际比较中,一个国家的经济水平可以通过人均 GDP 来衡量。我要立即补充一下,(就像 OECD 21 国 1920 年或 2015 年的人均 GDP 一样),这根本没有告诉我们剩余价值的占有程度,

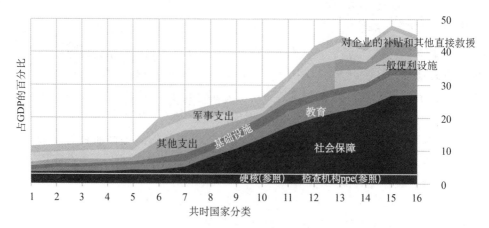

图 11.2　典型的共时的国家分类

也没有告诉我们收入和财富的分配。相对较低的人均 GDP 可能伴随着比相对较高的人均 GDP 更为扭曲的收入分配（回想一下，图 8.23 所展示的在 1910—2010 年 OECD 21 国收入最高的 10%人口所占份额的演变情况）。

对于各国的人均收入，我采用世界银行的分类法，将其分为"高收入""中高收入""中低收入"和"低收入"这四个收入类别。参见 11§2-a 的详述，其定义了这些类别并展示了它们在世界 GDP 中的份额。本章使用的按收入水平划分的国家分组的缩写（HIC、UMC、LMC 和 LIC）见表 11.3。

表 11.3　世界银行对四种国家收入类别的定义，按照从高收入到低收入的顺序（2015 年）

收入分组	简写	人均 GNI 收入范围（2015 年）	
高收入	HIC	$ 12 476	更多
中高收入	UMC	$ 4 036	$ 12 475
中低收入	LMC	$ 1 026	$ 4 035
低收入	LIC	$ 1 025	更少

数据来源：世界银行，世界发展指标数据库（database World Development Indicators）（2016 年 11 月 17 日更新）。

11§2-a　详述　根据人均收入等级划分的四类国家，及其在世界 GDP 中所占份额

如表 11.3 所示，世界银行根据人均收入对国家/地区进行分类（GNI 是国民总收入的缩写)。

表 11.4 列出了 OECD 21 国与"高收入"类别之间的联系。表中显示，2015 年，OECD 21 国占世界人口的 13%，但却占世界 GDP 的 56%。而在另一端，9%的世界人口被归类为"低收入"，只占世界 GDP 的 1%。

表 11.4 全世界国家按收入分组：2015 年占世界 GDP 份额和平均人均收入

	国家数量	人口（十亿）	占世界人口份额	占世界GDP份额	人均数（$）			以低收入国家为1（人均GDP, PPP）
					人均GNI[†]	人均GDP[‡]	人均GDP, PPP计价[*]	
OECD 21	21	0.9	13%	56%				
其他 OECD 国家：高收入[**]	11	0.1	1%	3%				
非 OECD 国家：高收入	46	0.1	1%	2%				
高收入（行1—3加总）	78	1.2	16%	64%	41 366	39 577	44 696	27
中高收入	56	2.6	35%	28%	8 186	7 834	15 832	10
中低收入	52	2.9	40%	8%	2 035	1 988	6 423	4
低收入	31	0.6	9%	1%	620	616	1 645	1
总计	217	7.3	100%	100%				

注：[†] 现价美元 $（Atlas 方法）。
[‡] 现价美元 $。
[*] 现价国际美元 $。
[**] 墨西哥和土耳其是 UMC 国家。
数据来源：世界银行世界发展指标数据库（2016 年 11 月 17 日更新）。[1]

图 11.5 显示了高、中、低收入类别在世界 GDP 中所占份额的演变情况——截至世界银行的数据能够往回追溯的年份（1960 年）。可以看到，1960—2015 年，78 个高收入国家（HIC）的份额从 78%下降到 64%。这一降幅的绝大部分是被 56 个中高收入国家（UMC）的份额增加所吸收，极小部分由两个较低收入类别的份额增加所吸收。对于这 78 个国家（2015 年占世界人口的 35%）来说似乎还不错。然而，如图 11.6 所示，UMC 国家份额增量的 84%被中国（一个 UMC 国家，

---

[1] 2016 年 12 月 4 日获得。

2015年占世界人口的19%)自1995年以来的份额增量所吸收,这是在二十年内达成的一个相当大的成就。

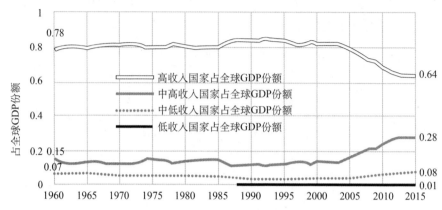

图11.5 1960—2015年高、中、低收入国家占世界GDP份额

数据来源:世界银行,世界发展指标数据库(2016年12月21日更新)。

图11.6 1960—2015年中高收入国家和中国占世界GDP份额

数据来源:见图11.5。

本节最后的表11.7简要概述了各国满足最基本的体面生活的状况。与高收入国家相比,低收入国家的人口寿命更短(3/4)、生活条件更差。在数据可得的年份期间,本表中的许多指标都有所改善。然而,如果一个人昨天被打20下,而今天只被打10下,那么他并不应该因此而高兴。这同样适用于对成熟资本主义和以往生产方式之间的任何比较。

表11.7 衡量最基本生活条件匮乏程度的指标:2015年前后的高、中、低收入国家

	年份	HIC	UMC	LMC	LIC
占世界人口百分比	2015	16	35	40	9

(续表)

	年份	HIC	UMC	LMC	LIC
低体重率,分年龄组 (占5岁以下儿童的百分比)	2014	1.1	2.5	22.4	20.4
营养不良率 (占人口百分比)	2015		8.2	14	26.1
每天3.10美元以下的贫困人口比率(2011年PPP) (生活在这一标准下的人口百分比)	2013	0.9	9.9	46.3	72.0
出生时的预期寿命,总计(年)	2014	80.6	74.4	67.3	61.3
医生(每1 000人)[1]	2011	2.92	1.99	0.75	0.07
辍学儿童 (占小学学龄的百分比)	2013	3.7	4.4	10.2	16.2
改善的水源 (无法获得的人口百分比)	2015	0.5	5.0	10.5	34.4
改善的卫生设施 (无法获得的人口百分比)	2015	0.6	20.0	48.0	71.7
居住在贫民窟的人口 (占城市人口的百分比)	2014		23.3	32.0	65.2

数据来源:世界银行,世界发展指标数据库(2016年11月17日更新)。

第2节

国际贸易趋向

11§3 国际贸易趋向

企业跨国界的产出销售称为出口,跨国界购买投入品称为进口。原则上,企业进行跨区域的国内贸易和进行国际贸易的逐利动机并没有什么不同。他们都

---
[1] 医生包括全科医生和专科医生。

寻求产出侧的扩张和投入侧的最小成本。实际情况是，企业通常不得不进行贸易，但不是必然要进行国际贸易。

国际贸易存在各种各样的障碍。一是这种贸易需要代理人——也就是企业、银行——之间达成协议，以某种汇率接受对方的金钱（money）（如今为"货币"currency）。原则上，这类似于2§9在引入清算银行（Clearing Bank）之前，特别是在清算银行将其货币强加于其他（如今为国内）银行之前，所说明的领域扩展（domain extension）。尤其是对于长期合同而言，国际汇率意味着风险和不确定性。国际贸易的另一个（初始）障碍是企业面临国家对产品和贸易的不同管制。

企业在国际上寻求产出扩张的一个特别动机与企业在经济上的最优技术规模有关。取决于一个国家/地区的大小——也就是"市场规模"（extent of the market）的限制——达到这种规模可能需要国际扩张。另一个因素（可能但不一定与前者有关）是国内市场（national market）对资本在单个企业内进一步集中所施加的限制（这是指绝对规模意义上的"集中"）。

11§4 国家担保的进出口权利

原则上，国家可以自行决定（不）对国际贸易施加限制。这是特定国家对此"制定框架"（"framing"）的问题，无论是规定无限制（"自由"）作为企业财产权的延伸（可能被废除），还是相反地规定某些限制作为对财产权的约束（可能会被废除）。框架制定方式在意识形态上很重要，但作用是一样的。

虽然实际的出口权利对于一个国家来说通常不具有冲突性（偶然可能会因为战略原因废除这种权利），但对于进口来说，情况就不同了。对于后者，潜在的进口企业和国内经营的企业之间存在或可能存在利益冲突（因为进口影响他们的产出）。那么"制定框架"就是用来处理此类冲突的。

11§4-a 详述 历史视角下的国际贸易

以下两张图显示了1870年以来国际贸易占GDP百分比的历史演变。图11.8显示，在第一次世界大战之前，世界贸易一直在稳步增长。1917—1945年，保护主义措施导致世界贸易出现了相当大的下降，直到1974年才恢复到1917年的水平。此后，国际贸易进一步上升——经济衰退期间出现低谷（在2009年严重下滑）。

世界银行按收入划分的四种国家组别（见11§2-a）自1960年起的贸易细分数

据均可获得,但低收入国家的数据从 1990 年才开始。一般来说,高收入国家的贸易数据与世界总贸易的数据相似(注意,它们 2015 年占世界 GDP 的份额为 64%)——见图 11.9。其他收入类别的贸易波动要更大。该图显示的低收入国家的情况也如此(关于低收入国家和其他收入国家的另一张图(包含了进出口平衡)显示在 11§3 下的附录 11.A 的图 11.8-A 中)。

图 11.8　1870—2011 年世界进出口总额占世界 GDP 的百分比(除以 2)

数据来源:奥尔蒂斯-奥斯皮纳和罗泽(Ortiz-Ospina and Roser,2017),数据基于克拉辛和米利奥尼斯(Klasing and Milionis,2014),以及佩恩世界表(Penn world Tables Version 8.1)。[1]

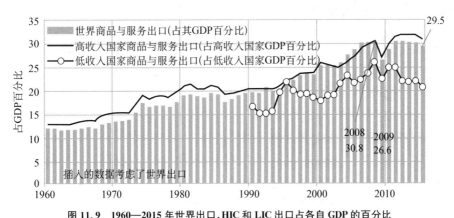

图 11.9　1960—2015 年世界出口、HIC 和 LIC 出口占各自 GDP 的百分比

数据来源:世界银行,世界发展指标,2016 年 12 月 16 日更新(2016 年 12 月 20 日获取)。

---

[1]　检索自:https://ourworldindata.org/international-trade(2017 年 11 月 5 日)。

11§5　国际贸易对生产的部门结构的影响

国际贸易的一个主要效应是国家之间生产专业化程度,从而影响了生产的部门结构。

原则上,这与一国之内的区域专业化之间没有什么不同。在这个过程中,区域工资结构通常会受到影响,但经过一段调整期后,这个过程不一定会影响平均区域工资。这同样适用于国际专业化。[1] 主要区别在于,对于某个国家的地区来说,工人可能不会调整自己的技能以适应新的地区生产结构,而是迁移到国内其他地区。在国际上,这种可能性通常被排除在外(进一步参见 11D3,11§10-a)。

虽然国内区域专业化维持了国内生产的多样性,但是国际贸易则产生了非多用途的或用途较少的国内生产结构。国家一旦放弃了某些生产部门,通常就会很难恢复它们,即使可能的话,也需要很长时间。这意味着,国家一旦"自由"地选择了一种非多用途的或用途较少的生产结构,自愿("自由")贸易就会变成强制贸易。

11§6　国际贸易对剩余价值的(不平衡)影响

国际贸易与任何贸易一样,都是由企业的利润动机驱动的。自亚当·斯密(Adam Smith)和大卫·李嘉图(David Ricardo)以来的主流经济学家认为,在一定意义上,国际贸易对国家同样是有利的,因为它们专业化于它们相对高效的生产部门(出口那些产品,并进口他们不生产或几乎不生产的产品)。这种"比较优势"理论在理论和经验的基础上都受到了质疑。[2]

一个主要的经验上的论点是,从 1960 年开始(国家/地区收入总量数据可获得的第 1 年)直到中国已经登上国际贸易舞台的 2005 年左右,高、中、低收入国家在世界 GDP 中所占份额几乎没有观察到任何趋同迹象(在 2015 年中国被排除在外的情况下,情况仍然如此)。参见 11§2-a,图 11.5-11.6。

---

[1] 当然,本章并没有偏离本书主要系统性章节的一般非道德(a-moral)论述。对于涉及的工人来说,行业结构的变化往往是巨大的。

[2] 参见温特(Went, 2002, ch. 2),萨缪尔森(Samuelson, 2004)和史密斯(Smith, 2006, ch. 2, section 4)。

然而，如果这指的是各国企业，那么国际贸易确实"对各国来说是有利的"。之所以如此，是因为如下文所述，国际贸易对剩余价值与工资的比率有正影响（$e = \Pi/wL$）[1]。更具体地说，给定一般通货膨胀率，国际贸易具有使实际工资束（real-wage bundle）的价格相对下降的一般效应。

接下来让我们回顾一下，简而言之，国民实际工资平均水平（现在是"国民"）是由劳动生产力、资本积累率和失业率之间的相互联系决定的（2§6）。考虑到这些决定因素和现行的生产部门结构（11§5），实际工资在每个时间点都认为是给定的。

国际"自由贸易"协议旨在消除贸易壁垒，特别是进口关税和进口禁令（或各种替代规定）。然而，在每种给定的生产结构中，当一个国家仍在生产某些商品或相近替代品时，该国企业不会被迫进口。只有当进口价格低于国内价格时，它们才会进口。因此，当存在国内替代品时，进口具有价格下降效应。这会影响实际工资束的价格——要么直接影响工资品的价格，要么通过影响作为工资品生产投入的生产资料而间接起作用。

上一段也表明了剩余价值效应对特定国家施加的约束。一个国家的生产结构变得越不通用，它就越被迫以世界市场价格进行进口（11§5）。这意味着，或者可能意味着，国际贸易对各国剩余价值的影响是不平衡的。

11§7　国际贸易："已积累资本的结构性国家守恒"（structural national conservation of capital accumulated）

对于国内和国际贸易，存在一个我称之为"已积累资本的结构性国家守恒"的规律。也就是说，已积累的资本在全国范围内结构性地涵盖了国民生产（national production）和就业（在 11§7-a 中进行了扩展）。

正如我们将在下一节中看到的，这对于资本主义系统国际化的第二个主要杠杆——生产的国际化来说是不同的。那种情况下，这种守恒不再成立，从而使得它与国际贸易有着根本的不同。

---

[1] 2§5，式(2.5)。在 2D2 的基础上，我以下要说明的是，马克思所假定的"相对剩余价值"趋于上升规律（《资本论》第 1 卷，第 4 篇）的国际变体。

11§7-a 说明 已积累资本的国家结构性守恒

我们在第 5 章已经看到,资本主义系统以反复出现的、周期性的资本过度积累和破坏为特征。"已积累资本的结构性国家守恒"适用于跨周期积累的资本。这种结构性守恒的要点在于,与(如今为国内 national)劳动力增长相对应的(如今为国内)结构性的资本积累(structural accumulation of capital),2D2 的论述对此适用。

引入国际贸易时情况仍然如此,无论生产的部门结构(11§5)或相对剩余价值(11§6)如何变化。这些变化也可以独立于国际贸易发生,尽管规模可能更小或更慢。当商品或商品服务的进出口大致平衡时,这种资本的国家守恒就不会受到影响。

这种平衡是重要的,因为它间接衡量了国民生产和国民就业。就 1960—2015 年而言(在此期间进出口数据可以根据世界银行国家收入类别分解),这种以"货物和服务对外贸易差额"占 GDP 百分比来衡量的守恒发生在世界总体上以及高收入国家类别上(有极小的偏差),但其他收入类别则不然。表 11.10 显示了 1960—2015 年该指标的年平均值。

表 11.10 货物和服务对外贸易差额占 GDP 的百分比;世界 GDP 份额(1960—2015 年平均值)

类别	货物和服务对外贸易差额占 GDP 的百分比	世界 GDP 份额	国家数量
世界	+0.1%		217
HIC(高收入)	+0.1%	64%	78
UMC(中高收入)	+1.1%	28%	56
LMC(中低收入)	-2.2%	8%	52
LIC(低收入)	-14.2%[1]	1%	31

数据来源:世界银行,世界发展指标,货物和服务对外贸易差额(占 GDP 的百分比),2016 年 12 月 16 日更新。

---

[1] 1990—2015 年:早期数据不可得。

11§8 （国际）长途贸易的不可持续性

国际贸易在相当长的一段时间内一直停滞不前（见图 11.8）；然而，从大约 1970 年到 2015 年，其增长幅度是巨大的。[1] 贸易运输也随之增加。它们的环境（包括气候）成本在货币—价值维度（monetary-value dimension，MVD）并没有被计入。就日益严重的环境破坏而言[2]，这种水平的国际贸易（以及进一步的增长）不太可能是可持续的。然而，鉴于已经发展了的国际生产部门结构（11§4），这造成了一个在中期内无法解决的巨大问题，在某些情况下甚至长期内也无法解决。[3]

然而，这并不"仅仅"是一个国际问题，也是一个大面积国家内部的区域问题（11§8-a）。

11§8-a 详述 世界上土地面积最大的 7 个国家

217 个国家中土地面积最大的 7 个国家（按面积大小排序）分别是：俄罗斯、中国、美国、加拿大、巴西、澳大利亚和印度。下表展示了这些国家的土地、人口和 GDP 的世界份额总和。

土地面积最大的 7 个国家的世界份额

土地面积	2015 年人口	2015 年 GDP（美元）
42%	46%	50%

这张表仅仅是世界上任何出现区域生产专业化的国家的"放大"版，因此运输成本可能未计入 MVD。所以，与国际贸易相关的运输是一个巨大的问题，但实际上也是任何没有充分考虑成本的长途贸易和交通的问题。

---

[1] 奥尔蒂斯-奥斯皮纳和罗泽（Ortiz-Ospina and Roser, 2017）认为，这一增长中相当一部分不是因为国际部门间贸易（如制成品出口和咖啡进口），而是因为国际部门内贸易（如法国向德国进口汽车）。

[2] 以下数据涉及欧盟的温室气体排放。1990 年，交通运输在这些排放总量中所占的份额为 14.9%。2014 年，这一比例上升至 23.3%（欧盟统计局，2016 年，图 3）。当然，并非所有这些都与贸易有关。具体就国际贸易而言，埃里克森等人（Erickson et al., 2013）引用了彼得斯、明克斯、韦伯和艾登霍夫（Peters, Minx, Weber and Edenhofer）的一项研究，一方面，报告称"（国际）商品和服务贸易造成的排放量从 1990 年的 4.3 Gt 的 CO_2（占全球排放量的 20%）增加到 2008 年的 7.8 Gt 的 CO_2（占全球 CO_2 的 28%）"。另一方面，这并没有告诉我们，从国际贸易的减少中可以达到多少减排。

[3] 对于国际部门内贸易而言，这个问题可以解决——见上一个脚注。从长期来看，问题在于可能出现的能够充分减少排放的运输技术的执行成本，在多大程度上小于逆转国际生产部门结构的执行成本。

第3节

资本国际流动和生产国际迁移的趋向

11§9　资本国际流动的趋向

企业通过生产过程和资本积累来寻求提高利润率(1D5，2D1)。这些过程在企业市场互动的多种趋势力量中表现出来。一种表现形式是生产部门内部的工厂间的资本流动,或者生产部门之间的资本流动(4D1)。另一种表现形式是(企业集团的)资本集中(4D5)。

因为这些是一般的趋势性力量,所以原则上它们也在国际上采取资本国际流动趋向的形式,尽管是在比国内更复杂的条件下进行的(参见11§11和11§12)。

11§10　国家担保的资本国际流动的权利

资本的国际流动(international movement of capital，IMC)是以国家担保的企业产权的双边扩展为条件的。

首先,迁出国(emigrant state)在法律上担保企业或任何其他代理人从事IMC的权利时,它(全部或有限地)扩展了合法产权(参见6§10)。其次,迁入国(immigrant state)在允许外国企业迁入资本(immigrate capital)时,它(全部或有限地)扩展了迁入企业(们)或其他代理人的产权。

与国际贸易一样,这是特定国家对这些权利"制定框架(framing)"的问题,无论是规定无限制("自由")作为企业财产权的延伸(可能被废除),还是相反地规定某些限制作为对财产权的约束(可能会被废除)。该框架虽然在意识形态上很重要——尤其是在关于IMC存在利益冲突的情况下(参见11§13)——但其作用是相同的。

11§10-a　详述　资本和劳动力国际流动/迁移的不同自由度

尽管在大多数国家(nations),劳动力(任何人)可以自由移居国外

（emigrate），但大多数国家对劳动力（人员）的移民入境实行严格的限制。因此，在国家担保（扩大的）所主张的权利时，企业和劳工（人员）再次受到不对称的对待。这确实意味着宣传经济自由是偏袒的和包含意识形态的（partisan and ideological）。

这并不意味着完全禁止劳动力移民入境。相反，它取决于企业在面对现有劳动力时的利益——因此，潜在的劳动力移民被当作一个蓄水库，以保证一定程度的失业（2§6）（我在此补充，这种不对称意味着，即使从主流经济学的角度来看，自由的劳动力市场也不存在）。

11§10-b　详述　以"外国直接投资"（FDI）衡量的资本国际流动及其模式（1970—2015年）

世界范围内的资本国际流动是一个相当近期的现象，可以追溯到20世纪80年代中期。在此之前，大多数国家控制和限制资本的跨境流动——而且许多国家现在仍然以不同的程度这样做。

我采用了"外国直接投资"（FDI）作为它的主要量化指标。我的大部分FDI数据来自世界银行，它对FDI的定义如下：

"外国直接投资是指投资者为获得在另一经济体中运作的企业的永久性管理权益（10%及以上表决权）所做的投资的净流入（或净流出）。它是股权资本、收益再投资、其他长期资本以及国际收支平衡表中显示的短期资本之和。"此系列显示了"报告经济体来自外国投资者的净流入（新投资流入减去撤资）"，或"报告经济体到世界其他地区的投资净流出"。而且，"FDI数据并不能全面反映一个经济体的国际投资情况。关于FDI的国际收支平衡表数据不包括在当地筹集的资本……此外，FDI数据忽略了非股权跨境交易，例如单元内（intra-unit）的商品和服务的流动"。最后，世界银行（WB）使用"加权平均值"作为"加总方法"。[1]

来源：世界银行关于该系列的元数据。

由于世界银行使用术语"净（net）"来考虑撤资的因素，因此我使用术语"净获（netted）"FDI或FDI"总和"一词来表示流入减去流出。下面列出的所有国家组别的FDI平均值均为世界银行计算的加权平均值。

世界FDI在很大程度上由高收入国家（HIC）的FDI主导——2015年，他们

---

[1] 然而，为了描述"平均资本主义国家"的特征，未加权平均数往往更为合适（正如我在第二篇中所做的那样）。为了不使下文图表复杂化，我没有同时展示两种衡量标准。

占世界 GDP 的比重为 64%。从图 11.11 和图 11.12 可以看出，超过世界 GDP 1%的世界 FDI 流入和流出是在 20 世纪 80 年代后半叶才开始起飞的，HIC 的 FDI 占其 GDP 的比值也是如此（中、低收入国家的类似图表见 11§10 的附录 11.A）。

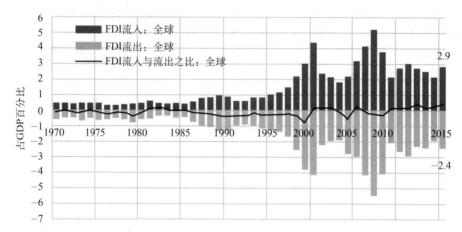

图 11.11　FDI 的流入和流出占 GDP 的百分比，世界平均水平（1970—2015 年）

数据来源：世界银行，世界发展指标数据库（2016 年 12 月 21 日更新；2016 年 12 月 26 日获得）。

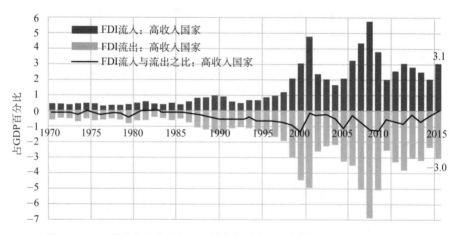

图 11.12　FDI 的流入和流出占 GDP 百分比，高收入国家的平均值（1970—2015 年）

数据来源：见图 11.11

从这些图中也可以看出，2000 年左右开始的波动是相当大的。原因之一是，FDI 还反映了国际并购——包括 2007/2008 年金融危机前后的大规模银行业并购。

然而,与本节最为相关的是"净获"FDI 的流入和流出(图 11.11 和图 11.12 中的黑线),尤其是中、低收入国家的流入和流出。[1] 这些在图 11.13 有所展示。可以看出,对于中、低收入所有国家组别而言,自有数据以来,净获 FDI 均为正值——尽管整体上存在相当大的波动[2](对于低收入国家来说,全样本数据只有 2005 年以来的部分数据是可得的)。

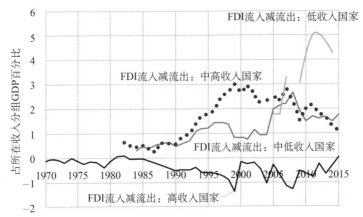

图 11.13 分国家组别的净获 FDI 的流入和流出占 GDP 百分比;高、中、低收入国家(HIC、UMC、LMC、LIC)的平均值(1970—2015 年)

数据来源:见图 11.11。在检索数据时,低收入国家的流入和流出数据仅在很少的年份(2005—2007 年和 2009—2014 年)中提供。

11§11 资本国际流动以及生产国际迁移趋向

资本国际流动(international movement of capital,IMC)有两种主要形式——总结在表 11.14 中。

第一种形式是"资本的国际集中与积聚",它与"经济势力驱动的并购"相关。这种形式及其驱动与资本的国内集中(4D5)并无区别。然而,在国际形式下,由此产生的实体规模(即资本积聚)的增长可能远远超过国内可能达到的水平。由此产生的实体倾向于(作为跨国公司)跨国经营,并将来自多国的资产和金融资本聚

---

[1] 如上文所述,我对"净"和"净获"进行了区分。
[2] 2007 年后,中高收入国家的净获 FDI 下降在很大程度上是由中国的下降造成的。

集在一起。[1]

股权交易是实现资本集中和积聚的主要过程。

IMC 的第二种形式涉及"生产的国际迁移"(international migration of production, IMP)。[2] 实现这一目标的过程是通过逐步的"资本重组"(参见 4§2-b):在原国家的新工厂投资受到抑制,取而代之的是在另一个国家的投资。[3] 这第二种形式包含两种变体。

一种变体主要是"商品市场驱动"的。它与销售市场的地理距离和/或包括相关网络在内的供应链结构有关。在这种情况下,企业将(部分)生产转移到销售市场或供应市场附近。在这种情况下,生产的国际迁移实际上是国际贸易的替代物。原则上,这种变体与企业在国家内部的跨区域搬迁没有什么不同。

另一种变体主要是"劳动力市场驱动"的,即工资成本驱动的。事实上,这指的是寻求劳动力相对丰富的市场(适用于资本积累的两个主要条件之一——参见 2D2)。

在本节的其余部分中,重点将放在生产国际迁移的一般先决条件及其对劳动力市场和工资的影响上。尽管这两种变体的主要驱动因素是不同的,但每种变体(也)具有相似的劳动力市场效应。只是,当以劳动力市场作为主要驱动因素时,工资效应比以商品市场作为主要驱动因素时更大。进一步地,尽管驱动因素可能不同,但从经验上讲,我们无法从生产的国际迁移中判断出驱动因素是什么。因此,在本节的其余部分,我通常将这些变体统称为"生产的国际迁移"。

本节其余部分的另一个重点是生产从高收入国家(HIC)向中低收入国家(UMC、LMC 和 LIC)的迁移,以及从中等收入国家(UMC 和 LMC)向低收入国家(LIC)的迁移。(详见 11§2-a 中的国家分类)。

生产国际迁移很少采取企业完全迁移的形式——至少一开始不是这样。相反,它最常由跨国企业通过子公司(初始公司为控股公司)部分迁移的形式进行,或通过收购,或通过参股,或通过建立一个全新的分支部门(a complete new

---

[1] 联合国贸易和发展会议的 2017 年世界投资报告(The UNCTAD World Investment Report 2017)在其附表 24、25 中展示了 2016 年世界前 200 家非金融企业的这一指标。

[2] 从中期或长期来看,生产的迁移(从一个国家迁移到另一个国家)也可能是由并购引起的。然而,生产迁移并不是以这种方式起步的。

[3] 我注意到,生产的国际"外包"具有部分的生产迁移的效果,但它并非资本的流动。事实上,这是国际贸易的一种特殊形式,现有货物或服务的进口也被作为国际贸易来衡量。

branch)(后者被称为"绿地投资")。[1]

"资本国际流动"(IMC)的每一种形式的产生实际上都具有趋势特征(因为产生这些形式的力量可能会被抵消)。

每一种IMC形式都是"外国直接投资"(FDI)的组成部分(参见11§10-b),进一步参见11§11-a。

表11.14 "国际资本流动"的形式

形式	资本国际流动(IMC)的驱动因素	主要过程
(1) 资本的国际集中和积聚	经济势力驱动的并购	金融:股权
(2) 生产的国际迁移(IMP)	(a) 商品市场驱动 (b) 劳动力市场驱动	资本重组(ROC)

11§11-a 详述 作为FDI组成部分的"资本的国际流动"的形式

按类型划分的FDI信息是有限的,特别是对于国家组别而言尤为如此(至少世界银行和联合国贸易和发展会议的数据库没有提供这些信息)。在联合国贸易和发展会议的《2017年世界投资报告》的附件中,有一些关于2003—2016年绿地投资这一FDI子类别的有限信息。绿地投资是FDI的一种形式,即母公司在外国从头开始建立业务(另见上一个脚注)。该子类别与"生产国际迁移"相关。然而,联合国贸易和发展会议的信息指向的是已宣布的绿地投资项目。它指出:"已宣布的绿地项目的价值表示投资者发布公告时的计划资本支出。数据可能与官方FDI数据有很大差异,因为公司可以在当地筹集资金并分阶段投资,而且项目可能在宣布的那一年取消或还没开始。"(p.39,n.2)由于有限的信息往往比没有信息好,表11.15汇集了联合国贸易和发展会议的数据。由于前面引文中所述缘由,我使用的是2003—2016年平均值。

发展中经济体大致是指除世界银行高收入国家类别之外的世界上所有其他经济体(11§2-a)。表11.15显示,作为一个粗略的指标,绿地投资是流入发展中经济体的FDI的主要部分(该指标为89%)。[2]

---

[1] https://www.investopedia.com/terms/g/greenfield.asp.
[2] 顺便说一句,我注意到联合国贸易和发展会议在其《2017年世界投资报告》中有一个标题为"2007—2016年发展中经济体的外部资金来源"的图表(图1.12),其中包括"证券投资组合"的折线图(在FDI旁边)。我不理解这为何是一种融资来源,除非它只考虑到新发行的股票、债券或直接配售。

表 11.15　FDI 流入总额以及已宣布的绿地 FDI 流入；世界和发展中经济体，2003—2016 年

已宣布绿地 FDI 项目＝AG-FDI 发展中经济体＝DE	2003—2016 年平均值 （百亿美元）	2003—2016 年平均值 （百分比）
FDI 总流入:世界	1 263	
FDI 总流入:发展中经济体	543	
FDI 总流入:DE 与世界的流入之比		40%
DE 占世界 AG-FDI 的份额		60%
AG-FDI:世界	811	
AG-FDI:发展中经济体	486	
全世界 AG-FDI 占总 FDI 流入的比例		60%
DE 中 AG-FDI 占总 FDI 流入的比例		89%

数据来源:联合国贸易和发展会议附录表 1 和表 19。[1]

11§12　生产国际迁移时迁入国所需的条件集合——潜在迁移企业的视角

商品和生产过程的内向分叉（inward bifurcation）（1§7，1§11）意味着自然地理位置对企业并不重要：重要的是整体的和内部的利润率标准（1§13，5§1），无论是在国内还是在国际背景下。然而，同样的标准意味着企业并非对最符合其利益的特定国家毫不关心。对于跨国企业来说，民族国家是一个工具性实体。

实现生产的国际迁移（11§11）的一般条件是，这些国家的国家机器在将资本利益定义为假定的一般利益时可以获得顺从（6§6）。这只是意味着正在迁移的企业将迁移到资本主义国家。关于更具体的流动条件，表 11.16 将第 6—9 章的调节框架（regulative frameworks）分为三大类。

表 11.16　将调节框架划分为与第 11 章相关的三个主要类别

硬核框架（HC-FW）	1. 资本主义经济权利	6D4
↓	2. 允许生存的权利	6D5
	3. 公共安全	6D6

[1] http://unctad.org/en/Pages/DIAE/World%20Investment%20Report/Annex-Tables.aspx。

(续表)

资本积累框架(CA-FW)	4. 货币	7D2
↓	5. 劳动力(包括公共教育)	7D3
	6. 基础设施	7D4
	8. 强加竞争(的模式)	9D1
使 SWC* 服从正当化(LC-FW)	7. 社会保障框架	7D5

图例:
↓ 植根于下方
* SWC 处于隶属地位的工人阶级

对于潜在的迁出企业来说,迁入国家的硬核框架及其充分维护是迁移的绝对先决条件。资本积累框架也是一种要求(requirement)。然而,作为资本迁移的先决条件,其强度在面对移民国之间的工资水平差异时是灵活的。这一点——特别是正规教育和基础设施——同样会因为不同的生产部门和特定类型的投资(例如,要求不同类型和程度的教育)而存在差异。相对严格的竞争管制(仅仅)对迁移企业的供应方很重要。

由于以下两个原因,社会保障框架的类别对迁出企业来说并不是直接考虑的因素。

首先,这个框架对国家的合法性是重要的(因此,如 7D5 中所讨论的,也对资本主义经济的合法性重要,资本主义经济和国家构成了相统一的分离——6§7)。然而,迁入企业在一定程度上是"无拘无束的(footloose)",这是因为他们计算投资回收的期限相对较短,比如 3—5 年。也就是说,当所考虑的国家合法性实际上受到威胁时,他们会重新转移投资。

其次,实际的社会保障框架(以及伴随的转移支付)仅在一定程度上与迁入企业间接相关,只是因为它们会影响雇主的社会保障缴款和企业税。[1]

后者(企业税)的水平是生产国际迁移的最后一个主要决定因素。这与法定税率不大相关,而与有效(effective)税率相关——面对企业控股的国际分支机构内部的会计流同样如此。

面对这些框架以及其他重要因素时,潜在的迁移企业会计算生产国际迁移的成本和收益。特别是因为对这些框架的比较评估,生产国际迁移比生产国内迁移要复杂得多。

---

[1] 最高管理层人员的所得税同样重要,但其中大部分包含在支付工资总额中。

11§12-a 详述 其他决定因素

除了正文中指出的条件(简言之,框架强度、工资和税收)外,企业是否迁移还取决于以下方面的差异:

- 制度性劳资关系(管理层与劳动力、劳动力与工会、当地的管理与国际管理)。
- 企业的当地/区域网络。
- 企业和政府(中央和地方)之间的网络。
- 区域市场。

面对世界银行区分的四个大的国家类别(11§2)之间的生产国际流动(international movements of production,IMP),以下三个详述扩展讲述了与本节余下部分最相关的三类国家框架。

11§12-b 详述 正规教育

正规教育是资本积累框架的主要组成部分。2015年,高、中、低收入国家之间的正规教育差异相当大,这似乎是普遍地向中、低收入国家进行 IMP 的主要障碍。具有误导性的是,如图11.17所示,国家在正规教育上的支出可能暗示这一差距

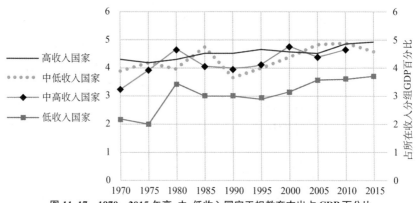

图11.17 1970—2015年高、中、低收入国家正规教育支出占GDP百分比

数据来源:联合国教育、科学与文化组织(UNESCO)数据库(2016年12月发布;2016年12月8日获取)。1970—2010年是最近的可获取数据的年份;2015年或去年是可获取的[1](我根据世界银行2015年的收入分类,对联合国教育、科学与文化组织的各国数据进行了划分。关于数据的更多信息见11§12的附录11.A)。

---

[1] 2015年的中高收入国家(样本值3.5被剔除了,因为与2010年太多国家不一致)。由于津巴布韦存在几个难以解释的数值,包括1994年教育支出占GDP的44%,低收入国家中将之剔除。

几乎已经弥合(甚至 2005 年 LIC 的水平高于 1960 年 OECD 21 国的水平)。

然而,图 11.18 显示,在前文令人欣喜的数字背后,隐藏着比 1870—1910 年 OECD 21 国更为扭曲的正规教育分布(图 7.10)。因此,2015 年,似乎许多中、低收入国家的教育可能适合高层或中层的精英管理人员,但却不太适合那些至少需要中等技能劳动的生产车间。另外,近十年来,这些国家人口中的教育普及程度急剧上升(通过图 11.18 中基尼指数的下降来衡量)。

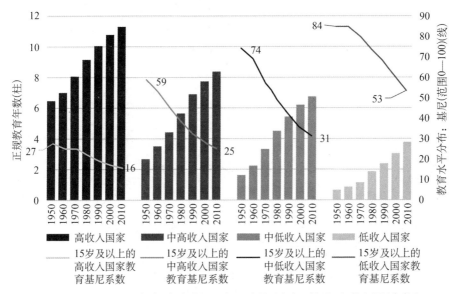

图 11.18　1950—2010 年高、中、低收入国家 15 岁及以上人口的受正规教育平均年数和教育普及程度(基尼系数)的平均水平

数据来源:CLIO Infra 数据库(2016 年 12 月 12 日获取)。[1] CLIO 各国数据根据世界银行 2015 年收入分类进行划分。[2]

图 11.18 显示了平均值。举一个重要的例子,中国的基尼系数在 2010 年下降到 14.5(范围 1—100),也就是低于 HIC 的平均水平(与美国的 13.5 相差不远)。俄罗斯(2010 年为 15.2)和阿根廷(15.7)也在 UMC 中表现突出。在 LMC 国家中,塔吉克斯坦、柬埔寨、摩尔多瓦、肯尼亚和亚美尼亚也表现突出(2010 年在 9.4—15.8)。考虑到向中、低收入国家流入的实际 FDI,这些国家(面对平均工资

---

[1] https://www.clio-infra.eu/datasets/indicators.
[2] HIC:34—39 个国家。UMC:32—38 个国家。LMC:28—34 个国家(1970 年起 34 个)。LIC:15—26 个国家(1960 年起 25—26 个)。

差异)显然仍然存在流入空间。

11§12-c　详述　通信基础设施

我没有找到基础设施的汇总数据(回想一下7§15,这也是OECD 21国长期数据在1995年之前的一个空白)。然而,通信基础设施是有数据的(而且,正如我们将在本章最后一节看到的,这些数据非常重要)。图11.19显示了高、中、低收入国家组别使用互联网的人口比例(这也是除正规教育以外,人口的信息普及程度的一个重要指标)。2015年,中、低收入国家确实落后于高收入国家,但特别地,中高收入国家在2015年的前十年里保持了快速增长。

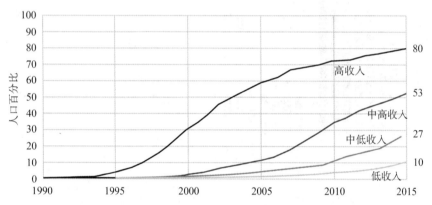

图11.19　1990—2015年高、中、低收入国家使用互联网的人数(占人口百分比)的平均值

数据来源:世界银行,世界发展指标数据库(2017年11月15日更新;2017年11月17日检索)

11§12-d　详述　社会保障转移支付

在11§15中,我将提及中、低收入国家的社会保障支出(social security expenditure,SSE)。关于这方面的标准化数据很少。然而,国际劳工组织(ILO)提供了2000—2011年世界上几乎所有国家的SSE数据。我采用了世界银行的国家收入分组对这些数据进行划分。结果如表11.20所示。可以看到,在2000年和2011年,OECD 21国及其他HIC国家的水平与中、低收入国家的水平之间存在相当大的差距,但在此期间,后者迅速增长(24%和35%)。

表 11.20　2000—2011 年世界银行国家收入组别国家社会保障支出占 GDP 百分比的平均值

类别	类别	Nr[†]	2000[‡]	2011[‡]	变化	与 OECD 的历史比较
			占 GDP 百分比			年份[**]
高收入	OECD 21	21/21	21.1	24.7	17.50%	2011
高收入	HIC[*]	55/78	15.4	17.4	12.90%	±1980
中高收入	UMC	44/56	8	9.9	24.40%	±1955
中低收入	LMC	46/52	4.7	6.3	35.50%	±1945
低收入	LIC	23/31	3.2	4.4	35.50%	±1940

注：[†]　x/x＝实际/潜在最大国家数目。
　　[‡]　或者可得的最近年份。
　　[*]　包括 OECD 21。
　　[**]　指 OECD 21 达到相似支出的年份(对 1940 年和每 5 年进行插值估计)。
数据来源：国际劳工组织,社会保护数据库。[1]

11§13　生产国际迁移：利益冲突的多样性

生产国际迁移在迁出国和迁入国都会产生非常不同且具有冲突性的影响。本部分致力于以宽泛的方式总结这些内容(达到精确则需要单个国家与单个国家的比较,以及一系列假设)。

在任何情况下——以资本主义经济和国家的统一为前提——允许 IMP 的国家必须认为,IMP 符合国内企业及其所有者的直接利益,或者因为国家要求在绝大部分劳动人口中获得合法性而间接符合他们的利益。我已经注明,资本迁出国和资本迁入国对这两种情形的理解可能有所不同。[2]

一般而言,IMP 流入对生产迁入国的 GDP 增长和税收收入有正面影响,而对迁出国则有相反的影响。

相反的工资效应是差异的本质(在迁出国存在工资下降效应,在迁入国存在工资上升效应)。这意味着不同国家的工人正在相互对抗。然而,原则上,这与国

---

[1]　http://www.socialsecurityextension.org/gimi/gess/ShowSearchIndicators.action(2017 年 11 月 1 日检索)。剔除只有一个数据(2000 年或 2011 年)的 10 个国家(世界银行的国家收入分类方法;参见表 11.3)。

[2]　我还注意到,中国——作为一个似乎以自由裁量而非一般方式处理这些问题的国家的一个主要例子——净获 FDI 流入占 GDP 比重在 1994 年达到 5.6%的峰值,后来降至 2015 年的 0.6%。

内部门间或区域间的资本流动没有什么不同。在每一种情况下,失业率和工资率都趋于均等化(这些只是趋势;实际的均等化通常是一个长期的渐进过程)。

国家并非受到相对于其他国家的利他主义的驱动。对各国政府税收收入的相反影响可能会产生这一观点,即国家之间的利益是对立的(counter-posited)。然而,从生产迁出国的角度来推理,这其实是假设国家是一个独立于资本主义经济和资本主义企业利益的行为体。事实上,如第6章所述,资本主义国家要对企业要求的(生产资料产权的和剥削的)经济权利担保。将受担保的财产权扩展到生产国际迁移(11§10)层面是与此一致的。这种扩展不仅符合迁移资本(控股)的利益,也符合非迁移企业的利益(工资被压低)——也就是说,只要剩下的税收使积累框架的水平能够维持。可能的不利方面(和权衡)是其对国家在劳工服从方面的合法性的影响(见11§15)。

从同样的角度(资本主义经济权利)来看,更需进一步考虑的反而是生产迁入国(资本流入)的立场。这些国家必须说服现有的国内企业相信,即使面临工资上涨,他们也将受益于未来的GDP增长效应,特别是将受益于GDP和国家税收增加所带来的"资本积累框架"(11§12)的改善(当工资上涨时,对工资征税也将被促进)。

然而,工资最终提高到接近世界平均水平似乎是生产期间保证稳定服从以及国家获得使国内工人阶级保持服从的合法性的条件[1](在一个人们因为国际交流而对世界相对收入和财富水平有所了解的世界中,这确实是一个关键的重要因素)。

表11.21粗略地总结了各种具有冲突性的利益(11§13-a中说明了一些限制条件)。

表11.21 生产全球迁移时利益冲突的多样性

正(+),没有(o)或负(—)效应:变化	生产迁移		
	迁出国	迁入国	
关键的经济-国家效应(key economy-state effects)			
工资	−	+	
税收收入	−	+	当工资−税收效应占主导时†

---

[1] "世界"平均水平只是一般表述。大部分FDI在高收入国家间流动(由此工资提高到高收入国家平均水平),较少部分在中等收入国家间流动(由此工资提高到他们的平均水平)。

(续表)

正(＋),没有(o)或负(一)效应:变化	生产迁移				
	迁出国		迁入国		
与资本积累框架相关的税收	－		＋		
与就业和工资相关的合法性效应	－		＋		
对剩余价值的效应					
对迁移企业(控股子公司)	n.a.		总＋	＋	工资效应
	n.a.			－	框架效应
对非迁移企业 (x/x＝迁移的部门相同/ 迁移的部门不同)	总＋?	＋	总＋?	＋	工资效应
		＋/o		－/?	竞争效应
		o/－		o/＋	供应链效应
		－?		＋	框架效应
增长效应					
投资	?		＋		
消费(劳动力)	－		＋		
政府支出	－		＋		
GDP	－		＋		

注:† 包括间接税收。
* n.a.:缺失值。
‡ 参见 11§12。

11§13-a 说明 关于 IMP 利益冲突的一些限制条件

在本章概况的范围内,表 11.15 并不是很详细。一般而言,生产的国际迁入(净获 FDI 流入)会导致 GDP 扩张,这和任何投资类似。有两个因素共同决定了它对现存企业的影响。

第一个主要因素是隐性失业的程度以及个体经营与雇用劳动之间的替代程度。虽然净获 FDI 流入通常会增加工资总额(wL)、工资率(w)和就业量(L),但其增加程度取决于刚才提到的因素。工资率至少会在一定程度上增加,这是因为迁入的资本将争夺最合格的劳动力。

第二个主要因素是 FDI 是否适合现有的部门分层(sector-stratification)(第

4章),它可能进入顶层并与现存的国内企业直接竞争(这本身并不稀奇,因为在没有 FDI 的情况下,这也是一个正常的过程,尽管随着 FDI 而来的技术知识导致机制会有所不同)。另外,如果 FDI 流入(这个经济体的)一个新部门,就不会有这种直接竞争。这反而可能会代替进口,并引发供应链的乘数效应。

就上述第一个因素而言,值得注意的是,潜在雇用劳动的数量("劳动力市场的范围")是由人口增长以及由竞争造成的个体经营向雇用劳动的溢出所动态决定的。为了对所涉及的数量有所了解,表 11.22 提供了一些按地区划分而非国家收入划分的国际劳工组织(ILO)数据。

表 11.22 雇用劳动在雇用劳动与个体自营之和中所占份额;世界各地区和发达经济体(1999—2013 年)

	1999	2013	变化
非洲	24.6	26.2	6%
亚洲	30.7	40.2	31%
拉丁美洲和加勒比地区	59	62.8	6%
中东	71.9	80.3	12%
东欧和中亚	74.9	78.3	4%
发达经济体	84.1	86.4	3%

数据来源:国际劳工组织,2014/2015 年全球工资报告(Global Wage Report 2014/15),图 14。[1]

11§14 生产的国际迁移:"已积累资本的结构性国家守恒"的断裂

回想一下 11§7 国际贸易情况下的"已积累资本的结构性国家守恒"。资本的国际流动伴随着生产的国际迁移,这意味着国际资本主义系统的这种存在形式与国际贸易有着根本的不同。[2] 伴随着这种迁移,相对于国内劳动力人口增长的"已积累资本的结构性国家守恒"不再成立。资本从劳动生产它而由资本所有者占有和积累的地方流出(参见 1§12)。与此同时,等量的资本涌入迁入国家。正如 11§13 所表明的,随之而来的是,迁出国家面临工资下降的压力,迁入国家面临工

---

[1] http://www.ilo.org/global/research/global-reports/global-wage-report/2014/lang-en/index.htm(excel 文件数据)。

[2] 这一点也适用于国际并购(11§11)的资本国际流动形式,如果这将导致生产的国际迁移。

资上涨的压力。

11§14-a　详述　赢家、输家和赢家:国家的"已积累资本的结构性守恒"与它的国际破裂(international breach)

资本由劳动生产,剩余价值(整体利润)由企业所有者占有(1§14,标题7)。资本积累需要劳动力,也需要失业。这是资本主义系统的一个严酷的核心特征(2D2,特别是2§6)。在失业率下降的紧要关头,劳动力的工资会不断上涨(。当国家"已积累资本的结构性守恒"成立时,也就是不存在生产国际迁移(IMP)时,情况就会如此。然而,存在 IMP 时,迁入国会获得资本迁出国的潜在增长工资。迁出国的工人感到这种情况是在他们背后发生的。他们知道法律(即为"他们的"资本家担保的权利)使得他们无法有效地索取他们所生产的剩余价值。企业所有者会告诉他们,是国际经济格局迫使生产向外迁移。

这是不同国家的工人相互对抗的基础。那些负有政治责任的人士,或评论家,可能会辩称并判断这一过程在道德上是可取的,因为国际工资水平通过这种方式变得更加接近。后者是正确的。然而,这样的判断从两个方面来讲是片面的。

首先,就业效应会打击到迁出国劳动力人口中的某一特定阶层,即那些失去工作的人。如果通过减少工作时间将失业分配到全部劳动力人口中,情况就会有所不同(然而,如上所述,资本积累要求失业)。

其次,资本迁移并不是由这种道德判断驱动的(即使这种辩称和判断适用于企业),而是由高于当前利润的利润所驱动的。这意味着迁出国的工人承担了负面影响,而企业及其所有者则获得了额外的利润。

11§14-b　详述　国际工资率比较

对大的世界国家分组进行工资率比较是很少的。国际劳工组织提供了2000—2015 年此类数据(然而,即使这样,这些数据涉及的国家数量也是有限的)。表 11.32(应为表 11.23——译者注)展示了整个时期的数据,并且考虑到危机年份,将其分解为三个分期的数据。

表 11.23　2000—2015 年实际工资年平均增长;世界国家分组[†]

国家分组	数量	变化百分比:年平均值			
		2000—2015	2000—2007	2008—2011	2012—2015
OECD 21	21/21	0.3	0.5	0.1	0.1

(续表)

国家分组	数量	变化百分比：年平均值			
		2000—2015	2000—2007	2008—2011	2012—2015
高收入	45/78	1.3	2	0.4	0.9
中高收入	33/56	3.8	4.8	3.1	2.2
中低收入	22/31	4.7	5.2	3.4	4.1

注：† 非加权平均值。国际劳工组织数据中包含的 12 个低收入国家有太多缺省值，无法适当地计算平均值。
‡ 包括 OECD 21 国。
数据来源：国际劳工组织，《2016/17 年全球工资报告》。[1]

如表所示，无论是整个时期还是所有分期，分组收入越低，实际工资的平均增长速度越快。

11§15 生产的国际迁移趋向对资本主义国家格局的影响

生产的国际迁移趋向对资本主义国家格局产生了深远的影响。

❶ 单一国家的力量平衡决定国家资本主义系统再生产

在国家担保资本主义经济权利的条件下，企业最终是由利润和资本积累所驱动的，其相对成功是由利润率所衡量的（第 1 章和第 6 章）。每一个国家内部的资本主义系统再生产在每个历史关头中是由特定的力量平衡所决定的。这种力量平衡在 1920 年、1980 年或 2010 年等年份都是不同的。最简单地说，这些力量是指：

（a）劳动的货币价值生产率（monetary-value productivity），以及与劳动力市场相关的工资决定因素，这两者共同决定了剩余价值率（劳动剥削率）以及资本积累率（第 1—2 章）。

（b）资本积累的国家调节框架及其与税收和税率的联系（第 7 章）。

（c）面对市场工资结构（参见第 1 点）以及与之关联的税收，国家和资本主义系统的合法性要求社会保障转移支付（第 2、7 和 8 章）。

广泛地讲，（b）强化了（a），而后者又容纳了（c）。这三者产生了税后利润率以及

---

[1] http://www.ilo.org/global/research/global-reports/global-wage-report/2016/lang-en/index.htm（"报告数据"）。

家庭之间的税后收入和财富分配(第8章)。关于这些因素的信息传播程度(由公共教育和通信基础设施特别是ICT形式这两者的广泛程度决定)会再次影响国家的合法性,并成为促进社会保障转移支付的催化剂(10§12;比较图11.17—图11.19)。

由此产生的单一国家的力量平衡是独立存在的。然而,鉴于国际上存在依形势而变的不同的文化和政治经济意识形态,它也由关于其他国家的(简而言之)收入和财富水平及其分配情况的信息传播程度共同决定。

❷ 生产的国际迁移趋向——一般评论

即使国际贸易对或可能对国家产生不平衡的影响(11§6),它也不会从根本上影响一个国家维持系统再生产的力量平衡,特别是关于"已积累资本的结构性国家守恒"(11§7)。这与生产国际迁移(IMP)不同——11§14。

我在下文不再强调,一个国家适当的硬核框架是IMP的绝对条件(11§12)。

为了方便起见,我将在下文继续区分高、中、低收入国家以做分析;事实上,IMP可在所有单个国家之间进行,也就是高、中、低收入各类别之间以及这些类别内部。

❸ IMP:对工资、税收和资本积累框架的影响

我从上文第一小节的力量平衡的组成部分(1)和(2)开始。国家资本积累框架的改善是资本积累的加速器。主要的问题是他们的起飞过程(take-off)。对于许多中、低收入国家来说,与IMP相伴随的总体经济增长的提高,工资的提高以及随之而来的税收的提高,启动了起飞过程(参见11§13,图11.21)。一旦步入实质性轨道,两者就会自我强化(当然,进一步的IMP仍将加快这一进程)。

资本外流的国家将出现相反的影响。平均工资以及随之而来的税收和框架支出逐渐面临压力(这并不直接意味着它们将实际下降)。

如此一来,就这些因素而言,IMP的趋向使得高、中、低收入国家之间产生非常缓慢的趋同过程。

❹ IMP:面对市场工资结构,合法性问题与社会保障转移支付相关联

我现在在转向第一分节中提到的维持系统再生产的力量平衡的第三个组成部分。也就是,面对市场工资结构及与之关联的税收,国家和资本主义系统的合法性要求社会保障转移支付(social security transfers, SST)。市场工资和总体收入结构越是扭曲,面向绝大多数人的国家合法性(the vast-majority-legitimation)所需要的SST就越多。如上所述,所需程度受到关于这些扭曲结构的信息传播程度的影响。因此,积累框架(特别是广泛的公共教育和通信基础设施)的发展会影响SST需求(参见图11.17—11.19和表11.20)。

在生产国际迁移(IMP)的背景下,SST的国际趋同将远远落后于工资和资本

积累框架的渐进趋同。尽管如此，随着 IMP 的持续，SST 趋同也将来临。

对于 IMP 迁入国家（特别是中、低收入国家）来说，这只会导致一些较缓和的问题，可能要求为此重构力量平衡，这些问题源于相对较低但逐渐增加的工资，而 SST 将促进面向绝大多数人的合法性。[1]

然而，对于 IMP 迁出国家（特别是 HIC 国家）来说，情况却非常不同。对这些国家而言，工资趋同意味着自身工资的增长受到抑制，最终甚至可能会下降。这本身就影响了它们的面向绝大多数人的合法性。伴随着工资以及相应的税收收入的下行压力，SST 的融资将被压缩（影响到对收入分配中广泛底层人口的收入转移，或者影响到广泛顶层人口的负担）。问题是，对于 IMP 迁出国的面向绝大多数人的合法性来说，这将在多长时间里是可持续的（另见 10D4，IMP 为其添加了一个新的维度）。对于这些国家来说，资本主义系统再生产的力量平衡有被破坏的风险。

11§15-a　详述　维持系统再生产的力量平衡被破坏的风险。

我们已经在 10D4（抽象掉了国际格局）中看到，对于资本主义系统面向绝大多数人的合法性问题而言，不断增加 SST 占 GDP 的百分比是必要的，但这也是不可能的（10§12 和 10§14）。

生产的国际迁移逐渐加速了 HIC 国家资本主义系统的 SST 脆弱性，并进一步抑制了工资上涨，甚至可能导致工资下降。IMP 导致的至少这些的后果似乎不是不可能引起对国家担保的资本迁移权利的废除（11§10）。

总结与结论

第 1—10 章主要系统性章节的论述是关于每一个成熟的资本主义国家的。本章明确指出，这些国家在以下方面是不同的：(1) 地理位置；(2) 成为成熟的资本主义的历史时间点，其条件是具体体现在硬核立法框架中的国家担保的资本主义硬核权利；(3) 所有其他立法框架的强度；(4) 在国家人口给定情况下资本积累所达到的程度——该程度由立法"资本积累框架"[2]共同决定。本章进一步明确

---

[1] 然而，就业者的工资和失业者的资源之间的差额增加，对 SST 的进一步需求就会增加。特别是养老金收入转移的要求也随着预期寿命的增加而增加——见表 11.7 对 2015 年前后不同预期寿命的对比。

[2] 硬核框架是"担保的合法资本主义经济权利"、"担保的合法生存权"和"公共保障"（第 6 章）。资本积累框架涉及"货币""劳动力"（包括正规教育）和"基础设施"框架（第 7 章）。

了，资本主义企业出于利润的原因寻求跨国扩张。

鉴于第一篇和第二篇的论述，本篇（本章）仅仅是在它影响了先前对资本主义系统再生产条件的论述及其结论的意义上，而关注资本主义系统的"国际存在模式"的。抽象掉偶然性——正如以前的论述——本章主要涉及"生产国际迁移的趋向"（资本国际运动的一种形式），以及"国际贸易趋向"的一个方面。在本章中——尤其是详述部分——这些趋向是按照"高收入""中高收入""中低收入"和"低收入"的世界银行国家收入分类来呈现的（第 1 节）。

从其推动力来看，国际贸易与国内区域生产的部门专业化之间并没有根本上的不同。因此，它不会影响一个国家内部相对于劳动力人口增长的"已积累资本的结构性守恒"。然而，大多数国际贸易产生的影响在国家之间并不平衡。

国际贸易会影响国内生产部门结构的通用程度。这意味着，国家一旦"自由"地决定参与国际贸易，自愿（"自由"）的贸易会变成强制贸易，相伴随的贸易条件也会如此。任何重新提高通用性的意图，如果可能的话，都将耗费许多时间；随之而来的是，（有选择性地）设置贸易壁垒将遭遇反制措施。

国际贸易对企业的世界平均剩余价值有正向影响，因为这种贸易——直接或间接地——压低了实际工资束的价格。然而，一个国家的生产结构越不通用，它就越被迫进口，无论世界市场价格如何。这意味着，或者可能意味着，国际贸易对各国企业剩余价值的影响在国际上是不平衡的。

最后，由于伴随而来的运输，国际贸易加剧了环境破坏。鉴于已经发展了的国际生产部门结构，这个问题只能在遥远的未来才能解决（通过多轮"一般非贸易协定"）（第 2 节）。

"生产的国际迁移"（IMP）是与"资本的国际集中和积聚"（international centralisation and concentration of capital，ICC）相并列的"资本国际流动"两种主要形式之一。这些现象在广泛的世界范围内出现，都是最近的事情（直到 1990 年左右，以"外国直接投资"衡量的资本国际流动一直保持在世界 GDP 的 1%以内）。

尽管 ICC 极大地影响了经济势力集中于单个企业的程度，但是后者作为一种趋势性力量及其带来的结果，确切地说并不是影响资本主义系统再生产的国际现象。这与生产国际迁移（IMP）的趋向不同。

随着生产的实际迁移，在一国之内相对于劳动力人口增长的"已积累资本的结构性国家守恒"不再成立。资本从劳动生产它并被资本所有者占有和积累的地方流出。事实上，IMP 所有进一步的独特性和影响都是由于这种"守恒"的破裂造成的。

世界各国可以分为"高收入""中高收入""中低收入"和"低收入"国家。更具体地说,这些可以被描绘成一种国家分层,以下列对 IMP 的视角最相关的因素为特征:(1)平均工资水平;(2)对工资征税(税收收入取决于工资水平);(3)国家"资本积累框架"的水平(国家手段,因为它依赖税收);(4)面对市场工资结构(参见因素 1)及与之关联的税收,国家和资本主义系统要求社会保障转移支付而实现的合法性程度。一个国家的人口对工资水平和一般收入水平扭曲结构的有关信息了解的广泛程度是所需社会保障转移支付(SST)水平的催化剂。

利润驱动的 IMP(沿着分层的迁移)——给定所需核心框架——主要取决于(潜在迁移的)企业对因素(1)和(3)的权衡:工资水平和"资本积累框架"之间的权衡。实际 IMP 通过因素(3)而在迁入国推高了因素(1)的增长,在迁出国则降低了因素(1)的增长。对于这每一个国家而言——在更大范围的国家组别中——基于(3)的(1)的效应是自我强化的。如此一来,就这些因素而言,IMP 趋向使得高、中、低收入国家之间产生非常缓慢的趋同过程。

这种缓慢的趋同也会影响上述因素(4)。对于 IMP 迁入国家(特别是中、低收入国家)来说,不仅是工资水平,而且 SST 的水平也往往被推高。之所以如此,是因为积累框架涵盖了公共教育和通信基础设施(特别是 ICT)这两个组成部分;一般而言,这些都会影响信息传播程度,也因此影响了 SST 促成的对工资和其他收入水平扭曲结构的广泛了解。这意味着国际 SST 水平的趋同也将来临(尽管很远)。从相对较低水平开始,平均工资以及 SST 的任一平缓提高都将有助于中、低收入国家面向绝大多数人的合法性。

作为一种趋势,IMP 对迁出国(主要是高收入国家)的合法性效应是相反的。对这些国家来说,工资趋同意味着自身工资的增长受到抑制,最终甚至可能会下降。这本身就影响了它们面向绝大多数人的合法性。伴随着工资和相应的税收收入的下行压力,SST 的融资会受到挤压(影响到对收入分配中广泛底层人口的收入转移,或者影响到广泛顶部人口的负担)。这意味着,随着 IMP 的进一步增加,这些国家面向绝大多数人的合法性往往会面临越来越大的压力(第 4 节)。

与第 10 章主要论点相关的结论

第 10 章(10D4)总结了资本主义国家范围以及资本主义系统再生产的四个主要薄弱点。在这里,我将在国际背景下简要地回到这些问题——鉴于第

11章仅仅在它影响了前文论述的意义上考察了资本主义系统的"国际存在模式"。

（1）管制的数量和复杂性在不可避免地增加。对于许多中、低收入国家（middle-and low-income countries, MLIC）来说，这可能还不是很严重，但对于高收入国家（HIC）来说，他们将越来越多地面临这一问题。

（2）对"大到不能倒"的实体——特别是银行进行充分监管的不安全因素。这里同样适用于（1）（请注意，2015年，属于MLIC的中国拥有全球最大5家银行中的4家，以及50家最大银行中的13家）。

（3）环境修复的不安全因素。HIC国家是造成损害的主要推动者。MLIC国家可以声称HIC国家必须在很大程度上起带头作用，这是因为MLIC本身还有其他优先事项。无论如何，为了资本主义系统（以及整个人类）的生存，对HIC经济体进行大规模重组是不可避免的（占2015年世界GDP的68%）。第11章明确指出，考虑到长途运输，国际贸易导致了国内生产的部门结构通用性下降的陷阱，从而造成了强制国际贸易和强制长途运输。

（4）社会保障转移支付占GDP比重的提高。结论是，虽然提高社会保障转移支付（SST）占GDP的比重对于国家面向绝大多数人的合法性而言是必要的，但增速逐渐放缓对于国家面向绝大多数人的合法性而言同样是必要的。11D3概述的"生产国际迁移趋向"进一步增加了HIC国家平均工资的下行压力，对于MLIC国家的平均工资而言影响则相反。鉴于世界各国不平衡的人均GDP水平，平均工资和SST的趋同往往伴随着一个反向不平衡的面向绝大多数人的合法性变化过程。这增加了（目前仍属于）HIC国家的未来系统再生产的脆弱性。然而，从（非常）长远来看，这也是（尚属）"发展中"国家的镜像："De te fabula narratur"（"这正是说的阁下的事情"）。

附录11 其他详细的图表和数据信息

回应11§4-a 1960—2015年国际贸易

图11.8展示了1960—2015年世界出口的演变。图11.8-A对高、中、低收入国家（包括其进出口差额）进行了分解。我们看到，1960—2007年，四类国家的出口全部都存在波动，尽管同样都在往上增长。此后，便是持平或下降（现在判断这是否标志着结构性变化还为时过早）。

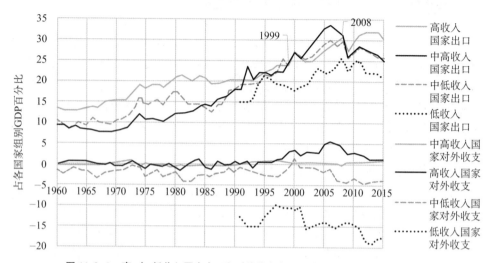

图 11.8-A　高、中、低收入国家出口和对外收支占 GDP 的百分比（1960—2015 年）

数据来源：世界银行，世界发展指标；更新：2016 年 11 月 17 日（2016 年 12 月 9 日获得）。LMC 2015 = 2014。

回应 11§10-b　1970—2015 年以"外国直接投资"（FDI）衡量的资本国际流动及其模式

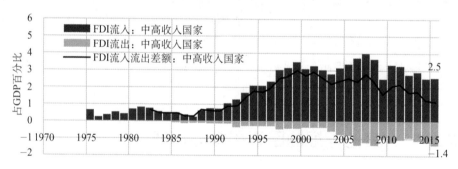

图 11.12-A　中高收入国家 FDI 流入和流出占 GDP 的百分比的平均值（1970—2015 年）

数据来源：见图 11.11。

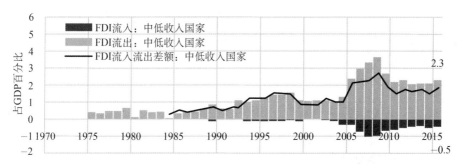

图 11.12-B　中低收入国家 FDI 流入和流出占 GDP 的百分比的平均值(1970—2015 年)

数据来源：图 11.11。

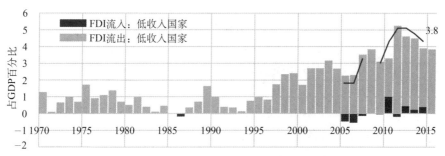

图 11.12-C　低收入国家 FDI 流入和流出占 GDP 的百分比的平均值(1970—2015 年)

数据来源：见图 11.11。

回应 11§12-b 正规教育支出(图 11.17)

以下是每年以及各国家类别的可用数据的个数。

国家	图 11.17 中的数据									
	1970	1975	1980	1985	1990	1995	2000	2005	2010	2015
HIC	78	25	31	35	38	46	49	56	56	58	55
UMC	56	14	14	22	23	28	30	40	41	41	33
LMC	52	19	19	19	16	18	29	41	39	44	31
LIC	31	7	6	12	12	15	12	22	21	27	27

我所做的稳健性检验(例如，剔除少于四个数据的国家)并没有从根本上改变图表的模式。

第11章图表目录

图 11.1　国际资本主义系统（第 11 章大纲）　　　　　　　449

11§2　世界各国及其人均收入的经济排名　　　　　　　451

图 11.2　典型的共时的国家分类　　　　　　　　　　　452

表 11.3　世界银行对四种国家收入类别的定义，按照从高收入到低收入的顺序（2015 年）　　　　　　　　　　　　452

表 11.4　全世界国家按收入分组：2015 年占世界 GDP 份额和平均人均收入　　　　　　　　　　　　　　　　　　453

图 11.5　1960—2015 年高、中、低收入国家占世界 GDP 份额　　454

图 11.6　1960—2015 年中高收入国家和中国占世界 GDP 份额　　454

表 11.7　衡量最基本生活条件匮乏程度的指标：2015 年前后的高、中、低收入国家　　　　　　　　　　　　　　　　　454

11§4　国家担保的进出口权利　　　　　　　　　　　　456

图 11.8　1870—2011 年世界进出口总额占世界 GDP 的百分比（除以 2）　　　　　　　　　　　　　　　　　　　457

图 11.9　1960—2015 年世界出口、HIC 和 LIC 出口占各自 GDP 的百分比　　　　　　　　　　　　　　　　　　　457

11§7　国际贸易："已积累资本的结构性国家守恒"（structural national conservation of capital accumulated）　　459

表 11.10　货物和服务对外贸易差额占 GDP 的百分比；世界 GDP 份额（1960—2015 年平均值）　　　　　　　　　460

11§10　国家担保的资本国际流动的权利　　　　　　　　462

图 11.11　FDI 的流入和流出占 GDP 的百分比，世界平均水平（1970—2015 年）　　　　　　　　　　　　　　　464

图 11.12　FDI 的流入和流出占 GDP 百分比，高收入国家的平均值（1970—2015 年）　　　　　　　　　　　　464

第 11 章　国际资本主义系统

图 11.13　分国家组别的净获 FDI 的流入和流出占 GDP 百分比；高、中、低收入国家（HIC、UMC、LMC、LIC）的平均值（1970—2015 年）　465

11§11　资本国际流动以及生产国际迁移趋向　465
　表 11.14　"国际资本流动"的形式　467
　表 11.15　FDI 流入总额以及已宣布的绿地 FDI 流入；世界和发展中经济体，2003—2016 年　468

11§12　生产国际迁移时迁入国所需的条件集合——潜在迁移企业的视角　468
　表 11.16　将调节框架划分为与第 11 章相关的三个主要类别　468
　图 11.17　1970—2015 年高、中、低收入国家正规教育支出占 GDP 百分比　470
　图 11.18　1950—2010 年高、中、低收入国家 15 岁及以上人口的受正规教育平均年数和教育普及程度（基尼系数）的平均水平　471
　图 11.19　1990—2015 年高、中、低收入国家使用互联网的人数（占人口百分比）的平均值　472
　表 11.20　2000—2011 年世界银行国家收入组别国家社会保障支出占 GDP 百分比的平均值　473

11§13　生产国际迁移：利益冲突的多样性　473
　表 11.21　生产全球迁移时利益冲突的多样性　474
　表 11.22　雇用劳动在雇用劳动与个体自营之和中所占份额；世界各地区和发达经济体（1999—2013 年）　476

11§14　生产的国际迁移："已积累资本的结构性国家守恒"的断裂　476
　表 11.23　2000—2015 年实际工资年平均增长；世界国家分组　477

附录 11　其他详细的图表和数据信息　483
　图 11.8-A　高、中、低收入国家出口和对外收支占 GDP 的百分比（1960—2015 年）　484
　图 11.12-A　中高收入国家 FDI 流入和流出占 GDP 的百分比的平均值（1970—2015 年）　484

图 11.12-B　中低收入国家 FDI 流入和流出占 GDP 的百分比的
　　　　　　平均值(1970—2015 年)　　　　　　　　　　　　　485
图 11.12-C　低收入国家 FDI 流入和流出占 GDP 的百分比的
　　　　　　平均值(1970—2015 年)　　　　　　　　　　　　　485

第四篇

总结和补充

第 12 章

总结和结论

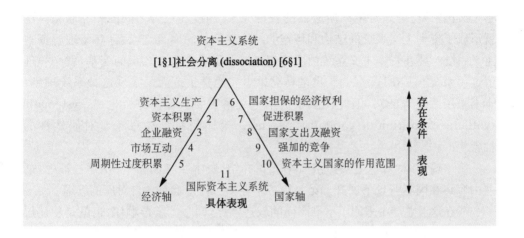

章 目 录

1. 起点：分离的外向分岔（1D1 和 6D1） 492
2. 资本主义生产及其由资本主义国家建立的根据（第 1 章和第 6 章） 492
3. 资本积累和国家的促进作用（第 2 章和第 7 章） 495
4. 企业融资、国家支出及其融资，以及它们对剩余价值的宏观实现和收入财富分配的影响（第 3 章和第 8 章） 498
5. 企业间市场互动的具体表现方式（第 4 章和第 9 章） 501
6. 资本主义经济和国家的具体表现（第 5 章和第 10 章） 502
7. 资本主义系统的国际存在方式（第 11 章） 504
8. 一般性结论（第 11 章，并以第 10 章为参照） 507

主题和总体目标

本书的对象是"成熟的"资本主义,它是在交易甚至生产过程由货币维度和利润主导后才出现的。本书旨在系统地确认资本主义系统(即资本主义经济连同资本主义国家)持续地再生产所必需的各种关系、制度和过程之间的相互联系。这就形成了资本主义系统的结构和运作的综合轮廓。简而言之,目标在于理解资本主义系统。要在资本主义系统内或为超越这一系统进行有意识的变革,就必须理解这一系统——在这一点上,我是马克思忠实的学生。为了实现这种系统理解,本书采用系统辩证法,因此仅限于资本主义系统的系统性综合论述(systematic synthetic exposition of capitalist system)。论述的系统性意味着对偶然性的抽象。

第一篇介绍"资本主义经济",第二篇介绍"资本主义国家"。在第三篇中,这些内容将在国际背景下展开。第一篇各章在第二篇中都有各自对应的续篇。

我在这篇总结中采用了本书严谨的叙述顺序,即"之"字形顺序,也就是叙述层次上的[第 1 章;第 6 章]、[第 2 章;第 7 章]这样的顺序等(参见总导言 C§4)。

这篇总结难以回避一些不常用的术语。本摘要中的一些脚注是针对熟悉马克思的《资本论》和当前马克思主义政治经济学的读者的。这些脚注带有星号(﹡),其他读者可以跳过。

❶ 起点:分离的外向分岔(1D1 和 6D1)[1]

本书的出发点是家庭与私有企业之间的"分离的外向分岔"(制度性分化)。企业主张对土地和其他生产资料的所有权。资本主义国家作为一种特殊的社会制度以权利的形式承认这些主张(1D1、6D1、6D2)。[2] 实现这种弥合的主要元素被称为"存在条件"或这种分化的"建立根据的环节"。

❷ 资本主义生产及其由资本主义国家建立的根据(第 1 章和第 6 章)[3]

外向分岔的两极显然由交换关系弥合。然而各种货物和能力固有的多层面

---

[1] 读者如果在没有阅读本书其他部分之前先读这篇概述,需要知道的是:1D1(等)指第一章第一节(Division);1§1(等)指第一章第一目(Section)。

[2] 6D3 第一次为作为特殊的社会制度的国家建立了根据。

[3] 下文对第 1 章的概述和第 1 章末尾原有的概述基本相同。

维度需要一个共同尺度加以通约。[1]* 后者源于日常市场的"抽象化"(trans-abstraction),它赋予商品和能力以货币为媒介的"价值"这一超感性维度——货币本身并没有内在的内容或价值。各种产品或能力以超感性的价值维度为参照彼此通约,我们只有通过货币才能"知晓"这一维度,货币作为对这一价值维度的度量,其物质形式是无关紧要的。因此,市场的互动使产品和能力成为商品,即一种具有两重性(或内向分岔)的东西——一方面是有用性的多层面维度,另一方面是货币价值的单一维度。[2]*

货币价值维度以及货物和劳动能力的商品化决定了两极之间的市场-联系,企业受到货币利润的驱动。市场的相互联系产生了物和能力的两重性(1D1-1D4)。

这种货币利润的单一驱动力具体地支配了企业生产(不生产)什么以及如何生产(不生产)。它影响着什么是有价值的,什么是没有价值的。令人吃惊的是,物和能力的货币价值的超感性影响着它们的感性存在和产生。更进一步说:感性的物质技术生产变成了价值增殖——货币价值或增加值生产的纯粹工具。这就是资本主义生产过程一般形式的特点(1D5,A 小节)。

然而,这种一般形式缺乏一个标准来确定哪种工具性外表——哪种有形商品或有形技术——对于取得利润最有效。这就需要:第一,一个投资额即"资本"的共同尺度;第二,将投资时间视为"生产时间";第三,以标准时间(即日历年)来衡量资本投资的持续时间。[3]* 一年的资本投资在一年中获得的利润——更准确说是剩余价值——即"整体利润率"提供了这种标准。[4]*

企业由利润驱动,所以生产必须包含利润作为增殖部分。即使资本主义生产过程的一般形式是以货币价值和价值增殖为主导,它也必然是一个物质技术过程,因此它仍然是一个双重过程。在这种两重性中,生产资料和劳动能力(L)之间

---

[1] * 目前语境中最主要的能力是劳动能力(labour-capacity)(从事劳动的能力)。在这里我重提了马克思 1865 年之前的用法以替换"劳动力"(labour power)。使用"劳动能力"的原因之一是,在我看来这一用法更适用于这一概念(即潜在的活动性)。另一个原因是,我稍后(1§14)将引入"劳动生产力"(productive power of labour)一词(它是对劳动生产率的改进),我不希望该词与"劳动力"相混淆。

[2] * 当此后我使用"价值""增加值""剩余价值"和"利润"时,它们都无一例外表现为货币-价值维度(我的专业术语表中不存在所谓"劳动价值"(labor values)概念和术语,顺便提醒读者,马克思的《资本论》中也从未使用这个术语)。

[3] * 第 1 章中这部分论述(生产时间和资本投资)凝练地包含了马克思《资本论》第二卷第二篇的问题。

[4] * 因此整体利润率 =(剩余价值)/(总资本)。我本可以(不那么武断地)称之为"剩余价值率",初学者读者可能容易理解,但对于马克思主义政治经济学家来说就令人迷惑了。

的主要区别在于,前者本质上是静态要素,而运行中的劳动能力,即劳动(L^a),则是能动要素。生产资料只能被使用或不被使用。劳动能力运用生产资料,因此以一定的生产力(α)从事劳动,劳动强度是这一生产力的组成部分。劳动强度为零(实际上是罢工),就不存在生产,无论是实物生产还是价值增殖。在物质生产中,劳动创造(尚属潜在的)价值和增加值,因而创造剩余价值。(更确切地说,劳动创造了增加值 mL^a,其中"m"是劳动的实际单位货币价值。由此可以得出剩余价值 $\Pi = mL^a - wL$,其中 Π 表示剩余价值,wL 表示工资总额)。因此,α 是生产的"参数":在其两重方面的劳动生产力。[1]

资本限制了可能的生产,而劳动力(α)则决定了实际产出的多少。这意味着,劳动——更具体地说劳动的实际生产力——是价值增殖的唯一来源。然而,这种生产力总是以现存生产技术为基础的。技术及其在具体工艺中的应用必然是社会劳动的结果。[2]*

劳动是增加值的创造者,它只得到工资的"补偿",而企业则占有剩余价值,即增加值与工资之间的差额。剩余价值通常是资本增长的源泉。由于劳动是价值增殖的唯一来源,因而也是剩余价值的唯一来源,因此劳动本质上生产其工资的等价物以及资本的增长部分的等价物。所以劳动本质上生产资本。(1D5)

劳动生产的剩余价值被企业占有,为企业的驱动力赋予了本质内容。它似乎在很大程度上解决了企业的分离的生产,因此也解决了起点中的分离的外向分岔(第 1 章的结论)。

然而,企业仅仅主张有权获得占有劳动生产的剩余价值。国家授予这些主张以占有的权利形式。我把这种"授予的权利"与土地和其他生产资料的私人所有权(上文第一节)称为:由国家授予的核心"资本主义经济权利"。这就是把一个国

---

[1] 如前所述,劳动不仅在资本主义社会而且在历史上都是物质生产的唯一决定因素。然而,只有当生产在成熟资本主义社会中出现社会分离时,劳动才成了货币增加值的创造者。

[2] *熟悉马克思主义政治经济学(MPE)的读者将会看到这一点如何区别于标准 MPE。首先,我在论述开篇就引入了总体利润率——因为它是资本主义生产的主要一般标准。第二,我区别于任何(残存的)同质的劳动价值-生产力方法(所以有 L^a,因而有——取决于劳动的生产力 α 的大小——不同的剩余价值率)。因此,我从一开始就使用一种所谓的"单一体系"方法(或者用标准术语说,从第一章开始,任何"价值转形"都是多余的)。事实上,这是一个抛在一边的话题。重点在于,不仅劳动生产力总是建立在现存生产技术之上,而且最重要的是技术及其在特定工艺上的应用不可避免地是社会劳动的结果(而不是资本家凭空想出来的)。

尽管马克思在他 1864/65 年的《资本论》第三卷第二篇的手稿中,实际上假设了部门间有差异的剩余价值率(即在价值转形之后),我则从有差异的剩余价值率开始——不是当作分配问题,而是看作劳动的生产力的问题(关于这点和其他差别,参见附录 1§14-c 和 1§15-a)。

家构成为"资本主义国家"的东西(6D2)。为此,国家必须在绝大多数行为人的服从中寻求合法性。这种合法性的首要但抽象一一般的条件是,国家以(假定的)普遍利益的名义设定其行动(或不行动),并以法律权利的形式设定被授予的权利。因此,国家将自己设定为一个"公正"的特殊机构,凌驾于对立的特殊经济利益之上。然而,由于国家事实上授予资本主义核心经济诉求以权利的形式,因此,相对于资本主义经济而言,它构成了资本主义系统内的分离中的统一(separation-in-unity)(6D3)。

对这种合法性的寻求的具体化是贯穿整个资本主义国家论述(第 6—10 章)的关键主题。同样,剩余价值(总体利润)的生产和实现也是贯穿资本主义经济论述的关键主题(第 1—5 章)。

在本书的第二篇,国家立法的主要系统集群被命名为立法和其他法规的"框架"。就赋予资本主义经济权利的条件而言(6D2),三个"临近"的现存的立法框架分别是,合法资本主义经济允许权利(Allowance Right)(6D4)、合法生存津贴权(6D5)和包括维护法律在内的公共安全权(6D6)("临近"条件指——在那段论述和其后的地方——前文所设定对象的直接和最一般的条件。"允许权"是指一种权利不受妨碍的义务。它并未设定给允许权持有者提供生存手段或提供土地财产和其他生产资料的义务,否则在这种情况下就会有"积极权利"——6§17)。

❸ 资本积累和国家的促进作用(第 2 章和第 7 章)

企业为获取同质利润(one-dimensional profit)(上述 1D5)而进行生产的根本原因(rationale)在于获取更多利润。这一点是通过将利润作为积累的资本而投资(2D1)得到实现的。在劳动强度和技术变革的限制下,持续的资本积累有三个主要条件。

第一个条件:劳动能力不断扩大。在每一种技术条件下,资本的持续积累都需要不断扩大的劳动人口,以满足不断扩大的生产。然而企业无法控制劳动人口增长。这一道理同样适用于定性方面:技术变革的范围受到一般教育程度的限制。给定劳动人口增长,资本积累率就最终取决于失业率——因此,面对工资压力,资本积累需要失业[1](2D2)。

在可用劳动能力给定的情况下,企业的管理者管理着我所谓的"企业-劳动关系"。这是一种生产过程中雇用关系,通过这种关系剩余价值由劳动榨取而来(参见上文 1D5)。这种关系受制于三种因素,首先是生产技术,其次是失业率,再次

---

[1] 因此,我们面对着一种不仅需要劳动能力增长、而且必须增长到存在失业的生产方式。

（面对给定的失业率）是对生产过程中劳工服从性的管理，工资等级等管理手段有利于这种管理（2D3）。

第二个条件：货币扩张。资本积累同样需要与之相适应的货币扩张。一个以企业和银行的分离的统一为基础的、内在于经济的分散的银行体系（economy-immanent fragmented banking system）能帮助实现这一扩张。在与客户建立的互惠信贷关系基础上，银行具体创造不同数量的货币。因此，银行"预先实现"企业未来的生产。（创造这种信用货币不需要国家或国家组建的中央银行。这是商业银行的工作，甚至在有中央银行的情况下也主要是商业银行的工作）。然而，这类银行的业务范围往往是有限的。这些银行之间执行健全的担保（enforcement of sound security）和负债公约（liability conventions）的手段也很有限（2D4-2D5）。

第三个条件：公司制。小企业可以作为非公司制企业活动。但是，大中型企业的持续资本积累一般都需要公司制。公司制有助于克服围绕继任的风险（perils around succession）、风险和不确定性的限制和扩散、以及生产规模的限制。企业的公司形式意味着其所有权的分层形式。股东是企业股权即"被动资本"的所有者，因此也是企业的所有者。然而，作为法人的企业是"主动资本"的所有者，而"主动资本"则由企业的执行管理层管理（2D6）。

第 2 章最后一节从作为论述起点的私有企业（参见上文 1D1）的角度设定了公司制企业。由于股东以限制和分散风险与不确定性为目标，被动资本所有权取得了一种游离的（detached）形式。一般而言，特定企业的所有权并不是资本所有者的目标，而是被动资本所有权的工具。虽然对单个企业来说，"主动资本"（资产）和"被动资本"（负债）本质上不可分割，但被动资本所有权的游离形式使被动资本积累成为一个单独的动机，为此资本积累（2D1）现在表现为一种相互分离的双重资本积累。尽管某一企业必须成为游离的资本所有权的必要工具。这样一来，具体的直接剥削性"企业-劳动关系"（2D3）就反映在被动资本所有者和劳动之间实际上抽象的间接剥削性关系中，即实际上抽象的"资本-劳动关系"中（2D7）。

接下来的段落将讨论国家对资本积累的促进作用（第 7 章）。

国家履行"职能"（第 6 章）的前提是其物质存在。这就需要征税，因此，自相矛盾的是，国家不得不以（假定的）普遍利益的名义凌驾于所有权之上。由于国家（潜在的）行动范围是由税基决定的，因此国家必须通过促成资本积累的条件以及经济增长的条件来增加税基——从而达到可行的税率（7D1）。为此制定了以下三个立法和调节框架。

货币框架。该框架将银行业务限制在执照所有者范围内,其主要目的是约束银行遵守健全的安全和负债规则("审慎监管"),违反这些规则的最终惩罚是吊销执照。第二个主要关注点是实现"物价稳定"(实际上是"爬行的通胀")。国家可以影响利率,但几乎没有办法控制货币和信贷的数量。创造货币的主要是商业银行,旨在适应资本积累和经济增长。这就造成了国家货币政策的主要困境:严格的审慎监管影响了银行对经济增长的适应性。这一 21 世纪初出现的现象的主要困境在于:那些"大到不能倒"的银行可以动摇整个货币体系,且其组织过于复杂,难以进行微观监管(7D2)。

劳动能力框架。企业无法控制劳动人口的数量和质量(参见 2D2)。国家试图通过(足以保证人口增长的)最低工资政策、儿童福利和失业救济金来调节劳动人口的数量,以渡过商业周期的衰退期。国家主要通过公共教育来调节劳动人口的质量(7D3)。

基础设施框架。资本积累的第三个条件与基础设施有关,"资本主义经济"只能勉强保障这一条件(7D4)。

最后一个关键框架是社会保障转移支付(主要给老人、卫生部门和丧失工作能力的人)。这不是资本积累的直接条件,而是绝大多数行为人服从国家合法性的条件(参见上文 6D3)。因为国家的合法性是资本主义系统存在的必要条件,所以这些转移支付是资本积累的间接条件(7D5)(要说明这些转移支付的系统必然性,最简单的方法是参考 8D5,它展示了如果没有这些转移支付——至少在 2010 年——21 个最发达资本主义国家将平均有 30%的人口生活在贫困线以下)。

冲突和冲突调解。这完成了对七个主要立法框架的论述:合法的经济权利(6D4)、合法的生存权利(6D5)、公共安全权利(6D6)、货币和银行(7D2)、劳动能力(7D3)、基础设施(7D4)和社会保障(7D5)。所有这些框架都是资本主义系统存在的必要条件,同时也彼此冲突。

我至此还没有强调过但却贯穿国家论述的一个主题是,国家持续不断努力使其核心行政机构从各种冲突中抽身。为此,国家将相互冲突的管理和监督权授权给"独立"机构,包括中央银行和各种监察局和委员会。这些机构喜欢被称为"独立的技术官僚"。不过,在冲突解决的过程中,"宣传"这些机构的独立性首先符合国家的利益。

重大冲突的解决进一步基于国家内部两大机构的"功能的分化"(而非"授权"),即一方面是国家的核心行政机构,另一方面是担负合法化功能的司法机构和审议机构。

通过对偏离法律的行为进行必要的仲裁和制裁(参见6D3和6D6),国家卷入了相互冲突的权利主张中,因此既削弱了国家对普遍利益的标榜,也削弱了国家作为一个特殊的公正机构的自我定位。解决这个问题的办法是将仲裁和制裁交给一个独立的司法机构,这样国家就能从有关冲突中抽身(7D6)。

审议制度是冲突的必要政治舞台,因而通常也是一种冲突的解决方式。[1] 通过这种功能的分化,国家的核心也同样从冲突中抽身出来,从而能够以法律的形式为核心经济权利主张授权,并促成经济增长条件框架,从而促进资本积累(7D7)。[2]

❹ 企业融资、国家支出及其融资,以及它们对剩余价值的宏观实现和收入财富分配的影响(第3章和第8章)

第3章第1节指导读者区分了"主动资本"(企业资产)和"被动资本"(资产融资)。同时剩余价值(生产的结果)在分配中分解为"内部利润"(红利和留存利润之和)和"利息"(分配给银行和其他金融家)(3D1)。[3][4]*

资本积累和经济增长的一个主要条件是,银行通过创造信用货币来"预先实现"企业的未来生产(参见上文2D4)。通过这种方式,银行也不可避免并持续地成为企业最初的宏观经济融资者。银行对企业的"用于预先实现的融资"(PVF)不仅对资本主义系统来说是绝对必要的,而且与任何其他类型的融资都有根本区别。它是一种无须储蓄即可凭空创造的记账货币业务(ex-nihilo accounting money operation)——既不先于也不后于它所对应的投资。因此,一般来说,资本主义系统不需要储蓄。事实上,储蓄对企业来说是个妨害,因为它阻碍企业偿还与银行之间的债务。如果没有储蓄,银行的 PVF 可以直接从生产收益中偿还。然后是新的 PVF、生产、生产实现和偿还 PVF 的序列,以至无穷

---

[1] "审议制度"是个一般概念。所有现存的21个经合组织成员国采用议会代表民主制的形式,尽管权力分配的特征各异。这些国家的选举议会的普通平等选举权(也称为普遍选举权)平均而言在1899年赋予男性,1929年后又赋予女性。

[2] 一般说来,论述不是关于想还是不想的问题,而是关于制度和过程的实际效果的问题,即例子中国家主体的"防护"(Shielding)作用。

[3] 参见图3.2a和3.2b的总结。

[4] * 从马克思主义政治经济学角度来说,似乎作为独立范畴的"租金"在这里消失了(参见马克思的《资本论》第三卷,第六部分)。附录3C说明了企业支付的租金为什么以及如何是剩余价值的一部分(作为利息)。

(3D2)。[1]

  实践中，企业面临着无处不在的储蓄，它阻碍了 PVF 的偿还。这些储蓄可以事后替代 PVF 未偿清部分，因此，事后来看，存在着银行 PVF 以外的融资类型，如股票和债券。从系统的角度来看，所有其他类型的融资都源自银行提供的 PVF。所有这些非 PVF 类型都是在 PVF 的基础上为已经积累起来的资本或当前投资提供资金。因此，一般来说，储蓄并不先于投资；投资也不"从"储蓄中获得融资。从宏观经济的角度看，只有银行提供的 PVF 才为资本积累融资(3D3)。

  前面的结果(3D2 和 3D3)既适用于既有企业，也适用于新成立的企业。3D4 简要说明了银行本身的创立是如何通过 PVF 实现的，这一点也适用于银行的创始人。因此这一节为位于本书起点的被积累的资本提供了系统的(而非历史的)根据(参见前文 1D1)。[2]*

  虽然宏观经济投资独立于储蓄，但购买金融票据(通常被误称为资产组合"投资"而非融资)并非独立于储蓄。宏观上不仅不存在储蓄与投资的事先相等，也不存在储蓄与投资的事后相等(设定这一等式的大部分经济学犯了范畴性错误，即混淆了支出与储蓄)(3D5)。[3]

  预先实现、生产、实现以及产出和剩余价值的分配是相互联系的过程，它的顺序性对于资本主义经济至关重要。用于预先实现的融资(PVF)的偿还率以及剩余价值(总体利润)的实现取决于宏观经济的有效需求。按照卡莱茨基这一类进路，可以认为——在第三章的论述阶段(抽象了国家和国际关系)——已生产出来的剩余价值的宏观经济实现是由投资(与之正相关)、资本所有者的消费(与之正相关)和劳动者的储蓄(与之负相关)决定的(3D5)。考虑到国家，生产出来的剩余价值的宏观经济实现还取决于国家支出总额(与之正相关)以及来自国家公共部门的工资和转移支付的储蓄(与之负相关)(8D3)。剩余价值的分配(分配给银行、资本所有者和作为留存利润)必然是在宏观经济实现之后进行的，因此，并不是将

---

[1] 3D2 和接着的 3D3 的论述植根于货币循环理论，区别于银行业的可贷资金观(loanable funds view of banking)(参见 3§2-e 和 3§6-a)。

[2] *在《资本论》第一卷的末尾，马克思有著名而有趣的一章讨论了他所谓的资本原始积累。资本原始积累描述了从封建主义到资本主义的历史转变。大家认为那一章为《资本论》的起点提供了根据。然而在我看来，系统性论述应该尝试从系统而非历史的层面提供根据(历史叙述应放在补论)。

[3] 所以我认为宏观上一般 $I \neq S$。通过这一不等式我不仅挑战了主流正统理论，而且挑战了主流之外的其他理论。传统上 $I = S$ 的定义最终建立这种观点上，即事后留存利润用于投资的部分是一种储蓄而不是支出！(3§9 和 3§-a)

预先存在的剩余价值用于投资。投资-储蓄动态与投资-剩余价值动态就是这样相互联系的(3D5)。

现在我再更详细地讨论国家支出及其融资问题(第8章)。

从经济学意义上说,国家"生产"经济权利框架和促进资本积累的框架的内容,详见第6—7章。为此,国家雇用劳动者(即公务员)并从企业购买投入品,但往往不赚取利润。此外,国家将产品作为公共品和公共服务免费分配。除了生产支出外,国家支出还包括转移支付,主要是社会保障和利息(8D1)。

税收是国家融资的必要和主要形式。除此以外(偶然地),国家还可能取得社会保障费,以及(主要)来自各种使用费、出卖公共服务和国有企业分红的其他收入。最后,国家可以(偶然地)通过借贷来弥补预算赤字(或在预算盈余的情况下贷出)。特定形式的国家融资为国家支出及其之前诸环节奠定了基础(8D2)。

如前所述,国家的所有支出——不过要扣除公共部门的工资和转移支付所形成的储蓄——最终都是与企业相关的支出,因此也实现了企业剩余价值的大部分。增加国家支出会增加剩余价值的生产和实现,反之则会有相反的结果(8D3)。

在通过国家调节而实现的剩余价值中,有一部分通过对剩余价值(或更狭义地说,对利润)征税而分配给国家。因此,从宏观经济角度看,企业因国家支出而获得的收益被这些税收部分抵消。这些税收是企业付出的成本,以便获得国家赋予并维护的法定核心经济权利,即财产和雇用劳动的权利,以及国家为资本积累提供的便利(即第6—7章介绍的七个立法框架的成本)。因此,一般而言,这是国家对企业雇用(使用)劳动加以调节而产生的成本,而不仅仅是因国家额外支出造成额外剩余价值所产生的成本。

原则上,所有国家支出都可以通过对剩余价值征税来融资。从工人的角度来看,在哪个环节对剩余价值征税并不重要(无论是在企业内部产生剩余价值的环节,还是在剩余价值分配给融资人的环节)。在实践中,国家的做法是让企业和资本所有者与工人的工资收入"分担"税收(8D4)。

该章最后一节是关于税收的特殊形式对家庭收入和财富分配影响的叙述。如果没有进一步说明的话,这里的家庭并不直接确定为工人家庭或资本所有者家庭,而是指在工资收入或剩余价值收入中占有一定份额的家庭。

税收的主要形式包括利润税、财产税和财产收入税、劳动所得税和产品税。原则上,国家可以从这些税收形式或其组合中加以选择。某种形式的征税是必要的,但实际采用哪种或哪几种形式,以及在多大程度上采用,则要视情况而定。税收不可避免地会对收入和财富分配造成非中性的影响。这适用于特定的征税形式,也适用于税率的设计(累退、统一、累进)。更具体地说,统一税率并不比非统一税率更中性。任何实际的税收形式和设计都不可避免地以规范性立场为前提。但上述逻辑并不影响这一事实,即在家庭收入分配更加倾斜的情况下,更多的储蓄会压低利润。因此,累进税有利于企业:它有利于企业的利润率,从而有利于投资和就业。这就给国家提出了一个两难的问题,即国家主要关心的是企业的利益,还是高收入阶层的特权。投资先要有储蓄这一意识形态假设在此至关重要(8D5)。

至此,对资本主义经济和国家存在条件的论述就结束了。从所采用的系统辩证法的角度来看,只有到了这一步——也就是当所有先前的预设都已内生地具有根据后——我们才能具体思考资本主义系统总体。事实上,这最后一节(8D5)是资本主义系统与其具体表现之间的边界。接下来便是对资本主义系统具体表现的论述。

❺ 企业间市场互动的具体表现方式(第4章和第9章)

到目前为止,我们的叙述主要集中在从劳动中榨取剩余价值的过程,其根据是由国家调节的企业-劳动关系以及派生的资本-劳动关系。企业作为实体首先是相互关联的统一体,它们的目标是一致的,即生产以总体利润率衡量的剩余价值。第四章的重点是许多企业的统一体在争夺更多剩余价值的竞争中的表现(4D2-4D3),其次是这种统一体在卡特尔、寡头垄断和完全垄断扬弃这种竞争的趋势中的表现(4D4-4D5)。每一种市场互动模式都以特定部门中特定(即和技术变革相关)的分层生产结构为前提(4D1)。

除上述扬弃趋势外,竞争分为"价格竞争"(4D2)和"结构性产能过剩竞争"(4D3)。价格竞争与普遍化的快速技术变革相结合,往往会导致普遍化的价格下降和经济停滞。不过,并不存在摆脱这种经济停滞或防止普遍价格下降的经济内在力量。

第9章展示了国家在对企业和银行的市场互动模式施加约束框架中的具体表现。该章的第1节说明了国家如何开展对市场互动的限制,这种限制"传统"上被视为"竞争政策",并体现在竞争法律中。这种传统的竞争政策是自相矛盾的。国家禁止以自由合约的方式成立卡特尔,并禁止某一类的收购和兼并(参见 4D4-4D5),以教导企业什么是"适当的"市场互动。由于国家强制推行它的正当市场互动的观点,资本主义经济与国家的统一在普通市场的运作中得到了最具体的表现。然而矛盾依然存在,以至于国家只是笼统地制定了框架,而将其细节和执行留给了"独立的"市场权威机构(9D1)。

该章第2节说明了市场互动的两个主要结果,如果不加以限制,这些结果将造成资本主义系统再生产的脆弱性。首先,国家制定了一种造成爬行通货膨胀(国家称之为"价格稳定")的货币政策,以防止普遍化的价格下降和随之而来的潜在经济停滞同时出现(参见4D2)。国家倾向于将具体政策和执行交给"独立的"中央银行。[1]

第二个脆弱性关乎"大到不能倒的银行"。"大到不能倒"是市场互动的一个结果,直到2008年金融危机爆发后才逐渐显现出来。大银行内部结构复杂,有效的监管和监督几乎无法实现。因此,要解决"大到不能倒的银行"这一问题,只能对资本积累设置上限,使实体变得小而可以倒。然而,这是极其矛盾的,因为这样做相当于惩罚成功的资本积累,从而实际上与国家赋予的经济权利相冲突(9D2)。

❻ 资本主义经济和国家的具体表现(第5章和第10章)

第5章和第10章介绍了本书所涉及的资本主义系统最具体的表现形式。

第5章展示了资本主义经济在资本积累的宏观经济周期性运动中(抽象掉国家)的具体表现。企业的实际投资是由其"内部利润"和"内部利润率"决定的,两者解释了企业的外部融资及其(去)杠杆效应(内部利润=剩余价值减去分给融资者的利息)。投资是周期性波动的主要动力,受到产能过剩率约束的内部利润率则是决定投资决策的核心宏观经济因素。这些因素适用于以下宏观经济序列:(1)以银行融资为前提的生产;(2)以支出实现生产;(3)向外部的资金提供者分配部分实现的剩余价值;(4)由此产生的内部利润率,它决定(1)和其他各项(5D1)。[2]

这一序列循环往复地从扩张阶段发展到危机和收缩阶段。在这一周期性运动中,资本主义系统内在的扩张力造成了资本的过度积累。在危机和衰退期,资本的毁灭粗暴地治愈了这一现象,为再次扩张和再次收缩创造了条件。也就是说,内向分岔的生产活动被周期性地破坏。与此同时,使用的自然资源也被破坏,不仅包括那些计算在货币价值维度中的资源,也包括那些未被计算在内的资源。

---

[1] 出于系统叙述的原因,这个问题以及接下来的问题已经在7D2中就其货币政策方面做过简要的讨论,在9D2中又围绕"企业间市场互动"做了广泛的讨论。

[2] 因此(参见脚注9),从第1—5章,剩余价值不仅是生产的最具体的决定因素,而且是抽象普遍(自始至终以单一货币维度衡量)。换句话说,工人将他们生产的剩余价值视为被"他们的"企业及其资金提供者占有了的。这一点具有经济意义。与此相联系的是,这一点是与生产环节中资本-劳动的斗争相关的(尽管本书的叙述没有强调这一点)。

在生产活动和生产力被破坏的同时,劳动就业也遭到破坏。因此,苦难集中在那些被迫失业者身上。这些人及其子女成了"创造与毁灭"的分岔过程的主要牺牲品。即使在这一西西弗斯式的过程中人均实际收入可能增加,但人们之间是"不平等的",失业者尤其如此。

因此,尽管工人是价值和资本生产的主要推动者(第 1 章),资本本身则是其周期性积累过程的主要推动者,同时也是这种积累的部分毁灭的推动者——工人无助地面对着就业和失业的波动(5D2)。[1]

第 10 章介绍了国家的三种主要的表现,它们共同决定了国家的影响范围。

第一种表现涉及资本积累的周期性运动。在不影响周期性运动本身的情况下,国家支出可减轻"常规"经济周期波动的振幅——这种自动稳定效应的程度取决于国家支出与私人支出相比的结构性规模。然而,对于由金融危机和银行倒闭引发的"非常规"经济衰退,仅靠国家支出兜底,以及针对资本的毁灭开展"正常"的结构调整可能不足以实现复苏。因此,复苏还需要大量的国家相机抉择政策(10D1)。

第二个表现涉及国家对资本主义经济调节的性质。随着时间的推移,正在实施的调节的数量会不断增加,因为它们受到新的或重新认识到的社会经济问题的推动。一方面,这些问题源于合法性问题。另一方面,这些问题源于经济结构变化以及产品和工艺创新,包括工艺融合。这些都会影响调节的"覆盖面"和"强度",从而影响调节的密度和数量。社会经济问题越复杂,调节就越复杂。再加上各种调节政策相互交织,导致调节越来越复杂。然而,调节的变化也在相当程度上受到规章制度漏洞的意外影响,即调节的缺失和模糊性——它们会受到由利润驱动的对规则边界的服从(不服从)行为的试探。通过修改规章,对这些漏洞进行立法或其他法规的补充,增加了调节的复杂性,而不同调节之间相互交织又成倍增加了法规的复杂性。这就不可避免地形成了一个不断寻找漏洞、不断进行修订的循环,从而导致进一步的复杂化和烦琐化。总之,我们就有了一种(几乎无法抵消的)历时性趋势,即不仅法规数量与日俱增,而且日趋复杂和繁琐(10D2)。

第三种表现涉及国家支出的内容。对许多人来说,资本主义国家的"硬核"——简言之,资本主义国家授予的所有权和剥削权以及有关这些权利的立法——并不是他们意识经验的一部分。大多数受雇者主要是通过日常工作场所

---

[1] 第 5 章总结与结论(Summary and Conclusions)的第二部分更详细地指出了该章如何综合了第 1—4 章。

间接体验到这一"硬核",因此国家的"硬核"就像一只"隐蔽之手"。对大多数人来说,国家的影响力表现在其支出的实现上,尤其是对生产安全和产品的监督、公共教育、基础设施和提供社会保障等方面的支出。

在国家的主要支出的不同类别中,社会保障转移支付(SST)在数量上占主导地位,并且随着时间的推移呈上升趋势。SST是国家获取自身所需的、受绝大多数人认可的合法性的主要因素。然而,收入分配和SST的趋势并不独立存在。有关收入分配的广泛信息(知识及其传播)是SST的关键催化剂。这些信息一方面与公共教育,尤其是其分布相关;另一方面与通信手段相关。而这两者又与宏观经济中资本积累的发展相关。因此简言之,资本积累要求不断提升公共教育和通信基础设施的水平,这产生了SST。

虽然SST在GDP中所占百分比的不断增长是国家受绝大多数人认可的合法性的必要条件(这是针对收入分配中的大部分底层人口而言的),但(收入分配中的大部分上层人口)承担SST的负担意味着使SST的增长逐渐消失也是国家受绝大多数人认可的合法性的必要条件(10D3)。

该章的最后一节(10D4)回顾了资本主义国家作用范围的四种主要的脆弱性,它们是资本主义系统持续再生产的潜在阻碍。第一种是调节的数量和复杂性不可避免地不断增加。因此,所谓"自由的市场经济"将在资本主义国家必需的驾驭下无限地受到进一步限制。第二种脆弱性是那些"大到不能倒"的实体,尤其是银行。这种脆弱性有可能通过一轮又一轮的复杂调节来解决,但目前来看并不稳定可靠。第三种脆弱性是环境恶化。事实上,这是最重要的问题,但也许可以通过一轮又一轮的复杂调节来恢复——每一轮调节必须比(撰写本书时的)预期更加严格。第四种脆弱性涉及国家在社会保障转移支付方面的必要支出。虽然增加转移支付在GDP中的比例是国家受绝大多数人认可的合法性所必需的,但使这种增长逐渐消失同样也是国家受绝大多数人认可的合法性所必需的。

为了资本主义系统的持续再生产,国家不可避免地要应对这些脆弱性。第二种和第三种脆弱性仿佛在"想象中"可以解决。然而,对于第一种和最后一种脆弱性,资本主义系统正在走向我所说的"不可能的必然性"。

❼ 资本主义系统的国际存在方式(第11章)

第1—10章的系统论述涉及每一个成熟的资本主义民族(国家)。本书第三篇(包括第11章)明确指出,这些国家在以下方面存在差异:(1)地理位置;(2)成为成熟资本主义国家的历史时间点——这以国家授予资本主义"硬核"权利为条件,具体体现在核心立法框架中(参见第 6 章);(3)各国获立法的"资本积累框架"的发展程度(参见第 7 章)[1];(4)各国获立法的"社会保障框架"的发展程度(参见第 7 章);(5)给定国家人口,资本积累达到的程度——该程度由获立法的"资本积累框架"共同决定。该章进一步明确指出,资本主义企业出于赚取利润的原因,会寻求跨国扩张。

该章展示了资本主义系统的"国际存在方式",但仅限于它对前文资本主义系统再生产条件的论述(第一篇和第二篇——上文第 1—6 节)有影响的范围内。与前面的论述一样,在抽象掉偶然性后,这主要涉及"生产的国际迁移趋势"(资本国际流动的一种形式)和"国际贸易趋势"的一个方面(11D1)。

就其推动力而言,国际贸易与国内区域间部门专业化生产并无本质区别。然而,国际贸易对各国的影响并不均衡。

国际贸易会影响各国生产部门结构的多样性程度。这意味着,一旦一个国家"自由地"决定参与国际贸易,自愿("自由")贸易就会变成强制贸易,并伴随着相应的贸易条件。要想重新提高多样性,即使有可能,也需要很长时间;与此同时,建立(有选择的)贸易壁垒也会遇到反制措施。

国际贸易对企业的世界平均剩余价值有积极影响,因为这种贸易直接或间接地压低了实际工资的价格。然而,一个国家的生产结构发展得越不全面,它就越被迫以世界市场的任何价格进口商品。这就意味着,或可能意味着,国际贸易对剩余价值的影响对各国企业来说是不均衡的。

最后,由于相伴而来的运输,国际贸易加剧了环境破坏。在发达的国际生产部门结构存在的条件下,这个问题只能在遥远的将来(通过一轮又一轮的"一般非贸易协议")解决(11D2)。

"生产的国际迁移"(international migration of production, IMP)与"资本的国际集中和集聚"(international centralization of capital, ICC)一样,是"资本的国际流动"的两种主要形式之一。从世界范围来看,这些都是最近才出现的现象(直到 1990 年,以"外国直接投资"衡量的资本国际流动一直保持在世界 GDP 的 1%以内)。

虽然 ICC 在很大程度上影响了经济权力在单个企业中的集中程度,但后者作为一种趋势力量及其结果并不是影响资本主义系统再生产的特定国际现象。生

---

[1] "硬核"框架包括"授予法定资本主义经济权利""授予法定生存权"和"公共安全权"(第 6 章)。"资本积累框架"包括"货币的""劳动能力的"(包括正规教育)和"基础设施的"框架。

产的国际迁移（IMP）的趋势则不同。

世界各国可分为"资本主义发达"国家和"资本主义发展中"国家（简称"发达国家"和"发展中国家"）。[1] 更具体地说，这些国家可以用下列和 IMP 最相关的因素分层：(1)平均工资水平；(2)工资税收（税收取决于工资水平）；(3)国家"资本积累框架"[2]的水平（国家达到这一点的手段取决于税收）；(4)国家以及资本主义系统面对市场工资结构的合法性程度（参见因素 1），它与需要纳税的社会保障转移支付相联系。一国民众对工资水平和一般收入结构的不平等的广泛认识程度，是社会保障转移支付（SST）[3]所需水平的催化剂。

如果给定"硬核"框架，利润驱动的 IMP（在国家层级之间的运动）主要取决于（潜在可迁移的）企业对因素(1)—(3)的权衡：即要工资水平还是要"资本积累的框架"。实际发生的 IMP 会提高迁入国的(1)—(3)因素，并抑制迁出国的相关因素。对于个别国家（或者作为更大范围的国家集团）而言，(1)—(3)的效应都是自我强化的。因此，就这些因素而言，IMP 的趋势在"发达"和"发展中"国家之间产生了一个非常缓慢的趋同过程。

这种逐渐趋同的过程也会影响到上述因素(4)。对于 IMP 迁入国家（尤其是"发展中"国家）来说，不仅工资水平，而且 SST 水平也趋于上升。这是因为积累框架包括公共教育和基础设施的通信部分（尤其是信息和通信技术）；这些都会影响一般信息的普及程度，因此也会促进有关工资和其他收入水平不平等结构的 SST 信息的普及。这就意味着，国际 SST 水平的逐步趋同也是指日可待的。从相对较低的水平开始，平均工资和 SST 的每一次逐步增长都将促进"发展中"国家受绝大多数人认可的合法性。

至于 IMP 迁出国家（首先是"发达"国家）的合法性效应则恰恰相反。对这些国家来说，工资趋同意味着抑制其增长，最终甚至可能导致下降。这本身就会影响其受绝大多数人认可的合法性。除了工资和随之而来的税收的下降压力外，SST 的财政也受到挤压（影响到对广大底层人口的转移支付，或影响到对收入分配中大量顶层人口的负担）——另见 10D4，其中 IMP 获得了一个新维度。这意味着，随着 IMP 的进一步增加，这些国家受绝大多数人认可的合法性往往会受到越来越大的压力（11D4）。

---

[1] 这里的文本主要采用了世界银行关于"高收入"（即"发达"）"中等偏上收入""中等偏下收入"和"低收入"（合起来称为"发展中"）国家的分类。

[2] 参见当前节的第一段。

[3] 第 6 节已经指出，或参考 10D3。

❽ 一般性结论(第 11 章,并以第 10 章为参照)

第 10 章(10D4)总结了资本主义国家作用范围内的因而也是资本主义系统再生产的四种主要脆弱性。第 11 章的结论在国际背景下重新讨论了这些问题,但是后一章只在影响到前文论述的范围内侧重讨论了资本主义系统的"国际存在方式"。

(1) 调节的数量和复杂性不可避免地不断增加。对于许多"发展中"国家来说,这一点可能还不严重,但对于"发达"国家来说,它们将越来越频繁地面对这一问题。

(2) 对"大到不能倒"的实体——尤其是银行——进行充分监管的不确定性。这里的情况与(1)相同。

(3) 环境恢复方面的不安全感。"发达"国家是环境破坏的主要推动者。"发展中"国家可以要求"发达"国家必须在很大程度上起带头作用,而"发展中"国家本身则有其他优先事项。无论如何,为了资本主义系统(乃至全人类)的生存,至少"发达"经济体(2015 年占世界 GDP 的 68%)的大规模重组是不可避免的。第 11 章明确指出,对于远距离运输,国际贸易带来了国家生产部门结构多样性下降的陷阱,因此也带来了强制性国际贸易和强制性远距离运输的陷阱。

(4) 社会保障转移支付在国内生产总值中所占比例的增加。结论是,增加社会保障转移支付在国内生产总值中所占的比例是国家绝大多数人所认可合法化所必需的,而这种增加的下降同样也是国家受绝大多数人认可的合法性所必需的。11D3 指出,"生产的国际迁移趋势"又增加了"发达"国家平均工资的下降压力,对"发展中"国家则相反。由于世界各国的人均 GDP 水平是不平等的,平均工资和 SST 的收敛趋势往往也与不平等的受绝大多数人认可的合法性进程相关联。这增加了(尚属)"发达的"国家未来在系统-再生产方面的脆弱性。然而,从(非常)长远来看,这也是(尚属)"发展中"国家的镜像:"De te fabula narrator"("这正是说的阁下的事情"[1])。

---

[1] 中译文参考自《马克思恩格斯全集》第 44 卷,第 8 页,2001 年,人民出版社。——译者注

第 13 章

"资本主义经济与国家的统一"主要内容简介

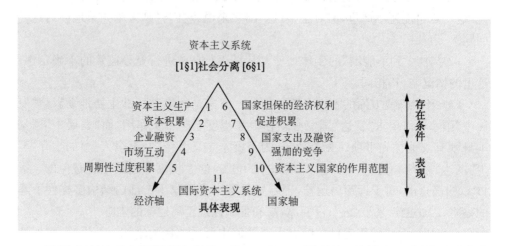

这段文字是对本书摘要与结论(第 12 章——译者注)的补充。它展示了本书按章节划分的各"环节"是如何相互关联的。第 1—3 章和第 6—7 章的各"环节"是资本主义系统存在的必要条件——从叙述来看,这些环节为本书的起点(1D1 的 1§1 和 1D6 的 1§6)建立了根据。第 4—5 章、第 9—10 章和第 11 章的各环节是此前诸环节的具体表现。

表 13.1 "资本主义经济与国家的统一"主要环节的纲要(符号和简称的解释,参见后两页的图例)

（续表）

3.生产和资本积累的融资	[生产&资本积累，第1、2章] ↓ 资本融资：金融资本 (3D1) ↓ 银行用于预先实现的融资(PVF) (3D2) ↓		8D3为(→)3D5建立根据	[调节框架，第6、7章] ↓ 国家生产和国家支出 (8D1) ⇓		8.国家支出和融资
	资本所有者为PVF的事后替代 (3D3)	银行和企业的创立 (3D4)		国家生产和国家支出 (8D1) ⇓	国家融资：税收和其他主要融资形式 ⇓	
	↓ 剩余价值的宏观实现 （融资、投资和储蓄） (3D5)			国家支出对企业剩余价值生产和实现的作用：宏观支出 (8D3)	国家支出和税收与企业税后剩余价值的结合效果 (8D4)	
				8D2 .M. 税收诸形式： 收入和财富的分配 (8D5)		
4.市场互动	[技术和物理生产的工具性(1D5)和资本积累与技术变革(2D1)] .M. 市场和生产的分层结构 (4D1)		右边的环节影响左边的环节	国家与其对竞争的强加相关的表现 .M. 竞争的强加		9.竞争的强加
	.mm. 竞争的通缩或通胀模式 (4D2和4D3)	.mm. 竞争消失的趋势 (4D4和4D5)		.M. 竞争的强加：禁止性的调节框架 (9D1)	.M. 对竞争模式的限制和对资本积累的(潜在)限制 (9D2)	
5.周期性过度积累和资本毁灭的循环	[第1—4章] ⇓ .me. 企业利润：扣除支出外部融资的净剩余价值 (5D1)		10D1影响5D2** 10D2影响第二篇全部**	[第6—9章] ⇓ .M. 国家支出的规模对资本主义周期振幅的效果 (10D1)		10.资本主义国家的影响范围
	.M. 周期性过度积累和资本毁灭的循环 (5D2)			.M. 国家调节不断增长的规模和复杂性 (10D2)	.M. 资本主义国家的硬核及在社会保障转移支付和其他支出中的表现 (10D3)	
				⇓ 资本主义国家影响范围的脆弱性 (10D4)		
第三篇	[资本主义经济和资本主义国家，第一篇和第二篇] .me. 资本主义系统的国际存在方式 (11D1)					11.国际资本主义系统
	.mm. 国际贸易 (11D2)			.mm. 生产的国际迁移 (11D3)		

图例：

		第1—2、6—7章	第3、8章	第5—6、9—11章
→	被建立根据在（右边环节是左边环节的存在条件）	X	x	
↓	被建立根据在（下边环节是上边环节的存在条件）	x	X	
s-i-u	分离中的统一	x	x	
→ ←	辩证相互作用（环节互相作为前提）	x		
↓↓	下边环节由上边环节推出		x	x
→ →	左边环节由右边环节推出		x	x
.M.	前面环节的表现		***	x
.mm.	表现方式			x
.me.	前面环节的存在方式			x

注释

注：*　10D1 直接影响了资本周期性过度积累的程度（5D2）。

　**　10D2 几乎影响了从 1D5 往后的所有资本主义经济的主要环节。10D3 指国家支出的具体表现（参见总附录 A§12 论"具体表现"）。

　***　同样出现在了第 8 章最后一节。

第 14 章

系统辩证法大纲——总附录

研究和叙述资本主义系统的系统辩证方法

章 目 录

导言	513
第 1 节 系统辩证叙述方法简述	515
A§1 目标和概要	515
第 2 节 先于系统辩证叙述的研究	517
A§2 对象总体	517
A§3 先于系统辩证法叙述的研究:分析与综合	517
第 3 节 系统辩证叙述——一般原理	521
A§4 与历史顺序相对的系统顺序	521
A§5 辩证"环节"	521
A§6 定义和概念的演进	522
A§7 前提和预设(不同于假设)	522
A§8 综合以及分析的功能	523
A§9 内在性与内在批判	524
第 4 节 系统辩证叙述	524
A§10 系统的起点	524

A§11	建立根据的环节(存在条件)	526
A§12	各种表现:具体表现的综合环节	528
A§13	必然性和偶然性	529
A§14	趋势:动态组成部分	533

导 言

　　总导言粗略说明了本书所采用的系统辩证法(system dialectics，SD)方法的一些基本原理。该方法的其他方面和原理在首次引入系统叙述时已在各章的"说明"和"附录"中简要阐述了。这样做的好处是将方法和内容直接联系起来。缺点是对系统辩证法方法的解释不免碎片化。我将在本附录中纠正这种情况,以完整统一的方式介绍该方法。这意味着基本部分会与总导言和前面提到的说明或附录有重复。

　　"系统辩证法"是适用于研究具有系统性结构特征的对象总体的辩证方法。采用该方法的作者有许多相似之处,所以他们自己都把他们的方法称为系统辩证法。尽管如此,需要指出的是,不同作者的侧重点往往不同。这取决于他们的研究对象的总体性。我自己的系统辩证法变体侧重于不仅包括资本主义经济,还包括资本主义国家在内的资本主义系统。对这样一个无所不包的系统的叙述会带来一些结构问题(problems of composition),即可能比不上或不同于对更狭义的系统性结构(如资本主义经济)的阐述那么缜密。因此,当我在本附录中提及系统辩证法时,指的是系统辩证法一般,尽管主要是指本书所采用的系统辩证法。

　　本附录分为四节。第1节是方法概述。第2节阐述了先于系统辩证法叙述的调查概念和原理。第3节讨论了系统辩证法叙述的几项一般原理。第4节是全文的主要部分,阐述了系统辩证叙述本身的原理和方法。

　　指涉书中内部章节的记号如总导言 E 节所示。指涉本附录内部各目的记号用 A§1 等表示,各节的记号用 AD1 等表示(见图 14.1)。总导言简称 GI(General Introduction)。

　　虽然本附录的格式与正文章节不同(本附录不是系统阐述的一部分),但我将在本附录中加入一些"详述"和"补论"(提行缩进部分),详细介绍该方法的历史细节或指明文献来源。附录是为专家准备的,多数读者可以跳过。

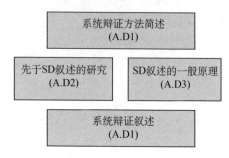

图 14.1 文章的节-结构

详述 系统辩证方法(系统辩证法)的历史根源

一般来说,系统辩证法方法的发展有两个来源:第一,黑格尔的系统辩证法;第二,马克思在其《资本论》中批判资本主义政治经济学时对这一方法的使用。研究黑格尔对马克思的这种影响的兴趣是最近才开始的。同样在最近出现的,是该方法在当前社会科学中的应用所受到的推动。一位评论者,克里斯·阿瑟(Chris Arthur),将其称为"新辩证法"转向。[1] 我的印象是,参与这一转向的大多数作者都是通过对马克思在《资本论》中的方法进行新的"新辩证法"阐释而发现"新辩证法"的潜在力量的。然后其中一些人从中得到启发,发展出研究当前社会的方法。[2]

---

[1] 见阿瑟(Arthur, 2002, pp.1-11)。

[2] 基于这样的信念,下列作者在不同方面提供了 SD 方法不同阐述:埃尔德雷德(Eldred, 1984, pp. xiv-xxiii)[一般];罗藤和威廉姆斯(Reuten and Williams, 1988, pp.3-54)[一般];罗藤和威廉姆斯(Reuten and Williams, 1989, pp.3-36)[一般];史密斯(Smith, 1990, pp.3-18)[黑格尔]与(ibid, pp.19-42)[马克思];阿瑟(Arthur, 1993, pp.63-73)[黑格尔-马克思];史密斯(Smith, 1990, pp.15-36)[黑格尔-马克思];阿瑟《马克思:系统辩证法与线性逻辑》(Arthur, 1997[Marx: Systematic-Dialectical versus Linear Logic]);阿瑟(Arthur, 1998, pp.110-118)[黑格尔-马克思];罗藤(Reuten, 1998, pp.103-107)[一般];穆雷(Murray, 2000, pp.36-41)[马克思 SD/一般];罗藤(Reuten, 2000, pp.140-152)[一般],可对比穆雷的回复(Murray, 2002, pp.156-167);穆雷(Murray, 2003, pp.152-158)[一般]。对于黑格尔对马克思影响的总的概览,参见穆雷(Murray, 1988)和莫斯雷和史密斯(Mosley and Smith, 2014)的贡献。

第 1 节

系统辩证叙述方法简述

A§1 目标和概要

原则上,系统辩证法(系统辩证法)可以有条件地适用于自然和社会对象领域。为简明扼要起见,在本附录中,我将主要提及资本主义系统或资本主义,尤其是本书所阐述的内容,我将从中举例说明。

系统辩证法与其他科学方法的共同之处在于,它谋求可靠地认识可以认识的事物的方法。与其他大多数方法的一个主要区别是,系统辩证法认为知识可靠性的关键在于某个对象总体的所有相关知识之间的相互联系。系统辩证法对任何片面的知识,包括建模,都持怀疑态度,尽管它并不否定这种知识(见 A§3 和 A§8)。更广阔的视角可以显示局部知识的局限性或虚假性(见总导言 C§1 论主流方法的局限性)。

与所有其他方法的第二个主要区别是寻找相关知识相互联系的方式(A§10—A§14)。本节下文提供了这一方法的概要(参见总导言,C§4),并在后面各节中加以充实。

图 14.2 显示了(至此读者已经非常熟悉的)本书对资本主义系统的系统叙述。为了本附录的目的,我采用了事实上严格的叙述顺序,即"之"字形顺序,也就是叙述层次从[1;6]、[2;7]等各章的顺序。这是从存在的"临近"(proximate)条件(GI-C§4 和 A§11,第 3 点)来看的严格顺序。

其相似物,图 14.3,已经在总导言中介绍过,但现在我可以适当介绍"抽象"一词及其含义。

图中以"α"表示的起点是一个关于对象总体(即资本主义系统)的无所不包(all-encompassing)的概念,它抽象地抓住了对象总体的本质:"社会分离的分岔"(1§1, 1§6)。这个概念是抽象的,因为它在提出时是一个无根据(non-grounded)的概念。(据我所知,在这个意义上,所有主流经济学模型都是——且一直是——抽象

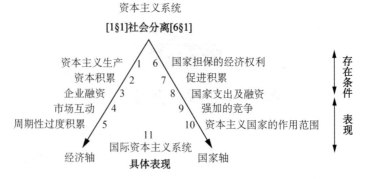

图 14.2 作为资本主义经济和国家的统一的资本主义系统叙述

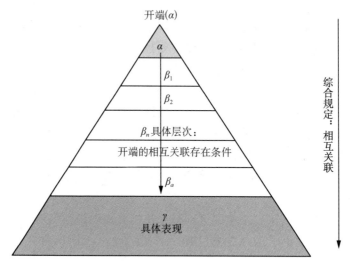

图 14.3 系统研究和叙述

的。这场游戏是在一直没有根据的假设(assumption)上进行的)。[1]

接下来的层次,用 $\beta_1 \cdots \beta_n$ 表示,被称为"建立根据的环节(grounding moment)",这些环节规定了起点存在的相互关联的条件(1§1 之后的第 1—3 章和 1§6 之后的第 6—8 章)。这一辩证叙述的每一阶段都越来越丰富地展示了最初抽象提出的系统(α)是如何存在的。两个或更多环节的联系具有综合特征,我们越往金字塔下走,就越达到综合。存在的必要条件——以及它们自身的存在的必要条件——是一个主要的方法论原理。这确保我们得到有关资本主义系统相互联

---

[1] 然而只要假设是现实的,这些模型依然可以有用。

系的总体性的叙述。出于同样的原因，我们必须避免假设，因为假设会为漏洞开辟道路（A§7 讨论了假设）。

这些条件的结构（β）最终完成于对该系统"各种具体表现（concrete manifestations）"（γ）的相互关联的综合叙述（第 4—5 章和第 9—11 章）。在叙述过程中（从起点到各种表现），我们每次都会扩展对资本主义系统的把握。最后，这一把握将适合于充分理解表现于经验现实的本质的运作。第 4 节更详细地阐述了这三个阶段。

第 2 节

先于系统辩证叙述的研究

A§2 对象总体

系统辩证法研究（系统辩证法，investigation）的一个条件是，其对象领域，即我们的例子中的资本主义，本质上是系统性的，也就是说，它由相互作用的组成部分构成一个统一整体。这是一个本体论问题。我们不想将本体论和认识论割裂开来，一个认识论的要求是，对象领域也可以作为一个"总体"被系统地展示出来。源于黑格尔的系统辩证法观点认为，只有当一个统一的无所不包的概念化能够捕捉到总体的抽象本质（A§1 中的 α），从而达成对现实的理解（γ）时，对象领域才能作为一个总体被展示出来。

A§3 先于系统辩证法叙述的研究：分析与综合

正如总导言中所指出的，许多主流科学专攻"分析"，而系统辩证法则强调"综合"。下面是对分析和综合这两个术语的描述（而不是定义）。分析：通过将整体划分为要素或解构初始知识来加以考察。综合：连接、组合或统一知识；通过指出不同概念之间的相互联系，以将它们组合成一个整体。

系统辩证法探究（enquiry）包括两个阶段：先于系统辩证法叙述的研究（research），以及系统辩证研究和叙述（investigation and exposition）。这里只报告系统叙述——这是在系统辩证法文本如本书中可以找到的材料。本节即 A§3 讨论先于叙述的研究。

从原则上讲,系统辩证法方法批判性地占有关于对象总体性的相关既有知识。这通常被认为是一般科学的条件。在系统辩证法的前系统研究阶段,既有的分析和实证研究的结果被批判性地占有。[1]因此,系统研究是建立在这些知识之上的(这一点将在后面加以说明)。我曾指出,对象领域成为对象总体的一个条件是,它能被一个统一的概念成功把握(A§2)。这个概念可以是或应该是什么并不明确——它是一种包含大量试错的艰巨的创造性研究过程的结果。在这个前系统研究阶段,达到统一概念的过程具有"初步综合"的特征——马克思称之为"抽象的规定"(抽象构成)。[2]

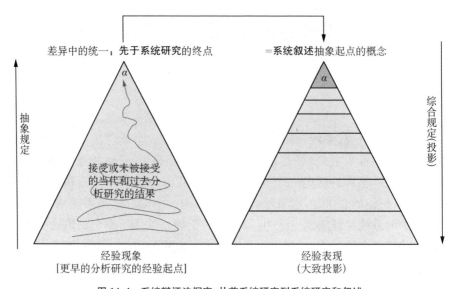

图 14.4　系统辩证法探究:从前系统研究到系统研究和叙述

图 14.4 左边的金字塔是过去和当代研究的隐喻图(从底部开始阅读,假设过

---

[1] 托尼·史密斯(Tony Smith, 1990, pp. 4-5)称之为"占有阶段";Patrick Murray (1988, 2000, 2003)称之为"现象学调查"。

[2] 见马克思(Marx, 1973b[1903¹]{ms1857}, p. 101)。"规定"是对德语"Bestimmung"的标准翻译,参见因伍德(Inwood, 1992, pp. 77-79)论此概念的复杂性。描述(delineation)是其中一个内涵;相比于规定,"构成"则可能是另一种近似。在当前语境,这一抽象规定的主要方面是现象从属于更一般的现象,正如种在类之下。需要强调的是从属并不构成它们实际的相互联系(参见 A§11)(中文版参见《马克思恩格斯全集》第 30 卷,第 42 页,人民出版社,1997 年。——译者注)。

去的研究是基于对经验现象的吸收)。金字塔的底部代表分析性研究和过去的经验研究,它们是在对现象进行概念区分和局部分析的过程中,在日常文化史和科学史中发展起来的。

"初步综合"是到达左侧金字塔顶端 α 的研究过程。这一过程的复杂性质用歪歪扭扭的线表示出来了。然后,这个差异的统一(α)就称为系统辩证法研究和叙述的起点,由图中右侧金字塔表示。

不过,这两个阶段之间有区别,但没有割裂。在系统辩证法研究过程中(右侧金字塔),研究者往往会回到现有知识(左侧金字塔),以便在详细的系统阐述中重新占有这些知识。

A§3-a 补论 前系统研究:黑格尔与马克思

我们有充分的理由相信,黑格尔和马克思也是沿着这些路线进行前系统研究,从而得出各自的系统辩证法起点的。[1]

然而在这一研究阶段,黑格尔和马克思在对现有相关知识的批判性占有上存在着关键性的差异,这些知识进而又为系统叙述提供内容。哲学家黑格尔从当代经验科学的既有观点中汲取有关自然和社会领域的材料;他的任务是对这些公认观点加以综合系统化,以获得整体知识。他对深思前沿知识的命运感到犹豫不决:"密纳发的猫头鹰要到黄昏到来时,才会起飞。"[2]

对马克思来说,情况却截然不同。他对当时影响深远的政治经济学著作的研究使他对公认的观点产生了怀疑。因此,尽管他经常借鉴这些著作,但他感到必须进行自己的概念和实证分析。[3] 在《资本论》中,这种分析与他的系统叙述并列和同时展开。虽然这种分析被系统地置于适当的位置(按章节),但也导致马克思的系统辩证叙述具有非常独特的色彩,特别是因为他通常对分析和综合的文本不加明确区分[4](在本书中,我是这样来解决这一问题的,即把所有关键的分析

---

[1] 又可参见史密斯(Smith, 1993, p.18)。马克思在《大纲》导言(这是他为数不多的方法论作品)中描述了这一研究。
[2] 《法哲学》序言的结尾(Hegel 1967 [1821])(中译文参见《黑格尔著作集》第七卷,第 15 页,人民出版社,2016 年。——译者注)。
[3] 又可参见穆雷(Murray, 2003, pp.157, 160),他将其称为马克思的现象学研究,以区别于他的叙述。
[4] 我将下述洞见归功于丹斯玛(Damsma, 2015 and 2019, ch.1, sec.3),即马克思文本的独特色彩归因于分析和综合的混合。像所有的好想法一样,这一点在事后看来非常显而易见。至少对我而言,这立即澄清了许多《资本论》的系统结构/顺序的谜题。此外,托尼·史密斯(Smith, 1990)的著作察考并描述了马克思的分析和综合工作,他这本书是这方面最重要的著作。

都归入"说明"或"详述")。

A§3-b　说明 "社会系统"的一些临时分析性定义

概念的定义是分析的核心。系统辩证法叙述并不固定概念的定义。稍后我们将看到原因(A§6)。然而,在分析结果的形成过程中,不妨暂时采用分析性定义。为了让我们了解"资本主义系统"这一对象总体所处的社会领域,我概述了一些临时性的(不严格的)分析性一般社会系统的定义(标记 * 表示该术语稍后会在本说明中被定义)。

(a) 系统。系统是结构*和驱动力*相互结合的综合体,因此原则上系统是连续的(可设想经济结构和国家结构共同构成一个社会形态,在我们的例子中就是资本主义社会形态)。一个系统的持续存在总是要求至少有解决任何根本冲突的暂时性模式。

(b) 结构。结构是静态的、或多或少连贯的一套制度*(制度的例子包括:企业、贸易、市场、税收、法院、判决)。连贯性并不意味着某个制度自身或一系列制度之间没有冲突或矛盾。结构或多或少具有确定的性质,因为——在有失去连贯性的风险时——它们不能随意改变。然而,这并不意味着——在有这种风险时——它不能改变。

(c) 制度。制度是一种或多或少具有持久性的行为模式(pattern of behaviour),可能但并非必须在正式组织(如企业或法院)中建立。制度是规范(norms)的一种表现(例如,企业的盈利或通过法庭解决冲突和主持正义)。就当前的对象总体而言,这些主要是资本主义规范。制度(和/或其规范)可以但不必编纂成法律或"自我调节的"(self-regulating)规则。首先,制度可以通过教育的方式得以延续,即狭义的教育和广义的融入话语的教育(education into discourses)(福柯),包括融入资本主义文化的教育或融入组织文化的教育。其次,制度可以通过社会制裁(一般是:认可和不认可)的方式得以延续。在企业的经济领域中,重要的直接经济奖惩是利润和亏损,它与管理者的地位有一种间接对应。稳定的持久性与内在化,即我们例子中的资本主义经济规范的内在化相关。稳定的持久性是结构的重要组成部分之一。

(d) 驱动力。与制度一样,驱动力是结构的动态因素(过程)。由于其在结构中的相互联系(连贯性),它们基本上是那些具有"力量""胁迫"或"强制"特征的制度(有奖惩的模式),如赚取利润和资本积累。

第 3 节

系统辩证叙述——一般原理

在第 4 节说明系统辩证叙述的模式前,本节简要说明一些一般的系统辩证法原理。

A§4 与历史顺序相对的系统顺序

一种当代现象的相对重要性不一定与其历史发生有关。尽管历史在解释现存事物如何诞生这点上很重要,但历史不能解释为什么它"是其所是",或现存事物如何作为相互联系的总体再生产自身。[1] 因此,系统辩证法的系统性顺序与制度和进程的历史出现顺序毫无关系。例如,商品市场先于劳动力市场发展这一事实并不意味着,就资本主义体系的运作而言,商品市场比劳动力市场更重要——两者都绝对必要。商品形式的货币(如黄金)的发展早于"银行账户货币",但这一事实并不意味着货币的系统处理应从商品货币开始或非要提及它。

A§5 辩证"环节"

术语"环节"指系统辩证法叙述中每一进展的构成要素。一般来说,一个环节是相互包含的(belong together)概念的组成部分;这些概念因此被设定为是直接相关的——例如,"货币扩张"(2D4)或国家的"货币框架"(7D2)。换句话说,一个环节是一个或多或少具有聚合性的制度构成(institutional make-up),或一组或多或少具有聚合性的要素,它可以就其本身得到分析(有时就如一个模型),但它的全部意义来自与其他环节的相互联系,并最终来自它和整个叙述的相互关联

---

[1] 参见罗藤和威廉姆斯(Reuten and Williams, 1989, p.34)。也可参见史密斯、阿瑟和穆雷(Smith, 1990, pp.8-9; Arthur, 2002, p.75; Murray, 2003, pp.152-153)。

性。[1] 因此环节通过综合获得全部意义。

在文本中，系统顺序不可避免地具有相继性。然而在本体论上始终保持所有环节的同时性。

A§6　定义和概念的演进

概念的定义是分析的固有部分（A§3），对分析工作非常有用。然而，由于概念发展一般是科学发展的核心，将概念设定为"定义性的（definitive）"可能会阻碍科学的发展，即使在非辩证的叙述中也是如此。从一个抽象的总体概念（α）开始，系统辩证法在一个分层的展示运动中展示相互联系，首先是起点的存在条件（$β_i$），其次是存在的各种具体表现（γ）。伴随这一过程，尤其像"货币"和"生产"等关键概念的含义也在不断丰富。因此，例如货币等"概念"无法在第1章中被充分定义，因为它在本书叙述中的第2、7和3章中获得了新的含义。因此，系统辩证法避开了固定的定义。不过，在每个辩证层次或环节（A§5），它都会"仅就这一环节（for the moment）"描述概念。即便如此，在本书的写作方式中，之前的概念及其描述也被认可为正确，而且（如果我没搞错）与后来更丰富的概念并非不一致。事实上，前期概念只是被认可为抽象地（在"无所不包"的意义上）正确的。它们的真理包含在新发展的概念中。

A§7　前提和预设（不同于假设）

本节几乎与总导言的 C§3 相同。

系统辩证法不仅避免定义（A§6），也避免假设。然而，本书叙述采用了三个"前提"。第一，一种由文化决定的语言（在我们的例子中尤其是"英语"）。紧接着就是知识型。[2] 在某种程度上，我们可以意识到它，但任何科学努力都无法摆脱这一影响深远的前提（有时人们认为数学可以。然而，数学至少需要从文化语言到数学的"初始翻译"）。第二，假定我们的考察对象存在。在我们的例子

---

[1] 可参见罗藤和威廉姆斯（Reuten and Williams, 1989, p.22）。

[2] 福柯（在其《词与物》中）使用知识型（épistème）来指认一段长时期内（设想与"现代"对比的中世纪）用以支撑生产和科学知识生产的可能性的"无意识"心理结构。相比库恩的范式概念，一种知识型影响更为深远且不可避免。

中即资本主义社会形态，尤其是资本主义经济和国家。从经验上看，经合组织国家以及所有其他具有类似结构的国家都是资本主义经济和国家的典范，而不论它们以人均 GDP 和国家支出表示的发展水平差异。第三，假定研究对象具有系统性（A§2 以上）。这是对研究对象进行任何科学研究而非单纯描述的先决条件。

除了这三个前提之外，我还在第 1—3 章和第 6—8 章中采用了"预设"。我之所以采用它们，只是因为"系统"的所有构成要素不可能同时呈现。我用"预设"（而非"假设"）来表明这些它们的临时地位。（模型方法的许多"假设"则具有永久地位。）因此，在辩证叙述的过程中，我引入的要素（entity）在其引入阶段并不是或不完全是"有根据的"（例如，当我在第 1 章中引入"货币"时，第 2 章银行对货币的创造已预设了）。系统辩证法的预设与标准建模方法的假设之间的一个主要区别在于，系统辩证法的预设必须始终植根于叙述之中——在所有与对象领域相关的规定都内生地得到规定，即不再需要任何预设（或假设），并且所有先前（临时性的）预设实际上都已消除之后，系统辩证法叙述才算完成。在本书的主要系统文本中，我从未使用过假设——如果我没搞错的话（在"说明"中，我有时使用假设，只是为了简化例子）。

在建模方法中，当取消某些假设时，先前（基于被取消的假设）的陈述可能不再成立。而预设则不同。在每个层次上（例如在第 1 章或第 2 章的叙述层次上）提出的所有陈述都被认为是正确的，当我们读到第 5 章或第 11 章时，这些陈述仍然是正确的。

上文关于预设的所有叙述都适用于我们在此研究的对象领域（"资本主义"——A§2）。虽然资本主义不可能存在于虚空中，但一本关于资本主义系统的书不适合从对自然科学实体的叙述开始（即使我能这样做）。

A§8　综合以及分析的功能

系统辩证法研究是从系统起点出发的探究过程（图 14.3）。考察的结果就是在系统辩证法文本（如本书）中看到的系统叙述。系统辩证法叙述是综合的。

我在 A§3 中指出，系统辩证法研究的综合叙述需要充分的概念和经验的分析。它从分析中进行选择，忽略有缺陷的部分。不过，如果对某些环节的既有分析付之阙如或较为贫弱的话，那么系统辩证法著作的作者便需要承担适当的分析工作[1]（在本书中，如果需要，我将此类分析归入"说明"或"详述"，因此主要章节中的系统叙述是纯粹综合的）。

A§9　内在性与内在批判

对社会总体的系统辩证法叙述是一种内在的叙述。也就是说，它从对象总体的原理、规范和标准的角度来展示体系。该原理源自马克思。即使系统是由其自身呈现的，也并不意味着没有任何评价或评估。当规范和标准推至其逻辑后果时，我们可以发现可能存在的不一致性，这一不一致性是由内在批判揭示的（详见总导言 C§6）。

第 4 节

系统辩证叙述

在最后这一节，我将讨论系统叙述本身。严格来说，"叙述"就是系统辩证法著作的文本。不过，需要强调的是，在实际写作过程中，作者也在进行复杂的系统辩证法研究。

A§10　系统的起点

先于系统的研究（A§3）导向系统辩证法叙述的起点。起点是对象总体的无所不包的概念化。它是抽象的，因为它是一种尚未获得根据的概念化。在起点中我们只是把分析把握为一种抽象规定（图 14.4 中的 α）。或者说，我们"仅仅"假定了差异中的统一。在黑格尔关于社会的著作（1967[1821]）中，起点是"自由意志"，对马克思（1976[1867]）来说是"商品化"，而在本书中则是"社会分离的外向分岔"

---

[1] A§3-a 中我指出马克思正面临着这一问题，所以他必须自己分析。在我 2000 年论系统辩证法的文章中，我忽视了在系统调查的同时开展分析工作的可能要求，斯塔罗斯塔（Guido Starosta, 2008）就这点正确地批评了我。

(关于后两者,另见 1§1-h,1§5-b)。

开始时还不清楚起点如何获得存在。开始时还没有证实起点环节(α)确实是对象总体的统一性概念。这一点必须在确定其存在条件的过程中加以证明,而在这一过程中,起点的抽象性逐渐减弱。因此,我们有一个逐步具体化和差别化的过程(β)。正如黑格尔所说,在开始时,"差别仍然沉没在统一体中,还没有被设定为有差别的。"他接着说,只有在叙述结束时,我们才会知道,"有差别者的真理在于其统一中的存在。只有通过这种运动,统一才是真正的具体"。[1]一旦叙述完成——从而当最初的统一性概念被证明是对象总体中固有的、完整的具体(γ)——我们就有了完整的圆圈,证实了抽象起点的真理。[2]因此起点的终极证明是成功的叙述本身。

A§10-a　补论　黑格尔的系统辩证法

本节中我在脚注中提到了黑格尔的著作,尤其是他的《小逻辑》。[3]然而,我自己的系统辩证法并不等同于黑格尔的系统辩证法,而是以黑格尔为基础——脚注中也承认了这一点——但以一种经常偏离他的方式。我特别指出,我的叙述中没有他的"主观逻辑"[4]的等价物。相反,我转向了"具体表现"(下文 A§12),用黑格尔的术语来说,这是他的"现实性"的进一步发展。[5]

在罗藤和威廉姆斯(Reuten and Williams, 1989)的著作(第 26—30 页)中,我们指出了为什么资本主义系统的系统辩证法不能超越黑格尔的本质逻辑。托尼·史密斯(Tony Smith, 1990)以更为精妙的方式阐述了这一观点(遗憾的是,当时我们素不相识,而两本书的印刷时间又不谋而合)。另见史密斯(Smith, 1993 and 2014)。克里斯·阿瑟(Chris Arthur)在他的系统辩证法研究中采取了截然不同的立场(阿瑟在 2002 年、2011 年和 2016 年的文章中概述了该研究的要点)。他强调了资本在这一体系中的主导地位(我们同意这一点),因此认为黑格尔的"主观逻辑"为呈现这种主导地位提供了一个适当的框架。里卡多·贝勒福

---

[1] 见黑格尔(Hegel, 1985[1833], p.83)(目前没有这一文本的中译文,故内容为译者自译。——译者注)。
[2] 比较穆雷和阿瑟(Murray, 2003, p.157; Arthur, 1997, p.31)。
[3] 《小逻辑》(1991[1817¹;1830³])。这本书包含三个主要部分:(1)存在论;(2)本质论(也称为本质逻辑);(3)概念论(也称为主观逻辑)。
[4] 参见前一脚注。
[5] 本质论的最后一部分(C)。

(Riccardo Bellofiore, 2014)尽管没有明确认同黑格尔的"主观逻辑",但他认为拜物教赋予资本权力,其意义类似于黑格尔式的主体。

A§11 建立根据的环节(存在条件)

❶ 关于系统"如何"存在的叙述

系统辩证的"叙述"指的是将一个具有系统结构特征的对象总体概念化的系统辩证法模式或方法。系统辩证叙述的主要内容是对起点的"存在条件"的展示。(在本书中相当于起点 1D1 和 6D1 之后的第 1—3 章和第 6—8 章)。如此叙述就揭示了系统如何存在。这等同于说明起点——它把握了系统的本质——如何存在。对于"社会分离的外向分岔"这一起点(1D1 和 6D1)而言,"如何"是指关于如何弥合分岔,从而资本主义体系得以存在的叙述。

❷ 起点的具体化

即使起点可以从现象上解释和理解,但由于尚未提出它的存在条件(这些条件要么是预设的,要么是隐含的),所以它还是抽象的。随着对每一个存在条件的阐述,起点,因而系统的存在逐渐具体化。这等同于存在进一步获得根据。因此,一个存在条件也可以由"建立根据的环节"来表达[1](从隐喻来看,参照图 14.2 和图 14.3 中的隐喻金字塔,随着辩证法的展开,我们每次都找到了更具体的根据。"基础"(foundation)不在金字塔的顶部,而在向具体的底部的运动中)。

❸ 系统顺序

对这些条件/环节进行系统排序是系统辩证法研究"艺术"的核心。在叙述的每一个阶段,都必须确定前面所设定的东西的必要临近条件是什么。从起点开始,系统辩证法的叙述必须提出其临近的建立根据的环节,即前面所设定的东西的直接和最一般的条件。如果临近的建立根据的环节自身无法存在,那么该环节就需要新的临近的建立根据的环节。这样,我们就有了一系列的建立根据的环节。[2] 在每一个点上,辩证叙述都是由所设定的环节的不充分性推动的。在一

---

[1] "存在条件"和"建立根据的环节"这些术语可相互替换。第一个术语的优势是更关注存在,可能一开始更加透明。术语"建立根据的环节"的优势是更关注环节性/暂时性(momentary),因而强调它的不完整性。

[2] 在我看来这是黑格尔的本质逻辑(即他逻辑学的第二部分)的核心——见黑格尔(Hegel, 1991 [1817])。

个新层面上(比如,第2章)建立根据的环节提出了一个仍然(相对)抽象的存在,而它还不能实际存在,这就如已所述那样推动叙述向前发展。[1] 这将一直持续,直到所有存在条件都得到规定,因而都内在于叙述之后。

上述"不充分"指的是一个环节的聚合性的局限(cohesive limits)(A§5)。然而,每一个环节的概念化都表达了一种对真理的主张,它不会在以后的环节被撤回。相反,先前环节的真理包含在后来的环节中(参见 A§6)。因此,我们在隐喻的金字塔中越往下移动,我们就会得到马克思所说的"许多规定的综合"。[2]

❹ 系统的相互联系

按照上述过程,叙述设定了建立根据的环节的相互联系,从而设定了必然构成系统的各种现象的相互联系(我们之所以能达到相互联系,是因为建立根据的环节又奠基于进一步地建立根据的环节)。这是系统辩证法方法的显著优点。每个临近的建立根据的环节设定了进一步的相互联系,因此也提出了对系统的进一步理解。(我们或许可以"理解"以现象学的方式面对我们的起点和资本主义系统。正是通过理解这种相互联系我们才在运动中逐渐趋向于把握它)。

为了保证所有必要的相互联系都被设定,系统辩证法必须避免任何假设。假设会导致在相互联系中造成缺失,进而导致对系统的理解出现缺失。

❺ 必要条件

上文(第3点)指出,系统辩证法研究的"艺术"在于确定先前设定的存在的必要临近存在条件。这门艺术的一部分就是确定什么是"必要"条件,因而现象学现实的哪些方面仅仅是偶然的(这意味着这些现象既可以不在场,也可以有所不同,但不改变重要的系统再生产)。[3] 由于必然-偶然的区分和各种表现(A§12)有关,我会在 A§13 中详述这一区分。

❻ 必要力量和强制性

对建立根据的环节加以叙述的结果,是起点的存在条件形成了一个相互关联的结构。所有这些条件都具有使得资本主义系统得以延续的必要力量和强制性的地位。[4] 这一结构在很大程度上受到两种必要力量的影响,因而它们不可避免地在叙述初期就已提出:第一,剩余价值的生产和占有(1D5);第二,国家的合法

---

[1] 参见 Hegel 1991[1817]§120-§124; 1985[1833], pp.81-83。
[2] 见马克思(Marx, 1973a[1903;1858ms], p.101)(中译文参见《马克思恩格斯全集》第30卷,42页,人民出版社,1997年。——译者注)。
[3] "系统的再生产"指它的持存。
[4] 黑格尔在其本质逻辑的 B 部分(C 小节,论关系性)阐述了这一关联。

性(6D3)，以担保生产和占有剩余价值的权利的形式，支持第一种必要力量。

其他必要力量和强制性是前两者的根据。（对于那些在自我认知中将资本主义视为自由化身的经济行为人来说，这些强制性必定是发人深思的(thought-provoking)——参见6§2-a。

❼ 系统辩证的综合及其第一阶段的终点

关于系统性相互联系的系统辩证法叙述(第4点)本质上是一种综合叙述(关于分析与综合的区别，参见 A§3)。分析的目的是通过解构和分解现象——或现象学领域——为要素来获取知识。A§3 已经指出，系统辩证法利用分析的结果。然而，系统辩证法叙述与分析相反(或相对)，因为它设定相互联系，从而设定综合知识-综合理解。然而，系统辩证法的综合未必是分析的相似的对立面(analogous opposite)。分析必须假定它所解构的现象或现象学领域是相互关联的。这一假设可能是正确的，但也可能是错误的。[1] 因此综合的结论就内容而言，可能与分析结论相反。

对起点的相互关联的存在条件的叙述完成后，系统辩证法叙述的第一部分就完成了。至此，所有的建立根据的环节都已展示。然而，这些可能还没有达到那些无须进一步存在条件、但对系统辩证法综合叙述具有实质性意义的环节。下一目将讨论这些环节。

A§12　各种表现：具体表现的综合环节

叙述的最后阶段是资本主义系统的"具体表现"(第4—5章和第9—11章)。

读者可能会觉得，我在前几章(1—3 和 6—8)建立根据的环节的叙述中(A§12)一直在介绍资本主义系统的表现形式。在某种程度上，情况的确如此；然而，这些不过是"抽象表现"(这是一个有点做作的术语)。之所以如此，是因为在所有的建立根据的环节(A§12)完成之前，还未显示资本主义系统如何具体地存在。所以在此之前，我们所看到的仍然仅仅是有多种可能解释的现象，而不是我们可以具体理解的资本主义系统的各种表现："具体表现"。

因此，我在建立根据的环节层面提出的所有经验图表都只能是预设或示例。

---

[1] 例如，分析失业时，考察就业和失业领域可能会得出将失业还原为失业个人的缺点的结论。另一方面，如果把资本积累领域当作分析的起点，那么分析的结论就可能是积累需要失业，而不论个体的特征。通常当领域较宽泛、假设更少，且实际采用的假设具有现实性时，分析可能更可靠。

我总是将这些图表放在非系统性的"详述"部分,而不是系统性叙述的主要部分。[1]

这些具体表现推进了叙述,但没有(我重复一遍)引入任何额外的存在条件。这些表现虽然不是建立根据的环节,但也是必要环节,是综合叙述的顶点,植根于建立根据的环节之上。这些建立根据的环节——按其相邻顺序提出(A§12,第3点)——揭示了资本主义系统的再生产的强韧性(strength)。然而,这些建立根据的环节的力量(A§12,第6点)的具体共时互动也表现为各种具体表现,这些表现不仅揭示了再生产的强韧性,也揭示了再生产的脆弱性。[2] 我以一种最简略的方式回顾一下这些表现的要点。

尽管各种企业作为(简言之)劳动生产的剩余价值的占有者构成了一个统一体,但它们在市场互动中又表现出差异。一方面,这种差异表现为对抗性竞争的形式,另一方面,又表现为通过卡特尔和资本集中来逃避竞争和"实行统一(practising unity)"的形式(第4章)。在经济权利由国家保证的前提下,国家对这种"实行统一"的立场必然是不一致和自相矛盾的(第9章)。企业主动资本的积累具体表现为周期性过度积累和部分毁灭,以及严重失业(super unemployment)(第5章)。国家则具体表现为不断增加的支出,不仅是社会保障转移支付,更在于国家调控的不断扩大的规模和复杂性(第10章)。

具体表现是强韧性与脆弱性的结合。后者揭示了建立根据的环节(A§12)的墙壁也许并没有"崩溃"(借用熊彼特在其1943年著作第12章中的隐喻),但依然在震动。

A§13 必然性[3]和偶然性

❶ 偶然性

系统辩证法的范围仅限于对资本主义系统再生产所必需的现象(要素、制度

---

[1] 实际上我尝试将这些东西都放进冗长的第10章。2015/6年我将这些工作打包"丢给"我的学生,但这并不成功。(我很感谢他们的礼貌批评。)
[2] 重要的脆弱性在黑格尔的系统辩证法中缺席了。例如史密斯(Smith, 2014)因此把黑格尔的辩证法称为系统的"肯定"辩证法。
[3] 必然性(necessity)和前文常见的"必要的"(necessary)在英文中是同一个词根,但是中文很难找到同时包含"必然"和"必要"含义的词汇,所以我将在不同地方将necessary酌情翻译为"必然的"或"必要的"。——译者注

和过程)的相互联系的叙述(A§11—A§12)。[1]因此它通常回避提出偶然性(本目稍后将展示一些限定条件)。将偶然性暂时界定为"碰巧的"(accidental)是不够的,因为偶然性也可能有根据。然而,偶然性及其可能的根据外在于系统的本质性再生产。当现象可以不在场(如性别歧视或军费开支和战争)或有所不同(如零售营业时间或银行职员着装规范),且不改变系统的本质、本质性功能和潜在再生产时,这些现象就是偶然的。[2]

原则上,偶然性("可能是这样,也可能是那样")是"无尽的海洋",因此不适合列举出来,并论证为什么叙述没有涉及这些偶然性。因此,系统叙述的含义是,凡是没有提及的都是偶然的。这也意味着,在系统中偶然性"在原则上"是可改变的。[3]

然而,上述陈述并不意味着所有的偶然性都可以避免。这就是下文各小节的主题。

❷ 环节的系统必然性与个别偶然性

资本主义经济的各环节是以资本主义经济的强制力量(force)为前提的(A§11,第 6 点;在 A§14 补充)。虽然对总体来说这些环节和力量是必然的,但对于总体的任何个别组成部分来说,力量几乎从来都不具有这样的绝对性。例如,一个盈利的单个企业可以故意中断其资本循环,停止积累并清算——尽管它通常会受到各种限制而不能这样做——而企业共同体则注定必然会积累,以再生产资本主义。

❸ 环节的必然性,强度的偶然性

叙述中的所有环节都是必然的,但其强度可能是偶然的。对资本主义经济而言,这首先适用于资本积累的程度。因此,虽然资本积累对这个系统是必然的,但它的积累率表现为 3% 还是 6% 却是偶然的,而每一个由结构决定的正的积累率都与这个体系的再生产相适应。

除了积累这一主要环节,强度的偶然性也适用于资本主义经济的其他环节,特别是企业的合并程度(2D6)、银行预先实现融资的事后替代程度(3D3)和资本

---

[1] 罗藤和威廉姆斯(Reuten and Williams, 1989)尝试在必然性中展示一些偶然性。本书中我避免这样做,但仍然保留了对下一小节将阐发的偶然性类型的展示。

[2] 例如,性别歧视和零售营业时间确实对社会和经济有影响——性别歧视影响尤其大;然而,它们哪怕不在场(对歧视而言)或有其他样式(对歧视和营业时间而言),原则上也兼容于资本主义系统,所以是偶然的。

[3] 参见罗藤和威廉姆斯(Reuten and Williams, 1989, pp.35-36)。史密斯(Smith, 1990, pp.38-40; 1993, p.28)使用术语"基本的"和"非基本的结构"来指认这一点,而没有提到必然性-偶然性区分。

的过度积累程度(5D2)。除了那些硬核环节(第 6 章),强度的偶然性几乎适用于资本主义国家的所有环节。事实上,成熟资本主义的历史揭示了这种偶然性(10D3)。然而,这也并不意味着强度的偶然性是一种无规定的偶然性。其中有相当一部分具有倾向性特征,这一类将在下一节中单独讨论(A§14)。

❹ 环节的必然性,形式的偶然性

一些必然的环节可能具有偶然的形式(或模式)。例如,尽管征税的环节是必要的(8D2),但征税的特定形式(即该环节的内容)却是偶然的(8D5)。然而,这意味着至少有一种形式是必要的,因此叙述必须处理形式的多样性。另一个例子是企业的市场互动(4D1)。这种互动可以有多种形式(或模式),其中至少有一种形式是必要的(4D2-4D5)。至于这种互动的特定的竞争形式,我们已经看到,它可以是通货紧缩或通货膨胀形式(4D2-4D3)。

❺ 成为必然

一个特定的系统辩证法叙述,比如本书中的叙述,不可能是定义性的,因为系统动态可能变化,导致所设定的特定环节的内容可能不再充分。这意味着,本书中设定的某一环节(或其一部分)的特定内容可能在某个历史时刻成为必然了。请注意,这不是由于认识论的缺陷(即提出时的叙述有缺陷),而是由于本体论的新发展。我在本书中提到了这方面的三个案例。

首先是公司制企业(2D6)。1870 年前后,对于成熟的资本主义经济体来说,公司制企业是普遍存在的,但它并不是占统治地位的必然性。然而,随着大中型企业规模的扩大,2015 年大中型企业普遍需要公司制。[1] 故对此范畴而言,企业的公司形式成为必然。

其次,普遍的价格竞争与大规模的技术变革相结合,往往会导致普遍的通货紧缩和经济停滞(4D2)。在 20 世纪 30 年代之前,这两者的结构性结合可能并不普遍,而在后来的几十年中,当结构性产能过剩的竞争形式占主导地位时,这种结合也并未实现。然而,由于普遍的价格竞争与加速的技术变革相结合持续存在,通过货币政策或支出政策制造爬行通胀已成为必然(7D2 的 7§8 和 9D2 的 9§5)。[2]

---

[1] 这既表现为企业内部资本的普遍日益积累,也表现为企业之间资本的普遍持续集中,如果没有企业的公司形式(即有限责任制),这是不可能的。

[2] 参见罗藤(Reuten, 2003)在《有机系统辩证论》中的论"成为必然";以及爬行通货膨胀的例子。"成为必然"的想法就是在这篇文章中提出的(pp.43-44 和 52-53)。收录该文的同一本著作中,托尼·史密斯(Tony Smith, 2003, pp.26-28)关于环节成为必然的论点很相似。

第三,"大到不能倒"的银行是相当晚近的现象,尽管是对资本主义系统再生产有巨大影响的现象。因此,调控并最终防止这一现象的行动成为必然(7D2 的 7§9 和 9D2 的 9§6)。

保护环境可被视为第四个备选案例。保护环境对于资本主义系统的再生产当然是必要的。然而,成熟资本主义的整个历史中这种保护都是必要的。许多国家直到 21 世纪初才开始重视环境保护则是另一回事。

❻ 必然性与偶然性:叙述内容的问题

当现象(要素、制度和过程)可以不在场或有所不同而不改变系统的本质性再生产时,这些现象(要素、制度和过程)就是偶然的。将现象定性为必然或偶然的决定是系统辩证法研究的一个主要部分:它关系到系统辩证法研究和叙述的内容。我在第一小节("偶然性")末尾指出,列举偶然性并论证为什么叙述不涉及它们是不合适的。因此,叙述的含义是,没有涉及的一切都是偶然的。最后,我必须留给读者来证明,存在那些我隐含地认为是偶然但实际上是一种必然性(即存在的必要条件或这些条件背后的力量的表现)的例子。如果找到了,那么它就应该被纳入必要条件或必然表现的系统之中。

A§13-a　补论　黑格尔和马克思论必然性与偶然性

"必然性"的概念是黑格尔本质逻辑的核心。[1] 黑格尔在其未出版的讲演录中说:"哲学探究的唯一目的是消除偶然性。偶然性等同于外在必然性,即源于原因的必然性,而原因本身不过是外在环境。"[2]《小逻辑》中黑格尔以"可能性"这一范畴开始阐述这一问题,即我们所感知的一切都是可能的(他指的是"有规定的可能性",而不是通过假设虚构的可能性)。接下来,为了和必然性相对照,他引入了"偶然性"(碰巧)这一范畴。[3] 这里的重点是,这些偶然性(例如银行家的着装规范)可能是有根据的(或者说必须有根据),尽管这些根据并不是当前对象总体的一部分或对它不重要。黑格尔的第三个范畴是"必然性"。必然性将对象总体视为一个相互联系的整体(如上文 A§11 所述)。一个"必然的"环节在自身内包含着被超越的前一环节。[4]

这些叙述有一定道理。正如我们在上文(A§13,第 3—4 小节)所看到的,必然

---

[1]　《小逻辑》中,它是本质逻辑最后一部分 C"现实性"的根据性概念。
[2]　见黑格尔(Hegel, 1984[1837], p.28)。参见 1991[1817],§143-145。(暂无中译文。——译者注)
[3]　参见丹斯玛(Damsma, 2015 and 2019)第一章第二节脚注。
[4]　见黑格尔(Hegel, 1991[1817],§142-149);参见 1985[1833],第 80 页。

环节可以具有偶然强度,也可以表现为偶然形式。"通常而言",这在系统叙述中并不构成问题,因为首先,这不影响环节的系统的相互关联;以及其次,当我们到达叙述的终点时,我们会在一个总体中理解这些偶然的强度/表现。

黑格尔对必然性和偶然性有明确的叙述,而马克思在其为数不多的方法论著作中却没有,所以我们必须根据他的文本内容做出推测。由于马克思在综合叙述的同时进行分析,而没有明确地将两者分开(A§3-a),这些推测就变得复杂了。他的(表面的)分析往往确实引入了偶然性。即便如此,考虑到他在《资本论》1 到 3 卷中的总体叙述结构(并考虑到尤其是《资本论》第 3 卷第 4—7 篇的草稿性质),我认为马克思的综合叙述主要是针对必然性的(我无法在此证实这一问题,因为这需要广泛的研究)。

A§14　趋势:动态组成部分

趋势是一个对象总体(我们例子中即资本主义系统)的重要动态组成部分。趋势应区别于经验的"走向"(trend)。趋势是一个朝某个方向发展的过程,它使一个实体采取某种形式或某种数量表现。趋势取决于一种或多种力量或强制力,换言之,趋势是一种或多种力量的潜在效果。因此,另一种说法是:趋势是实体的特定形式或实体的特定数量表现的生成(generation),它以一种或多种力量或强制力为根据。例如,企业采取公司形式的趋势(2§12)或部门间平均利润率均等化的趋势(4§2、5§1、8§7、8§7-a)——取决于在 2§12 和 4§2 提到的力量。[1]

趋势可能会被其他趋势或其他较低层次的复杂性抵消。例如,部门间平均利润率均等化趋势会被"资本集中化的趋势",即垄断和寡头垄断的趋势所抵消(4§14)。

趋势是一种规定,它的实现在某个个别情况下可能并不总是占主导地位(例如,企业因其财务结构或税收原因而不采用公司形式)。然而,要使它(在本书中)具有趋势的地位,它必须适用于足够多的案例,以至于在抽象掉抵消趋势后,它在总体上占统治地位。

即使某种趋势不会被抵消,这也并不意味着形式或数量表现可随时(经验

---

[1] 黑格尔的作品中找不到趋势概念。马克思倒是在《资本论》中提到趋势,但没有详细叙述过他的作品或本书中的趋势概念的含义。马克思的《资本论》中经常搞不清他的趋势概念到底是指一种力还是它的表现,或者两者兼而有之。我在讨论了马克思对这个术语的使用(Reuten, 1997)。

地)实现。趋势其实是一个过程,是"实现中""运行中"的生成。因此,以利润率为例,我们永远不会处于利润率均等化的"最终状态"(如新古典一般均衡理论所言);[1]相反,我们处于永无止境的朝向均等化的运动中。

趋势可以从存在条件或表现两个层面呈现出来。前者(即条件)最重要的例子是企业公司化趋势。一般而言这是一种强大的驱动力,尤其对大中型企业来说是一种必然的驱动力。然而,趋势通常是在表现层面上呈现出来的。

---

[1] 参见布劳格(Blaug, 2001)论"最终状态竞争"概念。

参考文献

A 综合统计参考文献及数据来源

Clio Infra: https://www.clio-infra.eu/.

EC/Eurostat, AMECO database: http://ec.europa.eu/economy_finance/db_indicators/ameco/index_en.htm.

Eurostat 2011, *Manual on sources and methods for the compilation of COFOG Statistics; Classification of the Functions of Government (COFOG)*, 2011 edition, Luxembourg: Publications Office of the European Union [see Appendix, pp. 155–81 for the COFOG structure] http://ec.europa.eu/eurostat/documents/3859598/5917333/KS-RA-11-013-EN.PDF.

Eurostat 2017 (or later), *Government finance statistics* [entry document for these statistics]: http://ec.europa.eu/eurostat/statistics-explained/index.php/Government_finance_statistics.

Eurostat 2017 (or later), *Government expenditure byfunction* [COFOG: entry document for these statistics] http://ec.europa.eu/eurostat/statistics-explained/index.php/Government_expenditure_by_function.

ILO, databases http://www.ilo.org/global/statistics-and-databases/lang--en/index.htm.

IMF, datasets http://data.imf.org/?sk=388DFA60-1D26-4ADE-B505-A05A558D9A42.

IMF, World economic outlook data 2017 (or later): http://www.imf.org/external/pubs/ft/weo/2017/02/weodata/download.aspx.

Jordà-Schularick-Taylor, Macrohistory Database http://www.macrohistory.net/data/.

Knoema 2017 (or later), Annual Macro-Economic Database, https://knoema.com/ECAMECODB2017Nov/annual-macro-economic-database-november-2017.

Maddison project database 2018 [data on international comparative economic growth and income levels over the very long run], https://www.rug.nl/ggdc/historicaldevelopment/maddison/releases/maddison-project-database-2018.

OECD Economics Glossary http://www.oecd.org/eco/economicsglossary-glossaireeconomique.htm.

OECD Economic Outlook DataBase Inventory (2017 or later), http://www.oecd.org/eco/

outlook/Database_Inventory. pdf.

OECD Database Economic Outlook, https://data. oecd. org/searchresults/?hf = 20&b = 0& r = %2Bf%2Ftype%2Fdatasets&q = Economic + Outlook&l = en&s = score.

OECD National Accounts, http://stats. oecd. org/ → National accounts.

OECD National Accounts at a glance, http://stats. oecd. org/Index. aspx? DataSetCode = NAAG.

OECD Social Expenditure; Aggregated data (SOCX), http://stats. oecd. org/Index. aspx? DataSetCode = SOCX_AGG.

Quandl, Financial and economic databases collection https://www. quandl. com/. UNESCO, Unesco institute for statistics http://data. uis. unesco. org/.

World Bank databases http://databank. worldbank. org/data/reports. aspx?source = world-development-indicators&l = en.

World wealth and income database http://www. wid. world/.

B 其他参考文献

Adema, Willem, Pauline Fron and Maxime Ladaique 2011, 'Is the European welfare state really more expensive?: Indicators on social spending, 1980–2012; and a manual to the OECD Social Expenditure Database (SOCX)', *OECD Social, Employment and Migration Working Papers*, No. 124, OECD Publishing, available at: http://dx. doi. org/10. 1787/5kg2d2d4pbf0-en.

Aglietta, Michel 1979 [1976], *A theory of capitalist regulation: The US experience*, translated by David Fernbach, London: NLB.

Alchian, Armen 1950, 'Uncertainty, evolution and the economic theory', *Journal of Political Economy*, 58, 3: 211–21.

Andre, Claire and Manuel Velasquez 1990, 'Rights stuff', *Issues in Ethics*, 3, 1, available at: https://www. scu. edu/ethics/ethics-resources/ethical-decision-making/rights-stuff/.

Andrés, Javier, Rafael Doménech and Antonio Fatás 2008, 'The stabilizing role of government size', *Journal of Economic Dynamics and Control*, 32, 2, working paper version (2007) available at: http://www. bde. es/f/webbde/SES/Secciones/Publicaciones/PublicacionesSeriadas/DocumentosTrabajo/07/Fic/dt0710e. pdf.

Arestis, Philip and Malcolm Sawyer (eds) 2006, *A handbook of alternative monetary economics*, Cheltenham: Edward Elgar.

Argitis, Georgios, Trevor Evans, Jo Michell and Jan Toporowski 2014, 'Finance and crisis: Marxian, institutionalist and circuitist approaches', *Institute for International Political Economy Berlin*, Working Paper No. 45/2014, available at: https://core. ac. uk/download/pdf/39422980. pdf.

Arrow, Kenneth J. and Gerard Debreu 1954, 'The existence of an equilibrium for a competitive economy', *Econometrica*, 22, 3: 265-90.

Arthur, Christopher J. 1993, 'Hegel's *Logic* and Marx's *Capital*', in *Marx's method in 'Capital': A re-examination* (pp. 63-88), edited by Fred Moseley, Atlantic Highlands, NJ: Humanities Press.

Arthur, Christopher J. 1997, 'Against the logical-historical method: dialectical derivation versus linear logic', in *New investigations of Marx's method* (pp. 9-37), edited by Fred Moseley and Martha Campbell, Atlantic Highlands, NJ: Humanities Press. (Revised in Arthur 2002, chapter 2.)

Arthur, Christopher J. 1998, 'The fluidity of capital and the logic of the concept', in *The circulation of capital: Essays on volume II of Marx's 'Capital'* (pp. 95-128), edited by Christopher Arthur and Geert Reuten, London/New York: Macmillan/St. Martin's Press.

Arthur, Christopher J. 2001, 'Value, labour and negativity', *Capital & Class*, 25: 15-39.

Arthur, Christopher J. 2002, *The new dialectic and Marx's 'Capital'*, Leiden: Brill.

Arthur, Christopher J. 2011, 'Towards a systematic dialectic of capital', web paper, available at: https://chrisarthur.net/towards-a-systematic-dialectic-of-capital/.

Arthur, Christopher J. 2016, 'With what must the critique of capital begin?', *Revista Opinião Filosófica*, 7, 1: 64-87, available at: http://periodico.abavaresco.com.br/index.php/opiniaofilosofica/article/view/646/591.

Atkinson, Tyler, David Luttrell and Harvey Rosenblum 2013, 'How bad was it? The costs and consequences of the 2007-09 financial crisis', *Federal Reserve Bank of Dallas, staff paper* No. 20/2013, available at: https://dallasfed.org/assets/documents/research/staff/staff1301.pdf.

Azevedo, Marco de 2010, 'Rights as entitlements and rights as claims', *Veritas*, 55, 1: 164-82, available at: http://revistaseletronicas.pucrs.br/ojs/index.php/veritas/article/viewFile/7327/5292.

Basel Committee on Banking Supervision 2010, *An assessment of the long-term economic impact of stronger capital and liquidity requirements*, Basel: Bank for International Settlements (BIS), available at: http://www.financialstabilityboard.org/publications/r_100818a.pdf.

Basel Committee on Banking Supervision 2014, *Standards Supervisory framework for measuring and controlling large exposures*, Basel: Bank for International Settlements (BIS), available at: https://www.bis.org/publ/bcbs283.pdf.

Basu, Deepankar and Panayiotis T. Manolakos 2010, 'Is there a tendency for the rate of profit to fall? Econometric evidence for the US economy, 1948-2007', University of Massachusetts — Amherst, *Economics Department Working Paper Series*. Paper 99, available at: http://scholarworks.umass.edu/econ_workingpaper/99.

Basu, Deepankar and Panayiotis T. Manolakos 2012, 'Is there a tendency for the rate of profit to fall? Econometric evidence for the US economy, 1948-2007', *Review of Radical Political Economics*, 45, 1: 76-95.

Baumol, William J. and William G. Bowen 1965, 'On the performing arts: The anatomy of their economic problems', *The American Economic Review*, 55, 2: 495-502.

Bavel, Bas van and Ewout Frankema 2013, 'Low income inequality, high wealth inequality: the puzzle of the Rhineland welfare states', CGEH *Working Paper Series* no. 50, Centre for Global Economic History, Universiteit Utrecht, available at: http://www.cgeh.nl/sites/default/files/WorkingPapers/CGEHWP50_vanbavelfrankema.pdf.

Bay, Christian 1979 [1958], *The structure of freedom*, Stanford: Stanford University Press.

Bellofiore, Riccardo 1989, 'A monetary labor theory of value', *Review of Radical Political Economics*, 21, 1-2: 1-26.

Bellofiore, Riccardo 1992, 'Monetary macroeconomics before the general theory: The circuit theory of money in Wicksell, Schumpeter and Keynes', *Social Concept*, 2: 47-89.

Bellofiore, Riccardo 1999, 'The value of labour value: The debate on Marx in Italy: 1968-1976', *Rivista di politica economica*, special issue: *Classical and Marxian Political Economy: A Debate on Claudio Napoleoni's views*, 89, 4-5: 31-69.

Bellofiore, Riccardo 2004, 'Marx and the macro-foundation of microeconomics', in *The constitution of capital: Essays on volume I of Marx's 'Capital'*, edited by Riccardo Bellofiore and Nicola Taylor, Basingstoke: Palgrave Macmillan.

Bellofiore, Riccardo 2005a, 'The monetary aspects of the capitalist process in the marxian system: An investigation from the point of view of the theory of the monetary circuit', in *Marx's Theory of Money — Modern Appraisals* (pp. 124-39), edited by Fred Moseley, London/New York, Palgrave Macmillan.

Bellofiore, Riccardo 2005b, 'Monetary economics after Wicksell: Alternative perspectives within the theory of the monetary circuit', in *The Monetary Theory of Production — Traditions and Perspectives* (pp. 39-51), edited by Giuseppe Fontana and Riccardo Realfonzo, London/New York: Palgrave Macmillan.

Bellofiore, Riccardo 2014, 'Lost in translation: Once again on the Marx — Hegel connection', in *Marx's Capital and Hegel's Logic* (pp. 164-88), edited by Fred Moseley and Tony Smith, Leiden/Boston/Köln: Brill.

Bellofiore, Riccardo and Roberto Fineschi (eds) 2009, *Re-reading Marx — New Perspectives after the Critical Edition*, London/New York: Palgrave Macmillan.

Bellofiore, Riccardo, Guglielmo Forges Davanzati and Riccardo Realfonzo 2000, 'Marx inside the circuit: Discipline device, wage bargaining and unemployment in a sequential monetary economy', *Review of Political Economy*, 12, 4: 403-17.

Bellofiore, Riccardo, Ewa Karwowski and Jan Toporowski (eds) 2013, *The legacy of Rosa Luxemburg, Oskar Lange and Michał Kalecki* (*Essays in honour of Tadeusz Kowalik*, Volume 1), London: Palgrave Macmillan.

Bellofiore, Riccardo, Ewa Karwowski and Jan Toporowski (eds) 2014, *Economic crisis and political economy* (*Essays in honour of Tadeusz Kowalik*, Volume 2), London: Palgrave

Macmillan.

Bellofiore, Riccardo and Riccardo Realfonzo 1997, 'Finance and the labor theory of value', *International Journal of Political Economy*, 27, 2: 97-118.

Bellofiore, Riccardo and Riccardo Realfonzo 2003, 'Money as finance and money as universal equivalent: Re-reading Marxian monetary theory', in *Modern theories of money: The nature and role of money in capitalist economies* (pp. 198-218), edited by Sergio Rossi and Louis-Philippe Rochon, Cheltenham: Edward Elgar.

Benhabib, Seyla 1986, *Critique, norm, and utopia*, New York: Columbia University Press.

Berlin, Isaiah 1958, 'Two Concepts of Liberty', in Isaiah Berlin 1969, *Four Essays on Liberty*, Oxford: Oxford University Press, available at: https://www.wiso.uni-hamburg.de/fileadmin/wiso_vwl/johannes/Ankuendigungen/Berlin 22_twoconceptsofliberty.pdf.

Biermans, Maarten 2012, *Decency and the market: The ILO's Decent Work Agenda as a moral market boundary*, PhD thesis, University of Amsterdam, Amsterdam School of Economics Research Institute.

Bindseil, Ulrich and Philipp J. König 2013, 'Basil J. Moore's horizontalists and verticalists: An appraisal 25 years later', *Review of Keynesian Economics*, 1, 4: 383-90, available at: http://dx.doi.org/10.4337/roke.2013.04.01.

Blankenau, William F., Nicole B. Simpson and Marc Tomljanovich 2007, 'Public education expenditures, taxation and growth: Linking data to theory', *American Economic Review*, 97, 2: 393-7.

Blaug, Mark 2001, 'Is competition such a good thing? Static efficiency versus dynamic efficiency', *Review of Industrial Organization*, 19, 1: 37-48.

Bolt, Jutta and Jan Luiten van Zanden 2014, 'The Maddison Project: Collaborative research on historical national accounts', *The Economic History Review*, 67, 3: 627-51.

Bolt, Jutta, Robert Inklaar, Herman de Jong and Jan Luiten van Zanden 2018, 'Rebasing "Maddison": New income comparisons and the shape of long-run economic development', available at: https://www.rug.nl/ggdc/historicaldevelopment/maddison/ research.

Bonnaud, Jean-Jacques 1975, 'Planning and industry in France', in *Planning, politics and public policy: The British, French and Italian experience*, edited by Jack Hayward and Michael Watson, Cambridge: Cambridge University Press.

Breakey, Hugh (n.d.), 'Property', *Internet encyclopedia of philosophy* (IEP), available at: http://www.iep.utm.edu/prop-con/ (accessed February 2016).

Brenner, Robert 1998, 'Uneven development and the long downturn: The advanced cap-italist economies from boom to stagnation, 1950-1998; or, the economics of global turbulence', *New Left Review*, 229 (special issue): 1-265.

Brown, Andrew, Gary Slater and David Spencer 2002, 'Driven to abstraction? Critical realism and the search for the "inner connection" of social phenomena', *Cambridge Journal of Economics*, 26, 6: 773-88.

de Brunhoff, Suzanne 1978 [1976], *The state, capital and economic policy*, translated by M. Sonenscher, London: Pluto Press.

de Brunhoff, Suzanne and Jean Cartelier 1974, 'Une analyse marxiste del'inflation', *Cronique Sociale de France*, no. 4.

Büge, Max, Matias Egeland, Przemyslaw Kowalski and Monika Sztajerowska 2013, 'State-owned enterprises in the global economy: Reason for concern?', *VOX CEPR's Policy Porta*, available at: http://www.voxeu.org/article/state-owned-enterprises-global-economy-reason-concern.

Campbell, Martha 2002a, 'The credit system', in Campbell and Reuten (eds) 2002, pp. 212-27.

Campbell, Martha 2002b, 'Rent and landed property', in Campbell and Reuten (eds) 2002, pp. 228-45.

Campbell, Martha and Geert Reuten (eds) 2002, *The culmination of capital: Essays on volume III of Marx's 'Capital'*, Basingstoke/New York: Palgrave Macmillan.

Carey, Maeve P. 2016, Counting regulations: An overview of rulemaking, types of federal regulations, and pages in the Federal Register [USA], Congressional Research Service, Report R43056, available at: https://fas.org/sgp/crs/misc/R43056.pdf.

Cass, David and Joseph Stiglitz 1969, 'The implications of alternative saving and expectations hypotheses for choices of technique and patters of growth', *Journal of Political Economy*, 77, 4: 586-627.

Castles, Francis G. 2006, 'The growth of the post-war public expenditure state: Long-term trajectories and recent trends', *TranState working papers*, no. 35, available at: http://hdl.handle.net/10419/24948.

Caves, Richard E. and Masu Uekusa 1976a, 'Industrial organization', in *Asia's New Giant: How the Japanese Economy Works*, edited by Hugh Patrick and Henry Rosovsky, Washington: The Brookings Institution.

Caves, Richard E. and Masu Uekusa 1976b, *Industrial organization in Japan*, Washington: The Brookings Institution.

CBS/SCP 2013, *Armoedesignalement 2013*, The Hague: CBS/SCP, available at: http://www.scp.nl/Publicaties/Alle_publicaties/Publicaties_2013/Armoedesignalement_2013.

Christiansen, Hans / OECD 2011, 'The size and composition of the SOE sector in OECD countries', *OECD Corporate Governance Working Papers, No. 5*, available at: http://observgo.uquebec.ca/observgo/fichiers/60612_ep.pdf.

Claessens, Stijn, M. Ayhan Kose and Marco Terrones, 2008, 'What happens during recessions, crunches, and busts?' *IMF Working Paper 08/274*, Washington: International Monetary Fund, available at: https://www.imf.org/external/pubs/ft/wp/2008/wp08274.pdf.

Clarke, Simon 1994, *Marx's theory of crisis*, London/New York, Macmillan/St. Martin's.

Cusack, Thomas R. and Susanne Fuchs 2002, 'Ideology, institutions, and public spending', Discussion Paper P02-903, Wissenschaftszentrum Berlin für Sozialforschung, Working Group on Institutions, States, and Markets, available at: http://citeseerx.ist.psu.edu/viewdoc/download?doi=10.1.1.333.4763&rep=rep1&type=pdf.

Dalsgaard, Thomas, Jorgen Elmeskov and Cyn-Young Park 2002, 'Ongoing changes in the business cycle: Evidence and causes', OECD Economics Department Working Papers, No. 315, OECD Publishing, available at: http://dx.doi.org/10.1787/480377612415.

Dalton, George 1974, *Economic systems and society: Capitalism and the third world*, Harmondsworth: Penguin.

Damsma, Dirk 2015, *On the articulation of systematic-dialectical methodology and mathematics*, PhD dissertation, University of Amsterdam, Faculty of Economics & Business.

Damsma, Dirk 2019, *How language informs mathematics*, Historical Materialism Book Series, Leiden: Brill [forthcoming].

de Brunhoff, see Brunhoff, de

de Jong, see Jong, de

De Vroey, Michel 1981, 'Value, production, and exchange', in *The value controversy* (pp. 173-201), edited by Ian Steedman, Paul Sweezy et al., London: Verso and NLB.

De Vroey, Michel 1984, 'Inflation: a non-monetarist monetary interpretation', *Cambridge Journal of Economics*, 8, 4: 381-99.

Deleplace, Ghislain and Edward J. Nell (eds) 1996, *Money in motion: The post Keynesian and circulation approaches*, London/New York: Macmillan/St. Martin's Press.

ECB Statute 2012. 'Protocol on the statute of the European System of Central Banks and of the European Central Bank', *Official Journal of the European Union*, 26.10.2012, available at: http://www.ecb.europa.eu/ecb/legal/pdf/c_32620121026en_protocol_4.pdf.

Eldred, Michael 1984, *Critique of competitive freedom and the bourgeois-democratic state: Outline of a form-analytic extension of Marx's uncompleted system*, Copenhagen: Kurasje.

Eldred, Michael, Marnie Hanlon, Lucia Kleiber and Mike Roth 1984 [1982/851], 'Reconstructing value-form analysis' 1-4, *Thesis Eleven*, no. 4, 1982; no. 7, 1983; no. 9, 1984; no. 11, 1985; modified as 'A value-form analytic reconstruction of *Capital*', Appendix (pp. 350-487) to M. Eldred 1984, *Critique of competitive freedom and the bourgeois-democratic state: Outline of a form-analytic extension of Marx's uncompleted system*, Copenhagen: Kurasje.

Ellis, Brian 1968, *Basic concepts of measurement*, Cambridge: Cambridge University Press.

Erickson, Peter, Harro van Asselt, Eric Kemp-Benedict and Michael Lazarus 2013, *International trade and global greenhouse gas emissions: Could shifting the location of production bring GHG benefits?* Stockholm Environment Institute, available at: https://www.sei-international.org/mediamanager/documents/Publications/SEI-ProjectReport-EricksonP-InternationalTradeAndGlobalGreenhouseGasEmissions-2013.pdf.

Europe Economics 2001, 'Study on assessment criteria for distinguishing between competitive and dominant oligopolies in merger control', Final Report for the European Commission Enterprise Directorate General, London: Europe Economics.

European Commission 2014, *Economic Review of the Financial Regulation Agenda*, Commission staff working document SWD (2014) 158 final, available at: http://ec.europa.eu/internal_market/finances/docs/general/20140515-erfra-working-document_en.pdf.

European Union, 'Lisbon Treaty', available at: http://bookshop.europa.eu/uri?target= EUB: NOTICE: FXAC10083: EN and at: http://www.lisbon-treaty.org/wcm/the-lisbon-treaty.html.

Eurostat 2011, see above, rubric A. *General statistical references and sources*.

Eurostat 2016, 'Greenhouse gas emission statistics' (data from June 2016), available at: http://ec.europa.eu/eurostat/statistics-explained/index.php/Greenhouse_gas_emission_statistics.

Fatás, Antonio and Ilian Mihov 2001, 'Government size and automatic stabilizers: International and intranational evidence', *Journal of International Economics*, 55, 1: 3-28. Working paper version available at: http://faculty.insead.edu/ilian-mihov/documents/Journal_Version_Intrafp_2.pdf.

Fatás, Antonio and Ilian Mihov 2002/2003, 'The Case for Restricting Fiscal Policy Discretion', *Centre for Economic Policy Research, Discussion Paper* No. 3277, 2002, available at: http://crei.cat/activities/sc_conferences/14/mihov.pdf; published in *Quarterly Journal of Economics*, November 2003.

Fine, Ben and Laurence Harris 1979, *Rereading Capital*, London: Macmillan.

Florio, Massimo 2014, 'The return of public enterprise', *Centre for Industrial Studies (CSIL), Working Papers 2014-01*, available at: http://www.csilmilano.com/docs/WP2014_01.pdf.

Foley, Duncan K. 1986, *Understanding Capital: Marx's economic theory*, Cambridge, MA: Harvard University Press.

Foley, Duncan K. 2005, 'Marx's theory of money in historical perspective', in *Marx's Theory of Money: Modern Appraisals* (pp. 36-49), edited by Fred Moseley, London/New York: Palgrave Macmillan.

Fontana, Giuseppe and Riccardo Realfonzo (eds) 2005, *The monetary theory of production — Traditions and perspectives*, London/New York: Palgrave Macmillan.

Fontana, Giuseppe and Riccardo Realfonzo (eds) 2005a, 'Introduction: The monetary theory of production', in Fontana and Realfonzo (eds) 2005, pp. 1-19.

Forges Davanzati, Guglielmo 2011, 'Income distribution and crisis in a marxian schema of the monetary circuit', *International Journal of Political Economy*, 40, 3: 33-49.

Freeman, Christopher 1982 [1974], *The economics of industrial innovation*, London: Frances Pinter.

Frey, Bruno S. and Matthias Benz 2002, 'Business cycles: Political business cycle approach', in *An encyclopedia of macroeconomics* (pp. 89-93), edited by Brian Snowdon and Howard R. Vane, Cheltenham: Edward Elgar.

Friedman, Milton 1959, 'Statement on monetary theory and policy', in *Employment, growth and price levels* (Hearings before the Joint Economic Committee, 86th Congress, 1st session, May 25-8, 1959), U.S. Government Printing Office; reprinted in R.J. Ball and P. Doyle (eds) 1969, *Inflation* (pp. 136-45), Harmondsworth: Penguin.

Friedman, Milton 1968, 'Money: quantity theory', in *International encyclopedia of the social sciences* (pp. 432-47), edited by David L. Sills, New York: Macmillan and Free Press; reprinted in A.A. Walters (ed.) 1973, *Money and banking* (pp. 36-66), Harmondsworth: Penguin.

Friend, Céleste (n.d.), 'Social contract theory', *Internet encyclopedia of philosophy* (IEP), available at: http://www.iep.utm.edu/soc-cont/ (accessed February 2016).

Galí, Jordi 1994, 'Government Size and Macroeconomic Stability', *European Economic Review* 3, available at: http://crei.cat/people/gali/pdf_files/gov.%20size%20and%20macro.pdf.

Garrison, Roger W. 2002, 'Business cycles: Austrian approach', in *An encyclopedia of macroeconomics* (pp. 64-8), edited by Brian Snowdon and Howard R. Vane, Cheltenham: Edward Elgar.

Gavison, Ruth 2003, 'On the relationships between civil and political rights, and social and economic rights', in *The globalization of human rights* (pp. 23-55), edited by Jean-Marc Coicaud, Michael W. Doyle and Anne-Marie Gardner, Tokyo/New York/Paris: United Nations University Press.

Gestel, Rob A.J. van (2011), 'Vertrouwen in een lerende wetgever', *RegelMaat*, 26/1, pp. 7-22.

Gestel, Rob A.J. van, and Marc L.M. Hertogh 2006, *Wat is regeldruk? Een verkennende internationale literatuurstudie*, The Hague: WODC (Scientific Research and Documentation, Netherlands Ministry of Justice), available at: http://wodc.nl/onderzoeksdatabase/literatuurstudie-regeldruk.aspx; English summary, *What is regulatory pressure? An exploratory study of the international literature*, available at: http://wodc.nl/images/summary_tcm44-59384.pdf.

Gnos, Claude 2003, 'Circuit theory as an explanation of the complex real world', in *Modern theories of money: The nature and role of money in capitalist economies* (pp. 322-38), edited by Sergio Rossi and Louis-Philippe Rochon, Cheltenham and Northampton: Edward Elgar.

Government of the Netherlands 2013, 'Verzamelbrief Regeldruk', Parliamentary file 29,363 number 224, available at: https://www.eerstekamer.nl/behandeling/20130912/brief_regering_verzamelbrief/document3/f=/vjd2olmm1zyz.pdf.

Government of the Netherlands, Secretary of State for Finance 2015, 'Wijziging van de Wet op de vennootschapsbelasting 1969 en enige andere wetten in verband met de modernisering van de vennootschapsbelastingplicht voor overheidsondernemingen, Memorie van Antwoord', Parliamentary file 34,003 number D, available at: https://www.eerstekamer.nl/behandeling/20150324/memorie_van_antwoord_2/document3/f=/vjshlrhga1zq.pdf.

Graziani, Augusto 1989, 'The theory of the monetary circuit', *Thames Papers in Political Economy*, 1989/1, London, available at: http://www.gre.ac.uk/__data/assets/pdf_file/0009/1147581/TP_PPE_89_1.pdf, also in *Economies et Sociétés*, Série Monnaie et Production (1990), 7: 7-36.

Graziani, Augusto 2003, *The monetary theory of production*, Cambridge: Cambridge University Press.

Hahn, Frank 1981, 'General equilibrium theory', in *The crisis in economic theory* (pp. 123-38), edited by D. Bell and I. Kristol, New York: Basic Books.

Hammond, J. Daniel 2002, 'Business cycles: Monetarist approach', in *An encyclopedia of macroeconomics* (pp. 80-3), edited by Brian Snowdon and Howard R. Vane, Cheltenham: Edward Elgar.

Hammouya, Messaoud 1999, 'Statistics on public sector employment: Methodology, structures and trends', *ILO working paper*, Geneva: International Labour Office, available at: http://www.ilo.org/public/english/bureau/stat/download/wp_pse_e.pdf.

Hausman, Daniel M. 1992, *The inexact and separate science of economics*, Cambridge/New York: Cambridge University Press.

Hegel, Georg Wilhelm Friedrich 1967 [1821], *Grundlinien der Philosophie des Rechts* oder *Naturrecht und Staatswissenschaft im Grundrisse*, edited by E. Moldenhauer and K. M. Michel (1970), Frankfurt a.M.: Suhrkamp Verlag, 1975; English translation T. M. Knox (1942) from the 1821 Hegel edition, with reference to the 1833 and 1854 Gans, the 1902 Bolland and the 1921 Lasson editions, *Hegel's Philosophy of Right*, Oxford: Oxford University Press.

Hegel, Georg Wilhelm Friedrich 1984 [1837, 1840, 1955], *Vorlesungen über die Philo- sophie der Geschichte*, edited by J. Hoffmeister (1955), translation (selections) by H. B. Nisbet, *Lectures on the Philosophy of World History, Introduction: Reason in History*, Cambridge: Cambridge University Press.

Hegel, Georg Wilhelm Friedrich 1985 [1833, 1840, 1940], *Einleitung in die Geschichte der Philosophie* (of 1823, 1825, 1827), edited by J. Hoffmeister (1940), translated by T. M. Knox and A. V. Miller, *Introduction to the Lectures on the History of Philosophy*, Oxford: Clarendon Press.

Hegel, Georg Wilhelm Friedrich 1991 [1817, 1830], *Enzyklopädie der Philosophischen Wissenschaften im Grundrisse, I, Die Wissenschaft der Logik*, translation of the third edition by T. F. Geraets, W. A. Suchting and H. S. Harris, *The Encyclopaedia Logic*, Indianapolis/Cambridge: Hackett Publishing Company.

Heilbroner, Robert L. 1986 [1985], *The nature and logic of capitalism*, New York/London: Norton.

Hein, Eckhard 2015, 'Secular stagnation or stagnation policy? Steindl after summers', *Levy Economics Institute*, Working Paper no. 846, available at: http://hdl.handle.net/10419/146974.

Himmelweit, Susan 1984, 'The real dualism of sex and class', *Review of Radical Political Economics*, 16, 1: 167–83.

Hirsch, Joachim 2005, *Materialistische Staatstheorie; Transformationsprozesse des kapitalistischen Staatensystems*, Hamburg: VSA-Verlag.

Hobbes, Thomas 1651, *Leviathan*, available at: http://files.libertyfund.org/files/869/0161_Bk.pdf.

Hollis, Martin 1994, *The philosophy of social science*, Cambridge: Cambridge University Press.

House of Commons [UK] 2010, 'How much legislation comes from Europe?', Research Paper 10/62, October 2010, available at: http://researchbriefings.files.parliament.uk/documents/RP10-62/RP10-62.pdf.

ILO 2014/15, *Global Wage Report 2014/15; Wages and income inequality*, Geneva: International Labour Office, available at: http://www.ilo.org/global/research/global-reports/global-wage-report/2014/lang--en/index.htm.

ILO 2016/17, *Global Wage Report 2016/17; Wage inequality in the workplace*, Geneva: International Labour Office, available at: http://www.ilo.org/global/research/global-reports/global-wage-report/2016/lang--en/index.htm.

Inwood, Michael 1992, *A Hegel dictionary*, Oxford: Blackwell.

Ishay, Micheline 2008, *The history of human rights: From ancient times to the globalized era*, Berkeley: University of California Press.

Ivaldi, Marc, Bruno Jullien, Patrick Rey, Paul Seabright and Jean Tirole 2003, 'The economics of tacit collusion', IDEI, Toulouse; Final Report for DG Competition, European Commission, available at: ec.europa.eu/competition/.../the_economics_of_tacit_collusion_en.pdf.

Jakab, Zoltan and Michael Kumhof 2015, 'Banks are not intermediaries of loanable funds — and why this matters', *Bank of England Working Paper* No. 529, available at: http://z822j1x8tde3wuovlgo7ue15.wpengine.netdna-cdn.com/wp-content/uploads/2015/02/wp529.pdf.

Jakubowski, Franz 1976 [1936], *Ideology and Superstructure in Historical Materialism*, translated by Anne Booth, London: Allison & Busby.

Johansen, Leif 1959, 'Substitution versus fixed production coefficients in the theory of economic growth: a synthesis', *Econometrica*, 27, 2: 157–76.

Jong, Edwin P.O. de and Michiel Herweijer 2004, *Alle regels tellen; De ontwikkeling van het aantal wetten, AMvB's en ministeriele regelingen in Nederland*, The Hague: WODC (Scientific Research and Documentation, Netherlands Ministry of Justice), available at: http://wodc. nl/onderzoeksdatabase/toename-van-regelgeving. aspx. (English summary: *Every rule counts; Laws, cabinet regulations and ministerial rules in the Netherlands* http:// wodc. nl/images/ob225-summary_tcm44-58541. pdf.)

Jong, Edwin P. O. de and Sjoerd E. Zijlstra 2009, *Wikken, wegen en (toch) wetgeven; Een onderzoek naar de hiërarchie en omvang van wetgeving in vijf Europese landen*, The Hague: WODC (Scientific Research and Documentation, Netherlands Ministry of Justice), available at: http://wodc. nl/onderzoeksdatabase/hierarchie-en-omvang-van-regelgeving-in-europa. aspx; English summary, *Estimate, weigh and legislate*, available at: http://wodc. nl/ images/ob280-summary_tcm44-255500. pdf.

Jorda, Oscar, Moritz Schularick and Alan M. Taylor 2012, 'When credit bites back: Leverage, business cycles, and crises', *Federal Reserve Banks of San Francisco Working paper series* nr. 2011-27, available at: http://www. frbsf. org/publications/economics/papers/ 2011/wp11-27bk. pdf.

Kaldor, Nicholas 1955/56, 'Alternative theories of distribution', *Review of Economic Studies*, 23, 2: 83-100; reprinted in *Growth Economics* (pp. 81-91), edited by A. Sen, Harmondsworth: Penguin Books.

Kaldor, Nicholas and James Mirrlees 1962, 'A new model of economic growth', *Review of Economic Studies*, 29, 3: 174-92.

Kalecki, Michał 1935, 'A macroeconomic theory of business cycles', *Econometrica*, July: 327-44.

Kalecki, Michał 1942, 'A theory of profits', *The Economic Journal*, 52 (Jun-Sept): 258-67. [Revised as 'The determinants of profits', ch. 3 of Kalecki 1954, next as 'Determinants of profits', ch. 7 of Kalecki 1971.]

Kalecki, Michał 1971 [1933-71], *Selected essays on the dynamics of the capitalist economy 1933-1970*, Cambridge: Cambridge University Press.

Kalecki, Michał 2003 [1954], *Theory of economic dynamics: An essay on cyclical and long-run changes in capitalist economy*, London/New York: Routledge.

Kannan, Prakash, Alasdair Scott and Marco E. Terrones 2009, 'From recession to recovery: How soon and how strong', *World Economic Outlook*, 103-38, available at: https:// www. imf. org/external/np/seminars/eng/2012/fincrises/pdf/ch8. pdf.

Keynes, John Maynard 1936, *The general theory of employment, interest and money*, London: Macmillan.

Keynes, John Maynard 1937, 'The general theory of employment', *Quarterly Journal of Economics*, 51, 2: 209-23, reprinted in *Collected Writings, Volume XIII*, pp. 109-23.

Keynes, John Maynard 1973 [1933], 'A monetary theory of production', in *Collected Writings, Volume XIII* (pp. 408-12), *The general theory and after, part I, preparation*, edited by Donald Moggridge, London: Macmillan and Cambridge University Press.

Kowalski, Przemyslaw, Max Büge and Monika Sztajerowska 2013, 'State-owned enter-prises: Trade effects and policy implications', OECD Trade Policy Papers, No. 147, OECD Publishing, available at: http://dx.doi.org/10.1787/5k4869ckqk7l-en.

KPMG International 2011, 'Confronting complexity: Research findings and insights', available at: https://www.kpmg.com/Global/en/IssuesAndInsights/ArticlesPublications/Documents/complexity-research-report.pdf.

Kuhn, Thomas S. 1970 [1962], *The structure of scientific revolutions*, Chicago: University of Chicago Press.

Laeven, Luc, Lev Ratnovski and Hui Tong 2014, 'Bank size and systemic risk', *IMF Staff Discussion Notes*, 14/4, Washington: International Monetary Fund.

Laeven, Luc and Fabián Valencia 2012, 'Systemic Banking Crises Database: An Update', *IMF Working Paper* WP/12/163 (June), available at: https://www.imf.org/external/pubs/ft/wp/2012/wp12163.pdf; data: https://www.imf.org/external/pubs/ft/wp/2012/Data/wp12163.zip.

Lakatos, Imre 1974 [1970], 'Falsification and the methodology of scientific research pro-grammes', in *Criticism and the growth of knowledge* (pp. 91-196), edited by Imre Lakatos andAlan Musgrave, Cambridge: Cambridge University Press.

Lavoie, Marc 2003, 'A primer on endogenous credit-money', in *Modern theories of money: The nature and role of money in capitalist economies* (pp. 506-43), edited by Sergio Rossi and Louis-Philippe Rochon, Cheltenham and Northampton: Edward Elgar.

Lavoie, Marc 2014, *Post-Keynesian economics, new foundations*, Cheltenham and North-ampton: Edward Elgar, available at: http://www.elgaronline.com/view/9781847204837.xml.

Lipietz, Alain 1985 [1983], *The enchanted world: Inflation, credit and the world crisis*, translated by Ian Patterson, London: Verso.

Locke, John (1689, 1764), *Two Treatises of Government, Second Treatise, of Civil Govern-ment*, available at: http://oll.libertyfund.org/titles/222.

López G., Julio and Michaël Assous 2010, *MichalKalecki*, Basingstoke: Palgrave — Macmillan, available at: http://digamo.free.fr/kalecki2010.pdf.

Luxemburg, Rosa 1963 [1913], *The accumulation of capital*, translated by Agnes Schwar-zschild, London: Routledge and Kegan Paul.

Luyendijk, Joris, 2015, *Swimming with Sharks: My Journey into the World of the Bankers*, London: Guardian Faber Publishing; underlying interviews available at: https://www.theguardian.com/commentisfree/joris-luyendijk-banking-blog.

Lysandrou, Photis 2009, 'Global Inequality and the Global Financial Crisis: The New Transmission Mechanism', *London Metropolitan Business School, Working Paper Series* No. 5., available at: http://www.londonmet.ac.uk/fms/MRSite/acad/lmbs/RESEARCH%

20CENTRES/CIBS/Working%20Papers%20new/Lysandrou%20Working%20Paper%20No_%205. pdf.

Maddison, Agnus 1991, 'Business cycles, long waves and cycles of economic development', (abbreviated version of chapter 4 of A. Maddison, *Dynamic Forces in Capitalist Development*, Oxford University Press, 1991), available at: http://www. ggdc. net/ MADDISON/ARTICLES/Business_Cycles. pdf.

Maddison, Agnus 2010, 'Background Note on "Historical Statistics"', available at Angus Maddison website: http://www. ggdc. net/MADDISON/Historical_Statistics/Background HistoricalStatistics_03-2010. pdf.

Maddison Project Database 2018, by Jutta Bolt, Robert Inklaar, Herman de Jong and Jan Luiten van Zanden, available at: https://www. rug. nl/ggdc/historicaldevelopment/maddison/releases/maddison-project-database-2018.

Marshall, Alfred 1972 [1890, 1920], *Principles of economics*, London: Macmillan, available at: http://files. libertyfund. org/files/1676/Marshall_0197_EBk_v6.0. pdf.

Marx, Karl, *Collected works editions*: (1) *Marx-Engels-Werke* (MEW), Berlin: Dietz Verlag, http://www. mlwerke. de/me/default. htm; (2) *Marx-Engels-Gesamtausgabe* (MEGA), Berlin: De Gruyter, http://mega. bbaw. de/struktur; (3) *Marx Engels Collected Works* (MECW), London: Lawrence & Wishart.

Marx, Karl, *German editions*

Marx, Karl 1953a {ms. 1857-58} *Grundrisse der Kritik der politischen Ökonomie (Rohentwurf)*, Berlin: Dietz Verlag.

Marx, Karl 1953b [1903] {ms. 1857} 'Einleitung [zur Kritik der politischen Ökonomie]', in Marx 1953a. (First published 1903 in der Zeitschrift *Die Neue Zeit*.)

Marx, Karl 1960 [1852; 1869], 'Der achtzehnte Brumaire des Louis Bonaparte', in *Marx-Engels-Werke*, Band 8, Berlin: Dietz Verlag.

Marx, Karl 1961 [1859], *Zur Kritik der politischen Ökonomie*, in *Marx-Engels-Werke*, Band 13, Berlin: Dietz Verlag.

Marx, Karl 1962 [1867; 1890] {ms. 1866-67}, *Das Kapital, Kritik der Politischen Ökonomie; Erster Band, Der Produktionsprozeß des Kapitals*, fourth edition, edited by Friedrich Engels, in *Marx-Engels-Werke*, Band 23, Berlin: Dietz Verlag.

Marx, Karl 1963 [1885; 1893] {ms. 1865, 1868-70 and 1877-81}, *Das Kapital, Kritik der Politischen Ökonomie; Zweiter Band, Der Zirkulationsprozeß des Kapitals*, second edition, edited by Friedrich Engels, in *Marx-Engels-Werke*, Band 23, Berlin: Dietz Verlag.

Marx, Karl 1964 [1894] {ms. 1864-65}, *Das Kapital, Kritik der Politischen Ökonomie; Dritter Band, Der Gesamtprozeß der kapitalistischen Produktion*, edited by Friedrich Engels, in *Marx-Engels-Werke*, Band 25, Berlin: Dietz Verlag.

Marx, Karl 1993{ms. 1864-65}, research manuscript for *Capital III* of 1864-65, in MEGA II/4.2, *Ökonomische Manuskripte 1863-1867, Teil 2:Manuskript 1863/65 zum 3. Buch des*

"*Kapital*", arranged and edited by Manfred Müller, Jürgen Jungnickel, Barbara Lietz, Christel Sander and Arthur Schnickmann, Berlin: Dietz Verlag.

Marx, Karl, *English editions*

Marx, Karl 1971 [1859], *A Contribution to the Critique of Political Economy*, edited by Maurice Dobb and translated from the German edition by S. W. Ryazanskaya (see Marx 1961), London: Lawrence & Wishart.

Marx, Karl 1973a {ms. 1857-58}, *Grundrisse. Foundation of the Critique of Political Economy (Rough Draft)*, translated by Martin Nicolaus from the German edition (see Marx 1953).

Marx, Karl 1973b [1903] {ms. 1857}, 'Introduction [to the Critique of Political Economy]', in Marx 1973a. (First publication in German 1903 - see Marx 1953b.)

Marx, Karl 1976 [1867; 1890], *Capital: A Critique of Political Economy. Volume One*, translated by Ben Fowkes from the fourth German edition (see Marx 1962), Harmondsworth: Penguin.

Marx, Karl 1978 [1885; 1893], *Capital: A Critique of Political Economy. Volume Two*, edited by Friedrich Engels, translated by David Fernbach from the second German edition (see Marx 1963), Harmondsworth: Penguin.

Marx, Karl 1979 [1852; 1869], 'The Eighteenth Brumaire of Louis Bonaparte', translated by Clemens Dutt, Rodney Livingstone, Christopher Upward, from the second German edition (see Marx 1960), in *MECW* 11, pp. 99-197.

Marx, Karl 1981 [1894] {ms. 1864-65}, *Capital: A Critique of Political Economy. Volume Three*, edited by Friedrich Engels, translated by David Fernbach from the German edition (see Marx 1964), Harmondsworth: Penguin.

Marx, Karl 2015 {ms. 1864-65}, research manuscript for *Capital III* of 1864-65 (see Marx 1993), translated from MEGA II/4.2 by Ben Fowkes, *Marx's Economic Manuscript of 1864-1865*, edited and with an introduction by Fred Moseley, Historical Materialism Book Series, Leiden: Brill.

Marx, Karl and Friedrich Engels 1976 [1932, 1965/66] {ms. 1845/46}, *Die Deutsche Ideologie*, in *Marx-Engels-Werke*, Band 3 (1969). English translation of the second German edition by C. Dutt, W. Lough and C. P. Magill, *The German Ideology*, Marx Engels Collected Works, Vol. 5, pp. 19-539.

Mazzucato, Mariana 2011, *The Entrepreneurial State*, London: Demos, available at: http://www.demos.co.uk/files/Entrepreneurial_State_-_web.pdf.

Mazzucato, Mariana 2013, revised 2015, *The Entrepreneurial State: debunking public vs private sector myths*, London: Anthem (blurb: http://marianamazzucato.com/projects/the-entrepreneurial-state/the-entrepreneurial-state-usa/)

Ministry of Finance of The Netherlands 2013, *Incidentele suppletoire begroting DNB winstafdracht*, written interchange with the Senate, 33.548 D, 8 March 2013, available at:

http://www.eerstekamer.nl/behandeling/20130308/nota_naar_aanleiding_van_het_3/document3/f=/vj7qll92qdzz.pdf.

Minsky, Hyman P. 1982, 'Debt deflation processes in today's institutional environment', *Banca Nazionale del Lavoro - Quarterly Review*, 143 (December): 375-95.

Minsky, Hyman P. 2004 [1954], *Induced investment and business cycles*, edited by Dimitri B. Papadimitriou, Cheltenham, Edward Elgar.

Mohun, Simon 2016, 'Class structure and the US personal income distribution, 1918-2012', *Metronomica*, 67, 2: 334-63.

Morris, Madeline 1993, 'The structure of entitlements', *Cornell Law Review*, 78: 822-99, available at: http://scholarship.law.duke.edu/cgi/viewcontent.cgi?article=1373&context=faculty_scholarship.

Moseley, Fred 2005, 'Introduction', in *Marx's theory of money - Modern appraisals* (pp. 1-18), edited by Fred Moseley, London/New York: Palgrave Macmillan.

Moseley, Fred and Tony Smith (eds) 2014, *Marx's Capital and Hegel's Logic*, Leiden: Brill.

Murray, Patrick 1988, *Marx's theory of scientific knowledge*, Atlantic Highlands, NJ: Humanities Press.

Murray, Patrick 2000, 'Marx's "truly social" labour theory of value: PartI, abstract labour in Marxian value theory', *Historical Materialism*, 6: 27-66.

Murray, Patrick 2002, 'Reply to Geert Reuten', *Historical Materialism*, 10, 1: 155-76. [This is a reply to Reuten 2000, which intervened on Murray 2000.]

Murray, Patrick 2003, 'Things fall apart: Historical and systematic dialectics and the critique of political economy', in *New dialectics and political economy* (pp. 150-72), edited by Robert Albritton and John Simoulides, Basingstoke: Palgrave Macmillan.

Murtin, Fabrice and Marco Mira d'Ercole, 2015, 'Household wealth inequality across OECD countries: New OECD evidence', *OECD Statistics Brief*, June 2015, No. 21, available at: http://www.oecd.org/std/household-wealth-inequality-across-OECD-countries-OECDSB21.pdf.

Naples, Michele and Nahid Aslanbeigui 1996, 'What *does* determine the profit rate? The neoclassical theories presented in introductory textbooks', *Cambridge Journal of Economics*, 20, 1: 53-71.

Nauta, Lolle W. 1980 [1971], 'Wetenschap en waardevrijheid', in *Argumenten voor een kritische ethiek* (pp.101-21), edited by L.W. Nauta, Amsterdam: Van Gennep.

Nielsen, Klaus 2008, 'Indicative planning', in *The new Palgrave dictionary of economics*, second edition, edited by Steven N. Durlauf and Lawrence E. Blume, Basingstoke: Palgrave Macmillan. *The new Palgrave dictionary of economics online*, Palgrave Macmillan, accessed 20 September 2014, available at: http://www.dictionaryofeconomics.com/article?id=pde2008_I000060.

Noord, Paul van den 2000, 'The size and role of automatic fiscal stabilizers in the 1990s and beyond', *OECD Working Paper*, ECO/WKP 2000 (3), (DOI 10.1787/816628410134), available at: http://www.oecd-ilibrary.org/docserver/download/5lgsjhvj828s.pdf?expires=1442239523&id=id&accname=guest&checksum=0CB803FF032E8FF36E3DEF59705C6795.

OECD datasets, see references rubric A. *General statistical references and sources*.

OECD 1999, *Historical statistics 1960-1997*, (DOI: 10.1787/hist_stats-1999-en-fr), available at: http://www.keepeek.com/Digital-Asset-Management/oecd/economics/oecd-historical-statistics-1999_hist_stats-1999-en-frpage1.

OECD 2013, 'Compensation of employees', in *National Accounts at a glance 2013*, Paris, OECD Publishing, available at: http://www.oecd-ilibrary.org/economics/national-accounts-at-a-glance-2013_na_glance-2013-en.

OECD 2014, 'The distributional effects of consumption taxes', in *The distributional effects of consumption taxes in OECD countries*, Paris: OECD Publishing, available at: http://www.oecd-ilibrary.org/taxation/the-distributional-effects-of-consumption-taxes-in-oecd-countries_9789264224520-en.

OECD 2015, *OECD Regulatory Policy Outlook 2015*, Paris: OECD Publishing, available at: http://www.oecd-ilibrary.org/governance/oecd-regulatory-policy-outlook-2015_9789264238770-en.

OECD 2016, *OECD Factbook 2015-2016: Economic, Environmental and Social Statistics*, Paris: OECD Publishing, available at: http://www.oecd-ilibrary.org/economics/oecd-factbook_18147364.

Office for National Statistics [UK] 2015, 'The effects of taxes and benefits on household income, 2013/14-Reference Tables', available at: http://webarchive.nationalarchives.gov.uk/20160105160709/http://www.ons.gov.uk/ons/rel/household-income/the-effects-of-taxes-and-benefits-on-household-income/historical-data--1977-2013-14/summary--historical-data--1977-2013-14.html.

Ortiz-Ospina, Esteban and Max Roser 2017, 'International Trade', available at: https://ourworldindata.org/international-trade (accessed 5 November 2017).

Overhoff, R.W. and L.J. Molenaar 1991, *De regel beslist; een beschouwing over regelgeving met behulp van beslissingstabellen*, The Hague: Sdu.

Partlow, Jeffrey 2013, 'The necessity of complexity in the tax system', *Wyoming Law Review* 13, 1: 302-34, available at: http://www.uwyo.edu/law/_files/docs/wy%20law%20review/v13%20n1/partlow.pdf

Pastrello, Gabriele 2013, 'Luxemburg as an economist: The unique challenge to Marx among Marxists', in *The legacy of Rosa Luxemburg, Oskar Lange and Michal Kalecki*, Volume I (pp. 36-57), edited by Riccardo Bellofiore, Ewa Karwowski and Jan Toporowski, Basingstoke: Palgrave.

Peter, Fabienne 2016, 'Political Legitimacy', *The Stanford Encyclopedia of Philosophy* (Summer 2016 Edition), edited by Edward N. Zalta, available at: http://plato.stanford.edu/archives/sum2016/entries/legitimacy/.

Piketty, Thomas 2014 [2013], *Capital in the 21st century*, Cambridge, MA: Harvard University Press. Data sources and graphs: Technical Appendix, available at: http:// piketty. pse. ens. fr/files/capital21c/en/Piketty2014TechnicalAppendix. pdf

Piketty, Thomas and Gabriel Zucman 2013, *Capital is back: Wealth-income ratios in rich countries, 1700-2010*, Paris School of Economics, full document and data series available at: http://piketty. pse. ens. fr/capitalisback.

Plant, Raymond 1977, 'Hegel and political economy', *New Left Review*, 103: 79-93; 104: 103-13.

Polak, Nico J. 1940, 'Goed koopmansgebruik in verband met de winstbepaling', *De Naamloze Vennootschap* 19, 1940/41, reprinted 1965 under the same title, Roermond: Van der Marck.

Reuten, Geert 1988, 'Value as social form', in *Value, social form and the state* (pp. 42-61), edited by Michael Williams, Basingstoke: Macmillan, available at: http://reuten. eu (type year in search box).

Reuten, Geert 1991, 'Accumulation of capital and the foundation of the tendency of the rate of profit to fall', *Cambridge Journal of Economics*, 15, 1: 79-93, available at: http:// reuten. eu (type year in search box).

Reuten, Geert 1993, 'The difficult labour of a theory of social value: Metaphors and systematic dialectics at the beginning of Marx's *Capital*', in *Marx's method in Capital: A reexamination* (pp. 89-113), edited by Fred Moseley, Atlantic Highlands, NJ: Human- ities Press, available at: http://reuten. eu (type year in search box).

Reuten, Geert 1995, 'Conceptual collapses: A note on value-form theory', *Review of Radical Political Economics*, 27, 3: 104-10, available at: http://reuten. eu (type year in search box).

Reuten, Geert 1996, 'A revision of the neoclassical economics methodology: Appraising Hausman's Mill-twist, Robbins-gist, and Popper-whist', *Journal of Economic Methodology*, 3, 1: 39-67, available at: http://reuten. eu (type year in search box).

Reuten, Geert 1997, 'The notion of tendency in Marx's 1894 law of profit', in *New investigations of Marx's method* (pp. 150-75), edited by Fred Moseley and Martha Campbell, Atlantic Highlands, NJ: Humanities Press, available at: http://reuten. eu (type year in search box).

Reuten, Geert 1998, 'The status of Marx's reproduction schemes: Conventional or dialectical logic?', in *The circulation of capital: Essays on volume II of Marx's 'Capital'* (pp. 187-229), edited by Christopher Arthur and Geert Reuten, Basingstoke: Macmillan, available at: http://reuten. eu (type year in search box).

Reuten, Geert 1999, 'The source versus measure obstacle in value theory', *Rivista di Politica Economica*, 89, 4-5: 87-115, available at: http://reuten. eu (type year in search box).

Reuten, Geert 2000, 'The interconnection of systematic dialectics and historical materialism',

Reuten, Geert 2002b, 'Business cycles: Marxian approach', in *An Encyclopedia of macroeconomics* (pp. 73-80), edited by Brian Snowdon and Howard R. Vane, Cheltenham: Edward Elgar, available at: http://reuten.eu (search year).

Reuten, Geert 2002c, 'The rate of profit cycle and the opposition between managerial and finance capital', in *The culmination of capital: Essays on volume III of Marx's 'Capital'* (pp. 174-211), edited by Martha Campbell and Geert Reuten, Basingstoke: Palgrave Macmillan, available at: http://reuten.eu (type year in search box).

Reuten, Geert 2003a, 'Karl Marx: his work and the major changes in its interpretation', in *The Blackwell companion to the history of economic thought* (pp. 148-66), edited by Warren Samuels, Jeff Biddle and John Davis, Oxford: Blackwell, available at: http://reuten.eu (type year in search box).

Reuten, Geert 2003b, 'On "becoming necessary" in an organic systematic dialectic: The case of creeping inflation', in *New dialectics and political economy* (pp. 42-59), edited by Robert Albritton and John Simoulidis, Basingstoke: Palgrave Macmillan, available at: http://reuten.eu (type year in search box).

Reuten, Geert 2003c, 'Holisme en structuralisme versus individualisme', in *Compendium Wetenschapsleer Economie* (pp. 144-52), edited by Geert Reuten, Amsterdam: Universiteit van Amsterdam, Faculteit der Economische Wetenschappen en Econometrie.

Reuten, Geert 2004a, 'Productive force and the degree of intensity of labour: Marx's concepts and formalizations in the middle part of *Capital I*', in *The constitution of capital: Essays on volume I of Marx's 'Capital'* (pp. 117-45), edited by Riccardo Bellofiore and Nicola Taylor, Basingstoke: Palgrave Macmillan, available at: http://reuten.eu (type year in search box).

Reuten, Geert 2004b, 'The inner mechanism of the accumulation of capital: the acceleration triple; A methodological appraisal of Part Seven of Marx's *Capital I*', in *The constitution of capital: Essays on volume I of Marx's 'Capital'* (pp. 274-98), edited by Riccardo Bellofiore and Nicola Taylor, Basingstoke: Palgrave Macmillan, available at: http://reuten.eu (type year in search box).

Reuten, Geert 2004c, ''Zirkel vicieux' or trend fall? The course of the profit rate in Marx's *Capital III*', *History of Political Economy*, 36, 1: 163-86, available at: http://reuten.eu (type year in search box).

Reuten, Geert 2005, 'Money as constituent of value: The ideal introversive substance and the ideal extroversive form of value in *Capital*', in *Marx's theory of money: Modern appraisals* (pp. 78-92), edited by Fred Moseley. Basingstoke: Palgrave Macmillan, available at: http://reuten.eu (type year in search box).

Reuten, Geert 2011, 'Economic stagnation postponed: Background of the 2008 financial-economic crisis in the EU and the USA', *International Journal of Political Economy*, 40, 4: 50-8, available at: http://reuten.eu (type year in search box).

Reuten, Geert 2014, 'An outline of the systematic-dialectical method: Scientific and political significance', in *Marx's Capital and Hegel's Logic* (pp. 243-68), edited by Fred Moseley and Tony Smith, Leiden: Brill, available at: http://reuten.eu (type year in search box).

Reuten, Geert 2017, 'The productive powers of labour and the redundant transformation to prices of production: A Marx-immanent critique and reconstruction', *Historical Materialism*, 25, 3: 1-33, available at: http://reuten.eu (type year in search box).

Reuten, Geert 2018a, 'Marx's conceptualisation of value in *Capital*', in *The Oxford Handbook of Karl Marx*, edited by Matthew Vidal, Tony Smith, Tomás Rotta, and Paul Prew, Oxford: Oxford University Press, available at: http://reuten.eu (type year in search box).

Reuten, Geert 2018b, 'De Nederlandse vermogensverdeling in internationaal perspectief; een vergelijking met 26 andere OECD-landen' (The distribution of wealth in the Netherlands: a comparison with 26 other OECD countries), *Tijdschrift voor Politieke Economie* (TPEdigitaal), 12, 2: 1-7; with an English excerpt available at: http://reuten.eu (type year in search box).

Reuten, Geert and Peter Thomas 2011, 'From the "fall of the rate of profit" in the *Grundrisse* to the cyclical development of the profit rate in *Capital*', *Science & Society*, 75, 1: 74-90, available at: http://reuten.eu (type year in search box).

Reuten, Geert and Michael Williams 1989, *Value-form and the state: The tendencies of accumulation and the determination of economic policy in capitalist society*, London/New York: Routledge, Summary and conclusions available at: http://reuten.eu (type year in search box).

Ricardo, David 1981 [1817, 1821], *The principles of political economy and taxation*, in *Works and Correspondence of David Ricardo*, Volume I, edited by Piero Sraffa in collaboration with Maurice Dobb, Cambridge: Cambridge University Press, available at: http://oll.libertyfund.org/groups/90.

Roberts, Michael 2012, 'A world rate of profit' (blog, 13 pages), available at: https://thenextrecession.files.wordpress.com/2012/09/a-world-rate-of-profit.pdf.

Robinson, Joan 1953, 'The production function and the theory of capital', *Review of Economic Studies*, 21, 2: 81-106, available at http://theme.univ-paris1.fr/M1/hpe/HPEM1-TD4.pdf.

Rochon, Louis-Philippe and Sergio Rossi (eds) 2003a, *Modern theories of money: The nature and role of money in capitalist economies*, Cheltenham: Edward Elgar.

Rochon, Louis-Philippe and Sergio Rossi (eds) 2003b, 'Introduction', in Rochon and Rossi 2003a (pp. xx-xxxviii).

Roine, Jesper and Daniel Waldenström 2014/15, 'Long run trends in the distribution of income and wealth', *Uppsala Center for Fiscal Studies, Working paper*, 2014: 5 (April), available at: http://ucfs. nek. uu. se/digitalAssets/223/223631 _ 20145 _ final. pdf; their data are available at: http://www. uueconomics. se/danielw/Handbook. htm. Published in 2015 under the same title in *Handbook of income distribution*, Volume 2 (pp. 469‐591), edited by Anthony B. Atkinson and François Bourguignon, Amsterdam: Elsevier.

Rossi, Sergio 2003, 'Money and banking in a monetary theory of production', in *Modern theories of money: The nature and role of money in capitalist economies* (pp. 339‐59), edited by Sergio Rossi and Louis-Philippe Rochon, Cheltenham: Edward Elgar.

Ryan, Cillian 2002, 'Business cycles: Real business cycle approach', in *An encyclopedia of macroeconomics* (pp. 93‐7), edited by Brian Snowdon and Howard R. Vane, Cheltenham: Edward Elgar.

Sabaté Domingo, Oriol 2013, 'New quantitative estimates on long-term military spending in Spain (1850‐2009)', *International Catalan Institute for Peace, Working Paper* No. 2013/6, available at: http://ssrn. com/abstract = 2538470 or http://dx. doi. org/10. 2139/ssrn. 25 38470.

Salter, Wilfred E. G. 1960, *Productivity and technical change*, Cambridge: Cambridge University Press.

Salverda, Wiemer 2015, 'EU policy making and growing inequalities', *European Economy Discussion Papers*, 008-2015, European Commission, Directorate-General for Economic and Financial Affairs, available at: http://ec. europa. eu/economy_finance/publications/eedp/pdf/dp008_en. pdf.

Samuelson, Paul A. 2004, 'Where Ricardo and Mill rebut and confirm arguments of mainstream economists supporting globalization', *Journal of Economic Perspectives*, 18, 3: 135‐46.

Saviotti, Pier Paolo and Jackie Krafft 2004, 'Towards a generalised definition of competition'; paper presented at DRUID Summer Conference 2004 on Industrial dynamics, innovation and development, Elsinore, Denmark, June 14-16, available at: http:// www2. druid. dk/conferences/viewabstract. php?id = 2307&cf = 16.

Schumpeter, Joseph A. 1934 [1911], *The theory of economic development*, Cambridge, MA: Harvard University Press. (Revised English edition of *Theorie der wirtschaftlichen Entwicklung*, 1911.)

Schumpeter, Joseph A. 2003 [1943, 1954], *Capitalism, socialism and democracy*, Lon‐ don/ New York: Taylor & Francis e-Library, available at: http://digamo. free. fr/capisoc. pdf.

Schumpeter, Joseph A. 1972 [1954], *History of economic analysis*, edited by Elizabeth B. Schumpeter, London: Allen & Unwin.

Schwalbe, Ulrich, Frank Maier-Rigaud and Anna Pisarkiewicz 2012, 'Background note' (pp. 21‐103), in 'OECD, Policy Roundtable *Market definition*', OECD, DAF/COMP (2012)19, available at: http://www. oecd. org/daf/competition/Marketdefinition2012. pdf.

Seccareccia, Mario 2003, 'Pricing, investment and the financing of production within the framework of the monetary circuit: Some preliminary evidence', in *Modern theories of money: The nature and role of money in capitalist economies* (pp. 173-97), edited by Sergio Rossi and Louis-Philippe Rochon, Cheltenham: Edward Elgar.

Senate of The Netherlands 2013, *Incidentele suppletoire begroting DNB winstafdracht*, written interchange with the Minister of Finance, 33.548 C, 7 March 2013, available at: http://www.eerstekamer.nl/behandeling/20130307/verslag/document3/f=/vj7ph535cuys.pdf.

Senate of The Netherlands 2014, *Stroomlijning markttoezicht door de Autoriteit Consument en Markt*, written interchange with the Minister of Economic Affairs, 33.622 E, 21 May 2014, available at: https://www.eerstekamer.nl/behandeling/20140521/nadere_memorie_vanntwoord/document3/f=/vjjxn0gm1qx2.pdf.

Shorrocks, Anthony, James B. Davies and Rodrigo Lluberas 2015, *Global wealth databook 2015*, Credit Suisse Research Institute, Zurich, Credit Suisse Group, available at: http://publications.credit-suisse.com/tasks/render/file/index.cfm?fileid=C26E3824-E868-56E0-CCA04D4BB9B9ADD5.

Smith, Adam 1776, *An Inquiry into the nature and causes of The Wealth of Nations*, (edited by Edwin Cannan, from the 5th 1791 edition), London: Methuen & Co, available at: http://www.econlib.org/library/Smith/smWNCover.html.

Smith, Tony 1990, *The logic of Marx's Capital: Replies to Hegelian criticisms*, Albany: State University of New York Press.

Smith, Tony 1993, 'Marx's *Capital* and Hegelian dialectical logic', in *Marx's method in Capital: A reexamination* (pp. 15-36), edited by Fred Moseley, Atlantic Highlands, NJ: Humanities Press.

Smith, Tony 2003, 'Systematic and historical dialectics: Towards a Marxian theory of globalization', in *New dialectics and political economy* (pp. 24-41), edited by Robert Albritton and John Simoulidis, Basingstoke: Palgrave Macmillan.

Smith, Tony 2006, *Globalisation: A systematic marxian account*, Leiden: Brill.

Smith, Tony 2014, 'Hegel, Marx and the comprehension of capitalism', in *Marx's Capital and Hegel's Logic* (pp. 17-40), edited by Fred Moseley and Tony Smith, Leiden: Brill.

Smith, Tony 2017, *Beyond liberal egalitarianism: Marx and normative social theory in the twenty-first century*, Leiden: Brill.

Snowdon, Brian and Howard R. Vane (eds) 2002, *An encyclopedia of macroeconomics*, Cheltenham: Edward Elgar.

Snowdon, Brian and Howard R. Vane (eds) 2002a, 'Efficiency Wage Theory', in Snowdon and Vane (eds) 2002, pp. 200-1.

Snowdon, Brian and Howard R. Vane (eds) 2002b, 'Business cycles: New classical approach', in Snowdon and Vane (eds) 2002, pp. 83-9.

Solow, Robert M. 1970, *Growth theory: An exposition*, Oxford: Clarendon Press.

Solow, Robert, James Tobin, Carl C. von Weizäcker and M. Yaari 1966, 'Neoclassical growth with fixed factor proportions', *Review of Economic Studies*, 33, 2: 79-115.

Spector, David 2010, 'Background notes on competition, state aids and subsidies', in OECD, *Competition, State Aids and Subsidies 2010*, DAF/COMP/GF (2010) 5 (pp. 17-48), available at: http://www.oecd.org/competition/sectors/48070736.pdf.

Starosta, Guido 2008, 'The commodity-form and the dialectical method: On the structure of Marx's exposition in Chapter 1 of *Capital*', *Science & Society*, 72, 3: 295-318.

Steindl, Josef, 1976 [1952], *Maturity and stagnation in American capitalism*, 1976 edition with a new Introduction by the author, New York and London: Monthly Review Press, available at: http://digamo.free.fr/steindl52.pdf.

Stirk, Peter M. R. 2000, *Critical theory, politics, and society: An introduction*, Oxford: Blackwell.

Tanzi, Vito 2011, *Government versus markets: The changing economic role of the state*, Cambridge: Cambridge University Press.

Tanzi, Vito and Ludger Schuknecht 2000, *Public spending in the 20th century: A global perspective*, Cambridge: Cambridge University Press.

Thomas, Peter and Geert Reuten 2013, 'Crisis and the rate of profit in Marx's laboratory', in *In Marx's laboratory: Critical interpretations of the Grundrisse* (pp. 311-28), edited by Riccardo Bellofiore, Guido Starosta and Peter Thomas, Leiden: Brill.

Toporowski, Jan 2006, 'Methodology and microeconomics in the early work of Hyman P. Minsky', *Levy Economics Institute*, Working Paper 480, available at: http://www.levyinstitute.org/pubs/wp_480.pdf.

Toporowski, Jan 2013, *Michał Kalecki: An intellectual biography, volume 1*, Basingstoke: Palgrave Macmillan.

Toporowski, Jan and Łukasz Mamica (eds) 2015, *Michał Kalecki in the 21st century*, Basingstoke: Palgrave Macmillan.

Toshkov, Dimiter 2014, '55 years of European legislation', online presentation, available at: http://www.dimiter.eu/Eurlex.html; database available at: http://www.dimiter.eu/Data.html.

Trezise, Philip H. and Yukio Suzuki 1976, 'Politics, government, and economic growth in Japan', in *Asia's new giant: How the Japanese economy works* (pp. 753-811), edited by Hugh Patrick and Henry Rosovsky, Washington: The Brookings Institution.

Trigg, Andrew B. 2002, 'Business cycles: Keynesian approach', in *An encyclopedia of macroeconomics* (pp. 68-73), edited by Brian Snowdon and Howard R. Vane, Cheltenham: Edward Elgar.

UK Office of the Parliamentary Counsel, Cabinet Office 2013, 'When laws become too complex: A review into the causes of complex legislation', available at: https://www.gov.uk/government/uploads/system/uploads/attachment_data/file/187015/GoodLaw_report_8April_AP.pdf; web version available at: https://www.gov.uk/government/publications/

when-laws-become-too-complex/when-laws-become-too-complex.

UN [United Nations] 2008a, 'The sequence of the SNA 2008 accounts', Excel version of Annex 2 of the 2008 SNA (see UN 2009), available at: http://unstats.un.org/unsd/nationalaccount/docs/SeqAccts.xls.

UN [United Nations] 2008b, United Nations, *International Standard Industrial Classification of All Economic Activities, Rev. 4* (ISIC. Rev. 4), available at: http://unstats.un.org/unsd/cr/registry/isic-4.asp.

UN [United Nations] 2009, United Nations [European Commission, International Monetary Fund, Organisation for Economic Co-operation and Development, United Nations and World Bank], *System of National Accounts 2008* [SNA 2008], available at: http://unstats.un.org/unsd/nationalaccount/sna2008.asp.

UNCTAD 2017, *World Investment Report 2017*, Geneva: United Nations Publication, available at: http://unctad.org/en/PublicationsLibrary/wir2017_en.pdf; statistical annexes available at: http://unctad.org/en/Pages/DIAE/World%20Investment%20Report/Annex-Tables.aspx.

van den Noord, see Noord, van den.

van Gestel, see Gestel, van.

Vester, L. J. 2017, 'De regelgevingsmonitor - ontwikkelingen in het Nederlandse regelingenbestand sinds 2004', in *Slotakkoord*, edited by H. M. B. Breunese, J. R. Groen, W. Peters and W. M. Weeber, The Hague: Ministerie van Binnenlandse Zaken en Koninkrijksrelaties, Directie Constitutionele Zaken en Wetgeving; Ministerie van Veiligheid en Justitie, Directie wetgeving en juridische zaken, available at: https://www.google.nl/url?sa=t&rct=j&q=&esrc=s&source=web&cd=1&ved=0ahUKEwiRnMTlg_bYAhWjD8AKHZdfBa8QFggpMAA&url=https%3A%2F%2Fwww.rijksoverheid.nl%2Fbinaries%2Frijksoverheid%2Fdocumenten%2Fpublicaties%2F2017%2F05%2F01%2Fslotakkoord%2FSlotakkoord.pdf&usg=AOvVaw0u8bkN7sWF5gJRXhA3-FkQ.

Vroey, De, see DeVroey.

Weber, Max 1968 [1920], 'Introduction to Gesammelte Aufsätze zur Religionssoziologie', in Max Weber 1968 [19041], *The Protestant ethic and the spirit of capitalism*, translated by Talcott Parsons, London: Allen & Unwin.

Weber, Max 1999 [1919], 'Politik als Beruf', in *Gesammelte Politische Schriften*, available at: https://www.uwe-holtz.uni-bonn.de/lehrmaterial/weber_politik_als_beruf.pdf; translation 'Politics as a Vocation' (unknown edition), available at: http://anthropos-lab.net/wp/wp-content/uploads/2011/12/Weber-Politics-as-a-Vocation.pdf.

Weeks, John 1981, *Capital and exploitation*, London: Edward Arnold.

Went, Robert 2002, *The enigma of globalization: A journey to a new stage of capitalism*, London: Routledge.

World Bank 2016, 'PovcalNet: an online analysis tool for global poverty monitoring (update

1 Oct. 2016)', available at: http://iresearch.worldbank.org/PovcalNet/home.aspx.

World Bank 2016/n. d., *Financial stability*, website (accessed 2016), available at http://www.worldbank.org/en/publication/gfdr/background/financial-stability.

WRR 2013a, [Wetenschappelijke Raad voor het Regeringsbeleid], *Naar een lerende economie – Investeren in het verdienvermogen van Nederland*, Amsterdam: Amsterdam University Press, available at: https://www.wrr.nl/publicaties/rapporten/2013/11/04/naar-een-lerende-economie.

WRR 2013b, [Scientific council for government policy], 'Synopsis of the WRR report "Towards a learning economy: Investing in the Netherlands' earning capacity"', available at: https://english.wrr.nl/publications/reports/2013/11/04/towards-a-learning-economy.

图书在版编目(CIP)数据

发达资本主义的政治经济学:资本主义经济与国家的统一/(荷)海尔特·罗藤著;孟捷等译. -- 上海:复旦大学出版社,2025.3. -- ISBN 978-7-309-17863-0
Ⅰ. F091.3
中国国家版本馆 CIP 数据核字第 20251DS450 号

The Unity of the Capitalist Economy and State: A systematic-dialectical exposition of the capitalist system by Geert Reuten/ISBN:9789004392793
Copyright© 2019 by Koninklijke Brill NV, Leiden, The Netherlands.
Chinese Simplified language edition published by FUDAN UNIVERSITY PRESS CO., LTD.
Copyright© 2025. This edition is authorized for sale throughout Mainland of China. No part of the publication may be reproduced or distributed by any means, or stored in a database or retrieval system, without the prior written permission of the publisher. 本书中文简体翻译版授权由复旦大学出版社有限公司独家出版并限在中国大陆地区销售。未经出版者书面许可,不得以任何方式复制或发行本书的任何部分。
上海市版权局著作权合同登记号　图字 09-2024-0438

发达资本主义的政治经济学:资本主义经济与国家的统一
FADA ZIBEN ZHUYI DE ZHENGZHI JINGJIXUE
[荷]海尔特·罗藤　著
孟　捷　等　译
责任编辑/王雅楠

复旦大学出版社有限公司出版发行
上海市国权路 579 号　邮编:200433
网址:fupnet@fudanpress.com　http://www.fudanpress.com
门市零售:86-21-65102580　团体订购:86-21-65104505
出版部电话:86-21-65642845
上海盛通时代印刷有限公司

开本 787 毫米×960 毫米　1/16　印张 37.75　字数 657 千字
2025 年 3 月第 1 版
2025 年 3 月第 1 版第 1 次印刷

ISBN 978-7-309-17863-0/F·3100
定价:92.00 元

如有印装质量问题,请向复旦大学出版社有限公司出版部调换。
版权所有　侵权必究